The New York Times

**MORE THAN 166 YEARS OF
COVERING THE BEAT**

CRIME

뉴욕타임스 크라임

뉴욕타임스 크라임
166년간의 범죄 보도 이야기

초판 1쇄 발행 2020년 11월 5일

엮은이 케빈 플린
옮긴이 민청기
편집 한정윤
디자인 디자인 엘비스, 박예나
펴낸이 정갑수

펴낸곳 열린세상
출판등록 2004년 5월 10일 제300-2005-83호
주소 06691 서울시 서초구 방배천로 6길 27, 104호
전화 02-876-5789   팩스 02-876-5795
이메일 open_science@naver.com

ISBN 978-89-92985-77-2 (03300)

• 잘못 만들어진 책은 구입하신 곳에서 바꾸어 드립니다.
• 값은 뒤표지에 있습니다.
• 열린세상은 열린과학 출판사의 교양·실용 브랜드입니다.

이 도서의 국립중앙도서관 출판예정도서목록(CIP)은 서지정보유통지원시스템 홈페이지(http://seoji.nl.go.kr)와
국가자료공동목록시스템(http://www.nl.go.kr/kolisnet)에서 이용하실 수 있습니다.(CIP제어번호: CIP2020043410)

The New York Times

MORE THAN 166 YEARS OF
COVERING THE BEAT

CRIME

뉴욕타임스 크라임

166년간의 범죄 보도 이야기

케빈 플린 엮음 | 민청기 옮김

열린
세상

추천사

리처드 프라이스

이 책을 읽으면서 느낄 수 있는 즐거움은 아주 크다.

여기에 실린 기사는 한결같이 수준이 높고, 다채롭고 정확한 기사의 뒷이야기를 제공하며 문장 또한 전체적으로 아주 훌륭하다. 과거의 사건을 마치 눈앞에서 벌어지고 있는 것처럼 보여준다. 그리고 사건이 발생한 뒤 몇 주나 몇 달, 혹은 몇 년 동안 알려지지 않았던 사건 속 행위 하나가 미친 영향에 관해서도 생생하게 전해준다. 곧 나올 배심원 평결에 관한 때 이른 예측, 범인을 추적하는 과정, (빈말일 때도 많지만) 범인을 잡겠다는 치안 당국의 약속, 성공과 실패를 넘나드는 검찰과 변호인의 전략도 나온다.

엔론 사건과 매도프 사건의 재판, 링컨과 케네디 대통령·맬컴 엑스 암살 사건, 컬럼바인 고등학교·샌디 훅 초등학교·찰스턴 교회에서 벌어진 대참사 등 지금까지 많은 이의 마음을 아프게 한 범죄도 살펴본다. 그리고 결국 세계 지도가 바뀌는 계기가 된, 〈오스트리아 황태자 부처, 독립을 요구하는 보스니아 청년에게 살해되다〉 같은 기사(38쪽)에서는 새로운 사건을 올바로 분석하고 보도하려는 기자들이 겪는 어려움도 알 수 있다.

나는 평소에 범죄 기사도 스포츠 기사와 마찬가지로 타블로이드 신문의 기사가 최고라고 생각했다. 하지만 《뉴욕타임스》가 보도한 150년 이상의 범죄 기사가 담긴 이 책을 읽고 나니 그동안 눈을 덮고 있던 껍질이 한 꺼풀 벗겨진 듯했다. 선정적인 기사는 선정적인 사건 그 자체보다 파급력이 크다. 자극적인 표현과 단정적인 문체를 사용하고 대중의 분노를 부추기는 기사는 사건의 핵심을 밝히기보다 오히려 모호하게 만드는 부작용을 낳을 때가 더 많다.

하지만 이 책에 실린 대부분의 기사는 철저한 조사와 확고한 어조에서 비롯된 높은 도덕성으로 무장했다고 볼 수 있다. 특히 당시의 사회적 금기나 대중 정서에 정면으로 맞설 때는 더욱더 그렇다.

1926년에 보도된 마리화나 관련 기사(625쪽)는 수많은 피실험자를 대상으로 마리화나 흡연의 생리적·심리적 영향을 연구하고 그 결과를 신중하게 추론한 다음, 마리화나에 대한 당시 사람들의 반감이 너무 지나치다며 다음과 같이 '냉철하게' 결론 내린다.

> 마리화나를 피울 때 약물 성분이 인체에 미치는 영향은 명확하게 밝혀지지 않았으며 매우 과장된 것 같다. … 마리화나가 알코올이나 아편, 코카인 같은 중독성 약물이라거나, 마리화나를 피우면 건강에 아주 해롭다는 말은 근거가 없다는 결론을 내렸다.

한 번 더 말하지만, 1926년 기사다.

이보다 더 오래전인 1852년에는 뉴욕주 싱싱 교도소 교도관들이 저질렀던 교도소의 조직적인 가혹행위에 관한 기사(445쪽)가 실렸다. 기사에는 몇 시간 동안 죄수에게 물고문 등 갖가지 형벌을 가하면서 죄수의 몸 상태를 면밀히 관찰했다는 교도관의 말을 하나하나 반박하는 의사와 생리학자의 소견이 실렸다. 실제로는 당시 교도관들이 멋대로 가혹행위를 하면서도 인간이 견딜 수 있는 신체적 한계를 몰랐던 탓에 죽거나 정신 이상이 되는 죄수들이 많았다.

가끔은 필체가 너무 냉정해서 취재 대상에 너무 무심하다는 생각이 드는 기사도 있다. 1865년 링컨 대통령 암살 사건이 미친 영향을 취재했던 성명 미상의 한 기자가 쓴 기사(31쪽)는 다음과 같았다.

> 암살범의 총알은 링컨 대통령의 머리 뒤쪽으로 들어가 머릿속을 거의 관통했다. 총상은 아주 치명적이다. 링컨 대통령은 총격을 당한 뒤 의식을 잃었고 현재 생명이 위태로운 상태이다.

경우에 따라, 예를 들어 기사에서 마냥 분노를 표출하는 것만이 최선은 아니라고 판단했을 때는, 신중한 어조와 객관적인 형식으로 기사를 작성하는 것이 부조리한 행위를 따로 떼어 강조하는 데 효과적일 수 있다. 1955년에 에밋 틸 피살 사건 재판을 보도한 존 N. 포팜의 기사(363쪽)를 예로 들 수 있다. 배심원 선정 절차가 진행되는 미시시피주 섬너의 법정 분위기를 묘사한 부분은 언뜻 『앵무새 죽이기』(열린책들, 2015)의 초고를 읽는 듯한 느낌이 든다. 법정에서 겉옷을 벗은 채 셔츠 차림으로 앉아 있는 판사, 연신 담배연기를 뿜어내는 피고인과 방청객들, 무더위에 지친 사람들 속에 있는 친구에게 냉수를 갖다 주는 법정 경찰관들, 예비 배심원들이 선서하는 동안 느껴진 그들과 특별 검사 사이의 거북할 정도의 친밀함. 기사에는 "특별 검사는 모든 배심원의 습관과 가정환경, 심지어 재판 결과에 이해관계가 있을지도 모르는 친구들 사이에서 불리는 별명까지 꿰고 있는 듯했다"고 쓰여 있다. 끝으로, 하지만 앞서 나온 묘사만큼이나 중요한 것은, 피고의 아이들이 "아버지의 무릎 근처에서 장난을 치다가 가끔씩 복도를 이리저리 뛰어다니기도 했다"라는 부분이었다.

이와 같이 남부의 평온함을 자연스럽게 묘사한 부분은 영화 〈침묵의 소리〉에서부터 〈나의 사촌 비니〉에 이르기까지 할리우드의 수많은 법정 영화에 유사하게 채용되었다. 하지만 기사에서는 정작 섬녀의 법정에 많은 사람을 모이게 했으며 이후 악명을 떨친 범죄 사건 자체는 거의 언급하지 않았다. 휘파람을 불며 백인 여성을 희롱했다고 주장하면서 14살짜리 아프리카계 미국 소년을 고문하고 살해한 행위 말이다. 그 범죄 행위의 혐오스러움마저도 상세하게 묘사된 남부의 풍속에 묻히고 말았다. 반면 법정 주변인들을 "인종을 엄격하게 구분해야 한다고 강력하게 주장하는 백인 수백 명"으로 과도하게 절제해(과도하게 절제했다는 모순적인 표현을 이해해 주시길) 표현한 포팜의 글 솜씨는 매우 훌륭했다고 할 수 있다.

포팜의 기사와는 어조가 정반대인 경우도 있다. 특히 이 책 2장에 실린 강도 사건 기사를 읽다 보면, 전혀 생각 못했을 수도 있지만 스포츠 중계처럼 박진감 넘치는 서술이 필요한 경우도 있음을 알게 될 것이다. 점잖은 악당 윌리 서튼을 응원하지 않은 사람이 있었던가? 어떻게 '머피 더 서프Murph the Surf'라는 보석 도둑을 좋아하지 않을 수 있단 말인가? 그런 기사를 보면 긴장감 넘치는 범죄 스릴러와 지미 브레슬린의 『똑바로 쏘지 못하는 갱*The Gang That Couldn't Shoot Straight*』(1969)처럼 허풍스런 범죄 이야기가 섞여 있는 듯하다.

1965년 '머피 더 서프'가 2명의 서퍼와 함께 벌였던 보석 절도 사건 기사(128쪽)도 있다. 그 세 사람이 '인도의 별'이라는 563.35캐럿짜리 사파이어와 8개의 또 다른 값비싼 보석을 훔쳤다가 마이애미의 어느 버스 터미널 사물함을 통해 반환한 사건이었다. 기사를 보면 뉴욕경찰 3명과 모리스 나자리 지방검사보, 수갑을 찬 범인 앨런 쿤을 뒤쫓던 플로리다의 파파라치들이 범인 셋보다 더 악독해 보인다. 기사에는 파파라치들이 "덤불에 숨어 있는 … 무전기를 들고 있는 … 심지어 누군가 쿤 일행이 타는 자동차의 점화선을 제거하는 바람에 차를 타고 떠나지도 못하는 상황이 되었다"라고 쓰여 있다.

이렇게 한 편의 코미디 같은 숨바꼭질이 이어지는 동안 나자리 검사보와 경찰, 범인 쿤은 호텔이나 모텔을 10~12군데나 옮겨다녔고 취재를 위해 위법도 마다하지 않는 취재진을 따돌리기 위해 "창문을 넘어 6미터 아래로 뛰어내리기도 했다." 쿤은 나자리 검사보와 경찰에게 "아저씨들은 도둑이 아니라 참 좋겠네요. 난 아저씨들 때문에 완전히 망했어요"라고 말했다.

그와 비슷하게 댄 빌레프스키가 2015년에 썼던 〈노인 강도단과 실패한 런던 최대의 절도 사건〉 기사(159쪽)도 있다. '최후의 한탕'으로 이름 붙여도 좋을 그 기사에서 빌레프스키는 평생을 범죄자로 산 76세 노인이 저지른 또 하나의 불운한 강도 사건을 상세하게 재구성한다. 그 비운의 사건을 자세하게 설명하고 범인들의 성격까지 상세히 분석한 기사를 보면, 나이 많고 거친 남자 배우들이 출연하는 한 편의 영화로 제작되면 좋겠다는 생각이 절로 든다.

하지만 가끔은 사건을 소설처럼 묘사하는 정도가 너무 지나쳐 쓰레기 신문의 기사와 다를 바가 없을 때도 있다. 1929년 알 카포네의 조직이 시카고를 장악하는 데 시발점이 되었던 '성 밸런타인데이 학살 사건'이 발생했는데, 그 사건을 다룬 기사(275쪽)의 다음과 같은 부분을 예로 들 수 있다.

> 경찰 제복을 입은 두 사람이 들어왔다. 파란 제복 위에서 별 모양의 배지가 반짝이고 있었다. … 7명 모두 흰색 벽을 보고 서자 범인들은 재빠르게 무기를 빼앗았다.
> 그런 다음 "맛을 보여주자"라는 명령이 떨어졌다. 산탄총이 불을 뿜고 기관총이 드르륵 발사되었다. 마치 거대한 타자기를 칠 때 날 것 같은 소리였다.

하지만 이 기사를 쓴 기자는 희생자 1명을 다음과 같이 세련된 3개의 문장으로 묘사한 덕분에 실수를 만회했다고 할 수 있다. 유명한 기자인 제임스 케인에 비견할 만한 글 솜씨였다.

> 작업복 차림의 정비공 메이의 시신에 남아 있는 돈은 주머니 속의 몇 달러가 전부였다. 그는 일곱 아이의 아버지였다. 기관총 탄환이 두 개의 성聖 크리스토퍼 메달(여행자들의 수호신인 성 크리스토퍼의 모습이 새겨진 작은 메달로 여행자들이 안전을 기원하는 의미로 갖고 다닌다―옮긴이)을 관통한 상태였다.

그 사건으로부터 78년이 흐른 다음 보도된 아주 간결하고 주옥같은 어느 기사에서, 셰일라 드완은 또 다른 지옥 같은 총격 사건을 다음과 같이 묘사했다. 그 사건에서는 총성이 천천히 지속적으로 들렸고 그 결과 (자살한 범인을 포함해서) 33명의 버지니아공대 학생이 사망하고 17명이 부상했다(232쪽).

> 총격은 계속 이어졌다. 10분, 15분, 20분 간간이 멈췄다가 다시 이어지면서 영원히 끝나지 않을 것 같았다.

2007년의 버지니아공대 총격 사건에서 이번에는 1981년 진 해리스 살인 사건의 재판을 다룬 기사로 넘어가 보자(382쪽). 제임스 페론은 버지니아공대 총격 사건 기사처럼 긴박한 문체로 유죄 평결을 받은 변호인 측의 반응을 객관적으로 써내려갔다.

> 피고석의 변호인 두 명은 눈물을 흘렸지만, 해리스 부인은 배심원 투표 결과를 지켜보면서 무표정한 모습이었다. 그리고 변호인 중 한사람에게 "나는 감옥에 갈 수 없어요"라고 말한 다음 여자 간수를 밀어내고 씩씩하게 법정을 걸어 나왔다. … 그녀는 보안관 순찰차 뒷좌석에 앉아 멍하니 앞만 보고 있었다. 기자들의 카메라 플래시가 그녀의 머리띠에 반사되면서 번쩍거렸다.

하지만 내가 《뉴욕타임스》 기사 중에서 정말 소설 같다고 항상 말하는 것은 가장 최근에 나온 기사이다. 2006년 아잠 아흐메드가 교도소를 탈출했다가 다시 체포된 멕시코의 마약왕 엘 차포에 관해 보도한 기사다.

(480쪽) 기사의 첫 문장은 이렇게 시작한다.

세계에서 가장 악명 높은 마약왕은 셔츠 차림으로 오물을 뒤집
어쓴 채 하수도를 통과한 다음 봄비는 차량 사이로 모습을 감췄
다. 총을 쏘며 추격하는 해병대를 피해 한참 지하를 터덜터덜 돌
아다닌 탓에 방향감각을 잃었던 그는 정신을 차리고 보니 자신
이 있는 곳이 월마트 건너편이라는 것을 알게 되었다. 그는 전 세
계에 '엘 차포El Chapo(키 작은 사람이라는 뜻—옮긴이)'라는 이름으
로 알려진 마약왕 호아킨 구스만 로에라였다. 구스만은 다른 부
하들이 도착할 때까지는 어떻게든 혼자서 버텨야 했다.

1800년대부터 2000년대까지 언론계의 '그레이 레이디(Gray Lady,
《뉴욕타임스》의 별명—옮긴이)'는 지속해서 명성을 쌓았다. 하지만 이 책
에서 종종 드러나듯, 범죄 사건을 보도할 때는 허술한 모습을 쉽게 드러
내기도 한다.

재미있게 읽으시길.

서문

케빈 플린

범죄의 구성요소로 시간과 장소를 꼽을 때가 많다. 마리화나나 도박의 역사를 보면 명확하게 알 수 있다. 1901년 《뉴욕타임스》는 마리화나 흡연이 일으킨다고 알려진 '죽음 같이 긴 잠'에 관해 보도하면서 대중에게 그 위험성을 알렸다. 하지만 1926년에는 여전히 불법이었던 마리화나가 실제로는 '안전'할 수도 있다고 보도했다. 지금도 마리화나가 안전하다고 생각하는 7개 주의 유권자들은 마리화나를 기분 전환용으로 사용할 수 있도록 법 개정을 추진하고 있다. 이 책에는 그 1926년 기사가 실려 있다. 그 기사는 《뉴욕타임스》가 1851년 이래로 범죄에 관한 사람들의 생각이 어떻게 변화했는지 추적하고, 범죄자를 연구하며 그런 범죄자의 성장 배경을 분석하기 위해 어떤 일을 했는지 보여주는, 이 책에 실린 많은 기사 중 하나이다.

이 책은 다양한 범죄를 유형별로 구분해 구성했으며 각 장의 기사는 시간 순서로 배열되었다. 그중에는 화물열차 강도로 불멸의 명성을 얻은 제시 제임스처럼 남북전쟁이 끝난 직후까지 거슬러 올라가는 기사도 있다(103쪽). 지금은 사람들의 기억에서 멀어진 '세기의 범죄'(지금은 너무 많이 사용해서 식상해진 표현이지만)를 다룬 기사도 있다. 세상 사람들에게 큰 충격을 준 해리 켄들 쏘 사건을 보도한 1906년의 기사가 그렇다(353쪽). 부자였던 쏘는 미국 최초의 슈퍼모델인 아내 에블린 네스빗의 명예를 실추시켰다는 이유로 미국 최고의 건축가 스탠퍼드 화이트를 공공장소에서 총으로 살해했다.

166년간 《뉴욕타임스》는 소설가나 논픽션 작가, 영화 제작자에게 풍부한 이야깃거리를 제공했다. 작가 에릭 라슨은 뛰어난 베스트셀러 『화이트 시티』(은행나무, 2004)에서 수많은 인용 자료의 출처나 제공자를 밝혔는데, '연쇄 살인마'라는 말을 탄생시킨 살인마 헨리 하워드 홈스의 수수께끼를 푸는 데 《뉴욕타임스》가 도움이 됐다고 밝혔다. 홈스는 미시간대학교에서 의사 면허를 받았지만 사람을 치료하는 의술에는 전혀 관심이 없었다. 대신 1893년 개최된 시카고 만국박람회 행사장 인근에 '만국박람회 호텔'을 열고 손님을 유치한 다음, 일부 손님을 비명이 새 나가지 않도록 특수 제작한 방에서 살해했다.

1895년 7월 26일자 《뉴욕타임스》에 실린 홈스의 기사는 익살스럽다고 할 만한 문장으로 시작한다.

> 여러 사람이 홈스와 함께 있는 모습이 목격된 후 감쪽같이 사라진 이번 사건에 홈스는 관련이 없는 것으로 밝혀졌다. 경찰에게는 별로 특별할 것이 없는 날이었다.

이 책에는 홈스가 최후를 맞는 모습을 보도한 기사가 수록되어 있다(506쪽). 본명이 허먼 머젯인 홈스는 결국 20여 명 넘는 사람을 죽였다고 자백했다. 그리고 일부 희생자의 유골을 의대에 팔아 돈을 벌기도 했다.

영화 제작자인 로라 리차디와 모이라 데모스가 넷플릭스 다큐멘터리 영화 〈살인자 만들기〉를 제작하게 된 동기는 2005년 《뉴욕타임스》에 실린 스티븐 에이버리의 기사였다(419쪽). 모니카 데이비가 보도하고 이 책에도 수록된 그 기사에서 위스콘신주에 사는 에이버리라는 한 남자는 자신이 저지르지도 않은 강간죄로 18년간 복역했다. 그로 인해 에이버리는 억울하게 기소된 사람의 대명사가 되었다. 그리고 출소한 뒤 얼마 안 되어 또 다른 젊은 여성을 살해했다는 혐의를 받았다. 결국 에이버리는 또 한 번 유죄 판결을 받았지만, 영화 〈살인자 만들기〉는 조사와 기소, 평결에 의문을 제기했다. 에이버리의 대통령 사면을 요구하는 탄원서에 서명한 사람도 50만 명을 넘었다. 하지만 에이버리의 재판이 연방 재판이 아니라 주州 재판이라 대통령 사면은 애초부터 불가능했다. 에이버리를 석방시키려는 노력이 계속되고 있지만, 그는 아직도 수감 중이다.

《뉴욕타임스》는 오래전부터 범죄 현장을 묘사할 때 감탄스러울 정도로 자제하는 모습을 보였다. 하지만 범죄 보도는 늘 사람들의 훔쳐보고 싶은 본능을 자극한다. 독자들은 본능적으로 자신도 운이 나빴다면 그런 범죄의 피해자가 됐을지도 모른다는 반응을 보인다. 우리가 범죄에 관심을 보이는 이유는 폭력에 대한 뿌리 깊은 혐오 때문인지도 모른다.

범죄 기사를 읽는 것은 분명 '길티 플레저guilty pleasure'이다. 드류대학교 범죄학 교수인 스코트 본은 2011년 '거리의 범죄학'이라는 블로

그에 "한마디로 사람들이 궁금해 하는 것은 연쇄 살인범들이 (보통) 일면식도 없는 사람에게 그런 끔찍한 짓을 저지르는 이유"라고 썼다. 물론 그 이유를 이해하기란 쉽지 않은 일이다. 시간을 내서 8장의 존 웨인 게이시에 관한 기사를 읽고 나서 다시 생각해보라(540쪽). 그는 민주당 지역구 책임자로 대통령 영부인과 악수한 적도 있고 광대 분장으로 아이들을 즐겁게 해주는 등 공동체 의식이 투철해 보이는 사람이었다. 그런 그가 젊은 청년과 남자 아이를 30명 넘게 살해했다는 것을 짐작이나 할 수 있을까?

범죄 담당 기자들은 개개의 잔혹 행위나 범죄자를 조사하는 것만으로는 만족하지 못한다. 뛰어난 기자들은 항상 근본적인 이유를 찾아서 더 깊이 살핀다. 하지만 그들이 밝혀내는 해답이 매번 사람들에게 인정받는 것은 아니다. 미국에서 1990년대 들어 범죄가 급감한 원인은 무엇일까? 효과적인 치안 유지 활동 때문일까? 아니면 급속하게 번지던 크랙 코카인(crack cocaine, 흡연 형태로 사용하는 코카인의 한 종류로 강력한 약효가 특징이다—옮긴이) 사용이 줄었기 때문일까? 그래도 범죄 기사는 여전히 공공 정책을 수립할 때 참고가 된다. 그리고 정부는 범죄와 범죄로 인한 사회적 공포나 혼란, 경제 침체를 어떻게 통제하느냐에 따라 평가받는다. 근본 원인을 아무리 체계적으로 분류해도 정작 범죄 자체가 감소하지 않으면 선출된 지도자는 압박을 받는다. 7장 '교도소'에 실린 몇몇 기사는 교도소 수감률 증가나 종신형에 처해진 재소자들이 사형을 요구하는 사례에 관해 원인을 폭넓게 분석한다.

이 책에서는 지면 관계상 범죄를 거론할 때 가장 복잡한 주제라고 할 수 있는 '치안 유지 활동'에 관해 심도 있게 다루지 못했다. 나는 1998년부터 2002년까지 《뉴욕타임스》에서 뉴욕 경찰국 담당 책임자로 일했다. 상상이 될지 모르겠지만, 그때는 치안 기관의 임무와 그 수행 방법에 관해 지금보다 훨씬 더 논란이 분분했다. 당시 뉴욕은 범죄가 기록적으로 감소하면서 경제가 활기를 띠고 거리는 평온했다. '범죄분석예측 시스템(Compstat, 데이터를 활용해서 범죄 지도를 그리고 그에 따라 치안 자원을 배분하는 시스템)'으로 대표되는 뉴욕 경찰의 치안 전략은 사람들의 갈채를 받았고 많은 도시에서 뉴욕을 따라했다. 반면 '검문 검색권(stop-and-frisk, 누군가와 대면할 때 그 사람이 무기를 숨기고 있다고 추정하여 신체를 검사하는 관행)'은 너무 지나친 처사라고 비난받았다. 애브너 루이마 고문 사건(1997년, 뉴욕 경찰관이 아이티 출신 이민자인 애브너 루이마를 연행해서 빗자루 손잡이를 항문에 집어넣은 채 구타한 사건. 이로 인해 흑인들이 폭동을 일으키기 직전까지 갔으며 가해 경찰은 징역 30년을 선고 받았다—옮긴이)과 아마두 디알로 총격 사건(1999년. 뉴욕 경찰관 4명이 기니 출신 이민자인 아마두 디알로를 성폭행범으로 오인하고 체포하다가 41발의 총격을 가한 사건. 경찰의 폭력성과 인종 차별, 무자비한 총기 사용 등으로 논란이 일었다—옮긴이) 등에서 볼 수 있는 경찰의 실수와 악습은 경찰의 성과를 깎아내렸고, 소수민족 사회에서 불신이 싹트게 했으며, 오늘날 경찰 내부에 만연한 갈등의 원인이 되었다. 뉴욕에서는 이런 논란이 9. 11 테러 사건으로 가라앉았지만, 근본적으로 해결된 것은 아니었다. 따라서 최근 총기 규제 논란과 마찬가지로 적절한 치안 유지 활동(무엇이 효과적이고 무엇이 효과적이지 않은지, 비용은 얼마나 들어가는지)에 관한 의견 차이는 좀처럼 좁혀지지 않고 있다. 그 문제는 너무 복잡하고 중요해서 이 책에서 하나의 장으로 전부 다루기는 어렵다.

테러리즘과 정치권의 부패 문제도 제외했다. 두 가지 문제 모두 더 많은 논의가 이루어져야 하기 때문이다. 이 책에 포함된 기사들도 이와 비숫한 논란이 생길 수 있다. 이 책에 도움을 준 수전 비치 연구원은 나와 함께 중요하면서도 잘 작성된 기사를 선별하기 위해《뉴욕타임스》를 읽는 데 오랜 시간을 할애했다. 하지만 우리가 제외했던 지하철 자경단 버니 괴츠 사건(1984년에 버니 괴츠가 뉴욕 지하철에서 강도라고 주장하면서 네 사람에게 총격을 가해 중상을 입힌 사건으로, 괴츠는 불법 무기 소지 혐의로만 유죄 판결을 받고 8개월간 복역한 후 출소했다. 이 사건으로 전국에서 대도시의 인종과 범죄 문제, 정당방위의 법률적 범위 등에 관해 논쟁이 일었다―옮긴이)이나 엘리자베스 스마트 납치 사건(2002년, 미국 유타주 솔트레이크시티에 사는 14세의 엘리자베스 스마트가 범인 브라이언 미첼에게 납치되었다가 9개월 후 극적으로 구출된 사건―옮긴이), 뉴욕의 유명한 스테이크하우스 밖에서 다수의 암살자에게 살해당한 폴 카스텔라노 사건 등의 기사만으로도 족히 5권의 책을 더 쓸 수 있을 것이다. 그중에서 폴 카스텔라노의 암살자들은 트루먼 카포티가『인 콜드 블러드』(시공사, 2013)를 쓰는 데 영감을 주었다. 때로는 우리가 선택한 기사마저도 지면이 부족한 탓에 짧게 요약해서 실어야 했다.

우리는 작업을 하면서 게이 탤리즈나 데이비드 핼버스탬 같은 위대한 기자들이 쓴 범죄 기사를 읽었다. 두 사람 모두 '오두막'이라는 이름으로 친숙한 뉴욕시 경찰본부 기자실에서 살다시피 했다. '오두막'은 1875년 뉴욕 경찰본부가 기자들을 본부 내 기자실에서 쫓아내자, 일부 기자들이 사무실로 사용했던 길 건너편 공동주택에 붙여진 이름이다. 몇 년 후 경찰본부에서 구내 기자실 출입을 허용하자, 기자들은 구내 기자실을 '오두막'으로 불렀다. 나도 한때 그곳을 드나들었는데, 사람들로 미어터지는 토끼굴 같은 그 기자실에 '오두막'은 분명 어울리는 이름이었다.(기자실이 다른 층으로 옮겨진 뒤에도 공간은 넓어지지 않았고 지저분함에서 오는 매력도 사라지지 않았다고 들었다.)

최근 들어 《뉴욕타임스》의 범죄 보도는 탤리즈와 핼버스탬 같은 기자의 뒤를 로버트 D. 맥패든, 셀윈 랍, 앨 베이커, 윌리엄 K. 래시바움, 마이클 윌슨 같은 이들이 훌륭하게 이어가고 있다. 그들이 쓴 일부 기사가 이 책에 실려 있다. 그들의 관심은 주로 뉴욕과 그 주변에서 일어난 범죄에 집중되어 있지만, 신문에 아주 먼 해외의 뉴스도 실리는 것을 보면 《뉴욕타임스》에서 다루는 범죄 기사의 폭은 분명 넓다고 할 수 있다. 예를 들어 이탈리아에서 어맨다 녹스라는 젊은 학생이 살인죄로 기소되었다는 기사(425쪽)나 이집트에서 안와르 사다트 대통령이 군사 퍼레이드 관람 중에 총격을 받고 사망했다는 기사(84쪽), 노르웨이에서 대량 학살범이 섬 주변을 집단 학살장으로 만들었는데 범인을 보면 '외국인 혐오'가 국제적인 문제임을 알 수 있다는 기사(243쪽)를 들 수 있다.

이런저런 사건 현장을 취재한 기자들의 보도가 상처 입은 사람들을 치료하거나 슬픔을 덜어줄 수는 없다. 하지만 사회의 번영을 바란다면 그런 사건에 정면으로 맞서야 한다는 담론을 형성하는 데는 도움이 된다. 어떻게 하면 범죄자를 막을 수 있을까? 그리고 어떻게 해야 그들을 처벌할 때 옳은 일을 했다고 확신할 수 있을까?

차례

Chapter 01   암살

Chapter 02 강도

Chapter 03 납치

Chapter 04   대량 학살

Chapter 05   조직 폭력

Chapter 06 살인

Chapter 07 교도소

Chapter 08 연쇄 살인범

Chapter 09 성범죄

Chapter 10 술·도박·마약·성매매

Chapter 11 화이트칼라 범죄

암살

1963년 12월 25일, 알링턴 국립묘지에서 거행된 존 F. 케네디 대통령의 영결식. 재클린 케네디 영부인(가운데 왼쪽)과 로버트 F. 케네디 미 법무장관(가운데), 린든 B. 존슨 대통령(사진 맨 위에서 왼쪽 중간 부분)이 보인다.

"텍사스주 댈러스에서 들어온 속보입니다.
공식 보도인 것 같습니다. 케네디 대통령이 38분 전,
그러니까 중부 표준시로 오후 1시,
동부 표준시로는 오후 2시에 사망했습니다."

1963년 11월 22일 존 F. 케네디 대통령의 죽음을 알리는 CBS 뉴스 앵커 월터 크롱카이트의 보도

그 사건들은 종종 시간을 정지시키거나 정지된 것처럼 느끼게 한다.
그때 여러분은 어디에 있었는가? 많은 사람이 존 F. 케네디 대통령이나
마틴 루서 킹 주니어 목사가 총격을 받았다는 소식을 들었을 때 어디에 있었는지 기억한다.
지도자를 살해하는 것은 단순한 살인이 아니며, 그 살인이 미치는 영향은
암살자를 찾는 것으로 끝나지 않는다. 그 살인으로 인해 어떤 신념이 세상에서 사라지거나
어떤 사회 운동이 타격을 받는다. 때로는 전쟁이 일어나기도 한다.
《뉴욕 타임스》는 전 세계가 목격했던 가장 충격적인 폭력 행위들을 보도하면서
그 모두를 하나하나 평가했다.

참변, 링컨 대통령이
암살범의 총격에 피살되다

오늘 저녁 9시 30분경, 링컨 대통령이 포드 극장 귀빈석에서 영부인과 사교계 명사인 클라라 해리스, 클라라의 약혼자 헨리 래스번 소령과 함께 있다가 갑자기 뒤에서 나타난 암살범의 총격을 받았다. 암살범은 총격 후 무대로 뛰어올라 커다란 칼 같은 것을 휘두르며 극장 뒤편으로 달아났다.

암살범의 총알은 링컨 대통령의 머리 뒤쪽으로 들어가 머릿속을 거의 관통했다. 총상은 아주 치명적이다. 링컨 대통령은 총격을 당한 뒤 의식을 잃었고 현재 생명이 위태로운 상태이다.

같은 시각인지는 확실하지 않지만, 비슷한 시각에 [국무장관] 수어드의 자택에도 암살범이 침입했다. 암살범은 사고를 당해 치료 중이던 수어드 장관에게 약을 전해준다며 침실에 들어간 다음, 침대로

포드 극장의 링컨 대통령 귀빈석, 1865년 4월

달려가 장관의 목과 얼굴에 칼을 휘둘렀다. 수어드 장관이 입은 상처가 치명적이지 않길 바란다. 침실에 있던 간호사가 옆방에 있던 수어드 장관의 아들 프레더릭 수어드에게 위급상황임을 알려 프레더릭이 달려오자 암살범은 그에게도 칼을 휘둘러 중상을 입혔다. 프레더릭이 회복될 수 있을지는 아직 알 수 없다.

링컨 대통령은 오늘 밤을 넘기지 못할 것으로 보인다. 오늘 그랜트 장군도 참석했던 각료회의에서는 하루 빨리 평화를 정착시키기 위한 계획이 논의되었다. 회의에서 링컨 대통령은 쾌활하고 희망에 찬 모습이었으며 리 장군을 비롯한 다른 남부 연합 사람들에게도 다정하게 말을 건넸다.

수어드 장관을 제외한 모든 각료는 지금 링컨 대통령 곁을 지키고 있
다. 수어드 장관에게도 가봤지만, 그와 그의 아들 프레더릭 모두 의식이
없는 상태였다.

– 육군장관 에드윈 M. 스탠튼

사건 상세 설명

4월 14일 금요일 오전 12시 30분, 워싱턴 – 오늘 밤 극장에서 대통령
이 총격을 당해 치명상을 입은 것으로 보인다. 수어드 국무장관도 암살
자의 공격을 받았다.

링컨 대통령은 영부인을 비롯한 다른 친구들과 함께 〈미국 사촌〉을
보기 위해 포드 극장을 방문했다. 극장에는 사람들이 가득했고 다들 공
연을 보면서 즐거워하는 모습이었다. 공연의 세 번째 막이 진행되는 동
안, 날카로운 총성이 들렸다. 한 남자가 귀빈석 앞쪽 무대로 뛰어들어 칼
을 휘두르자 사람들은 비로소 사태의 심각성을 알아차렸다. 그 남자는
"폭군에게는 언제든 이같이 행동하라Sic semper Tyrannis"고 소리치면
서 2층 귀빈석에서 무대로 뛰어내린 후 반대쪽으로 달려갔다. 그렇게
극장 뒤편으로 빠져나간 범인은 말을 타고 달아났다.

영부인의 비명으로 대통령이 총에 맞았다는 것을 알게 된 관객들은
바로 자리에서 일어나 무대로 달려가면서 "범인을 목매달아라! 범인을
목매달아라!"라고 소리쳤다. 관객들의 반응은 '흥분했다'는 표현으로
는 부족했다. 물론 공연도 갑작스럽게 중단되었다.

사람들이 귀빈석으로 몰려들었고 "물러서요, 대통령이 숨 쉴 수 있
게!", "누구 각성제 가진 사람 없어요?"라는 고함이 들렸다. 급히 살펴

보니 대통령은 머리 위부터 관자놀이 뼈까지 관통상을 입었고 뇌 일부가 밖으로 흘러나오는 상태였다. 대통령은 극장 건너편에 있는 주택으로 옮겨졌고 의무사령관과 외과 의사가 불려왔다. 극장 귀빈석을 조사한 결과, 대통령이 앉아 있던 흔들의자 등받이에 핏자국이 있었고 칸막이와 바닥에서도 혈흔이 발견되었다. 양탄자에는 총신이 한 개인 소형 권총이 떨어져 있었다.

링컨 대통령이 이송된 주택 앞에 경비병이 배치되었다. 민가 앞으로 엄청난 인파가 모여들었고 사람들은 대통령의 안위를 진심으로 염려했다. 총상이 치명적이라는 소식은 이미 알려졌지만, 모두 대통령의 회복을 기원했다.

링컨 대통령은 의식이 전혀 없었고 호흡도 느렸다. 뒤통수의 상처에서는 피가 흘렀다. 의사들이 온갖 노력을 다했지만, 모든 희망이 사라진 상태였다. 죽어가는 대통령과 작별하는 가족의 모습은 너무 슬퍼서 말로 표현하기 힘들 지경이다.

자정 무렵에는 섬너와 콜팩스, 판즈워스 등 내각 관료를 비롯해서 커티스 판사, 오글레스비 주지사, 메이그스 장군, 헤이 대령, 그리고 대통령의 가까운 친구들 몇 사람, 반스 의무사령관과 직속 부하들이 대통령의 침대 주변에 모여 있었다.

링컨 대통령과 영부인이 극장으로 출발한 시각은 저녁 8시 15분경이었다. 그때 콜팩스 하원의장은 백악관에 있었다. 영부인의 몸 상태가 좋지 않았지만, 대통령은 콜팩스에게 극장으로 출발한다고 말했다. 그럴 수밖에 없었던 이유는 신문에서 이미 대통령 부처와 그랜트 장군이 공연에 참석한다고 보도했기 때문이었다. 그랜트 장군이 이미 북부로 떠난 뒤라, 대통령마저 불참해서 관객들을 실망시킬 수는 없는 노릇이었다.

링컨 대통령은 마지못해 극장으로 출발하면서 콜팩스 의장에게 함께 가자고 말했다. 하지만 그는 다른 약속이 있다면서 매사추세츠주 출신의 애시먼과 함께 백악관에 남았다.

극장에서 사람들의 흥분이 극에 달했을 때, 수어드 국무장관에게도 암살 시도가 있었다는 소식이 전해졌다. 수어드 장관의 집에 가보니 사람들과 군 경비병들이 문 앞에 서 있었다. 집 안으로 들어가 확인한 결과 그 소식은 사실이었다. 그곳에 모인 사람들이 너무 흥분한 상태라 무슨 말을 하는지 알아듣기 어려웠지만, 실제 상황은 대체로 다음과 같았다.

10시경 한 남자가 초인종을 누르자 집 안에서 흑인 하인이 나왔다. 그 남자는 수어드 장관의 주치의인 베르디 박사의 처방약을 전하러 왔다며 작은 종이 한 장을 보여주고는 수어드 장관을 꼭 만나야 한다고 말했다. 하지만 하인이 거절하자 하인의 머리를 곤봉으로 때렸고 두개골에 깊은 상처를 입은 하인은 쓰러져 의식을 잃었다. 암살범은 방으로 달려가 미 육군 경리관인 수어드 소령과 국무부 전령인 한셀, 그리고 간호사 두 사람을 공격했다. 4명을 모두 제압한 암살범은 같은 방 침대에 누워 있던 수어드 장관에게 달려들어 칼로 목을 세 차례 찔렀다. 장관은 피를 많이 흘렸다고 하는데, 동맥은 절단되지 않았기를 바란다.

곧이어 암살범은 아래층으로 내려가 말을 타고 사람들의 고함소리가 들리기 전에 달아나 버렸다. 도주 상황은 링컨 대통령 암살범과 비슷했다. 부상당한 사람들은 생명에 지장이 없는 것으로 보인다. 장관과 차관보만 중상을 입었다. 스탠튼 육군장관과 웰스 해군장관, 그리고 다른 정부 관료들은 수어드 장관의 집을 방문했다가 그곳에서 대통령의 암살 소식을 들었다.

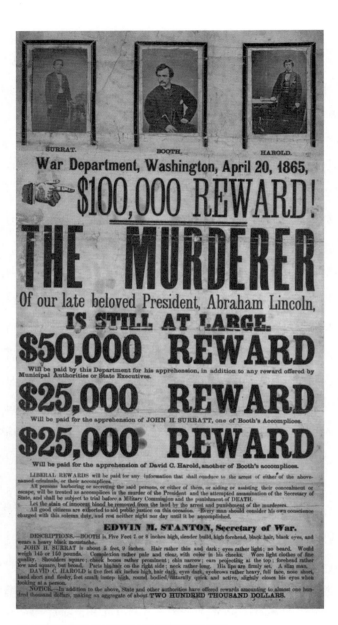

1865년 4월 20일 육군성에서 제작한 현상금 벽보

관료들은 대통령이 누워 있는 곳으로 가는 길에 분통을 터뜨리면서 대통령의 상태를 걱정했다. 백악관 앞에는 엄청난 인파가 몰려들었고 경비병도 배치되었다. 다들 대통령이 백악관으로 이송될 것이라고 생각했다.

오늘 밤, 도시 전체는 주체할 수 없는 흥분에 휩싸였다. 분노가 과격하게 표출되었고 깊은 슬픔이 드리웠다. 눈물 흘리는 사람도 많았다. 군 당국에서는 암살자를 잡기 위해 사방으로 기마 순찰대를 보냈다. 워싱턴의 경찰도 모든 인원을 동원해 암살자 체포를 위한 긴장을 늦추지 않았다.

포드 극장과 수어드 장관의 집에서 발생한 암살자의 습격은 모두 10시 정각, 그러니까 비슷한 시각에 일어났다. 두 사람을 암살하기 위해 누군가 사전에 계획했다고 짐작할 수 있다. 경찰은 대통령을 공격한 일당의 유죄를 입증할 몇몇 증거를 확보했다.

링컨 대통령을 암살한 존 윌크스 부스는 공범, 남부 연합 지지자들과 함께 메릴랜드주로 달아났다가 12일 만에 숨어 지내던 헛간에서 체포되었다. 부스는 북부 연방의 병사인 보스턴 코빗이 쏜 총에 맞아 사망했다. 공범으로 의심되는 다른 8명도 체포되어 군사 법정에서 재판을 받았다. 8명 모두 유죄 판결을 받았으며 4명은 교수형에 처해졌다. 그중에서 메리 수라트는 미국 정부가 교수형에 처한 최초의 여성이었다.

오스트리아 황태자 부처
독립을 요구하는 보스니아 청년에게 살해되다

오스트리아-헝가리 제국의 황태자인 프란츠 페르디난트 대공과 황태
자비인 호헨베르크 공작부인이 사라예보에서 보스니아 학생이 쏜 총에
맞아 사망했다. 대공 부처를 노린 암살 기도가 오늘 하루에만 두 차례 있
었으며, 두 사람을 살해한 총격은 두 번째 시도였다. 이번 사건은 정치적
음모에서 비롯된 것으로 알려졌다.

첫 번째 암살 시도는 오늘 아침 프란츠 페르디난트 대공과 공작부인
이 시청에서 열리는 환영 연회에 가는 도중 발생했다. 대공 부처가 자동
차를 타고 가는데 폭탄이 날아들었고, 대공이 팔을 휘둘러 폭탄을 밖으
로 쳐냈다. 대공의 자동차가 지나간 다음 폭탄이 터지는 바람에 뒤따르
는 차량에 타고 있던 부관 폰 부스-발데크 공작과 모리치 대령이 가벼
운 부상을 입었다. 그리고 퍼레이드를 구경하던 사람들 중에서도 6명이

부상을 입었다.

폭탄을 던진 사람은 트레비네에서 온 가브리노비치라는 조판공이었다. 암살 시도가 있은 후 페르디난트 대공은 차를 세우라고 지시했고 상황 파악을 한 다음 다시 차를 타고 시청으로 향했다. 시장을 필두로 시의회 의원들이 대공을 기다리고 있었다. 시장이 환영사를 막 시작하려는데 대공이 화를 내면서 연설을 가로막고는 이렇게 말했다.

"시장, 나는 너무 놀랐네. 사라예보를 방문했는데 누군가 폭탄을 던졌다네."

대공은 잠시 멈췄다가 말을 계속했다.

"이제 연설을 하게."

시장은 곧바로 환영사를 했고 대공은 그에 맞춰 적절하게 화답했다. 그때 누군가 대공에게 폭탄을 던졌다는 소식을 들은 군중은 "만세!"를 외치며 시청 안으로 몰려들었다.

대공은 시청을 둘러본 다음 군 병원을 방문하기 위해 출발했다. 조금 전 폭탄이 폭발하는 바람에 부상을 입은 모리치 대령이 이송된 곳이었다.

대공이 탄 자동차가 루돌프가의 모퉁이에 이르렀을 때였다. 나중에 자신을 가브릴로 프린치프라고 밝힌 한 청년이 대공을 향해 두 발의 총을 쏘았다. 첫 번째 총알은 공작부인의 배에 맞았고 두 번째 총알은 공작의 목에 맞았는데 경정맥을 관통했다. 공작부인은 그 자리에서 의식을 잃고 남편 무릎 위로 쓰러졌다. 대공도 의식을 잃었다.

대공 부처가 타고 있던 차량은 곧바로 시청으로 달려갔다. 군의관이 응급처치를 했지만 소용이 없었다. 대공 부처는 둘 다 숨을 거둔 뒤였고, 병원장이 할 수 있는 일이라고는 두 사람의 사망을 확인하는 것뿐이었다.

대공 부처를 향한 두 차례의 공격은 모두 보스니아인의 소행이었다.

HEIR TO AUSTRIA'S THRONE IS SLAIN
WITH HIS WIFE BY A BOSNIAN YOUTH
TO AVENGE SEIZURE OF HIS COUNTRY

Francis Ferdinand Shot
During State Visit
to Sarajevo.

TWO ATTACKS IN A DAY

Archduke Saves His Life First
Time by Knocking Aside a
Bomb Hurled at Auto.

SLAIN IN SECOND ATTEMPT

Lad Dashes at Car as the Royal
Couple Return from Town Hall
and Kills Both of Them.

LAID TO A SERVIAN PLOT

Heir Warned Not to Go to Bos-

Archduke Francis Ferdinand and his Consort the Duchess of Hohenberg
Slain by Assassin's Bullets.

1914년 6월 29일자 《뉴욕타임스》 1면 기사

가브리노비치는 조판공으로 베오그라드의 국영 인쇄소에서 잠시 일한 적이 있었다. 사라예보로 돌아왔을 때에는 과격한 세르비아 애국주의자가 되어 세르비아 국왕에 대한 지지를 공공연하게 드러냈다. 가브리노비치와 대공 부처를 실제로 암살한 가브릴로는 경찰서에서 자신들의 범행에 관해 진술할 때 아주 냉소적인 태도를 보였다.

대공 부처 암살을 빌미로 1차 세계대전이 시작되었다. 오스트리아-헝가리 제국의 지배에 반대하는 유고슬라비아 민족주의자인 19세의 암살자 가브릴로 프린치프는 1918년 감옥에서 사망했다.

간디가 힌두교도에게 살해되다,
인도 전체 충격에 빠져, 전 세계 애도의 물결
봄베이에서 폭동으로 15명 사망

— 로버트 트럼벌

모한다스 간디가 오늘 암살범의 총탄에 목숨을 잃었다. 암살범은 힌두교도로 약 1미터 거리에서 세 발의 총을 쏘았다.

이 격동의 땅에서 반목하는 집단을 끌어모으고 어느 정도 통합을 유지시켰던 78세의 간디는 오후 5시 15분 비를라 하우스를 지나 매일 기도회를 주관하던 정자로 가는 길에 총격을 당했다. 암살범은 그 자리에서 붙잡혔다. 푸나 지방에 사는 마라타족族인 36세의 나투람 비나야크 고드세라는 힌두교도였다. 푸나 지방은 간디의 이념에 반대하는 세력의 중심지였다.

간디는 총격을 받고 25분 만에 숨을 거뒀다. 그의 죽음으로 인도는 충격에 빠졌고, 이제 갓 독립한 상태에서 '마하트마(Mahatma, 위대한 스승)'를 잃은 나라가 앞으로 어디로 가게 될지 모두 당혹스러워했다.

간디의 사망으로 인구 3억의 인도는 갑작스럽게 갈림길에 섰다. 오늘 밤 수도 뉴델리에는 슬픔 속에 두려움과 불안의 암류가 흐르고 있었다. 인도의 평화에 가장 큰 영향을 미친다고 생각하는 인물이 사라졌기 때문이다.

간디 사망 소식이 전해지자 봄베이는 순식간에 폭동에 휩쓸렸다. AP통신의 보도에 따르면, 폭동으로 15명이 죽고 50명 넘게 다쳤다.

네루의 호소

판디트 자와할랄 네루 총리는 오늘 밤 라디오 연설에서 감정이 북받치는 듯한 목소리로 미래를 위해 합리적으로 대처하자고 호소했다. 네루 총리는 세상을 떠난 위대한 평화주의자를 기리면서 앞으로 인도에서 폭력을 추방해야 한다고 역설했다.

간디의 시신은 평소 바람대로 정통 힌두교식으로 화장될 예정이다. 간이 나무 침대에 안치된 그의 시신은 얇은 천에 덮인 채 내일 오전 11시 30분 뉴델리의 자택에서 출발한다. 장례 행렬은 뉴델리와 올드델리의 주요 거리를 전부 지난 다음 오후 4시쯤 성스러운 줌나 강변의 화장터에 도착할 것이다. 석가모니 이래 가장 위대한 인도인 간디는 얇은 천에 싸인 채 장작더미 위에서 화장될 것이다. 유해는 줌나강에 뿌려지고 성스러운 두 개의 강이 합류하는 힌두교 성지 알라하바드에서 갠지스강과 하나가 될 것이다.

간디의 소망을 반영한 이 소박한 장례 절차는 오늘 밤 네루 총리가 발표했다. 인도는 살아 있을 때와 마찬가지로 겸손한 힌두교도로서의 간디의 마지막 모습을 보게 될 것이다.

소식이 빠르게 퍼져 나가

간디가 힌두교와 이슬람 종파 간의 화해를 촉구하는 5일간의 단식을 끝낸 지 불과 5일 만에 발생한 이번 사건은 눈 깜짝할 사이에 뉴델리 전역에 알려졌다. 수천 명이 순식간에 백만장자 기업가 G. D. 비를라의 자택인 이곳 비를라 하우스에 모였다. 정세가 복잡한 뉴델리에 온 뒤로 간디가 조력자 6명과 함께 방문객으로서 머물던 곳이다.

사건 당시 간디는 저녁에 열릴 기도회에 가기 위해 정원을 지나면서 짧은 계단을 다 올라선 참이었다. 양옆에서 증손녀인 17살의 마누와 20살의 아바가 간디의 가느다란 팔을 부축하고 있었다.

그때 누군가 말을 걸어오자 간디는 뒤돌아보면서 기독교 신자가 기도하듯 손바닥을 마주 대고 손가락 끝을 턱에 대는 힌두교식 인사를 건넸다. 사람들이 간디가 지나갈 수 있도록 정자로 가는 길을 열어주었는데, 순간 군중 속에서 젊은 인도 청년이 튀어나와 간디에게 총을 쏘았다. 한 발은 간디의 가슴에 맞았고 두 발은 배에 맞았다. 총에 맞은 간디의 몸이 앞으로 기울어지는가 싶더니 이내 바닥으로 쓰러졌다. 증손녀 두 사람은 간디 옆에 주저앉아 울고 있었다.

충격을 받은 군중

목격자들에 따르면, 주위에 있던 약 500여 명에 이르는 군중은 충격에 빠졌다. 처음 1~2초가량은 아무런 비명이나 동요도 없었다. 그런 다음 분노해서가 아니라 너무 당황한 나머지 암살자를 밀어붙이기 시작했다.

암살자를 잡은 사람은 미국 매사추세츠주 랭카스터 출신의 톰 라이너였다. 그는 미 대사관 소속 부영사로 최근 인도에 왔다. 라이너 부영사는 암살범의 어깨를 움켜잡고 경찰관 몇 명이 서 있는 쪽으로 거칠게 떠밀었다. 그제야 사람들은 무슨 일이 벌어졌는지 알아차렸고, 간디가 기도할 예정이었던 정자 쪽으로 끌려가는 암살범에게 무차별적으로 주먹세례를 퍼부었다. 암살범이 끌려간 길에는 핏자국이 남아 있었다.

수행원들이 간디를 들어 올려 허름한 침실로 옮겼다. 그가 일하고 자면서 대부분의 시간을 보낸 곳이었다. 간디의 모습을 본 힌두교인 군중들은 가슴을 치면서 통곡하기 시작했다. 채 30분이 지나지 않아 간디의 수행원이 침실에서 나와 문 주위에 있는 사람들에게 말했다.

"바푸(Bapu, 아버지)가 돌아가셨습니다."

하지만 간디의 죽음은 오후 6시가 되어서야 라디오 방송을 통해 전국에 알려졌다.

암살범이 처형되다

한편 암살범은 경찰서로 연행되었다. 그는 푸나 지방에서 왔다고 말했다.

지금까지 간디를 암살하려는 시도가 총 세 차례 있었는데, 그중에서 첫 번째 시도는 1934년 6월 25일 푸나에서 있었던 것으로 알려졌다. 당시 간디가 탔다고 알려진 차에 누군가 폭탄을 던졌다. 푸나는 간디의 이념에 반대하는 정통 힌두교 극단주의 연맹의 중심지였다. 두 번째로 추정되는 암살 시도는 올해 1월 20일 간디가 사는 집의 정원에서 있었는데 누군가 조잡하게 만든 폭탄을 정원에 묻어두었다.

이번 암살 사건의 범인 고드세가 한 말은 외국 기자에게 "나는 결코 후회하지 않는다"라고 했던 한마디가 전부였다. 그는 힌두교도치고는 큰 몸집에 회색 바지와 파란색 스웨터, 카키색 부시재킷(아프리카 숲 지대에서 사냥할 때 입는 옷에서 비롯된 것으로 위아래 주머니가 4개 달린 겉옷—옮긴이)을 입고 있었다. 간디가 총격을 당한 후 인도 공군 상사 D. R. 싱이 암살범에게서 빼앗은 총에는 네 발의 총알이 남아 있었다.

　나무 침대에 누워 있던 간디가 죽기 전에 한 말은 물을 달라는 한마디 뿐이었다. 그는 죽기 전까지 대부분 의식이 없는 상태로 누워 있었다. 의사가 간디의 사망을 확인하자 수행원들은 눈물을 흘리며 힌두교 관습대로 간디의 얼굴 아래쪽 절반을 얇은 천으로 덮었다. 자리에 있던 여성들은 바닥에 앉아 힌두교 경전에 있는 글귀를 낭송했다.

　판디트 네루 총리가 현장에 도착한 시각은 6시였다. 그는 말없이 간디가 저격당한 장소를 살펴본 다음 비를라 하우스로 들어갔다. 잠시 후 비를라 하우스 정문에 서서 거리를 가득 메운 수천 명에게 대략적인 장례 절차를 설명했다. 총리의 목소리는 깊은 슬픔에 떨렸고, 군중 속에서 수백 명이 목 놓아 슬피 울었다.

　비를라 하우스의 출입구마다 수천 명의 조문객이 장사진을 이루었고 한동안 간디의 시신 옆을 지나갈 수 있게 허용했다. 그러다가 이 많은 사람이 다 오늘 밤 간디의 시신을 볼 수 없을 거란 점이 분명해지자 2층 발코니의 조명등 아래 간이침대로 옮겨 모든 사람이 간디의 모습을 모두 볼 수 있게 했다.

　간디의 머리맡에는 심지가 5개인 등불이 빛나고 있었다. 5개의 심지는 각각 공기, 빛, 물, 흙, 불을 상징한다. 힌두교 신앙에 따르면 등불은 간디의 시신뿐만 아니라 영혼도 영원히 밝혀 줄 것이다.

　판디트 네루 총리는 오늘 저녁 라디오 방송에서 간디에게 작별인사를 전했다. 그는 살짝 떨리는 목소리로 이렇게 말했다.

　"간디는 우리 곁을 떠났고 세상에는 온통 암흑만이 남았다. 우리나라의 국부國父는 이제 더 이상 존재하지 않는다. 이제는 우리가 조언을 구하고 위안을 얻기 위해 달려갈 사람이 없다. 이 나라의 수많은 사람들에게 불행하기 짝이 없는 일이다. 우리의 등불은 꺼졌지만, 이 나라를 비췄던 그 등불은 평범한 등불이 아니었다. 그 등불은 우리나라에서 앞으로도 천년 동안 꺼지지 않을 것이며 전 세계 사람들도 그 등불을 볼 수 있을 것이다. … 아, 이런 일이 생기다니 아직 할 일이 많이 남아 있는데."

네루 총리는 암살범에 관해 "미치광이라고 할 수밖에 없다"고 말했다. 그리고 평화의 정신을 새롭게 다져야 한다고 호소했다. 그것은 간디의 마지막 목표였다.

"그의 영혼이 우리를 보고 있다. 우리가 무분별하게 폭력을 행사하는 것만큼 그를 실망시키는 일도 없을 것이다. 이 충격적인 사건 앞에서 우리는 모든 사소한 충돌과 다툼을 끝내야만 한다…. 그의 죽음은 우리에게 중요한 것이 무엇인지 일깨워주었다."

간디를 암살한 힌두교 민족주의자 나투람 고드세는 재판정에서 힌두교도인 간디가 이슬람교도와 '한통속'이 되었다는 생각에 분노했다고 말했다. 고드세는 교수형을 선고받고 1949년 11월 15일에 처형되었다.

케네디 대통령, 댈러스에서
카퍼레이드 중 저격수에 피살
존슨 부통령, 전용기에서 대통령에 취임

– 톰 위커

존 피츠제럴드 케네디 대통령이 오늘 암살범이 쏜 총에 피살되었다. 케네디 대통령은 댈러스 시내에서 카퍼레이드를 하던 중 총격을 받아 뇌에 치명상을 입고 사망했다. 대통령의 차량에서 뒤로 세 번째 차량에 타고 있던 린든 베인스 존슨 부통령은 대통령이 사망한 뒤 99분 만에 36대 미국 대통령에 취임했다. 존슨은 55세이고 케네디는 46세였다.

암살 직후 댈러스 경찰이 암살범 리 하비 오즈월드를 검거했다. 그는 한때 소련으로 망명한 적이 있고 '쿠바를 위한 공정한 행동 위원회Fair Play for Cuba Committee'에서 활동한 전력이 있었다. 오즈월드는 오늘 밤 살인죄로 기소되었다.

몸싸움 끝에 용의자 검거

24세인 오즈월드의 죄목에는 거리에서 다가오는 경찰관을 살해한 죄도 포함되어 있었다. 그는 극장 인근에서 또 다른 경찰관과 난투극을 벌인 끝에 체포되었다.

케네디 대통령이 저격당한 시각은 중부 표준시로 오후 12시 30분이었다. 오후 1시에 케네디 대통령의 사망이 공식 발표되었고 오후 2시 39분에 존슨 부통령이 대통령직에 취임했다. 아무런 부상도 입지 않은 존슨은 댈러스 러브필드의 활주로에 서 있는 대통령 전용기에서 취임 선서를 했다. 케네디의 시신도 전용기에 실렸다. 존슨 대통령의 선서가 끝나자마자 전용기는 워싱턴을 향해 이륙했다.

새 대통령으로서 취임 선서를 하는 존슨 대통령 곁에는 존 F. 케네디 대통령의 영부인이 서 있었다. 영부인의 스타킹에는 남편의 피가 묻어 있었다. 총격 당시 케네디 대통령과 같은 차에 타고 있던 존 코널리 주니어 텍사스 주지사는 가슴과 늑골, 팔에 중상을 입었다.

저격수는 카퍼레이드가 지나가는 도롯가에 서 있는 건물에서 총을 쏘았다. 케네디 대통령과 코널리 주지사, 존슨 부통령이 댈러스 도심에 모인 군중에게 열렬한 환영을 받은 직후였다. 목격자들은 3차례의 총격이 있었다고 말했는데, 케네디 대통령은 그중에서 첫 번째 탄환에 맞은 듯했다. 댈러스 파크랜드 병원으로 급히 이송되었지만, 병원 응급수술실에서 의식을 회복하지 못하고 결국 숨을 거두었다.

케네디 대통령과 코널리 주지사가 탄 차량에는 케네디 여사와 코널리 여사, 경호원 1명이 함께 타고 있었다. 그리고 경호원 2명이 차량 양옆을 지키고 있었다. 그중에서 총에 맞은 사람은 케네디 대통령과 코널리 주지사뿐이었다. 케네디 여사는 남편이 총격을 받는 순간 "안돼!"라고 소리를 질렀다. 케네디 여사는 케네디 대통령이 병원에서 숨을 거둘 때 가까이 있었지만, 수술실까지 따라 들어가지는 않았다. 오후 2시. 대통령의 시신이 청동 관에 실려 병원을 빠져나올 때 옆에서 함께 걸었다.

케네디 여사의 얼굴에는 슬픔이 가득했다. 시종일관 고개를 숙이고 있었다. 포트워스와 댈러스에서 사람들의 환영을 받을 때 입고 있던 라즈베리 색상의 정장 차림 그대로였다. 하지만 그날 아침부터 옷에 맞춰 쓰고 있던 필박스 모자(챙이 없는 고전적인 여성 모자―옮긴이)는 쓰지 않았다. 검은 머리가 헝클어진 채 바람에 휘날리고 있었다. 케네디 여사는 남편의 관이 대기 중인 영구차로 옮겨지는 동안 관 위에 한 손을 살짝 올렸다.

케네디 여사는 영구차에 올라 관 옆에 앉았다. 영구차는 러브필드의 활주로로 향했고 케네디의 시신은 대통령 전용기에 실렸다. 케네디 여사는 비행기 안에서 존슨 부통령의 대통령 취임식에 참석했다.

신부들이 종부성사를 하다

신부 두 사람이 천주교 신자였던 케네디 대통령에게 종부성사(죽어가는 신자에게 마지막으로 행하는 의식―옮긴이)를 했다. 댈러스 홀리트리니티 교회의 오스카 후버 주임신부와 제임스 톰슨 신부였다.

존슨 부통령은 세라 휴즈 텍사스 북구 연방법원 판사 앞에서 대통령 취임 선서를 했다. 케네디 여사를 기다리느라 5분 정도 지체된 취임식은 전용기 뒤쪽의 대통령 전용실에서 진행되었다. 좁은 대통령 전용실은 약 25~30명의 인원으로 붐볐다. 케네디 대통령의 수행원들, 이틀간의 텍사스 방문에 대통령과 함께했던 의회 의원들과 기자들이었다.

케네디 여사는 존슨 부통령 왼쪽에 섰다. 병원에서 나온 다음부터 감정을 추스를 수 없었던지 눈과 얼굴에는 통곡의 흔적이 역력했다. 존슨 부인은 남편의 오른쪽에 섰다. 간략하게 취임 선서를 읽는 휴즈 판사의 눈도 눈물 때문에 붉게 충혈되어 있었다. 존슨 대통령은 검은 가죽 표지로 된 성경책에 손을 올린 채, 휴즈 판사가 읽는 취임 선서를 따라 했다. "나는 최선을 다해 미국 대통령의 임무를 수행하고 미국 헌법을 지키고 보호하고 보존할 것을 엄숙히 선서한다."

어릴 적 농장 소년이었고 텍사스 존슨시티에서 교편을 잡기도 했던 린든 베인스 존슨은 그렇게 대통령 선서를 통해 미국 대통령이 되었다.

존슨 대통령 케네디 여사를 안아줘

존슨 대통령은 연설을 하지 않았다. 케네디 여사를 안아주었고 케네디 여사는 한동안 존슨 대통령의 손을 잡고 있었다. 존슨 대통령은 아내와 케네디 전 대통령의 보좌관인 이블린 링컨 부인도 안아주었다.

존슨 대통령이 말했다. "자, 워싱턴으로 돌아갑시다."

오후 2시 46분, 대통령 전용기가 워싱턴을 향해 날아올랐다. 존슨 대통령이 취임한 지 7분 만이자, 케네디 전 대통령이 미국 대통령으로는 네 번째로 암살당한 지 106분 만의 일이었다. 케네디 전 대통령의 수행원들은 충격에 빠져 망연자실한 모습이었다. 특히 오랫동안 함께 일했던 로렌스 오브라이언 의회 연락관과 케네스 오도넬 일정 담당 비서의 얼굴은 눈물범벅이었다. 다들 아무 말도 하지 않았다.

존슨 대통령이 선서할 때 대통령 전용실에 함께 있던 수행원 중에는 데이비드 파우어스 백악관 접객 담당자와 파멜라 터너 케네디 여사 공보비서, 맬컴 킬더프 백악관 부副공보비서 등이 있었다. 킬더프 부공보비서는 오후 1시 36분경 충혈된 눈으로 힘겹게 케네디 대통령의 사망

카퍼레이드 중인 케네디 대통령, 재클린 케네디 영부인, 존 코널리 텍사스 주지사 부부.
1963년 11월 22일, 댈러스에서 케네디 대통령이 총격을 받기 1분 전의 모습이다.

소식을 전한 사람이었다. 그는 병원에서 "존 F. 케네디 대통령이 오늘
이곳 댈러스에서 중부 표준시로 1시경에 사망했다. 대통령의 사인은 머
리에 난 총상이다. 대통령 암살과 관련해서 더 자세한 사항은 아직 모른
다"고 했다. 그리고 코널리 텍사스 주지사도 한 발, 혹은 한 발 이상의 총
알을 맞았으며 당시 아직 대통령 선서 전이었던 존슨 부통령은 모처에
서 경호원들의 보호를 받고 있다고 했다.

킬더프 부공보비서는 대통령이 한 차례 총격을 당했다고 밝혔다. 나
중에 병원에서는 대통령이 입은 총상이 두 군데일 수도 있다고 발표했
다. 하지만 치명상은 머리에 입은 커다란 상처가 분명해 보였다. 그날 오
후 늦게 파크랜드 병원의 담당의 맬컴 페리 박사와 신경외과 과장 켐프

클라크가 더 자세한 소식을 전했다. 케네디 대통령은 목 울대뼈 바로 밑에 총상을 입었으며 그쪽으로 총알이 처음 들어간 것 같다고 말했다.

또한 케네디 대통령은 뒤통수에도 큰 상처가 있었고 머리 오른쪽에도 상처가 있었다. 하지만 의사들은 그 상처들이 한두 개의 총알로 생긴 것인지 그 자리에서 판단할 수는 없다고 말했다.

긴급 소생술이 시도되다

맨 처음 대통령을 치료했던 페리 박사는 산소 공급 및 마취, 기도 삽관, 기관 절개, 혈액과 수액 공급 등 여러 가지 소생술을 시도했다고 밝혔다. 심장박동을 측정하기 위해 심전도계도 부착했다.

클라크 박사가 호출을 받고 1~2분 만에 도착했을 때, 페리 박사는 케네디 대통령의 죽음이 임박했다고 말했다. 클라크 박사는 케네디 대통령을 보고 첫눈에 소생이 불가하다고 결론 내렸다.

"대통령이 치명상을 입었다는 것은 분명해보였다. 총알이 머리로 들어갔다가 머리 뒤로 빠져나가면서 상처를 입혔고 뇌조직도 손실되었다."

클라크 박사는 호출을 받고 도착한 직후 "심전도계에 심장박동이 잡히지 않는다"고 말했다.

수술실에서의 40분

의료진에 따르면, 케네디 대통령이 병원 수술대에 누워 있던 시간은 40분 정도였다. 막판에는 1번 수술실에 들어온 의사의 수가 8명에 육박했으나 대통령은 끝내 수술실에서 숨을 거두었다. 공식 사망시각은 오후 1시였다.

나중에 케네디 대통령이 실제로는 현장에서 즉사했다는 미확인 보도가 나오기도 했다. 발언의 당사자인 병원 외과과장이자 텍사스 사우스웨스트 의과대학교의 외과 교수인 톰 샤이어 박사는 이렇게 말했다.

"의학적으로 케네디 대통령은 병원에 도착했을 때 살아 있지 않았던 것이 분명하다. 두말할 것 없이 머리의 상처가 치명상이었다. 하지만 기술적으로 강력한 소생술과 기도 삽관, 온갖 보조 요법을 사용해서 심장이 뛰는 것처럼 보이게 할 수는 있다."

샤이어 박사는 케네디 대통령이 저격당한 직후만 해도 말을 "할 수 있었을 것"이라며 "본인이 무엇에 맞았는지는 알 수 없었을 것으로 확신한다"고 말했다. 샤이어 박사는 파크랜드 병원 현장에 없었으며, 그의 발언은 당시 병원에서 대통령을 치료했던 의사들이 참석한 학회에 갔다가 학회가 끝난 다음 나온 것이다.

첫 총성이 울렸을 때의 자세한 상황은 알려진 것이 없었다. 그때 대통령이 탄 차의 속도는 시속 40킬로미터 정도였다.

케네디 대통령 부처가 조찬 모임에서 환영받다

사건 당일, 케네디 대통령은 포트워스에서 일정을 시작했다. 먼저 어느 주차장에서 연설한 다음 상공회의소 조찬 모임에서 또 한 차례 연설을 했다. 케네디 여사에게 환호가 쏟아졌던 상공회의소 조찬 모임 연설은 특히나 성공적이었다.

그후 코널리 주지사 부처를 포함한 대통령 일행은 비행기에 올라 8분 거리의 댈러스로 갔다. 대통령과 부통령이 동시에 사고를 당하는 일이 없도록 따로 이동하는 관례에 따라 존슨 부통령은 별도의 비행기를 타고 갔다.

러브필드에서 케네디 대통령 부처는 울타리 너머에 줄지어 선 채 열광하는 사람들과 악수를 나누었다. 그런 다음 케네디 대통령은 카퍼레이드 선두에 선 링컨 컨버터블에 올랐다. 대통령은 뒷좌석 오른쪽에 앉았고 케네디 여사는 왼쪽에 앉았다. 케네디 여사는 남편과 함께 한 첫 정치 행사를 즐기는 듯했다.

케네디 대통령 바로 앞에는 코널리 주지사가 앉았고 그 왼쪽에 코널리 여사가 앉았다. 경호원이 차량을 운전했고 다른 경호원 2명이 양옆에서 차량을 따라 달렸다. 대통령 차량 바로 뒤의 오픈카에는 경호원들이, 그 뒤의 오픈카에는 존슨 부통령 부처와 랠프 야버러 텍사스주 민주당 상원의원이 타고 있었다.

카퍼레이드는 댈러스 도심의 대형 도매센터인 머천다이즈 마트까지 이어지는 약 16킬로미터의 도로를 따라 진행되었다. 케네디 대통령은 댈러스 주요 인사들과의 오찬 모임에서 연설할 예정이었다.

댈러스 시내에 모인 군중은 환호성을 지르며 대통령을 열렬히 환영했다. 군중의 수는 보수의 중심지인 댈러스에서는 이례적일 정도로 많았다. 민주당 소속 정치인 애들레이 스티븐슨이 여기서 우파 군중에게 공격당한 것이 불과 한 달 전이었다. 카퍼레이드가 거의 끝나갈 무렵 대통령의 차량이 빽빽하게 둘러선 군중을 뚫고 나와 머천다이즈 마트에서 가까운 스테먼스 고속도로 쪽으로 이동했다. 코널리 여사는 훗날 그때를 회상하면서 "우리는 댈러스 도심에서 시민들의 환영을 받고 기분이 아주 좋았다"고 말했다.

세 도로의 밑을 지나는 지하도에 가까워지다

카퍼레이드에서 선두에 선 3대의 차량 뒤로는 텍사스와 댈러스의 고위 인사들이 탄 차량과 기자들이 탄 버스 2대, 사진기자를 비롯한 다른 기자들이 탄 오픈카 3~4대, 백악관 직원들이 탄 버스가 줄지어 달리고 있었다.

코널리 여사가 기억해낸 바로는 케네디 대통령이 탄 차가 엘름가와 커머스가, 메인가 등 세 도로의 밑을 지나는 지하도에 막 진입하려는 순간 첫 번째 총성이 울렸다고 한다. 그 총탄에 케네디 대통령이 맞았던 것 같다. 코널리 주지사가 대통령을 돌아보는 순간 또 한 발이 날아와 케네디 대통령의 가슴에 명중했다.

댈러스 주민 메리 노먼은 그 당시 길가에 서서 카메라로 케네디 대통령을 찍고 있었다. 노먼의 눈에 대통령의 몸이 앞으로 기울더니 이내 쓰러지는 모습이 보였다. 노먼은 나중에 이야기했듯 그 순간 이렇게 소리를 질렀다. "세상에! 대통령이 총에 맞았어요!"

코널리 여사는 케네디 여사가 손을 뻗어 쓰러지는 대통령의 몸을 붙잡았다고 말했다. 그때 코널리 여사는 남편의 목을 끌어안았다. 코널리 여사는 케네디 여사와 함께 몸을 수그렸으며 이내 자동차가 속도를 높여 달리기 시작했다고 말했다.

버스에 타고 있던 기자들은 거리가 너무 멀어서 총격 장면을 보지 못했지만, 카퍼레이드를 호위하는 경찰들의 오토바이가 급히 속도를 내서 앞으로 달려가는 모습을 보았다. 그것은 대통령이 탄 차량이 속도를 내서 달려간다는 의미였다. 하지만 기자들은 몇 분 후 머천다이즈 마트에 도착하기 전까지는 중대한 사건이 벌어졌다는 것을 알지 못했다.

트레이드 마트에 소문이 퍼지다

총격 사건에 대한 소문은 오찬 모임장에 모인 수백 명의 사람에게 이미 퍼진 뒤였다. 백악관 직원이나 경호원들이 없었지만, 기자들은 소문을 듣고 즉시 파크랜드 병원으로 향했다. 기자들은 병원에서 충격으로 하얗게 질린 채 겁먹은 모습의 야버러 상원의원과 마주쳤다.

야버러 의원은 총탄이 자신이 탄 세 번째 자동차를 기준으로 오른쪽 뒤편에서 날아온 것 같다고 말했다. 또 다른 목격자인 멜 크라우치 댈러스 텔레비전 기자는 총성이 울렸을 때 텍사스 공립학교 교과서 보관소의 5층 혹은 6층 창문에서 소총의 총신이 나왔다가 들어가는 것을 보았다고 말했다. 그 건물은 주정부 소유로 엘름가에 있으며 카퍼레이드가 지나가는 도로의 오른편에 있었다.

야버러 의원은 첫 번째와 두 번째 총성 사이에 약간 시간 간격이 있었고 두 번째와 세 번째 총성 사이에는 간격이 좀 더 길었다고 말했다. 야버러 의원과 같은 차를 타고 있던 경호원은 존슨 부통령 부처에게 차문 높이보다 더 낮게 몸을 숙이라고 주문했다. 카퍼레이드의 선두에 있던 차들은 속도를 높여 고속도로를 통해 파크랜드 병원으로 달렸다.

야버러 의원은 "자동차의 속도가 빨라지는 것을 보고 뭔가 끔찍한 일이 생겼다는 것을 알았다"고 말했다. 그리고 머리를 들어보니 앞자리에 타고 있던 경호원이 주먹으로 자동차를 치는 모습이 보였는데, 사고가 터진 것에 크게 낙담하며 괴로워하는 것 같았다고 했다.

케네디 여사의 반응

케네디 여사와 대화하는 사람은 백악관 직원들뿐이었다. 댈러스에 사는 의대생인 데이비드 에드워즈는 파크랜드 병원에서 남편의 소식을 기다리는 케네디 여사를 보았다면서 "눈을 보았는데 덫에 걸린 동물, 작은 토끼 같았다"며 "당찬 모습이었지만 눈에는 두려움이 서려 있었다"고 말했다. 보도에 따르면 클라크 박사가 케네디 여사에게 남편의 죽음을 알렸다고 한다.

처음 케네디 대통령을 태우고 온 리무진이 멈춰선 곳은 파크랜드 병원의 응급실 입구였다. 그때쯤 기자들도 병원에 도착했기 때문에 경찰이 리무진에 바짝 붙어 사람들의 접근을 막았다. 차 옆에 물통이 있었던 것을 보면 뒷좌석을 청소한 것 같았다.

카퍼레이드의 선두 차량 근처에서 차를 타고 함께 달렸던 ABC 방송의 로버트 클라크 기자는 응급실로 들어가는 대통령이 전혀 움직이지 않았으며 겉옷과 셔츠 앞부분, 그리고 몸에 피가 많이 묻어 있었다고 전했다. 자동차가 멈췄을 때 케네디 여사는 남편 위로 몸을 숙이고 있었고, 대통령이 들것에 실려 응급실로 들어가는 동안 자신도 옆에서 따라 들어갔다는 것이 클라크 기자의 말이었다. 코널리 주지사도 들것에 실려 병원으로 들어갔다고 한다.

목격자가 총격 상황을 설명

오늘 이곳 TV와 인터뷰한 신원 미상의 댈러스 주민은 대통령에게 손을 흔들고 있는데 총성이 울렸다고 했다. 대통령이 총 두 발을 맞았다는 것이 그의 말이었다. 메리 노먼의 말대로 첫발을 맞고 대통령의 몸이 앞으로 기울어졌고, 다시 한 발을 맞고 쓰러진 것이다. "두 번째 총알을 맞고 그대로 쓰러진 것 같았다"고 주민은 말했다.

파크랜드 병원에서 4시간 동안 수술을 받은 코널리 주지사의 상태는 양호한 것으로 알려졌다. 흉부외과 전문의 로버트 쇼 박사가 왼쪽 가슴에 총상을 입은 코널리 주지사의 수술을 집도했다. 나중에 쇼 박사는 코널리 주지사가 등쪽 어깨뼈 바로 밑에 총을 맞았으며 총알이 가슴을 관통했다고 밝혔다. 그 총알은 다시 오른쪽 손목을 관통한 다음 왼쪽 허벅지에 박혔다.

이례적이었던 케네디 여사의 동행

케네디 여사가 남편의 죽음을 머리맡에서 지킬 수 있었던 것은 이례적으로 남편과 동행한 덕분이었다. 그전까지는 국내 일정에 동행한 적이 별로 없었고 정치적인 일로 함께 다닌 적은 그야말로 거의 없었다.

케네디 대통령의 이번 텍사스 순방은 정치적인 모양새를 띠었지만, 실제 공개적인 정치 활동은 기금 마련을 위해 오스틴의 주 의사당에서 열린 만찬회에서 연설한 것이 유일했다. 케네디 대통령은 텍사스주를 방문하면서 1960년 가까스로 승리했던 이 중요한 선거구에서 자신의 정치적 영향력을 높이고 텍사스주 민주당원들의 내부 갈등도 해결할 생각이었다.

오늘 오전 8시 45분, 케네디 대통령은 지난밤에 묵었던 포트워스의 텍사스 호텔을 나와 길 건너 주차장에 모인 군중 앞에서 연설했다. 케네디 여사가 곁에 없어서 사람들이 다소 실망하는 기색이었다. 케네디 대통령은 "아내는 일하는 중"이라며 "일이 좀 길어지는 것 같긴 하지만, 우리와 다르게 일할 때 기운이 솟는 사람"이라고 부드럽게 말했다.

케네디 여사는 포트워스 상공회의소 조찬 모임에 느지막이 모습을 드러냈다. 케네디 대통령은 그녀의 존재감에 관해 다시 언급했다.

"2년 전 파리에 갔을 때 케네디 여사의 동행인이라고 자기 소개를 한 적이 있다. 텍사스를 여행하다보니 그때와 비슷한 기분이다. 나와 존슨 부통령이 어떻게 차려입었는지 궁금해 하는 사람은 아무도 없다."

케네디 대통령은 결국 머천다이즈 마트의 오찬 모임에서 연설하지 못했다. 최근 그가 몰두해 있는 문제와 우익 보수주의가 지배하고 있는 이 도시 사람들의 관심사에 대해 논의할 생각이었다.

케네디 대통령은 그곳에서 이런 말이 들린다고 말했다.

"현실과는 너무나 동떨어진, 60년대의 현실에 전혀 맞지 않는 주장이다. 무기 없이 협상만으로 충분하고, 독설을 퍼부으면 승리한 것이나 다름없으며, 침묵은 곧 나약함이라는 주장 말이다."

케네디 대통령의 말은 계속되었다.

"우리 경제에 부담을 주는 국가 부채가 꾸준히 감소하고 있는데, 그들은 국가 부채가 국가 안보에 가장 큰 위협이라고 말한다. 인구 천 명당 연방 공무원의 수도 꾸준히 줄어들고 있는데, 공무원 수가 적국의 군인 수보다 훨씬 더 많다면서 두려워한다.

10년 전에나 통할 법한 말을 하는 사람들이 '미국 국민에게 합리적인 말을 할 것'이라 기대할 수는 없다. 하지만 터무니없는 말에 귀 기울이는 사람은 갈수록 줄어들 것이다. 그리고 미국이 부채 때문에 망한다거나 국방에 신경을 쓰지 않는다는 말은 그야말로 헛소리에 불과하다."

케네디를 암살한 리 하비 오즈월드는 이틀 후 카운티 교도소로 이송되던 중 댈러스의 나이트 클럽 주인 잭 루비가 쏜 총에 맞아 사망했다. 케네디 암살이 오즈월드의 단독 범행이었는지를 두고 음모론자들은 수십 년간 논쟁을 벌였다.

맬컴 엑스,
집회 도중 총격을 받고 사망

– 피터 키스

과격 흑인 민족주의 운동의 지도자인 39세의 맬컴 엑스가 어제 오후 워싱턴 하이츠의 한 대연회장에서 지지자들과 집회를 하던 중 총격을 받고 사망했다.

자정이 되기 직전, 22세의 흑인 토머스 헤이건이 범인으로 지목되었다. 경찰은 연회장의 군중 속에서 총에 맞은 채 폭행당하던 헤이건을 구조했다.

텁수룩한 수염의 극단주의자 맬컴이 몇 마디 인사말을 건네는 순간 연쇄적인 총성이 들렸으며, 맬컴은 총을 맞고 뒤로 쓰러졌다. 166번가와 브로드웨이에 있으며 당시 400여 명의 흑인이 모였던 오듀본 대연회장은 순식간에 아수라장으로 변했다. 남녀, 아이들 할 것 없이 모두 탁자 밑에 들어가 바닥에 몸을 납작 엎드렸고 그런 와중에 몇 발의 총성이

1964년 3월 12일, 뉴욕에서 기자회견 중인 맬컴 엑스

더 울렸다. 목격자들은 30여 발의 총성이 들렸다고 말했다.

3개의 총이 불을 뿜다

경찰은 맬컴 엑스가 모두 일곱 발의 총알을 맞았다고 전했다. 다른 흑인 3명도 총격을 받았다. 약 2시간 후, 경찰은 총격이 맬컴 엑스의 추종자와 '블랙 무슬림Black Muslim' 단원 간의 불화에서 비롯된 것 같다고 발표했다. 블랙 무슬림은 맬컴이 지난해 결별한 극단주의 단체다. 경찰은 범인인 헤이건이 이슬람교도인지는 밝히지 않았다.

검시관 사무실에서는 오늘 아침 일찍 예비 부검을 한 결과 맬컴의 사인이 "복수의 총상"이라고 발표했다. 그리고 시신에서 구경이 다른 두 종류의 총알과 산탄총 탄알이 나왔다고 전했다. 경찰은 이번 사건에 가담한 공모자가 최대 5명에 이르며 2명은 주의를 다른 곳으로 돌리기 위해 방해공작을 펴고 있다고 밝혔다.

헤이건은 왼쪽 허벅지에 총을 맞고 왼쪽 다리가 부러졌는데 발길질을 당한 것 같았다. 지난밤 벨레뷰 병원의 죄수 병동에서 치료를 받았으며, 병원 관계자에 따르면 경찰 십여 명이 지키고 있다. 경찰이 헤이건의 주머니에서 발견한 탄창에는 사용하지 않은 45구경 탄환 네 발이 들어 있었다.

워싱턴 북부 경찰을 지휘하는 해리 테일러 부경감이 집회 참가자인 것 같다고 밝힌 2명의 흑인도 총상을 입었다. 한 사람은 윌리엄 해리스로 복부에 총을 맞아 중상을 입었고, 또 다른 사람은 윌리엄 파커로 발에 총을 맞았다. 두 사람 모두 대연회장 근처에 있는 컬럼비아대학병원으로 이송되었다.

뉴욕 경찰 사회공헌국의 폴 글레이저 국장은 오늘 새벽 헤이건이 개머리판과 총신을 짧게 개조한 2연발식 산탄총으로 맬컴 엑스를 살해했다고 발표했다.

호리호리한 몸과 불그스름한 머리에 180센티미터가 넘는 장신이며 백인이 흑인을 착취한다는 신랄한 연설에 뛰어났던 맬컴은 일라이자 무함마드가 이끄는 단체로 '이슬람 국가Nation of Islam'라고도 불리는 블랙 무슬림과 1964년 결별했다.

대연회장 무대 뒤에서는 12구경 산탄총으로 밝혀진 총기가 회색 남성 재킷에 싸인 채 발견되었다. 글레이저 국장은 헤이건이 맬컴을 향해 총을 쏠 때 맬컴의 추종자인 루벤 프랜시스가 45구경 자동권총을 꺼내 헤이건의 다리를 쏘았다고 발표했다. 브롱크스의 이스트 179번가에 사는 33세의 프랜시스는 중범죄 행위 및 설리번법(총기 소유를 제한하는 뉴욕주의 법률—옮긴이) 위반으로 기소되었다.

경찰은 오늘 아침 연방수사국FBI의 사건 기록에 있는 헤이건의 본명이 '탈마지 헤이어'라고 밝혔다. 거주지는 뉴저지주 패터슨시 마샬가였고, 1963년 11월 7일 뉴저지주 동북부 퍼세이크시에서 장물 소지 혐의로 체포된 전력이 있었다.

중앙 경찰국의 샌퍼드 개얼릭 부경감은 오후 5시에 "이번 사건은 우리가 보기에 일라이자 무함마드 추종자, 그리고 그와 결별하고 맬컴 엑스를 중심으로 뭉친 사람들 간의 오랜 불화에서 비롯된 것으로 보인다"고 발표했다.

오후 7시 30분, 필립 월시 형사반장은 "조사에 많은 시간이 걸릴 것"이라고 내다보았다.

이슬람교도들이 사건 개입을 부정하다

블랙 무슬림의 뉴욕지부 대변인 제임스 엑스는 이번 사건과 블랙 무슬림은 아무 관련이 없다는 입장을 발표했다.

암살 사건이 일어나기 불과 한 주 전에는 맬컴의 자택인 퀸스의 이스트 엘름허스트에 있는 작은 벽돌집에서 폭발물이 터졌다. 제임스 엑스는 맬컴이 "사람들의 이목을 끌기 위해" 자작극을 벌였을 수도 있다고 말했다.

주 의회 의원으로 맬컴의 변호인인 퍼시 서튼은 피살된 맬컴 엑스가 어제 집회에서 "폭발물로 자신을 죽이려했던 사람들의 이름"을 공개할 예정이었다고 밝혔다. 이어서 맬컴이 "생명에 위협을 느껴서" 권총을 갖고 다녔으며 허가증이 없지만 총기를 소지하고 있다는 사실을 경찰에도 통보했다고 덧붙였다. 하지만 테일러 부경감은 맬컴이 총격을 받을 당시에는 무기를 소지하지 않았다고 밝혔다.

월시 형사반장은 맬컴을 "보호하기 위해 고려할 수 있는 모든 조치가 적절하게 취해졌다"고 생각하며 "이와 관련해서 우리가 여러 방안을 맬컴 측에 요청했지만 모두 거절당했다"고 말했다.

글레이저 국장은 1월 27일부터 일곱 차례에 걸쳐 맬컴에게 경찰의 신변 보호를 받으라고 제안했지만, 번번이 거절당했다고 말했다.

맬컴의 발언에 비난 쏟아져

맬컴이 블랙 무슬림과 결별하게 된 배경에는 케네디 대통령 암살에 관한 발언이 있다. 맬컴은 그 사건을 두고 "자업자득"이라며 백인이 흑인에게 폭력을 사용했기 때문에 그런 일이 생겼다고 말했다. 맬컴의 발언에 엄청난 비난이 쏟아지자 일라이자 무함마드는 맬컴에게 정직 처분을 내렸고 맬컴은 독자적인 단체를 조직하기 시작했다.

일라이자 무함마드가 이끄는 이슬람 국가에서는 집회를 할 때 참석자들의 무기 소지 여부를 확인하기 위해 몸수색을 했다. 반면, 맬컴의 새로운 조직에서는 자기방어를 강조하면서 무기 사용을 허용했다. 그래서 맬컴의 조직인 '아프리카계 미국인 연합기구OAAU, Organization of Afro-American Unity'의 정규 일요집회였던 어제 몸수색이 없었다. 백인은 참석이 금지되었다.

오듀본 대연회장은 웨스트 166번가와 브로드웨이, 성 니콜라스가 사이에 있는 2층 건물에 있다. 집회는 오후 2시 30분에 2층에 있는 대연회장에서 열렸고, 연회장에는 의자 400개가 설치되었으며 양쪽 끝으로 두 개의 통로가 마련되었다.

"목숨을 바칠 사람이다"

목격자들은 맬컴보다 앞서 연설한 인사 중 한 사람이 "맬컴은 여러분을 위해 목숨을 바칠 사람"이라고 단언했다고 전했다.

맬컴이 소개될 때 맨 앞줄에 앉아 있었다는 WMCA 방송국의 진 심슨 기자는 맬컴이 '평화가 함께 하기를'이라는 뜻의 '살람 알레이쿰Salaam aleikum'이라는 전통 아랍식 인사말을 건넸다고 했다.

"청중들은 '알레이쿰 살람'이라고 대답했다. 그런 다음 여덟 번째 정도 뒷줄에서 소동이 벌어졌다. 다들 뒤를 돌아보았고 나도 그랬다. 그때 맬컴이 '자, 진정하세요. 흥분하지 마세요'라고 말했다. 그때 작은 총소리가 들렸다. 맬컴은 손을 들어 올린 상태로 총에 맞은 다음 뒤에 놓인 의자 위로 쓰러졌다. 다들 비명을 질렀고 어떤 사람이 내 뒷자리에 놓여 있는 코트 밑에서 총을 꺼내 쏘는 모습이 보였다. 그 사람은 마치 서부의 총잡이처럼 총을 쏘고 있었다. 뒤쪽 문을 향해 달리면서 계속 총을 쐈다."

맬컴의 조직원이라고 밝힌 19살의 샤론 식스 엑스 샤바즈는 "맬컴이 '형제자매들'이라고 말하는데 연회장 뒤에서 소동이 벌어졌다"며 "술에 취해 소란을 피우는 것으로 생각했다"고 말했다. 샤바즈는 그때 누군가 무대로 달려간 다음 큰 소리가 났고 맬컴의 얼굴에서 피를 보았다고 했다. "그러자 다들 비명을 지르면서 뛰기 시작했고 맬컴은 쓰러졌다. 가슴에서도 피가 흘렀다."

당시 연회장에 있었던 UPI통신의 스탠리 스콧 기자는 입장하기 전 맬컴의 한 부관에게 "당신은 흑인이므로 원한다면 시민 자격으로 입장할 수 있다. 하지만 기자 신분증을 달아서는 안 된다"는 경고를 들었다고 밝혔다. 스콧 기자는 맬컴이 단상으로 걸어가 몇 마디 말한 다음 "연회장 뒤쪽에서 실랑이가 벌어졌다. 암살범을 보지 못하도록 사람들의 시선을 다른 곳으로 돌릴 목적이었을 것이다"라고 보도했다.

"총성이 크게 울렸다." 스콧 기자가 말했다. "너나 할 것 없이 뛰어다니면서 몸을 숨기느라 바빴다. 다들 바닥에 납작 엎드리거나 탁자 밑으로 몸을 숙였다. 청중 속에 있던 맬컴의 부인 베티는 뛰어다니면서 발작하듯 '저 사람들이 내 남편을 죽이려고 해요!'라고 소리쳤다."

검은 펠트 모자를 썼으며 자신이 정식 간호사라고만 밝힌 한 여성은 "두 남자가 무대로 뛰어가면서 코트 밑으로 총을 쏘았다"고 했다.

무대로 달려가다

그 여성 간호사는 이렇게 말했다.

"총격이 계속되고 있는 동안에도 나는 무대 쪽으로 달려갔다. 어떻게 무대 위로 올라갔는지 모르겠지만, 맬컴으로 보이는 사람 위로 몸을 던졌다. 그런데 그는 맬컴이 아니었다. 나는 기꺼이 그를 위해 죽을 생각이었다. 총에 맞을 수도 있는 상황이었다. 그때 맬컴이 보였다. 총격은 멈춘 상태였다. 맬컴에게 인공호흡을 시도했다. 그때 이미 맬컴은 숨이 끊어진 것 같았다."

몇 발의 총성이 울렸는지는 목격자들 사이에서도 의견이 분분했다. 서른 발이라고 말하는 사람도 있었다. 테일러 부경감은 여덟 발 정도로 추정했다. 맬컴은 가슴에 여섯 발, 턱에 한 발을 맞았다. 그중 몇 발은 맬컴이 서 있던 단상을 뚫고 와서 박힌 것이었다.

순찰차에 타고 있었던 앨빈 애러노프 경사와 루이스 안젤로스 순찰 경관은 총성을 직접 들었다. 애러노프 경사는 안젤로스 경관과 함께 대연회장에 도착했을 때 몇몇 사람이 연회장 밖으로 달려 나왔다고 했다. 그 뒤로 150여 명이 달려 나왔는데 그중 상당수가 헤이건을 구타하고 있었다.

그때 헤이건은 "총에 맞았어요, 살려 주세요!"라고 소리쳤다. 애러노프 경사는 사람들을 말리기 위해 허공에 경고사격을 한 다음 헤이건을 순찰차에 밀어 넣고 워즈워스가에 있는 경찰서로 향했다. 경찰서에서 헤이건을 다시 유대교 기념 병원으로 데려간 다음 나중에 벨레뷰 병원의 죄수 병동으로 이송했다. 애러노프 경사는 "순찰차 안에서 헤이건의 주머니를 뒤지다가 사용하지 않은 4개의 45구경 탄알을 찾아냈다"고 밝혔다.

맬컴은 들것에 실려 한 블록 위쪽인 브로드웨이 167번가에 있는 밴더빌트 클리닉 응급실로 이송되었다. 밴더빌트 클리닉이 소속된 컬럼비아대학병원의 대변인은 맬컴이 병원 건물 3층의 응급 수술실에 도착한 시간이 오후 3시 15분경이었다고 말했다. 한 팀의 의사들이 맬컴의 가슴을 열고 심장 마사지를 시도했지만 "죽었거나 죽은 것이나 다름없는 상태"였다고 대변인은 말했다. 오후 3시 30분에 의사들은 소생술을 중단했다. 대변인은 "여러분이 맬컴 엑스로 알고 있는 사람이 사망했다"고 발표했다.

맬컴의 어릴 적 이름은 맬컴 리틀Malcolm Little이었다. 하지만 블랙 무슬림에 가입한 뒤에는 '노예의 이름'이라며 사용하지 않았다. 헤이건을 포함한 다른 부상자들은 범인들이 무차별 난사한 총에 맞은 것 같았다. 한 사람은 퀸스 아스토리아에 사는 36세의 파커였고, 또 한 사람은 브루클린에 사는 51세의 해리스였다. 경찰에서는 용의자에 관해 아무런 언급도 하지 않았다.

순찰 경관인 토머스 호이는 166번가쪽 입구에 순찰차를 세워놓고 있다가 "총성을 들었다. 갑자기 큰 소리가 났다"고 말했다. 연회장으로 달려간 호이는 무대에 쓰러져 있는 맬컴을 보았으며 사람들에게 쫓기고 있는 "용의자를 붙잡았다"고 했다. 호이는 "용의자를 대연회장 문 앞으로 데리고 나오는데 사람들이 나와 용의자를 마구 폭행하기 시작했다"고 말했다. 그는 용의자를 차에 태워 워즈워스가 경찰서로 데려갔다. 그러지 않았다면 나중에 기자들이 용의자가 누구인지 알아내지 못했을 것이다.

경찰서에서 한 남자가 살인자는 "168센티미터 정도의 키 작은 두 남자"라면서 그들이 객석에 있다가 손을 주머니에 넣은 채 무대로 걸어갔다고 증언했다. 그리고 맬컴과 채 3미터도 떨어지지 않은 거리에서 권총 몇 발을 쏘았다고 말했다.

경찰은 1963년식 올즈모빌 차량에 수배령을 내렸다. 경찰은 그 차량의 명의가 퀸스의 이스트 엘름허스트에 있는 이슬람 사원으로 되어 있는데, 그 사원의 주소가 폭발로 불타버리기 전까지 맬컴이 살던 집 주소와 같다고 했다. 이슬람 국가가 맬컴을 그런 식으로 집에서 쫓아낸 것이 바로 지난주였다.

경찰에 따르면 맬컴과 아내 베티, 네 아이들은 지난주 125번가와 7번가 사이에 있는 테레사 호텔에 투숙했고, 나중에 아메리카가와 53번가 사이에 있는 뉴욕 힐튼 호텔로 옮겼다. 맬컴 가족은 어제 정오에 호텔에서 체크아웃했다.

맬컴 부부는 1958년에 결혼했다. 자녀는 6살 아틸라, 4살 퀴블라, 생후 5개월인 래멈바 등 세 딸과 2살인 아들 라이아샤가 있다.

남편을 잃은 베티는 어젯밤 이스트 엘름허스트의 아스토리아가에 있는 조지스 나이트클럽에서 간단하게 기자회견을 했다. 베티는 남편이 토요일 밤 힐튼 호텔에서 몇 통의 전화를 받았고 어제 아침에는 "너무 늦기 전에 일어나는 게 좋겠다"는 말을 했다고 이야기했다.

　주 의회 의원이자 맬컴 가족의 변호인인 서튼 의원은 "맬컴 엑스는 빈털터리로 죽었다. 가입해 놓은 보험도 없다. 그가 책과 잡지 기사를 써서 받은 돈은 블랙 무슬림과 결별하기 전에는 그 단체로, 결별 후에는 '무슬림 모스크 주식회사'로 동전 하나 남김없이 전부 들어갔다"고 말했다. 무슬림 모스크 주식회사는 맬컴이 테레사 호텔에서 설립한 종파이다.

　경찰은 오후 7시 15분에 대연회장을 떠났다. 3명의 청소부가 무대에 남은 핏자국을 문질러 닦았다. 무대에는 악기가 설치되어 있었다. 브루클린 협동조합에서 후원하는 무도회가 밤 11시에 열릴 예정이었다.

토머스 헤이건은 맬컴 엑스가 이슬람 국가를 탈퇴해서 기분이 나빴다면서 범행을 자백했다. 그는 2010년까지 수감 생활을 하다 가석방되었다. 헤이건과 함께 기소된 다른 두 사람은 무죄 선고를 받고 1980년대에 가석방되었다.

마틴 루서 킹 목사가 멤피스에서 피살
용의자는 백인으로 추정
존슨 대통령이 사회 안정을 촉구

– 얼 콜드웰

비폭력과 인종 간 우애를 설파했던 마틴 루서 킹 주니어 목사가 어젯밤 멤피스에서 총격을 받아 치명상을 입었다. 범인은 원거리에서 킹 목사를 저격한 뒤 달아났다.

노벨상을 받은 인권 운동가인 39세의 킹 목사가 사망하자 뷰퍼드 엘링턴 주지사는 주 방위군 4천 명을 멤피스로 집결시켰다. 이 충격적인 사건으로 55만의 인구 중에서 40퍼센트가 흑인인 멤피스에 통행 금지령이 내렸다. 하지만 경찰은 산발적인 총격과 방화, 경찰을 겨냥한 벽돌과 유리병 투척이 발생하고 있으며, 흑인 거주 지역에서 시작된 약탈이 도시 전체로 확산되는 등 계속해서 비극이 꼬리에 꼬리를 물고 있다고 전했다.

프랭크 홀로먼 경찰국장은 암살범이 현장에서 "50~100미터 떨어진 싸구려 여인숙에 묵었던"백인 남자로 추정된다고 말했다. W. P. 휴스턴 형사반장은 범인의 도주 차량이 최신형 흰색 머스탱이고 운전자는 30대 백인이며 검은 정장에 검은 넥타이 차림이었다고 말했다.

현장 인근에서 소총이 발견되다

피격 현장에서 한 블록 떨어진 사우스 메인가에서 고성능 30-06구경 소총이 발견되었다. 휴스턴 형사반장은 "범인이 사용한 총인 것 같다"면서 FBI에 넘길 것이라고 말했다.

킹 목사는 로레인 모텔의 2층 객실 앞 복도 난간에 기대 있다가 총에 맞았다. 저녁 식사를 하기 전에 친구 2명과 이야기를 나누던 중이었다. 친구 중 한 사람은 음악가였는데, 킹 목사는 그에게 집회에서 〈귀하신 주여, 제 손을 잡아주소서Precious Lord, Take My Hand〉라는 흑인 영가 한 곡을 불러 달라고 부탁했다. 집회는 당시 파업 중인 멤피스 환경미화원들을 지지하기 위한 것으로 2시간 후에 열릴 예정이었다.

킹 목사가 응급 수술을 받았지만 결국 숨을 거두었던 세인트 조지프 병원의 폴 헤스 이사는 킹 목사가 "목 오른쪽에 총상을 입었다. 총알이 목 깊은 곳에 박혔고 상처가 매우 심각했다"며 "담당 의사들이 발표한 사망 시각은 중부 표준시로 오후 7시 5분이었다. 의사들은 가능한 모든 조치를 다했다"고 말했다.

사법 당국은 이번 사건의 후폭풍을 염려했다. 홀로먼 경찰국장은 통행 금지령을 내린 후 방송에 나와 "시내 일부 지역에서 폭동이 일어났고 약탈이 자행되고 있다"고 말했다.

킹 목사는 링컨 대통령 탄생일부터 파업을 이어오고 있는 1,300여 환경미화원들을 다시 한 번 조직적으로 후원하기 위해 수요일 아침 멤피스에 도착했다. 그리고 8일 전에 파업 노동자들의 행진을 선두에서 이끌었는데 행진은 결국 폭력 사태로 이어졌다. 그날 16세의 흑인이 사망하고 62명이 부상을 입었다.

어제 킹 목사는 온종일 모텔 2층 객실에 있었다. 그리고 오후 6시경 검은색 정장과 흰색 셔츠차림으로 모습을 드러냈다. 킹 목사의 운전사인 솔로몬 존스 주니어는 저녁 약속을 한 멤피스의 새뮤얼 카일스 목사 집으로 킹 목사를 데려가기 위해 기다리고 있었다. 존스가 바깥 날씨가 쌀쌀하니 외투를 입으라고 했더니 킹 목사는 알았다고 대답했다고 한다.

마당에 있던 두 사람

정직하고 상냥한 킹 목사는 2층 객실 앞 복도의 진녹색 난간에 몸을 기댄 채 바로 밑 모텔 앞마당의 주차장에 서 있는 동료 제시 잭슨과 대화를 나누고 있었다.

잭슨은 벤을 아냐고 물어보며 그날 밤 집회에서 연주하기로 한 시카고 출신 음악가 벤 브랜치를 소개했다.

킹 목사는 흥분한 듯 당연히 안다고 말했다.

잭슨과 브랜치는 그때 킹 목사가 흑인 영가를 연주해달라는 부탁을 했다고 말했다. 킹 목사는 "오늘 밤 흑인 영가를 연주해주면 정말 바랄 게 없다"고 말했다.

킹 목사의 가장 가까운 친구라고 할 수 있는 랠프 애버내시 목사가 모텔 객실을 막 나서는데 갑자기 큰 소리가 들렸다.

킹 목사가 2층 발코니의 콘크리트 바닥으로 쓰러졌다. 턱과 목에서 피가 마구 쏟아졌고 넥타이는 총에 맞아 찢겨져 있었다. 잭슨은 "킹 목사는 막 허리를 숙인 참이었다"면서 "똑바로 서 있었더라면 얼굴 쪽에 총을 맞지 않았을 것"이라고 말했다.

경찰이 사방에 배치되다

"돌아보았더니 사방에서 경찰이 달려오고 있었다. 총알이 어디서 날아 왔냐고 경찰이 묻자 '당신들 뒤에서 날아왔다'고 대답했다. 경찰들은 총 알이 날아온 방향에서 달려오고 있었다. 경찰에 신고할 필요도 없었다. 이미 사방에 깔려 있었기 때문이다."

킹 목사의 운전사인 존스는 총성이 울리기 몇 분 전에 경찰 4명이 탄 순찰차가 지나갔다고 했다. 혹시라도 사고가 날까 봐 모텔 주변 지역을 순찰하고 있었던 것이다.

존스는 총격이 일어난 후 "얼굴이 희끄무레한" 남자가 길 건너 나무 덤불에서 슬금슬금 기어 나오는 모습을 보았다고 말했다.

킹 박사의 상처를 지혈하려고 누군가 수건을 들고 달려왔다. 카일스 목사는 킹 목사에게 담요를 덮어주었지만 "그가 이미 이 세상 사람이 아 니라는 것을 알았다"고 말했다. 카일스 목사는 아래층 모텔 사무실로 달려가 전화로 구급차를 불렀다.

무장 경찰이 출동하다

헬멧을 쓰고 소총과 산탄총으로 무장한 경찰들이 모텔 주변에 대거 투 입되었다. 하지만 구급차는 그 뒤로 10~15분이 지나서야 도착했다는 것이 킹 목사 측근들의 말이었다.

킹 목사는 응급 수술을 위해 세인트 조지프 병원에 도착했을 때만 해 도 숨이 붙어 있었다고 한다. 킹 목사가 들어간 응급실은 미시시피대학 교에 입학한 최초의 흑인이었던 제임스 메레디스가 미시시피주 멤피스시 남부에서 총격을 받았을 때 이송된 곳이었다. 그때는 메레디스의 부상이 그리 심각하지 않았다.

응급실 밖에는 킹 목사의 측근 몇 사람이 대기하고 있었다. 법률 고문인 촌시 에스크리지도 있었는데, 킹 목사의 사망이 발표되자 목놓아 울었다. 그는 "킹 목사는 활기차고 사랑이 넘치는 사람이었다. 그런 그가 저격을 당했다. 킹 목사는 자신이 언제라도 저격당할 수 있다고 생각했지만, 그 일이 실제 일어날 줄은 정말 몰랐다"고 말했다.

하지만 킹 목사가 조직한 '남부 그리스도교 지도자회의Southern Christian Leadership Conference'의 상임의장인 앤드루 영 목사는 당시 킹 목사가 수요일 밤 해를 입을 수도 있다는 소문이 멤피스에 돌았다고 말했다. 영 목사는 이렇게 기억했다. "킹 목사는 비폭력 운동의 성과가 정점에 이르렀다고 말했다. 그래서 해를 입을지도 모른다는 소문에는 신경 쓰지 않았다."

킹 목사가 저격당할 때 모텔 앞마당에는 사람들이 15명 정도 있었다. 다들 흑인이고 킹 목사의 동료인 것으로 알려졌다.

모텔 앞마당을 지나면 작은 수영장이 나오고 그 너머에는 멀베리가가 있다. 멀베리는 아주 작은 거리이며 멤피스의 변두리에 있는 그 유명한 빌가(Beale Street, 매년 5월 개최되는 멤피스 축제의 시작을 알리는 빌 스트리트 뮤직 페스티벌로 유명하다―옮긴이)에서 불과 세 블록 떨어져 있다.

소방서 인근

멀베리가 건너편에는 벽돌로 쌓은 180센티미터 높이의 축대가 있다. 축대 윗부분에는 풀과 나무 덤불이 있고 산비탈 쪽으로 수풀이 이어져 있다. 수풀 너머에는 벽돌과 목조로 지은 어느 집 뒷마당을 둘러싸는 철조망 울타리가 있다. 근처의 버틀러가 모퉁이에는 흰색 벽돌로 지어진 소방서 건물이 있다.

보도에 따르면 경찰은 파란색, 혹은 흰색 최신형 자동차를 추적하면서 멤피스를 지나 북쪽으로 밀링턴까지 갔다고 한다. 생활무전기가 장착된 자동차를 운전하는 한 시민이 도주하는 자동차를 추적하면서 그 차를 향해 총을 쏘았다는 소식이 전해지기도 했다.

경찰은 로레인 모텔 주변의 5개 블록에 비상 경계선을 쳤다. 킹 목사가 이 모텔에 투숙한 이유는 모텔 주인이 흑인이기 때문이었다. 이 2층짜리 모텔은 기존의 2층짜리 소규모 호텔의 부속 건물로 지어졌으며 주변은 대부분 흑인 거주 지역이었다.

헨리 로브 시장은 지난주 폭동이 일어나자 통행 금지령을 내렸다. 그리고 주 방위군을 소집해 5일간 투입했다가 수요일이 되어서야 소집을 해제했다. 사건이 발생한 어제 저녁 6시 35분 다시 통행 금지령을 내리면서 로브 시장은 이렇게 발표했다.

"오늘 밤 멤피스에 비극적인 사건이 발생해서 모든 시민의 안전을 위해 다시 통행 금지령을 내린다. 응급 상황이나 긴급한 이유를 제외하고 모든 활동은 금지된다."

엘링턴 주지사도 어제 주 방위군을 소집하고 주정부에서 할 수 있는 모든 조치를 하겠다고 약속하면서 이렇게 말했다.

"최근 들어 두 번째로 멤피스와 셸비 카운티 시민들에게 평정심을 유지하라고 정말 진지하게 요청하는 바이다. 오늘 밤, 그 어느 때보다 유감스러운 사건을 맞아 다시 한 번 요청한다. 이번 사건의 범인, 혹은 범인들을 체포하기 위해 가능한 모든 수단을 동원하고 있다."

주 방위군 항공기가 주 전역을 날아다니면서 폭동 진압 훈련을 받은

1968년 4월 9일, 애틀랜타에서 거행된 마틴 루서 킹 목사 장례식에 참석한 킹 목사의 부인 코레타 스콧 킹(가운데)과 딸 버니스(오른쪽)

고속도로 순찰대원을 실어 왔다. 바톨로뮤 경찰 부국장은 오늘 새벽 신원을 알 수 없는 사람들이 건물 옥상과 창문에서 경찰을 향해 8~10회 총격을 가했다고 밝혔다. 총탄이 한 경찰차의 앞 유리에 총탄이 날아들어 산산조각 나는 바람에 경찰관 2명이 유리 파편에 부상을 입었다고 한다.

어제는 4시간에 걸친 민간인과 경찰 간의 충돌로 가벼운 부상을 당한 사람들의 소식도 수없이 전해졌다. 하지만 오후 11시 15분쯤 과도한 혼란 상태는 어느 정도 정리되었다고 바톨로뮤 부국장은 말했다. 오늘 아침 거리에는 순찰차를 제외한 사람들의 모습은 거의 보이지 않았다.

할렘에서 칼에 찔린 적도 있어

킹 목사는 인권 운동을 하는 동안 갖가지 폭력에 시달렸다. 1958년 9월

20일에는 뉴욕 할렘가에 있는 백화점에서 흑인 여성의 칼에 찔리기도 했다. 그 여성은 나중에 정신이상으로 밝혀졌다. 그 여성이 쓴 칼은 편지 봉투 개봉용 칼이었다. 킹 목사는 그 칼을 제거하느라 4시간 동안 수술을 받았다. 중환자실에도 잠시 머물렀던 킹 목사는 병원에 있는 동안 아내에게 "나를 찌른 여성에게 전혀 악감정이 없다"고 말했다.

킹 목사가 사망한 뒤 목사의 최측근들이 목사가 묵었던 모텔 객실에 모였다. 애버내시와 영, 잭슨, 제임스 베벨 목사와 호세아 윌리엄스 목사 등이었다. 그들은 객실에 들어가기 전에 말라붙은 킹 목사의 혈흔을 넘어가야 했다. 그리고 15분 뒤에 모두 객실에서 나왔다. 잭슨은 혈흔을 쳐다보다가 애버내시를 부둥켜안았다.

"힘을 냅시다!" 누군가 소리쳤다.

"살인이야, 살인이라고!" 베벨 목사가 힘겹게 말했다. "닥이 말한 건 이런 게 아니었는데."

'닥Doc'은 그들이 즐겨 불렀던 킹 목사의 애칭이었다.

일행은 오늘 밤 집회가 열릴 예정이었던 건물에 가봐야겠다고 말했다. 그들은 차분한 분위기에서 조문이 진행되기를 바랐다.

로버트 젠슨 특별 수사관은 램지 클라크 주 검찰총장의 요청으로 FBI에서 수사에 착수했다고 말했다.

가족들의 증언에 따르면 평소 흑인을 혐오했다는 제임스 얼 레이는 처음에는 킹 목사를 살해했다고 자백했다. 하지만 그 후 자백을 번복한 다음 1997년에는 자신은 결백하며 다른 사람들이 커다란 음모를 꾸며 킹 목사를 살해한 것이라고 주장하면서 킹 목사의 유족을 설득하기도 했다. 얼 레이는 1998년 감옥에서 사망했다.

케네디 상원의원 사망, 암살범에게 피살
아랍 이민자 출신 용의자 기소
존슨 대통령, 배심원단 임명

– 글래드윈 힐

암살당한 케네디 대통령의 동생인 로버트 F. 케네디 상원의원이 총격을 받고 오늘 오전 1시 44분 사망했다.

케네디 뉴욕주 상원의원이 저격당한 것은 지금부터 20여 시간 전인 어제 캘리포니아 예비 선거에서 승리한 다음 자축 연설을 한 직후였다. 오늘 착한사마리아인 병원에서 숨을 거둔 그의 곁에는 아내 에델과 누이인 스티븐 스미스 부인, 패트리샤 로퍼드 부인, 매제인 스티븐 스미스, 그리고 4년 전 댈러스에서 암살범에게 남편을 잃은 형수 존 F. 케네디 여사가 있었다.

존슨 대통령은 워싱턴에서 성명을 발표하고 케네디 상원의원의 죽음을 애도했다. 또한 이번 일요일을 국가 애도일로 선언했다.

마지막 보고

암살범의 총탄에 쓰러진 케네디 상원의원에 관해 의료진들이 8시간이 넘도록 아무 발표도 하지 않자, 희망적인 목소리가 조심스럽게 흘러나 오기도 했다. 하지만 케네디 의원의 공보비서인 프랭크 맨키위츠가 병원에서 천천히 걸어 나와 보도본부로 사용되고 있는 체육관 쪽으로 걸어가는 동안에는 최종 발표일지도 모른다는 암울함이 느껴졌다.

맨키위츠는 입술을 깨물고 있었다. 어깨는 축 처져 있었다. 맨키위츠는 칠판 앞에 있는 단상으로 걸어 나와 가볍게 고개를 숙여 인사했다. 텔레비전 방송의 조명이 집중되었다. 그리고 오전 2시 1분 전, 케네디 상원의원의 사망이 공식 발표되었다.

"지금 내 손에는 읽어야 하는 짧은 발표문이 있다. 로버트 프랜시스 케네디 상원의원이 1968년 6월 6일 오늘 오전 1시 44분에 사망했다. 임종을 지킨 사람은 아내 에델, 누이인 패트리샤 로퍼드 부인과 스티븐 스미스 부인, 매제인 스티븐 스미스와 형수인 존 F. 케네디 여사이다. 향년 42세이다."

케네디 상원의원의 시신은 오늘 아침 뉴욕으로 이송된 다음 다시 워싱턴으로 이송될 예정이다.

어제 새벽 앰배서더 호텔의 식품 저장고에서 케네디 의원을 저격한 혐의로 체포된 시르한 비샤라 시르한은 24세의 아랍계 청년으로 팔레스타인령 예루살렘에서 태어나 1957년부터 로스앤젤레스에 거주했고 현재 호텔 직원으로 일하고 있다.

25만 달러의 보석금

시르한은 어제 아침 일찍 심문을 받았고 보석금은 25만 달러로 결정되었다. 그는 케네디 의원에게 살인 의도가 있는 여섯 차례의 공격을 가한 혐의로 기소되었다. 각각 1~14년의 징역에 처해질 수 있는 죄목이었다.

호텔의 연회장이 민주당의 예비 선거 승리를 축하하는 인파로 가득한 가운데, 범인이 아주 가까운 거리에서 22구경 리볼버 권총 여덟 발을 발사하면서 케네디 상원의원 외에도 5명이 부상을 입었다. 어제 캘리포니아에서 열린 민주당 대통령 후보 선출을 위한 예비 선거에서 승리한 케네디 의원이 자축 연설을 막 끝낸 상황이었다.

총격을 가한 후에 붙잡힌 시르한은 경찰에 묵비권을 행사했다. 새뮤얼 요티 시장이 범인은 시르한이라는 인물이며 시르한의 형제들과 또 다른 한 사람이 그의 신원을 확인해주었다고 발표한 것은 3시간이 지난 후였다.

케네디 여사가 동행한 가운데 케네디 의원은 잠시 다른 병원을 거쳐 어제 새벽 1시가 막 지나서 착한사마리아인 병원으로 이송되었다. 20명 남짓한 선거 참모가 주변에 모여 있었다.

반복된 악몽

참모 중 상당수는 채 5년도 지나지 않은 존 F. 케네디 대통령 암살이라는 비극을 경험한 사람들이었다.

어제 총격 사건이 발생한 후, 맨키위츠 공보비서는 오전 2시 22분경 병원에서 나와 수백여 명의 기자에게 케네디 의원의 수술이 "5~10분 내로" 시작될 것이며 "45분에서 1시간 정도" 걸릴 것이라고 말했다.

총알 한 발은 케네디 의원의 오른쪽 귀 뒤를 뚫고 들어가 뇌에 박혔고 파편이 뇌간 부근까지 들어갔다. 또 다른 총알은 목 뒤에 박혔다. 오전 7시가 넘은 시각, 맨키위츠는 3시간 넘게 계속된 수술이 끝났으며 머리에서 파편 하나를 제외하고 모든 총알을 제거했다고 발표했다. 목에 박힌 총알은 제거하지 못했지만 "큰 문제가 되지는 않을 것"이라고 말했다. 또한 케네디 의원의 상태는 나아진 것이 없으며, 다만 호흡만큼은 스스로 하고 있다고 밝혔다. 수술 전에는 자가 호흡을 하지 못했었다. 맨키위츠는 이렇게 덧붙였다.

"중뇌에 혈액 공급이 잘 이루어지지 않고 있는 것 같다. 의료진의 설명으로는 중뇌가 심장 박동이나 시선 추적, 의식 수준 등을 관장하는 곳이지만, 인간의 사고 과정과는 직접적인 관련이 없다고 한다."

케네디 의원은 수술실에서 집중 치료실로 옮겨졌다.

오후 2시 15분, 맨키위츠는 케네디 의원이 의식을 되찾지 못했고 여러 가지 의학적 진단을 했지만 "아직 결론을 내지 못했으며 상태가 눈에 띄게 좋아진 것이 없다"면서 "오후 1시 30분 현재 케네디 의원은 아주 중요한 기로에 서 있는 상태이다. 맥박과 체온, 혈압, 심박 등의 바이탈 사인은 양호하며 인공호흡기에 의존하고 있긴 하지만 호흡도 하고 있다"고 말했다.

케네디 여사는 여전히 병원에 머무르고 있었다. 케네디 의원의 형수인 존 F. 케네디 여사는 어제 오후 7시 30분 뉴욕에서 전세기 편으로 병원에 도착했다.

케네디 상원의원을 치료하는 의료진에는 보스턴 레이히 클리닉의 신경외과 과장인 제임스 포펜 박사가 포함되어 있다. 포펜 박사는 험프리 부통령의 지시를 받고 공군기 편으로 급히 로스앤젤레스에 왔다. 험프리 부통령은 유진 매카시 미네소타주 상원의원과 함께 민주당 대통령 후보 경선에서 케네디 의원과 경쟁했던 인물이다.

요티 시장은 범인 비샤라 시르한의 형제인 아델 시르한을 통해 범인의 신원을 알아냈다고 발표했다. 경찰이 범행에 사용된 22구경 리볼버 권총의 소유권을 추적한 결과, 삼형제의 막내이자 조 시르한이라는 이름으로도 알려진 무니르 비샤리 살라메 시르한이 소유자임을 알게 되었고, 그를 통해 아델 시르한까지 연결되었다.

범행에 사용된 권총은 모두 3명의 소유자를 통해 추적했다. 먼저 앨라배마주 교외에 사는 사람을 시작으로 샌프란시스코와 가까운 마린 카운티에 사는 사람의 손을 거쳐 다시 패서디나 교외에 사는 18세 남자의 손에 들어갔다. 그 남자는 "머리가 복슬복슬한 조라는 사내"에게 권총을 팔았다. 권총을 산 사람에 관해 아는 것은 패서디나 백화점에서 일한다는 것뿐이었다. 형사들은 머리가 복슬복슬한 사람이 무니르 시르한임을 알아냈다. 그리고 그에게 두 명의 형제가 있으며 둘 다 패서디나에 산다는 것도 알게 되었다.

사건 현장에서 총신이 짧은 22구경 아이버 존슨 카데트 모델 리볼버 권총을 확보한 경찰은 권총의 일련번호를 일반에 공개했다. '몇 초만에' 캘리포니아에 등록된 250만 개의 무기 목록에서 해당 권총의 정보가 밝혀졌다. 범인은 오전 7시 존 뎀시 클라인 지방법원 판사 앞으로 기소되었다.

총격 사건의 또 다른 피해자로는 케네디 의원의 유명한 선거 운동원이며 자동차 및 항공우주산업 노조 지부장인 43세의 폴 슈레이드를 비롯해서, ABC 방송국의 제작 부장인 30세의 윌리엄 와이즐, 인근의 셔먼 오크스에 있는 컨티넨털 통신사 직원인 19세의 아이라 골드스타인, 로스앤젤레스의 소거스에 사는 43세의 엘리자베스 에번스, 17세의 어윈 스트롤 등이 있다.

비샤라 시르한은 법정 심리 때 일급 국선 변호사인 리처드 버클리

의 변호를 받았다. 시르한은 버클리 변호사에게 미국 시민자유연맹
(American Civil Liberties Union, '헌법과 법률에 따라 미국 국민의 권리를 지키고
보존하는 것'을 목표로 하는 미국의 비영리 단체—옮긴이)의 자문을 받게 해달
라고 요구했다.

시르한은 1969년 유죄 판결을 받고 현재 종신형을 살고 있다. 그는 1989년 인터뷰에서 케네
디가 이스라엘을 후원했기 때문에 암살했다고 밝혔다.

이집트 사다트 대통령이
군사 퍼레이드 관람 중 암살당해
부통령이 "모든 외교 조약"을 재확인

– 윌리엄 E. 패럴

오늘 이집트의 수도 카이로에서 안와르 엘-사다트 대통령이 총과 수류탄으로 무장한 군복 차림의 괴한들이 쏜 총에 맞아 숨졌다.

사다트 대통령은 1973년 제4차 아랍·이스라엘 전쟁을 기념하는 군사 퍼레이드를 관람 중이었다.

호스니 무바라크 부통령은 이집트의 외교 조약과 국제적인 의무 준수에 변함이 없을 것이라고 발표했다. 또한 60일 내로 치러질 대통령 선거 전까지 수피 아부 탈렙 국회의장이 임시 대통령을 맡는다고 말했다.

암살범의 총탄은 여러 외교 문제에 대담한 결정을 내려 명성을 얻은 한 정치인의 생명을 앗아갔다. 그가 얻은 명성은 대부분 1977년 적국인 이스라엘에 가서 맺은 평화협정에서 비롯된 것이었다.

사다트 대통령은 1970년 가말 압델 나세르(이집트의 정치가로 2차 세계대전에 참전한 뒤 이집트 왕정을 전복시키고, 이집트 공화국을 수립하여 초대 대통령이 되었으며 민족주의 노선을 걸었다―옮긴이) 대통령이 서거한 후 권좌에 오를 때만 해도 임시 대통령으로 대접받았다. 하지만 곧 독자적인 정권을 수립하고 지금까지 단독으로 이집트를 통치했다. 20세기 말 가난한 이집트를 통치하면서 정책 방향을 바꿔 소련과의 동맹을 끊고 서방 세계를 받아들였다.

그의 통치는 오늘 갑작스럽게, 그리고 끔찍한 모습으로 최후를 맞았다. 제트 전투기가 머리 위를 지나는 동안, 암살범들은 사다트 대통령이 앉은 사열대에 무차별 총격을 가했다. 고위 관료와 외교관, 여러 기자들을 포함해서 수천 명이 겁에 질린 채 그 광경을 지켜보았다.

암살범의 신원은 비밀에 붙여져

여러 경로로 정보를 수집한 결과, 8명이 사망하고 27명이 부상한 것으로 알려졌다. 확인되지 않은 최근 소식에서는 11명이 사망하고 38명이 부상했다고 한다. 정부 당국은 암살범들의 신원을 비밀에 붙였다. 암살범들은 모두 심문을 받았으며 쿠데타가 목적이었는지는 명확하게 알려지지 않았다.

워싱턴의 정부 관계자는 육군 소령 1명, 중위 1명, 사병 4명이 공격에 가담했으며 소령과 사병 둘이 사살되고 나머지는 체포됐다고 밝혔다. 이번 사건이 있기 전, 사다트 대통령은 이슬람 원리주의자와 다른 정적들을 강력하게 탄압했었다.

퍼레이드를 가까운 곳에서 보았던 사람들은 대포가 실린 트럭에 있던 6~8명의 군인이 대열에서 이탈해 사열대를 향해 갔다고 말했다. 관중들은 그 행렬이 일종의 상황극이라고 생각했다. 머리 위로 프랑스제

미라주 제트 전투기가 날카로운 소리를 내며 날아다니는 사이, 갑자기 수류탄이 폭발하고 소총이 난사되었다. 62세의 사다트 대통령은 헬리콥터에 실려 마디 육군병원으로 긴급 이송되었고 몇 시간 뒤 사망했다.

의료진은 사다트 대통령이 병원에 도착했을 때 이미 심정지 상태였다고 밝혔다. 사망 시각은 오후 2시 40분이며, 사인은 "격렬한 정신적 충격 및 흉강 내 출혈로, 출혈은 왼쪽 폐와 그 밑에 있는 주요 혈관이 파열된 결과"였다.

사다트 대통령의 사망으로 이집트를 이끌 차기 대통령 선출이 중요한 문제로 떠올랐다. 적어도 당장 국정을 담당해야 할 사람은 사다트 대통령의 오랜 동료이며 대통령 사망 시 즉각 군 통수권을 넘겨받는 무바라크 부통령이었다. 집권당인 민족민주당은 무바라크 부통령이 당의 차기 대선 후보가 될 것이라고 발표했다.

무바라크 부통령은 사다트 대통령이 암살된 지 7시간 만에 방송을 통해 이스라엘과 맺은 평화협정을 계속 준수하겠다면서 이렇게 발표했다.

"고인이 된 위대한 사다트 대통령과 국민, 국민의 헌법, 군대의 이름으로 이집트가 체결한 모든 헌장과 조약, 국제적인 의무를 준수하겠다고 선언하는 바이다."

사건 당일이 제4차 아랍·이스라엘 전쟁을 기념하는 휴일이었던 탓에 한산한 카이로의 거리에는 치안 경찰이 돌아다녔고 공공건물은 철통같은 경비 속에 있었다.

사다트 대통령이 사망한 후, 정규 텔레비전 방송은 취소되었고 코란 낭송과 사다트 대통령의 업적을 담은 영화가 방송되었다. 영화 내용은 사다트 대통령이 1967년 이스라엘과의 전쟁에서 패배해 땅에 떨어졌던 이집트의 위엄을 회복한 전쟁이었다고 평가한 1973년의 제4차 아

1981년 10월 7일 카이로에서 열린 군사 퍼레이드에서 암살범들이 대통령 사열대를 공격해 사다트 대통령과 10여 명을 사살했다.

랍·이스라엘 전쟁, 이스라엘과의 평화조약 같은 중요한 사건들이었다. 오늘 군사 퍼레이드 중에 발생한 사건에 관한 영상은 공개되지 않았다.

피가 낭자한 사열대

공격이 시작된 후 몇 초 만에 사열대는 피로 물들었다. 가슴에 훈장을 단 고위 관료들이 대통령을 보호하기 위해 몸을 던졌다. 주변은 비명과 공포로 휩싸였고 내빈들은 자리를 피해 도망가느라 바빴다. 발에 밟히는 사람도 있었다.

나는 검은 머리에 다부진 체격의 암살자 한 명이 반쯤 쭈그려 앉은 채 사다트 대통령이 있는 사열대로 총을 쏘는 모습을 목격했다. 사다트 대통령은 검은 가죽 장화를 신고 상체 앞면에 사선으로 장식 띠가 있는 군복을 입고 있었다. 피로 물든 사열대에는 공포가 가득했다.

사다트 대통령은 즉시 병원으로 이송되었지만, 총에 맞은 다른 사람들은 바닥에서 고통에 신음하고 있었다. 몇 사람은 움직임이 없었다. 중상을 입은 한 남자는 20여 미터 떨어진, 군사 퍼레이드와 대통령 일행 사이에 있는 난간 너머로 떨어졌다.

총격을 받은 사람들 중에는 이집트 콥트 기독교의 새뮤얼 주교도 있었다. 새뮤얼 주교는 사다트 대통령이 콥트 기독교 교황 셰누다 3세를 퇴위시킨 후 그의 일을 나눠 맡게 한 5명의 성직자 중 한 명이었다. 그는 나중에 사망한 것으로 보도되었다.

그 외에 대통령과 막역한 친구인 사예드 마레이와 대통령 공식 사진사인 모하메드 라시완도 사망했다. 클로드 루엘 벨기에 대사는 중상을 입었고 미 육군 장교 3명도 부상당했다. 개회사를 했던 이집트 국방장관 압델 할림 아부 가잘라 장군은 대학살의 한가운데에 서 있었다. 그의 얼굴에는 피가 흘렀고 금줄로 장식된 제복은 피투성이였다. 하지만 장군은 도움의 손길을 뿌리치고 주변에 명령을 내렸다. 빨간 베레모에 완벽하게 주름이 잡힌 제복 차림의 군인들이 일사불란하게 서로 손을 잡고 사건 현장을 둥글게 에워쌌다. 더 많은 군인이 합류하면서 군인들이 만든 원형 띠는 더욱 커졌다. 군인 중에는 눈물을 흘리는 사람도 있었고 발작하듯 고함을 지르는 사람도 있었다.

머리 위에서는 에어쇼가 계속되고 있었다. 비행기들이 원형으로 선회하거나 급강하하면서 다양한 색깔의 연기를 뿜어내는 동안 땅에서는 대혼란이 벌어지고 있었다. 사람들의 비명과 의자가 쓰러지며 내는 소리는 비행기의 커다란 엔진 소리에 묻히고 말았다.

퍼레이드에 참가한 낙타 부대

각종 최첨단 무기, 터번을 쓴 군인과 화려한 색깔의 낙타 부대, 우아한 자태의 아라비아 말을 탄 기병대가 지나간 연병장에는 공황에 빠진 내빈들이 떨어뜨린 작은 이집트 깃발이 어지럽게 널려 있었다. 군악대가 흩어지면서 햇빛에 비친 금관악기가 사방에서 반짝거렸다.

이집트에서는 오랫동안 지도자가 권력을 잡으려면 반드시 군대를 장악해야 했다. 외교 및 군사 분석가들은 사다트 대통령이 군부의 지지를 등에 업고 정권의 안정을 유지했으며, 그로 인해 이스라엘에 평화협정을 제안하고 결국 협정을 맺는 등 과감한 행보가 가능했다고 말했다. 이번 암살 사건의 원인이 군부에서 사다트 대통령에게 염증을 느꼈기 때문인지는 정보가 부족한 상황에서 함부로 말하기 어렵다. 이를 둘러싸고 온갖 추측이 난무했다. 이번 사건이 이스라엘과의 평화협정을 비롯해서 최근 사다트 대통령의 탄압에 적대적인 이슬람 원리주의자들의 소행이라고 보는 사람도 있었다.

한 달 쯤 전에 사다트 대통령은 정적들을 체포하면서 1,500여 명의 콥트 기독교도와 이슬람교도들도 함께 잡아들였다. 그들이 종파 분쟁을 조장하고 이집트를 민주화하는 데 위협이 된다는 이유였다. 독실한 이슬람 신자인 사다트 대통령은 무슬림 형제단이나 이슬람 연맹 같은 원리주의 단체에 냉혹한 태도를 취했다. 두 단체 모두 불법으로 규정하고 활동을 금지했다. 종교와 정치의 결합을 용납하지 않겠다는 것이 사다트 대통령의 생각이었다.

풍문을 퍼뜨린 군인들이 체포되다

사다트 대통령의 대대적인 탄압으로 체포된 사람들의 공식 명단에 군인은 없었다. 하지만 알려진 바로는 수감된 사람 중에 군인도 일부 포함되어 있었다.

총격을 당한 사다트 대통령을 태운 헬리콥터가 이륙한 후, 외교관들은 각자의 리무진을 향해 부리나케 뛰어갔다. 군인들은 현장을 정리하면서 놀란 구경꾼들을 쫓아냈다. 구급차의 사이렌 소리가 들렸고 엄마들은 아이를 데리고 자리를 벗어났다. 하늘에서는 에어쇼가 계속되고 있었다.

군사 퍼레이드를 시작할 때쯤 로켓 비슷한 물체를 쏘아 올렸는데, 그 물체에서 이집트 국기와 사다트 대통령의 초상화가 작은 낙하산에 매달려 비 오듯 땅으로 쏟아졌다. 그중 대부분은 나세르 시티라는 인근 주택 단지에 떨어졌다.

연병장을 치우는 동안 깃대에 걸려서 꼼짝 못하게 된 초상화 하나가 보였다. 초상화는 펄럭이는 이집트 깃발이 매달린 깃대의 날카로운 끝부분에 찢겨져 있었다.

대통령을 공격한 이들은 이집트가 이스라엘과 평화협정을 맺는 것에 분노한 이슬람 군인들이었다. 이집트군 장교인 칼리드 이슬람불리도 그중 하나였다. 그는 1982년 다른 암살범들과 함께 처형되었다.

부토 전 총리가 집회 중 살해되자 파키스탄은 폭동과 새로운 혼란에 직면했다

– 살만 마수드, 칼로타 골

파키스탄의 야당 당수이자 두 차례 총리를 역임했던 베나지르 부토 전 총리가 목요일 저녁 라왈핀디에서 열린 정치집회를 끝내고 현장에서 떠나던 중 암살당했다. 불타는 학살의 현장을 보고 격분한 부토 전 총리의 지지자들로 인해 파키스탄은 더 깊은 정치적 혼란에 빠졌고 전국으로 폭력 사태가 번졌다.

사람들마다 말이 조금씩 다르긴 하지만, 54세의 부토 전 총리는 자동차 지붕을 열고 일어나 군중에게 손을 흔들다가 목과 머리에 총을 맞았다. 내무부의 발표에 따르면, 그 후 자살 폭탄 테러범이 폭탄을 터뜨려 퍼레이드 중이던 자동차 한 대가 파손되고 20명 넘게 사망했으며 50명이 부상했다.

부토 전 총리의 사망 소식에 격분한 시위대는 부토 전 총리가 사망한 인근 병원 응급실로 몰려들었다. 담당의사는 부토 전 총리의 공식 사망 시각을 6시 16분으로 발표했다. 장례를 치르기 위해 고향인 남부 파키스탄의 라르카나로 출발할 무렵, 지지자들이 몰려와 부토 전 총리의 수수한 통나무 관을 나르겠다며 거칠게 몸싸움을 벌였다. 카라치를 비롯한 여러 도시에서는 격분한 군중이 거리를 봉쇄하고 타이어를 불태우며 돌을 던지는 등 분노를 표출했다.

파키스탄 최대 정당의 당수인 부토 전 총리가 사망하면서, 비상사태가 해제된 지 몇 주 지나지 않았고 총선이 채 2주도 남지 않은 파키스탄 정계는 혼란에 빠졌다. 총선이 연기되고 다시 비상사태가 선언될 것이라고 예측하는 사람들도 있었다.

평가가 극단적으로 갈리는 부토 전 총리는 30년간 파란만장 그 자체이며 때로 폭력이 판을 치기도 하는 파키스탄 정계를 헤쳐 나가며, 1988년 현대 이슬람 국가에서는 최초로 여성 지도자가 되었다.

부토 전 총리는 파키스탄으로 귀국하던 두 달 전에도 가까스로 암살 위기에서 벗어난 적이 있다. 부토 전 총리의 죽음으로 페르베즈 무샤라프 정권은 다사다난했던 8년의 집권 기간 중 가장 큰 위기를 맞았다. 부시 행정부 관료들도 테러 집단인 알카에다의 발생지이자 핵보유국이며, 테러리즘에 맞서는 최전방 국가인 파키스탄을 안정화시키려 노력하던 와중에 다시 새로운 도전에 직면하게 되었다.

이번 공격에는 알카에다와 연계된 파키스탄 무장 세력 특유의 수법이 동원되었다. 하지만 인근 건물에서 저격수가 총을 쏘는 모습을 보았다는 목격자들은 평소에도 수비대가 주둔하고 있어 요인 보호가 용이한 이 도시에서 정부가 부토 전 총리를 얼마나 잘 보호했는지 의심스럽다면서 정부에 동조하는 사람들이 공격에 관여했을 것이라는 억측을

2007년 11월 6일, 이슬라마바드에서 기자회견 중인 베나지르 부토

부채질했다. 목요일에 FBI와 국토안보부에서 온 관료들은 알카에다가 암살을 주도했다는 주장이 일부 웹사이트에 올라왔다는 소식을 현지 치안기관에 전했다. 암살 계획의 주동자는 알카에다의 2인자인 아이만 알-자와히리로 알려졌다.

전 세계 정상들은 파키스탄 정치인 중에서 명실상부하게 가장 서구 친화적인 부토의 암살에 분노를 표했다. 부시 대통령은 착잡한 표정으로 부토 전 총리를 기리는 최고의 방법은 "부토가 그렇게 용감하게 목숨을 바친 민주화 과정을 계속 진행하는 것"이라고 말했다. 부시 대통령은 휴가를 보내고 있는 텍사스주 크로퍼드의 목장에서 기자와 인터뷰를 하면서, 부토 전 총리의 죽음이 "파키스탄의 민주주의를 약화시키려는 흉악한 극단주의자"의 책임이라고 말했다.

무샤라프 파키스탄 대통령은 목요일 저녁 텔레비전 방송을 통해 부토 전 총리 암살이 "커다란 국가적 비극"이라며 3일간의 국가 애도기간을 선포했다. 또한 이번 사건을 테러리스트의 공격으로 간주하고 테러를 근절하기 위해 계속 싸우겠다고 맹세하며 "국민 여러분께 평화를 유지하고 폭력을 자제해주실 것을 호소한다"고 말했다. 대통령의 호소에도 정치인과 정부 관료들은 부토 전 총리의 죽음에 항의하는 군중의 폭력이 더 크게 번질까 우려스러우며, 작금의 불확실한 상황을 유리하게 활용하려고 군부가 나서서 폭력을 행사할까 우려스럽다고 말했다.

지난 10월에 귀국하기 전까지 부토 전 총리는 총리를 역임했던 1990년대에 저지른 부정부패 혐의를 피하기 위해 자의로 약 8년간 망명 생활을 했다. 파키스탄으로의 귀국은 워싱턴이 주선한 것으로, 무샤라프 대통령과 권력을 나누고, 갈수록 인기가 떨어지고 있는 무샤라프 정권에 민주적인 면모를 보태기 위한 합의의 일환이었다.

1월 8일에 시행될 총선에서 가장 유력한 총리 후보로 떠올랐던 부토는 무샤라프 군사정권 치하에서 8년을 보낸 파키스탄을 다시 정당 기반의 정치체제로 복귀시키겠다고 선언했었다. 또한 파키스탄 국내에서 심화되는 폭력 사태를 잠재울 수 있는 적임자가 바로 자신이라고 주장했다. 자신을 표적으로 삼아 폭력 사태와 자살 폭탄 공격을 감행했던 파키스탄 내 알카에다 연계 무장조직에 대한 비난이었다.

부토 전 총리가 카라치에서 귀국을 기념하는 행진을 벌이는 동안 폭탄 테러가 두 차례 발생해서 150명의 지지자가 사망했으며, 부토 전 총리는 가까스로 목숨을 부지할 수 있었다.

그럼에도 부토 전 총리의 죽음에 대한 대중의 분노는 대부분 무샤라프 대통령을 향했다. 부토를 8년 동안 권좌에서 밀어냈고 그녀가 귀국하자 처음에는 마지못해 환영하는 척하다가 이내 노골적인 적대감을 보였기 때문이다.

목요일 저녁, 또 다른 야당 지도자이자 전 총리이기도 한 나와즈 샤리프는 이번 선거에 후보를 내지 않을 것이라고 발표했다. 부토 전 총리의 오랜 정적이기도 한 샤리프는 파키스탄의 민주화를 하루빨리 앞당기기 위해 최근 부토와 협력관계를 맺기도 했다. 샤리프는 "이번 사건은 부토가 이끄는 파키스탄 인민당의 비극이며 우리 당과 전 국민에게도 비극"이라고 말했다.

퇴역 장성이며 최근 부토의 파키스탄 인민당에 합류한 타우키르 지아는 선거를 진행하기 어려울 수도 있다면서 "파키스탄 인민당은 당분간 혼란스러울 것이다. 새로운 지도자를 찾아야 한다"고 말했다.

다른 정부 관료와 정치인들도 선거가 연기될 것으로 예측했다. 지난주 이슬람 사원에서 발생한 자살 폭탄 공격으로 목숨을 잃을 뻔 했던 아프타브 아흐마드 칸 셰르파오 전 내무장관은 "이번 사건으로 혼란이 계속될 것이다"라고 말했다. "자살 폭탄 공격이 늘어날 거라고 예상하고 있었다. (…) 보통은 그렇게 흘러가기 쉽다"고 덧붙였다.

부토 전 총리의 암살을 다르게 설명하는 사람도 있었다. 파키스탄 인민당원인 잠루드 칸은 부토가 머리에 맞은 총알이 그녀가 탄 자동차 뒤쪽에 있는 건물에서 날아왔다고 했다. 그리고 몇 초 후 자살 폭탄 테러범이 폭탄을 터뜨리면서 퍼레이드 중이던 차 한 대가 부서지고 주변에 있던 15명이 사망했다고 말했다. 국영 방송사인 파키스탄 연합통신은 자살 폭탄 테러범이 처음에는 부토 전 총리에게 폭탄을 터뜨린 다음 자폭했다는 내무부 대변인의 말을 전했다.

폭발이 일어난 후 현장에는 혈흔이 낭자했다. 아스팔트 위에는 당원들의 신발과 모자가 떨어져 있었다. 10대가 넘는 구급차가 혼란에 빠진 군중과 부상자 사이를 뚫고 현장에 도착했다. 목격자들은 폭발하기 1분 전에 총격 소리를 들었다고 말했다. 왼손에 파편이 박히는 부상을 입은 사지드 후세인은 최소한 세 발의 총성을 들었다며 "그 다음에 엄청난 폭발이 일어났다. 땅이 흔들리는 것 같았다. 그리고 온통 검은 연기에 휩싸였다"고 말했다.

퇴역 장성인 타우키르 지아는 폭발 직전에 부토 전 총리보다 앞에 있는 차를 타고 있었다며 이렇게 말했다.

"지도자는 앞에 나서서 사람들을 이끌어야 한다. 부토는 그렇게 했다. 하지만 나는 이렇게 묻고 싶다. 경호원은 어디에 있었는가? 어떻게 사람들이 부토 곁으로 다가갈 수 있게 내버려두었을까? 이건 상상할 수도 없는 일이다."

라왈핀디 종합병원의 아바스 하이아트 박사는 의료진이 머리의 총상뿐 아니라 몸에 파편이 박힌 부토 전 총리를 살리기 위해 35분간 애썼다고 말했다.

변호사 안타르 미날라에 따르면, 라왈핀디에 있는 의과대학의 학장이자 부토의 수술을 집도했던 외과전문의 모하메드 무사디크 박사가 병원에 도착한 부토는 이미 의학적으로 사망한 상태라고 말했다고 한다. 미날라 변호사는 무샤라프 정권에 몸담았지만 그 뒤로 무샤라프 반대 운동을 이끌었다. 미날라 변호사는 이번 암살 사건을 독립적으로 수사하는 것이 매우 중요하다고 말했다. 그러면서 11년 전 발생한 부토 전 총리의 남동생 무르타자 부토 피살 사건 수사를 선례로 거론했다. 그는 "정부에서 독립적인 수사를 허용해야 한다. 모든 비난이 정부에 집중되고 있기 때문이다. 내가 이야기 해본 사람들은 다들 이번 사건의 주범으로 정부를 꼽았다"고 말했다.

파키스탄의 돈 TV(Dawn TV)에서는 경찰의 요청이 없어서 부검은 하지 않았다고 보도했다. 국제 공조를 통해 중립적인 수사를 요구하는 변호사들은 부토의 시신을 왜 그렇게 서둘러 옮겼는지 의문을 제기했다. 파키스탄 인민당 관계자가 프랑스 AFP 통신사에 한 말에 의하면, 부토 전 총리의 시신은 동이 트기도 전에 고향인 파키스탄 남부의 신드 지방에 도착했다.

이번 암살을 둘러싸고 부토 지지자 사이에서 파키스탄의 정부기관이자 최상위 군사 정보기관인 파키스탄 정보부에 대한 불신이 더욱더 깊어지고 있다. 자유주의적이며 세속적인 의제를 주창하는 부토 전 총리가 오래전부터 자신과 자신의 당에 적대적이라며 파키스탄 정보부를 비난했기 때문이다.

파키스탄 정보부의 한 전직 고위 관리는 이번 암살에 정보부가 관련되었다고는 생각하지 않는다고 말했다. 그는 범행을 저지른 자살 폭탄 테러범을 비난하는 한편, 정부가 제공했던 경호 수준이 너무 엉성했다면서 집회장 인근 지역을 더 철저하게 경호했어야 했다며 "경호 측면에서만 보면 정부가 연루되었다는 의심을 받는 것도 당연하다. 경찰의 안전 대책은 전혀 전문적이지 않았다"고 말했다.

이번 총격과 폭탄 공격에 대해 바이툴라 메수드가 이끄는 파키스탄 탈레반에 비난이 쏟아졌다. 메수드는 혐의를 부인했다. 미국 중앙정보부CIA는 2009년 드론 공격으로 메수드를 사살했다.

Chapter
02

강도

현재 이사벨라 스튜어트 가드너 미술관에 걸려 있는 빈 액자.
1990년 3월, 절도범들이 액자에서 그림을 오려냈다. 그들
이 오려낸 그림은 렘브란트의 〈갈릴리 바다의 폭풍〉(1633)
이다.

"우리는 인내심을 갖고 기다려야한다.
그러면 조만간 누군가 나타나서 백만 달러[사례금]를 가져가기 위해
우리에게 제보할 것이다.
보통은 그런 식으로 돌아가게 되어 있다."

1992년 6월 2일자 《뉴욕타임스》에 실린
이사벨라 스튜어트 가드너 미술관 도난 사건 담당 FBI 요원의 말

수수께끼는 독한 약과 같다. 사상 최고의 도난 사건이 일어난 후 수십 년이 흘렀는데도,
사람들은 여전히 그 사건의 수수께끼가 밝혀지기를 손꼽아 기다린다.
한때 보스턴의 이사벨라 스튜어트 가드너 미술관을 장식했던 명작들은 어디로 갔을까?
누가 그 명작들을 갖고 있을까? 과연 그 명작들은 영원히 사라졌을까?
사건 피해자들은 전혀 관심이 없겠지만, 신문 독자들은 오랫동안 그 절도범들과
그들이 저지른 범죄에 관심이 많았다.

마스크를 쓴 일당이 열차를 털다
미주리주 무법자들의 대담한 범죄

어제 저녁 8시 40분, '시카고 앤 앨턴 로드Chicago and Alton Road'의 48호 급행열차가 계곡에 접근하고 있었다. 그 계곡은 여기[미주리주 인디펜던스]에서는 동쪽으로 6킬로미터, 글렌데일에서는 서쪽으로 3킬로미터쯤 떨어진, 미주리 퍼시픽의 철로와 시카고 앤 앨턴 철로의 교차 지점에 있었다.

그 무렵 기관사 L. 푸트는 누군가 전방에서 보내고 있는 정차 신호를 알아차렸다. 일정보다 지연된 화물열차가 앞에 있나 싶어서 푸트는 열차의 '정차'를 알리는 경적을 울린 다음 열차를 정지시켰다. 그제야 푸트의 눈에 철로를 덮고 있는 돌무더기가 보였다. 그리고 신호를 보낸 사람이 마스크를 쓰고 있으며, 역사상 가장 대담하고 교묘하게 계획된 열차 강도 범죄를 성공시킨 무장 강도떼의 두목이라는 것을 알게 되었다.

강도떼의 두목은 수많은 부하에게 큰소리로 명령했다. "자, 다들 시작이다. 발사!" 곧바로 날카로운 총성이 울렸다. 열차에 탄 사람들이 맞서야 할 강도떼의 숫자는 아주 많아 보였다. 열차의 승객과 승무원들은 강도떼가 일제사격을 시작하자 완전히 공황 상태에 빠졌다. 그들이 놀란 가슴을 진정시키기도 전에 강도들이 열차를 완전히 장악했다. 강도들은 모두 마스크를 썼고 리볼버 권총과 헨리 소총(1800년대 미국의 벤저민 헨리가 발명한 소총으로 남북 전쟁에서 북군이 이 소총을 사용하여 큰 성과를 올렸다—옮긴이)으로 말 그대로 '완전 무장'하고 있었다.

각 객차의 출입문마다 리볼버 권총을 든 강도가 한 명씩 서서 누구든 가장 먼저 움직이는 사람은 죽는다며 협박했다. 하지만 얌전히 있으라는 강도들의 말을 어긴 사람이 있었다. 열차를 정지시키는 제동수인 프랭크 버튼이었다. 그는 침대칸 앞쪽에 있었는데 정지한 열차 뒤쪽에서 다른 화물열차가 오고 있다는 말을 듣고 충돌을 막기 위해 열차에서 뛰어내렸다. 손전등을 들고 다가오는 화물열차를 향해 선로 위를 달려가는 버튼의 모습을 본 강도들은 그를 향해 총을 쏘았다. 총알이 몸을 스치기도 했지만, 버튼은 다치지 않았다.

그때 버튼의 목숨을 구한 것은 기관사의 고함소리였다. 기관사는 강도떼의 두목에게 "제발 그에게 총을 쏘지 마세요. 지금 여기 있는 사람들의 목숨을 구하려는 겁니다!"라고 소리쳤다. 두목은 즉시 손을 들고 "사격 중지!"라고 외쳤다. 총성은 멈췄고 버튼은 화물열차를 세워서 충돌을 막았다.

그 일이 있기 전 4명의 강도가 기관차를 장악했다. 기관사 푸트와 화부(증기기관에 석탄을 퍼서 집어넣는 사람—옮긴이) 존 스테딩은 말을 듣지 않으면 죽이겠다는 강도들의 협박에 기관차의 운전석을 떠날 수밖에 없었다. 강도들은 푸트에게 곡괭이를 들게 한 다음 속달우편 차량으로 데려가서 그 차량의 문을 강제로 부수게 했다. 세인트루이스에서 온 폭스라는 속달우편 배달부가 보이지 않는다는 것을 알게 된 것이 바로 그때쯤이었다. 하지만 폭스는 선로 옆 덤불에 숨어 있다가 발각되었고 금고를 열라는 위협을 받았다. 강도들은 금고에 들어 있던 귀중품을 주머니에 옮겨 담았다. 하지만 양이 너무 적었기 때문에 분통을 터뜨리면서 권총 손잡이로 폭스의 머리를 후려쳤다.

애초에 강도들은 화물차량만 털 생각이었다. 하지만 막상 털고 나서는 서로 쑥덕거리더니 일당 6명을 승객들이 타고 있는 객차로 보냈다. 상당수 승객들이 이미 상황을 눈치채고 귀중품을 안전해 보이는 곳으로 숨긴 뒤였다. 강도들이 객차에 들어섰을 때의 상황은 차마 말로 표현할 수 없을 정도였다. 여자와 아이들은 울음을 터뜨렸고, 남자들은 목숨을 구걸하면서 돈만은 빼앗지 말아 달라고 애걸복걸했다. 객차에 탄 수많은 이민자들에게는 갖고 있는 돈이 전 재산이었기 때문이다.

한 승객은 강도 한 명이 커다란 자루를 들고 사람들의 귀중품을 전부 쓸어 담았다고 말했다. 승무원들은 강도들이 머리에 총을 겨눈 채 감시하는 중이었다. 승객들은 살해 위협을 받으며 주머니 속의 소지품을 모두 넘겨주어야 했다.

강도들은 여자들을 객차 바닥에 주저앉힌 다음 몸에 걸친 귀금속을 빼앗아 갔다. 승객들이 빼앗긴 소지품은 모두 합쳐서 15,000달러 상당으로 추산되었다. 범행이 끝나자 강도들은 열차에서 내려 숲으로 달아났다. 그곳에 준비해 둔 말을 타고 훔친 물건을 안전한 곳으로 옮기려고 한 것 같다.

가능한 한 빨리 선로에 쌓여 있는 장애물을 치운 다음 열차는 캔자스

시티로 출발했다. 그리고 강도를 잡기 위해 사람들이 모였다. 마셜에 있는 정부기관에도 강도 사건 소식이 전해지면서 그곳의 보안관이 지휘하는 한 무리가 출발했다. 강도들이 동쪽으로 갈 것으로 예상하면서 도주로를 차단하기 위해서였다. 이곳 인디펜던스에서는 머피 보안관이 통솔하는 사람들이 추적에 나섰다. 시 주변에는 사람을 보내달라고 요청할 만한 정착촌이 거의 없었다.

열차의 차장인 헤이즐 베이커는 강도들에게 몇 차례 총격을 받았지만 다치지 않았다. 머리에 중상을 입은 속달우편 배달부 폭스는 오늘 아침 여기 인디펜던스를 거쳐 캔자스시티에서 세인트루이스의 집으로 돌아갔다. 그는 자신이 겁쟁이라는 소문을 애써 부정하면서 회사(미국 급행운송회사)의 자산을 지키기 위해 애쓰다가 강도들에게 당한 것이라고 말했다. 금고에서 강탈당한 돈의 액수는 밝히지 않았는데, 알려진 바로는 100달러에서 2만 달러 사이였다고 한다.

제임스 형제가 지휘하는 강도단이 이번 사건의 주범이라는 것이 중론이다. 제임스 형제는 무자비한 행동으로 악명이 높았다. 일당은 12~16명으로 추정되었다. 두목의 인상착의는 키가 크고 검은 수염이 있으며 낮에는 얼굴에 마스크를 쓰고 있는 것으로 알려졌다. 지난 7월 17일 록아일랜드 열차를 털었던 강도떼의 두목과 비슷한 모습이다. 그당시 기관사에게 자신은 제시 제임스이고 키 작고 뚱뚱한 '동업자'는 딕 리틀이라고 말했다. 제임스라는 그 두목은 범행 도중 몇 번이나 동료를 딕이라고 불렀다.

이번 사건이 일어난 곳은 1879년 10월 8일 시카고 앤 앨턴 로드의 열차가 비슷한 방법으로 강도를 당했던 지점에서 멀지 않다. 그때도 강도들은 속달우편 배달부를 폭행하고 금고를 강제로 열어서 5만 달러를

1864년경, 리볼버 권총 세 자루를 들고 포즈를 취한 젊은 제시 제임스. 독립전쟁 기간 중 남부 연합의 게릴라 집단인 '퀀트릴 레인저스'에서 활동하던 시절로 추정된다.

강탈했다.

　푸트 기관사는 다음과 같이 의견을 밝혔다.

　"인디펜던스시에서 동쪽으로 5~6킬로미터쯤에 계곡이 하나 있는데 그 위에서 미주리 퍼시픽의 철로와 시카고 앤 앨턴의 철로가 교차한다. 계곡의 가장 깊은 곳으로 들어가기 직전에 돌무더기 하나가 눈에 들어왔다. 높이가 150센티미터 정도였고 위에는 막대기가 꽂혀 있었는데 빨간 헝겊이 달려 있었다. 돌무더기 뒤에는 강도떼의 두목이 서 있었다. 당연히 나는 기차를 세웠다. 강도 4명이 열차로 다가왔다. 그중에서 두목이 '기관차에서 내려와. 말을 듣지 않으면 죽여 버리겠어'라고 말했다. 그런 다음 석탄을 깰 때 사용하는 송곳을 가져오라고 했다. 협상을 시도했지만 권총을 머리에 겨누고 있어서 그의 말에 따를 수밖에 없었다. 그들은 나와 화부인 존 스테딩을 앞세우고 화물열차로 갔다. 화물열차 문을 부수라고 해서 그렇게 했다. 우편배달부 폭스는 길가의 덤불에 몸을 숨기고 있었지만, 그들이 내게 폭스를 데려오지 않으면 죽이겠다고 협박했다. 그래서 폭스를 불러왔다. 폭스는 강도 2명과 화물열차 안에 들어가 협박을 당한 끝에 금고를 열고 내용물을 자루에 쏟아 넣었다. 강도들은 금고 안의 물건이 많지 않아서 실망한 나머지 권총 손잡이로 폭스를 두 차례 폭행해서 쓰러뜨렸다. 어찌나 무섭게 때렸던지 머리가 찢어지고 말았다. 그런 다음 우리를 데리고 객차로 가서 권총을 겨눈 채 승객들의 소지품을 강탈했다. 마지막 객차까지 다 턴 다음 그들은 우리를 데리고 다시 기관차로 돌아왔다. 그때 두목이 '이제 가던 곳으로 가라. 우리가 돌무더기를 치워 주지. 그리고 넌 말을 잘 들었으니 작은 선물을 주지'라고 하면서 은화 2달러를 주었다. 우리가 돌무더기를 치우겠다고 말했더니 강도들은 전부 비탈 위로 뛰어간 뒤 눈 깜짝할 사이에 사라졌다. 객차를 털 때 강도들은 승객들 사이를 지나면서 손을 들게 했다. 그리고 승객들에게 빼앗은 소지품을 6리터짜리 자루에 집어넣었는데 시계나 돈, 다른 귀중품으로 자루가 거의 꽉 찼다."

추가소식

샐린 카운티의 케이슨 보안관이 이끄는 추적대가 오늘 밤 강도들 중에서 3명을 체포했다. 3명 모두 범행 현장 근처에서 붙잡혔다. 형제인 크리드 채프먼과 샘 채프먼, 그리고 존 버글러였다. 추적대는 J. 윌킨슨을 미행하는 중이며 그가 탄 열차가 캔자스시티에 도착하는 대로 체포할 예정이다. 윌킨슨과 이해관계가 얽혀 있는 사람 중 하나가 그를 강도단

의 일원으로 지목한 덕분이었다. 강도단 전원의 이름이 밝혀졌으며 체
포는 시간문제로 보인다.

1882년 1월, 토머스 크리텐던 미주리 주지사는 제시 제임스의 동료인 로버트 포드에게 제시
를 죽이는 대가로 1만 달러의 현상금과 사면을 약속했다. 포드는 3개월 후 제시 제임스를 총
으로 살해했다. 로버트와 그의 형제인 찰스는 이 살인으로 유죄 판결을 받고 교수형을 선고받
았지만, 크리텐던 주지사는 약속대로 두 사람을 사면했다.

딜린저가 1년 동안
검거망을 피해 다니다

중서부의 무법자이자 옛 서부 시대풍의 살인자이며, 1년 만에 미국에서 가장 악명 높은 악당이 된 존 딜린저가 몇몇 주州를 넘나들면서 사망자와 부상자가 속출하고 북서부 지역은 공포에 휩싸였다.

소규모 군 병력이 그를 뒤쫓으면서 몇 차례 매복 공격을 감행했지만, 그때마다 딜린저는 총격전을 벌이며 달아났다. 매번 그랬다. 총격전 없이 달아난 경우는 지난 3월 4일 탈옥이 불가능하다고 알려진 인디애나주 크라운포인트의 레이크카운티 교도소를 대담하게 걸어서 빠져나갔을 때뿐이었다.

그때 딜린저는 나무를 권총 비슷하게 깎은 다음 검은 구두약을 칠해서 만든 가짜 권총으로 교도소 경비와 재소자들을 위협했다.

그의 탈옥은 지난 가을이 되어서야 사람들의 주목을 받기 시작했다.

그는 과거 1924년에도 인디애나 주립 교도소에서 6년간 복역한 적이 있다. 고향에서 농장 일을 하다가 서투른 솜씨로 그로브턴의 식료품 가게를 턴 대가였다.

감옥에서 일당을 만나

딜린저는 인디애나 주립 교도소에서 본격적인 범죄자의 길로 들어섰다. 나중에 그와 일당이 된 사람도 대부분 거기에서 만난 범죄자들이었다.

딜린저의 아버지가 마을 성직자와 식료품 상점 주인의 도움을 받아 청원한 덕에 딜린저의 가석방 심의위원회가 열렸다. 그 심의를 통해 딜린저는 1933년 5월 가석방 허가를 받았다. 하지만 딜린저는 수감 생활 초반부터 말썽꾼이었다. 처음 배정된 기계공장에서는 '숨어 다니고', 독방 문의 빗장을 톱으로 자른 뒤 옆방에 들어가기도 했으며, 다른 죄수와 싸움을 일삼는 등 고질적으로 온갖 나쁜 짓을 일삼았다. 그래서 주지사는 가석방 심의위원회의 결정을 거부하고 딜린저를 범죄 성향이 농후한 관찰 대상으로 지목했다.

주지사가 가석방을 거부했지만 딜린저는 그 결정을 비웃으며 석방되었고 다시는 교도소로 돌아오지 않았다. 과거 죄목은 모두 지난 일이 되었다. 딜린저는 다시 범죄를 저질렀다. 놀라운 정도를 넘어 거의 현란할 정도인 그의 범죄 수법은 자신과 일당에게 초특급 범죄자라는 명성을 안겨주었다.

늦여름에 딜린저는 젊은 여성 출납원이 있는 작은 마을 은행을 비롯해서 모두 3군데의 은행을 털어 총 2만5천 달러를 강탈했다. 교도소 시절의 동료와 함께였다. 하지만 오하이오주로 갔다가 은행 강도죄로 체포되어 교도소에 감금되었다.

1933년경의 존 딜린저

탈옥 계획

그때부터 사실과 뜬소문이 떠돌면서 딜린저는 지금과 같은 유명세를
얻었다. 딜린저는 오하이오주 리마에 수감되어 있는 동안, 해리 피어폰
트와 러셀 클라크, 존 해밀턴, 찰스 매클리를 탈옥시킬 계략을 세운 다음
결국 그들을 탈옥시켰다. 탈옥한 네 사람은 미시간시티 교도소에 있을
때부터 딜린저가 추종자들을 위해 탈옥 계획을 세울 정도로 대담하다
는 것을 알고 있었다. 다른 6명의 죄수도 함께 탈옥했다.

　해밀턴과 매클리, 피어폰트는 리마로 갔다. 그들은 잘 짜인 계획을 따
르는 듯 교도소를 급습해 두목인 딜린저를 탈옥시켰다. 그 와중에 앨런
카운티의 제스 사버 보안관이 저항하자 총으로 살해했다. 10월 12일의

일이었다.

딜린저는 다음에 시카고에 갈 때쯤에는 미국은 물론 런던과 파리, 베를린에도 자신의 이름이 알려질 것이라며 허세를 부렸다. 그런데 그 말이 우연히 경찰의 귀에 들어갔다.

시카고 경찰은 딜린저가 시카고에서 병원을 방문하기로 예정된 11월 16일 그를 검거하기 위해 덫을 놓았다. 딜린저는 이때 총격전 끝에 도주하는 데 성공했다.

연방 정부에서 현상금을 걸어

그 뒤로도 사건을 잇달아 일으키며 딜린저는 무법자의 대명사가 되었다. 그의 범죄를 근거로 의회에서 다수의 법안이 제정되었고 정부에서는 그의 목에 현상금 1만 달러를 내걸었다.

딜린저는 경찰이 놓은 덫에서 빠져나간 뒤 불과 4일 만에 일당과 함께 위스콘신주 라신에 나타났다. 아메리칸 신탁은행을 습격해 1만 달러가 넘는 돈을 훔쳐 달아났다.

아주 극적으로 불법 행위를 저지르면서 물불 가리지 않고 법에 맞서는 딜린저였지만, 총격전을 벌일 때는 모든 현대적 장비를 십분 활용했다. 고성능 자동차를 타고 다녔으며 방탄조끼를 입었다. 딜린저의 일당은 기관총을 사용했다.

12월 13일, 해밀턴 그리고 매클리와 함께 시카고에 있는 유니티 트러스트 저축은행의 안전금고를 털 때는 귀중품을 찾아내려고 전기 손전등을 사용하기도 했다. 은행에는 8,700달러와 상당한 양의 보석이 있었다.

딜린저의 부하인 존 해밀턴과 나머지 일당들은 계속 시카고에 머물렀다. 사건 다음날 경찰은 해밀턴의 뒤를 미행했다. 윌리엄 샌리 경사는 해밀턴을 잡기 위해 덫을 놓았다. 하지만 두목의 신호에 따라 총을 쏘며 달아나던 해밀턴의 총에 샌리 경사가 목숨을 잃었다. 딜린저를 뒤쫓던 또 다른 경찰도 총에 맞아 사망했다.

6일 후 또 다른 딜린저 일당이 일리노이주 파리에서 경찰과 총격전을 벌였다. 딜린저의 측근인 에드워드 샤우스가 체포되었다. 하지만 총격전 와중에 인디애나주 경찰인 유진 티그가 사망했다. 경찰 측의 세 번째 희생자였다.

경찰은 노스사이드 아파트까지 딜린저를 추적한 뒤 12월 21일 그의 아파트에 몰래 접근했다. 이번에는 딜린저 쪽에서 희생자가 나왔다. 일리노이주 스트리터 출신의 루이스 카체위츠와 미시간에서 탈옥했던 샘 긴스버그, 일리노이 교도소에서 탈옥했던 찰스 틸든이 사망했다.

열흘 후 양측 모두 끝장을 보려는 듯 치열한 총격전이 벌어졌다. 시카고 경찰은 딜린저 일당을 눈에 보이는 대로 전원 사살하라는 지시를 받았다. 하지만 그날 밤 딜린저는 베벌리 가든 리조트를 장악하고 탈출하는 과정에서 2명의 고속도로 순찰대원에게 부상을 입히는 등 끝까지 저항하겠다는 의지를 내비쳤다.

1934년 1월 6일, 경찰은 시카고 교외의 벨우드에서 딜린저와 손잡은 갱단의 두목인 잭 클루타스의 뒤를 쫓았다. 클루타스는 조직원 5명과 함께 사살되었다.

그 후 또 1명의 경찰이 딜린저 일당과 맞서다 치명상을 입었다. 딜린저는 해밀턴을 포함한 다른 일당과 함께 이스트 시카고의 퍼스트 내셔널 은행을 털었다. 전속력으로 도주하는 딜린저의 자동차가 윌리엄 오말리 경찰관 옆을 지나갔다. 오말리 경찰관은 딜린저를 미처 알아보기도 전에 총격을 받고 사망했다.

'시골뜨기 경찰'에게 붙잡히다

딜린저는 1월 25일 체포되었다. 당시 그와 매클리, 클라크, 피어폰트는 애리조나주 투손에 소리소문없이 나타났다. 들고 있는 짐이 꽤 많았는데 하필 그날 그들이 묵은 호텔에서 화재가 발생했다. 딜린저 일당은 호텔에서 짐을 무사히 꺼내준 소방관에게 대가를 두둑하게 지불하고 짐을 건네받았다.

그런데 소방관 중에 잡지의 범죄 기사에서 딜린저의 사진을 봤던 사람이 있었다. 그 소방관의 신고로 경찰이 출동했고 딜린저 일당은 총을 쏴보지도 못하고 차례로 검거되었다. 그들이 들고 다니던 짐은 작은 무기창고나 다름없었다. 딜린저는 '시골뜨기 경찰'에게 체포되었다며 분통을 터뜨렸다.

피어폰트와 매클리, 클라크는 오하이오주로 이송되었다. 피어폰트와 매클리는 사버 보안관 살인죄로 사형을 선고받았고, 클라크는 종신형에 처해졌다. 딜린저는 크라운 포인트 교도소로 이송되었다.

그곳에서 딜린저는 다른 죄수들에게 탈옥할 생각이라는 말을 공공연하게 하고 다녔다. 다른 죄수들은 그 말에 배를 잡고 웃었다. 하지만 딜린저는 감방에서 나무토막을 깎아 자동 권총 모양으로 만들었다. 그리고 3월 3일 아침 교도관과 교도소장에게 그 나무 권총을 들이대고 다른 교도관들을 겁주면서 '비용 청구'라는 명목으로 33명에게서 15달러를 강탈하고 교도소에 있는 기관총 두 정을 탈취했다.

그런 다음 여자 보안관의 자동차를 훔쳐 타고 허버트 영블러드라는 흑인 살인범과 함께 도주했다. 차에는 인질로 잡은 부보안관과 주차장

직원도 타고 있었다. 딜린저는 나중에 두 사람을 풀어주었다.

전국적으로 대대적인 수색이 시작되었다. 레이크 카운티 검사이자 주 검찰총장인 커밍스가 인디애나주 관료들에게 비난을 퍼붓는 동안 딜린저는 중단했던 본업을 다시 재개했다.

열흘 후 딜린저는 아이오와주 메이슨 시의 은행을 털다가 어깨에 부상을 입었다. 세인트폴에서 의사에게 치료를 받아야 했고 그런 다음에야 범행을 계속할 수 있었다. 3월 16일에는 범행을 저지르다 사망자 2명이 더 발생했다.

영블러드는 미시간주 포트휴런에 나타나 탈옥 이야기를 자랑스럽게 떠벌리고 다녔다. 그 말은 곧 경찰의 귀에 들어갔다. 벌어진 총격전에서 영블러드와 보안관 대리인 찰스 캐버노가 사망했다.

딜린저는 3월 31일 세인트폴에서 경찰의 수사망에 포착되었다. 주 정보요원들이 주변에 검거망을 구축했다. 딜린저는 유진 그린, 그리고 여자 일행 1명과 함께 경찰과 대치하다가 빗발처럼 쏟아지는 총알을 뒤로하고 탈출을 시도하다 그린과 함께 부상을 당했다.

그린은 이때 입은 부상으로 며칠 후인 4월 11일 사망했다. 딜린저는 미니애폴리스에서 의사인 클레이턴 메이의 머리에 총구를 들이대는 협박 끝에 상처를 치료받았다. 메이는 겁을 잔뜩 집어먹은 나머지 딜린저를 보았다고 당국에 신고하지 않았던 탓에 수감되었다.

그 후 딜린저는 믿을 수 없을 정도로 대담하게 행동했다. 인디애나주 무어스빌 인근의 농장에 사는 아버지 존 딜린저 시니어를 찾아갔던 것이다. 이웃 사람들은 딜린저를 환영하면서 주지사에게 살인범인 딜린저의 사면을 요청했다.

경찰서를 습격하다

딜린저는 일당과 함께 다니다가 인디애나주 위소에서 경찰서를 습격해 방탄조끼 두 개와 총 두 정을 탈취한 다음 미시간주로 가서 누이의 집에 머물고 있던 해밀턴과 재회했다.

연방 정부에서 딜린저를 잡기 위해 요원들을 대규모로 동원했는데도 딜린저는 일당과 함께 위스콘신주의 숲에서 휴일을 보내기로 했다. 위스콘신주 머서 인근의 리조트에 가서 사격 연습을 하고 카드게임도 즐겼다.

그 소식을 입수한 연방 요원들은 리조트를 포위했다. 하지만 개가 짖는 바람에 총격전이 시작되었다. 민간 공공근로단(Civilian Conservation Corps, 루스벨트 대통령이 뉴딜 정책의 일환으로 1933년부터 1942년까지 실업자와 미혼 남성을 모아 운영한 단체로 각종 공공사업을 수행했다―옮긴이) 단원 2명이 총에 맞아 1명이 사망했고 지역 주민 1명도 총에 맞았다.

리조트 주변에서 벌어진 전투는 아주 치열했다. 연방 요원인 W. 카터 바움이 사망했다. 딜린저와 일당은 자동차를 훔쳐 세인트폴로 도주했다. 그곳에서 보안관보들과 총격전을 벌인 후 다시 도주했다. 그 와중에 딜린저 일당은 뿔뿔이 흩어졌다. 소규모 경찰 병력이 딜린저가 있는 곳 근처에 집결했다. 그 와중에 의원들도 바쁘게 움직였다. 의회에서 열 가지 범죄 방지 법안이 통과되었다. 그리고 의원들의 논의 과정에서 딜린저의 이름이 여러 번 언급되었다.

하지만 딜린저는 3개월간 추적자들을 따돌렸다. 그는 머서 인근 리조트에서 벌어졌던 총격전으로 부상을 입은 상태였다. 측근 앨버트 레일리가 미니애폴리스에서 검거되었는데 그는 딜린저가 죽었다고 진술했다. 하지만 딜린저의 아버지는 아들에게서 온 편지를 보여주면서 거짓말이라고 반박했다.

5월 24일, 이스트 시카고에서 형사 2명이 총격을 받고 사망했다. 딜린저가 용의자로 거론되었다. 세인트폴의 은행가인 에드워드 브레머가 납치되기도 했는데 누군가 상상력이 풍부하고 심사가 뒤틀린 사람의 소행이 분명했다. 사람들 사이에서 딜린저에 대한 영웅담이 한껏 부풀려지기 시작한 것이 바로 그때부터였다.

그가 훔친 돈의 액수는 5백만 달러로 추정된다. 하지만 딜린저와 같은 수법으로 강도 행각을 벌인 사람도 많았고 범행에 관한 이야기가 사실인지 허구인지 구분하기 어려운 경우도 많았다. 경찰과 연방 요원, 지나가던 행인, 그리고 동업 관계로 함께 일했던 범죄자를 포함해서 딜린저로 인해 목숨을 잃은 사람만 20명에 달했다.

런던 외곽에서 노상강도가 우편 열차를 털어

피해액은 500만 달러를 웃돌 수도

– 제임스 페론

마스크를 쓴 노상강도단이 오늘 아침 일찍 런던 외곽에서 우편 열차를 털어 달아났다. 피해액은 현금과 보석을 포함해 최소 280만 달러에서 최대 500만 달러를 넘을 수도 있다. 사상 최대의 강도 사건일지도 모른다.

오늘 해뜨기 전 8~15명 정도의 강도들이 글래스고를 출발해서 런던으로 가던 열차를 런던 외곽에서 습격했다.

약탈당한 물품 대부분은 100만 파운드(280만 달러)가 넘는 현금이었다. 현금은 강도들이 처분하기 쉬운 전리품이다. 약탈당한 현금은 런던의 대형 은행이 지방의 지점에서 런던의 본점으로 수송하는 것이었다.

피해액의 추정치가 정확한 것으로 밝혀진다면, 이번 강도 사건은 1950년 1월 17일 보스턴에서 발생한 브링크 빌딩 강도 사건의 규모를 넘어선다. 브링크 빌딩 사건의 피해액은 현금과 유가증권을 합쳐 총

277만 5,395달러였고 그중에서 현금은 121만 8,211달러였다.

지난 8월 15일 케이프 코드에서 발생했던 우편 열차 강도 사건의 피해액도 현금만 따지면 155만 1,277달러에 달해 브링크 빌딩 사건보다 더 많았다.

이번 사건의 범행 수법이 어찌나 대담하고 교묘했던지, 우체국과 영국 철도회사에서는 과거 기록에서 유사 범죄를 찾을 수 없었다.

사건 개요를 말하자면, 강도단은 신호등을 조작해서 서행 신호와 정지 신호를 잇달아 보내 글래스고에서 런던으로 가는 우편 열차를 정지시켰다. 열차는 덜커덩 소리를 내며 체딩턴 인근에 멈춰 섰다. 체딩턴은 런던에서 북서쪽으로 58킬로미터 떨어진 곳으로 539명의 주민이 사는 마을이다.

소형 화기로 무장한 강도들은 완전히 비무장이었던 우체국 직원들을 협박해서 맨 앞의 기관차와 그 뒤로 연결된 두 칸의 차량을 나머지 차량과 분리시켰다. 기관사를 협박해서 철도 교량 아래로 도로가 지나는 곳까지 기관차를 몰게 한 다음 차량에 실린 약 120개의 등기 우편물 가방을 미리 대기시켰던 트럭으로 옮겨 실었다.

강도들이 얼마나 노련하게 움직였던지 분리된 채 남겨진 뒤쪽 10칸의 차량에서 우편물 분류 작업을 하던 우체국 직원들은 강도들이 떠날 때까지 무슨 일이 벌어졌는지 알지 못했다.

전문가들도 강도단이 철도 운행에 관해 속속들이 잘 알고 있었으며 범행 계획도 치밀하게 잘 세웠다며 감탄했다. 예를 들어, 강도들은 차량을 분리할 때도 유압기와 증기 브레이크를 능숙하게 조종해서 다른 사람들이 전혀 눈치 채지 못했다. 그들은 마을로 연결되는 선로 양쪽의 전화선을 자를 정도로 철두철미했다. 범행을 마친 다음 기관사 2명의 손목에 채운 수갑도 최신형 제품이었다.

버킹엄서 경찰 범죄수사부의 맬컴 퓨트렐 형사부장은 "정말 기가 막히게 잘 계획된 범행"이라고 평했다. 오늘 밤 리버풀 자택에서 런던으로 급히 달려온 레지널드 베빈스 체신부 장관은 이번 범행이 내부자의 소행일 가능성도 있다고 말했다.

이번 범행 수법이 어떤 면에서는 정말 존경스러울 정도가 아니냐는 질문에 베빈스 장관은 "이런 놈들에게 존경이란 말을 쓰고 싶지 않다. 사실 놈이라는 말도 아깝다"고 말했다.

런던의 대형 은행 가운데 강탈당한 우편 열차에 현금을 싣지 않은 은행은 없는 것으로 알려졌다. 은행 측에서 열차의 현금에 보험을 들어 놓았는지는 확실하지 않다. 미들랜드 은행은 운송 중인 현금을 보험에 들지 않았지만 그게 업계의 일반적인 관행은 아니라고 밝혔다.

베빈 장관은 등기소포 하나당 최대 20파운드(56달러)의 보상금이 지급될 것이라고 말했다. 하지만 20파운드의 보상금은 최소 보험료인 25센트를 냈을 때 받을 수 있는 최대 보험금 정도밖에 되지 않는다.

베빈 장관은 강도들에게 1만 파운드의 현상금을 걸었는데, 은행 두 곳에서 제시한 현상금의 3분의 1에 불과했다.

내셔널 프로빈셜 은행의 손실액만 해도 50만 파운드(140만 달러)를 넘는 것으로 추정되며 거의 대부분이 현금이었다. 브리티시 리넨 뱅크 오브 스코틀랜드에서는 손실액이 55,000파운드(15만 4,000달러)라고 밝혔다. 손해사정인들은 두 은행에 70만 달러 수준의 보상금을 제시했다.

오늘 밤 수사관들은 철도회사에서 근무했던 옛 직원들의 기록을 살살이 훑었다. 런던 경시청 특별 기동 수사대는 강도단과 관련된 단서를 찾기 위해 가용한 모든 형사를 동원해서 관련 기록과 암흑가의 정보원

1963년 8월 10일, '대규모 열차 강도 사건'이 발생한 영국 버킹엄셔의 브라이드고 철교 인근에서 쇠지렛대를 줍기 위해 선로를 넘고 있는 형사들

인 '밀고자'들의 기록을 뒤졌다.

강도들이 열차를 습격할 때 감행했던 매복 공격은 영국 텔레비전 시청자에게도 조금씩 알려지고 있는 미국 서부 열차 강도단의 극적인 요소가 모두 담겨 있었다. 빠진 것이라고는 총알이 강철에 부딪힐 때 나는 반사음과 겁에 질린 승객들의 모습 정도였다.

움직이는 우체국이라고 할 수 있는 우편 열차는 사람들 눈에 잘 띄는 일도 없고 운행 시간표도 공개되지 않는다. 이번에 습격당한 우편 열차는 매일 밤 어둠 속을 질주하는 그 특별한 4대의 열차 가운데 하나였다. 4대의 열차에는 각각 75명의 우체국 직원이 탑승하며 런던으로 우편을 실어 나를 때는 '특별 상행', 지방이나 스코틀랜드로 갈 때는 '특별 하행'으로 불렸다.

놀랄 만큼 치밀했던 강도단은 범행 전에 인근 농장으로 연결되는 전화선을 자른 다음, 범행 장소에서 북쪽으로 1.6킬로미터 떨어진 곳에 있는 신호기를 황색, 그러니까 천천히 운행하라는 서행 신호로 바꿨다. 범행 목표 지점에서 정지 신호를 보고 기관사가 열차를 바로 세울 수 있게 하기 위해서였다. 그런 다음 쇠지렛대로 무장하고 얼굴을 가린 채 목표 지점에서 열차를 기다렸다.

마침내 신호에 따라 열차가 정지했다. 강도들은 원래 신호등에 있는 녹색등에 낡은 장갑을 덮어서 가리고 꺼져 있는 적색등에는 배터리를 연결해서 밝게 켜놓았다.

부기관사인 26살의 데이비드 휘트비는 당시 정황에 대해 이렇게 말했다.

"열차를 세운 다음 밖에 나가 신호등에 달려 있는 전화기 쪽으로 갔다. 자세히 살펴보니 전화선이 절단되어 있었다. 그래서 열차로 돌아가

기관사에게 알렸다. 그때 두 번째와 세 번째 차량 사이에서 밖을 내다보는 한 남자가 눈에 들어왔다. 나는 기관사에게 말하고 그 사람을 찾아가 '무슨 일입니까?'라고 물었다. 그 남자는 선로를 넘어서 걸어오더니 '이리 와'라고 말하면서 나를 철로 밖으로 밀어붙였다. 그때 또 한 사람이 나를 붙잡더니 손으로 내 입을 막고 '소리 지르면 죽인다'고 했다. 나는 '알았어요'라고 대답했다."

기관사 잭 밀스는 "그들이 나를 기관실로 데려갔는데 가보니 부기관사는 이미 그들에게 잔뜩 얻어맞은 모습이었다. 그들은 수갑 한 쪽을 내 손목에 채우고 다른 한쪽은 일당 중 한 명의 손목에 채웠다"고 말했다.

다른 강도 몇몇이 등기 우편물이 실린 앞쪽 두 개의 차량과 나머지 뒤쪽 열 개의 차량을 분리했다. 한 철도 직원은 "강도들은 어떻게 움직여야 하는지 정말 잘 알고 있었다"고 했다.

부기관사인 휘트비는 "그들은 기관사에게 열차를 몰고 시어스 건널목까지 가라고 했다. 열차가 멈추자 내 손목에 채워진 수갑의 다른 한쪽을 기관사의 손목에 채웠다"고 했다.

열차 옆에 강제로 눕게 하다

"그들은 우리를 기관실에서 끌어낸 다음 열차에서 우편물 가방을 다 꺼낼 때까지 열차 옆에 누워 있게 했다. 우리를 감시하는 사람이 하나 있었는데, 그 사람이 우리한테 두 번째 열차 쪽으로 걸어가라고 말했다."

쇠지렛대로 머리를 얻어맞고 고통스러워하던 기관사 밀스는 몸이 어느 정도 회복되자 뒤쪽 차량을 분리해 짧아진 열차를 강도들의 명령에 따라 시어스 건널목에 있는 다리 인근으로 몰고 갔다. 다리 밑 좁은 도로에 트럭 한 대가 대기 중이었다. 강도 한 명이 우편물 가방을 선로

갓길에 던지면 다른 일당이 트럭에 옮겨 실었다.

범행이 발생한 지점은 잉글랜드 북서부와 스코틀랜드 서부, 런던을 연결하는 4개의 선로가 지나는 곳으로 열차의 통행량이 많았다. 남쪽을 향해 달리던 우편 열차는 체딩턴 역에서 북쪽으로 5킬로미터 떨어진 곳에서 신호를 보고 제동을 시작했다. 열차의 앞부분이 최종적으로 멈춘 곳은 그곳에서 1.6킬로미터 남쪽, 체딩턴 역에서는 3.4킬로미터 북쪽에 있는 브라이드고 다리였다.

철도 직원들이 강도 사건을 설명하면서 언급했던 시어스 건널목은 철길을 가로질러 한 농장으로 연결되는 흙길이었는데 브라이드고 다리에서 북쪽으로 1.2킬로 지점에 있다.

부기관사 휘트비는 "그들은 우편물 가방을 다 내린 다음 기관사와 내게 차량에 남아 있던 4명의 중앙 우체국 직원과 함께 있으라고 했다"고 말했다.

휘트비가 말하는 차량은 귀중품이 실려 있던 우편물 차량을 의미했다. 휘트비는 이어서 "그들은 우리에게 30분 정도 움직이지 말라고 말한 다음 현장에서 사라졌다. 내 생각에는 그들이 아까 차량에 올라탈 때 중앙 우체국 직원들을 총으로 위협한 것 같았다. 그래서 우체국 직원들이 기를 쓰고 막았지만, 강도들이 차량에 올라탈 수 있었을 것"이라고 말했다.

그러는 동안 분리된 뒤쪽 차량에 있던 우편물 분류 담당 직원들은 강도들이 습격한 줄도 모르고 바쁘게 일하고 있었다.

강도들이 뒤쪽 차량의 경비원을 때려눕혀

분리되어 뒤에 남겨진 차량에 있던 경비원은 뒤에서 다가오는 열차가 볼 수 있도록 선로에 램프를 내려놓고 열차가 왜 이렇게 오래 서 있는지 알아보기 위해 열차 앞쪽으로 걸어왔다.

바로 그 경비원이었던 토머스 밀러는 "맨 앞의 기관차와 열차 두 칸이 사라진 것을 보고 얼마나 놀랐는지 모른다. 일을 거의 끝내고 있던 우체국 직원들은 열차 엔진이 고장 난 줄 알았다"고 했다. 그는 "선로를 뛰어다니며 전화기를 찾았지만 전화선이 전부 잘려 있었다. 그래서 선로를 따라 200여 미터를 달려갔는데 그곳에 기관차와 열차 두 칸이 서 있었다. 운전석에는 핏자국이 있었고 열차의 가까운 쪽 유리창은 깨져 있었으며 문은 열려 있었다"고 덧붙였다.

범행에 걸린 시간은 모두 합쳐 15분이었고 경찰은 범행이 끝난 후 45분 만에 신고를 접수했다. 예정된 우편 열차가 지나가지 않는 것을 이상하게 여긴 철도 신호수가 열차 수색을 의뢰했던 것이다.

강도들이 모두 떠난 다음 뒤에 남겨진 열차에 있던 철도 직원은 뭔가 사고가 생겼음을 직감하고 도움을 요청하려고 인근 농장으로 달려갔다. 하지만 그곳에는 전화기가 없었다. 그래도 별 상관없었다. 어차피 길가에 설치된 전선은 이미 절단된 상태였기 때문이다.

일찍이 영국에서 극적인 우편 열차 강도 사건이 없었던 것은 아니지만, 이번처럼 그야말로 영화 같은 사건은 없었다. 현장을 떠나면서 일부 강도들은 철도 직원 옷으로 갈아입고 열차에 불을 지른 다음 사건을 은폐하기 위해 벌떼를 풀어놓기도 했다.

그전까지만 해도 영국에서 가장 큰 우편물 강도 사건은 1952년 5월 21일에 7명의 강도가 런던 옥스퍼드가에서 우체국 트럭을 약탈한 사건이었다. 그들은 23만 8,000파운드(66만 6,400달러)를 털어 달아났는데 대부분이 현금이었다. 400여 명의 증인과 용의자가 심문을 받았지만,

그 사건으로 재판을 받은 사람은 단 한 명도 없었다.

런던 경시청은 사건이 일어난 후 채 한 달이 지나기 전에 일당 대부분을 잡아들였고 범인들은
최고 30년형을 선고받았다. 강도 일당 중에서 가장 악명 높았던 로니 빅스는 1965년 원즈워
스 교도소를 탈옥한 후 브라질로 도주했다. 그곳에서 수십 년간 살면서 실명으로 호화로운 생
활을 즐기기도 했다. 빅스는 건강이 나빠지자 2001년 자발적으로 영국에 돌아와 남은 형기를
살다가 2009년 특별 사면으로 풀려나 2013년 사망했다. 우편 열차 강도 사건에서 사라진 귀
중품은 대부분 회수하지 못했다.

'인도의 별'과 다른 8개의 보석, 마이애미의 물품 보관함에서 회수

– 잭 로스

'인도의 별Star of India'이 지방검사의 외투 주머니에 담긴 채 어제 뉴욕으로 돌아왔다. 인도의 별은 세계에서 가장 크고 멋진 사파이어로 앞서 미국 자연사박물관에서 다른 보석 23개와 함께 도난당했다.

도난당한 보석들은 앨런 데일 쿤의 도움으로 물에 젖은 두 개의 스웨이드 주머니에 담긴 채 마이애미 버스 터미널에서 발견되었다. 쿤은 지난 10월 29일 이 대담한 절도 행각을 벌였던 3명 중 1명이다. 나머지 2명은 '머피 더 서프Murph the Surf'로 알려진 잭 롤런드 머피와 로저 프레더릭 클라크이다. 세 사람 모두 자신을 스킨 다이버이자 서퍼, 비치보이(해변에서 서핑이나 다이빙을 하며 시간을 보내는 사람—옮긴이)라고 밝혔다. 정부 당국은 그들을 '악명 높은 보석 도둑'으로 불렀다.

100캐럿짜리 '들롱 스타 루비DeLong Star Ruby'와 15캐럿짜리 다이아몬드 결정인 '이글 다이아몬드Eagle Diamond'는 아직 찾지 못했다. 나머지 보석들은 그보다 크기가 작다. 이 보석들은 모두 자연사박물관의 J. P. 모건 보석 갤러리에서 도난당했다.

혐의를 줄이는 데 합의

프랭크 호건 지방검사와 합의한 바에 따라, 절도범들에게는 3급 절도죄가 선고될 예정이다. 최대 10년의 징역에 처해질 수 있는 범죄이다.

들롱 스타 루비가 아직 반환되지 않았지만, 호건 검사는 재판부에게 여전히 1년형을 권고하고 있는 것으로 알려졌다. 그전까지만 해도 호건 검사는 협상을 하면서 인도의 별과 들롱 스타 루비가 모두 반환되어야 한다고 고집했었다.

이번 협상에 피고인들의 다른 절도 혐의는 포함되지 않은 것으로 알려졌다. 머피는 뉴욕 알곤킨 호텔에서 한 직원을 폭행하고 250달러를 훔친 혐의도 받고 있다. 마이애미에서는 쿤과 함께 여배우 에바 가버를 권총으로 마구 때리고 55만 달러 상당의 보석을 강탈한 혐의를 받고 있다. 지난 토요일 머피와 클라크는 가정집에 들어가 52,000달러 상당의 모조 보석을 훔친 죄로 기소되기도 했다.

스카프 위에 보석을 전시

호건 검사는 되찾은 보석을 비서에게 빌린 1.98달러짜리 검정 스카프 위에 올려놓은 채로 일반에 공개했다.

절도범들로부터 되찾은 보석 중에는 563.35캐럿인 인도의 별 외에도 116캐럿짜리 사파이어인 '미드나잇 스타', 문양이 새겨진 87캐럿짜리 에메랄드, 역시 문양이 새겨진 사다리꼴 모양의 67캐럿짜리 에메랄드, 32캐럿짜리 또 다른 에메랄드, 좀 더 작은 에메랄드, 달걀 형태의 문양이 새겨진 2.5센티미터 길이의 에메랄드, 거의 정사각형으로 가공된 400캐럿짜리 아콰마린(에메랄드와 유사한 일종의 녹주석으로 남청색을 띄고 투명하다―옮긴이), 737캐럿짜리 타원형 아콰마린 등이 있었다.

쿤과 모리스 나자리 지방검사보, 그리고 리처드 말린, 피터 미넌, 존 맥널리 등 형사 3명이 플로리다로 날아간 것은 지난 화요일 밤이었다. 범인들의 형량을 줄여주는 대가로 가능한 한 많은 보석을 회수하는 것이 그들의 임무였다.

뒤를 쫓는 기자들

쿤은 플로리다에 도착한 후 여러 차례 통화를 한 다음 수요일 저녁까지 보석을 회수할 수 있을 것 같다고 말했다. 외부에 비밀로 했지만, 쿤 일행의 계획은 신문에 보도되어 기자들이 쿤 일행의 뒤를 쫓기 시작했다.

사람들의 눈을 피하기 위한 숨바꼭질이 시작되었다. 추적하는 사람들은 대부분 기자와 사진기자들이었는데 덤불에 숨어 있는 사람도 있었고 무전기를 들고 있는 사람도 있었다. 심지어 누군가 쿤 일행이 타는 자동차의 점화선을 제거하는 바람에 차를 타고 떠나지도 못하는 상황이 되었다.

쿤과 나자리 검사보, 형사 셋은 쉴 새 없이 이 호텔 저 호텔을 옮겨 다니며 기자들을 따돌리려 애썼다. 한 모텔에서는 추적자들을 뿌리치기 위해 창문을 넘어 6미터 아래로 뛰어내리기도 했다. 형사들에 따르면, 쿤은 함께 뛰어내리면서 "아저씨들은 도둑이 아니라 참 좋겠네요. 난 아저씨들 때문에 완전히 망했어요"라며 투덜댔다고 한다.

10~12군데의 호텔과 모텔을 전전한 다음, 일행은 마침내 기자들을

따돌리는 데 성공했다. 하지만 쿤은 그 와중에도 쉴 새 없이 누군가와 통화했다. 장물을 팔고 있었던 걸까? 아니면 보석을 갖고 있는 친구와 통화했던 걸까? 쿤이 누구와 통화했는지는 알려지지 않았다. 그러다가 어제 오전 3시경 아주 중요한 전화가 걸려왔다. 쿤과 일행들이 마이애미 대학교 인근에 있는 '유니버시티 인'이라는 모텔에 묵고 있을 때였다.

발신자가 비밀을 전하다

형사 한 사람이 전화를 받자 전화를 건 사람이 "보석들은 노스 이스트 4번가 버스 터미널의 사물함에 있다"며 사물함의 위치와 열쇠를 숨겨 둔 장소를 알려주었다. 말린 경장이 열쇠를 찾아 온 다음 일행은 버스 터미널에 설치된 사물함을 찾아 마이애미 도심으로 갔다. 그리고 터미널 대합실 밖 승차장에 있는 0911번 사물함에서 물에 젖은 갈색 스웨이드 주머니 두 개를 찾아냈다. 말린 경장은 사물함에서 주머니를 꺼낸 다음 묶여 있는 줄을 풀고 보석을 꺼냈다. 보석들은 물에 젖은 얇은 종이로 하나씩 포장되어 있었다.

보석 주머니를 바다 속에 숨겼던 걸까? 피고인들은 수영이나 다이빙 전문가였다. 호건 검사는 그에 대한 언급을 회피했다. 보도에 따르면 버스 터미널의 사물함은 12월 12일 이후 계속 사용 중이었다고 한다. 터미널 직원은 "누군가 오늘까지 매일 동전을 넣고 사물함을 사용했다"고 말했다.

말린 경장은 보석 주머니를 갖고 혼자 모텔로 돌아갔다. 나자리 검사보는 호건 검사 집으로 전화했다. "검사님, 잠을 깨워서 죄송합니다. 임무를 완수하고 오전 8시 15분 비행기로 출발할 예정입니다."

호건 검사는 기자들에게 나자리 검사보에게 무슨 특별한 임무를 맡

1968년 1월 28일, '슈퍼 머피'로 불리는 잭 머피가 무장 강도 혐의로 공범 3명과 함께 체포된 후, 형사들의 보호를 받으며 마이애미 해변 경찰서로 가고 있다. 잭은 박물관에서 보석을 훔친 죄로 3년간 복역한 후 석방되었다.

긴 것은 아니라면서 나자리 검사보 일행이 마이애미에서 무엇을 했는지 일체 언급하지 않았다. 다만 기자들을 피해 다니기 바빴다는 정도만 말해 주었다.

쿤이 수요일 오후 길버트 로젠탈 변호사를 불러 "몇 시간 내로 물건을 준비해서 오늘 내로 뉴욕에 돌아가야 한다"고 말했다는 소문이 있었다.

뉴욕으로 돌아오는 비행기에서 나자리 검사보는 보석을 꺼내 보석을 감싸고 있는 종이 포장지를 바꾼 다음 멀미용 기내 주머니에 옮겨 담았다.

쿤과 형사들, 나자리 검사보를 태운 노스 이스트 항공의 여객기는 오전 10시 55분 뉴욕 케네디 국제공항에 착륙했다. 경찰 6명이 기내로 들어왔다. 쿤은 모든 승객이 내린 다음 수갑을 차고 경찰들과 함께 비행기에서 내렸다. 구릿빛 피부에 주황색 머리카락을 단정하게 빗은 채 털목도리가 달린 낙타털 코트를 입은 모습이었다. 쿤 일행은 아무런 표시가 없는 두 대의 경찰차에 올랐다. 쿤은 이번 사건을 지휘하고 있는 조지프 코일 부경감과 같은 차를 타고 이동했다.

11시 53분, 사복 차림의 한 사람이 여행 가방 3개를 들고 레너드가 155번지에 있는 호건 검사의 사무실로 들어왔다. 1층에 있던 기자들은 그가 엘리베이터를 타고 난 다음에야 가방에 항공 화물 꼬리표가 붙어 있던 것을 떠올렸다. 그는 엘리베이터를 타고 올라가면서 여행 가방이 "나자리 검사의 화물"이라고 말했다.

쿤을 태운 차는 호건 검사의 사무실 건물이 아니라 레너드가와 센터가의 교차로에 멈췄다. 눈에 띄지 않게 일상적인 모습으로 길을 건너는 나자리 검사의 검정 코트 주머니에 보석이 들어 있었다.

호건 검사는 나자리 검사보가 보석을 책상에 내려놓기 무섭게, 박물관의 보석 담당 학예사인 브라이언 메이슨 박사를 불렀다. 호건 검사는 메이슨 박사가 접안경으로 보석을 감정한 결과 아무런 손상도 없다는 말을 했다고 전했다.

범인들은 유죄 협상을 하면서 총 30만 달러 상당의 보석 절도에 관한 3건의 기소를 협상에 포함시켰다. 클라크는 마리화나 소지라는 중범죄 혐의까지 협상에 포함시켰다.

형량을 저울질하는 연방 정부

소문에 의하면 연방 정부는 피고 3명에게 10년의 징역과 1만 달러의 벌금이 구형될 수 있는 주간州間 절도 혐의가 적용될까 봐 우려했다고 한다.

물론 연방 정부가 호건 검사의 판결에 직접적인 영향을 줄 수는 없다. 하지만 지방검사인 호건 검사와 연방검사인 로버트 모겐소 검사는 지금까지 늘 긴밀하게 협조해왔다.

피고인들은 어제 미첼 슈와이처 대법관의 법정에 잠시 출두했다. 쿤의 변호인인 로젠탈 변호사는 재판을 화요일까지 연기해 달라고 요청하여 승인받았다. 쿤과 머피, 클라크의 보석금 액수는 그대로 유지되었다.

쿤과 클라크, 머피는 맨해튼시 교도소의 감방으로 돌아갔다. 보석금을 낸 사람은 아무도 없었다.

아직 회수하지 못한 보석들이 작게 쪼개져서 처분된 것은 아닌지, 그 보석들을 되찾을 수 있다고 보는지, 특히 들롱 스타 루비를 찾을 수 있을 것 같은지를 묻는 기자들의 질문에 호건 검사는 묵묵부답으로 일관하면서 수사가 아직 끝나지 않았다는 말만 되풀이했다.

박물관 지붕에서 몸을 최대한 숙인 채 열려 있는 창문으로 들어가 범행을 저질렀던 클라크와 쿤, 머피는 1965년 유죄 판결을 받고 3년의 징역형을 선고받았다. 같은 해, 보험업계의 거물인 존 맥아더는 플로리다의 악덕 사채업자로부터 들롱 스타 루비를 25,000달러에 매입했다.

루프트한자 현금 도난 사건과
그 뒤로 이어진 살인

– 레슬리 메이틀런드

스티브 카본은 암흑가에 있는 과거의 연줄을 활용해 조지프 맨리와 파올로 리카스트리를 수소문하는 중이라고 말했다. 그들의 목숨이 위험하다는 것을 알려주고 싶었기 때문이다.

카본이 생각하기에, 1년 전 루프트한자 항공 화물청사에서 발생했던 580만 달러 규모의 현금 도난 사건을 배후에서 조종한 인물이 그 두 사람을 제거하려고 마음먹은 것 같았다. 하지만 FBI 감독관인 카본은 그들에게 그 소식을 늦지 않게 전달할 방법이 없었다.

카본은 "두 사람이 우리를 찾아왔다면 목숨을 부지할 수 있었을 것"이라고 말했다. "하지만 경고를 전하려는 우리의 노력을 묵살했다. 그들이 너무 탐욕스러웠거나 너무 겁을 먹었기 때문일 것이다. 누군가가 죽는 걸 좋아하는 사람은 없겠지만, 그들의 죽음은 우리에게 큰 좌절감을 안겼다. 두 사람은 그 사건에 연관되어 있었지만, 이제는 죽음으로써 그 사건에서 자유로워졌다."

맨리와 리카스트리는 미국 역사상 최대의 현금 도난 사건이 벌어진 뒤 수배된 용의자였다. 그들의 시신은 암흑가 특유의 방식에 따라 청부 살인업자의 손에 처형된 모습으로 발견되었다. 수사관들은 행운의 여신이 자신들의 편이고 역사상 가장 극적인 이 사건이 언젠가 해결될 것이라며 장담하고 있다.

카본은 범인들이 1978년 12월 11일 동트기 전 케네디 국제공항에 있는 루프트한자 항공의 화물청사에서 빼돌려 승합차에 싣고 간 현금 5백만 달러와 1백만 달러 상당의 보석을 언젠가는 되찾을 수 있을 것으로 생각한다. 당시 범인들은 5~6명이었고 스키 마스크를 쓴 채 산탄총과 자동권총으로 무장했다.

한때 고등학교 영어 교사이기도 했던 카본은 "그 사건은 결코 묻히지 않을 것이다. 묻히려고 할 때마다 새로운 증거가 나타났다. 그 사건은 거대한 퍼즐과 같고 우리에게는 끼워 맞출 퍼즐 조각이 아주 많다"고 말했다.

맨리는 동료인 맥마흔과 함께 지난 5월 16일 브루클린 밀베이슨 구역의 인적이 드문 곳에 서 있던 갈색 뷰익 르세이버 차량에서 사망한 채 발견되었다. 둘 다 뒤통수에 총을 맞았다. 살인범은 두 사람과 아는 사이일 가능성이 높다는 게 카본의 의견이다.

리카스트리는 지난 6월 13일 브루클린의 플랫랜드가에서 멀리 떨어진 곳에 있는 쓰레기 더미에서 총에 맞은 시신으로 발견되었다. 그는 살인죄로 복역한 후 고향인 시칠리아로 추방되었다가 미국으로 다시 밀입국했다. FBI는 리카스트리가 루프트한자 현금 도난 사건에 가담했지만 주범들이 입을 막을 목적으로 살해한 여섯 번째 희생자라고 추정했다. 사지가 잘린 시신으로 발견된 일곱 번째 희생자의 신원은 아직 밝혀지지 않았지만, FBI에서는 분명 그 시신이 이 사건과 관련이 있다고 판단했다.

또 다른 2명의 용의자는 실종된 지 1년이 넘었다. 살해당한 사람은 이외에도 더 많을 것으로 추정된다. 이 사건을 담당하고 있는 연방 수사관은 범죄에 가담한 사람들이 3명에서 100명에 이를 수 있으며, 어쩌면 계속 이어지고 있는 살인 사건을 막을 수 없을지도 모른다고 말했다.

길지만 성과 없는 인터뷰

연방 수사관들이 지난해 현금과 시신을 찾아 수색 활동을 벌였지만 별다른 성과는 없었다. 조사했던 여러 살인 사건도 루프트한자 사건과는 무관한 것으로 밝혀졌다. 수사관들은 뭔가 새로운 증거가 나타나길 기대하면서 도청 테이프를 들으며 며칠을 보내기도 했다.

몇몇 용의자가 살고 있는 퀸스의 하워드 비치와 오존 파크 인근에 설치된 FBI 사무실의 수사관들은 밤 새워 일하는 날이 많았다. 카본의 말로는 50~60개에 달하는 비밀 정보를 입수해서 조사했지만, 조금이라도 가치가 있는 정보는 10분의 1도 안 되었다고 한다.

수사관들은 사건 발생 후 며칠 동안 정보원들이 제공했던 초기 정보를 통해 사건과 관련이 있어 보이는 네 사람의 이름을 알아내고 사건의 배후 인물들이 어떤 생각을 하는지 알게 되었다.

FBI는 그 정보를 근거로 용의자들을 전자기기로 감시할 수 있는 허가를 받아 자동차 안에서 용의자들이 하는 대화를 감청할 수 있게 되었다. 또한 거의 1,000명에 달하는 공항 직원들의 인터뷰를 취합해서, 지난봄 루이스 워너를 법정에 세울 수 있었다. 워너는 루프트한자 항공 화물청사 직원으로 절도범들에게 결정적인 도움을 준 혐의로 유죄 판결을 받았다. 지금까지 이 사건과 관련해서 기소되거나 재판을 받은 사람은 워너가 유일하다.

기소는 되었지만 징역 16년형을 선고받기 전이었던 지난 6월, 워너는 연방 대배심에서 추가 기소를 하지 않을 테니 알고 있는 것을 털어놓으라는 제안을 받았다. 워너가 대답을 하지 않자 사람들은 그가 공범들의 보복을 두려워하는 것 같다며 경멸했다.

카본에 따르면 관대한 형량을 대가로 협조를 약속한 용의자는 단 한 사람뿐이었다. 카본은 사건을 전담하는 토머스 스위니와 게리 커비 등 2명의 특별 수사관을 지휘하고 있다. 카본의 팀은 사건을 수사하면서 뉴욕시 경찰국 퀸스 전담반의 잭 피츠시몬스 형사와 뉴욕시 경찰국에서 살인 사건 다발 구역을 담당하는 제임스 시어 경사, 나소 카운티 경찰국의 113구역 담당 경찰들, 뉴욕과 뉴저지 항만관리청의 토머스 스톨라드 형사와 협력하고 있다.

배신자로 불리다

워너의 재판에서 범행 계획을 처음 제안한 사람이 피터 그루너월드라는 증언이 나왔다. 그루너월드는 루프트한자 항공의 화물 노동자로 워너의 동료였는데 결국 재판에서 친구 워너에게 불리한 증언을 했다. 현재 연방정부의 보호를 받고 있는 그루너월드는 퀸스에 있는 바에서 범행을 위해 모집한 사람들에게 차츰 환멸을 느끼자 일부러 계획을 지연시키려 애썼다.

47세의 워너는 실제 범행을 저지를 때 최초 계획자인 그루너월드를 제외했다. 그런 까닭에 법정에서 그루너월드를 배신한 노름꾼 취급을 받았다. 사법 당국은 워너가 실제 화물청사에 들어가 금품을 강탈한 사람들의 신원을 전혀 모르는 것으로 보고 있다. 하지만 소문에 따르면 워너는 체포되기 전 8만 달러를 받았으며 그루너월드에게 입을 다무는 조건으로 1만 달러를 주었다고 한다.

역시 워너의 재판에서 나온 또 다른 증언을 보면, 워너가 도박꾼인 프랭크 메나를 찾아갔는데 메나가 워너에게 마틴 크루그먼이라는 거물 도박꾼을 소개했다고 한다. 당국에서는 범행을 실행에 옮길 만한 사람들에게 워너의 계획을 가져간 사람이 크루그먼일 것으로 보고 있다. 크루그먼은 현금 도난 사건이 일어난 뒤 한 달 만에 자취를 감췄고 그 뒤로 행방이 묘연해졌다.

수사관들은 워너의 재판에서 이름이 전혀 언급되지 않았지만, 하워드 비치에 사는 제임스 버크가 크루그먼이 계획을 전달한 사람이라고 확신했다. 과거 퀸스의 형사반장이었던 에드워드 스톨은 버크가 범죄 조직인 폴 바리오 패밀리의 일원이었다고 말했다. 바리오 패밀리는 당시 케네디 공항의 골칫거리였던 화물 절도 사건 대부분을 저지른 것으로 알려졌다.

현재 플로리다에 거주 중인 바리오는 루케제 패밀리에서 아주 중요한 인물인 것으로 알려졌다. 루케제 패밀리는 앤서니 코랄로가 두목으로 알려진 갱단이다. 당국에서는 바리오와 코랄로가 현금 도난 사건의 수익금 중 일부를 나눠받은 것으로 판단하고 있다.

FBI는 버크가 사건이 발생한 후 플로리다로 갔다는 것을 알아냈다. 버크가 그곳에서 바리오를 만났는지는 알려지지 않았다. 버크는 플로리다에 갈 때 안젤로 세피, 아들인 프랭크와 동행했다. 세피는 한 정보원이 루프트한자 현금 도난 사건의 범인 4명 중 하나로 지목한 인물이다.

38세인 세피는 퀸스의 오존 파크 출신으로 1955년 이후 경찰에 체포된 것만 10여 차례였고 지난 2월 루프트한자 현금 도난 사건으로 체포될 당시에는 무장을 하고 은행을 턴 혐의로 집행유예를 선고받은 상태였다.

세피는 기소되지 않았다. 하지만 연방 정부는 이미 다른 범죄에 연루되어 있다는 이유로 세피와 버크의 가석방을 취소했다. 두 사람은 현재 재수감됐지만, 이번 달에 석방될 것으로 보인다.

약탈적 고리대금 혐의로 복역해

화물청사에서 사건이 벌어지고 있을 때, 버크는 맨해튼의 한 사회복귀시설에 머무르고 있었다. 1972년 약탈적 고리대금 혐의로 10년형을 선고받고 애틀랜타 연방 교도소에서 복역하다가 풀려난 후였다. 현재 49세로 1948년부터 갖가지 범죄를 저질렀던 버크는 1978년 10월 18일 사회복귀시설에 보내졌고 1979년 1월 25일 석방되었다.

또 다른 용의자인 토머스 드시몬도 버크와 같은 날 사회복귀시설에 도착했는데, 경찰에 따르면 두 사람은 예전에 최소 한 차례 정도 함께 범죄를 저질렀다고 한다. 34세이며 버크처럼 오존 파크 출신인 드시몬은 10년형을 선고받고 펜실베이니아주 루이스버그 교도소에서 3년 넘게 복역하고 출소한 상태였다. 그의 죄목은 주州 경계를 넘어 이동하는 수송품을 훔치고 무력으로 교역을 방해한 것이었다. 드시몬은 1978년 12월 12일 사회복귀시설에서 석방되었다. 루프트한자 사건이 발생하기 하루 전이었다. 그의 아내 쿠키는 남편이 한 달 전에 실종된 후 연락이 끊겼다고 말했다.

사회복귀시설의 책임자이며, 브로드웨이와 55번가에 있는 우드워드 호텔에 묵고 있는 매튜 월시는 드시몬과 버크가 사회복귀시설에 있을 때 친구였다고 말했다. 그리고 이론상으로는 수용인들이 밤에 시설에서 몰래 빠져나갈 수 있다고 했다.

루프트한자 사건의 무장 강도 중 하나로 추정되는 드시몬은 실종 당시 루프트한자 사건 일주일 후에 벌어진 한 살인 사건의 용의자로 수배 중이었다. 그 살인 사건의 피살자인 스티븐 에드워즈는 드시몬의 동료였다고 하는데 자택인 오존 파크 아파트에서 총에 맞아 숨진 채 발견되었다. FBI는 현재 루프트한자 사건에 사용된 1977년형 검정색 포드 승합차를 훔친 범인이 에드워즈인 것으로 보고 있다.

FBI는 드시몬과 세피, 그리고 버크의 21살 먹은 아들 프랭크 외에도 루프트한자 사건의 또 다른 무장 강도가 앤서니 로드리게스라는 정보를 입수했다. 스위니 연방 수사관은 사건 발생 며칠 후 로드리게스와 세피가 함께 있는 모습이 목격되었다고 했다. 두 사람은 과거에 주 경찰이 롱아일랜드 매티턱에 있는 세피의 집을 급습했을 때 함께 검거된 적도 있었다. 당시 세피의 집에서는 마약과 총기가 발견되었다.

세피의 집은 연방 수사관들이 도난당한 루프트한자 화물을 되찾기 위해 법원의 허가를 받아 수색했던 유일한 장소였다. 하지만 나온 것은 별로 없었다.

카본은 리카스트리와 맨리가 범행 당일 아침에 다른 4명의 무장 강도와 함께 화물청사에 들어간 것으로 보고 있다. 다른 기관에서는 범행을 저지른 것이 6~7명의 무장 강도였다는 증언을 거론하면서 그중에 버크가 있었을지도 모른다고 말했다. 카본은 맨리와 리카스트리가 정부와 협상할 가능성이 높기 때문에 둘 다 살해되었을 것 같다고 말했다. 리카스트리는 불법체류자이고 맨리는 강도와 트럭 탈취 혐의로 재판을 앞두고 있었기 때문이다.

카본은 맨리와 함께 시신으로 발견된 맥마혼이 범행에 가담했는지, 아니면 그저 운이 나빠서 엮이게 된 건지는 확신하지 못했다. 두 사람의 시신이 발견된 5월 16일은 워너가 유죄 판결을 받은 날이기도 했다.

카본은 "우리는 지금 맨리에게 트럭을 제공하고 범행에 동참했다고 알려진 트럭 탈취범에 관한 정보를 찾는 중이다. 그리고 워너, 크루그먼과 연관되어 있고 범행에 관해 자세히 알고 있을지 모르는 롱아일랜드의 유명한 도박꾼도 추적하고 있다"고 했다.

경찰은 크루그먼과 드시몬이 살해되었다고 보지만, 카본은 그들의 시신이 발견되지 않았기 때문에 아직 살아 있을 것으로 보고 있다. "지금까지 나온 시신을 보면 누구의 범행인지는 모르지만, 시신을 굳이 숨기려고 하지 않았다"는 것이 카본의 생각이었다.

하지만 수사관들이 이번 사건과 연관이 있다고 생각하는 또 다른 피살자(로드아일랜드에서 미용실을 운영하는 27세의 테레사 페라라)의 경우에는 지난 5월 18일 탐스강에서 훼손된 시신으로 발견되었다. X선을 통해서 가까스로 그의 신원을 확인할 수 있었다. 페라라는 퀸스에서 버크의 동료와 함께 살았다고 한다.

수사관들 입장에서 볼 때 도난당한 금액이 크다는 것은 사실 수사에 유리한 점이다. 카본은 이렇게 말했다.

"그렇게 큰돈을 운송할 때는 눈에 띄게 마련이다. 돈을 운송하기 위해 어쩔 수 없이 다른 사람들을 가담시키지 않았는가. 범죄에 가담한 사람들은 현재 30~35명에 이른다. 가담자가 많을수록 우리에게는 사건을 해결할 기회가 더 많이 생긴다. 브링크 빌딩 강도 사건을 해결하는 데 5년이 걸렸으니, 그 기준으로 보면 우리에게는 아직 4년이 남았다. 우리는 반드시 범인을 잡을 것이다."

루프트한자 현금 도난 사건의 배후인물로 추정되며 '신사 지미'로 불리는 제임스 버크는 마약상을 살해한 죄로 종신형을 살다가 1996년 사망했다. 사건 발생일로부터 35년이 넘게 지난 뒤, 악명 높은 조직폭력배인 빈센트 아사로가 공범으로 기소되었다. 하지만 아사로는 2015년 무혐의 처분을 받았다. 루프트한자 사건으로 유죄 판결을 받은 사람은 내부 협력자로 알려진 루프트한자 항공 화물청사 직원 한 사람뿐이었다.

도둑들이
보스턴의 유명 미술관을 털다

– 폭스 버터필드

경찰 복장을 한 도둑들이 보스턴의 이사벨라 스튜어트 가드너 미술관에 잠입해 렘브란트와 페르메이르, 드가, 마네의 그림을 포함한 열두 점의 귀중한 작품을 훔쳐 달아났다.

FBI와 미술관 대변인의 말에 따르면 아침에 청소 직원들이 출근한 다음에야 알게 된 이 대담한 사건은 사상 최대의 도난 사건이라고 한다.

가드너 미술관의 코리 크로닌 대변인은 도난당한 그림의 정확한 가격을 산정하기 어렵다고 말했다. "가드너 여사가 금세기 초에 매입한 뒤" 판매하려 시장에 내놓은 적이 없기 때문이었다. 하지만 오늘 FBI 보스턴 지국의 한 관계자는 도난당한 그림들의 가치가 대략 1~2억 달러쯤 된다는 말을 들었다고 했다.

네덜란드에서 발생했던 거액의 도난 사건

이전까지 가장 액수가 컸던 미술품 도난 사건은 1988년 네덜란드 오테를로에 있는 크뢸러뮐러 미술관에서 반 고흐의 작품 세 점이 도난당한 사건이었다. 도난 당시 그림의 가치는 7,200~9,000만 달러로 추산되었다. 하지만 지난 몇 년간 미술품의 가격이 천정부지로 치솟은 터라 현재 가격을 추산하기 어렵다는 것이 전문가들의 신중한 의견이었다.

크로닌 대변인은 15세기 베네치아 궁전을 보스턴에 그대로 옮겨놓은 가드너 미술관 측에서 도난당한 작품에 보험을 들어 놓았는지는 밝히지 않았다. 이번 사건은 건물 중앙에 정원을 꾸며 놓은 이 우아한 미술관이 1903년 문을 연 이래 처음 발생한 도난 사건이다.

FBI 보스턴 지국의 토머스 휴즈 담당 수사관의 말에 따르면, 최소 2명의 도둑이 경찰관으로 위장해 미술관에 침입했다. 2명의 경비원이 문을 열어주었는데 곧바로 도둑들에게 "제압당해 꽁꽁 묶인" 신세가 되었다. 보스턴 경찰국 대변인은 범인들이 경비를 제압하고 수갑을 채운 다음, 미술관의 보안 시스템을 정지시켰다고 말했다.

새벽 1시가 지나서 발생한 이번 도난 사건은 오전 8시 청소 직원들이 출근한 다음에야 알려졌다. 범인들이 그림을 벽에서 어떻게 떼어냈는지, 미술관을 벗어난 뒤 그림을 어떻게 옮겼는지는 크로닌 대변인이나 FBI 모두 언급하지 않았다. 하지만 보스턴 치안 당국의 한 관계자는 목표로 삼은 그림의 위치를 범인들이 잘 알고 있었다고 밝혔다. 도난당한 작품 중에는 렘브란트가 그린 〈갈릴리 바다의 폭풍〉과 〈검은 옷을 입은 신사와 숙녀〉, 자화상 등 세 작품이 포함되어 있었다.

렘브란트 작품의 가격

크로닌 대변인은 렘브란트의 작품이 "값을 매길 수 없으며 무엇으로도 대체할 수 없다"고 말했다. 더욱이 범인들은 페르메이르의 〈연주회〉라는 그림도 훔쳤는데 크로닌 대변인의 말에 의하면 페르메이르의 작품은 현존하는 작품이 서른다섯 점에 불과해 가치가 매우 높다고 한다.

〈연주회〉는 가드너 여사가 파리의 경매장에서 평소 즐겨 사용하는 비밀도구로 입찰에 응해 6천 달러에 낙찰 받은 것이었다. 작가 클리블랜드 에이모리가 『진짜 보스턴 사람들 *The Proper Bostonian*』(1947)에서 밝혔듯이, 가드너 여사가 사용하는 비밀도구는 손수건이었다. 가드너 여사는 입찰할 때 입을 가리고 있던 손수건을 바닥에 떨어뜨렸다고 한다. 가드너 부인은 뉴욕의 부유한 포목상의 딸이자 존 로웰 가드너의 아내였다. 그리고 남편은 중국에 차와 아편을 팔던, 보스턴에 마지막 남은 동인도 회사 무역상의 아들이었다.

도둑들은 드가의 작품 다섯 점도 함께 훔쳤다. 〈경마장 풍경〉과 〈플로렌스 인근의 행렬〉, 〈세 명의 기수〉, 〈아름다운 밤을 위한 연주곡〉, 그리고 〈아름다운 밤을 위한 연주곡〉과 비슷한 또 다른 작품이었다. 마네의 〈토르토니에서〉와 기원전 1,000~1,200년 전 중국 은나라의 청동잔도 함께 도난당했다.

크로닌 대변인은 미술관 건물이나 다른 갤러리, 다른 작품에는 이상이 없다고 밝혔다. 가드너 미술관은 1903년 일반에 공개된 후 보스턴 사람들에게 인기가 높았다. 처음 공개될 당시에도 가드너 여사는 미술관의 최상층에 있는 아파트에서 살고 있었다. 가드너 여사는 1924년 85세의 나이로 세상을 떠났다.

미술관에 있는 수많은 작품은 미술 평론가인 버나드 베런슨의 조언을 받아 가드너 여사가 매입한 것이다. 미술관에는 290점의 그림과 태피스트리(여러 색의 실로 그림을 짜 넣은 직물―옮긴이), 도자기, 가구, 문서 등 280점의 다른 소장품이 있다.

가드너 부인의 취미

'잭 부인Mrs. Jack'이라는 이름으로 널리 알려진 가드너 여사는 보스턴 지역사회를 선도하는 인물이었지만, 특유의 방식으로 금욕적인 보스턴 사람들을 깜짝 놀라게 했고 그런 상황을 즐겼다. 『진짜 보스턴 사람들』을 보면 차 대신 맥주를 마셨고 썰매를 타러 가는 대신 렉스라는 사자에 가죽끈을 채워서 데리고 다녔다. 보스턴 사람들은 대부분 유니테리언 교도(삼위일체론을 부정하고 신격의 단일성을 주장하는 기독교 일파―옮긴이) 아니면 성공회교도였는데 가드너 여사는 불교신자였다.

1898년 남편이 세상을 떠난 뒤 신경쇠약에 시달리자, 주치의는 가드너 여사에게 취미를 가져보라고 권고했다. 그래서 취미로 보스턴 펜웨이 지역에 베네치아풍의 궁전을 지었다. 나중에 가드너 박물관이 된 그 건물은 가드너 여사가 유럽의 궁전을 매입한 다음 조각내서 보스턴으로 실어 나른 것으로 알려졌다.

처음 건물을 개방했을 때 찾아온 관람객 중에는 여사의 친구인 철학자 윌리엄 제임스(미국의 심리학자 겸 철학자로 실험심리학 창시자 중 한 명이다. 실용주의를 사상운동으로 발전시키고 현대철학의 주류로 자리 잡게 한 선도적 학자로 알려졌다―옮긴이)도 있었다. 제임스는 나중에 가드너 여사에게 이런 편지를 보냈다.

"심미적으로 모든 것이 완벽합니다. (…) 함께 갔던 일행에게 아주 특별한 영향을 주었어요. 사람들은 그곳을 다녀온 후 조용하고 유순해졌으며 마치 다른 사람이 된 것처럼 온화해졌습니다. 정신적으로 아주 놀랍고도 불가사의한 영향을 받았습니다. 성서에 나오는 기적을 본 것 같았어요."

도난 사건이 벌어지고 25년이 넘게 흐른 뒤에도 이 사건은 여전히 사상 최대의 예술품 도난 사건으로 남아 있으며 도난당한 예술품은 단 한 점도 되찾지 못했다.

점잖은 악당, 윌리 서튼

– 피터 더피

1952년 2월 이른 오후, 윌리 서튼은 유니언 스퀘어 역에서 사람들 틈을 비집고 들어가 브루클린으로 가는 BMT 지하철을 탔다. 서튼은 그 후 몇 년 동안 그 지하철을 탄 것을 두고두고 후회했을지도 모른다. 지하철을 타던 당시 52세였던 서튼은 5년 전 펜실베이니아 교도소를 탈옥한 이후 FBI의 지명 수배자 명단에서 빠진 적이 없을 정도로 유명한 범죄자였다. 수십 차례 은행을 털면서 총 한 번 쏜 적 없는 강도계의 신사였고, 때로는 경찰이나 전보 배달원 복장을 하고 범행을 저지르기도 했다. 또한 3번이나 탈옥한 영리한 악당이었으며, 재미로 쇼펜하우어의 책을 읽고 브루클린 식물원의 장미 사이에서 산책을 즐겼다. 그는 은행 강도계의 베이브 루스라든지 영화배우 윌리, 혹은 달변가 윌리 등 다양한 별명으로 불렸다. 그가 25년간 강도 생활을 하면서 훔친 돈만 2백만 달러에 달한다고 한다.

1940~50년대의 뉴욕 신문에는 인도에 누워 있는 범죄 피해자들의 충격적인 사진이 넘쳐났다. 하지만 범죄율은 전반적으로 낮았고, 시민들은 프랭크 코스텔로나 벅시 시겔 같은 폭력배에게 혐오감보다는 매력을 더 느꼈다.

컬럼비아대학교의 역사학과 교수이자 뉴욕역사협회 회장인 케네스 잭슨은 "그때는 지금처럼 범죄가 심각하지 않았고 범죄자들은 사람들에게 매력적인 존재였다"고 말했다. 하지만 그 뒤로 수십 년 동안 범죄율이 증가하면서 범죄자들의 그런 이미지는 거의 사라졌다. 사람들이 '샘의 아들'로 알려진 데이비드 버코위츠(미국의 연쇄 살인범, 533쪽 참조)에게 보였던 온정은 이제 찾아볼 수 없게 된 것이다.

하지만 아주 얇은 수염에 몸에 꼭 맞는 정장을 차려입은 서튼은 그 시절 거의 민중의 영웅 대접을 받았다. 어린 소년들은 그를 숭배했다. 어느 해인가 그를 숭배하는 소년들이 성 패트릭의 날 퍼레이드에서 그의 이름을 연호하는 일도 있었다. 서튼은 타블로이드판 신문에도 단골로 등장했다. 왜 은행을 털었는지 묻자 "그곳에 돈이 있으니까"라는 유명한 답변을 했다는 기사도 있었다. 서튼이 그런 말을 한 적이 없다거나, '암흑계의 육군대장'으로 불리긴 했지만 사실 그 정도로 큰 범죄자는 아니었다거나, 결국 인생의 절반을 감옥에서 보냈다거나 하는 사실은 중요하지 않았다. 서튼의 범죄 경력은 약 50년 전, 10센트 요금을 내고 탄 지하철과 함께 막을 내렸다.

브루클린의 디캘브 애비뉴 역에 열차가 들어오자 볼이 통통한 24세의 아널드 슈스터는 그리 멀지 않은 버로우 파크의 집으로 가기 위해 열차에 올랐다. 열차가 다음 역인 퍼시픽 스트리트에 도착할 무렵, 슈스터

강도계의 신사, 윌리 서튼이 법정에 들어서고 있다.

는 자기 옆에 유명한 도둑이 있다는 것을 알아차렸다.

딘 스트리트에 있는 주당 6달러짜리 방에 살던 서튼이 지하철역을 빠져나가자 슈스터가 뒤를 쫓았다. 서튼이 1951년형 회색 쉐보레 승용차의 고장난 배터리를 손보는 동안, 슈스터가 지나가는 경찰 도널드 시어와 조지프 매클렐런을 불렀다. 슈스터는 경찰들에게 "내가 미쳤다고 생각하겠지만, 방금 윌리 서튼을 봤다. 지금 저 모퉁이 근처에서 차를 고치고 있다"고 말했다.

경찰들은 서튼에게 다가가 차량등록증을 요구했다. 등록증에는 서튼의 이름이 찰스 고든으로 되어 있었다. 두 사람은 흡족해하면서 "감사합니다. 고든 씨"라고 말했다. 그리고 몇 블록 떨어진 버겐 스트리트에 있는 경찰서로 돌아오면서 경찰 생활 중 최고의 범인을 검거하게 되었다고 생각했다. 두 사람은 방금 전 상황을 루이스 와이너 경장에게 보고했고 와이너 경장은 그 고든이라는 사람을 한 번 더 봐야겠다고 말했다.

3급 경장인 와이너는 서튼에게 다가가 운전면허증과 차량등록증을 요구한 다음 "혹시 함께 경찰서로 가셔서 이 면허증이 진짜인지 더 확인해 봐도 괜찮겠습니까?"라고 물었다. 서튼은 "물론입니다"라며 숨길 것이 전혀 없다는 말투로 대답했다.

경찰서에서 서튼의 신원이 밝혀지기까지는 오래 걸리지 않았다. 당시 탈주범 신세였던 서튼은 "맞아요, 제가 윌리 서튼입니다"라고 말했다. 지금은 은퇴해서 남부 캘리포니아에 살고 있는 와이너 경장은 훗날 서튼이 경찰 생활을 하면서 잡아넣은 범인 중에서 가장 친절한 사람이었다고 했다.

서튼의 체포 소식은 순식간에 퍼졌다. 기자들이 브루클린 지구대로 모여들었다. 서튼과 3명의 자랑스러운 경찰관은 기자들의 플래시 세례를 받으며 서 있었다. 조지 모나한 경찰국장은 싱글벙글 웃으며 경찰관 세 사람과 포옹한 다음 모여 있는 기자들에게 의기양양하게 "우리가 윌리를 잡았다. 윌리 서튼을 체포했다"고 말했다. 모나한 국장은 그 자리에서 경찰 셋을 1급 경장으로 승진시켰다.

시끌벅적한 상황에서 소외된 사람이 있었다. 바로 아널드 슈스터였다. 슈스터는 서튼의 체포 소식을 듣고 바로 경찰서에 전화했지만, 체포에 큰 공을 세웠다는 그의 말에 귀 기울이는 사람은 아무도 없었다. 슈스터는 변호사를 고용한 다음 현상금을 달라고 요구했다. 신문에서는 현상금이 7만 달러라고 보도된 적도 있었지만, 서튼에게 그런 현상금이 걸려 있지 않은 것으로 밝혀졌다.

며칠 지나지 않아 경찰은 슈스터의 공로를 알리지 않은 것이 실수였다고 인정했다. 그래도 승진한 경찰관들은 승진한 자리를 그대로 유지할 수 있었다. 어리고 천진난만한 얼굴의 슈스터는 새로운 영웅으로 떠올랐다.

슈스터는 신이 나서 과거 FBI가 배포한 서튼에 관한 전단을 자세히 읽었던 이유를 설명했다. 그 전단을 본 곳은 버로우 파크에 있으며 슈스터가 현재 일하고 있는 아버지 소유의 옷가게였다. 슈스터는 지하철에서 서튼을 쳐다봤는데 그가 머리를 숙이며 인사하는 바람에 의심하게 되었다고 말했다. 이 이야기가 텔레비전 방송이라는 새로운 매체를 통해 전국으로 퍼지면서 슈스터는 유명인사가 되었다.

하지만 모든 사람이 좋게 생각한 것은 아니었다. 슈스터 가족은 12통의 협박 편지를 받았고 협박 전화가 빗발치는 바람에 전화번호를 바꿔야 했다. 그리고 슈스터는 3월 8일 버로우 파크의 집 근처에서 산책하다가 살해당했다. 양쪽 눈에 한 발씩, 그리고 사타구니에 두 발의 총을 맞았다. 시민들은 범행의 잔인함에 크게 놀랐고 살인자를 찾는 운동이 전국적으로 광범위하게 일어났다.

서튼은 "그 사건으로 마음고생을 많이 했다"면서 사건과 관련해서 전혀 아는 것이 없다고 말했다. 용의자는 몇 명 있었지만 체포된 사람은 없었다. 용의자 가운데 과거에 서튼과 범죄를 공모한 적이 있는 것으로 밝혀진 사람도 있었지만 체포되지는 않았다. 마피아 조직들 사이에서는 조폭 두목인 앨버트 아나스타샤가 텔레비전에서 우쭐해하는 슈스터를 보고 살해를 지시했다는 소문이 돌았다. 밀고자를 그냥 두고 볼 수 없기 때문이었다고 한다.

서튼은 퀸 은행을 턴 죄목으로 유죄 판결을 받고 수감된 후 항소와 상고를 계속하다가 1969년 뉴욕 아티카 주립 교도소에서 석방되었고 1980년 사망했다.

서튼은 항상 슈스터가 피살되어 가슴이 아프다고 말했다. 그리고 1976년에 쓴 자서전 『돈이 있던 곳Where the Money was』에서 이렇게 말했다.

"아널드 슈스터가 내 주변을 맴돌고 있다. 내 평생 범행을 계획하면서 다치는 사람이 없도록 늘 신경 썼다. 그런데 피해자가 나왔고 그때 나는 감옥에 있었다. 잘생기고 앞길이 창창한 젊은이가 나 때문에 살해되었다. 얄궂은 신의 장난이다."

1971년 항공기 납치 사건 미스테리에
새로운 의견을 제시한 FBI

— 수전 솔니

미국 범죄사에서 아직 풀리지 않은 가장 큰 수수께끼가 하나 있다. 40대의 조용한 한 남자가 1971년 11월 시애틀에서 리노로 가는 항공기를 납치했다. 그는 신발을 신고 트렌치코트를 입은 채 20만 달러의 현금을 들고 비행 중인 여객기에서 낙하산으로 뛰어내렸다.

그 남자는 누구였을까? 그 남자는 그때 죽었을까? 연방 당국은 그 수수께끼를 아직도 밝히지 못했다고 한다. 그리고 그 사건은 해결되지 않은 유일한 항공기 납치 사건으로 남아 사람들을 괴롭히기도 하고 때로는 사람들의 관심을 끌기도 한다. 과거에 일어난 사건의 새로운 소식을 주기적으로 전하는 연방 당국의 한 직원은 지난 12월 "솔직히 말해 그 사건은 불가사의하다"고 말했다.

하지만 요즘 들어 수십 년 전인 사건 당시에는 없었던 기술을 활용하

FBI에서 제작한 D. B. 쿠퍼의 몽타주

고 서부 지역의 한 수사관이 새롭게 관심을 기울인 덕분에, FBI가 이 미제 사건 수사를 재개한다고 공식 발표했다. 그리고 사건 당시 자신을 댄, 혹은 D. B. 쿠퍼라고 밝혔던 범인을 찾기 위한 수사가 시작되었다.

FBI는 처음으로 쿠퍼 사건과 관련된 사진과 정보를 웹사이트에 공개했다. 쿠퍼가 뛰어내리기 전에 풀어버렸던 검은색 넥타이 사진 등 웹사이트의 정보를 보고 그때를 기억하는 사람이 나타나기를 기대한 것이다. 1980년에는 쿠퍼가 탈취했던 20만 달러 중 일부가 황무지에 흩어져 있는 것을 한 소년이 발견한 적이 있는데, 그에 관해서도 누군가 새로운 단서를 제공해주길 기대했다.

래리 카 FBI 수사관은 "이 사건은 36년이 지나 공소시효가 이미 끝났다. 하지만 너무 흥미로워서 수사에 착수했다. 어릴 적 이 사건 소식을 듣고 그 내막이 정말 궁금했다. 36년이 지난 지금 내가 이 사건을 유일하게 수사하고 있다니 꿈만 같다. 이 사건을 꼭 해결하고 싶다"고 말했다. 카 수사관은 시애틀 지역을 담당하고 있으며 사건이 발생했을 때 4살이었다.

6개월 전부터 수사를 시작한 카 수사관은 사건에 관해 새로운 관점을 제시했다. 항공기에서 발생한 은행 강도 사건으로 본 것이다. 이에 따라 새로운 수사 기법이 적용되었다.

카 수사관은 "우리가 은행털이를 수사하는 전통적인 방식은 공개 수사이다. 그러니까 사진, 사건 설명, 작업 방식 등 우리가 아는 모든 것을 일반에 공개하는 것"이라고 했다.

정보를 대중에 공개하면서 카 수사관은 "이렇게 말하는 사람이 나올지도 모른다. 우리 삼촌이 1971년에 자취를 감췄다고 말이다. 그 자취를 감춘 사람이 쿠퍼일 수도 있다"고 말했다.

이번에 새로 공개된 정보에는 FBI가 정확하다고 생각하는 쿠퍼에 관한 최신 정보가 담겨 있다. 정보에 따르면, 쿠퍼는 전문 스카이다이버가 아니고 착지한 다음 아무런 도움도 받지 못했다. 쿠퍼는 키가 183센티미터에 체중은 80킬로그램이며 눈동자는 갈색이다.

이 정보는 1971년 오리건주 포틀랜드에서 시애틀로 비행하던 노스웨스트항공 소속 305호 여객기, 그러니까 납치되었던 바로 그 비행기에 탑승했던 승객들의 설명을 취합해서 얻은 것이다. 비행기가 이륙한 뒤, 쿠퍼는 자신의 가방에 폭탄이 있다는 쪽지를 승무원에게 건넸다. 그리고 4개의 낙하산과 20달러 지폐로 20만 달러를 요구했다고 FBI는 밝혔다. 비행기가 시애틀에 착륙하자 쿠퍼는 20만 달러를 받고 승객 36명을 비행기에서 모두 내보냈지만, 승무원 몇 명은 기내에 남겨 놓은 채 다시 비행기를 이륙시켰다. 이륙한 비행기는 멕시코시티를 향해 날아갔다.

그날 밤 8시쯤, 쿠퍼는 비행기 뒤쪽에서 뛰어내렸다. 시애틀에서 네바다주 리노 사이 어디쯤에서 뛰어내린 것 같았다. 비행기는 나중에 무사히 지상에 착륙했다.

FBI는 비행기가 아직 비행 중일 때 사건을 일반에 공개했다. 하지만 그 뒤로 수백 명을 용의선상에 올려서 수년간 수사했는데도 쿠퍼는 마치 밤의 어둠 속으로 사라진 것 같았다.

카 수사관은 이렇게 말했다.

"쿠퍼가 지금까지 살아 있다면 85세쯤 되었을 것이다. 언젠가 내가 사무실에 앉아 있을 때, 어떤 노인에게 이런 전화가 올지도 모른다. '내 이야기가 믿기지 않겠지만…'이라고 시작하면서 말이다."

노인 강도단과 실패로 끝난
런던 최대의 절도 사건

– 댄 빌레프스키

그들은 3년 동안 매주 금요일 밤에 런던 북쪽의 이슬링턴에 있는 캐슬이라는 술집에서 맥주잔을 앞에 놓고 모임을 가졌다. 4명의 남자들은 몇 년 동안 함께 어울렸지만, 단지 은퇴나 노화에 따라 온몸이 쑤시고 아프다는 이야기를 나누려고 모인 것은 아니었다.

다들 오랜 범죄 경력의 노련한 도둑인 그들의 마음속에는 무엇인가 더 긴급한 일이 있었다. 그들의 경력 중에서 가장 규모가 크고 대담하며 세상 사람들의 기억에 영원히 남게 될 절도 사건에 대한 계획이었다.

아주 꼼꼼하게 수립된 범죄 계획은 경찰이 파악한 바로는 『초보자를 위한 법의학Forensics for Dummies』(2014)을 참고해서 만든 것이었다. 그리고 올해 부활절 직전 목요일에 마침내 실행에 옮겨졌다. 바로 그날, 일당의 두목이며 얼굴이 불그스름하고 나머지 팀원들이 '대장'으로 불렀던 브라이언 리더는 켄트주 다트퍼드의 집 근처에서 96번 버스에 올랐다.

76세의 리더는 노인용 무료 승차권으로 버스비를 낸 다음 해턴 가든으로 가는 80분간의 여행을 시작했다. 해턴 가든은 수백 년간 런던 귀금속 거래의 중심지였다. 초저녁 무렵, 리더는 아름답고 깨끗한 거리에서 그다지 눈에 띄지 않는 7층짜리 건물에 도착했다. 건물 외부의 명판에는 '해턴 가든 귀중품 보관회사'라고 쓰여 있었다.

나머지 일행은 건물의 직원 복장을 한 채 이미 도착해 있었다. 케니라고 알려진 75세의 존 콜린스, 60세의 대니얼 존스, 67세의 테렌스 퍼킨스였다. 리더는 노란색 안전모를 쓰고 등에 '가스'라고 쓰인 형광색 조끼를 입었다. 그때 그가 신은 독특한 줄무늬 양말은 나중에 감시 카메라에서 범인 식별의 근거가 되었다.

검찰이 잉글랜드에서 일어난 가장 큰 절도 사건으로 평가한 이 사건에서 네 사람은 3천만 달러의 금과 보석을 훔친 죄로 유죄를 선고받았다. 검찰은 길었던 지난 부활절 연휴 동안, 네 사람이 끝부분에 다이아몬드가 박힌 고성능 드릴로 귀중품 보관회사 지하 금고의 콘크리트 벽에 지름 46센티미터짜리 구멍을 뚫은 다음 현금과 귀금속을 훔쳐 달아났다고 발표했다.

현재 범인 넷은 모두 수감된 채 선고를 기다리고 있다. 최대 10년의 징역형에 처해질 수 있다고 한다. 또 다른 네 사람도 이번 사건을 공모한 혐의로 재판을 받고 있는데 그들은 모두 혐의를 부인했다.

절도 사건의 구체적인 사실이 밝혀지면서 늙고 서투른 도둑들이 어떻게 단단한 콘크리트 벽과 철문, 동작감지 경보 시스템을 갖춘 런던 중심부의 철통 같은 금고를 뚫었는지, 그리고 어떻게 귀금속을 플라스틱 쓰레기통에 가득 담아 도주했는지 많은 사람이 궁금해 했다. 도둑들이 범죄 안내서에 나온 첫 번째 법칙을 어기고 범행을 자랑하지만 않았다면, 결코 잡히지 않았을지도 모른다.

울리치 형사 법원의 필립 에번스 검사는 "이번 사건은 영국 사법 역사상 가장 규모가 큰 절도 사건"이었다며 "공범 넷은 나이가 많긴 하지만 경험이 아주 풍부한 사람들이었다"고 밝혔다.

눈 밑 살이 늘어진 주름투성이 얼굴에 넷 중 가장 연장자이며 교활한 리더는 범죄 경력이 아주 화려했다.

1983년, 6명의 복면 무장 강도가 히드로 공항의 창고에 들어가 금과 현금, 보석류를 훔친 또 하나의 유명 절도 사건이 있었다. 에번스 검사의 말에 따르면, 리더가 켄트주의 한 조폭 두목에게 4천만 달러 상당의 금을 세탁해주었다고 한다. 리더는 훔친 금괴를 세탁해준 죄로 1986년에 징역 9년을 선고받았다. 그리고 최근까지 다트퍼드의 한 저택에 살고 있었다.

퍼킨스는 1983년에 또 다른 절도 사건에 연루되어 징역 22년형을 선고받았다. 총신을 짧게 만든 산탄총을 든 강도가 시큐리티 익스프레스라는 보안 회사의 런던 본부에 있는 금고에서 750만 달러를 훔친 사건이었다.

리더 일당이 전문 기술을 보유하고 폭넓은 계획을 수립했지만, 해턴 가든에서 모든 작업이 계획대로 순탄하게 돌아간 것은 아니었다. 4월 2일 저녁, 리더 일당은 '바질'이라고 알려진 빨간 머리 사내의 안내를 받아 해턴 가든 귀중품 보관회사로 들어갔다. 수사관들 말로는 바질은 화재용 비상구 문을 열고 리더 일당을 들여보냈다고 한다. 바질의 신원은 알려지지 않았고 지금까지도 오리무중이다.

에번스 검사는 그때 흰색 승합차에서 몇 사람이 나와 가방과 도구, 그리고 쓰레기통 2개를 차에서 내린 다음 비상구 문으로 갖고 들어가 아래층으로 내려갔다고 판사에게 말했다. 범인들은 서로 무전기로 대화했다.

일단 건물로 들어간 범인들은 엘리베이터를 정지시킨 다음 '고장' 표지판을 앞에 세워 놓았다. 그리고 엘리베이터를 2층으로 보낸 다음 승강기통에서 그대로 내려가 지하 금고의 금속 벽을 뚫었다. 경보기에 연결된 전화선을 자르고 전선까지 잘라서 금고를 보호하는 철문을 무용지물로 만들었다.

그런 다음 일당은 드릴로 금고의 콘크리트 벽을 뚫는 고된 작업을 시작했다. 인터넷에서 관련 동영상을 보고 완벽하게 습득한 기술이었다. 4월 3일 오전 12시 21분이 조금 지나서 귀중품 보관회사를 운영하는 가문의 일원인 앨록 바비시에게 침입자 경보가 울렸다는 전화가 걸려왔다. 앨록은 예전에도 곤충 때문에 알람이 울린 적이 있어서 처음에는 별로 신경 쓰지 않았다고 증언했다.

건물 경비원인 퀠빈 스톡웰이 건물에 도착한 시각은 침입자 경보가 울린 지 거의 한 시간이 지난 후였다. 하지만 그는 정문을 살펴보고 비상구 문의 우편함을 통해 안을 들여다 본 다음 아무 이상이 없다고 생각해 그냥 돌아갔다.

경찰도 경보를 들었지만 특별한 조치가 필요 없다고 판단했다. 그러는 동안 도둑들은 지하에서 금고를 뚫고 있었다. 하지만 그들의 행운은 오래가지 않았다. 안전 금고가 들어 있는 금속 캐비닛과 붙어 있는 벽에 구멍을 냈지만, 예상과 달리 금속 캐비닛이 바닥과 천정에 볼트로 고정된 상태라 통째로 들어낼 방법이 없었다. 그들은 작업을 중단할 수 밖에 없었다.

범인들은 오전 8시에 빈손으로 철수했다. 하지만 이틀 뒤인 퍼킨스의 67번째 생일에 다시 범행을 재개했다. 철물점에서 필요한 장비를 구입한 후 시작한 두 번째 범행에서 일당은 가까스로 금속 캐비닛을 들어냈다. 그런데 리더는 마냥 기뻐할 수 없었다. 잔뜩 겁을 집어먹은 것 같았다.

일당은 캐비닛 속에 있던 73개의 안전 금고를 뒤져서 나온 보석과 금, 현금을 몇 개의 가방과 커다란 쓰레기통 2개에 나누어 담았다. 검사들은 훔친 물건들을 계단을 통해 비상구까지 옮기느라 리더 일행이 애를 많이 썼을 것이라고 말했다. 밖에서 망을 보던 콜린스는 승합차에 탄채 인근에서 기다리고 있었다. 일당은 오전 6시 40분 승합차에 물건을 싣고 서둘러 달아났다.

이틀이 지나서야 도난 사실이 알려졌다. 금고 벽에 드릴로 뚫어놓은 커다란 구멍 사진이 영국 신문의 전면을 장식했다. 귀중품 보관회사의 고객들은 화를 내며 경찰을 닦달했고 뒤늦게 드러난 보관회사의 무능함을 맹렬하게 비난했다. 고객 중에는 보험에 가입하지 않은 사람도 있었다.

보석 중개인인 미르자 베이그는 ITV 뉴스와의 인터뷰에서 모든 것을 잃었다고 말했다.

"좁쌀만 한 보석 하나도 남지 않았다. 나는 가지고 있는 모든 것을 그 회사의 금고에 보관했다. 그곳이 가장 안전하다고 생각했기 때문이다."

범인들은 승리감에 취해 며칠 동안 흥청거리며 놀았지만, 그러는 동안 경찰은 조금씩 포위망을 조이고 있었다. 감시 카메라에 잡힌 몇 시간 동안의 영상을 통해 범인의 신원이 밝혀졌다. 이어서 경찰이 그들의 차

2대에 숨겨 놓은 도청장치에는 런던 특유의 속어를 쓰면서 범행 성공을 자랑하는 대화가 녹음되었다.

법정에서 그 녹취록을 듣던 존스의 귀에 "사상 최대의 현금 도난 사건이래. 지금 뉴스에서 그렇게 말하고 있어"라며 자랑스러워하는 자신의 목소리가 들렸다.

범인들은 범행 후에도 캐슬이라는 술집에서 계속 만났다. 소시지와 으깬 감자를 접시에 수북이 담아 내주는 오래된 술집이었다. 경찰은 몰래카메라로 그들의 모습을 촬영하고 구화 전문가를 동원해서 대화 내용을 알아냈다.

검사 측에 따르면, 각자 몫을 나누고 보석을 처분할 방법을 논의했다고 한다. 경찰의 녹취 기록에서는 금 일부를 녹일 생각이라고 말하는 퍼킨스의 목소리도 흘러나왔다. 퍼킨스는 "그게 내 연금이 될 거야"라고 말했다.

범인들은 훔친 금과 보석 일부를 각자 집에 가져가 벽이나 부엌 찬장 속에 숨겼다. 범행 발생 후 45일이 지난 5월 19일, 존스와 콜린스가 보석 일부를 퍼킨스 딸의 집에 숨기던 와중에 경찰이 들이닥쳤다. 경찰은 북 런던의 12군데를 급습해서 용의자 7명을 검거했다.

리더의 집에서는 다이아몬드 감별기와 암흑가의 다이아몬드에 관한 책이 발견되었다. 퍼킨스 딸의 집에서는 대량의 사파이어와 다이아몬드, 그리고 시계가 가득 들어 있는 갈색 가죽 가방이 나왔다. 세탁기에서는 금을 녹일 때 사용하는 내열 도자기 그릇과 집게가 발견되었다.

존스는 체포된 후 검사들에게 훔친 물건을 가방에 담아 친척의 묘비 밑에 숨겨 놓았다고 자백했다. 그리고 감방에서 〈스카이뉴스〉 기자에게 편지를 써서 "사랑하는 사람들에게 속죄하는 한편 선량한 사람이 되려고 노력한다는 것을 알리고자" 훔친 물건을 따로 숨긴 장소를 경찰에게 말했고 "조금 늦은 것 같지만 달라지기 위해 노력하고 있다"고 했다.

경찰은 존스가 언급한 묘비가 있는 묘지에서 존스가 말하지 않았던 더 많은 양의 도난품을 찾아냈다. 해턴 가든 귀금속 보관회사는 강제 청산되었고 건물의 새 주인은 금고를 강도 범죄 박물관으로 꾸밀 계획이라고 한다.

경찰은 범인들에게서 되찾은 수천 개의 비슷비슷해 보이는 목걸이와 보석을 감정하느라 애를 먹었다. 검사들은 수백만 파운드에 상당하는 도난품이 아직 회수되지 않았고 그중 일부는 범인들이 체포되기 전에 녹이거나 세탁하거나 숨긴 것 같다고 말했다.

납치

1934년, 찰스 린드버그(가운데)가 대배심에서 아들의 인질금 5만
달러를 어떻게 지불했는지 증언한 뒤 브롱크스 법원을 나서고 있다.

"친애하는 선생님!
5만 달러를 준비하대 2만5천 달러는 20달러짜리로,
1만5천 달러는 10달러짜리로, 1천 달러는 5달러짜리로 준비하새요.
2~4일 후 돈을 어떻해 전달받을지 연락하겠습니다."

맞춤법이 틀리게 작성된 린드버그 아기 납치 사건의 협박 편지

세상을 등지고 숨어 사는 사람이 납치되는 일은 없다.
납치범들은 다른 사람에게 사랑받거나 최소한 가치 있다고 생각하는 사람을 범행 대상으로
삼는다. 납치된 사람을 잃을까 두려워 무사히 돌아올 수 있도록 누군가
큰돈을 지불할 수 있는 대상을 찾는 것이다. 공원에서 아이를 잠시라도 잃어버린 적이 있다면
제이시 두가드의 엄마와 찰스 린드버그가 납치범들 때문에 얼마나 큰 고통을 받았는지
이해할 것이다. 하지만 그 고통의 아주 일부만 이해할 수 있을 뿐이다.

프랭크스 살해범들 종신형 선고받아

가까스로 교수형 모면

14살의 로버트 프랭크스를 납치 및 살해한 지 정확하게 11일 만에 네이선 레오폴드 주니어와 리처드 로브가 오늘 법정에 섰다. 쿡 카운티 형사법원의 존 캐벌리 수석판사가 두 사람에게 종신형을 선고하자 사람들은 귀에 들릴 정도로 안도의 한숨을 크게 내쉬었다. 두 사람에게는 살인죄로 종신형이 선고되었을 뿐 아니라 프랭크스를 죽이기 전에 먼저 납치해서 몸값을 요구한 죄로 99년의 징역형이 추가되었다.

캐벌리 판사는 종신형의 의미가 자연사할 때까지 수감 생활을 해야 하고 향후 가석방 심의위원회를 통해 형기를 줄이려는 그 어떤 시도도 허용되지 않는 것이라고 설명했다.

또한 부유한 집안에서 태어나 대학 교육을 받은 두 소년의 미래를 사실상 결정짓는 판결을 내리면서, 14살 소년을 납치하고 살해한 그들의 행위에서 "어떠한 감형 사유"도 찾지 못했지만 "발전하고 있는 전 세계의 형법과 교화된 인간성에 발맞추어" 교수형만큼은 선고하지 않는다고 말했다.

피고인들이 안도의 한숨을 쉬다

종신형이 선고되자 법정의 피고인석에서 안도의 한숨이 흘러나왔다. 로브는 불안한 듯 침을 삼켰고, 레오폴드는 미소를 지었다. 피고 측 변호인이며 본인 말로 지금까지 102명의 목숨을 교수형으로부터 구했다는 대로우 박사는 눈물을 보였다.

캐벌리 판사가 선고문을 읽는 동안 법정 경찰이 양옆에 서 있었다. 피고인과 방청객을 감시하고 출입문과 복도에서 보초를 서는 경찰도 배치되었다. 법원 건물과 구치소 건물 인근에는 경찰들이 경계선을 구축하고 있었다. 캐벌리 판사에게 협박 편지를 보냈던 수백 명의 사이코들이 폭력 사태를 일으킬 수도 있었기 때문이다.

두 소년이 행복한 표정으로 싱글거리며 구치소에 수감된 후, 구치소 밖의 순찰 인력은 두 배로 늘었다. 호프먼 보안관은 두 소년이 두 번의 종신형을 살게 될 일리노이주 졸리엣 교도소로 내일 아침 8시까지 두 사람을 신속하게 이송할 계획을 세웠다.

캐벌리 판사는 판결문과 복사본을 들고 정확히 예정 시간에 맞춰 판사석에 앉았다. 법정 서기가 "리처드 로브, 네이션 레오폴드 주니어"라고 두 소년을 호출했다. 법정 밖 구치소에 있다가 나온 두 소년이 법정으로 들어왔다. 법정 경찰이 소년들 앞뒤에서 함께 움직였다. 두 소년은 마치 유령처럼 흰 옷을 입은 채 가족과 변호인들에게 희미한 미소를 보냈다.

캐벌리 판사는 금속 테 안경을 코끝까지 밀어내린 다음 침착한 목소리로 천천히 판결문을 읽기 시작했다. 찰칵거리는 수많은 카메라의 셔터 소리가 거슬렸지만, 침착한 태도를 잃지 않았다. 캐벌리 판사는 사진 기자들에게 "판결문은 사진 촬영이 끝난 다음 낭독하겠다"고 말했다.

판결을 듣고 얼굴이 하얗게 질려

두 소년의 하얀 얼굴이 더 하얘졌다. 네이선 레오폴드 시니어는 아들 바로 뒤에서 의자에 등을 기댄 채 앉아 있었고, 리처드 로브의 형제인 앨런 로브와 삼촌 제이콥 로브는 몸을 앞으로 숙이고 있었다.

법정에서 두 사람의 범행에 관해 정상 참작을 해줄 여지가 전무하다는 말이 들려왔다. 피고인들은 유죄 판결을 받았지만, 통상적인 방식은 아니었다. 통상적인 관례와는 다르게 주 지방검사와 합의하지도 않았고 제출된 탄원서에 의해 감형되지도 않았다. 살인범들이 유죄를 인정했다는 사실도 재판에는 전혀 유리하게 작용하지 않았다.

방청석에서 누군가 옆 사람에게 속삭이는 소리가 들렸다. "교수형이야" 레오폴드 시니어의 얼굴에서 핏기가 사라졌다.

캐벌리 판사가 판결문을 계속 읽었다. 범인들이 정신 이상이라는 증거는 전혀 없었다. 피고인 레오폴드 주니어는 판결문 낭독이 잠시 멈춘 사이 다리를 반대로 꼬았다. 로브는 시무룩한 얼굴로 판사가 앉아 있는 연단 아래쪽을 쳐다보고 있었다. 들려오는 그 섬뜩한 모든 죄목에 정상 참작을 전혀 기대할 수 없는 분위기였다. 그런데 갑자기 판결문을 읽는 판사의 말투가 달라졌다. 두 피고인의 운명을 쥐고 있는 캐벌리 판사는 법에 명시된 구형 책임자로서 자비를 베풀기로 했다고 말했다. 순간 레오폴드가 고개를 들었다.

캐벌리 판사가 판결문 낭독을 계속했다. "이 판결은 전 세계 형법의 발전 방향과 교화된 인간성을 따른 것이다. 그리고 무엇보다도 지금까지 이 나라에서 보아왔던 선례를 따랐다고 할 것이다."

긴장한 청중들의 숨소리가 커지고 있었다.

"일리노이주 역사에서 법에 따라 사형에 처해진 청소년은 단 2명이다. 본 법정에서는 거기에 숫자를 더 추가할 생각은 없다."

이 말로 사람들의 모든 의구심이 가라앉았다.

법정에 잠시 침묵이 흘렀다. 헬쑥했던 레오폴드 시니어의 얼굴에 이내 화색이 돌았다. 제이콥은 숙였던 허리를 좀 더 똑바로 폈다. 그럼 종신형이겠군. 이어진 캐벌리 판사의 말이 그 희망을 사실로 확인시켜주었다.

"생각하기에 따라 종신형은 교수형에 의한 죽음보다 가벼워 보일 수도 있다. 하지만 범죄자들에게, 특히 특정 유형의 범죄자에게는 장기간 갇혀 지내는 고통이 더 가혹한 형태의 처벌이자 속죄의 방법이 될 수 있다."

순간 판결 소식을 전하려고 뛰어다니는 기자들의 발소리로 법정이 소란스러워졌다. 그리고 그 발소리가 잦아들기도 전에 재판은 종료되었다. 살인죄에는 종신형이 선고되었고 납치죄에는 징역 99년형이 선고되었다. 두 형벌을 동시에 받으면 로브와 레오폴드는 노인이 될 때까지 졸리엣 교도소를 벗어날 수 없을 것이다. 그 전에 사망할 수도 있다.

긴장이 풀린 두 소년은 웃는 얼굴로 변호인들과 악수했다. 캐벌리 판사는 자리에서 일어났고 잔뜩 긴장한 채 집중하고 있던 청중들의 마음도 진정되었다. 애타게 결과를 기다리던 사람들이 두 소년에게 몰려가 축하의 말을 전했다. 하지만 로브와 레오폴드에게는 축하 받을 시간이 없었다. 법정 경찰이 청중 사이로 두 소년의 발길을 재촉했고 그들은 손을 흔들며 법정을 떠났다. 판결문이 발표되는 동안 형사법원 주변 거리

1924년, 변호인 클래런스 대로우와 함께 있는 네이선 레오폴드 주니어(왼쪽)와 리처드 로브(오른쪽)

에는 5천여 명이 모여 있었다.

 법원 건물 주변에 있는 시계가 판결문 발표 시간인 9시 30분을 가리키자, 거리의 사람들은 저마다 시계를 들여다보았다. 10분이 지난 뒤 부보안관이 법원 문을 열고 나와 출입문을 지키는 경찰관에게 몇 마디를 건넸다. 출입문을 지키던 그 오토바이 경관은 손을 나팔 모양으로 만들어 입에 대고는 길 건너에 있는 동료에게 소리쳤다.

 "종신형!"

 누군가 거리를 향해 "와, 종신형!"이라고 소리를 질렀고 그 말은 눈 깜짝할 사이에 주변으로 퍼져나갔다. 거리를 가득 메운 군중들은 처음

모였을 때처럼 조용히 흩어졌다.

레오폴드와 로브는 오늘 카운티 교도소에서 마지막 밤을 보내고 내일 아침 졸리엣 교도소로 이송될 예정이다.

레오폴드는 로브와 함께 감방으로 돌아오자마자 "가서 밥 많이 달라고 해. 스테이크 두 개 먹자구. 이만큼 두꺼운 걸로!"라고 말하면서 엄지와 검지로 대충 7~8센티미터 두께를 표시했다. 로브는 "그래, 양파를 듬뿍 올려달라고 하자. 반찬도 있는 대로 전부 가져오고. 오늘이 우리가 제대로 된 음식을 먹는 마지막 날일 거야"라고 말했다. 레오폴드는 "그리고 디저트는 초콜릿 에클레어를 먹자"고 대꾸했다.

변호인단과 피고들의 부모가 성명 발표

판결문이 발표된 후 크로우주 지방검사가 다음과 같이 성명을 발표했다.

> 주 지방검사인 본인은 수수께끼 같았던 문제를 해결하고 마침내 피고인들을 체포했다. 완벽하게 준비해서 피고인들이 유죄 판결을 피할 수 없도록 법정에 엄청난 양의 증거를 제출하고 변론했기 때문이었다. 본인은 임무를 완벽하게 수행했다.
>
> 하지만 지방검사는 법정 판결에 아무런 책임이 없다. 판결의 책임은 온전히 판사에게 있다. 법을 준수하는 다른 모든 시민처럼 나는 법정의 판결에 만족해야 한다. 이 사건에서는 그 판결이 최종 판결이기 때문이다. 법정 판결을 비난할 생각도 없고 그러고 싶지도 않지만, 나는 지금도 살인자들이 두려워하는 유일한 형벌은 사형이라고 생각한다.
>
> 쿡 카운티의 부모들은 이것 하나는 믿어도 될 것이다. 내가 주 지

방검사로 있는 동안은 범죄자의 지위와 상관없이 공정하고 대담하고 단호하게 법을 집행할 수 있도록 항상 내 권한이 허용하는 범위 내에서 최선을 다할 것이다.

피고 측의 클래런스 대로우 변호인은 "우리가 원하던 판결이 나왔다"며 "항소는 없을 것"이라고 말했다.

역시 피고 측 변호인인 벤저민 바크락은 "승리라고 생각하지 않는다. 다만 정의가 승리했다고 할 수는 있을 것"이라고 말했다.

리처드 로브의 삼촌인 제이콥 로브는 다음과 같은 성명을 발표했다.

레오폴드와 로브 가족을 대표하는 입장에서 할 말이 별로 없다. 우리는 법정 최고형은 피했다. 가족들이 무엇을 더 바라겠는가? 레오폴드의 아버지 네이선 레오폴드 시니어는 64세이다. 어릴 때 미시간에서 시카고로 이주한 뒤 평생을 여기 시카고에서 살았다. 그리고 모범 시민으로 살았다. 그의 막내아들은 특히나 그의 자랑이었다. 그 아이가 특별한 재능이 있고 가장 똑똑한 학생이며 동시에 사랑스러운 아들이라고 생각했다. 그래서 존중하는 의미로 자신과 똑같은 이름을 지어주었다. 그리고 이제 19살인 그 아이가 세상에 이름을 떨치고 아비의 말년에 위안이 되고 인류를 위해 공헌하기를 바랐다. 하지만 지금 노령의 레오폴드 시니어는 영혼이 갈기갈기 찢어지는 듯한 고통을 받고 있다.
내 형제인 앨버트 로브는 56년 평생을 시카고에서 살았다. 그리고 성공적인 삶을 살았다. 일을 하면서 대학 공부를 마쳤고 변호사로서 명성을 얻은 다음 훌륭한 사업가가 되었다. 지역 공동체의 복지를 위한 모든 활동에 관심이 많았다. 그의 취미는 항상 아내와 아이들이었다. 그리고 셋째 아들인 '디키'의 재능이 특별하다고 생각했다. 디키는 14살에 미시간대학교에 입학했고 최연소로 졸업했다. 항상 가장 살갑고 사랑스러운 아들이었다. 아버지의 말을 거역한 적 없고 부모와 다른 가족에 항상 사려 깊고 이해심이 많았다. 이 끔찍한 비극이 닥치기 전까지는 말이다. 이런 시기에 아버지와 어머니가 건강이 좋지 않아 아들 편에 함께 서 있을 수 없다는 것이 참으로 안타깝다.

다시 한 번 말하지만, 지역사회에서 선량하고 평판이 좋기로 유명했던 이 두 가족에게 이제 무엇이 남아 있겠는가? 그들의 불행한 19살 소년들은 남은 인생을 교도소에서 보내야만 한다. 비탄과 슬픔, 어둠과 절망 외에 앞으로 무엇이 남아 있단 말인가?

납치와 살인을 저지른 두 용의자는 지적이었으며 완전 범죄를 저지르고 싶은 욕망에 사로잡혀 있었다고 한다. 수감 생활을 하던 로브는 1936년 샤워를 하다가 동료 죄수의 칼에 찔려 사망했다. 1958년 가석방된 레오폴드는 푸에르토리코로 이주한 뒤 1971년 그곳에서 심장질환으로 사망했다.

린드버그 대령의 아들이
자택인 프린스턴 인근의 농장에서 유괴되다
유아용 침대에 있는 아이를 데려가, 광범위한 수색 진행 중

찰스 린드버그 대령 부부의 20개월 된 아들 찰스 오거스터스 린드버그 주니어가 어젯밤 8시 30분에서 10시 사이에 유괴되었다. 아기는 뉴저지주 프린스턴 인근 호프웰에 있는 린드버그 부부의 자택 2층 방 아기 침대에 있었다.

유괴된 시간은 린드버그 부부가 저녁을 먹고 있을 때, 혹은 저녁을 먹은 직후였던 것 같다. 아기의 보모인 베티 고가 8시 30분경 아기 방에 들어갔을 때만 해도 모든 것이 잘 정리된 상태였다. 하지만 밤 10시에 다시 들어갔을 때는 아기 침대가 비어 있었다.

진흙투성이 발자국이 아기 침대에서부터 바닥을 가로질러 열려있는 창문까지 이어진 것으로 보아 아이가 어떻게 사라졌는지 짐작할 수 있었다. 보모인 고는 아래층으로 달려가면서 "아기가 유괴됐어요!"라고

1931년 첫 번째 생일 때 찍은 찰스 린드버그 주니어의 사진

소리쳤다. 린드버그 대령이 아기 방으로 달려갔고 부인도 그 뒤를 따랐다. 린드버그 부인은 그날 아침 일찍 열려 있는 창문에 가림막을 달려고 했지만 그렇게 하지 못했다고 말했다.

　린드버그 대령은 호프웰 경찰국의 찰스 윌리엄슨 국장에게 전화했다. 윌리엄슨 국장은 경찰관 한 명과 함께 린드버그의 집으로 달려와 문밖에서 린드버그 대령과 만났다. 대령은 비행할 때 자주 입었던 것과 같은 검은색의 낡은 가죽 재킷 차림이었다.

창문 밑의 발자국
린드버그 대령은 윌리엄슨 국장에게 상황을 간단하게 설명했다. 윌리엄슨 국장은 우선 트렌턴에 있는 주 경찰본부에 연락하고 함께 온 경찰, 린드버그 대령과 함께 마당을 수색했다. 아기 방 창문 밑에서 사다리를 놓았던 흔적과 한 사람의 발자국이 발견되었다. 신발 자국은 발견되지 않았다. 유괴범은 분명 양말이나 모카신(부드러운 가죽으로 만든 납작한 신발—옮긴이)을 신고 있었을 것이다.

린드버그 대령과 윌리엄슨 국장은 집에서 18미터쯤 떨어진 숲 가장자리에서 대충 만든 것 같은 사다리를 발견했다. 사다리 가로막대에는 진흙이 잔뜩 묻어 있었다. 린드버그 대령의 생각에 그 사다리는 지난여름 집을 짓는 동안 시공업자들이 쓰다가 버리고 간 것 같았다. 집을 짓는 동안 린드버그 부부는 동양으로 비행을 떠났었다.

진흙투성이 땅을 가로질러 발자국을 추적하는 일은 크게 어렵지 않았다. 일행은 숲 가장자리에서 좀 더 작은 두 번째 발자국을 발견했다. 여성의 발자국인 것 같았다.

일행의 추적은 램버트빌에서 주 경찰관들이 도착하면서 중단되었다. 발자국은 집에서 800미터쯤 떨어진 고속도로까지 이어진 후 사라졌다. 유괴범은 분명 그 지점에서 자동차를 탔을 것이다.

린드버그 대령이 수색 활동을 지원해

린드버그 대령은 손전등을 들고 자정이 넘은 시각까지 수색대와 함께 움직였다. 한두 차례 정도 집에 돌아오기도 했는데, 그때마다 유괴에 관해 묻는 신문기자들의 질문에 묵묵부답으로 일관했다. 린드버그 대령은 주 경찰인 쇼펠 경정을 대신 소개했고 기자들은 쇼펠 경정을 통해 자세한 이야기를 들었다.

린드버그 대령은 기자들에게 "날 이해해주기 바란다. 모든 질문에는 주 경찰이 답하는 것이 더 나을 것이다. 지금 내 기분이 어떨지 다들 이해하리라 믿는다"고 양해를 구했다. 린드버그 부인은 아기가 유괴되어 큰 충격을 받았지만 예상대로 꿋꿋하게 잘 버티고 있는 것으로 전해졌다.

트렌턴에 있는 주 경찰본부에 유괴 소식이 전해진 후 몇 분 지나지 않아 출동할 수 있는 모든 경찰에게 고속도로를 따라 범인의 차량을 수색하라는 명령이 떨어졌다. 뉴저지와 인접 주의 경찰 통신망에도 경보가 전달되었다.

뉴스를 통해 아기 린드버그의 유괴 소식이 전해지자, 조지 제닝스라는 한 노동자가 프린스턴의 경찰 본부에 나타나 뉴욕 번호판의 검정 승용차를 탄 두 남자가 어제 오후 프린스턴의 워싱턴로드에서 자신을 불러세우고는 린드버그 대령의 집으로 가는 길을 물었다고 증언했다. 경찰의 텔레타이프 통신망을 통해 그 승용차에 관한 경보가 전파되었다.

유괴 소식이 뉴욕에 전해지자, 자택 침대에 누워 있다가 소식을 들은 멀루니 경찰국장은 직접 상황을 지휘하기 위해 경찰본부로 황급히 달려갔다. 그리고 홀랜드 터널 입구와 조지 워싱턴 기념교, 모든 여객선 터미널에 특수 경찰을 배치하고, 동원 가능한 모든 경찰차를 소집한 다음 수상한 사람이 운전하고 있는 자동차를 찾으라고 지시했다.

그러는 동안 린드버그 부부는 린드버그 부인의 모친인 드와이트 모로 여사가 사는 뉴저지주 잉글우드 자택과 린드버그 대령의 모친인 에반젤린 린드버그 부인이 사는 디트로이트 외곽 그로스포인트 자택에 아이의 유괴 소식을 전했다.

어젯밤 호프웰에 있는 린드버그 대령의 자택은 자정이 한참 지난 시각에도 조명 때문에 대낮처럼 환했다. 린드버그 대령은 주 경찰, 카운티 경찰과 유괴에 관해 이야기하느라 바쁜 모습이었다. 고속도로에서 린드버그 대령의 자택까지 이어진 도로의 입구에 경찰 1명이 배치되었고 자택 입구에는 2명이 배치되었다. 그리고 최소 수십 명의 경찰이 단서를 찾기 위해 주변을 수색했다.

유괴범의 협박 편지가 보도되다

경찰은 범인의 지문을 찾기 위해 사다리를 면밀하게 조사하고 범인의 신원을 알 수 있을 만한 것을 찾아 땅 위를 샅샅이 뒤졌다.

아기 방에서 몸값을 요구하는 범인의 편지가 발견되었다는 말이 있었지만, 주 경찰은 부인했다.

린드버그 대령은 유괴범들이 집 구조를 잘 알고 있었다는 경찰의 말에 동의했다. 그리고 자신은 물론 아내나 집안에 있던 그 누구도 침입자의 소리를 전혀 듣지 못했다고 말했다.

쇼펠 경정은 린드버그 대령의 집을 지었던 시공업자로부터 건축 공사에 참여했던 모든 인부들의 명단을 받을 예정이며, 그들 모두를 오늘 심문할 것이라고 밝혔다.

린드버그 가족은 아기의 무사 귀환을 위해 5만 달러의 몸값을 지불했지만, 모든 노력은 허사로 돌아갔다. 1932년 5월, 한 트럭 운전사가 린드버그 부부 집 근처의 울창한 숲에서 아기의 시신을 발견했다. 경찰은 몸값으로 지불된 지폐를 추적해서 브롱크스에 사는 독일계 이민자인 브루노 하우프트만을 검거했다. 하우프트만은 1935년 2월 살인죄로 기소되어 유죄 판결을 받았다. 그리고 줄기차게 무죄를 주장하다가 1936년 4월 처형되었다.

브론프먼의 아들이 230만 달러의 몸값을 지불하고 풀려나

경찰이 몸값을 회수하고 용의자 2명을 검거하다

– 피터 키스

시그램Seagram 주류회사의 상속자인 21세의 새뮤얼 브론프먼이 어제 오전 4시경 납치된 지 9일 만에 무사히 구출되었다. FBI 요원과 뉴욕시 경찰 등 40~60여 명의 병력이 브루클린의 플랫부시 지역에 있는 납치 범의 아파트를 기습하여 별다른 무력 충돌 없이 브론프먼을 구출했다. 구출 과정에서 남자 2명이 체포되어 우편을 이용한 금품 강탈 혐의로 기소되었다.

범인은 37세의 멜 패트릭 린치와 53세의 도미닉 번이었다. 린치는 브론프먼이 감금되어 있던 브루클린 이스트 19번가 아파트에 사는 소방대원이었고, 번은 포스터 애비뉴에 사는 리무진 서비스 전화교환원이었다. 번은 경찰들을 린치의 아파트로 안내하기도 했다.

몸값을 회수하다

어제 오후 연방 수사관들은 인근의 비어 있는 아파트 침대 밑에서 브론프먼의 아버지 에드거 브론프먼이 25시간 전에 지불했던 몸값 230만 달러를 회수했다.

경찰은 구출 당시 브론프먼이 린치의 아파트 안 소파에 앉아 있었다고 전했다. 손은 몸 앞쪽으로 묶인 채였고 입과 눈에는 테이프가 붙어 있었다. 수사관이 테이프를 떼어내자 브론프먼은 "정말 감사합니다. 아버지께 전화하고 싶어요"라고 말했다. 전화기 너머로 아버지의 목소리가 들리자 "아빠, 전 괜찮아요. 모든 것에 감사할 따름이에요, 아빠"라고 말했다.

비무장 상태였던 용의자

경찰에 따르면, 린치는 앉아 있다가 바로 일어나 손을 들고 벽을 향해 섰다고 한다. 비무장 상태였다. 그는 "무슨 일이죠?"라고 물었고 곧바로 손에 수갑이 채워졌다.

번은 경찰과 FBI에게 일면식도 없는 두 남자가 자신과 린치에게 범행을 강요했다고 진술했다. 두 남자가 번의 리무진을 빌린 다음 총구를 들이대면서 뉴욕주 웨스트체스터 카운티의 퍼처스에 있는 자택에서 브론프먼을 납치할 때 거들게 했을 뿐 아니라, 브루클린에 있는 린치의 아파트에 브론프먼을 잡아두게 했다는 말이었다.

하지만 FBI 뉴욕지부의 J. 윌리스 라프레이드 지부장은 몸값을 회수한 다음 "우리가 아는 한, 이번 사건과 관련된 용의자들을 모두 체포했다"면서 현재 추적 중인 다른 용의자는 전혀 없다고 말했다.

8월 9일 일요일 밤, 사건에 대해 처음 발표할 때만 해도 FBI가 밝힌 범인은 3명이었다. 브론프먼이 아버지와 통화하면서 그렇게 말했기 때문이었다. 보도에 따르면, 브론프먼은 어제 구출된 다음 FBI의 조사를 받았을 때에도 납치범이 3명인 것 같다는 말을 했다고 한다.

라프레이드 지부장은 브론프먼이 왜 범죄의 표적이 되었는지는 알 수 없다고 말했다. 하지만 납치범들이 요구했던 거액의 몸값, 그들이 협상 중 절반으로 깎아주었다고 하는 그 많은 돈에 대해서는 그냥 "지불하라"고 말했었다. 브루클린의 이웃들에 따르면 두 용의자는 부지런하고 신앙이 깊은 사람이었다.

린치는 브루클린 벤슨허스트 구역의 172 사다리반 소속 소방관으로 목요일과 금요일에 교대근무를 했다. 번은 리무진 사업을 시작하기 전에는 아파트 밑에서 주류 상점을 운영한 적이 있으며 지난주에는 여느 때처럼 매일 개를 데리고 산책했던 것으로 알려졌다.

아버지와 아들의 재회

라프레이드 지부장은 새뮤얼 브론프먼을 일단 브루클린에 있는 은신처로 안내했다가 나중에 5번가에 있는 아버지 에드거의 집으로 서둘러 보냈다. 브론프먼이 급히 이스트 77번가 쪽으로 나 있는 옆문으로 들어가는 동안, 브론프먼 가족의 대변인 조너선 라인하트는 5번가 쪽으로 나 있는 정문 밖에서 브론프먼이 오전 4시 28분 구출되었다고 발표했다. 대중 홍보 전문가인 라인하트는 브론프먼의 건강 상태가 "양호"하다면서 "물론 가족들도 그가 무사히 돌아와서 기뻐하고 있다"고 밝혔다.

라인하트가 새뮤얼의 무사 귀환을 알리기 위해 뉴욕주 요크타운 하이츠에 있는 에드거 브론프먼의 저택에 전화를 걸었을 때, 전화 소리에 잠을 깬 사람은 새뮤얼의 가장 친한 친구인 피터 카우프먼이었다.

훗날 카우프먼은 "너무 기뻐서 천장을 뚫고 나갈 뻔했다"고 회상했다. 브론프먼가의 집사인 호세 루이스가 샴페인을 터뜨렸고 아버지 에드거의 전처이자 새뮤얼의 어머니인 앤 마가렛 로브도 달려와서 함께 축하했다.

그때 새뮤얼이 친구인 카우프먼에게 전화했다. 카우프먼은 "그때 새뮤얼에게 우리가 그동안 험한 일을 많이 겪었지만, 납치는 처음 당해봤다고 말했다. 그리고 네 몸값으로 450만 달러는 너무 과분하다는 말도 했다"고 말했다. 처음 범인들이 요구한 걸로 알려진 몸값이 450만 달러였다.

FBI의 라프레이드 지부장은 사실 범인들이 처음 요구한 몸값은 460만 달러였는데 납치범들이 스스로 230만 달러로 낮췄다고 했다.

납치된 후 협박당해

라프레이드 지부장은 브론프먼이 "기진맥진 아주 지친 모습이었고 눈이 가려진 채 묶여 있었다"고 말했다. 그리고 납치범들이 브론프먼에게 지속적으로 살해 위협을 가했다고 밝혔다.

다른 기관을 통해 입수된 정보에 따르면, 브론프먼은 납치 기간 내내 린치의 아파트에서 눈이 가려지고 입에는 테이프가 붙은 채 소파에 묶여 있었다. 납치범들은 브론프먼에게 햄 샌드위치와 콜라를 먹였고 가끔 햄버거도 주었다고 한다.

마침내 몸값 230만 달러가 납치범들에게 전달되었는데, 라프레이드 지부장의 말에 따르면 에드거 브론프먼이 혼자서 전달했다고 한다. 에드거는 몸값을 여러 개의 갈색 종이봉투에 나누어 담은 뒤 다시 두 개의 쓰레기봉투에 채워 넣었다. 그리고 토요일 오전 3시에 퀸스의 알려지지 않은 곳에서 자동차에 탄 상태로 다른 자동차에 탄 범인들에게 넘겨주었다.

시그램에서 나온 자금

납치범에게 지급된 몸값은 시그램사의 은행 계좌에서 인출되었다고 한다. 시그램은 주류와 부동산, 석유, 가스 사업을 하는 세계적인 회사로 브론프먼 가족이 운영하고 있다.

에드거 브론프먼은 몸값을 전달한 다음, 오전 3시 40분쯤 5번가에 있는 자택으로 돌아와 수사관들에게 "새뮤얼은 무사하다"고 말했다. 다시 몇 시간이 흘렀다.

라프레이드 지부장은 "FBI는 몸값을 받은 납치범들이 약속대로 몇 시간 안에 새뮤얼 브론프먼을 풀어줄 것으로 기대하면서 대기 중이었다. 하지만 납치범들은 브론프먼을 풀어주지 않았다. FBI는 좀 더 공격적으로 움직일 수밖에 없는 상황이 되었다"고 말했다.

70 지구대의 토머스 서본 경장은 시 경찰들이 "몸값이 린치의 자동차에 실렸다"고 하는 말을 들었다고 했다. 라프레이드 지부장은 "몸값이 두 용의자 중 한 사람에게 전달되었다"는 말 외에는 입을 다물었다.

경찰이 메모를 입수

서본 경장과 동료인 제임스 슈라이는 지구대의 프랭크 우거 경사가 확인해보라며 던져준 메모 하나로 이번 수사에 관여하게 되었다. 그 메모는 토요일 자정이 지날 무렵, 도미닉 번이 경찰서에 보낸 것이었다. 번은 나중에 용의자로 검거되었다.

메모에는 번이 당시 브론프먼이 감금된 장소를 알고 있다는 내용이 적혀 있었다. 두 경찰이 우거 경사와 함께 번의 아파트에 가서 보니 길 건너에 아무런 표시도 없는 FBI 수사관의 자동차가 서 있었다. 라프레이드 지부장과 마이클 코드 경찰국장에 의하면, 연방과 시 치안기관의 고위 관료들이 공동으로 정보를 수집하고 합동작전을 벌여 린치의 아파트에서 브론프먼을 구조했던 것이다.

용의자 둘은 FBI 본부에서 한나절 동안 심문받고 연방 구치소로 이송되었다. 두 사람은 오늘 연방 치안판사 앞에서 기소될 예정이다. 유죄 판결을 받을 경우 미국 법률 18장 876절에 따라 최대 20년의 징역과 5천 달러의 벌금에 처해질 수 있다. 연방정부의 소위 '린드버그 납치 방지법'은 주 경계를 넘어서 발생한 납치 사건에만 적용된다. 이번 브론프먼 사건의 경우에는 연방정부의 고소 항목에 '우편을 통한 금품 갈취' 항목도 포함되어 있다.

납치범을 처벌하는 법조항은 각 주마다 별도로 존재한다. 뉴욕주에서는 납치 범죄를 A급 중범죄로 규정해 최소 25년 이상의 징역형에 처하고 있다.

1976년에 진행된 재판에서 용의자 린치와 번의 변호인은 납치 피해자인 브론프먼이 사건의 주모자라고 주장했지만, 브론프먼은 부인했다. 두 용의자가 유죄 판결을 받은 죄목은 납치가 아니라 금품 갈취였다.

납치 피해자 허스트,
은행 강도 혐의로 유죄 판결

– 월리스 터너

패트리샤 캠벨 허스트가 오늘 무장 강도 혐의로 유죄 판결을 받았다. 10주 전, 배심원단은 한 혁명집단에 납치당해 협박 끝에 어쩔 수 없이 범죄에 가담했을 뿐 자신은 무고한 희생자라는 허스트의 주장을 받아들이지 않았다.

허스트의 변호인은 즉시 항소 의사를 밝혔으며 4월 19일부터 항소심이 시작될 것이라고 말했다. 검사 측에서는 이번 평결이 "아주 적절하다"고 평했다. 판사는 유죄 판결의 근거가 명백하다고 말했다.

허스트의 부모 랜돌프 허스트와 캐서린 허스트는 차를 타고 연방법원을 서둘러 떠나면서 별다른 말을 하지 않았다.

평결이 낭독되는 동안 허스트는 풀이 죽은 듯 했고 얼굴은 창백해져서 거의 잿빛으로 보일 지경이었다. 허스트의 부모는 3미터쯤 떨어진 자리에 앉아 있었다. 허스트는 부모를 쳐다보지 않았다.

가족의 반응

어제도 눈물을 흘리면서 법정을 떠났던 허스트 부인은 오늘도 고개를 떨궜다. 허스트 씨는 허공을 응시했다. 허스트 부부의 옆에 앉은 스무 살 딸 앤은 울음을 터뜨렸다. 또 다른 딸들인 비키와 버지니아 보즈워스 부인은 법정에 있었다. 하지만 넷째 딸 캐서린은 보이지 않았다.

허스트는 두 가지 혐의로 기소되었고 두 혐의 모두 유죄 판결을 받았다. 밀 밸리에서 온 55세의 예비역 육군 대령 윌리엄 라이트가 배심원 대표로 평결에 서명했다. 여성 7명과 남성 5명으로 구성된 배심원단이 12시간 동안 심사숙고한 결과였다.

허스트의 첫 번째 혐의는 허스트가 1974년 4월 15일 오전 9시경 발생한 하이버니아 은행 선셋 지점 무장 강도 사건에 가담한 것이었다. 두 번째 혐의는 무기를 사용해서 중범죄를 저지른 것으로 첫 번째 혐의가 유죄로 판결되지 않으면 자동으로 무죄가 된다.

최고 형량

은행 무장 강도는 최고 25년의 징역형에 처해질 수 있고 무기 사용은 최대 10년의 징역형에 처해질 수 있다. 허스트 재판의 담당 판사이며 곧 형량을 결정하게 될 연방지법의 올리버 카터 판사는 1년 전 비슷한 재판에서도 한 젊은 여성에게 30개월의 징역형을 선고한 적이 있었다.

허스트에게는 아직 로스앤젤레스에서 납치와 자동차 절도 등 여러 흉악범죄를 저지른 혐의가 남아 있다. 1974년 5월 16~17일 로스앤젤레스 거리와 상점 앞에서 카빈 자동소총을 난사해 윌리엄 해리스와 에밀리 해리스의 도주를 돕는 등 여러 범죄를 저질렀다는 것이다. 해리스 부부는 자칭 '심바이어니즈 해방군(Symbionese Liberation Army, 1970년대 초 미국 캘리포니아주를 중심으로 활동하던 좌익 과격파 조직—옮긴이)'의 일원이며, 허스트는 1974년 2월 4일 이들 부부가 자신을 납치한 범인이라고 말했다.

피고 측 변호인단 대표인 F. 리 베일리 변호사는 허스트가 로스앤젤레스에서 재판을 받기 전에 보석금을 내고 석방될 가능성이 있느냐는 질문에 "법적으로 가능하다. 하지만 우리가 보석을 신청할지는 아직 확실하지 않다"고 대답했다.

베일리 변호사는 22살의 허스트가 구형된 형량에 "실망스러워" 했지만, 한편으로는 "어느 정도 예상했던 것 같다. 재판 경험이 없는 그 나이 또래의 아이들은 그럴 수밖에 없다"고 말했다. 그리고 이런 말을 덧붙였다. "그래도 최소한 허스트는 살아 있다. 우리는 그 점에 감사한다."

베일리 변호사의 동료이며 지난 6개월간 허스트와 많은 시간을 함께 했던 J. 앨버트 존슨은 "허스트는 재판에 졌다. 우리처럼 말이다. 허스트는 시작부터 불리한 점이 너무 많다고 생각했다. 그리고 '아뇨, 저를 절대 봐주지 않을 거예요'라는 말을 여러 번 했다"고 말했다.

평결을 옹호하다

허스트를 기소했던 제임스 브라우닝 연방검사는 평결에 관해 "미국의 사법체계가 잘 작동한다고 믿는 대다수 미국인의 생각이 옳다는 것을 증명했다"고 말했다.

허스트 가족을 동정한다면서 "패트리샤 허스트는 바른 인생을 살 수 있다. 그렇게 되길 바란다. 허스트가 심바이어니즈 해방군에 자원한 것은 감언이설에 속았기 때문이다"라고 말했다.

브라우닝 검사는 지거드 버진과 의학 전문가인 조엘 포트 박사가 정부 측에 유리한 증언을 한 것이 결정적이었다고 말했다. 버진은 허스트가 은행 앞에서 재빨리 탄약을 꺼내 들었다고 증언했었다. 피고 측 변호인인 베일리 변호사는 약물 중독으로 사망한 코미디언 레니 브루스에게 약 처방전을 써준 사람이 포트 박사였다면서 그를 깎아내리기 위해 맹렬한 공격을 퍼부었다.

브라우닝 검사는 허스트가 어떤 판결을 받게 될 것 같으냐는 질문에 곤혹스러워하면서 최고 35년의 징역형에서 최소 보호관찰까지 받을 수 있다면서 "보호관찰 보고서에 따라 크게 달라질 것"이라고 말했다. 보호관찰은 수감 생활을 하지 않는다.

허스트는 정부에서 또 누구를 기소할지 알고 있었다. 그중에는 허스트가 1년 넘게 도피 생활을 할 수 있게 도와준 이들도 있었다. 베일리 변호사는 허스트가 증언할 때 최후의 수단이며 수정헌법 5조에 따라 자신에게 불리한 증언을 하지 않을 권한, 즉 묵비권을 행사한 것이 배심원들에게 좋지 않은 인상을 준 것 같다고 말했다. 또한 허스트가 로스앤젤레스에서 총을 쏘았다는 일부 증거와 제출된 문서 중에서 그녀에게 불리한 특정 문서가 배심원 평결에 큰 영향을 미친 것 같다고 말했다.

평결에서 언급된 인물들

베일리 변호사가 판결에 불리하게 작용했다고 생각한 특정 문서는 이른바 〈타냐 인터뷰〉라는 문서였다. 〈타냐 인터뷰〉는 허스트가 자필로 기록한 문서인데, 허스트는 해리스 부부의 협박과 명령에 따라 작성했다고 주장했다. 해리스 부부는 허스트를 납치했던 심바이어니즈 해방군이라는 과격 단체에 소속된 8명의 단원 중에서 마지막까지 살아남은 사람들이었다.

허스트의 재판이 39일 동안 진행되면서 세상을 떠들썩하게 했던 그녀의 납치 사건에는 이런저런 이야기가 더해졌고, 사람들의 관심은 자칭 심바이어니즈 해방군의 신조나 19개월 동안 포로와 도망자로 살았던 허스트의 삶에 집중되었다.

허스트는 증언을 하면서 자신을 방어했다. 언뜻 보기에 다른 사람에게 죄를 뒤집어씌울 수 있다면 모든 것을 털어놓을 태세였다.

1976년 2월 23일, 허스트는 자신의 유죄가 드러날 수도 있는 심문에 묵비권을 42차례 행사했다. 스포츠광인 잭 스콧이 펜실베이니아에서 자동차로 대륙을 횡단한 다음 라스베이거스에 자신을 내려줬던 1974년 9월부터 FBI 수사관과 샌프란시스코 경찰관이 모스가에 있는 아파트에 들이닥쳐 자신을 비롯해서 함께 살고 있던 도망자인 웬디 요시무라, (현재 새크라멘토에서 은행을 턴 혐의로 재판을 받고 있는) 스티븐 솔라이아를 체포했던 1975년 9월 18일 사이에 있었던 일은 한마디도 언급하지 않았다.

허스트의 복잡한 이야기를 이해하려면 그녀가 미국에서 유명인이 되었던 시점으로 거슬러 올라가는 것이 최선이다. 그 시점은 바로 윌리엄 랜돌프 허스트의 손녀인 패트리샤 허스트가 납치된 날 밤이었다. 그녀는 그날 밤 잠옷 차림으로 비명을 지르면서, 반 미치광이 탈옥수가 이끄는 반항적인 젊은이 집단에 납치되어 몸값 흥정의 대상이 되었다.

그 집단을 이끌던 흑인 탈옥수 도널드 디프리즈는 나머지 단원들과 비슷한 구석이 전혀 없었다. 나머지 단원들은 모두 백인에다 미국 중산층 집안의 자녀였고 베트남전 참전 경험이 있었다. 당시 미국에서는 군인을 징집해서 베트남전에 투입했고 그로 인해 국내 상황은 어수선했다.

윌리엄 해리스는 베트남 참전 용사였다. 펜실베이니아에 사는 의사의 아들인 윌리엄 로턴 울프는 그런 과격 집단에 있기에는 너무 어렸지만, 흑인 문화 공동체를 조직하는 일에는 재능이 있었다. 그런 흑인 문화 공동체는 심바이어니즈 해방군 같은 급진주의자들이 교도소 방문 허가를 얻은 후 흑인 재소자 중에서 추종자를 모집할 때 유용하게 활용되었다.

낸시 링 페리는 고등학교 때 치어리더를 한 적이 있었으며, 배리 골드워터(시의원과 상원의원을 지내고 공화당 대통령 후보로 지명되기도 했던 미국 보수 공화주의의 상징적 정치인—옮긴이) 지지자였다. 그녀는 마약에 손을 댔고 반라로 블랙잭 딜러 일도 했는데, 지적인 분위기가 넘치는 샌프란시스코 베이 지역에서는 정치적 부적응자였다. 안젤라 애트우드는 결혼했지만 남편에게 버림받았다. 에밀리 해리스는 부모에게 뭔가 새로운 성적 관계가 생겼다는 편지를 썼다. 편지에는 "아주 멋진 흑인"이라는 말과 남편도 이해한다는 말이 쓰여 있었다.

성직자의 딸인 카밀라 홀에게는 연인이며 과격한 레즈비언인 패트리샤 솔티식이 있었다. 솔티식은 홀이 자신을 위해 쓴 시에 나오는 '미즈문Mizmoon'을 이름으로 사용했다.

1974년 2월 4일 밤 9시경 허스트 납치를 계획하고 성공적으로 해낸 심바이어니즈 해방군 단원은 이렇게 모두 8명이었다.

허스트는 한때 약혼자이며 프린스턴대학교의 급진주의자였던 26세의 스티븐 위드와 함께 살았는데, 원고인 검찰 측의 정신과 의사는 납치될 당시 허스트가 약혼자에게 환멸을 느끼고 괴로운 나머지 관계를 정리하려 했지만, 적절한 방법을 찾지 못한 어린 여성이었다는 식으로 몰고 갔다. 검찰 측의 의학 전문가와 정신과 전문가들은 허스트가 불행했다는 점을 매우 강조했다. 그것이 허스트가 "어떤 계기만 생기면 언제든 반항아가 될 수 있었다"는 그들의 주장을 뒷받침하는 데 매우 중요했기 때문이다.

재판 중에 나온 증언을 보면, 납치는 어떤 젊은 여성이 전화를 사용할 수 있겠느냐며 허스트 집의 문을 두드리면서 시작되었다. 허스트가 문을 열지 말라는 말을 하기도 전에 함께 살던 위드가 문을 열었고 그 여성과 남성 2명이 집 안으로 들이닥쳤다고 증언했다. 도널드 디프리즈도 그중에 있었다.

허스트의 이야기

허스트는 또 다른 남성이 윌리엄 해리스였다고 말했는데, 사람들은 윌리엄이 아직 살아 있고 기소될 수도 있기 때문에 허스트가 모든 것을 털어놓을 수도 있다고 생각했다.

허스트는 침입자들이 자신을 묶고 입에 재갈을 물린 다음 차 트렁크에 실었다고 말했다. 그리고 차로 잠시 이동한 후 다른 차의 트렁크에 옮겨졌으며 한 시간 넘게 이동한 후 눈이 가려진 채 어떤 집의 벽장 속에 감금되었다고 했다.

허스트는 그곳에 몇 주간 머물렀는데, 달리시 교외에 있는 작은 집의 벽장이고 3주 반 정도 갇혀 있었던 것으로 추정되었다.

허스트는 그곳에서 디프리즈에게 심문을 받았고, 허스트의 부모와 외부 세상에 그녀의 생존을 알리는 데 사용했던 육성 녹음도 그곳에서 만들어졌다고 말했다. 그 육성 녹음은 배심원들 앞에서 재생되었다. 오크나무 판재로 덮인 법정 전체에 디프리즈와 다른 납치범들의 목소리가 울려 퍼졌다.

허스트 납치 사건이 일어난 지 얼마 안 되어 납치범들은 허스트 가족에게 수백만 달러 상당의 음식을 가난한 사람들에게 나눠 주라고 요구했다. 허스트 가족은 그 요구에 따랐고 그렇게 시작된 구호 활동은 '도움이 필요한 사람들People in Need'이라는 빈민 구호 프로그램이 되었다. 재판 과정에서 납치범들이 지난 3월까지 달리시에 머물다가 샌프란시스코 골든게이트가에 있는 또 다른 은신처로 옮긴 사실이 밝혀졌다.

검찰 측에서는 달리시에서 벽장 속에 갇혀 있었다는 허스트의 진술을 사실로 인정했다. 다만 검찰 측 증인 가운데 의료 전문가인 조엘 포트 박사는 그곳이 허스트가 지내기에 쾌적한 곳이었음을 강조하려는 듯한 모습이었고, 검찰은 그녀가 골든게이트가의 아파트에서 폭 50센티미터에 길이 165센티미터 정도의 좁은 벽장에 갇혀 있었다는 것만큼은 인정하지 않았다.

검찰은 또한 심바이어니즈 해방군이 샌프란시스코로 이주할 당시 이미 허스트가 일원이 되었다고 주장했다.

골든게이트가의 아파트에서도 허스트의 육성 녹음이 일부 만들어졌는데 그중에는 문을 열고 풀어준다 해도 "계속 함께 있으면서 싸울 것"이라고 말하는 4월 1일자 녹음도 있었다.

허스트는 그 녹음은 사실 애트우드 부인이 원고를 써서 억지로 읽게 한 것이라고 증언했다.

허스트가 아파트 밖에 나가서 처음 한 일은 은행 강도였다. 은행 경비원이었던 엘던 시어는 허스트가 바닥에 엎드리지 않으면 머리를 날려 버리겠다는 협박을 했다고 증언했다.

반대 심문에서 허스트 측의 베일리 변호사는 시어의 증언을 가까스로 무효화했다. 하지만 검찰 측 증인이며 사건 당시 길 건너에서 무선 장비 가게를 운영하던 지거드 버진스가 허스트를 봤다고 증언한 것은 무효화할 방법이 없었다.

버진스는 그날 아침 은행에 가서 한 여자가 무릎을 꿇고 있는 모습을 보았다. 코트 밑으로 카빈총을 들고 있었던 그 여자는 카빈총 탄약 두 묶음을 집어 들었다. 바닥에는 탄피 몇 개가 떨어져 있었다. 버진스는 그 여자의 얼굴은 보지 못했지만, 검찰 측에서 제출한 은행 감시카메라 영상을 보면서 그날 봤던 여자가 바로 허스트라고 말했다.

버진스는 "그 여자가 패트리샤 허스트인지 아닌지는 상관없다. 어쨌든 화면 속 그 여자가 바로 내가 그날 본 여자"라고 말했다. 버진스의 증언은 검찰 측의 강력한 증거가 되었다. 허스트는 총에 총알이 장전되어 있는지 몰랐다고 말했다.

허스트를 비롯한 피고 측 변호사들은 은행을 털기 전 다른 일행이 허스트에게 범행 중에도 허스트에게 총구를 계속 겨눌 것이며 은행을 털 때 방해되는 행동을 하면 "현장에서 사살"할 것이라는 말을 했다고 주장했다.

허스트는 며칠 후 애트우드 부인이 또 다른 원고를 가져와 녹음기 앞에서 읽게 했으며, 내용은 허스트가 세뇌되거나 강요받은 일이 없으며 은행 강도에 자의로 동참했다는 것이었다고 증언했다.

허스트가 그 녹음을 한 직후 일행 모두가 다른 아파트로 이주했고, 얼마 지나지 않은 1974년 5월 1일경 다시 로스앤젤레스로 이주했다. 그때 단원들은 폭스바겐 3대에 나눠 타고 처음에는 모텔에서 지내다가 나중에 비어 있는 작은 집으로 들어갔다.

1974년 5월 16일, 허스트는 해리스 부부와 함께 잉글우드에 있는 스

1974년 심바이어니즈 해방군SLA이 배포한 사진에서 패트리샤 허스트가 SLA의 심볼인 일곱 개의 머리가 달린 코브라가 그려진 포스터 앞에서 기관총을 들고 사격 자세를 취하고 있다.

포츠용품 가게에 갔다. 그런데 점원이 윌리엄 해리스가 물건을 훔쳤다고 주장하면서 싸움이 벌어졌다.

길 건너 주차장에 있던 허스트는 해리스 부부가 점원과 다투는 모습을 보고 윌리엄의 M-1 소총을 꺼내들었다. 원래 반자동 소총인 M-1은 자동 소총으로 개조된 상태였다. 허스트는 그때 총을 쏘았다가 처음에는 반동 때문에 놓쳤다고 한다. 다시 총을 주워든 허스트는 총알이 다 떨어질 때까지 거리에 대고 쏘았다. 그런 다음 자신의 카빈총을 꺼내서 두 발을 더 쏘았다.

검찰 측은 배심원들에게 허스트가 심바이어니즈 해방군의 충실한 일원이 되어 동료들을 구하기 위해 한 짓이라고 주장했다. 반면 허스트의 변호사는 그녀가 완전히 세뇌된 상태에서 겁을 먹은 나머지 자신도 모르게 그런 것이라고 주장했다.

허스트는 1974년 여름 라스베이거스에 사는 스콧 씨와 그의 부모인 스콧 부부가 자신을 동부까지 태워다 주었다고 말했다. 스콧 부부가 뉴욕의 아파트까지 데려다 준 다음, 다시 펜실베이니아의 농가 주택, 그리고 뉴욕주 북부에 있는 또 다른 농가 주택까지 데려다 주었다고 했다. 그리고 요시무라를 만난 것이 바로 그때쯤이었다고 증언했다.

스콧 씨는 허스트와 함께 차를 타고 다시 라스베이거스로 돌아온 다음 허스트를 내려주고 다른 곳으로 떠났다. 허스트가 계속 묵비권을 행사하면서 입을 열지 않은 것은 바로 그 이후의 이야기였다.

하지만 법정에서 나온 다른 증거를 보면 허스트가 새크라멘토에 잠시 살았던 것이 분명하다.

타자기로 작성된 문서가 하나 있었는데 허스트의 지문이 묻어 있었다. 문서의 제목은 '제빵'이었지만 실제로는 은행을 터는 방법이 아주 치밀하게 기록되어 있었다. 그 문서를 비롯해서 아주 많은 양의 문서가 증거로 제출되었다. 모두 허스트가 솔라이아, 요시무라와 살던 모스가의 집이나 해리스 부부가 살던 프레시타가의 아파트에서 나온 것이었다.

그중에는 이른바 〈타냐 인터뷰〉도 있었는데, 허스트에게 타격이 될 만한 내용이 많았다. 그중에는 허스트가 직접 쓴 것도 있었다. 허스트는 평소 책을 쓰고 싶어 했던 해리스 부부 때문에 그 문서가 작성된 것이며, 그 안에 있는 자신의 답변은 해리스 부부가 쓰라는 대로 받아쓴 것이라고 주장했다. 〈타냐 인터뷰〉의 내용이 사실이라면, 우리는 납치 사건의 피해자인 허스트가 어떻게 심바이어니즈 해방군의 일원이자 은행 강도인 타냐가 되었는지 알 수 있을 것이다.

허스트는 은행 강도에 가담한 죄목으로 징역 7년을 선고받았다. 그리고 22개월을 복역한 후지미 카터 대통령이 형 집행을 정지한 덕분에 1979년 석방되었다. 빌 클린턴 대통령은 임기 말인 2001년 허스트를 사면했다. 허스트는 자신의 경호원이었던 버나드 쇼와 결혼해서 두 딸을 두었다. 남편 쇼는 2013년에 사망했다. 허스트는 회고록과 소설 한 편을 출간하고 애완견 품평회 분야에서 왕성하게 활동하고 있다.

이탈리아 모로 전 총리 피살 사건으로부터 20년, 계속되는 고뇌

– 알레산드라 스탠리

1978년 5월 9일, 총에 맞은 알도 모로 전前 이탈리아 총리의 시신이 로마 도심에 서 있던 자동차 트렁크에서 발견되었다. 붉은 여단(Brigate Rosse, 1970년 결성된 이탈리아의 극좌파 테러 조직—옮긴이)에 납치된 지 55일 만이었다. 그 후로 20년이 흐른 요즘, 모로 전 총리의 기일을 맞아 전국이 추모 열기로 들썩이고 있다.

47세의 배우 겸 극작가인 마르코 발리아니는 "20년이 지났는데 아직 더 깊은 진실은 밝혀지지 않았다. 우리 스스로 진실을 밝힐 수 없다면 어떻게 공화국을 새롭게 바꿀 수 있겠는가?"라고 말했다. 발리아니는 이탈리아에서 두 번째로 큰 방송국에서 토요일 밤 모로 총리 피살 사건에 관한 1인극을 생방송으로 진행할 예정이다.

미국의 케네디 대통령 암살 사건처럼 이탈리아의 유력 정치인이었던 모로 전 총리 피살 사건은 이탈리아인들에게 일종의 강박으로 남아 있는데, 모든 전후戰後세대에게 순수의 시대가 끝났음을 알리는 국가적 트라우마인 동시에 여전히 베일에 가려져 있는 흉악한 음모이다.

이 사건을 다룬 책만 수백 권 넘게 출간되었고 국정 조사는 10년간 계속되었으며, 사건과 관련해서 다섯 번의 재판이 끝나고 여섯 번째 재판이 막 시작되려 하고 있다. 그런데 이탈리아 국민들은 20주년을 맞는 현재까지도 밝혀지지 않은 사건의 조각에만 몰입한 나머지 불과 5년 전만 해도 생각할 수 없었던 더 큰 아이러니를 간과하고 있다.

바로 줄리오 안드레오티 전 총리이다. 교활하고 영향력 있는 정치인이며 모로 전 총리 피살 사건이 발생했던 시기를 포함해 모두 일곱 차례나 총리를 역임했던 79세의 안드레오티 전 총리는 현재 페루자에서 재판을 받고 있다. 그는 모로 총리 피살 사건을 파헤치던 기자를 살해하려 했다는 혐의를 받고 있다. 사건 당시 총리였던 안드레오티가 모로 전 총리 납치범과 협상을 거부했던 일은 좀 더 조사해야 할 수수께끼 중 하나이다.

모로 총리 피살 사건을 공모한 죄로 유죄 판결을 받았던 붉은 여단의 테러범 23명 전원과 모로 총리의 경호원 5명은 현재 형기를 모두 마쳤거나 자택 연금 중이거나 외부 취업(죄수가 낮 시간 동안 교도소 밖으로 노동하러 나가는 것을 허용하는 제도—옮긴이) 중이다. 모로 전 수상을 살해하라고 지시했던 붉은 여단의 최고 지도자인 52세의 마리오 모레티는 현재 밀라노 교도소에 수감되어 있다. 그는 일주일에 4일씩 출퇴근하면서 컴퓨터 프로그래밍 일을 하고 있다.

안드레오티 총리가 테러와 사회 불안에 대처한다면서 시행한 특별법으로 1970년대의 이탈리아는 증오가 가득하고 분열되어 있었다. 그랬던 이탈리아가 요즘 최소한 한 가지 문제에 관해서는 의견이 일치하고 있다. 바로 모로 전 총리 납치 살해 사건의 배후가 전부 밝혀지지 않았다는 것이다.

여기에 동의하지 않는 유명인은 안드레오티 전 총리와 그의 측근들, 붉은 여단이 음흉한 우익 세력에게 이용당했다는 주장을 여전히 부정하는 전직 붉은 여단 테러범들, 그리고 1995년에 출간한 책에서 음모는 없었다고 결론지었던 미국 학자 리처드 드레이크 정도에 불과하다.

기독민주당의 당수였던 알도 모로는 1978년 3월 16일 아침 의회로 가는 도중 납치되었다. 그가 이끌어낸 이른바 '역사적 타협'의 성과로 공산당의 적극적인 지원을 받는 최초의 이탈리아 정부가 탄생했음을 선포하러 가는 길이었다.

안드레오티 총리는 납치된 모로 당수를 살리기 위해 테러범들과 협상하는 것은 허용할 수 없다는 입장이었다. 이탈리아 경찰과 첩보 기관에서는 결국 모로를 구출하지 못했다. 놀라울 정도로 무능한 그들의 모습에는 어떤 의도가 숨어 있는 것 같았다. 지금도 이탈리아 국민 대부분은 당시 정권에서 모로 당수를 살려두면 안 될 이유가 있었기 때문이라고 생각한다.

붉은 여단의 창립자 중 한 명이며 사건의 내막을 알고 있을 것으로 추정되는 알베르토 프란체스키니는 "모로 전 총리의 기일을 맞아 어떤 식으로든 진실을 밝혀야 한다고 생각한다"고 말했다. 1974년에 체포되었다가 1992년에 석방된 프란체스키니는 현재 유럽연합에서 보조금을 받아 이탈리아 실업구호단체에 분배하는 재단에서 일하고 있다.

그는 붉은 여단 동지들이 모로 전 총리를 살해한 것은 확실하지만, 독자적으로 행동한 것 같지는 않다면서 "그 사건의 배후에 안드레오티가 있었는지 닉슨이 있었는지는 모른다. 하지만 우리가 훨씬 더 큰 게임의 일부에 불과했다는 것만은 확실하다"고 말했다.

이탈리아에서는 음모론이 끊일 때가 없었다. 지난 55일간 이탈리아의 라디오와 텔레비전, 신문, 잡지에는 모로 전 총리 피살 사건에 관한 인터뷰와 다큐멘터리, 논쟁이 홍수를 이루었다. 그 사건과 의혹에 관해 이달에만 십여 권이 넘는 책이 출간되었다. 이런 현상의 배경에는 20여 년 전 카피예(kaffiyeh, 팔레스타인 스카프라고도 불리는 흑백 체크무늬 스카프로 팔레스타인 민족주의의 상징이다―옮긴이)를 두르고 폭탄을 던지며 한동안 붉은 여단을 편들었던 베이비부머 세대들이 지금은 여론을 만드는 중년의 회사 중역과 출판업자가 되었다는 것을 들 수 있다.

배우 겸 극작가인 발리아니는 "단순히 이 사건에 관한 기록을 하나 더 만들려는 생각은 아니었다"면서 "개인적인 경험과 나와 비슷한 수많은 사람의 경험을 이야기하고 싶었다"고 설명했다.

발리아니는 당시 반체제 배우로서 모로 전 총리의 납치 소식을 들었을 때 느꼈던 '행복감'을 설명하는 것으로 이야기를 시작한 다음, 왜 모로의 죽음에서 지독한 환멸과 공포를 느꼈는지 그 원인을 추적했다.

토요일에 방송된 발리아니의 1인극은 그 중요성을 인정받았다. 이탈리아 문화부는 발리아니에게 로마의 가장 오래된 유적인 아우구스투스 광장에서 기록영화를 촬영할 수 있도록 허가했다. 그곳은 너무나 매력적인 장소였다.

발리아니는 "기록영화에서는 전통적인 비극과 연계시켜볼 생각이다. 모로의 죽음은 우리 시대의 고전극, 그것도 아주 비참한 비극이니까"라고 말했다.

18년간 인질로 잡혀 있었던 피해자가
사건을 직접 설명하다

— 제시 매킨리

평범한 아침이 폭력으로 산산조각이 났다. 매일같이 공포와 성적 학대, 외로움이 계속되었다. 그리고 그 지옥 같은 상황에서 벗어나 일상으로 돌아가려는 필사적인 노력이 이어졌다.

이번 주에 공개된, 11살 때 납치되어 18년 동안 감금 생활을 한 제이시 두가드의 납치 사건에 관한 증언에서 묘사된 사건의 장면들이다.

필립과 낸시 가리도는 두가드를 납치하고 강간, 감금한 죄로 목요일에 장기 징역형을 선고받았다. 엘도라도 카운티 고등법원의 더글러스 피미스터 판사는 선고를 내린 후 대배심에 나왔던 증언을 약간 수정해서 공개했다. 두가드가 9월에 했던 증언으로 감금 생활에 관해 새롭게 밝힌 세부 사항이 포함되어 있었다. 이 대배심 증언을 통해 1976년 네바다주에서 카지노 직원에게 성범죄를 저질러 유죄 판결을 받은 뒤 가석방된 필립 가리도의 뒤틀린 사고방식과 그가 자신의 범죄를 합리화하는 모습을 엿볼 수 있다.

예를 들어 두가드는 납치된 직후 강간당했고, 그 뒤로도 필립 가리도가 필로폰을 흡입한 후 '달리기'라고 표현한 긴 시간 동안 반복해서 강간했다고 증언했다. 하지만 필립은 두가드에게 그녀가 그저 자신의 "성적 문제"를 "도와주었을 뿐"이라고 말했다. 두가드는 필립이 "다른 사람에게 이런 짓을 하지 않으려고 너를 데려온 거야"라고 했던 말을 기억했다.

두가드는 캘리포니아주 사우스 레이크 타호에 있는 집 근처에서 납치되었던 1991년 6월 10일 아침의 끔찍한 기억도 털어놓았다. 그날 두가드는 버스 정류장으로 가는 도중 어린 여자아이를 찾아다니던 가리도 부부의 눈에 뜨였다.

두가드는 "자동차가 뒤에서 다가왔다. 그때는 자동차가 오는 지도 몰랐는데 어느새 가까이 다가와 있었다"고 설명했다. 가리도 부부가 길을 물어보려는 것인 줄 알았던 두가드는 순간 갑자기 온몸에 큰 충격을 느꼈다. 가리도 부부가 전기 충격기를 쓴 것이다. 두가드는 덤불 위로 쓰러졌다. 그때가 필립 가리도를 처음 본 순간이었다. "필립이 차문을 열고 나왔고 나는 나무 덤불 위로 쓰러졌다"고 두가드는 증언했다.

가리도 부부는 두가드를 뒷좌석에 태우고 담요로 덮었다. 두가드는 "앞에서 목소리가 들렸다. 그리고 남자가 '이런 식으로 성공하다니 믿을 수 없는 걸?'이라고 말하면서 웃기 시작했다"고 말했다.

가리도 부부는 두가드를 캘리포니아 베이 지역의 안티오크 외곽에 있는 집으로 데려갔다. 두가드는 집에 보내달라고 애원했다.

"집에 가고 싶은 생각뿐이었다. 필립에게 계속 말했다. '왜 이러시는

1990년경, 필립과 낸시 가리도에게 납치되기 전의 제이시 두가드

거예요. 몸값 때문에 이러시는 건지 모르겠는데, 우리 집은 돈이 별로 없어요.'"

정부 당국은 2009년 8월 가리도 부부를 체포했을 때 뒷마당에 은밀하게 꾸며 놓은 다 쓰러져가는 천막과 헛간, 가구가 별로 없는 방 두 개짜리 건물을 찾아냈다. 두가드는 그 건물에 갇혀 있었다고 진술했다.

두가드는 필립에게 성적 학대를 당할 때 외에는 납치된 첫해의 대부분을 혼자 지냈다. 곁에는 필립이 함께 놀라면서 놓고 간 고양이뿐이었다.

두가드는 나중에 낸시 가리도를 소개받았다. 그 뒤로는 낸시가 그녀에게 식사를 갖다주었고, 가리도 부부도 헛간에서 그녀와 함께 지내게 되었다. 두가드는 "별일 없으면 우리는 모두 한방에서 잠을 잤다. 텔레비전도 함께 보았다. 나는 더 이상 외롭지 않았다"고 말했다. 가리도 부부는 두가드에게 바비 인형도 갖다주었다. 하지만 가리도 부부는 투견이나 전기 충격기로 가끔 두가드를 협박할 때도 있었다.

"필립은 협박을 하면서 '또 그러지 않는 게 좋을 거야. 얌전히 있어'라고 말했다."

필립은 1993년 가석방 규정 위반으로 잠시 수감된 적이 있었는데, 그 기간 동안 두가드는 낸시에게 필립이 어디 갔는지 물어봤던 기억이 난다고 했다. 낸시는 "잠시 섬에 가서 휴가를 보내는 중"이라고 대답했다. 두가드는 "돌아온 필립은 발찌를 차고 있었다"고 말했다.

필립이 수감되어 있는 동안 두가드는 성적 학대가 없어서 좋았다. 그리고 그녀가 13살 때 임신을 하자 성적 학대도 줄어들었다. 1994년 두가드는 감금되어 있던 건물에서 딸을 낳았고 낸시가 출산을 도왔다.

두가드는 "내가 또 아이를 낳을까 봐 얼마나 두려워했는지 필립은 알고 있었다. 그래서 자제력이 별로 없었음에도, 정말 많이 노력했다"라고 말했다. 하지만 그녀는 결국 다시 임신했고 1997년 둘째 딸을 낳았다. 그것이 필립의 마지막 성적 학대였다.

두가드가 둘째 딸을 낳자마자 일행은 생일 축하를 하는 등 "가족처럼 행동하기" 시작했다. 두가드는 "평범한 가족처럼 보이려고 애썼던 것 같다"고 말했다. 뒷마당에는 수영장도 있었고 작은 인쇄소도 운영했다.

한번은 두가드가 증언을 하면서 갖고 있던 신문 기사를 보여주었다. 그중에는 그녀가 탈출 시도조차 못한 겁쟁이라고 말하는 기사도 있었다. 하지만 그녀는 "탈출할 수 없었다. 딸들이 있었기 때문"이라고 말했다.

증언이 끝날 무렵 두가드는 감금 기간 중 마지막 며칠에 관해 이야기했다. 2009년 8월, 필립이 캘리포니아대학교 버클리 캠퍼스에 갔다가 학교 경찰의 의심을 사는 일이 생겼다. 그 일로 필립의 보호 관찰관이 심문을 위해 필립을 불렀다.

심문받는 자리에 두가드와 함께 간 필립은 두가드를 '앨리사'라고 소개했다. 하지만 보호 관찰관이 곧바로 두가드에게 이름을 밝히라며 질문을 퍼붓자 그녀는 완전히 당황하고 말았다. 잠시 후 한 직원이 들어와 필립이 그녀를 납치를 했다고 자백했다는 말을 전했다.

"나는 그때 울음을 터뜨렸다. 직원이 내게 이름을 말하라고 했다. 나는 18년 동안 이름을 입 밖에 꺼내 본 적이 없어서 말할 수가 없다고 말했다. 그리고 종이에 이름을 썼다."

편집자 주: 필립 가리도는 431년형을, 낸시 가리도는 36년형을 선고받고 복역 중이다. 제이시 두가드는 2011년 회고록 『도둑맞은 인생』(문학사상사)을 출간했으며, JAYC(Just Ask Yourself to Care) 재단을 설립해 납치 범죄 피해자들을 돕고 있다.

대량 학살

2015년 6월 20일, 사우스캐롤라이나주 찰스턴에 있는 이매뉴얼 아프리칸 감리교회의 문 앞에 3일 전 교회에서 발생했던 무차별 총격 사건의 희생자 9명을 추모하는 꽃과 풍선이 놓여 있다.

"이런 식의 죽음은 그 어떤 것이든 비극이다. 수많은 사람이 죽은 총격 사건은 비극이다. 우리가 위안을 구하고 평화를 구하고 예배를 보는 곳에서 일어난 사건은 특히나 슬프고 마음이 아프다."

사우스캐롤라이나주 찰스턴의 이매뉴얼 아프리칸 감리교 감독교회에서
끔찍한 총격 사건이 발생한 후, 2015년 6월 버락 오바마 대통령의 연설

대량 학살범이 저지르는 살인은 불특정 다수를 대상으로 할 때가 많다.
그 무차별성으로 인해 어쩐지 고통은 더 깊어지는 것 같다.
범인들이 특정 집단을 목표로 삼았다고 해서 총으로 쏠 사람들까지 고르지는 않는다.
희생자들은 그저 우연히 그곳에 있었을 뿐이다. 희생자들이 중요하거나
특별한 사람은 아닐지 모른다. 하지만 그들은 생명의 가치를 무시하고
우리 모두를 위협하는, 뒤틀리고 충동적인 세상에서 버팀목 같은 존재들이다.

다이너마이트 폭파범, 범행 전 아내를 먼저 살해한 것으로 밝혀져

미치광이 앤드루 키호의 끔찍한 범행이 던진 충격이 가시지 않은 가운데, 오늘 미시간주의 작은 마을인 배스의 주민들은 눈물을 닦으며 상황 파악에 나섰다.

키호는 어제 아내를 살해한 후 통합학교(몇 개 학구의 아동을 통합해서 수용하는 학교—옮긴이) 건물과 자신의 자동차를 폭파시켜 키호 자신을 포함해 모두 43명의 목숨을 앗아갔다.

학교에서 사망한 아이들 37명의 부모는 슬픈 얼굴로 학교에 모여 서로의 아픔을 위로했으며 아이들 장례 준비는 내일로 연기되었다.

프레드 그린 주지사는 성명을 발표해 부서진 학교를 재건하고 희생자 가족들에게 구호품을 지급하는 데 필요한 기금을 모으자고 미시간 주민들에게 호소했다. 인구 300명의 작은 마을 배스는 이번 사건으로 사실상 파산했다.

오늘 랜싱 병원에서 교사인 30살 블랜치 하트와 학생인 8살 올리오 클레이턴이 사망함으로써 희생자는 총 44명이 되었다.

키호가 아내를 살해하고 시신을 불태우다

오늘 아침, 부보안관이 키호 아내의 시신을 발견했는데 예상 밖의 일은 아니었다. 미시간주 경찰관들은 그녀가 요양원에 있다는 단서를 입수하고 어젯밤 미시간주 전체를 이 잡듯 수색했지만 찾지 못했다. 그러자 어제 키호가 학교를 폭파하기 전에 먼저 폭파했던 자택의 폐허로 시선이 쏠렸다.

그녀의 시신은 농장에서 유일하게 불에 타지 않은 닭장 근처에 있는 우유 손수레에서 발견되었다. 아무것도 덮여 있지 않았고 불에 타 신원을 확인하기 어려운 상태였다. 짚단 밑에서는 다이너마이트가 나왔다.

윌리엄 썰 검사는 키호가 아내의 목을 칼로 베거나 두개골을 부순 다음 시신을 손수레에 묶고 불을 지른 것으로 추정했다. 손수레 주변에는 은식기와 보석, 금속제 현금상자, 재가 된 지폐 등이 있었다.

경찰관들은 에너지 공급회사인 컨슈머즈 파워의 도로 작업반 직원들이 어제 아침 불타는 집에서 끄집어냈던 침대 겸용 소파와 작은 테이블, 의자 3개가 왜 불에 탔는지 설명할 수 없었다. 어젯밤까지만 해도 전부 멀쩡했는데 오늘 아침 잿더미가 된 것이다.

가까스로 목숨을 건지다

도로 작업반의 G. H. 벅 반장은 이렇게 상황을 설명했다.

"키호의 집 근처로 가 보니 집이 불타고 있었고 불길이 점점 더 거세지고 있었다. 우리가 도착했을 때 집의 남쪽 면은 완전히 불길에 휩싸여 있었다. 우리는 북쪽 면으로 가서 두 사람이 창문을 통해 안으로 들어갔다. 그리고 침대 겸용 소파와 탁자, 의자 몇 개를 끄집어냈다.

그때 방 한구석에서 다이너마이트 한 무더기를 발견했다. 어떻게 해야 할지 생각할 겨를도 없었다. 나는 다이너마트를 한아름 들어서 동료에게 넘겨주었다. 방이 연기로 가득 차는 바람에 다 같이 빠져나왔다.

그때 길 건너에서 한 여자가 학교에서 폭탄이 터졌다며 소리를 질렀다. 우리가 차 있는 곳으로 달려가 막 도착했을 때쯤 등 뒤에서 키호의 집이 큰 소리를 내며 폭발했다. 그 폭발 여파로 몸이 차에 쿵하고 부딪쳤다.

우리는 차에 올라 마을을 향해 달렸다. 학교에 가 보니 정말 비참한 상황이었다. 건물의 북쪽 절반이 무너져 엉망이었고, 두세 명이 잔해 속을 파헤치고 있었다. 잔해 속에서 구조를 요청하는 학생들의 목소리가 들렸다. 나는 잔디밭을 가로질러 달려가 구조를 시작했다.

구조를 막 시작하려는데 길가에서 폭발이 일어나는 바람에 쓰러지고 말았다. 거대하고 검은 연기가 뭉게뭉게 피어올랐고, 그 밑에 구겨진 자동차의 잔해가 보였다. 운전대를 잡고 있는 사람의 몸 일부도 보였다. 그리고 주변에 서너 명의 사람들이 쓰러져 있었다."

세상의 종말이 온 듯했다

"세상의 종말이 온 게 아닌가 싶었다. 정신이 약간 몽롱해진 것 같았다. 어쨌든 정신을 차리고 보니 거리에 서 있었다. 동료 한 명이 글렌 스미스 우체국장의 상처에 붕대를 감고 있었다. 스미스 우체국장의 다리는 폭탄에 날아가고 없었다. 나는 건물 잔해로 돌아가 구조 작업을 계속했다. 한시도 쉬지 않고 작업 중지 명령이 떨어질 때까지 다이너마이트를 수색했다."

키호 농장의 울타리에는 '범죄자는 태어나는 것이 아니라 만들어진다'라는 현수막이 걸려 있었다. 키호가 금전적으로 어려웠을 뿐 아니라 나라에서 내라고 하는 세금이 너무 많다고 생각한 나머지 지역사회에 복수한 것이라는 소문을 대변하는 것 같았다.

오늘 공개된 증거를 보면 키호가 몇 달 전부터 계획을 세웠다는 것을 알 수 있다. 저당 잡힌 농장을 압류하겠다는 통보가 키호에게 전해진 것은 지난 6월이었다. 어쩌면 그때부터 키호의 머릿속에서 혼란과 광기의 태엽 장치가 돌아가기 시작했는지도 모른다.

M. W. 키스 교육감은 키호가 세금에 병적인 반응을 보였으며 생필품을 구입하는 데도 돈을 무척이나 아꼈던 것 같다고 말했다.

다이너마이트를 터뜨릴 기회를 노리다

키스 교육감은 이렇게 단언했다.

"키호가 학교 폭파 계획을 세운 것은 지난 가을이 틀림없다. 그는 숙련된 전기기술자였다. 학교 이사회에서는 지난 11월에 조명기구를 수리하기 위해 그를 고용했다. 그때 충분히 학교에 폭발물과 전선을 설치할 수 있었을 것이다."

썰 검사는 학교 건물 지하에서 발견한 부서진 자명종의 파편을 공개했다. 시계는 배터리를 비롯해서 다이너마이트나 화약 더미와 전선으로 연결되어 있었다. 시계의 문자판은 멀쩡했고 시곗바늘이 8시 45분을 가리키고 있었다.

별다른 부상을 입지 않은 1학년 담임 교사 버니스 스털링은 어제 아침 키호에게 전화해서 학생들과 키호의 농장으로 소풍을 가도 될지 물

1927년 5월 20일자 《뉴욕타임스》 1면

어보았다고 진술했다. 키호는 스털링에게 "온다면 당장 오는 게 좋겠다"고 말했다.

찰스 레인 미시간주 소방국장과 클린턴 카운티 검찰은 오늘 심리를 통해 키호가 4월 초부터 범행 계획을 세웠다고 발표했다. 키호의 이웃들은 그 무렵 키호가 농장의 건물에 전선을 설치하고 있었으며 왜 설치하느냐고 물었더니 대답을 회피했다고 증언했다.

많은 사람이 키호의 성미가 아주 급하고 살상을 즐긴다고 단언했다. 키호가 지난 봄에 기르는 말 중 한 마리를 때려 죽였다고 말하는 사람도 있었다.

키호는 인근 전원 지역에서 '다이너마이트 농부'로 유명했다. 이웃들은 그가 농장에서 나무 그루터기나 바위를 없앨 때 지속적으로 폭탄을 사용했다고 자세히 설명했다.

학교 건물 잔해에서 파이로톨이 발견되다

키호의 집과 별채에 설치된 폭발물 배선은 아주 복잡했다. 닭장에서는 시한장치가 발견되었고, 집 앞 도로의 전화선에서 집과 헛간으로 연결되는 전선도 발견되었다. 다이너마이트를 터뜨리는 데 필요한 전류를 얻기 위해 전화선을 따온 것이 분명해 보였다. 폭발은 집의 일부분만 파괴했지만, 폭발로 일어난 불이 집 전체를 집어삼켰다.

한 구조대원이 학교 건물의 잔해를 파헤치다가 다량의 파이로톨을 발견했다. 연방 정부에서 농부들에게 배포하는 군용 폭발물로 왼쪽 건물에 있는 석탄 창고 천장과 위층 마루 사이에서 발견되었다. 35리터 두 상자였다.

지하층에서는 주 경찰관들이 휘발유가 가득한 용기를 발견했다. 휘발유가 자연 팽창하면서 점화 플러그를 통해 인화성 가스가 흘러나오게 만든 장치였다. 가스가 흘러나오면 전기장치의 버튼을 눌러 폭발을 일으킬 수 있는데 그러면 불붙은 휘발유가 지하층 전체로 퍼진다.

조사관들은 키호가 다이너마이트가 폭발하지 않을 때를 대비해 그 장치를 만든 것 같다고 말했다.

간호사 8명을 살해한 용의자
시카고에서 검거

– 오스틴 C. 웨어와인

지난 목요일에 간호사 8명을 살해한 혐의로 수배 중이던 24세의 전과자 리처드 프랭클린 스펙이 오늘 새벽 2시경 웨스트매디슨가의 단기 체류 호텔에서 오른쪽 손목과 왼쪽 팔꿈치에 피를 흘리는 상태로 체포되었다. 전국에 수배령이 내려졌던 스펙은 경찰의 감시를 받으며 쿡 카운티 병원으로 이송되었다.

강력계의 존 그리피스 경사는 "이 자가 스펙이라는 것에 의심의 여지가 없다"고 말했다. 검거된 사내의 몸에 FBI에서 설명한 것과 똑같은 문신이 있다는 것이 그리피스 경사의 말이었다.

사내의 팔에 난 자상에서 많은 피가 흐르는 것으로 보아 자살을 시도한 것 같았다.

1966년 7월 17일

경찰이 신원을 확인해

24세의 일용직 노동자 겸 선원인 살인범 리처드 프랭클린 스펙을 검거하기 위한 체포영장이 오늘 발부되었다. 스펙은 지난 목요일 간호사 8명을 살해한 용의자이다.

O. W. 윌슨 경찰국장은 기자들에게 "우리가 쫓는 이 사내가 살인자 리처드 스펙이 틀림없다는 정보는 이미 충분히 확보되었다"고 말했다. 경찰은 순회재판소의 제임스 스타링 치안판사가 쿡 카운티에서 '포괄적' 살인죄로 영장을 발부했다고 발표했다. 몇 분 지나지 않아 연방 지방법원의 줄리어스 호프먼 판사가 고소장에 서명했다. 고소장의 죄목은 스펙이 살인죄로 기소되는 것을 피하려고 불법적으로 도주했다는 것이었다. 호프먼 판사가 고소장에 서명함에 따라 FBI가 사건을 접수하고 전국적인 수색을 벌이게 되었다.

시카고 경찰은 스펙이 일리노이주 동부의 몬머스 인근에 있다는 보고를 받고 확인하는 중이다. 그곳에 사는 35세의 목수인 그의 형은 스펙이 한 달 보름 전에 몬머스 인근에서 잡다한 일을 하다가 댈러스로 떠났다고 말했다. 스펙은 댈러스에서 절도죄로 유죄 판결을 받고 3년간 복역한 전력이 있었다.

스펙이 마지막으로 목격된 것은 어젯밤 9시 노스디어본가街에 있는 한 호텔을 나설 때였다. 당시 시카고 경찰은 이미 140명을 사건에 투입한 상태였다. 경찰은 스펙이 사건 현장이자 간호사들의 기숙사인 가든 아파트 2층 침실의 출입문에 32개의 지문을 남겼다고 밝혔다.

유일한 생존자가 스펙의 신원을 확인

윌슨 서장은 리처드 벤저민 스펙이라는 이름으로도 알려진 범인 스펙의 외모에 관한 FBI의 설명이 사건의 유일한 생존자인 코라손 아무라오의 증언 내용과 흡사하다고 말했다.

스펙은 키 185센티미터에 체중이 73킬로그램이고 파란색 눈동자에 짧은 갈색머리였다. 시카고 경찰은 그의 머리 색깔을 "구정물처럼 짙은 금발"로 표현했다. 왼팔의 위쪽에는 '지옥을 만들기 위해 태어났다'는 문신이 있었고 오른쪽 팔뚝에는 단검과 뱀, 그리고 모자와 안경을 쓴 해골 모양의 문신이 있었다.

코라손 아무라오는 간호사 교환 사업에 따라 필리핀에서 미국으로 건너온 23세의 간호사로 2단 침대 밑에 숨어 있다가 탈출한 유일한 생존자이다. 정신적으로 큰 충격을 받은 아무로는 현재 입원 중인 사우스 시카고 지역병원의 안전한 방에서 200여 장의 사진을 본 후, 전국해원 노조에서 사용하는 여권사진 크기의 사진 하나를 보고 그 사람을 범인으로 지목했다. 바로 스펙이었다.

시카고 경찰의 오토 크로이처 수사반장은 스펙이 FBI 지명수배자 명단에 올랐을 것이라고 말했다. 그리고 현 시점에서 스펙이 카운티 밖으로 달아나기란 거의 불가능하다고 단언했다.

크로이처 반장은 모든 공항과 버스 터미널, 기차역에 경찰이 잠복 중이라고 말했다. 또한 스펙이 댈러스로 돌아갈 생각이었다면, '당연히' 먼저 뉴올리언스로 가야 했을 것이라고 말했다.

그 이유는 스펙이 간호사들을 죽이기 전에 뉴올리언스로 갈 돈이 필요하다고 했던 말 때문이었다. 아무라오 간호사는 스펙이 자신의 요구를 들어주면 해치지 않겠다는 말을 했다고 진술했다. 그런 다음 스펙은 간호사들을 한 사람씩 건물의 다른 곳으로 데려가 5명을 목 졸라 죽이고 3명을 칼로 찔러 죽였다.

1966년 12월 19일 시카고 법정에 출두한 리처드 스펙

호텔을 떠나는 모습이 목격되다

스펙 검거 작전을 지휘하고 있는 강력반의 프랜시스 플래너건 반장은 스펙이 어젯밤 노스디어본가의 한 호텔에서 나오는 모습이 목격되었다고 말했다. 하지만 스펙이 호텔에서 체크아웃한 것은 아니었다. 스펙은 그전에도 시카고에 왔던 적이 있는 것 같지만, 그때 그가 어디를 방문했는지 추적하기란 "사실상 불가능"했다.

윌슨 경찰국장은 스펙이 지난 월요일과 화요일에 전국해원노조의 직업소개소에 모습을 드러냈던 적이 있다고 말했다. 살인 사건이 일어난 건물에서 가까운 곳이었다. 그곳에서 뉴올리언스로 가는 배에 선원으로 취업하려 했던 것이다.

그러는 사이 희생자 중 한 명인 22세의 글로리아 진 데이비를 위한 예배가 인디애나주 다이어에서 열렸다. 필리핀인 희생자인 23세의 발렌티나 파시온과 멀리타 가굴로의 시신은 필리핀으로 송환되었다. 월요일에는 시카고 출신인 21세의 수전 브리짓 패리스와 20세의 메리 앤 조던, 20세의 패트리샤 앤 매투섹, 일리노이주 위턴 출신인 24세의 니나 조 슈말레, 일리노이주 랜싱 출신인 20세의 파멜라 리 윌크닝을 위한 예배가 예정되어 있었다.

1967년, 스펙은 살인죄로 기소되어 사형을 선고받았다. 미국 대법원은 1971년 스펙의 유죄를 인정했지만, 사형에 반대할 가능성이 있는 배심원이 배심원단에서 제외되었다는 이유로 형량을 감경했다. 1972년, 대법원에서 스펙에게 구형된 사형이 위헌이라는 판결이 난 후 일리노이주 판사는 짧게는 50년에서 길게는 150년에 이르는 8번의 연속적인 징역형을 구형했다. 스펙은 1991년 옥중에서 사망했다.

리틀턴 테러 사건

콜로라도 리틀턴의 고등학생 2명이 23명을 사살하고 경찰에 포위되자 스스로 목숨을 끊어

－ 제임스 브룩

미국 역사상 최악의 학원 살인 사건이 발생했다. 오늘 점심시간에 콜로라도주 리틀턴 교외에 있는 고등학교에 총과 폭발물로 무장한 2명의 학생이 난입했다. 당국에서는 두 사람이 5시간 동안 경찰과 대치하면서 23명의 학생과 교사를 살해하고 최소 20명에게 부상을 입혔다고 발표했다.

제퍼슨 카운티 보안관국의 스티브 데이비스 대변인은 총을 난사한 범인으로 보이는 콜럼바인고등학교 재학생 에릭 해리스와 딜런 클리볼드가 도서관에서 총으로 자살한 듯한 모습의 시신으로 발견되었다고 발표했다.

총으로 무장하고 스키 마스크를 착용한 두 학생은 오전 11시 30분경 조용히 학교 건물로 접근해 학생과 교사들에게 반자동총을 발사하고 폭발물을 던졌다. 당국은 가슴에 파편을 9개나 맞은 학생도 있었다고 밝혔다. 총성은 학교에서 수 시간 동안 계속되었다. 도서관에서는 폭탄이 터졌고 건물 밖의 자동차에서도 폭발이 일어났다. 다른 자동차 2대에도 폭발물이 설치되어 있었다.

오후 3시경 경찰관 수백 명이 출동해 사람들을 대피시킨 다음 무장 살인범을 찾아다녔다. 두 범인과 몇몇 희생자들의 시신에는 폭발물이 끈으로 묶여 있었다. 존 스톤 보안관은 "자살이 목적이었던 것 같다"고 말했다.

데이비스 대변인은 25명이 사망했으며 사망자 중에 "학생과 교직원이 섞여 있다"고 밝혔다. 대부분의 시신이 학교 본관 입구와 도서관, 구내식당에서 발견되었다. 정확한 사망자 수는 아직 집계되지 않았다.

16세의 케일럽 뉴베리는 "수업을 받고 있는데 선생님이 들어와서 살고 싶으면 무조건 뛰라고 말했다. 한 다섯 걸음쯤 뒤에 있던 여자아이 한 명이 넘어지는 걸 봤다. 다리에 총을 맞았는데 선생님이 그 아이를 부축해주셨다"고 말했다.

학생들은 무장 살인범들이 자칭 '트렌치코트 마피아'라는 집단의 일원이었다고 말했다. 트렌치코트 마피아는 학교에 적응하지 못하는 아이들의 모임이었으며 학생들 중에서 소수 인종과 운동선수에게 적대적이었다고 한다. 트렌치코트 마피아에 속한 아이들은 검은색 롱코트를 비롯해서 주로 검은색의 고딕 스타일(14~15세기 유럽에서 유행했던 고딕 양식의 영향을 받은 복식—옮긴이) 옷을 입었다. 날씨와 상관없이 매일 그런 옷을 입고 다녔기 때문에 1,870명의 학생 중에서 쉽게 구분할 수 있었다.

무장 살인범들이 1,800여 명의 학생 중에서 표적으로 삼은 대상은

제퍼슨 카운티 보안관국이 공개한 영상에 나오는 에릭 해리스(왼쪽)와 딜런 클리볼드. 트렌치코트를 입고 콜로라도주 리틀턴에 있는 콜럼바인고등학교의 복도를 걷고 있다. 이 영상은 두 사람이 숙제의 일부로 촬영한 것이다.

소수 인종과 운동선수, 그리고 트렌치코트 마피아를 조롱한 사람들이었던 것으로 보인다.

14세의 케이티 코로나는 몇 시간 동안 교실에서 선생님, 학급 친구들과 함께 갇혀 있었다면서 "이제 죽었구나 싶었다. 살 수 있을 것이라고는 생각할 수 없었다. 총소리가 울렸고 울음소리가 들렸다. 무슨 일이 벌어지고 있는 건지 알 수 없었다"고 말했다.

오늘 밤 CNN과 인터뷰했던 젊은 여성은 "주위에 있던 사람들이 모두 총에 맞았다. 나는 10분 동안이나 제발 쏘지 말라고 빌었다. 그는 내 얼굴에 총구를 들이대고 웃으면서 작년에 사람들이 자기에게 못되게 굴어서 이런 일이 생긴 것이라고 말했다"고 했다.

이번 총기 난사 사건은 이번 학기 들어 미국 학교에서 처음 일어난 사건이다. 하지만 지난해 6곳의 학교에서 일어났던 비슷한 사건을 떠올리게 하면서 전국적으로 10대 범죄의 심각성을 다시 한 번 일깨웠다.

클린턴 대통령은 즉시 위기 대응팀을 보내 학교와 희생자 가족을 지원하라고 지시했다. 저녁 8시 직전 전국에 방송된 기자회견에서 클린턴 대통령은 "우리는 이번 사건이 어떻게 일어났는지, 왜 일어났는지 그 전부를 알지는 못한다. 앞으로도 결코 완전히 이해하지는 못할 것이다"라며 "모든 인생사는 어렴풋이 보이는 법이라고 사도 바울이 말했다. 우리가 주변에서 일어나는 일을 모두 이해할 수는 없다는 뜻"이라고 했다. 이어서 그는 "우리는 아이들에게 관심을 갖기 위해 더 많이 노력해야 하고 아이들이 화를 내거나 갈등을 풀 때 무기가 아니라 말로 할 수 있도록 가르쳐야 한다"고 말했다.

덴버 남서쪽에 있으며 주민 3만5천 명이 사는 이 교외 지역의 화창한 봄날은 갑자기 유혈이 낭자한 악몽으로 바뀌었다. 구급차가 학교와 테니스장, 야구장, 학생 주차장에서 부상자를 실어 날랐다.

제퍼슨 카운티의 제인 해먼드 교육감은 오늘 밤 "우리 모두의 힘이 한데 모아지기를 바란다. 우리 모두의 힘이 필요할 것"이라고 말했다. 오늘 밤 최소 3곳의 교회에서 사망자와 부상자를 위한 철야기도가 열렸다.

오늘 오후 3시경, 경찰 특공대가 소방차와 장갑차를 타고 학교에 가까이 접근하자 2층짜리 건물에서 수십 명의 학생이 뛰쳐나왔다. 진창에서 미끄러지는 사람들도 있었고 두 손을 머리 위로 들거나 머리 뒤로 모으고 있는 사람도 있었다. 경찰은 혹시나 범인들이 학생들 속에 섞여서 탈출을 시도하지 않을까 우려했다.

피를 흘리고 있는 한 학생이 2층 창문을 깨고 내려와 경찰의 손을 잡았다.

복도에서 화재 경보가 울리자 무장 살인범의 모습을 보았던 학생들은 서로를 짓밟으며 건물을 빠져나가려고 애썼다. 학생들이 앞다퉈 빠져나가려는 출구 계단에 세 구의 시신이 있었다. 건물 안에 갇힌 사람들은 교실과 화장실, 성가대 연습실에 들어가 책상과 캐비닛으로 안간힘을 다해 출입문을 막았다.

여자 화장실에서 문을 틀어막고 있었던 구내식당 직원은 "범인들이 학교를 지옥의 아수라장으로 만드는 소리가 들렸다"고 말했다.

학교 근처 주민들에 따르면, 트렌치코트 마피아는 콜럼바인고등학교의 2~3학년 학생 10여 명으로 구성된 작은 그룹으로 쉽게 알아볼 수 있으며 위협적인 존재는 아니다. 그들은 날씨와 상관없이 검은색 롱코트와 고딕 스타일 메이크업을 하고 다녔다.

이름만 공개한다는 조건으로 인터뷰했던 브렛이라는 2학년 학생은 "그 애들은 악마처럼, 반은 죽고 반은 살아 있는 것 같은 모습이었다"고 말했다.

트렌치코트 마피아는 방과 후 구내식당에 자주 모였다. 콜럼바인고등학교에서 몇 블록 떨어져 있는 한 레스토랑의 지배인인 크리스 매카프리는 주민들이 그 애들을 알게 된 지 5년쯤 되었는데 위협적이라고 생각한 사람은 전혀 없다면서 "그저 아무도 같이 어울리려고 하지 않는 아이들이었다. 특별히 위협적인 아이들도 아니었다. 그냥 학교 주변을 배회하는 껄렁한 아이들의 모임이었을 뿐"이라고 말했다.

학생들은 트렌치코트 마피아 소속 아이들이 대부분 남자였지만, 그들과 친하게 지내는 여자아이들도 있다고 했다. 한 학생은 그 그룹의 아이들을 "자기들에게 적당한 장소를 찾아다니는 얼간이, 괴짜, 샌님들"

로 표현했다.

브렛은 해리스와 클리볼드가 학교에서 인기도 없고 성적도 신통치 않은 데서 오는 불만을 해소하려고 운동부 아이들을 목표로 삼은 것 같다고 말했다.

"그 애들은 어렸을 때 왕따였는데 트렌치코트 마피아에서 받아주었다. 그 아이들은 그 모임에 들어가서야 정당한 대우를 받게 되었다. 그 아이들이 왜 인기 많은 아이들을 목표로 삼았다고 했는지 이해가 간다."

요즘에는 고등학생들 사이에서도 휴대폰이 점차 일반화되는 추세여서 건물 안에 갇혀 있던 일부 학생들은 911에 전화 연결이 안 되자 다시 텔레비전 방송국에 전화했다.

한 학생은 덴버의 텔레비전 방송국인 KUSA-TV에 전화해서 잔뜩 겁에 질린 목소리로 소곤거리듯 "총소리가 몇 차례 들렸다. 사람들이 이리저리 뛰어다니고 있다"고 제보했다.

그런 다음 범인이 교실에서 텔레비전 방송을 볼 수도 있겠다 싶었는지 "나는 위층에 있다"고 말한 뒤 전화를 끊었다.

빌 오언스 콜로라도 주지사는 사건 현장으로 달려가기 전에 이런 사건은 "문화적인 병리 증상"이라면서 16살짜리 딸이 교외의 덴버고등학교에 다니기 때문에 이번 사건이 특히나 가슴에 와 닿는다며 "우리가 어떤 아이들을 키우고 있는지 자문해 보아야 한다"고 말했다.

해리스와 클리볼드는 학생 12명과 교사 1명을 살해한 뒤 스스로 목숨을 끊었다.

버지니아 대학살
요란한 총성, 그리고 재장전하는 동안의 정적

– 셰일라 드완

총성은 천천히 그리고 끊임없이 울렸다. 일부 학생들은 그 총성이 인근 건설현장에서 나는 소리인 줄 알았다. 경찰관들이 버지니아 공대 공학과 건물인 노리스 홀을 총으로 겨누고 있는 모습을 보기 전까지는.

탕. 탕. 탕.

총격은 계속 이어졌다. 10분, 15분, 20분 간간이 멈췄다가 다시 이어지면서 영원히 끝나지 않을 것 같았다.

탕. 탕. 노리스 홀 3층에서 스콧 헨드릭스 교수가 창밖을 내다보았다. 학생들이 납작 엎드린 채 기어서 건물을 벗어나고 있었다.

탕. 티파니 오티를 비롯한 회계과 학생들은 공포에 휩싸여 비명을 지르며 사무실로 몰려가 문을 걸어 잠갔다.

가끔 총성이 1분 정도 멈췄다. 미국 역사상 최악의 총기 사건을 일으킨 무장 살인범이 잠시 총알을 재장전하는 시간이었다. 그 후 범인을 포함해 33명이 사망하고 최소한 15명이 부상한 것으로 밝혀졌다.

총격이 집중적으로 발생했던 곳의 바로 위층에서 수업을 들었던 3학년 오티는 "너무 무서웠다"고 말했다. 과제를 다 마치고 나가려던 한 학생이 강의실로 다시 돌아와 다른 학생들에게 복도가 연기로 자욱하고 사방에 경찰이 깔려 있다고 알려주었다. 학생들은 강의실에 들어가 문을 잠그기로 의견을 모았다. 같은 층에 있던 기계공학과 헨드릭스 교수는 연구실 문 앞을 책장으로 틀어막았다. 일부 학생들은 도서관으로 피신한 다음 상황을 파악하기 위해 인터넷을 검색했다. 하지만 무슨 일이 벌어지는지 도무지 알 수가 없었다.

총격은 어제 아침 버지니아 공대에서 가장 큰 기숙사인 앰블러 존스턴에서 시작되었다. 당국은 기숙사에서 2명의 희생자가 나왔다고 발표했다. 하지만 2시간 후인 오전 9시 5분에 첫 수업이 시작된 캠퍼스 안에서 그 위험을 감지한 사람은 아무도 없었다.

기숙사 동관東館에 거주하는 신입생 세라 울머는 이렇게 말했다.

"아침에 일어나서 무슨 일이 벌어졌는지 전혀 듣지 못했다. 첫 수업에 들어갔는데 교수님이 일부 학생들이 오지 않았다는 이야기를 하고 있었다. 기숙사 서관西館에서 총격 사건이 일어나서 길이 막힌 탓에 오지 못하고 있다는 말이었다."

기숙사에 거주하는 맷 딕슨은 학교에서 오전 9시 26분까지 1차 총격에 대한 이메일 알림이 없었다고 말했다. 딕슨은 9시 5분에 시작된 수업을 마치고 기숙사로 돌아올 때까지 이메일을 받지 못했다. 수업을 들으려고 나섰을 때 기숙사의 사감이 중앙 계단을 이용하지 말라고 해서 다른 길로 돌아왔다.

다른 학생들과 교수들은 기숙사에서 총격이 있었다는 말을 대충 들었을 뿐이라고 말했다. 몇몇 교수들은 노리스 홀에서 총격이 벌어지는 동안이나 벌어진 직후에 학교에 도착했는데 교수 연구실까지 가는 동안 제지하는 사람이 아무도 없었다고 했다.

처음 총성이 울렸을 때 왜 학교를 봉쇄하지 않았느냐며 많은 사람이 당혹스러워하거나 분통을 터뜨렸다.

화학공학과의 후이 탓 톤 교수는 이메일 인터뷰에서 "오늘 버지니아 공대 캠퍼스에서 벌어진 사태에 정말 분노를 참을 수 없다"고 했다. "학교 측에서 학생들에게 첫 번째 총격에 관해 알렸더라면 수많은 생명을 구했을 것이다. 보안팀에서는 도대체 무엇을 하고 있었는가?"

교직원들은 첫 번째 총성이 건물 한 곳에서만 들렸기 때문에 그 건물 안에서 일어난 문제로 생각했으며 다른 곳으로 사태가 번질 줄은 몰랐다고 말했다.

노리스 홀에 들어갔던 무장 살인범은 아시아계 젊은이였는데 권총 두 자루를 들고 조용히 강의실에 들어가서 교수와 학생들에게 총을 쐈다고 한다. 목격자의 말에 의하면 독일어 수업이 진행 중인 207호 강의실을 들여다본 다음 문을 열고 안으로 들어갔다고 한다.

버지니아 공대에서 청소 일을 하는 진 콜은 《로아노크 타임스*The Roanoke Times*》와의 인터뷰에서 월요일인 어제 아침 노리스 홀 2층에서 복도 바닥에 한 사람이 누워 있는 모습을 보았다고 말했다. 그 사람에게 다가가는데 모자를 쓰고 총을 손에 든 한 남자가 복도로 걸어 나왔다. 콜은 "누군가 강의실에서 나오더니 내게 총을 쏘기 시작했다"고 말했다. 콜은 복도를 따라 도망친 다음 계단으로 무사히 빠져나왔는데 "복도는 온통 피투성이였다"고 한다.

버지니아주 웨인즈버러 출신의 일레인 고스는 버지니아 공대 학생인 아들 알렉 캘훈과 처음 통화한 시각이 9시 30분경이었다고 진술했다. 그때 캘훈은 강의실에 들어온 범인을 피해 2층 강의실 창문에서 뛰어내린 후였다.

"아들의 말을 알아들을 수 없었다. 횡설수설하는 것 같았다. 시간이 좀 지나서야 총격이 있었다는 걸 알았다. 그것도 총기 난사였고 강의실에 있던 모든 사람이 창문 밖으로 뛰어내렸다는 것을 알았다."

총격 사건이 알려지자 처음에는 1명, 그다음에는 20명 그다음에는 30명 이상이 사망했다는 보도가 있었다. 건축학을 전공하는 22세의 스튜어트 크라우더는 "고개를 돌려 확인할 때마다 사망자 수가 늘어났다"고 말했다.

학생과 부모, 그리고 교수들은 사랑하는 가족과 친구들의 생사를 확인하기 위해 전화를 하느라 정신이 없었다. 이메일과 문자 메시지, 목이 메인 듯한 목소리의 음성 메시지가 밀려들었고 통화 중 신호가 곳곳에서 들려왔다. 버지니아 공대 교육학 교수이며 딸이 같은 학교 학생인 캐스린 비어드는 캠퍼스로 들어가지 못하게 경찰이 제지하자 미칠 것만 같았다.

"교수로서도 제정신이 아니었고 엄마로서도 제정신이 아니었다. 우리 학교에서 이런 일이 벌어질 것이라고는 상상도 하지 못했다."

무장 살인범은 조승희라는 학생으로 밝혀졌다. 그는 32명을 사살하고 17명에게 부상을 입힌 후 스스로 목숨을 끊었다.

콜로라도주의 극장에서
무장한 범인이 12명을 살해
수십 명 부상, 총기 규제 논란 재점화

– 댄 프로시, 커크 존슨

실내를 가득 메운 관객들의 기대 속에 영화관의 조명이 어두워졌다. 사람들은 복잡한 일상을 잠시 잊고 영화에 몰두하기 시작했다.

금요일 자정이 막 지났을 때, 덴버 인근 멀티플렉스 극장의 상영관 앞쪽에 한 남자가 나타나 총격을 가하기 시작하자 영화 속 환상은 악몽으로, 극장 내부는 사방이 막힌 덫으로 돌변했다. 목격자들이 밀실 공포와 공황과 피로 가득했다고 말했던 그곳에서 최소 12명이 사망하고 58명이 부상했다. 몇 분 후, 경찰은 극장 주차장에서 24세의 제임스 홈스를 체포했다.

25세의 제이미 로어스는 "혼돈 그 자체였다. 비명이 들리기 시작했다. 사방에서 사람들이 쓰러졌다. 꿈을 꾸는 것 같았다"고 말했다. 로어

2012년 7월 23일, 콜로라도주 센테니얼에 있는 아라파호 카운티 지방법원에서 재판을 받는 제임스 홈스

스는 영화가 시작되었을 때 4개월 된 아들 이든을 안고 약혼녀와 함께 있었다. 극장에서는 배트맨 시리즈의 최신 속편인 〈다크 나이트 라이즈〉의 심야 상영이 진행되고 있었다. 덴버 시내에서 16킬로미터쯤 떨어진 오로라시에 있는 '센츄리 16' 극장이었다.

로어스는 총격이 시작되자 재빨리 의자 사이에 숨었다. 아들을 팔에 안은 상태였다. 그리고 바닥을 기어다니면서 상황을 파악하려 애썼다. 앞으로 기어가면서도 아들을 가슴에 꼭 안고 있었다. "문밖으로 달려 나가야 하나? 아기도 총으로 쏘려나?" 로어스의 목소리는 떨리고 있었다. 하지만 로어스와 약혼녀, 그리고 아기는 결국 탈출하는 데 성공했다.

총성이 한 차례 더 울렸다. 이 극장은 1999년 많은 학생이 사망하고, 전국적으로 총기와 폭력에 관한 논쟁을 불러일으킨 총기 사고가 일어난 콜럼바인고등학교에서 불과 30여 킬로미터 떨어진 곳에 있었다.

일부 생존자들은 영화 홍보를 위해 이벤트를 하는 줄 알았다고 말했다. 하지만 오로라시 경찰관들 말에 따르면, 그 무장 살인범은 당시 거의 머리에서 발끝까지 "중무장한 상태"였다. 목 보호대와 정강이 보호대를 착용하고 가스 마스크에 검은색 롱코트까지 입은 범인은 9번 상영관 스크린 근처에 있는 주차장 출구를 통해 극장 안으로 들어왔다.

목격자인 19세의 조던 크로프터는 "범인은 아주 태연하게 극장 안으로 들어왔다"고 했다. 배트맨 애호가인 크로프터는 친구들과 함께 맨 앞줄에 앉아 있었다. 범인은 극장 복도에 장비를 두 개 내려놓았는데, 경찰 말로는 그 장비에서 연기나 어떤 자극성 물질이 분사되었다고 한다.

연방 수사기관 관계자 말에 의하면, 목격자들은 홈스가 "나는 조커 Joker다"라는 식으로 말했다고 한다. 홈스는 염색을 했거나 그게 아니면 가발을 쓰고 있었다. 관객들이 당황하거나 짜증이 나서 하나둘 일어나기 시작하자 총을 쏘기 시작했다.

잠시 후 홈스는 자신의 흰색 현대자동차 옆에 서 있다가 경찰에 체포되었다. 그는 덴버에 있는 콜로라도대학교에서 박사과정을 이수하고 캘리포니아대학교 리버사이드 캠퍼스에서 신경과학과를 우등으로 졸업한 것으로 밝혀졌다. 차 안에는 AR-15 돌격용 자동소총과 레밍턴 12구경 산탄총, 40구경 글록 권총이 있었다. 오로라시의 댄 오츠 경찰국장은 모두 극장 안에서 사용된 것 같다고 말했다. 또 다른 40구경 글록 권총이 상영관 안에서도 발견되었는데, 오츠 국장은 "아주 많은" 탄알이 발사되었다고 말했다.

오츠 국장은 홈스가 최근 60일 동안 동네 총포점에서 4정의 총기를 구입하고 인터넷을 통해 6천 발이 넘는 탄알을 구입했다고 말했다. 연방 수사기관 관계자는 총기 구매 과정에 불법은 없었다고 밝혔다.

홈스는 인터넷에서 돌격용 자동소총에 쓸 대용량 탄창도 구입했는데 그중에는 탄알 100개가 들어가는 원통형 탄창도 있었다. 오츠 국장은 "원통형 탄창을 사용하면 반자동 소총을 쏜다 해도 분당 50~60발을 쏠 수 있다"고 말했다.

사람들이 사방으로 도망치고, 오전 12시 39분부터 911에 전화가 빗발치고, 수많은 부상자가 인근 병원으로 급히 이송되고, 목격자들이 치안 당국 관계자들에게 극장 안에서 죽거나 죽어가는 친구, 사랑하는 가족에 대해 설명하는 등 한바탕 혼란이 벌어진 후, 사건의 실체가 드러날수록 수수께끼는 더 어려워졌고 공포는 더해만 갔다.

오츠 국장은 이렇게 말했다.

"홈스의 아파트를 조사했는데 그의 아파트는 흡사 커다란 부비트랩(건드리면 폭발하도록 만들어 놓은 폭발물 장치—옮긴이) 같았다. 인화물질과 화학물질이 집안 곳곳에 있었고 인계철선(건드리면 연결된 폭탄이 터지도록 설치해놓은 가는 철선—옮긴이)도 있었다. 실제로 작동하는 아주 위험한 상태였다. 장치를 해체하려면 몇 시간에서 며칠이 걸릴 수도 있다. 한마디로 어떻게 그것을 해체할지 난감한 상태이다."

연방 수사기관 관계자들은 홈스의 아파트 내부 전체에 부비트랩이 설치되어 있으며 그 장치를 안전하게 해체할 방법이 없어서 로봇을 들여보내 폭발시켜야 할 것 같다고 말했다.

오츠 국장은 "홈스의 아파트에 안전하게 들어가는 것은 너무나 어려운 문제이다. 아파트 내부를 찍은 사진을 봤는데, 개인적으로 그런 모습은 처음 봤다. 내가 폭발물 전문가는 아니지만, 어쨌든 엄청나게 많은 전선이 보였다. 인계철선도 많았고 탄알이 가득한 상자들과 어떤 액체가 가득한 병들도 있었다. 박격포탄 비슷한 것도 있었다. 그 안으로 안전하게 들어가기는 매우 어렵다"고 말했다.

범인의 아파트 주변에는 붉은 벽돌로 된 아파트와 먼지투성이 공터가 있었고 희생자 일부가 이송된 콜로라도 아동병원도 멀지 않은 곳에 있었다. 아파트 주변 이웃들은 경찰과 폭발물 처리반 차량이 주변을 봉쇄하자 믿기지 않는다는 표정으로 고개를 저었다.

풀이 웃자란 앞마당에서 아이들이 뛰어놀고 일용직 노동자들이 불신에 찬 눈으로 바라보고 있던 어느 순간, 소방관들이 사다리차를 타고 와서 경찰이 홈스의 집이라고 한 아파트 3층 유리창을 깼다.

폭력성 짙은 영화를 보다가 폭력성이 밖으로 표출된 것인지, 그저 우연에 불과한지는 알 수 없다. 하지만 다른 도시의 경찰 당국에서는 이번 사건에 신중하게 대처하고 있으며 같은 영화를 상영하고 있는 다른 극장들의 보안을 강화하고 있다고 밝혔다.

영화 제작사인 워너 브러더스에서는 〈다크 나이트 라이즈〉의 파리 상영은 물론 관련 홍보 행사까지도 모두 취소했다. 금요일 오후에는 샹젤리제의 극장 앞에 서 있는 거대한 배트맨 얼굴 구조물을 철거했다. 원래 그 극장에서 해당 영화를 상영할 예정이었다. 금요일, 워너 브러더스는 회사와 영화 제작자들이 "깊은 슬픔을 느끼며 비극적인 사건에 희생된 희생자의 가족과 희생자들이 사랑했던 사람들에게 진심으로 조의를 표한다"고 밝혔다.

이번 총격 사건을 접하면 누구나 1999년 4월의 콜럼바인고등학교에서 일어난 총격 사건이 떠오를 것이다. 총기로 무장한 2명의 학생이 복도를 활보하면서 학생 12명과 교사 1명을 살해한 후 스스로 목숨을 끊었던 사건이다.

두 사건은 사건에서 느끼는 심리적인 반응이나 감정이 아주 비슷했다. 9번 상영관은 콜럼바인고등학교의 도서관과 마찬가지로 안전해 보이는 장소였지만, 총격이 벌어진 위험한 곳이기도 했다. 두 곳 모두 특별할 것 없는 장소였지만, 죽음의 함정이 되고 말았다.

콜로라도대학교 볼더 캠퍼스의 의과대 학생이며 지난여름 홈스와 연구 조교로 함께 근무했던 빌리 크롬카는 홈스 역시 평범해보였다고 했다.

오로라시 출신인 크롬카는 "홈스가 이렇게 잔혹한 범죄를 저지를 것이라고는 전혀 생각하지 못했다"고 말했다. 다만 홈스의 "성격이 조금 무뚝뚝"했고 사람들과 어울리는 것을 어려워했으며, 그래서 대부분의 시간을 컴퓨터에 빠져 지냈고 인터넷 롤플레잉 게임도 자주했다고 말했다.

지금까지 오로라시 경찰국에 남아 있는 홈스의 범죄 이력은 지난 10월 과속으로 발부된 소환장 하나가 전부였다.

콜로라도대학교 덴버-앤슈츠 의과대학의 재키 브링크먼 대변인은 홈스가 학업 문제로 중퇴 절차를 밟고 있었다고 밝혔다. 그리고 홈스가 재학 중에 교내 경찰과 문제가 있었다거나 징계를 받은 적은 없다고 덧붙였다.

홈스는 샌디에이고 외곽에 있는 조용한 중산층 동네에서 자랐다. 가족은 아직도 그곳에 살고 있다. 거리에는 규격화된 스페인 양식의 2층짜리 집이 줄지어 있으며 흰색 회반죽이 칠해진 벽에 빨간 기와지붕, 잘 정돈된 잔디밭이 특징인 곳이다. 홈스의 어머니 알린 로즈메리는 간호사이다.

이웃에 살며 홈스 가족을 안다는 마지 아길라는 홈스 가족이 이곳에서 산 지 10년이 넘었다고 했다. 그녀의 아들은 홈스보다 조금 어리고 홈스와 같은 웨스트뷰 고등학교를 다녔다. 아길라는 "홈스의 부모는 정말 정말 좋은 사람들이다. 이런 일이 생길 줄은 정말 몰랐다"고 말했다.

희생자 중 한 명인 제시카 가위는 25살의 대학생이자 스포츠 방송 진행자였다. 그녀는 자신의 붉은 머리를 자랑스럽게 여겨 '제시카 레드필드'라는 이름으로 소셜 미디어에서 활발하게 활동했다. 사건이 일어나기 직전 그녀는 친구와 함께 극장에 왔다는 글을 인터넷에 올렸다.

제시카의 오빠인 조던 가위는 금요일 블로그에 올린 글에서 총성이 시작되었을 때 제시카가 총 두 발을 맞았다고 말했다. 조던은 "내 여동생이 총 한 발을 맞은 다음 한 발을 더 맞았다. 머리를 겨냥하고 쏜 것 같았다"고 썼다.

제시카가 트위터에 마지막으로 올린 글은 영화가 20분 뒤에 시작한다는 것이었다.

2015년, 배심원단은 홈스가 총격 당시 정신이상이었다는 피고측 주장을 기각하고 12명을 사살하고 70명에게 부상을 입힌 혐의로 유죄를 선고했다. 판사는 홈스에게 열두 번의 종신형과 함께 3,318년의 징역형을 선고했다.

노르웨이의 살인마
최고형인 21년을 선고받다

– 마크 루이스, 세라 라이얼

지난해 7월, 무시무시한 폭탄 세례와 총격으로 77명을 살해해 기소된 노르웨이의 극단주의자 아네르스 베링 브레이비크가 금요일 징역 21년을 선고받았다. 희생자 한 사람당 4개월이 조금 안 되는 형량이다. 이로써 관용과 비폭력, 자비로운 처벌 같은 가치에 대한 사회적 합의를 내리는 과정에서 이 점잖은 나라의 국민들을 철저하게 시험했던 이번 사건은 대단원의 막을 내렸다.

변호사에 의하면, 브레이비크는 오슬로 외곽의 교도소에 있는 방 3개짜리 감방에 수용된다고 한다. 운동기구와 텔레비전, 노트북이 있지만, 인터넷은 사용할 수 없다. 브레이비크는 노르웨이 법에서 가장 긴 21년의 형기를 마친 후 사회에 위협이 되지 않는다고 판단되면 53세가 되는 2033년 석방될 자격이 주어진다. 하지만 판사들은 더 많은 사람을 죽이지 못해 아쉬워하던 브레이비크의 태도와 증언, 진술을 보고 영원히 풀려나지 못할 것이라고 확신했다. 판사들은 브레이비크의 형기를 5년씩 계속 늘려가면서 교도소에 영원히 격리시킬 수도 있다.

현대 스칸디나비아 국가에서 최악의 범죄자로 알려진 브레이비크가 다소 관대한 형량을 선고받은 것은 전혀 이례적인 일이 아니다. 오히려 사법제도에 대한 노르웨이 국민의 일반적인 생각과 일치한다고 할 수 있다. 노르웨이에는 사형제도가 없다. 이는 다른 유럽 국가들과는 비슷하지만, 많은 유럽인이 죄수들을 너무 가혹하게 처벌한다고 생각하는 미국과는 정반대이다. 노르웨이는 교도소를 징벌 수단이 아니라 사회 복귀 수단으로 생각한다.

심지어 이번 사건으로 자식을 잃은 부모들조차 평결에 만족하는 것 같았다. 아마도 국가에서 사건의 트라우마를 극복할 수 있도록 적절한 처벌을 내렸다고 보는 것 같았다.

이번 사건으로 딸을 잃은 페르 발크 쇠렌센은 TV2 방송국과의 인터뷰에서 "이제 한동안은 브레이비크의 소식이 들리지 않을 것이다. 이제 우리는 평온을 되찾았다"고 했다. 그는 브레이비크에게 개인적인 원한은 없다면서 "그는 나에게 아무 것도 아니다. 그냥 공기나 다름없는 존재"라고 말했다.

1년이 넘게 흘렀는데도 그날의 사건이 얼마나 잔인하고 계획적이며 태연하게 진행되었는지 여전히 짐작조차 하기 어렵다. 브레이비크는 먼저 오슬로 도심에서 연속적으로 폭탄을 터뜨려 8명을 죽인 다음 자그마한 우퇴이아섬으로 향했다. 경찰관 복장을 한 채 거의 무기창고 수준의 무기를 들고 다니면서 조용히, 그리고 계획적으로 사람 사냥을 해서 모두 69명을 사살했다. 대부분 노동당에서 개최한 여름 캠프에 참석한 젊은이들이었다. 부상자도 수백 명에 달했다.

노르웨이의 재판은 검찰의 주장에 무게를 두는 것만큼 피고인과 피해자의 권리에도 같은 무게를 둔다. 관대한 재판 절차에 따라 브레이비크의 재판은 모든 것이 일반에 공개되었다. 브레이비크는 무슬림과 다문화에 반대하는 자신의 종잡을 수 없는 정치관에 대해 설명할 충분한 시간을 받았는데, 소위 "문화적 마르크스주의자"들의 손에 노르웨이가 "해체"되고 있다며 과장스럽게 말했다. 그는 증인의 말에 멋대로 끼어들기도 하고 평결이 발표될 때는 웃기도 했으며 금요일 법정에 들어설 때는 파시스트처럼 경례를 하기도 했다.

아르네 링 판사는 90페이지짜리 판결문을 읽으면서 "피고는 살인에 대해 곰곰이 생각하면서 분명 어떤 자극 같은 것을 받았을 것이다. 피고가 그로 할렘 브룬틀란 전 총리의 목을 치겠노라고 말할 때의 모습을 보면 분명히 알 수 있다"면서 "유기 징역이 피고로부터 노르웨이 국민을 보호하기에 충분하다고 볼 수는 없다"고 말했다.

법정에서는 희생자에게 귀 기울이는 것만큼이나 살인자에게도 귀를 기울였다. 친절하다고 할 수 있을 정도였다.

법정에서는 77명의 부검 결과가 공개되었고 희생자들이 살아온 삶의 자취에 관한 이야기가 이어졌다. 또한 생존자들이 나와서 사건 당일 어떤 일이 벌어졌고 어떤 영향을 받았는지 자세하게 이야기했다.

지난 5월, 증언에 나선 22세의 이나 랑고네스 리바크는 "처음 팔에 총을 맞았을 때는 '괜찮아, 난 살 수 있어, 괜찮아. 팔에 총을 맞는다고 죽지는 않아'라고 생각했다"고 말했다. 방청객들은 웃다가 울기를 반복했다. "그런 다음 턱에 총을 맞았다. '음, 이건 좀 더 심각한데'라고 생각했다. 그런 다음 가슴에 총을 맞았다. 그때는 '이런, 이젠 정말 죽을 수도 있겠는데'라는 생각이 들었다."

하지만 누워 있는 리바크에게 친구의 말소리가 들렸다. "리바크를 두고 갈 순 없어." 함께 숨어 있던 사람들이 리바크를 들어올렸다. 그들은 근처에서 브레이비크가 다른 사람들에게 총을 쏘고 있는데도 옷을 벗어 리바크의 상처를 묶어 지혈했다. 끝으로 리바크는 "우리는 정말 그 어느 때보다도 강인했다"고 말했다.

이 사건에 대한 노르웨이 사람들의 생각은 브레이비크의 혐오스러운 신념이 노르웨이 전체를 혐오로 물들이게 놔둘 수 없다는 것이었다. 4월에는 전국에서 수만 명이 모여 다 함께 〈무지개의 아이들〉이라는 노래를 불렀다. 브레이비크가 법정에서 마르크스주의자들이 선동용으로 많이 부른다며 맹렬히 비난한 노래였다. 집회에 모인 사람들이 그 노래를 부른 이유는 브레이비크의 범죄에도 국민 모두가 관용과 포용의 정신을 잃지 않았음을 보여 주기 위해서였다.

10주간 계속되어 6월에 끝난 재판에서 브레이비크가 유죄라는 것은 이론의 여지가 없었다. 다만 범행 당시 브레이비크의 주장대로 그가 정신이상이었는지, 아니면 검사 측 주장대로 정상이었는지가 쟁점이었다. 금요일, 5명의 판사가 브레이비크가 정신이상이 아니라는 판결을 내렸다. 브레이비크는 원했던 정신병원이 아니라 일반 교도소에 수감되었다.

브레이비크가 법정에서 자신의 신념을 사람들에게 이해시켰다고 보는 사람은 많지 않았다. 법정에서 그의 정신 상태가 정상이라고 판결함으로써 브레이비크가 저지른 행위에 책임을 물었기 때문이다.

"이런 평결이 나와서 속이 후련하다." 사건 당시 창고에 숨어 목숨을 건졌던 토레 신딩 베데칼은 "그를 미치광이로 몰아서 입을 막으려는 짓도 이제는 할 수 없게 되었다. 브레이비크가 세웠던 꼼꼼한 계획을 보고도 그가 제정신이 아니었다고 말하기는 어려울 것"이라고 말했다.

또 다른 생존자인 비에른 망누스 일러는 브레이비크를 대하는 노르웨이 국민의 자세를 통해 노르웨이가 문명사회라는 것이 확인되었다면서 이렇게 말했다.

"21년 후에 위험하지 않다고 판정된다면, 그는 석방되어야 한다. 당연히 그렇게 되어야 한다. 그것이 우리의 원칙에 충실한 조치이고, 그가 우리 사회를 바꾸지 못했다는 가장 확실한 증거이기 때문이다."

샌디 훅 초등학교 학생들
반자동 소총으로 수차례 총격당해

– 제임스 배런

코네티컷주에서 무장 살인범이 초등학교에 침입해 아이들에게 총알 세례를 퍼부었다. 먼 곳에서 총격을 시작해 차츰 가까이 접근했는데 총탄을 11발이나 맞은 학생도 있었다. 관계자들에 따르면, 토요일 범인이 반자동 소총으로 쏜 총알은 인체에 맞았을 때 피해를 극대화하기 위해 특별히 설계된 총알이었다.

코네티컷주 수석 검시관인 H. 웨인 카버 2세는 코네티컷주 뉴타운의 샌디 훅 초등학교에서 총격으로 숨진 20명의 아이들과 6명의 교사가 모두 한 발 이상의 총을 맞았다고 말했다.

카버 검시관은 뉴타운에서 열린 기자회견에서 "시신에 난 상처가 매우 심각했다"고 말했다. 그리고 사망자들이 총에 맞은 뒤 고통스러웠을지 묻는 질문에 "고통을 오래 느끼지는 않았을 것"이라고 대답했다.

사건 소식이 전해지면서 경찰은 희생자들의 이름을 공개했다. 사망자들의 연령은 6세에서 56세까지 다양했다.

사망한 12명의 여자아이와 8명의 남자아이들은 모두 1학년이었다. 지난 화요일에 갓 7살이 된 어린 여학생도 한 명 있었다. 성인 사망자는 모두 여성이었다.

백악관은 오바마 대통령이 일요일에 뉴타운을 방문해 유가족을 만나고 종파를 초월한 기도회에서 연설할 예정이라고 밝혔다.

토요일, 유가족들은 시신 인도를 요구했다. 일부 유가족은 신원을 밝히지 말아달라고 요청한 반면 나머지 유가족들은 공개적으로 목소리를 높였다. 6살 딸 에밀리를 잃은 로비 파커는 눈물을 애써 참으며 "밝고 창의적이었으며 너무 사랑스러웠다"면서 "우리는 여기서 있었던 일, 수많은 사람들에게 벌어진 일에 굴복하지 말고 이겨내야 한다"고 말했다.

비통과 애도로 가득한 어느 날, 이런 무자비한 공격이 어떻게 일어났으며 아이들에게 안전해야 할 학교가 어떻게 전국적으로 슬픔의 상징이 되었는지 자세한 정황이 드러났다.

뉴타운의 재닛 로빈슨 교육감은 교장과 심리상담 교사가 아이들을 구하기 위해 총기 난사범과 몸싸움을 벌이다 총에 맞아 사망했다고 밝혔다. 그들의 행동은 끔찍한 재앙이 일어나는 동안 사람들이 보여주었던 용기 있는 행동 가운데 하나였다. 로빈슨 교육감은 또 다른 사람들의 이야기도 전했다. 한 교사는 아이들이 창문 밖으로 도망칠 수 있게 도왔고, 또 다른 교사는 벽돌 가마가 있는 교실로 아이들을 밀어넣고 위험이 지나갈 때까지 그곳에 있게 했다.

하지만 교사들의 용기만으로 모두를 대피시킬 수는 없었다. 학교에 투입된 긴급 구조원들은 교실 두 곳에서 아이들의 시신을 보았다고 말했다. 움직임도 없었고 살아남은 사람도 없었다.

20세의 애덤 랜자로 밝혀진 총기 난사범은 뉴타운에서 자랐으며 삼촌이 뉴햄프셔 경찰이었다. 랜자의 삼촌인 제임스 챔피언은 성명을 통해 "너무나 슬프다"면서 랜자의 가족이 "우리 모두가 느끼는 이 엄청난 상실감을 절실하게 느끼고 있다"고 말했다. 랜자가 학교를 습격한 이유는 정확하게 밝혀지지 않았다. 치안 당국은 이런 끔찍한 범죄를 계획한 이유를 알 수 있는 자살 메모나 편지는 발견되지 않았다고 발표했다. 로빈슨 교육감은 랜자의 어머니와 학교 간에도 아무런 관계가 없다고 밝혔다.

카버 검시관은 숨진 아이들 모두 랜자가 갖고 있던 장거리 소총에 맞은 것 같다고 밝혔다. 랜자의 장거리 소총은 223구경 부시마스터 반자동 소총으로 사건 현장에서 다른 총기와 함께 발견되었다. 함께 발견된 총기들은 모두 반자동 권총으로 글록Glock의 10밀리미터 구경 권총과 시그 사우어Sig Sauer의 9밀리미터 구경 권총이었다.

랜자가 사용했던 탄알은 "몸 안에 남아서 탄알의 에너지가 신체 조직에 집중될 수 있게 설계된" 것이었다. 이 탄알에 맞으면 신체는 치명적인 손상을 입게 된다고 카버 검시관은 말했다. 랜자가 쏜 총알이 몇 발인지 묻는 질문에 카버 검시관은 정확하게 세어보지 않았다고 답했다. 그리고 사진을 통해 신원을 확인하게 해 끔찍한 광란의 결과를 보지 못하게 했다고 말했다.

"이번 사건은 내가 본 것 중에서, 그리고 동료들에게 전해들은 것 중에서 가장 끔찍한 사건"이라고 한 카버 검시관은 올해 60세로 1989년부터 코네티컷주 수석 검시관으로 일하고 있다.

카버 검시관은 이제 남아 있는 검시 대상은 랜자 본인과 첫 번째 희생자인 그의 어머니 낸시 랜자뿐이라고 말했다. 당국은 이번 참사가 금요일 아침 랜자의 집에서 시작되었다고 전했다. 랜자는 집에서 어머니의 얼굴을 총으로 쏴 첫 희생자로 만들었다. 그런 다음 어머니 소유의 총 세 자루를 들고 그녀의 차에 올라 샌디 혹 초등학교로 갔다.

전투복 차림의 랜자는 벨을 눌러야 들어갈 수 있게 되어 있는 학교의 보안 시스템을 부순 다음 안으로 들어가 총을 난사했다. 주 경찰 대변인인 J. 폴 밴스 경위는 "학교에서 랜자를 들여보낸 것이 절대 아니다. 랜자가 강제로 문을 열고 들어온 것"이라고 밝혔다.

밴스 경위의 말은 학교에서 걸려온 신고전화를 받은 경찰 상황실의 녹음 기록과 일치했다. 당시 경찰 상황실에서는 현장으로 출동하는 경찰관들에게 "학교 건물의 앞 유리창이 깨졌다는데 그 이유를 모른다"며 주의를 주었다. 그런 다음 학교에서 벌어지고 있는 상황을 계속해서 설명했다. "전화를 건 사람이 총소리 같은 것이 계속 들린다고 한다."

곧 다른 상황실 요원이 "총격이 멈춘 것 같다"고 했다. 그 뒤로 공식 무선채널에서 오가는 대화는 현장 지원이 가능한지 확인하는 내용으로 바뀌었다.

경찰 상황실에서 물었다. "구급차는 몇 대가 필요한가?" 현장 요원의 대답은 참사의 규모가 상상도 할 수 없을 만큼이라는 것을 암시하는 듯했다. 당시 상황실에 있던 요원들은 "구급차가 몇 대 필요한지 현장에서 알려주지 않는다"고 말했다.

"인근 지역에 구급대원을 보내줄 수 있는지 확인하는 게 좋을 것 같다. 지금 손이 너무 모자란다"며 학교 안에서 무선으로 절박한 상황을 알리는 현장 요원도 있었다.

대학살이 시작되자 교사와 교직원들이 아이들을 안전한 곳으로 재빨리 이동시켰다. 도서관 직원인 마리안 제이콥은 우선 "몸을 숨길 수 있는" 책장 뒤로 아이들을 데려갈 생각이었다고 말했다. 그곳은 학교 건물이 폐쇄되는 경우를 대비한 훈련에서 몸을 숨기는 장소였다. 하지만 실제 아이들을 데려간 곳은 창고였다. "창고의 문들 중에서 열린 곳이 있었기 때문"이었다.

제이콥은 창고에 있는 동안 아이들에게 크레용과 종이를 주고 색칠을 하게 했다고 말했다. "아이들이 무슨 일이냐고 묻기에 '잘 모르겠어. 지금은 그냥 조용히 있어야 해'라고 말했다." 하지만 제이콥은 당시 상황을 잘 알고 있었다. 교무실에 전화해서 누군가 학교를 공격하고 있다는 말을 들었기 때문이다.

경찰이 소총으로 무장하고 안으로 들어갔을 때 학교 내부는 이상하리만치 조용했다. 건물 한 구역에는 죽은 사람과 죽어가는 사람들이 함께 있었다. 반면, 다른 구역에는 총알을 피한 아이들이 교사의 말에 따라 조용히 숨어 있었다. 경찰은 더 많은 대학살의 현장을 발견했다. 관계자의 말에 따르면, 랜자는 학생과 교직원들에게 총을 난사한 다음 스스로 목숨을 끊었다.

47세의 돈 혹스프렁 교장과 56세의 심리상담 교사 메리 셜라크는 숨진 채 발견되었다. 29세의 레이첼 다비노, 52세의 마리 머피, 27세의 빅토리아 소토 등의 교사도 시신으로 발견되었다. 사망한 30세의 로렌 루소는 수년간 임시 교사로 일하다가 지난 9월에 처음 정교사가 되었다. 《뉴스 타임스The News-Times》에서는 자사의 교열 담당자이기도 한 루소의 어머니가 "올해는 내 딸의 인생에서 최고의 해였다"라고 한 말을 보도하기도 했다.

빅토리아 소토는 첫 총성을 듣고 1학년 아이들을 벽장과 캐비닛 안으로 들여보냈다고 한다. 그런 다음, 목격자들 말에 따르면, 총기 난사범에게 아이들이 체육관에 있다고 말했다고 한다. 소토의 사촌인 제임스 월시는 ABC 뉴스와의 인터뷰에서 소토가 "아이들을 등 뒤에 두고 살인범과 맞섰다"고 했다.

"소토는 그 작은 아이들을 지키려고 목숨을 잃었다"라고 월시는 말했다.

뉴타운 학구에서는 샌디 훅 초등학교를 폐쇄하고 학생들을 인근 학교로 분산시켰다. 그리고 다른 장소에 새로운 학교를 지어 2016년 8월 문을 열었다.

바쁜 하루를 보낸 교회에
악마가 찾아오다

— 리처드 포셋, 존 엘리건, 제이슨 호로위츠, 프랜시스 로블스

이매뉴얼 아프리칸 감리교회에서 수요일은 아주 바쁜 날이었다. 훤칠한 키에 팔다리가 길고 목소리가 굵은 클레멘타 핑크니 목사는 평소 같았으면 주 상원의원으로서 주도인 컬럼비아시에 있었을 것이다. 하지만 그날은 지역 원로들과 중요한 회의가 있어서 신자들과 함께 교회에 있었다. 교회의 엘리베이터는 고장이 나서 오랫동안 공사 중이었다. 교회의 예산도 검토해야 했다. 그리고 교회에 새로운 전도사로 3명의 신자가 공식 배정되었다. 그들은 한 사람씩 앞에 나와 임명장을 받았고 사람들은 박수갈채를 보냈다.

교회 지하에서 진행된 회의는 오후 8시경 끝났다. 50여 명이었던 참석 인원은 12명으로 줄었다. 화요일 밤의 성경 공부를 위해 남은 가장 독실한 신자들이었다.

한 백인 청년이 핑크니 목사를 찾아온 것은 바로 그때쯤이었다. 낯선 사람, 그것도 백인이 수요일 밤 성경 공부에 찾아온 것은 드문 일이었다. 하지만 성경 공부는 누구에게나 열려 있었으므로 핑크니 목사는 그 청년을 반갑게 맞이했다. 사람들은 녹색 탁자에 둘러 앉아 기도하고 노래한 다음 마가복음 4장 16~20절을 폈다. 하느님의 말씀을, 열매를 맺기 위해 좋은 땅에 떨어져야 하는 씨앗에 비유한 구절이었다.

2015년 6월 18일, 딜런 루프가 노스캐롤라이나 주 셸비에서 경찰에 호송되고 있다.

저녁 9시경, 총성과 겁에 질린 비명이 한밤의 고요한 정적을 갈랐다. 목사실에서 어린 딸과 함께 남편을 진득하게 기다리던 핑크니 목사의 부인은 황급하게 불을 끄고 문을 잠근 다음 딸을 꼭 껴안은 채 911에 전화했다.

총격으로 핑크니 목사와 새로 임명된 목사 2명을 포함해서 모두 9명의 신도가 숨졌다. 사망자들은 45구경 권총으로 여러 발을 맞은 상태였다. 낯선 백인 청년은 9건의 살인을 저지른 혐의로 체포되었다. 경찰에서는 용의자가 고등학교를 중퇴하고 가끔 정원사로 일했던 21세의 딜런 루프라고 발표했다.

증인들의 진술을 보면, 루프는 모두 흑인이었던 희생자들을 죽이기 전에 "너희가 우리 여자들을 강간하고 우리나라를 차지했다"는 말을 했다고 한다.

이 사건은 이매뉴얼 아프리칸 감리교회와 신도 350명의 미래를 바꾸어 놓았다. 교회의 대표목사와 청장년 신도 여러 명이 함께 죽었다. 아이들은 엄마를 잃었고, 대학 여자 육상팀은 코치를 잃었으며, 대학은 입학 사정관을 잃었다. 주민들에게 찰스턴은 성도인 예루살렘이나 다름없었고 교회도 그만큼 중요한 곳이었다. 인종을 막론하고 찰스턴에 거주하는 모든 주민은 그렇게 유명한 건물인 교회가 편협한 분노로 훼손되고 잠시나마 납골당처럼 변하자 두려움에 떨었다.

대학살이 일으킨 파문은 찰스턴을 넘어 널리 확산되었다. 그렇지 않아도 정부는 당시 경찰의 부당한 진압 태도에 항의하는 아프리카계 미국인들의 시위에 골머리를 앓는 중이었다. 그런데 찰스턴의 교회에서 일어난 사건이 새로운 인종 간 갈등을 전국적으로 더욱 격렬하게 퍼뜨렸다.

오바마 대통령은 목요일 연설에서 찰스턴의 총격 사건이 가져온 "비탄과 슬픔, 분노"를 언급했다. 컬럼비아주 의회에 있는 핑크니 목사의 텅 빈 책상은 검은 망토와 꽃으로 장식되었다. 주 의원들은 의회 부지 안에 게양된 남부 연합 깃발을 그냥 놔두어야 할지 내려야 할지를 두고 다시 한 번 논의를 벌였다.

하지만 무엇보다 큰 상처는 하얀색의 아주 멋지고 고풍스러운 찰스턴의 교회였다. 교회는 현재 노란색 폴리스 라인으로 봉쇄되어 교회 신도들의 친구, 가족 간의 유대관계 또한 단절되고 말았다.

'순회 목사'

41세의 핑크니 목사는 바쁜 사람이었다. 하지만 사촌인 실비아 존슨의 말로는 사람들과 대화할 때는 눈을 맞추고 진지하게 귀를 기울였다고 한다. 존슨의 시각 장애 딸에게는 특히 상냥했다. 친딸인 엘리아나와 말라나에게 말할 때는 조금 엄격한 목소리였지만, 애정이 담겨 있었다.

핑크니 목사는 찰스턴의 신도들과 함께 있을 때나, 사우스캐롤라이나주 남쪽 끝 재스퍼 카운티에 있는 집에 있을 때나, 컬럼비아주 의회에서 업무를 볼 때나 항상 주변에 사랑을 전하려 애썼다. 그리고 어디든지 달려가는 '순회 목사'를 자처했다. 사건 당일인 수요일 아침 핑크니 목사는 평소처럼 검은색 정장을 입은 세련된 모습이었다. 그는 등 뒤로 컬럼비아시 의회의 돔형 지붕이 보이는 사무실에 앉아 상원 재정위원회 회의를 준비하고 있었다. 책상 주변에는 "설교에 적극적인 모습을 보이다", "서른이 안 되었고 매우 활동적"이라는 신문 기사가 들어 있는 액자와 '재규어 상, 재스퍼 카운티 고등학교, 1991년'이라고 쓰인 상패, 여러 권의 성서, 마틴 루서 킹 주니어의 초상화가 있었다. 냉장고에는 도서관 사서인 아내 제니퍼가 준 '네! 나는 도서관을 사랑합니다!'라고 쓰인 스티커가 붙어 있었고, 그 옆에는 사우스캐롤라이나주 저지대에 사는 아프리카계 미국인의 삶을 그린 포스터가 쌓여 있었다. 핑크니 목사는 그 포스터를 그날 집으로 가져갈 생각이었다.

하지만 그 전에 할 일이 있었다. 23세의 나이로 처음 사우스캐롤라이나주 상원의원이 된 핑크니 목사는 목표의식이 투철한 사람이었다. 중학교 1학년 때는 워낙 침체된 동네라 동료 의원들이 '잊혀진 삼각지대'라 불렀던 고향 마을 재스퍼 카운티에서 풀 먹인 셔츠와 넥타이 차림으로 배낭 대신 서류가방을 들고 다녔다. 학교 친구들이 놀려도 아랑곳하지 않았다. 중요한 사람이 되려면 그에 걸맞은 옷차림을 해야 한다는 것이 그의 생각이었다.

핑크니 목사는 얼마 못 가 정말 중요한 사람이 되었다. 그는 10대라는 어린 나이에 설교를 시작했다. 야심만만한 인턴 시절, 상사에게 카운티 예산을 검토해달라고 겁 없이 요구하기도 했던 핑크니 목사는 주 하원의 사무 보조원이 된 후 하원의원을 거쳐 상원의원이 되었다.

살해되기 12시간 전, 핑크니 목사는 엘리베이터를 타고 또 다른 예산 회의가 있는 의회 건물 105호로 내려갔다. 압도적으로 많은 공화당 의원들을 상대로 빈곤 지역인 자신의 지역구에 도로 보수를 위한 예산을 지원할 것을 다시 한 번 강조했다.

핑크니 목사는 의회로 가기 위해 주차장에서 에스컬레이터를 탔다. 그리고 대리석 기둥 사이를 지나 독립전쟁 기념화가 줄지어 늘어선 마호가니 계단을 걸어 올라간 다음 존 캘훈 부통령의 조각상이 있는 로비에서 동료들과 인사를 나눴다. 핑크니 목사는 위엄 있는 의회 회의실에서 더 많은 동료들과 인사한 후 같은 민주당 위원인 빈센트 셰힌 상원의원 옆에 앉았다.

핑크니 목사는 그날 다른 의원들에게 자신의 이름을 확실히 각인시켰다. 셰힌 상원의원은 '투표자 신분 확인법voter ID bill'을 도입하려는 공화당 의원들과 합의하는 자리에서 반대표를 던지기 위해 초조하게 기다리다가 핑크니 목사가 우렁찬 목소리로 "안 됩니다"라고 하는 것을 듣고 깜짝 놀랐다.

"반대 의견을 표명하는 핑크니 의원의 크고 분명한 목소리를 듣고, 새삼 내 생각이 옳았구나 싶었다"라고 셰힌 의원은 말했다. 법안 투표에서 반대표를 던진 것은 두 사람뿐이었다.

핑크니 목사는 또 다른 회의에 참석했다가 찰스턴에 있는 교회에서 약속이 있다며 일찍 자리를 떴다.

횡설수설하는 용의자

용의자인 루프가 수요일 아침 어디에서 무엇을 했는지는 분명하지 않다. 친구들의 말로도 설명되지 않는 구멍이 있었다.

루프는 몇 년 전부터 가장 오래된 친구들과도 연락이 끊긴 상태였는데, 갑자기 한 달 전쯤부터 친구들에게 연락을 했다. 친구들을 빨리 찾기 위해 컬럼비아의 공공도서관에 가서 페이스북 계정을 만들기도 했다.

젊은 청년 루프의 학창 시절은 험난했다. 두 곳의 학교에서 중학교 3학년 과정을 두 번이나 이수했지만 고등학교 진학이 어려웠던 것 같다. 친구들은 루프를 지독하게 내성적인 아이로 기억했다. 하지만 최근 들어 루프에게 예전과는 다른 면이 보였다고 했다. 인종 차별적인 발언을 하고 인종 분리를 옹호하며 인종 전쟁을 벌여야 한다는 등 횡설수설했다는 것이다. 게다가 경찰에 두 차례 체포되기도 했다. 한 번은 지난 2월 아편 중독 치료 약물인 서복손Suboxone 소지 혐의로, 또 한 번은 지난 4월 앞서 체포되었을 때 1년간 출입 금지 명령이 내려졌던 쇼핑몰에 출입한 혐의였다.

페이스북을 통해 옛 친구들에게 연락했던 날, 루프는 친구들 중 한 명인 조지프 믹 주니어가 가족들과 함께 사는 렉싱턴 카운티 교외의 레드뱅크에 있는 이동식 주택을 찾아갔다. 그리고 일주일에 네 번에 이를 정도로 자주 그곳에서 자곤 했다. 친구들 말로는 루프에게 휴대폰이 있긴 했지만 통신사에 가입하지 않아 통화는 할 수 없었다고 한다. 그래서 루프는 무선 인터넷을 통해 페이스북으로 친구들과 연락을 주고받거나 아니면 직접 찾아가곤 했다.

루프는 친구들에게 남부의 더운 날씨에는 일을 할 수가 없어서 조경사 일을 그만 두었다고 말했다. 조지프 믹의 동생 제이콥(15세)의 말에 따르면, 루프는 집 주변에서 빈둥거리거나 텔레비전을 보면서 시간을 보냈고 가끔 아버지와 통화할 때는 일을 하고 있는 것처럼 말했다고 한다. "루프는 부모님이 습관적으로 일하라는 잔소리를 한다고 말했다"는 것이 제이콥의 말이었다.

루프는 보드카를 좋아해서 항상 주변 어딘가에 보드카를 숨겨 놓았다. 제이콥에 따르면, 최근에는 '플래티넘 플러스'라는 스트립 클럽에 가서 무용수에게 지폐 다발을 던졌다고 한다.

스무 살의 조지프 믹과 다른 친구들은 루프가 목표 없이 지내면서 아프리카계 미국인을 공격하겠다거나 어떤 "정신 나간" 짓을 하겠다면서 횡설수설했다고 말했다. 걱정이 된 조지프는 루프가 스물한 번째 생일을 맞아 부모에게 받은 돈으로 구입한 45구경 권총을 몰래 숨겨놓았다. 하지만 조지프 자신도 집행유예 상태였던 터라 혹시나 그 총을 들고 다니게 될까 봐 다시 돌려주었다.

제이콥은 언젠가 루프의 부모가 권총을 빼앗아간 적도 있다면서 "그런데 루프가 다시 훔쳐온 것 같았다"고 했다.

화요일에 루프는 친구들과 함께 차를 몰고 머리호수에 가기로 했다. 그리고 차 안에서 친구들에게 2시쯤 AMC 극장에 〈쥬라기 월드〉를 보러 간다고 말하면서 제이콥에게 극장표를 보여주기도 했다. 루프는 한쪽에 국경순찰대 마크가 박힌 회색 셔츠를 입고 있었다. 소매에는 커피 얼룩이 묻어 있었다. 제이콥은 루프가 항상 그 셔츠를 입었다고 했다.

친구들은 당시에 루프가 신경에 거슬리거나 특이한 행동 같은 것은 하지 않았으며 그냥 영화를 보러 가는 것 같았다고 기억했다.

대학살

첫 번째 총성이 울린 것은 성경 공부가 거의 끝났을 때였다. 모임방에 있었던 펠리샤 샌더스는 친구이자 핑크니 목사의 사촌인 실비아 존슨에게 총성이 난 후에 총기 난사범의 모습을 보았다고 했다. 펠리샤는 5살짜리 손녀와 함께 바닥에 엎드렸다. 사방에 피가 흥건했다. 총을 쏘고 있는 사람은 모임에 처음 온 백인 방문자였다. 그는 총을 다섯 차례나 재장전했다.

펠리샤의 아들 타이완자 샌더스는 이모인 87세의 수지 잭슨을 보호하려 애썼지만 실패하고, 범인을 설득하려고 말을 걸었다. 펠리샤는 나중에 존슨에게 "그때 범인이 '너희가 우리 여자들을 강간하고 우리나라를 차지했다. 이제 그걸 끝내야 한다'라는 말을 했다"고 이야기했다.

범인은 그 말을 한 뒤 타이완자에게 총을 쏘았다. 그리고 한 여자에게 총에 맞아본 적이 있느냐고 물었다. 없다고 하자 "좋아, 누군가는 살아서 이야기를 전해야겠지. 나도 자살할 생각이니까"라고 했다. 존슨은 펠리샤 샌더스가 목숨을 구한 것은 죽은 척했기 때문이라고 했다.

범인은 자신의 현대 엘란트라 승용차를 타고 순식간에 자취를 감췄다. 이미 사망했거나 죽어가는 9명의 신자를 남긴 채였다.

최근 대학을 졸업한 26세의 타이완자는 이발을 하고 더 좋은 일자리를 얻을 희망에 부풀어 있었다. 그가 마지막으로 올린 인스타그램은 "인생에서 중요한 것은 다른 사람의 삶에 영향을 주는 것이다"라는 재키 로빈슨(흑인으로서 최초의 메이저리그 선수가 된 미국의 프로야구선수—옮긴이)의 말이었다.

70세의 에델 랜스는 다섯 아이의 어머니였다. 교회 관리인이었고 그전에는 찰스턴의 공연시설인 길리아드센터에서 35년간 관리인으로 일하다가 퇴직했다. 가스펠 음악 팬인 랜스는 무대 뒤쪽과 분장실을 담당했다. 랜스는 무대 공연자들이 앞뒤로 줄지어 드나드는 모습을 무척 좋아했다. 예전에 함께 일했던 캠 패터슨은 "랜스는 그 모습을 정말 재미있어 했다"고 말했다.

찰스턴 카운티 도서관에서 일하는 신시아 그레이엄 허드는 교회에 가기 전 인생의 마지막 날 대부분을 사람들과 회의를 하며 보냈다. 동료인 신시아 블레드소는 허드의 발표 주제가 '공손한 태도'였다고 말했다.

카운티 대도서관의 달린 잭슨 관장은 허드가 "업무에 열정적이었고 활기찼으며 행복한 사람"이었으며 "사람들에게 도움이 되는 정책을 수립하면서 즐거워했다"고 회고했다.

2003년 지역 신문 《더 포스트 앤 쿠리어The Post and Courier》에 실린 기사를 보면 허드는 남편 스티브와의 결혼이 인생에서 가장 큰 기쁨이라고 말했다. 선원인 스티브는 아내가 살해될 당시 사우디아라비아에서 돌아오는 길이었다. 허드가 이번 일요일에 55번째 생일을 맞이했다면, 스티브가 피자와 케이크를 가져와서 깜짝 놀라게 했을 것이다.

또 다른 희생자인 74세의 대니얼 리 시먼스 시니어 목사에게 교회는 제2의 집이었다. 시먼스는 참전용사이며 대개 그가 주도할 때가 많았던 수요 성경 모임에 거의 빠진 적이 없었다.

이번 수요일, 업무 회의가 취소되고 신도들이 성경 공부를 위해 모이기 시작하자 시먼스는 교회 간사인 레온 앨스턴에게 모임에 참여하라고 권유했다. 거의 매주 되풀이되는 일이었는데, 앨스턴은 거의 매주 그 권유를 거절했다. 시먼스 목사가 "성경 공부 시간에 와서 더 많이 공부해야 한다"고 말하면 앨스턴은 "다음 주에 가겠다"고 대답하곤 했다.

범인을 알아보다

조지프와 제이콥 믹 형제가 찰스턴에서 벌어진 대학살 뉴스를 접한 것은 수요일 밤 레드 뱅크의 집에 있을 때였다. 제이콥은 바로 루프가 생각났다고 한다. 믹 형제는 신고하기 전에 감시 카메라에 찍힌 사람이 루프인지 확인해보기로 했다.

카메라에 찍힌 사람은 낯익은 모습이었다. 국경순찰대 마크와 검은 얼룩이 있는 셔츠를 입고 있었다.

형제는 FBI에 전화를 걸었다. 연방 수사관이 즉시 형제가 살고 있는 트레일러에 와서 루프의 물건을 조사했다.

찰스턴 경찰은 루프의 아버지도 그날 밤 용의자 사진을 보고 경찰에 전화했다고 밝혔다. 루프의 아버지는 아들이 45구경 권총을 소지하고 있다고 제보했다. 치안 당국은 현장에서 45구경 권총의 권총집을 발견했다고 발표했다.

실비아 존슨은 수요일 저녁 찰스턴에서 북서쪽으로 30분 거리에 있는 서머빌의 자택에서 핑크니 목사 부인의 전화를 받았다. 찰스턴에서 총격 사건이 발생했다는 소식이었다. 존슨은 핑크니 목사가 어디에 있는지 물었지만, 핑크니 목사의 부인은 넋이 나간 듯 대답했다.

"몰라요, 모르겠어요."

루프는 '연방 증오 범죄'를 포함한 연방 법률과 주 법률을 모두 위반한 혐의로 기소되었다. 2016년 12월, 9명을 살해한 혐의로 연방 법정에서 유죄 판결을 받았다. 찰스턴의 연방 배심원단은 2017년 1월 10일 사형을 선고했다.

IS 추종자가 동성애자 나이트클럽을 공격, 미국 역사상 최악의 총격 사건으로 50명 사망

― 리젯 앨버레즈, 리처드 페레스-페냐

911에 전화를 걸어 테러집단 IS(Islamic State, 이슬람 국가)에 충성한다고 주장한 한 남자가 일요일 아침 올랜도의 동성애자 나이트클럽을 기습했다. 과거에 테러 조직과의 연계 가능성으로 조사를 받기도 했던 그는 돌격 소총과 권총을 난사하면서 미국 역사상 최악의 대학살을 벌여 50명을 사살하고 53명에게 부상을 입혔다.

뉴욕 태생인 29세의 오마르 마틴으로 밝혀진 무장 살인범은 살사 춤과 메렝게 음악(도미니카공화국의 민족음악으로 쾌활한 리듬의 춤곡―옮긴이)으로 축하 분위기가 한창 고조되어 있던 펄스 나이트클럽을 상상도할 수 없는 살육이 난무하는 공포의 현장으로 바꿔 놓았다. 바닥은 피로 번들거렸고 사망자와 부상자가 겹겹이 쌓였다. 겁에 질린 사람들은 주변의 어두운 거리로 쏟아져 나왔고 부상자들을 안전한 곳으로 옮기는 사람들도 있었다. 순찰차는 임시 구급차가 된 듯 사람들을 병원으로 실어 날랐다.

조엘 피게로아와 친구들은 "힙합 스테이지 주변에서 춤을 추고 있었는데 '탕, 탕, 탕' 하는 총소리가 들렸다. 사람들이 비명을 지르면서 정문으로 달려갔다"고 말했다.

'올랜도의 라틴 명소'를 자처하는 펄스 나이트클럽에서는 매주 열리는 '상류층 라틴인의 토요일' 이벤트가 열리고 있었다. 총성이 울린 것은 새벽 2시경이었는데 일부 손님들은 폭죽이나 아주 커다란 댄스 음악 소리로 여겼다.

나이트클럽 안에 갇힌 사람들은 최대한 몸을 숨긴 채 911에 전화하거나 소셜 미디어에 글을 올려 도움을 요청했다. 나이트클럽 측에서는 즉시 페이스북에 "모두 펄스 밖으로 나가서 멀리 도망가세요"라는 글을 올렸다.

치안 당국이 나이트클럽 주변을 봉쇄했고, 번쩍거리는 붉은색 경광등 불빛을 보고 수백 명이 모여들었다. 시간이 지나 인근 병원에도 친척이나 친구들의 소식을 들으려는 사람들이 모여들었다.

총격이 벌어지고 12시간 이상 경과 후, 올랜도 지역 병원과 인근 호텔 사이에서 당국의 발표를 기다리며 서성거리는 비통에 빠진 가족과 친척들에게 희생자가 너무 많아 우선 시신에 익명으로 꼬리표를 붙인 다음 병원에서 신원을 확인할 예정이라는 소식이 전해졌다.

배런 세라노는 "우리는 아무 소식도 듣지 못한 채 여기서 비통해하고 있다"고 말했다. 세라노의 형제인 36세의 후안 리베라는 친구의 생일을 축하하기 위해 남편과 함께 나이트클럽에 갔는데 현재 행방을 알 수 없는 상태이다. "당국에서 왜 아무 말도 없는지 이해할 수 없다. 리베라는 올랜도의 아주 유명인사인데 말이다. 그는 미용사이며 여기서 그를 모르는 사람은 거의 없다."

연고자에게 통보된 희생자들의 명단이 시市 홈페이지에 올라오기 시작했다. 오후 6시 기준으로 6명의 이름이 올라왔다. 도미니카 혈통인 22세의 후안 라몬 게레로도 그 명단에 있었다. 게레로는 살사 음악을 들으러 평소 드류라고 불리는 남자친구 크리스토퍼 레이노넨과 함께 나이트클럽을 찾았다. 게레로의 친구인 브랜던 울프는 사람들이 여기저기 총상을 입은 게레로를 클럽 밖으로 데리고 나가는 것을 목격했다.

하지만 레이노넨이 어떻게 되었는지 아는 사람은 없었다. 평소 건강이 좋지 않았던 레이노넨의 어머니 크리스틴은 새벽 3시에 총격 소식을 듣고 사건 현장으로 달려와 울프로부터 아들이 현장에 있었다는 말을 전해 들었다.

처음 총성이 울리고 클럽 안의 사람들이 인질로 잡힌 채 3시간이 지난 오전 5시경, 경찰특공대SWAT가 무장 차량과 범인을 혼란스럽게 하기 위해 특수 폭발물로 무장한 채 클럽을 급습했다. 부보안관과 10여 명이 넘는 경찰이 범인과 총격전을 벌인 끝에 범인 마틴이 사망하고 경찰 한 명이 부상당했다. 부상당한 경찰은 헬멧이 총알을 튕겨낸 덕분에 목숨을 구할 수 있었다.

클럽 안에서 최소 30명이 구조되었다. 올랜도 경찰국의 존 미나 국장은 클럽 건물을 장악하고 샅샅이 탐색하며 생존자를 구출하고 사망자를 확인하던 노련한 경찰들도 내부 상황에 충격을 받았다면서 "우리 경찰들의 눈만 봐도 상황이 어땠는지 짐작할 수 있었다"고 말했다.

이번 사건은 2001년 9월 11일 이후 미국에서 벌어진 최악의 테러였고, 미국 역사상 동성애자를 겨냥해 발생한 최악의 범죄이기도 했다. 다만 뜻하지 않게 경찰관의 총에 맞은 피해자가 있는지는 아직 명확하게 밝혀지지 않았다. 50명이라는 사망자 수는 지난 3년 동안 올랜도에서 일어난 살인 사건의 희생자를 모두 합한 것보다 많다. 320명으로 추정되는 클럽 손님 가운데 3분의 1이 총에 맞았다. 사상자 수는 32명이 희생당한 2007년 버지니아 공대 총격 사건이나 26명이 희생당한 2012년 코네티컷주 뉴타운 초등학교 총격 사건을 넘어섰다.

오바마 대통령은 백악관에서 특별 연설을 통해 이렇게 말했다.

"혐오와 폭력에 맞서, 우리는 서로를 사랑할 것입니다. 우리는 공포에 굴복하거나 서로에게 등을 돌리지 않을 것입니다. 대신 미국인으로서 단합하여 우리 국민을 보호하고 우리나라를 지킬 것이며 우리를 위협하는 사람들에게 단호한 조치를 취할 것입니다."

예전에 몇 번의 대량 학살 사건이 벌어졌을 때와 마찬가지로, 오바마 대통령은 이런 총격 사건이 소위 "상식적인" 총기 규제법이 필요한 이유라고 말했다.

"이번 대학살은 학교나 교회, 극장 혹은 나이트클럽에서 사람들을 총으로 쏘려는 사람이 얼마나 쉽게 무기를 손에 넣을 수 있는지 잘 보여줍니다. 이게 우리가 원하는 나라인지 결정해야 합니다. 의도적으로 아무것도 안 하는 것도 일종의 의사표시 방법입니다."

테러에 대한 공포로 전국에서 동성애자와 양성애자, 성전환자들의 행사에 대한 보안이 강화되었다. FBI는 2013년에 이번 사건의 범인인 마틴을 조사한 적이 있었다. FBI 템파 지부 담당자인 로널드 하퍼에 따르면, 그 당시 마틴은 자신이 테러단체와 관련이 있다는 말을 한 적이 있고 이듬해에는 시리아에서 자살폭탄 테러범이 된 미국인 모너 모하마드 아부살라와 연관되어 있다는 말을 했다. 하지만 FBI는 번번이 마틴이 테러리스트들과 연관이 있다거나 법을 어겼다는 확실한 증거를 찾지 못했다. 그리고 마틴은 지금까지도 감시 대상에 올라있지 않았다.

플로리다주 포트피어스에 살았던 마틴은 그 후에도 2007년부터 근무했던 G4S라는 경비회사에서 계속 경비원으로 일했으며 총도 구입할 수 있었다. 연방 주류·담배·화기 및 폭발물 단속국은 마틴이 지난 1~2주 동안 장총 한 자루와 권총 한 자루를 합법적으로 구입했다고 밝혔다. 다만, 그 두 자루의 총이 이번 사건에 쓰였는지는 명확하지 않다. 한 관계자는 이번 사건 현장에서 권총 한 자루와 AR-15형 돌격 소총이 발견되었다고 전했다.

과거 마틴의 직장 동료였던 대니얼 길로이는 그가 살인에 관해 자주 언급했고 동성애자나 흑인, 여성, 유대인에 관한 혐오 발언을 많이 했다고 진술했다.

하퍼 수사관은 마틴이 총기 난사 사건을 일으키기 직전 911에 전화해서 IS에 충성을 맹세했다는 말을 했다고 밝혔다. 총격이 시작된 후 마틴이 건 전화를 받았다는 치안 당국 관계자들도 있었다.

ISIS, 혹은 ISIL로도 알려진 이슬람 국가는 사건 발생 몇 시간 후 독자적으로 사용하는 암호화된 휴대폰 앱을 통해 이번 사건이 자신들의 소행이라고 발표했다. 이슬람 지하디스트들의 선전 활동을 추적하는 시테 인텔리전스 그룹SITE Intelligence Group에 따르면, 그들은 이번 사건을 "이슬람 국가의 전사가 수행"했다고 명확하게 밝혔다.

하지만 관계 당국은 짧게 결혼 생활을 했다가 이혼한 기록이 있는 마틴이 IS에 영향을 받았다 해도 IS의 훈련이나 지시를 받는 등 직접적인 접촉이 있었다는 근거는 찾지 못했다고 밝혔다. 최근 IS의 아부 무함마드 알-아드나니 대변인은 라마단 직전에 했던 연례 연설에서 IS가 '외로운 늑대(자생적 테러리스트를 일컫는 말로 2000년대 이후 미국에서 탄생한 외로운 늑대는 주로 이슬람계 젊은이들 사이에서 많이 발견되고 있다―옮긴이)'를 조종해서 서방 세계에 테러 공격을 가하고 있다고 했다. 지난 몇 년 동안 IS와 알 카에다에서 라마단 기간 중에 일으킨 테러는 증가 추세에 있다.

미국의 이슬람 단체는 이번 총격 사건을 비난했다. 미국 이슬람 관계 위원회Council on American-Islamic Relations, CAIR의 라샤 무바라크 올랜도 지역 조정관은 "이슬람 사회는 우리의 이웃인 미국인들과 함께 그런 끔찍한 폭력행위를 정당화하거나 용인하는 사람, 혹은 단체를 거부한다"고 밝혔다.

Chapter
05

조직 폭력

MAS

Name ALPHONS
Alias Alphons
No. 5527

1. Thumb

6. Thumb

Classified
Searched
Index Card
Four Fingers
Left Hand

7—1334a

1932년에 만들어진 알 카포네의 연방 지문카드

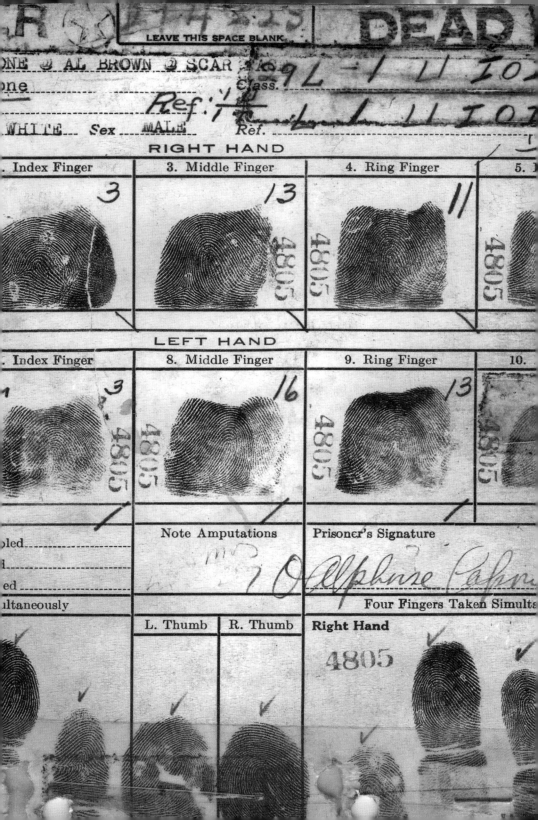

"그놈이 왜 죽어야 하는지 알아?
내가 불렀는데 오지 않았기 때문이지.
그래서 죽어야 하는 거야."

1989년 도청된 전화 통화에서 마피아 두목 존 고티가
부하를 호출했는데 오지 않자 죽이겠다며 한 말

그들은 공포를 무기 삼아 사회를 착취하는 사악한 집단이다.
내부 경쟁으로 배신과 유혈 사태가 일어나 스스로 무너지기도 하는 폭력 조직은
오랫동안 할리우드 작가들과 신문 구독자들의 마음을 사로잡았다.
사람들은 위계질서가 엄격한 비밀 사회, 냉혹한 내부 계율, 가톨릭 성화聖畫를 불태우는 것으로
유명한 입단 의식 등에 흥미를 느낀다. 지난 수십 년간 《뉴욕타임스》 독자들은
폭력 조직의 사교클럽 내부를 들여다보고, 정장을 입은 존 고티의 옷맵시에 감탄했으며,
입에 시가를 문 채 쓰러진 카르미네 갈란테의 죽음을 목격했다.

시카고의 조직 폭력배 7명
경찰 복장을 한 상대파의 총격으로 사망

밸런타인데이에 시카고 암흑가에서 기관총 총격 사건이 발생했다. 그 결과 조지 '벅스' 모런과 딘 오배니언이 두목인 소위 '노스 사이드 갱 North Side Gang'의 조직원 7명이 숨졌다. 시카고 암흑가 역사상 가장 참혹한 학살 사건이었다.

살해된 7명의 조직원은 맥주 유통업자와 만나기로 약속했던 노스클라크가 2122번지의 차고에서 4명의 상대파 조직원에게 붙잡혀 벽을 보고 일렬로 섰다. 상대파 조직원 중 2명이 경찰복을 입고 있어 그들이 경찰인 줄 알았던 것이다. 상대파 조직원들은 마치 기계처럼 정확하게 7명의 조직원을 사살했다. 이 사건으로 시카고 시민들은 물론 경찰도 크게 놀랐다. 사건이 발생한 정확한 이유는 밝혀지지 않았지만, 불법 주류 판매가 가장 유력한 것으로 추정되었다. 경찰에서 발표한 사망자의 신원은 다음과 같았다.

- 제임스 클라크: 프랭크 마이어나 앨버트 카셀렉이라는 이름도 사용함. 강도 및 절도 전과범. 조직의 두목인 모런과 인척관계.
- 프랭크 구센버그: 경찰이 사건 현장에 도착했을 때 유일하게 숨이 붙어 있었지만, 입을 열지 않고 있다가 나중에 결국 사망.
- 피터 구센버그: 프랭크의 형, [모런 갱단의] 악명 높은 총잡이.
- 존 메이: 자동차 수리공. 모런 갱단에 합류하기 전에는 금고 털이였던 것으로 추정.
- 라인하르트 쉬머: 파크웨이 호텔 투숙객, 검안사. 의회 건물에 사무실이 있음. 갱단의 동반자로 알려졌으나 범죄 기록은 없음.
- 존 스나이더: 아서 헤이즈나 애덤 호이어, 애덤 하이어스로도 알려짐. 절도 및 사기 전과범.
- 앨버트 와인솅크: 조직의 두목인 모런의 심복이자 시카고 세탁-염색 업계의 폭력 청부인.

1924년 딘 오배니언 암살 사건으로 시카고 조직 폭력배 간에 죽고 죽이는 살인극이 시작된 이래, 가장 많은 사람이 피살된 이번 사건의 희생자들은 오배니언이 조직했던 '갱단'의 조직원이었다. 오배니언이 죽은 후 노스 사이드 갱의 두목은 하이미 와이스와 피터 구센버그에 이어 최근에는 조지 '벅스' 모런으로 이어졌다.

카포네의 이름이 거론되다
오늘 오후부터 밤까지 진행된 경찰 수사에서 한 사람의 이름이 조심스

1929년 2월 14일에 발생한 밸런타인데이 학살 사건 현장

럽게 거론되었다. 바로 아주 특별한 갱단의 두목인 알폰소 '스카페이스' 카포네였다.

피살된 6명은 노스클라크가의 차고 바닥에서 숨진 채 발견되었다. 그 차고는 링컨 공원과 주변의 고급 주거단지에서 한 블록 떨어진 곳이었다. 스무 발 넘게 총을 맞은 일곱 번째 피살자는 한 시간이 채 못 되어 숨을 거두었다. 살인 현장에는 160개가 넘는 탄피가 바닥 곳곳에 떨어져 있었고, 범인들이 두목인 모런을 산 채로 끌고 갔다는 보도도 있었다.

윌리엄 러셀 경찰국장과 존 스티지 수석 부국장은 오늘 밤 7명을 사살한 범인 중 2명이 경찰 제복 차림에 경찰 배지를 달았으며 나머지 2명은 사건 현장에 올 때 경찰차 비슷하게 생긴 자동차를 타고 왔다는 말을 듣고 당황하는 듯했다.

경찰 갱단과 끝까지 싸우겠다고 선언

오늘 밤, 경찰 역사상 유례없는 범죄와의 전쟁이 벌어지고 있다. 러셀 경찰국장은 "끝장을 볼 생각"이라며 "살인자들이 경찰을 사칭하다니 이 정도로 심각한 상황은 본 적이 없다. 그런데 그 일이 실제로 일어난 것이다. 이번 사건을 계기로 우리는 시카고 갱단의 씨를 말릴 것"이라고 말했다.

경찰과 검찰은 이번 사건을 재구성하면서 피해자들이 적대 조직의 복수심뿐만 아니라 본인들의 방심 때문에 살해된 것으로 보았다. 그들이 벽에

1931년 1월 19일, 미식축구 경기장에 온 알 카포네

섰을 때 경찰복을 입은 범인들 쪽을 보지 않고 벽을 바라보고 섰기 때문이다.

오늘 아침 10시경, 7명의 피해자들은 차고 주변에 앉아 있었다. 두 사람은 앞쪽에, 나머지 다섯 사람은 나무 칸막이 뒤에 있었다는 것이 수사팀의 추정이었다. 그들 중 4명은 커피 포트가 놓인 전기난로 주변에 모여 있었다. 크래커 한 상자와 컵 6개가 있는 것으로 보아 아침식사를 한 모양새였다. 사람들은 전화 통화를 하면서 과자를 먹고 있었다. 다섯 번째 인물인 정비공 존 메이는 새로운 나무 맥주 통이 실린 트럭 주변을 어슬렁거리고 있었던 것으로 추정된다. 그때 자동차 소음으로 시끄러운 클라크가에서 아주 요란한 소리가 들렸다. 경찰차의 사이렌 소리 같았다. 그러더니 차고의 앞문이 덜컥 열렸다.

경찰 제복을 입은 두 사람이 들어왔다. 파란 제복 위에서 별 모양의 배지가 반짝이고 있었다. 사복 차림의 두 사람이 그 뒤를 따라 들어왔다. 모두 무장한 상태였다. 경찰 옷을 입은 사람들은 기관총을 들고 있었고 나머지 두 사람은 짧게 개조한 산탄총을 들고 있었다.

순식간에 이루어진 처형

차고 앞쪽에 앉아 있던 희생자 두 사람은 의례적인 불시 단속으로 생각했는지 손을 들고 차고 안쪽으로 걸어갔다. 대충 만든 탁자에 모여 아침으로 스크램블을 먹던 사람들의 눈에도 경찰 제복을 입은 사람이 보였다. 경찰 옷을 입은 한 사람이 아마 다들 벽을 보고 일렬로 서라고 했을 것이다. 그리고 주변을 어슬렁거리던 메이에게도 다른 사람들과 함께 서라고 말했다. 7명 모두 흰색 벽을 보고 서자 범인들은 재빠르게 무기를 빼앗았다. 그런 다음 "맛을 보여주자"라는 명령이 떨어졌다. 산탄총이 불을 뿜고 기관총이 드르륵 발사되었다. 마치 거대한 타자기를 칠 때 날 것 같은 소리였다.

평범한 수리공인 자기가 왜 여기서 죽어야 하는지 믿을 수 없었던 메이는 미친 듯이 도망갔지만 불과 15센티미터 앞에서 쏘는 산탄총에 쓰러지고 말았다. 범인들은 바닥에 쓰러진 사람들에게 한 차례 기관총 세례를 한 뒤 자리를 떴다.

옆집에서 다림질을 하다가 이 광경을 훔쳐본 양복 재단사, 인근에 사는 한 여자가 거리로 뛰어나왔다. 그들이 목격한 것은 체포된 두 사람이 손을 든 채 경찰에게 연행되는 모습이었다. 그렇게 네 사람은 경찰차 비슷하게 생긴 차에 올랐다. 운전석에 또 한 사람이 있었다. 엔진소리가 들렸다. 차는 클라크가에서 남쪽으로 달려갔고, 전차를 마주보면서 스치

듯 지나친 다음 차량들 사이로 사라져버렸다.

사건 현장에 도착한 경찰들은 여섯 구의 시신을 발견했다. 일곱 번째 피해자인 프랭크 구센버그는 출동한 경찰관 톰 로프터스 경위를 향해 기어가고 있었다. 프랭크는 채 한 시간이 못 되어 알렉산드리안 병원에서 사망했다. 피살자들은 대부분 위험하고 악명이 자자한 인물들이었다고 스티지 경찰 부국장은 말했다.

스티지 부국장은 모런 소유로 추정되는 자동차가 발견되자 경찰관들에게 "'벅스' 모런은 어디 있나?"라고 물었다. 손을 높이 든 채 가짜 경찰관을 따라 차고에서 나온 두 사람 중에 '벅스' 모런이 있었을 것이라는 소문이 돌았다. 모런의 소재를 파악하기 위해 경찰 병력이 투입되었다. 일부는 '스카페이스' 알 카포네의 소재를 파악하는 데 투입되었다. 카포네는 사건 당시 주로 겨울을 나기 위해 머무는 플로리다주 마이애미의 자택에 있었던 것으로 밝혀졌다.

경찰은 아이엘로 형제의 '노스 사이드 시칠리아'가 대략 일 년 전 모런의 조직에 흡수되었다는 사실을 떠올렸다. 아이엘로의 갱단과 카포네의 갱단은 매우 적대적이었지만, 이번 사건의 피살자 중에 아이엘로 조직원은 없었다.

코로너 허먼 번데슨은 사건이 일어난 뒤 30분 만에 차고에 도착해서 시신을 수색하고 사진을 촬영했다.

현금과 다이아몬드 반지가 남아 있는 시신

강력반의 존 설리번 경위와 오토 얼랜슨 경위는 피살자들의 신원을 확인하고 주변 수색 결과를 기록으로 남겼다.

피터 구센버그는 큼지막한 다이아몬드 반지를 꼈고 현금 447달러를 소지하고 있었다.

앨버트 와인셴크는 전직 주 의원과 사촌 사이인 것으로 밝혀졌다. 최근 센트럴 클리너 앤 다이어스 컴퍼니에서 임원으로 일했던 와인셴크는 소지하고 있는 현금은 418달러였지만, A. H. 셴크라는 이름으로 된 예금 통장을 갖고 있었다.

그 다음으로 신원 확인이 된 사람은 존 스나이더였다. 그는 애덤 메이어스, 애덤 하이어스, 혹은 애덤 헤이즈라는 이름도 사용했다. 스나이더는 페어뷰 개 사육장의 소유주로 알려졌는데 그곳에 있는 개 경주장은 카포네 소유의 호손 경주장과 경쟁 관계였다. 존 이건 강력반장이 듣기에 스나이더는 모런 갱단의 브레인이었다. 스나이더의 주머니에는 1,399달러가 있었다.

작업복 차림의 정비공 메이의 시신에 남아 있는 돈은 주머니 속의 몇 달러가 전부였다. 그는 일곱 아이의 아버지였다. 기관총 탄환이 두 개의 성聖 크리스토퍼 메달(여행자들의 수호신인 성 크리스토퍼의 모습이 새겨진 작은 메달로 여행자들이 안전을 기원하는 의미로 갖고 다닌다―옮긴이)을 관통한 상태였다.

머리를 남쪽으로 향한 채 하늘을 보고 일렬로 누워 있는 다섯 구의 시신 중에서 다섯 번째 시신은 검안사인 라인하르트 쉬머였다. 그는 전과가 없었는데도, 최근 주류 사업에 가담하면서 누구든 "속여 넘길 수 있다"며 자랑했다고 한다.

차고 문 가까이에서 머리를 동쪽으로 하고 엎어져 있는 사람은 모런과 인척 관계인 제임스 클라크였다. 그는 권총에 살인 횟수를 뜻하는 표식이 많이 새겨져 있는 청부 살인업자였다. 그의 옷에서는 681달러가 나왔다.

여성 증인의 말이 경찰에 도움이 되다

토머스 콘돈 경감은 벽에 총알 자국이 있었다면서 경찰이 벽에서 발견한 총알 자국이 7~8개에 불과한 것으로 보아 범인들이 쏜 총알 대부분이 희생자들에게 명중한 것 같다고 했다.

시신마다 6개에서 10개까지의 총상이 있었다. 머리 위에 달린 눈부시게 밝은 전구가 사건 현장을 환하게 비추고 있었다. 한쪽 구석에는 커다란 경찰견들이 사슬에 묶인 채 경찰을 보고 으르렁댔다. 경찰관들은 7명의 폭력배가 벽을 향해 서서 별다른 저항 없이 급작스러운 죽음을 맞이한 것이 놀라울 따름이었다.

경감 한 사람이 "폭력배들은 늘 중무장을 하고 다니는데 말이죠"라고 말했다. 그런데 차고 건너편에 사는 알폰신 모린의 진술에서 그 해답을 찾을 수 있었다. 모린은 총성이 들린 다음 차고에서 나오는 사람들이 경찰인 줄 알았다며 이렇게 진술했다. "경찰 제복을 입은 두 사람이 문밖으로 나왔는데 소총인지 산탄총인지를 들고 있었다. 그리고 그 앞에 두세 명이 두 손을 올린 채 걷고 있었다. 경찰이 그 사람들을 체포한 것 같았다. 그들은 모두 차를 타고 사라졌다."

존 이건 강력반장은 "이유는 아주 간단하다"며 "범인들이 경찰 제복을 입지 않았더라면 폭력배들을 벽에 그렇게 일렬로 세울 수 없었을 것"이라고 말했다.

프랭크 구센버그는 그동안 살아왔던 방식대로 경찰에게 아무것도 털어놓지 않고 숨을 거두었다. 그는 발견 당시 의식이 있었지만, 범인의 이름을 대라는 경찰의 요구를 끝내 거부했다.

데이비드 스탠스버리 주 지방검사보가 존 스완슨 주 지방검사의 지시에 따라 오늘 밤 수사를 지휘했다. 경찰과 검찰, 그리고 연방 당국은 서로 협력해서 살인자들을 찾아나섰다. 누가 음모를 꾸미고 처형을 실행에 옮겼는가를 두고 의견이 분분했다. 이건 강력반장은 피살된 사람들이 "술을 강탈하려는 일당이 분명하다"고 했다. 그 외에도 다음과 같은 의견이 나왔다.

- 피살자들은 디트로이트에서 온 캐나다 맥주와 고급 주류를 훔치는 중이었다. 그래서 디트로이트의 유명한 퍼플 갱단이 그들을 응징한 것이다.
- 피살자들은 세탁 및 염색업계의 경쟁 조직 간에 벌어진 치열한 경쟁에 휘말렸다. 모런의 갱단은 노스 사이드 지역의 업체를 보호했고 카포네의 갱단은 베커 시스템과 거래했다.
- 이번 사건은 어제 올더맨 티투스 하파에게 금주법 위반 혐의로 리븐워스 교도소에서 2년간 복역하라는 판결이 나온 후 발생한 세력 다툼의 결과이다. 하파가 지배했던 지역은 모런의 지역과 붙어 있다.

다른 경찰들은 이번 사건이 카포네 갱단의 짓이라고 말했다. "토니 롬바르도를 살해한 것에 대한 시칠리아인들의 복수"이며 "5년 전 오배니언이 살해된 후 시작되어 지금까지 이어진 살인 사건의 연장선에 있다고 보는 것이 타당"하다고 하는 이도 있었다.

오늘 밤 제임스 커닝햄 조합장은 "선량한 시민" 모두가 이번 "학살 사건"으로 시작된 범죄 조직 간의 전쟁에 당국의 조치를 촉구해야 한다고 호소했다. 그는 시카고 주변의 2천 개가 넘는 업체를 대표하는 일리노이주 산업조합의 조합장이다.

커닝햄 조합장은 시카고에 관한 그런 이야기들이 "전 세계적으로 시카고의 명성에 더할 수 없는 오점이 될 것"이라고 단언하면서 이렇게 결론지었다. "시와 주 당국에서 대대적으로 회의를 열어 이 조직 폭력배들에게 겁을 주어야 하지 않겠는가?"

노스 사이드 갱의 시대가 저물다

시카고에서 범죄 조직 간의 전쟁이 시작된 것은 딘 오배니언이 살해되던 1924년 11월이었다. 그로부터 50개월간 38명이 살해되었는데, 대부분 오배니언이 조직한 노스 사이드 갱단과 존 토리노가 조직한 뒤 알 카포네가 뒤를 이은 웨스트 사이드 연합의 반목에서 비롯되었다.

오늘의 대학살을 계기로 오배니언과 함께 시작된 자랑스러운 노스 사이드 갱단의 시대가 막을 내렸다. 오배니언의 뒤를 하이미 와이스, '모사꾼' 드루치, '벅스' 모런이 이었다. 그리고 오늘 밤 모런의 행방은 묘연했다. 심복 7명이 살해되었는데도.

알 카포네는 사건 발생 당시 플로리다에 있었지만, 범인들에게 살인을 지시했다는 것이 중론이었다. 이 사건의 범인들은 카포네가 시카고 암흑가의 명실상부한 지배자가 되는 길을 열어주었다. 카포네는 결국 1931년에 수감되었지만, 죄목은 살인이 아니라 탈세였다.

범죄 청문회: 텔레비전 중계로 강렬한 쇼와 주목할 만한 공익적 소임 모두를 전하다

– 잭 굴드

지난주 프랭크 에릭슨과 조 아도니스, 그리고 손이 매력적인 프랭크 코스텔로 등 암흑가의 유명인사 세 사람이 텔레비전에 모습을 드러낸 것은 방송가나 암흑가에나 아주 획기적인 사건이었다.

본의 아니게 텔레비전에 출연하게 된 세 사람은 청문회에서 단골 식당과 이발소를 공개하라는 압력을 받았다. 수많은 사람이 텔레비전을 통해 그들이 궁지에서 벗어나려 애쓰는 모습을 지켜보았다. 항상 배후에 있는 것을 즐겼던 세 사람은 졸지에 시중에서 가장 인기 있는 쇼의 무대 한가운데에 서는 신세가 되었다.

그 쇼가 방영됨으로써 텔레비전은 사회적으로 엄청난 영향력을 미칠 수 있는 잠재력을 보여주었다. 정치인과 방송인, 교육자들은 분명 그 잠재력에 관해 앞으로 오랜 시간 동안 연구하고 논쟁하게 될 것이다. 가정

주부들은 집안일을 미뤄놓았고 남편들은 일손을 놓은 채 텔레비전을 지켜보았다. 도시 전체가 집단 최면에 빠진 듯 텔레비전에 빠져 매료되었으며 분노하고 즐거워했다.

시기적절했던 청문회

대중 계몽이라는 관점에서 보면, 부드러운 목소리의 남부 출신 에스테스 케포버 테네시주 민주당 상원의원이 주관하는 상원 범죄조사위원회와 텔레비전 방송의 제휴는 특히나 시기적절하고 유익했다.

위원회는 합법과 불법을 넘나들면서 사회 최상층까지 침투한 암흑가 인물들의 이면을 대중에 공개할 생각이었다. 그리고 텔레비전 방송은 그 인물들의 이야기를 수많은 시청자에게 생생하게 들려줄 매개체였다.

텔레비전에 등장한 사람들은 눈을 의심할 정도의 거물들이었다. 도무지 속내를 알 수 없는 프랭크 에릭슨, 점잖으면서도 오만한 조 아도니스, 숫기 없는 모습의 프랭크 코스텔로, 익살맞은 버지니아 힐 같은 암흑가 인물들이 마치 할리우드와 출연 계약이라도 맺은 것 같았다. 그리고 위원회의 고문인 걸걸한 목소리의 루돌프 헤일리는 출연자를 혹독하게 몰아붙이는 전통적인 심문자였다.

주연 배우와 조연 배우 누구나 멋진 모습을 보여주었다. 청문회에는 기획자 입장에서 중요한 긴장과 갈등, 다양한 욕구와 대조적인 인물 등 모든 극적 요소가 들어 있었다.

중독성 있는 드라마

집에서 청문회를 시청하는 사람들은 실제 존재하는 인물이지만 마치 미스터리 스릴러물에서 바로 튀어나온 것처럼 다양한 매력이 넘치는 출연자들을 보며 약물에 중독된 것처럼 청문회에 빠져들었다.

하지만 청문회가 사람들에게 그렇게 드라마틱한 인상을 준 것이 오직 텔레비전 때문이라고 결론 내릴 수는 없다. 그 정도 출연진이라면 현장에 텔레비전 카메라가 없었다고 해도 사람들에게 극적인 인상을 주기에는 부족함이 없었을 것이다. 과거 텔레비전이 없던 시절에 진행되었던 비슷한 청문회도 그랬기 때문이다. 텔레비전은 대중에게 정보를 전달하는 새롭고도 상호보완적인 매체로, 지난주에 열렸던 청문회처럼 실제 현장을 거울에 비춘 것처럼 있는 그대로 보여준다. 위원회와 증인들은 서로 한 편의 쇼를 연출했던 것이다. 언론은 오랫동안 사건을 있는 모습 그대로 보여주지 않으려는 사람들과 싸워야 했다. 따라서 텔레비전도 보도 매체로서 정당한 자유를 누리기 위해서는, 기존 언론과 같은 어려움을 겪어야 할 것이다.

물론 그렇게 현장을 생생하게 보여주는 청문회에서는 증인의 권리를 보장해주는 것이 무엇보다 중요하다. 다만 처음에 코스텔로가 얼굴 공개를 거부하고 조명을 트집 잡았던 것은 아무리 증인의 권리 보장이 중요하다고 해도 지나쳤다는 생각이다.

청문회에 참석했던 고참 기자들은 청문회의 조명이 대규모 전당대회에 비하면 전혀 문제될 것이 없다고 말한다. 위원회 의원들, 그리고 특히 그 누구보다도 카메라에 많이 잡혔던 헤일리 수석 자문위원도 카메라나 조명을 문제 삼지는 않았다.

코스텔로는 청문회장 밖의 사람들도 텔레비전 화면을 통해 청문회를 볼 수 있다는 것이 아주 새롭고도 낯설었다. 텔레비전의 등장이 어떤 의미인지 완전히 이해하지 못했던 사람들에게도 마찬가지다. 텔레비전은 공개 청문회를 그 어느 때보다도 공개적으로 바꿔 놓았다.

1951년 3월 19일, 프랭크 코스텔로가 상원 범죄조사위원회 수석 자문위원인 루돌프 헤일리의 질문에 답하고 있다.

청문회를 텔레비전으로 중계하는 중요한 이유가 바로 여기에 있다. 텔레비전이 도저히 믿을 수 없을 정도로 사람들의 관심을 모을 수 있다는 것이 증명된 것이다.

대중의 참여

국민들 개개인은 카메라라는 도구를 통해 정부와 사회의 도덕 체계에 관한 유익한 정보를 습득하게 되었다. 친숙함과 신속성이라는 텔레비전의 특성 덕분에 더 실제에 가까운 체험을 할 수 있게 되었다. 텔레비전을 보면 법정의 방청객들이 보는 것과 비슷한 광경을 볼 수 있다.

텔레비전 방송은 케포버 상원의원의 상원 범죄조사위원회가 목표를 달성하는 모습을 많은 사람에게 보여주었다. 일단 연방 청사에서 벌어지는 범죄조사위원회 방송을 보기 시작하면, 여간해서는 텔레비전을 끄기가 어렵다. 시청자들은 집이나 사무실, 혹은 술집에 앉아 실제 방청석에 있는 것처럼 눈으로 보고 귀로 듣고 사건에 관해 독자적으로 생각해 볼 수 있다.

이렇게 많은 대중의 참여를 이끌어내는 힘은 민주주의가 가장 혹독한 시험에 직면할 때 더없는 장점이 된다. 그 힘을 현명하게 지속적으로 사용하면 텔레비전 그 자체를 뛰어넘어 더 많은 혜택을 누릴 수 있다.

케포버 위원회에서 주관한 청문회는 아주 훌륭한 한 편의 쇼였다. 하지만 방송 종료 시점이 가까워진 만큼 대중과 방송인, 의원들은 조금 겸손해져야 할 것이다. 지난주에 우리는 텔레비전이 어떻게 대중을 일깨우고 교육하고 그들에게 교훈을 전하는지 놀랍도록 생생하게 지켜봤다. 텔레비전이 제 역할을 다 할 수 있도록 우리 모두가 최선의 노력을 기울여야 할 것이다.

미국의 주 경계를 넘나들며 일어나는 조직 범죄를 조사하기 위해 1950년부터 1951년까지 상원 특별위원회에서 케포버 청문회가 진행되었다. 청문회 후 범죄를 퇴치하는 어떤 획기적인 법안이 제정되지는 않았지만, 청문회가 전국에 생방송되면서 많은 미국인이 조직 범죄가 미치는 영향에 관한 자세한 내용을 처음으로 접하게 되었다.

폭력배 65명이 불시 단속에 걸려
시골 마을에서 추방되다

주 경찰과 연방 수사관들이 오늘 '동부해안 암흑가 고위층' 모임에 참가한 폭력배 65명을 체포했다.

경찰은 "그들을 계속 붙잡아둘 혐의가 없다"며 석방했지만 "당장 마을을 떠나고 앞으로 다시는 오지 말라"고 명령했다.

뉴저지주나 오하이오주, 캘리포니아주, 버펄로, 푸에르토리코 같은 곳에서 왔으며 대부분 한 가지 이상의 전과가 있었던 그들은 각자 고급 자동차를 타고 마을을 빠져나갔다. 그들의 자동차 가운데 가장 오래된 차는 1956년식 캐딜락이었다.

모임에 참석하기 위해 인구가 1,000명도 안 되는 이 작은 마을에 온 인물 중에는 올해 60세인 비토 제노베제도 있었다. 그는 피살된 '살인주식회사Murder Inc.(1930~1940년대에 뉴욕 등지에서 활동한 범죄 조직으로

이탈리아계 미국 마피아, 유대계 범죄 조직 등의 행동대원 역할을 했다—옮긴이)'
의 전 두목인 앨버트 아나스타샤와 가까운 사이였다. 오하이오주 셰이
커 출신인 54세의 존 앤서니 드마르코도 있었는데 그는 살인과 폭탄 테
러, 공갈 협박 혐의로 체포된 전력이 있다.

폭력배들은 값비싼 옷을 입었고 다이아몬드가 박힌 벨트를 찬 사람
도 있었다. 그리고 대부분 황금빛 손목시계를 차고 있었다. 경찰은 그들
각자가 소지한 돈이 적게는 450달러부터 많게는 1만 달러에 달했다고
밝혔다.

주 경찰인 에드거 크로스웰 경사는 "조지 래프트(1930~1940년대에 영
화배우로도 활동했던 유명한 조직 폭력배—옮긴이) 같은 사람들의 모임인 듯
했다. 그들이 그렇게 도시 사람들처럼 차려입지 않았다면, 검거하기가
훨씬 더 어려웠을 것"이라고 말했다.

크로스웰 경사는 폭력배들이 모여 있는 집을 포위했을 때 15명 정도
가 숲으로 탈출을 시도했다며 "도시에서 온 놈들은 그럴 수가 없었다.
그들의 멋진 구두와 모자, 코트가 나뭇가지에 걸리는 바람에 쉽게 검거
할 수 있었다"고 했다.

빙햄턴에서 서쪽으로 24킬로미터 떨어진 작은 마을 아팔라친의 오늘
하루는 조용하게 시작되었다. 다만 주 경찰은 그곳에 문제가 생길 것을
이미 알고 있었다. 아팔라친에는 자체 경찰 인력이 없었다.

폭력배들은 과거 1956년에도 이곳에서 모인 적이 있었다. 당시 모임
을 주관한 것은 조지프 바버라로 아팔라친 마을의 숲 뒤쪽 언덕에 대저
택을 소유한 인물이었다. 바버라는 살인죄로 세 차례 체포되었지만 유
죄 판결을 받은 적은 없었다.

경찰은 바버라가 마을 인근 모텔에 전화를 걸어 손님들이 묵을 방을

예약하는 중이었다고 말했다. 그는 "가격에 상관없이" 가장 좋은 방을 달라고 했다.

곧 문제가 터질 것이라는 경찰의 예상은 어제 모텔 앞에 값비싼 차들이 하나둘 주차하기 시작하면서 현실이 되었다. 오늘 아침에는 차량이 밀물처럼 몰려들었다. 그중에는 쿠바 아바나에 있는 산 수시Sans Souci 나이트클럽의 지배인 루이스 산토스도 있었다.

경찰은 추가 병력을 요청했다. 주 경찰의 추가 병력이 아팔라친에 도착하면서 경찰 인원은 모두 15명이 되었다. 불법 주류가 발견될 때를 대비해서 재무부 산하 주세 단속반에서 2명의 수사관이 출동했다.

경찰에 따르면, 정오쯤 자동차들이 아팔라친에 있는 바버라의 집을 향해 출발하기 시작했다고 한다. 바버라의 저택 옆 주차장은 이내 자동차로 가득 찼다.

당시 경찰에게는 바버라의 집을 수색할 수 있는 영장이 없었다. 대신 차들이 떠나지 못하게 도로에 방어벽을 설치했다. 그런 다음 주차장에 있는 차들의 번호판을 조회하기 시작했다. 그것만으로도 일부 폭력배들은 겁을 집어먹었다. 그때 12~15명이 숲으로 달아나기 시작했다고 한다. 한 경찰관은 "그들이 출입문과 창문 등 곳곳에서 쏟아져 나왔다"고 했다.

경찰은 달아나는 폭력배들을 맹렬히 뒤쫓았다. 숲에서 추격전이 벌어지는 동안 총격은 일어나지 않았다. 폭력배들이 숲속에서 진압되기 시작하면서 두세 명씩 경찰에 체포되었다.

바버라의 집에 남아 있는 폭력배들은 저항을 포기하고 이름표를 떼어낸 다음 경찰에 투항했다.

모임의 수수께끼

체포된 폭력배들은 모두 주 경찰서로 이송되었고, 경찰은 신원을 파악했다. 하지만 아무도 모인 이유를 말하려 하지 않았다.

크로스웰 경사는 "우리가 그때 모임의 목적을 알아냈다면, 그들을 그냥 보내지 않았을 것"이라며 "경찰서에서 폭력배들을 들들 볶았는데도 꼬투리 잡을 만한 것을 찾아내지 못했다"고 했다.

42세의 크로스웰 경사는 키 183센티미터에 체중 90킬로그램이 넘는 거구로 거의 웃는 법이 없고 친구도 별로 없다. 크로스웰 경사의 한 친구는 그가 뉴욕주의 베스털이라는 마을에서 근무할 때도 자백을 받기 위해 용의자를 들들 볶았던 적이 있다면서 "주 경찰 중에서 유일하게 그런 짓을 할 수 있는 사람이다. 다른 경찰과는 달리 순찰 중에 상인들에게 공짜 밥을 얻어먹기도 한다"고 말했다.

크로스웰 경사는 주 경찰에서 12년째 근무하고 있는데 12년 내내 범죄 수사 업무만 했다.

어쨌든 조직 폭력배들이 아팔라친에 모인 이유에 관해 이런 저런 말들이 오갔다. 그중 하나는 노사 불공정 행위를 파헤치는 상원 특별위원회에서 쓰레기 불법 처리 문제를 조사했기 때문이라는 것이었다. '살인 주식회사'의 두목인 아나스타샤가 피살된 것 때문에 모였다는 말도 있었다.

이혼남인 크로스웰 경사는 경찰서에서 살았다. 다른 사람들과는 거의 어울리지 않았다. 체격을 제외하고 그의 몸에서 가장 인상적인 곳은 눈이다. 회색 눈동자에 아주 냉정해보이기 때문이다.

1947년 주 경찰이 주 중부 지역 전체에서 대대적으로 복권을 단속할 때, 크로스웰 경사는 용의자를 체포하라는 지시를 받았다. 당시 소문에는 용의자가 현금 5만 달러를 갖고 있었으며 크로스웰 경사에게 자신을 풀어주면 큰돈을 떼어주겠다는 제안을 했다고 한다. 크로스웰 경사는 그 용의자를 뇌물죄로 고발했다.

쿠바나 이탈리아처럼 먼 외국에서 온 범죄자들이 모여 사는 집단 거주지는 보통 암흑가의 핵심 본거지였다. 당국에서는 폭력배들이 왜 모였는지 입을 열지 않자 그들 중 일부를 기소했다. (일부 폭력배들은 바버라가 건강이 좋지 않아 병문안을 갔을 뿐이며 많은 인원이 모인 것은 어디까지나 우연이라고 말했다.) 하지만 그들에게 내려진 유죄 선고는 나중에 번복되었다.

발라키가 뉴욕 범죄 조직의 두목으로 다섯 사람을 지목

– 이매뉴얼 펄머터

조지프 발라키가 오늘 코사 노스트라Cosa Nostra('우리들의 것'이라는 의미로, 미국 마피아 중에서도 이탈리아의 시칠리아에서 시작된 가장 영향력 있는 조직을 일컫는 말—옮긴이) 조직의 패권을 놓고 벌어졌던 피비린내 나는 전쟁의 역사를 차분하게 설명했다. 그 전쟁을 통해 뉴욕 암흑가를 지배하고 마피아 계율을 관장하는 5명의 두목이 등장했다는 것이 그의 설명이었다.

그가 뉴욕의 5대 코사 노스트라 '패밀리'의 두목으로 꼽은 인물은 비토 제노베제와 카를로 감비노, 조지프 말리오코, 조지프 보나노, 토머스 루케제였다. 그중에서 제노베제는 수감 중이었다.

살인 전과자인 60세의 발라키는 상원의 상임 조사위원회에 현존 인물 두 사람을 더 언급하면서 그들이 1930년대에 4명의 조직원이 살해된 미해결 사건에 가담했다고 주장했다. 그리고 공개 청문회에서는 그때 자신이 암살범 한 명을 차에 태워 도피시켰다고 밝혔다.

탄생 과정을 설명하다

조사위원회 사람들과 객석을 가득 채운 500여 명의 청중들은 1930년 코사 노스트라에 비밀리에 가입했다는 발라키의 이야기에 귀를 기울이고 있었다.

발라키는 먼저 충성을 맹세하는 의식에 대해 설명했다. 몸에 상처를 내서 피를 흘린 뒤 손을 컵 모양으로 만들어 그 안에서 종이를 태우는 의식이었다. 조직을 배신하면 그런 식으로 불에 태워질 것이라는 의미였다.

그는 증언하면서 횡설수설할 때도 많았다. 청중들은 무슨 말인지 알아듣지 못해 당황하기도 했다. 하지만 그의 흉악한 이야기는 사람들을 끌어당기는 힘이 있었다.

발라키가 현존하는 살인범으로 언급한 두 사람은 바비 도일이라고 알려진 지롤라모 산투치오와 솔리 실즈라고 알려진 살바토레 실리타니였다.

그리고 '도일(Doyle, 발라키는 브루클린 식으로 '더얼'이라고 발음했다)'이라는 이름을 사용하는 산투치오가 조지프 핀졸로를 살해한 범인이라고 증언했다. 과일 수입업을 하는 핀졸로는 한 조직의 두목으로 1930년 9월 9일 브로드웨이의 사무실에서 총상을 입은 시신으로 발견되었다. 그 사무실은 루케제의 이름으로 임대한 곳이었다.

발라키는 또한 산투치오와 닉 카푸치, 그리고 '시카고에서 온 버스터'로만 알고 있는 인물 등 세 사람이 1930년 11월 5일 브롱크스 펠햄 파크 웨이에 있는 아파트에서 알프레드 미네오와 스티브 페리뇨를 살해했다는 증언도 했다.

그가 산투치오의 소식을 마지막으로 들은 것은 1960년이었다. 그 당시 코네티컷주 스탬퍼드에 살던 산투치오는 식당을 운영하면서 사설 복권과 도박 사업을 하고 있었다.

발라키가 "대학생 같다"고 표현했던 버스터는 시카고에서 알 카포네로부터 도망친 다음 이곳 폭력 조직에 합류한 인물이었다. 발라키는 버스터에 관해 "대학생처럼 생겼다. 23살이고 키 183센티미터에 몸무게는 91킬로그램 정도였다. 그리고 항상 바이올린 가방을 들고 다녔다"고 말했다.

소위원회의 제롬 애들러먼 법률고문이 "바이올린 가방을 왜 들고 다녔는가?"라고 물었다. 발라키는 기관총 때문이라면서 "버스터는 도박을 하다가 말다툼을 하던 중 살해되었다. 평화로운 시기였는데 말이다"라고 했다. 카푸치는 나중에 자연사했다고 덧붙였다.

발라키는 실리타니가 버스터, 카푸치와 함께 조지프 베이커라는 이름으로 알려진 조지프 카타니아를 1931년 2월 3일 브롱크스의 크레센트가에 있는 아파트 밖에서 총으로 사살했다는 증언도 했다. 그는 현재 실리타니가 가석방되었다고 했지만 뉴욕 경찰은 아직 수감 중이라고 말했다.

발라키는 카타니아를 사살한 범인들이 도주할 때 탔던 도주 차량을 운전했다. 그리고 미네오와 페리뇨를 두 차례에 걸쳐 살해하려다가 실패했다. 하지만 정작 두 사람이 살해됐을 때 자신은 사건 현장에 없었다고 주장했다.

첫 번째 '청부 살인'

발라키는 카타니아 살인 사건이 조직에 가입한 후 처음 수행했던 "청부 살인"이었으며 미네오와 페리뇨가 살해되었을 때는 재판을 받고 있었다고 말했다.

에드먼드 머스키 메인주 민주당 상원의원이 "청부 살인을 하고 돈을 받았는가?"라고 물었다.

발라키는 "아니다. 조직을 위해 청부 살인을 하고 돈을 받았다는 사실이 조직에 알려지면 문제가 된다"고 대답했다.

머스키 의원이 계속 물었다.

"그 청부 살인을 거절할 수는 없었나?"

발라키는 어깨를 으쓱하며 말했다.

"우리는 전쟁 중이었다. 우리는 한 팀이었다. 군인처럼 말이다."

"조직을 위해 살인을 하는 것이 어쩔 수 없었다는 말인가?"

"그렇다."

'부업을 하는' 조직 폭력배

헨리 잭슨 워싱턴주 민주당 상원의원은 그 무렵 동료들과 함께 조직에서 월급을 받았느냐고 물었다.

발라키는 "주당 25달러쯤 받았다. 그리고 두어 번 정도 도둑질을 해서 약간의 돈을 벌기도 했다"고 대답했다.

잭슨 의원이 물었다.

"일종의 부업을 했던 것인가?"

"그렇다. 주급 25달러가 큰돈은 아니었으니까."

1930년부터 간헐적으로 벌어졌던 암흑가 전쟁에 관한 발라키의 이야기는 조직원이나 두목이 수시로 편을 바꾸는 바람에 아주 복잡하게 들렸다. 그래도 한마디로 요약하자면 다음과 같았다.

코사 노스트라의 두목 중 최고의 두목은 '갈고리 손' 피터 모렐로였다. 모렐로는 1930년 8월 15일 이스트 116번가의 사무실에서 암살당했는데, 발라키는 모렐로를 총으로 쏜 사람이 버스터라고 했다.

모렐로가 죽은 뒤 주세페 마세리아와 살바토레 마란자노가 주도권을 놓고 한판 전쟁을 벌였다. 마세리아는 '미네오 앤 페리뇨 패밀리'와 손잡았고 마란자노는 가에타나 레이나 조직과 연합했다. 마세리아의 부하들은 대부분 나폴리 출신이었고 마란자노의 부하들은 시칠리아, 그중에서도 카스텔 델 마르 지역 출신이 많았다.

대세가 한쪽으로 기울다

1930년 2월 26일, 가에타나 레이나가 마세리아 조직의 이름 모를 조직원에게 살해당했다. 마세리아는 레이나의 후임으로 핀졸로를 밀었지만, 레이나 조직의 오래된 조직원들이 핀졸로를 살해하고 말았다. 그리고 레이나 조직의 부두목인 가에타노 갈리아노가 조직을 접수했다. 사람이 부족했던 갈리아노 조직에서 발라키를 고용한 것이 바로 이 무렵이었다.

발라키의 말에 따르면, 마세리아는 주도권 전쟁을 벌이면서 이탈리아 출신이 아닌 알 카포네와 '더치 슐츠'로 알려진 아서 플레겐하이머의 지원을 받았다.

미네오와 페리뇨가 살해되자 마세리아 조직은 카스텔 델 마르 출신들에게 '사형 선고'를 내렸다. 그리고 그때부터 전쟁이 본격화되었다는 것이 발라키의 증언이었다.

하지만 전쟁의 주도권은 얼마 못 가 마란자노 동맹 쪽으로 넘어갔다.

발라키는 그때쯤 마란자노 연합 쪽의 인원이 600여 명이었던 것에 반해 마세리아 조직 쪽은 인원이 많지 않았다고 진술했다.

마세리아는 1931년 4월 20일 코니아일랜드 식당에서 암살되었다. 발라키는 마세리아를 함정에 빠뜨려 죽게 한 것이 그의 부두목인 찰스 '럭키' 루치아노와 비토 제노베제였다고 했다.

발라키의 증언은 그 시점에서 멈췄다. 다만, 마세리아가 죽고 마란자노가 두목이 되면서 전쟁이 끝났다고 말했다.

소위원회에서 제시한 전쟁 기록을 보면 마란자노는 1931년 9월 11일 살해되었다. 마란자노의 조직은 4개의 패밀리가 접수했다. 그 네 패밀리의 두목은 각각 루치아노, 필립과 빈센트 망가노, 조지프 프로파치, 갈리아노였다. 그리고 궁극적으로는 발라키가 앞서 호명했던 5명의 두목이 패권을 쥐게 되었다.

1930년대 코사 노스트라 가입 과정에 대한 발라키의 이야기는 한 편의 영화 같았다. 그때 발라키는 다른 세 사람과 함께 입단 의식을 치르기 위해 "뉴욕에서 북쪽으로 145킬로미터" 떨어진 저택으로 갔다. 그곳에는 40여 명이 모여 있었고 두목인 마란자노도 있었다.

발라키는 "그곳에 모인 목적은 우리를 새로운 조직원으로 받아들이고 다른 조직원과 첫 대면을 하기 위해서였다"고 말했다. 발라키는 넓은 방으로 안내받아 들어갔는데 그곳에 놓인 긴 탁자에 30~35명 정도가 앉아 있었다. "탁자 위에는 총과 칼이 한 자루씩 놓여 있었다. 그들은 내게 마란자노 옆에 앉으라고 말했다. 나는 마란자노가 시칠리아어로 하는 말을 따라 했다."

소위원회 위원장인 존 매클렐런 아칸소주 민주당 상원의원이 발라키에게 "그때 따라했던 말은 무슨 뜻이었는가?" 물었다.

발라키는 "총과 칼로 살고, 총과 칼로 죽는다는 뜻이었다"고 대답했다.

마란자노는 발라키가 들고 있는 종이에 불을 붙였다.

"불이 타는 동안 '조직을 배신하면 이렇게 불에 태워질 것이다'라는 시칠리아 말을 계속 반복해서 말했다"고 발라키는 말했다.

'대부'가 정해지다

그런 다음 탁자에 앉은 사람들이 저마다 손가락을 1에서 5까지 펴 보이며 "숫자를 말했다." 그리고 그 숫자를 모두 더해 합계를 구했다. 마란자노를 시작으로 순서대로 사람을 세어나가다가 숫자의 합계와 같은 순서에 걸린 사람이 조직 내 발라키의 '대부'로 정해졌다. 그때 발라키의 대부가 된 사람은 보나노였다.

보나노는 바늘로 발라키의 손가락을 찔렀다. 피로써 보나노 조직의 일원이 되었음을 보여주는 것이었다. 그런 다음 참석한 모든 사람이 손을 잡고 조직의 결속력을 다졌다.

발라키는 그날 밤 코사 노스트라의 규칙 두 가지를 전해 들었다. 하나는 조직에 대한 충성이고 다른 하나는 다른 조직원의 아내와 여자 형제, 딸을 건드리지 않는다는 약속이었다.

처음으로 발라키의 얼굴이 굳어졌다.

"지금 여기서 입단 의식에 대해 털어놓은 것은 정말 어떤 일이 있어도 해서는 안 되는 일이다. 하지만 여러 사람과 언론 앞에서 증언하는 것이 내게 주어진 운명인 것 같다."

발라키는 젊은 시절에 있었던 일을 증언하면서 코사 노스트라의 일원이 되기 전, 이스트 할렘의 강도단에 몸담았을 때부터 이야기를 시작했다. 발라키가 처음 가담한 조직은 집 근처에 있던 강도단으로 조직원 대부분이 이탈리아인이었다. 주로 가게 창문을 깨고 들어가 물건을 훔치는 게 일이었다. 그러다가 얼마 후 '아이리시 갱'이라는 강도단 연합체에 가입했다.

그때 두 강도조직 간에 경쟁이 격화되었다. 지금도 할렘 암흑가의 거물인 빈센트 라오가 발라키에게 접근한 것이 바로 그때였다. 그는 발라키에게 아이리시 갱을 배신하라고 요구했다. 1924년의 일이었다.

발라키는 이렇게 말했다. "그 제안을 거절했다. 그리고 라오에게 '친구들을 배신하라니, 당신은 내게 개돼지나 하는 일을 요구하고 있다'고 말해 주었다." 그리고 소위원회에서는 "나는 나만의 원칙이 있었다"고 말했다.

발라키는 강도죄로 1925년 싱싱 교도소에 수감되어 44개월간 복역했다. 석방된 뒤에는 아이리시 갱단의 프랭크 라 푸마가 살해되었으며 자신도 제거 대상이라는 것을 알게 되었다.

발라키는 '부랑아' 로저스라는 폭력배가 자신을 청부살인하는 대가로 치로 테라노바에게서 100달러를 받았다는 이야기를 전해 들었다. 발라키는 테라노바의 운전사 겸 경호원인 프랭크 리보르시를 찾아가서 살려달라고 애걸한 끝에 겨우 목숨을 건졌다. '아티초크(artichoke, 국화과 다년생초로 꽃봉오리를 식용이나 약용으로 사용한다—옮긴이) 왕'으로 알려진 테라노바는 과거 알 카포네의 심복이었고 암흑가에서 오랫동안 권력자로 군림했다.

매클렐런 의원이 테라노바가 왜 아티초크 왕으로 불렸는지 물었다.

발라키는 "시내로 들어오는 모든 아티초크를 꽉 잡고 있었기 때문이다. 그는 아티초크를 저장하고 있다가 원하는 가격에 팔았다"고 답했다.

"아티초크가 그렇게 중요한가?"

"이탈리아인에게 아티초크는 후식을 만들 때 꼭 필요한 재료이다."

미국 치안 당국에서 마피아의 영향력을 과소평가하던 시절, 발라키는 미국에 복잡한 계보의 범죄 조직이 존재한다는 사실을 공개한 최초의 조직원이었다. 그는 1971년 옥중에서 사망했다.

브루클린의 레스토랑에서
갈란테와 두 사람이 사살되다

– 로버트 D. 맥패든

범죄 조직의 두목으로 유명한 카르미네 갈란테가 어제 오후 암흑가의 처형 방식과 비슷하게 소총과 산탄총 세례를 받고 사망했다. 브루클린에 있는 한 작은 레스토랑의 조용하고 햇볕이 잘 드는 옥외 테라스에서 식사하던 중이었다.

갈란테의 경호원과 식당 사장도 함께 살해되었다. 사건 현장은 부시윅 구역 205 니커보커가에 있는 메리 조 앤 이탈리안-아메리칸 레스토랑으로 마스크를 쓴 3명의 무장 강도가 총격을 가하는 바람에 레스토랑 사장의 17세 아들도 중상을 입었다.

사살된 세 사람은 모두 비무장 상태였다. 그들은 알려지지 않은 일행한 명과 함께 콘크리트 테라스의 작은 탁자에 앉은 채 아주 가까운 거리에서 발사한 총에 맞았다. 함께 식사를 하고 있었으며 아직 신원이 파악되지 않은 일행 한 명은 아무런 부상도 입지 않았다. 그는 총격이 벌어진 후 급히 모습을 감추었는데, 수사관들은 이번 처형 과정에서 그의 역할이 명확하지 않다고 말했다.

작달막한 키에 머리가 벗어진 69세의 갈란테는 가슴에 산탄총을 맞고 그 충격에 뒤로 나가떨어졌다. 왼쪽 눈에도 관통상을 입었고 가슴은 총알로 벌집이 된 상태였다.

식당 주인 아들이 총에 맞다

갈란테 외에도 40세의 경호원 레오나르도 코폴라가 머리에 총을 맞고 현장에서 즉사했다. 레스토랑 주인인 48세의 주세페 투라노는 머리와 어깨에 총을 맞고 와이코프 하이츠 병원으로 이송 도중 사망했다. 투라노의 아들인 17세의 존은 총격이 막 시작되었을 때 테라스 쪽으로 뛰어오다가 등에 총 두 발을 맞았다.

조직의 명령을 실행한 것으로 보이는 암흑가의 암살자들은 무장한 채 망을 보던 공범 몇 명과 함께 두세 대의 차에 나눠 타고 현장을 벗어났다.

인근 상점의 주인들과 거리 맞은편 3층짜리 공동주택에서 창문으로 내다보던 이웃들은 레스토랑의 다른 손님들이 혼비백산하며 암살자들보다 먼저 도망치는 모습을 봤다고 말했다.

레스토랑 테라스가 보이는 아파트에 거주하는 리사 산티아고는 "계단을 내려가다가 폭죽이 터지는 것 같은 소리를 들었다"며 그 폭발 소리가 여섯 번쯤 들렸다고 말했다.

한 경찰관은 "경고 같은 것은 전혀 없었다. 암살범들은 그냥 조용히 걸어와서 총을 쏘기 시작했다"고 말했다.

1979년 7월 12일, 카르미네 갈란테가 살해당한 브루클린의 한 레스토랑의 테라스

암살범의 공격이 얼마나 급작스러웠던지, 총알 세례가 시작되었을 때 갈란테가 피우고 있었던 시가는 선혈이 낭자한 테라스에 경찰이 도착했을 때에도 여전히 그의 입에 물려 있었다.

피투성이가 된 채 큰 대자로 누워 있는 세 구의 시신 근처에는 기름 먹인 꽃무늬 천이 덮인 식탁이 있었고, 그 위에 반쯤 먹은 양상추 토마토 샌드위치와 둥근 빵 몇 개, 복숭아 한 개, 적포도주 반병이 놓여 있었다. 레스토랑 테라스에는 '더블 오 벅샷(double-o buckshot, 산탄총에 들어가는 산탄의 한 종류로 산탄 한 발에 지름 8.4밀리미터 쇠구슬이 7~9개 정도 들어 있다—옮긴이)' 탄피와 큼지막한 산탄 쇠구슬, 45구경 탄피 등이 어지럽게 널려 있었다. 경찰은 총격에 산탄총이 사용된 것은 분명하지만, 나머지 탄피가 권총에서 발사된 것인지 아니면 자동 소총에서 발사된 것인지는 확실하지 않다고 밝혔다.

치안 당국에서 흘러나온 정보에 의하면, 미국에서 가장 강력한 조직 폭력계의 거물인 갈란테는 그동안 카를로 감비노의 후계자가 되려는 야심을 공공연히 드러냈다. 그 때문에 1년 넘게 암흑가의 제거 대상으로 낙인찍힌 상태였다. 감비노는 암흑가에서 '두목 중의 두목'으로 유명했던 인물로 몇 년 전 사망했다.

퀸스 지방검찰 산하의 수사팀 팀장이자 전직 조직범죄 전담반 반장이었던 리모 프란체시니 경위는 암흑가의 주도권을 놓고 갈란테와 경쟁 관계였던 티에리가 살해 명령을 내린 것으로 보았다. 치안 당국에서는 사망한 비토 제노베제가 만든 조직의 두목을 티에리로 보고 있었다.

마약 밀매 혐의로 12년간 복역하고 가석방 위반으로 17개월을 더 복역했던 갈란테는 5만 달러의 보석금을 내고 3월 23일부터 가석방 청문회가 열릴 때까지 석방된 상태였다. 경찰은 과거 조지프 보나노가 두목이었으며 현재 조직원이 200여 명에 달하는 조직의 두목이 갈란테였던 것으로 보고 있다.

리틀 이탈리아의 아파트

리틀 이탈리아 지역에서 세탁소를 운영하는 갈란테의 자택은 그리니치빌리지에 있는 웨이벌리 플레이스의 한 아파트로 알려졌다. 하지만 치안 당국의 소식통에 따르면 실제로는 이스트 38번가에 있는 여자친구의 집에 거주한 지 오래되었다고 한다. 웨이벌리 플레이스의 아파트 관리자는 일한 지 8년이 되었지만 갈란테를 본 적이 없다고 말했다.

어제의 총격은 1972년 4월 7일 조지프 갈로가 리틀 이탈리아에 있는 한 레스토랑에서 총격을 받고 사망한 이래, 뉴욕의 암흑가 인물 살해 사건으로는 가장 충격적인 사건이었다.

사건 발생 시간은 경찰의 발표와 인근의 상점 주인이나 아파트 주민들의 증언을 고려했을 때 오후 2시 50분으로 추정되었다. 사건 현장은 니커보커가와 제퍼슨가, 그리고 트라우트맨가가 교차하는 곳이었으며 주민들은 대부분 이탈리아계와 라틴 아메리카계이다.

사건의 극히 일부만 보았기 때문에 그랬는지도 모르지만, 어쨌든 많은 목격자가 사건에 관해 입을 열려하지 않았다. 그나마 목격자들이 말한 암살자들의 수와 그들이 사용한 자동차 대수도 일관성이 없었다. 치안 당국에서는 암살자가 최소 5명에서 7명, 혹은 그 이상일 수도 있다고 했다. 다만 갈란테에게 치명적인 총격을 가한 사람은 3명으로 추정했다.

경찰은 총격이 아주 신속하고 정확하게 이루어졌다고 말했다. 한 목격자에 따르면, 두 사람이 검은색 리무진으로 제퍼슨가 인근의 차량 통행을 막아 도주로를 확보하고 있는 동안 나머지 5명이 탄 한두 대 정도의 차가 레스토랑 밖에 멈춰 섰다. 마틴 헤이즈 경정은 3명이 레스토랑으로 들어가는 동안 다른 2명이 레스토랑 정문에 서서 행인들을 총으로 위협했다고 말했다.

갈란테 일행 외에 레스토랑에 있던 손님은 3명밖에 없었다. 레스토랑 안에는 앞뒤로 두 개의 방이 있고 옥외 테라스는 건물 뒤편에 있었다. 건물 전면 유리에는 노란색 커튼이 걸려 있었고 정문 바로 안쪽에는 레오나르도 다 빈치의 〈최후의 만찬〉이 걸려 있었다.

암살자들은 레스토랑의 첫 번째 방에서 존 투라노를 보았다. 고등학생인 투라노는 종종 식당에서 일했는데 당시에는 계산대 뒤에 서서 전화를 하고 있었다. 암살자들은 존에게 전화를 끊고 식당 뒤쪽으로 가라고 명령하면서 레스토랑 주인 주세페 투라노의 어머니와 16세 딸, 계산대 직원을 지나쳐 갔다. 그런 다음 두 번째 방에 있는 3명의 손님을 지나쳐 옥외 테라스로 달려갔다.

아주 가까이 서서 총을 쏘다

테라스에 870달러를 소지한 갈란테가 파란 바지에 하얀 셔츠의 목 부분을 풀어 놓은 차림으로 코폴라, 투라노, 그리고 신원이 알려지지 않은 한 사람과 앉아 있었다. 수수한 시골식 상차림이었다. 식탁 주변에는 포도 덩굴이 매달려 있었고 작은 텃밭에는 토마토가 자라고 있었다. 옥외 테라스와 뒷마당 사이에는 가슴 높이의 울타리가 있었다.

경찰은 암살자들이 피살자들로부터 180센티미터가 채 안 되는 거리에서 총알 세례를 퍼부었다고 말했다.

눈과 가슴에 총을 맞은 갈란테는 테라스 바닥에 등을 대고 누운 채였고 왼손은 가슴 위, 오른손은 허리께에 있었다. 입에는 짧은 검은색 시가가 물려 있었고 얼굴은 온통 피투성이였다.

코폴라의 얼굴은 산탄총에 맞아 절반이 날아간 상태였다. 경찰은 코폴라도 갈란테와 마찬가지로 즉사했다고 말했다. 투라노의 경우에는 사망 판정을 받은 병원 응급실에서 얼굴 오른쪽과 오른쪽 어깨가 날아갔다는 증언이 나왔다.

"그들이 우리 아버지를 쐈어요!"

테라스에서 총격이 벌어지는 동안 투라노의 아들은 도망가지 말라는 암살범의 경고를 무시하고 정원 쪽으로 도망가다 등에 총 2발을 맞았다. 총을 쏜 사람은 레스토랑 정문에서 망을 보던 사람 아니면 차를 타고 현장을 떠난 사람이었으며 총을 쏜 다음 바로 차를 타고 도주했다.

몇 집 건너 이웃에 사는 사람은 암살자들이 떠난 뒤 레스토랑에 가서 총상을 입은 투라노의 아들 존을 발견했다고 말했다.

"그 애가 내게 '그놈들이 아버지를 쐈어요! 아버지를 쐈다고요!'라고 소리쳤다. 아이의 몸을 살펴보니 옆구리에 커다란 총알구멍이 나 있었다."

투라노의 아내와 딸은 이탈리아로 휴가를 간 뒤였고, 투라노도 이번 주말에 이탈리아로 가서 가족과 합류할 예정이었다고 이웃들이 말했다. 경찰은 갈란테가 여행을 떠나는 식당 주인과 여행을 축하하는 의미로 함께 식사하는 중이었다고 밝혔다.

1986년 앤서니 인델리카토가 복면을 쓰고 갈란테를 사살한 범인 중 한 명으로 유죄 판결을 받았다. 갈란테 살해는 경쟁 조직이 마피아위원회(1931년에 결성된 미국 마피아의 최고 의사결정 기관—옮긴이)의 승인을 받아 실행에 옮긴 사건이었다.

1980년대의 마피아, 내부 분열과 경찰의 포위에 갇히다

– 로버트 D. 맥패든

비밀 의식으로 단합된 어둠의 세계, 저택의 높은 벽 너머에서 늙어가는 두목들, 다른 조직을 향한 복수와 권력에의 열정. 요즘 들어 그들에 대한 이미지는 캐리커처와 비슷해 보인다. 오랫동안 사람들은 마피아라고 하면 소설이나 영화, 멀베리가(이탈리아계 이민자들이 많이 사는 뉴욕 맨해튼의 리틀 이탈리아 구역에 있는 거리—옮긴이)의 휘파람 소리를 떠올렸다.

하지만 지난해 마피아에 잠입해서 그들의 정체를 폭로한 암흑가 정보원이나 수사관들이 참여한 연방 재판이 이어지면서 수뇌부의 지도력은 물론 마피아 조직 전체가 크게 약화되었다. 몇 년 전만 해도 상상할 수 없을 정도로 말이다. 또한 재판에서 공개된 증거들은 암흑가의 조직 체계와 향후 활동에 큰 어려움을 예고했다.

기업 연합과 비슷한 형태

암흑가의 내부 사정이 이번처럼 자세히 공개된 적은 없었다. 마피아는 세대별로 나뉘고 심리적으로도 분열되는 모습을 보이고 있다. 겉으로는 1980년대 화려한 기업의 모습이지만, 속으로는 이미 지나간 시대의 아련한 감상에 빠져 있는 것이다.

'피자 커넥션' 재판(피자가게를 거점으로 헤로인과 코카인을 대량으로 유통시킨 시칠리아 출신 마피아에 대한 재판으로 1985년부터 약 2년간 계속되었다—옮긴이)과 '마피아위원회(1931년에 결성된 미국 마피아의 최고 의사결정 기관—옮긴이)' 재판, 존 고티와 필립 라스텔리 재판 등이 이어지면서, 마피아가 국제적인 기업 연합 형태로 위장한 채 마약 운송과 기업 인수 등을 세련되게 수행하며 스위스 은행 계좌를 통해 검은돈을 세탁하고 각종 불법을 일삼고 있다는 사실이 세상에 드러났다.

또한 수천 시간 분량에 달하는 수사관과 정보원의 진술을 비롯해서 집과 자동차, 사교 클럽에서 녹취한 비밀스러운 대화 내용에서도 그들의 민낯이 상세하게 공개되었다.

명예의 가치

마약은 싫어하지만 헤로인을 몇 톤씩 팔며 경마에서 큰돈을 잃는 도박꾼들, 여자에 관한 저속한 욕설에 성을 내는 살인자들, 데이먼 러니언(미국의 신문기자이자 작가로 노름꾼이나 배우, 갱단에 관한 유머러스한 이야기를 많이 썼다—옮긴이)의 글에 나오듯 망치로 사람을 때려죽이면서도 익살스러운 별명으로 불리는 이들은 체통이라는 옷을 한 꺼풀 벗기면 놀라울 정도로 평범한 가정이 있고 가정적인 생활을 하고 있었다.

사람들이 오랫동안 막연하게 상상만 해왔던 것들을 정리해보면 다음과 같다. 살인과 거액의 돈만 추구하는 무모하고 대담한 젊은 마피아와, 명예의 가치를 가장 중요하게 생각하고 '우정'과 '존경'을 강조하며 '오메르타omerta'라고 하는 침묵의 계율을 깨뜨리느니 차라리 죽음을 택하는 늙은 마피아 사이에는 엄연히 세대 차이가 존재한다.

하지만 지난 1년간 진행된 형사 고소와 집요한 감시 활동을 뒤돌아보면, 연방 검사나 조직범죄 전문가, 치안 당국 관계자들은 이제 마피아의 내부 문제가 그런 세대 간 충돌을 넘어 조직 구성 문제나 사업 영역에까지 이르렀다고 말한다.

맨해튼의 루돌프 줄리아니 연방 검사는 이렇게 말했다.

"올해는 마피아에게 최악의 한 해이다. 우리는 꾸준히 성과를 내고 있는 반면, 그들은 계속 움츠러들고 있다. 우리가 그들로부터 노동조합과 합법적인 사업을 다시 빼앗아 온다면, 그들은 결국 평범한 길거리 깡패로 전락할 것이다."

연방 법정의 상황

전직 두목의 이름을 따서 감비노, 제노베제, 루케제, 보나노, 콜롬보로 불리는 뉴욕의 다섯 패밀리를 포함해서 마피아 전체가 입은 타격은 심각한 수준이었고 그 원인은 대부분 조직 내부에 있었다.

도둑이나 폭력배로 위장해서 마피아 내부로 침투한 수사관들은 청부 살인이나 지도부 구성, 일상생활 등 많은 정보를 빼냈다. 어머니의 날에는 마피아가 일을 쉰다는 것도 이런 방법으로 알게 된 수많은 정보 중 하나였다.

치안 당국은 증인 보호 프로그램을 적용해주겠다고 설득하거나 중형을 선고하겠다고 협박해 마피아 조직원이 침묵의 계율을 깨고 동료들에게 불리한 증언을 하도록 유도했다.

또한 현대적인 전자 도청 및 감시 기술을 폭넓게 사용하고 부패 및 조직범죄 처벌법을 효과적으로 적용했다.

평결을 기다리는 고티

마피아에 대한 엄중한 단속이 시행된 지는 오래되었지만, 성과가 나온 것은 불과 지난해부터였다. 그렇게 해서 맨해튼과 브루클린에서 주요 범죄자에 대한 재판이 연달아 시작되었다.

- 마피아위원회 재판: 제노베제 패밀리의 두목 앤서니 살레르노와 루케제 패밀리의 두목 앤서니 코랄로, 콜롬보 패밀리의 두목 카르미네 페르시코를 포함한 8명이 마피아위원회에 가담한 혐의로 11월 19일 유죄 판결을 받았다.
- 피자 커넥션 재판: 17개월간의 법정 소송 끝에 시칠리아 마피아의 전직 두목과 다른 16명이 국제적인 마약 조직을 결성하여 헤로인을 유통시킨 혐의로 3월 12일 맨해튼에서 유죄 판결을 받았다. 연방 당국은 그들이 피자 가게로 위장한 근거지에서 마약을 판매하고 자금을 세탁하는 방법으로 16억 달러를 벌어들인 것으로 추산했다.
- 존 고티 재판: 정부 당국에서 감비노 패밀리의 두목으로 지목한 고티와 공갈 혐의로 기소된 6명의 유명한 폭력배들이 아직 배심원 평결을 기다리고 있다.
- 필립 라스텔리 재판: 당국에서 보나노 패밀리의 두목으로 지목한 라스텔리와 다른 6명이 노조를 앞세운 공갈협박죄로 유죄 판결을 받았다.

이런 재판들이 마피아의 조직력과 가장 수익성 높은 일부 사업에 타격을 입혔지만, 마피아는 여전히 사업을 통해 막대한 수익을 올리고 있다. 또한 조직 폭력배 단속 활동에 가장 낙관적인 치안 당국마저도 마피아의 종말이 가까워졌다고 생각하지는 않았다.

지금까지 마피아는 늘 관심의 대상이었다. 총격과 금품 갈취에 관한 뉴스, 총에 맞아 벌집이 된 시신 사진, 이따금씩 보도되는 체포와 재판 소식, 소설에서 엿볼 수 있는 대부와 그의 반지에 입 맞추는 추종자들의 이야기. 하지만 지난해 진행된 재판을 통해 어떻게 조직화되고 1980년대에 어떤 일을 벌였으며 조직원들의 실제 민낯이 어떤 모습인지 샅샅이 밝혀졌다.

또한 재판을 통해 그동안 알려지지 않았던 현대적인 수사 기법과 수사관들에 관한 특별한 이야기들이 공개되었다. 용감무쌍한 비밀 요원부터 접시형 안테나에 이르기까지 소설가의 머릿속을 위험과 긴장감, 놀라운 최신 장비로 가득 채울 만한 인물이나 기술이 법정에 등장했던 것이다.

폭력 조직은 어떻게 탄생했나

검찰은 여러 재판에서 정성들여 작성한 도표와 광범위한 증언을 공개함으로써 폭력배들의 국내 활동을 통제하는 마피아 위원회의 존재를 대중에 알렸다. 뉴욕에 있는 다섯 패밀리의 두목들은 마피아위원회에서도 영향력이 가장 컸다.

시카고 외곽에 미국 서부를 관할하는 두 번째 마피아위원회가 존재할 가능성이 대두되었다. 하지만 치안 당국의 결론은 뉴욕의 마피아위원회가 미국에서 가장 권위 있는 통제기관이라는 것이었다. 검찰에 따르면 마피아위원회는 각 패밀리의 두목으로 구성되어 있으며 패밀리 간의 영역을 정하고 어떤 사업을 해서 수익금을 각자 어떻게 분배할지 결정한다. 또한 조직 간의 분쟁을 해결하고 협력하지 않는 조직원들을 처단하라고 명령할 때도 많다.

위원회 밑에는 각 패밀리가 있다. 패밀리에는 저마다 기밀을 유지하고 의사소통을 하며 작전을 실행에 옮기기 용이하도록 아주 단순하게 구성된 여러 전투 조직이 있다. 가장 위에 두목이 있고 그 밑에 부두목과 고문이 있으며 그 밑에 소수의 지부장이 각자 수십에서 수백 명에 이르는 정식 조직원들을 거느리고 있다. 그리고 다시 그 밑에는 정식 조직원이 되고 싶어 하는 임시 조직원들이 있다.

두목에 '적합하지 않은' 인물

마피아위원회 재판에서 재생된 수많은 녹음테이프 중에는 조직의 두목이 갖는 권한을 극적으로 보여주는 것이 있었다. 그 테이프에서는 제노베제 패밀리의 두목 살레르노가 버펄로와 클리블랜드에서 온 폭력배들에게 버펄로 지역의 주도권 분쟁에 위원회가 개입할 것이라고 하는 말이 흘러나왔다.

'뚱뚱한 토니'로 알려진 살레르노는 1984년 맨해튼에 있는 조직 본부인 '팔마 보이즈 사교 클럽'에서 그 두 방문자에게 "위원회에서 그 문제가 해결되기를 원한다"고 말했다.

방문자 중 한 명인 버펄로파의 고문 조지프 피어리는 자신의 두목인 조지프 토다로에게 감정이 좋지 않았다.

"토다로에게 대항하는 몇 놈을 내가 처치한 덕에 토다로가 두목이 되었다. 그런데 그는 두목감이 아니다. 나를 무시하기 시작했다."

클리블랜드에서 온 존 트로놀론은 피어리를 지지한다면서 토다로파가 중무장하고 있으며 언제든 말썽을 일으킬 수 있다고 말했다.

"그놈들은 기관총을 들고 다닌다. 우리가 기관총을 들고 다닌다고 생각해 봐라. 어떨 것 같은가?"

살레르노는 "저런, 주니어에게 이 일을 해결하라고 해야겠군"이라고 말했다. 주니어는 콜롬보 조직의 두목인 카르미네 페르시코를 의미했다. 살레르노는 버펄로파의 두목 토다로에 관해서는 "그에게 위원회의 말을 전해"라고 말했다.

살레르노의 말은 이랬다.

"토다로에게 뉴욕 위원회에 관해 말해. 그놈이 상대하게 될 뉴욕 위원회 사람들은 아주 거물이라고 말이지."

1980년대의 새로운 유행

FBI 뉴욕 지부장이자 조직범죄 전문가인 토머스 시어는 "마피아는 세련된 미국 기업으로 탈바꿈하기로 결정하고 그 임무를 성공적으로 완수했다. 그 결과 그들은 더욱 수익성 높은 합법적인 기업과 노동조합으로 재빠르게 변신할 수 있었다"고 했다.

전 세계와 거래하면서 최고의 재정 전문가와 법률 자문을 고용하고 운송 및 노동조합을 장악한 마피아는 1980년대 들어 합법적인 사업을 통해 전통적인 범죄 기업보다 더 많은 돈을 벌어들였다. 하지만 경쟁이 치열해진 1980년대 경제계에서 그들에게는 또 하나의 커다란 무기가 있었다. 바로 무력이다.

시어 지부장은 이렇게 설명했다.

"그들은 합법적인 사업을 벌이면서 다른 회사와 경쟁하거나 아예 경쟁 회사를 인수한다. 하지만 질 것 같으면 과거에 했던 식으로 폭력을 행사한다. 정상적인 미국 기업이라면 경쟁을 하면서 폭력을 행사하지 않는다."

마약의 중요성

마피아위원회 재판에서 보았듯, 마피아는 기업을 지배하기 위해 노동조합을 자주 이용했다. 검찰은 피고인인 '시멘트 콘크리트 노동자 지역자치회'의 랠프 스코포 회장이 뉴욕에서 콘크리트 공사를 하는 건설회사 대표들로부터 임금을 갈취해 마피아에 전달하는 중간자 역할을 했다고 말했다.

물리적인 위협을 가하거나 작업을 방해하면서 자신들이 운영하는 '조합'에 억지로 가입시켰다고 증언한 건설회사 대표도 2명이나 있었다. 마피아는 그 조합을 통해 2백만 달러가 넘는 공사 계약 전부를 직접 분배하면서 계약을 따낸 회사로부터 계약 금액의 2퍼센트를 갈취했다.

한편, 피자 커넥션 재판에서 볼 수 있듯이 1980년대에는 마약이 폭력 조직의 주요 사업으로 떠올랐다. 검찰은 수백 건의 증언과 도청한 대화 내용을 제시하면서 마피아가 1979년부터 1984년까지 수 톤에 이르는 헤로인과 코카인을 밀수했다는 사실을 증명했다.

마피아는 터키에서 모르핀 성분을 사들여 시칠리아에서 헤로인으로 가공한 다음 미국으로 들여왔다. 치안 당국은 피고들이 운영하는 피자 가게 근처의 전화박스에서 피고들이 했던 수많은 전화 통화를 도청하고 녹음했다. 그들은 대화하면서 마약을 주문할 때 암호를 쓰는 경우가 많았다. 예를 들어, 시칠리아 마피아의 전직 두목으로 브라질에 있었던 가에타노 바달라멘티와 또 다른 피고인 살바토레 마주르코는 퀸스의 전화박스에서 코카인을 '셔츠'로, 22킬로그램을 '스물두 개 꾸러미'로, 희석하지 않은 마약을 '순면'으로, 순도 90퍼센트의 헤로인을 '아크릴 섬유 10퍼센트'로 불렀다.

마피아 사람들

통념은 보통 쉽게 없어지지 않는 법이다. 특히 마피아 내부에서는 더 그렇다. 재판을 받고 있는 사람들이 가장 참기 힘든 것은 아마도 과거 임시 조직원이었던 이들이 증인석에서 신성한 침묵의 계율을 깨고 비밀을 털어놓는 모습이 아니었을까 싶다.

치안 당국의 정보원이자 유명한 살인범으로 1979년부터 1981년까지 존 고티를 위해 일했던 제임스 카르디날리는 치안 당국이 감비노 조직의 두목으로 지목한 고티에게 조직의 생리를 배웠다고 말했다.

카르디날리는 "존 고티의 조직에서 벗어날 방법은 없다"며 "존 고티와 함께 살고 존 고티와 함께 죽는다"고 말했다.

고티의 잡담

소설 속에서 마피아 두목은 보통 산탄총을 든 경호원이 겹겹이 둘러싼 대저택에서 산다. 하지만 그와 달리 고티와 페르시코를 비롯한 대부분의 마피아 두목들은 현재 놀라울 정도로 평범하게 살고 있다.

마피아위원회 재판에서 마치 변호사처럼 스스로를 변호했던 페르시코는 한때 롱아일랜드주 완타에 있는 사촌 캐서린 드크리스토퍼의 집에서 몇 주간 숨어산 적이 있었다. 드크리스토퍼는 그때 페르시코의 일상을 설명하면서, 그가 오후 2시에 침대에서 나와 커피를 마시고 신문을 읽고 텔레비전을 보고 보드 게임을 하다가 다시 침대로 갔다고 말했다.

45세이며 손주가 있는 할아버지인 고티는 한동안 퀸스의 하워드 비치에서 살았다. 대다수 다른 두목들처럼 고티는 하루 대부분을 좋아하는 장소에서 빈둥거렸다. 그가 좋아하는 곳은 오존 파크 인근에 있는 '버긴 수렵 및 낚시 클럽'이다.

클럽에 설치한 도청장치에 녹음된 고티의 대화 내용은 도박장에서 돈을 잃었다거나 페티가 친구와 싸웠다거나 아니면 마피아에게 어울리는 행동에 대해 아버지처럼 충고하는 등 대부분이 소소한 잡담이었다.

1982년, 고티를 위해 한 남자를 죽도록 두들겨 팼던 카르디날리는 언젠가 고티가 화를 내면서 한 조직원에게 이런 말을 했다고 증언했다. 같은 조직원이 교도소에 수감 중일 때 그의 아내를 찾아가면 안 된다면서 "네가 수감 중인 조직원의 집을 찾아간다면, 내가 널 죽일 거야"라는 말을 했다는 것이다.

피자 커넥션 재판에 증인으로 나온 루이지 론시스밸은 13건의 청부 살인을 저지른 자신의 숙련된 솜씨를 자랑했다. 누군가를 죽이기 전에 술을 마신 적이 있느냐는 질문에 그는 다소 기분이 상한 듯한 말투로 "살인은 내게 직업이었다"라고 말했다.

재판을 하면서 도청을 통해 녹음한 대화와 정부 요원의 증언을 듣는 데만 수천 시간이 걸렸다. 녹음이나 증언 내용은 대부분은 소소했지만, 한편으로 마피아와 그들의 일상에 관해 자세히 알 수 있었다.

도둑으로 위장해서 보나노 패밀리에 잠입했던 조지프 피스톤 수사관은 조직 입회식이 얼마 남지 않았을 때 보나노 조직원인 벤저민 루지에로가 면도와 이발을 하라면서 "항상 외모를 단정하게 해야 한다"며 "조직원은 수염이 텁수룩하거나 머리카락이 길어서는 안 된다"는 말을 했다고 증언했다.

"존중이 사라지고 있다"는 말은 고인이 된 감비노 조직의 부두목 아니엘로 델라크로체가 했던 말로 이 또한 도청장치에 녹음되어 있었다. 그 말은 한 사건에 관해 자신을 건너뛰고 직접 두목에게 보고한 부하 한 명을 나무라며 한 말이었다.

"너와 나의 관계는 여기서 끝이야. 알았어? 너와 다시 인사할 일은 없을 거야."

델라크로체는 자신이 나무랐던 그 부하에게 나중에 이렇게 말했다.

"20년 전 같았으면, 넌 어딘가에서 구덩이 속에 묻혔을 거야."

세상의 이목을 즐기던
마피아 두목 존 고티 수감 중 사망,
향년 61세

− 셀윈 랍

쿠데타를 일으켜 살인을 저지르고 감비노 패밀리의 두목이 되어 위세를 떨치다가, 말년에는 철통 보안을 자랑하는 교도소에 갇혀 조직의 몰락을 지켜보았던 존 고티가 어제 미주리주 스프링필드의 연방 교도소 병원에서 사망했다. 그의 나이 61세였다.

사인은 암이었다. 1998년 고티는 목과 머리에 암이 생겨 수술을 받았고 그 뒤로도 암 치료를 위해 두세 차례 재입원했다.

전통적인 마피아 두목들은 대개 외부와 담을 쌓고 살았다. 하지만 고티는 미국에서 가장 크고 가장 강력한 범죄 조직의 두목으로서 대중의 관심을 즐겼다. 화려한 모습으로 경호원에 둘러싸인 채 고급 레스토랑이나 심야 명소에서 술과 음식을 먹고 마셨다.

고티는 전임 두목인 폴 카스텔라노 암살 계획을 세웠던 1985년 말부터 종신형을 선고받고 연방 교도소에 수감되었던 1992년까지, 마치 면책특권이라도 있는 것처럼 거리를 활보하고 다니면서 마피아로서는 거의 전설적인 인물이 되었다.

타블로이드판 신문에서는 고티가 검찰의 기소를 잘 피해간다는 의미로 '테플론 돈(Teflon Don, 테플론은 음식이 들러붙지 않게 프라이팬에 칠하는 물질로 고티가 범죄를 저질러도 혐의를 받지 않는 것을 의미하며, 돈은 마피아 두목을 일컫는 호칭이다―옮긴이)', 혹은 깔끔한 외모에 빗대어 '대퍼 돈 Dapper Don'이라고 불렀다. 고티는 권력의 정점에 있을 때 백발을 뒤로 빗어 넘긴 채 2천 달러짜리 더블 수트(단추가 두 줄로 된 정장 상의―옮긴이)를 입고 손으로 꽃무늬를 그려 넣은 400달러짜리 실크 넥타이를 매고 다녔다.

고티의 오른팔로 감비노 패밀리의 부두목이었으며 훗날 정부의 증인이 되어 고티를 파멸시키는 데 일조했던 살바토레 그라바노에 따르면, 고티는 자신을 세상 사람들이 존경하는 로빈 후드로 생각했다. '황소 새미'라는 별칭으로 알려진 그라바노는 언젠가 고티에게 사람들이 쳐다보는 게 싫지 않냐고 물은 적이 있었다. 그랬더니 고티는 "아니. 이 사람들은 나의 팬이야, 새미. 그들은 날 사랑해"라고 대답했다.

수사대를 이끌고 결국 증거를 찾아 고티의 유죄를 입증했던 전직 FBI 수사관 J. 브루스 마우는 고티가 "대중매체를 좋아하는 최초의 마피아 두목이었다"며 "자신이 두목 중의 두목이라는 사실을 결코 숨기는 법이 없었다"고 말했다.

하지만 재판정에서 고티는 자신이 마피아 두목임을 절대 인정하지 않았다. 법정 밖에서 폭력 조직의 두목이 맞느냐는 질문을 받자 활짝 웃으면서 "나는 내 아내와 아이들의 두목"이라고 대답했다.

할리우드의 유명 인사처럼 살면서도 가정을 위해 열심히 일하는 사람이라고 말하는 고티의 모순된 언행은 속이 빤히 들여다보였다. 고티는 배관설비 영업과 의류 액세서리 회사에서 일하면서 10만 달러의 연봉을 받는다고 주장했다.

조직의 배신자들은 수사관들과 함께 감비노 패밀리가 범법 행위로 벌어들이는 돈에서 매년 1000~1200만 달러가 고티의 몫이었다고 주장했다. 그라바노는 건설업계에서 갈취해 고티에게 직접 전달한 돈이 매년 100만 달러 이상이었다고 증언했다.

조직의 배신자들에 따르면, 고티는 자신의 롤모델이 '살인 주식회사'의 창립자인 앨버트 아나스타샤라고 자랑했다고 한다. 살인 주식회사는 1930~1940년대에 마피아에 협력했던 청부살인집단인데 주로 암흑가에서 청부살인을 전담했다. 그라바노에 따르면, 고티는 자신의 교활하고 잔혹한 특성이 마키아벨리의『군주론』에서 배운 것이라고 말했다.

고티는 대중들에게 다정한 모습으로 비춰졌지만, 비밀리에 녹음된 대화와 전직 조직원들의 증언을 보면 그와 반대로 자아도취에 빠진 독재자에 가까웠다. 미친 듯이 화를 내는 성격이었고 동맹 조직을 배신하기도 했으며, 감비노 패밀리에 충성했지만 외부에 정보를 제공했다고 의심되거나 자신에게 적절한 경의를 표하지 않은 사람들을 죽이라고 명령했다.

검찰은 절대 권력과 막대한 부에 대한 고티의 욕망이 걷잡을 수 없이 커지면서, 자신은 물론 감비노 패밀리 전체가 몰락하게 된 것이라고 설명했다. 또한 고티는 고집스럽게도 지부장들을 정기적으로 소집했는데, 덕분에 검찰은 1990년대에 감비노 패밀리의 고위층 전원에게 유죄 판결을 내릴 수 있는 법적 증거를 입수할 수 있었다.

고티에게 살인과 협박 혐의로 유죄가 선고되던 날, FBI의 제임스 폭스 뉴욕지부장은 이렇게 선언했다.

"고티는 더 이상 테플론이 아니다. 그는 이제 벨크로(한쪽은 갈고리, 다른 한쪽에는 고리가 있어서 서로 붙였다 뗄 수 있게 만든 천—옮긴이)에 덮여 있다. 모든 혐의가 그에게 따라붙을 것이다."

주먹이 빠른 건장한 청년

존 조지프 고티는 1940년 10월 27일 사우스 브롱크스에서 13명의 형제 중 다섯째로 태어났다. 아버지 존과 어머니 패니는 모두 이민자의 후손이었다. 고티의 아버지는 집에서 쉬는 날이 많았던 일용직 노동자로 가족의 삶은 궁핍했다. 고티 가족은 이사를 자주 다니다가 존이 12세 되던 해에 노동자들이 많이 사는 브루클린의 이스트 뉴욕 지구에 정착했다.

당시 이스트 뉴욕은 청소년 폭력배들이 주도권 싸움을 벌이던 곳이었다. 주먹이 빠르고 몸이 건장했던 고티는 '풀턴 록어웨이 보이즈'라는 폭력단의 두목이 되었다. 그가 10대였던 1950년대에는 동네 상점마다 으레 조직 폭력배들이 어슬렁거렸는데, 고티는 감비노 패밀리의 지부장이었던 카르미네 파티코가 운영하는 암흑가 사교 클럽에서 심부름을 했다. 그리고 클럽 회원을 통해 나중에 자신의 멘토가 되는 아니엘로 델라 크로체를 알게 되었다. 가난한 말썽쟁이 학생이었던 고티는 16살 때 프랭클린 레인 고등학교를 중퇴했다. 18살 때는 파티코 조직의 하급 임시 조직원으로 경찰의 관리 대상에 오르기도 했다.

그 뒤로 8년간 고티는 길거리 싸움이나 자동차 절도 같은 사소한 범죄로 전과 기록을 쌓았다. 그리고 경찰에 아홉 차례 체포되었는데 그중 몇 번은 어린 시절의 친구이자 델라크로체의 조카인 안젤로 루지에로와 함께였다. 그때만 해도 처벌은 기껏해야 카운티 교도소에서 6개월 정도 복역하는 수준이었다.

고티가 처음 굵직한 죄목으로 체포된 것은 1968년이었다. 그때 고티는 형제인 진, 그리고 루지에로와 함께 FBI로부터 케네디 국제공항에서 3개의 화물트럭을 훔쳤다는 혐의를 받았다. 세 사람 모두 감형을 받으려고 유죄를 인정했고 고티는 3년간 복역했다.

버긴 수렵 및 낚시 클럽

고티가 교도소에 있는 동안 파티코 조직은 이스트 뉴욕에서 퀸스 오존 파크의 한 상점으로 거점을 옮겼다. 새로운 본부는 어처구니없게도 일종의 비영리 조합 형태였는데 이름은 '버긴 수렵 및 낚시 클럽Bergin Hunt and Fish Club'이었다. 이스트 뉴욕의 '버겐Bergen'가를 잘못 쓴 것이 분명했다.

화물트럭을 훔친 혐의로 복역하고 1972년 출소한 고티는 얼마 못 가 암흑가 경력에 도움이 될 기회를 맞이했다. 고리대금 혐의로 징역형을 살게 된 파티코가 잠시 은퇴하면서 조직 운영을 고티에게 맡겼던 것이다. 고티는 두목 대행 자격으로 델라크로체와 자주 만났다. 델라크로체는 감비노 패밀리의 부두목이었으며 처음 만났을 때부터 고티를 마음에 들어 했다.

1973년, 감비노 패밀리의 두목 카를로 감비노의 조카가 납치된 후 살해당하는 사건이 발생했다. 조직에서는 정보망을 가동해 권총 강도인 제임스 맥브래트니가 납치범 중 하나라는 것을 알아냈다. 수사관과 정보원들의 증언에 따르면, 고티는 감비노 조직이 복수를 하는 과정에서 중요한 임무를 부여받았다고 한다.

맥브래트니는 뉴욕 스태튼 아일랜드의 술집에서 3명에게 습격당한 후 사살된 채 발견되었다. 하지만 완전 범죄와는 거리가 멀었고 여러 증인이 고티와 루지에로를 범인으로 지목했다. 고티는 1년간 도피 생활을 하다가 1974년에 체포되었다.

카를로 감비노는 고티와 루지에로를 변호하기 위해 로이 콘을 고용했다. 둘 다 살인 혐의로 기소되었고 증인들이 신원까지 확인해준 상황이었지만, 콘은 스태튼 아일랜드 지방검사와 놀랄 만한 협상을 이끌어 냈다. 살인 미수로 혐의를 낮추는 대신 고티와 루지에로가 유죄를 인정하고 각각 4년의 징역형을 받아들이기로 한 것이다.

고티는 복역 기간 중 운동을 하는 등 특권을 누렸다. 뉴욕주 북부에 있는 교도소에서 나와 퀸스의 하워드 비치에 새로 마련한 집에 가보고 뉴욕의 한 레스토랑에서 조직의 친구들을 만나기도 했다. 뉴욕주 수사관들은 나중에 교도소 관리와 간수들이 뇌물을 받은 사실을 밝혀냈다.

고티가 교도소에서 복역 중이던 1976년에 카를로 감비노가 사망했다. 정상적인 승계 규정에 따르면 부두목인 델라크로체가 두목이 되어야 했다. 하지만 감비노는 자신의 인척인 폴 카스텔라노를 후계자로 지명했다. 카스텔라노는 위로 차원에서 델라크로체에게 부두목 자리를 계속 보장해주고 조직의 23개 지부 중에서 10개 지부를 통솔할 수 있는 지휘권도 부여했다. 이렇게 권력을 두 개로 나눔으로써 카스텔라노는 자신의 몰락을 가져올 씨앗을 심고 말았다.

1977년, 가석방된 고티는 키 178센티미터, 몸무게 90킬로미터에 단단한 근육질 몸으로 바뀌어 있었다. 델라크로체는 뉴욕으로 돌아온 고티의 지위를 한 단계 격상시켜 버린 지부의 명실상부한 지부장으로 삼았다.

고티는 아내 빅토리아, 다섯 아이들과 함께 사는 하워드 비치에서 모르는 사람이 없을 정도로 유명 인사가 되었다. 그런데 1980년 3월에 12살짜리 아들 프랭크가 자전거를 타고 도로에 뛰어들어 이웃인 존 파바라가 운전하는 차에 치여 죽고 말았다. 프랭크의 죽음은 우연한 사고였지만, 4개월 후 고티와 아내가 플로리다에 가 있는 동안 누군가 파바라의 머리를 몽둥이로 때린 뒤 승합차에 싣고 달아나는 모습이 사람들에게 목격되었다. 파바라는 살해된 것으로 추정되는데, 고티는 파바라의 실종에 관해 아는 것이 없다고 부인했다.

치안 당국의 표적이 되다

1980년대 초반, 고티는 감비노 패밀리에서 두각을 나타내며 자연스럽게 연방 검찰과 시 검찰의 주요 표적이 되었다. 퀸스 지방검찰은 1981년 버긴 클럽에 마이크를 몰래 설치하고 전화를 도청했다. 도청을 통해 안젤로 루지에로와 동생인 진 고티를 포함한 지부 소속 조직원을 대하는 고티의 무자비한 모습이 드러났다.

1985년에는 고티와 심복들에 대한 연방 검찰의 굵직굵직한 기소가 이어졌다. 고티와 델라크로체는 협박죄로 기소되었는데 죄목을 보면 종신형까지 받을 수 있었다. 진과 루지에로는 헤로인 밀수 혐의로 기소되었다. 마약 거래를 금지했던 감비노 패밀리의 두목 카스텔라노는 두 사람이 마약 밀수 혐의를 받자 크게 화를 냈다. 카스텔라노는 정부에서 마약 거래를 강력하게 단속하기 때문에 기소되면 장기 징역형을 받을 수 있고, 그로 인해 수감된 조직원이 정부의 꼬임에 넘어가 정보를 누설하기 쉽다는 것을 우려했다. 카스텔라노의 지배 하에서 고티는 자신의 지부 조직원들이 저지른 실수에 책임을 져야 했다.

고티는 델라크로체에게 부탁해서 카스텔라노와 협상하려 했다. 그러나 문제가 채 해결되지 않은 1985년 12월에 델라크로체가 암으로 세상을 떠났다. 그리고 2주가 지난 1985년 12월 16일 카스텔라노와 신임 부두목인 토머스 빌로티는 맨해튼의 이스트 46번가에 있는 스파크스 스테이크 하우스에서 일단의 암살범에게 총알 세례를 받았다.

증언대에 선 그라바노는 당시 근처에 주차된 차 안에서 고티와 함께 총격을 지켜보았다고 말했다. 고티가 자신과 조직원들의 목숨을 지키려고 카스텔라노를 살해했다는 것이 그라바노의 증언이었다.

고티는 감비노 패밀리의 새 두목이 되자마자 과거에 저질렀던 범죄로 법정에 섰다. 하나는 1984년 냉장고 수리공인 로무얼 피에치크가 퀸스에서 주차 문제로 다투다가 고티에게 325달러를 강탈당했다며 고소한 일이었다. 처음 고티의 신상을 알아냈을 때만 해도 피에치크는 고티가 유명한 마피아인 줄 몰랐다. 하지만 증인석에서는 잔뜩 긴장한 채 고티가 누구인지 모른다고 말했으며 주 판사는 그의 기소를 기각했다.

두 번째 재판은 브루클린에서 1986년 8월에 시작되었다. 고티와 동생 진, 그리고 다른 5명이 범죄 조직을 만들면서 연방 법률인 '부패 및 조직범죄 처벌법'을 위반한 혐의로 기소된 것이다. 고티의 변호를 맡은 브루스 커틀러는 전직 브루클린 지방 검찰의 검사보였던 인물이었다. 배심원들은 고티와 다른 피고들이 협박이나 음모죄에 대해 혐의가 없다고 판정했다. 하지만 진 고티는 나중에 헤로인 밀수 혐의로 유죄 판결을 받았다. 과거에 카스텔라노를 격노하게 만들었던 바로 그 혐의였다.

존 고티에 대한 평결은 뇌물로 얼룩졌다. 훗날 배심원단의 대표는 6만 달러의 뇌물을 받은 것으로 드러나 유죄 판결을 받았다. 고티에게 유죄 판결을 내리려면 배심원이 만장일치로 유죄 판결을 내려야 하는데, 배심원 대표가 뇌물을 먹고 무죄에 표를 던졌던 것이다.

무적으로 군림하다

그 판결을 마지못해 수용한 치안 당국에서는 고티가 재판에서 연이어 승리하며 무적의 망토를 두르게 되었다고 평했다. 고티는 60여 년 전 시카고의 알 카포네 이후로 치안 당국에 대항하는 암흑가의 대표 주자가 되었다. 고티는 잠복 중인 수사관을 발견하면 한손의 검지를 다른 손의 검지에 비비면서 "추잡해, 추잡해"라고 말하며 조롱했다.

고티는 보통 정오에 버긴 클럽에서 하루 일과를 시작했다. 이발 의자를 설치하고 그 의자에 앉아 매일 같이 머리를 깎은 다음 감고 말렸다. 그리고 오후 느지막이 차를 몰고 멀베리가의 리틀 이탈리아 구역에 있는 진짜 본부인 레이브나이트 사교 클럽에 갔다. 그곳은 과거 델라크로체의 본거지였다. 감비노 패밀리의 고위 간부들은 매주 두세 차례 고티에게 보고를 해야 했다. 고티는 조직 내 23개 지부와 300명의 정식 조직원, 2천 명이 넘는 임시 조직원(정식 조직원이 되려고 하는 사람과 범죄 조직에 협력하는 사람들)을 지휘했다. 감비노 패밀리의 조직 구성은 오랜 시간 이어온 뉴욕의 다른 패밀리인 보나노 패밀리, 콜롬보 패밀리, 제노베제 패밀리, 루케제 패밀리와 다르지 않았다.

고티는 불법 행위로 얻는 막대한 수익의 중심에 있었고, 모든 조직원과 임시 조직원들은 고티에게 노획물을 바쳤다.

수사관들은 1980년대 중반 감비노 패밀리의 연 수입이 총 5억 달러에 달했으며 대부분 뉴욕과 플로리다에서 자행한 불법 행위로 벌어들이는 것으로 추정했다. 감비노 패밀리는 카를로 감비노와 폴 카스텔라노가 두목이던 시절에 폭력 조직의 전문 분야인 도박과 고리대금업, 절도에서 사업 영역을 넓혀 노동조합이나 의류 회사, 쓰레기 수거업체에서 돈을 갈취했다. 그리고 고티는 감비노나 카스텔라노와는 달리 유명한 마약 밀매업자들과 공공연하게 만났다.

고티는 1990년에 다시 소송에 휘말렸다. 목수 노동조합의 노동 쟁의가 벌어진 후, 뉴욕주 검찰이 조합장 살해를 지시한 혐의로 고티를 기소해 맨해튼 법정에 서게 되었다. 암살을 명령하는 대화가 담긴 녹음테이프가 증거로 제출되었지만, 고티는 다시 한 번 무혐의로 풀려났다.

1990년 초반, 재판이 계속 진행되는 동안 별도로 수사하던 FBI의 기술자가 레이브나이트 사교 클럽 위층의 아파트에 도청 장치를 설치했다. 수개월 동안 고티와 그라바노, 조직의 고문인 프랭크 로카치오가 살인과 뇌물 수수, 고리대금, 도박, 재판 방해 등의 범죄에 연루되었음을 암시하는 대화가 녹음되었다.

마피아 두목으로서의 마지막 재판

고티를 비롯해서 함께 기소된 피고인들은 1990년 12월 레이브나이트 사교 클럽에서 체포되었다. 이번에는 당국의 손에 비장의 카드가 있었다. 그라바노가 증언을 하겠다며 검찰과 거래를 시도한 것이다.

1992년 4월 2일, 고티와 로카치오는 연방 법정의 배심원단으로부터 유죄 판결을 받았다. 고티는 총 13가지 혐의를 받았다. 5건의 살인이 포함된 공갈 혐의를 비롯해서 살인과 불법 공모, 도박, 재판 방해, 세금 탈루 등의 죄목이었다. 고티는 팔짱을 끼고 능글맞게 웃으면서 묵묵히 종신형을 선고받았다. 그라바노는 5년형을 받았다.

구형 당일 고티는 비행기를 타고 철통 보안을 자랑하는 일리노이주 마리온 연방 교도소로 이송되었다.

목수 노동조합의 조합장을 살해한 혐의로 1990년 1월 23일 맨해튼의 뉴욕 대법원에서 재판
을 받고 있는 존 고티

연방 검찰에 따르면, 고티가 유죄 판결을 받은 지 얼마 안 되어 '주니
어'로 알려진 그의 맏아들 존 고티가 감비노 패밀리의 두목 대행으로 선
출되었다. 하지만 존 고티는 1999년 감비노 패밀리와 관련된 공갈 혐의
로 연방 법정에서 유죄 협상을 한 뒤 6년 5개월형을 선고받았다.

사망한 고티의 유족으로는 아내를 비롯해서 전처 빅토리아 디조르지
오, 맏아들 존 고티, 그리고 헤로인 밀매 혐의로 50년형을 받고 복역 중
인 형제 진 고티, 피터 고티가 있다. 그 외에도 또 다른 아들인 피터, 추리
작가인 빅토리아와 앤젤 고티 등 두 딸, 배다른 형제인 리처드와 빈센트,
도미닉 등이 있다.

고티는 1992년부터 2000년까지 매일 한 시간씩 운동할 때를 제외하

면 줄곧 독방에 갇혀 있었다.

전직 FBI 수사관 J. 브루스 마우는 고티라는 인물과 그의 몰락을 이렇게 분석했다.

"그는 자신이 중요한 인물이어야 한다는 강박이 있었다. 스스로를 코사 노스트라보다 더 높은 존재로 생각했다. 그리고 배심원단이 자신에게 유죄 판결을 내리지 못할 것으로 확신했다. 자신이 카이사르 같은 황제라고 생각했기 때문이다."

침묵의 계율을 깨고
모든 것을 털어놓은 마피아 두목

– 윌리엄 K. 래시바움

그 질문은 간단했지만 조지프 마시노 같은 인물이 대답하기는 쉽지 않았다. 적어도 마시노는 그 정도로 솔직하지 않았다.

오랫동안 보나노 패밀리의 두목이었던 마시노에게 검사가 던진 질문은 "당신에게는 어떤 권한이 있었는가?"였다.

증인석에 앉은 마시노는 바로 대답했다. 사무적인 답변이었다.

"살인, 패밀리에 대한 책임, 지부장을 임명하고 해고하는 것이다."

68세의 마시노는 연방 정부에 협력을 약속한 다음 화요일 브루클린의 연방 지방법원에서 옛 동료들의 범죄를 폭로했다. 뉴욕 범죄 조직의 공식적인 두목으로는 사상 최초였다.

마시노는 거의 5시간 동안 살인을 비롯한 다양한 범죄 행위를 이야기하면서 자신의 범죄 사실을 조목조목 나열했다. 그리고 현재 재판을 받고 있는 조직의 전직 두목 대행인 빈센트 바스치아노에 관해 배심원단 앞에서 증언할 예정이었다.

증언 내용은 2004년 바스치아노가 보나노 패밀리의 임시 조직원인 랜돌프 피졸로를 살해하라고 지시했으며 그 말을 녹음해 두었다는 것이었다. 바스치아노는 피졸로 살해를 지시한 혐의로 현재 재판을 받고 있다.

하지만 마시노는 정작 배심원단 앞에서는 자신의 경력을 자랑하고 조직의 고위 간부로서 자신의 견해와 조직 관리에 대한 철학, 자신의 과거사 등을 설명하는 데 하루 대부분을 보냈다. 그리고 이야기를 하면서 "누군가를 죽이려면 일꾼을 고용해야 한다. 좋은 소스를 만들려면 다양한 종류의 고기가 필요한 것처럼 말"처럼 유독 음식에 관련된 비유나 인용문을 많이 언급했다.

한때 식당을 운영했고 출장 연회업체의 상담역으로 일하며 커피 판매 트럭도 운영하는 마시노는 살인 청부업자로서 바스치아노의 능력과 그가 범죄 조직으로 돈을 얼마나 잘 벌어들이는지 설명했다.

마시노는 12살 때 전서구(편지를 보내는 데 쓸 수 있게 훈련된 비둘기—옮긴이) 몇 마리를 훔치면서 일찌감치 범죄 세계에 입문했다. 그리고 14살 때 가출해서 히치하이크로 플로리다까지 간 다음 마이애미에서 인명 구조원으로 일했다. 1960년대에는 살인을 저지르게 되었고 십여 차례의 살인 사건에 가담했다.

증언대에 선 마시노는 암흑가에서 보낸 인생 이야기를 하면서 그동안 보여준 자신의 경영 수완을 강조했다. 그는 대부분의 시간을 보나노 패밀리에서 일했다. 보나노 패밀리에 소속된 지 33년, 혹은 34년이 되었다고 했다.

태린 머클 연방 검사보의 질문에 따라 개인적인 이력과 범죄자로서의 이력에 관해 답변하는 마시노의 목소리는 늘어진 턱살과 처진 눈꺼풀, 툭 튀어나온 배 등 수수한 외모와는 달리 어떤 권위가 느껴졌다.

마시노가 당국에 협조하게 된 것은 2004년 7건의 살인으로 유죄 판결을 받은 다음이었다. 그때 마시노는 종신형에 처해질 상황이었고 설상가상으로 여덟 번째 재판에서는 사형이 선고될 수도 있었다. 그래서 마시노는 2005년에 저지른 8건의 살인을 시인했고, 당시 바스치아노 재판까지 주관하고 있던 니콜라스 거로피스 연방 지방법원 판사는 마시노에게 사형 대신 두 번의 종신형을 선고했다.

마시노는 감형을 기대하면서 정부를 위해 증언대에 섰다. 그는 배심원단에게 아직은 정부로부터 약속 받은 것이 없다며 "터널 끝에서 빛이 보이기를 바라고 있다"고 말했다.

운동복 안에 흰 티셔츠를 받쳐 입은 마시노는 질문을 받은 다음 인생 초반에 어떤 범죄를 저질렀고, 보나노 패밀리에서 어떻게 거물로 성장했는지, 1991년 두목이 된 후 수백여 명의 정식 조직원과 임시 조직원을 어떻게 관리했는지 답변했다.

처음에 배심원들은 마시노의 말에 한껏 집중했다가 증거로 제출된 보나노 조직원들의 사진이 끊임없이 이어지자 지루해하는 모습이었다.

마시노는 스스로 빠른 정치적 판단을 내리는 데 달인이라고 말했다. 그래서 조직 내부의 균열이나 다른 조직과의 마찰, 치안 당국의 추적을 무력화하는 데 도가 텄다는 것이었다.

마시노는 1981년 감비노 패밀리의 두목 폴 카스텔라노와 콜롬보 패밀리의 두목 카르미네 페르시코를 찾아갔다. 보나노 패밀리 안에서 주류사업의 주도권을 놓고 경쟁하는 다른 지부장 3명에게 선제공격을 가하기 직전이었다. 마시노는 지부장 3명을 살해해도 좋다는 허가를 받은 다음, 일행과 함께 사교 클럽 지하에서 총격전을 벌인 끝에 세 사람을 모두 사살했다.

마시노는 살인을 계획하고 사교 클럽에 도청기가 설치되었는지 확인하기 위해 치안 당국 몰래 조직원들과 암호를 사용했던 사실도 털어놓았다. 두목이 된 후 조직원들이 고소당할 위험을 줄이기 위해 시행했던 여러 조치에 관해서도 이야기했다.

예를 들어, 마시노는 조직의 사교 클럽을 모두 폐쇄했다. 범죄 조직의 조직원들이 그렇게 길가에 있는 상점에서 어슬렁거리면 FBI의 수사를 돕는 꼴이라고 생각했던 것이다. FBI수사관 한 명이 사교 클럽 앞을 관찰하면 드나드는 사람 전부를 감시할 수 있다는 것이 그의 생각이었다. 마시노는 "클럽을 폐쇄하면 조직원 50명을 감시하는 데 FBI 수사관 50명이 필요하다"고 말했다.

그는 조직의 사업을 논의하는 장소와 시간에 대해 지나칠 정도로 주의를 기울였다고 말했다. "사업 이야기는 클럽에서 해도 안 되고, 차 안에서 해도 안 되며, 휴대전화나 전화로 해도 안 되고, 집에 가서 해도 안 된다"고 말하면서 둘 이상의 조직원이 거리를 걸어가며 이야기하는 것이 가장 안전하다고 말했다.

실제로 마시노는 전자 도청장치를 피하기 위해 사업 이야기를 할 때면 자신이 근무하는 출장 연회업체에 있는 커다란 냉장고 안에 들어가기도 했다.

이름을 밝힐 수 없지만 치안 당국 관계자 4명 정도가 수사관들을 따돌리려는 그의 노력에 도움을 주었다고 말했다. 그중 2명은 1960년대 뉴욕시 경찰국에 일했던 경찰관이었고 한 명은 1980년대에 FBI에서 일했던 수사관으로 경찰이 체포하러 간다는 것을 미리 알려주기도 했다. 나머지 한 명은 그의 지문 기록을 폐기했던 펜실베이니아주 경찰관이었다.

보나노 패밀리의 두목 대행이었던 바스치아노는 조직원인 피졸로를 살해하라고 지시한 혐의로 유죄 판결을 받고 연방 교도소에서 종신형을 살고 있다. 두 번의 종신형을 선고받았던 마시노는 2013년 감형되어 증인 보호 프로그램에 따라 정부의 관리를 받고 있는 것으로 알려졌다.

오랫동안 검거망을 피해 온
아일랜드 범죄 조직의 전설이
마침내 캘리포니아에서 체포되다

– 애덤 내고니, 애비 굿너프

찰리 가스코와 캐럴 가스코는 샌타모니카 해안가에서 몇 블록 떨어진 평범한 아파트에서 은퇴 생활을 즐기는 평범한 노년 부부처럼 보였다. 찰리는 한 이웃에게 자신이 폐기종 환자라 하루 종일 소파에 누워 텔레비전을 보며 소일한다고 말했다. 캐럴은 3번가 산책로 인근에서 산책을 즐기며 토요 농산물 시장에 들르거나 동네 길고양이에게 밥을 주곤 했다. 가끔씩 찰리가 함께 갈 때도 있었다.

하지만 이웃들은 두 사람이 은둔 생활을 했으며 조금 이상한 구석이 있었다고 말했다. 찰리는 야구 모자나 페도라를 써서 얼굴이 잘 보이지 않을 때가 많았다. 캐럴이 이웃들과 이야기를 너무 오래한다 싶으면 고함을 버럭 질렀다. 그럴 때면 캐럴은 찰리가 치매를 앓고 있다고 해명했다. 한 이웃은 최근 몇 달간 두 사람의 집 문 앞에 '방문 사절'이라는 안

내문이 붙어 있었다고 말했다.

그런데 이렇게 조용한 삶을 10년 넘게 이어오고 있는 찰리 부부는 사실 이웃들의 말과는 전혀 다른 사람들이었다.

찰리 가스코는 악명 높은 폭력배였다. 보스턴에서 가장 무서운 폭력 조직의 두목이자 FBI의 10대 지명수배자 목록에 들어 있는 제임스 '화이티' 벌저가 바로 그였던 것이다. 캐럴은 60세로 찰리의 여자 친구이며 본명은 캐서린 그레이그였다. 가끔 FBI에 상대 조직의 정보를 제공하기도 했던 벌저는 16년 전 전직 FBI 수사관으로부터 FBI가 자신을 곧 체포하러 갈 것이라는 소식을 듣고는 캐서린과 함께 도망쳤다.

FBI의 수사가 오랫동안 이어지면서 엘비스 프레슬리에 관한 풍문처럼 세계 각지에서 그를 봤다거나 그가 죽었다는 소문이 도는 등 수사에 혼선이 생기기도 했다. 그러다 마침내 수요일 오후 5시에 수사관들이 두 사람을 아파트 밖으로 유인해 체포함으로써 오랜 추격전은 막을 내렸다. 81세의 벌저는 오랜 도망자 생활이 끝나는 순간 아무런 저항도 하지 않았다. 당국에서는 19명을 살해한 혐의를 비롯하여 여러 범죄 혐의로 벌저를 기소할 것이라고 발표했다.

목요일 로스앤젤레스의 연방 지방법원에 모습을 드러낸 벌저와 그레이그는 보스턴 법정으로 송환되는 것에 이의를 제기하지 않았다. 흰색 셔츠와 청바지 차림에 흰 수염을 자랑스레 기르고 있는 벌저는 앞자리에 앉아 활짝 웃는 얼굴로 상황을 지켜보았다. 그레이그는 짧은 백발에 뺨이 쑥 들어간 것이 마치 유령 같은 모습이었다.

존 맥더못 치안판사가 기소장을 읽어보았느냐고 묻자 벌저는 강한 보스턴 억양으로 "기소장을 다 갖고 왔다. 이걸 다 읽으려면 시간이 꽤나 걸릴 것이다. 하지만 나는 그 내용을 이미 잘 알고 있다"고 대답했다.

과거 FBI에서는 벌저에게 200만 달러의 현상금을 내걸었지만 그가 잡히지 않자 당황했다. 그래서 그를 검거하는 최고의 방법은 먼저 여자 친구를 추적하는 것이라고 결론을 내린 후 불과 며칠 만에 벌저를 검거할 수 있었다. FBI에서는 전직 치위생사였던 그레이그가 자취를 감춘 후 아무도 본 사람이 없는 것으로 보아 그녀가 벌저와 함께 있을 것으로 추정했다. 그레이그는 독특한 구석이 있었다. 동물과 머리치장에 많은 시간을 할애하고 매달 치과에서 스케일링을 받았기 때문에 쉽게 찾을 수 있을 것 같았다. 특히 벌저와 그레이그 모두 성형수술로 외모가 바뀌었을 수 있다는 점도 고려해야 했다.

FBI는 그레이그에게 내건 현상금을 두 배인 10만 달러로 올리고 이번 주에만 14개 시에서 나이 많은 여성들이 좋아하는 낮 시간대 텔레비전 프로그램 위주로 수배 광고를 내보냈다.

검거에 오랜 시간이 걸릴 것으로 예상했던 벌저가 갑작스럽게 검거되면서 샌타모니카 주민들은 큰 충격을 받았고, 그가 과거에 살았던 사우스 보스턴 지역의 주민들은 그보다 더 큰 충격에 빠졌다. 벌저는 사우스 보스턴에서 일부에게는 영웅이었고 대다수에게는 혐오의 대상이었다. 그는 우범지역인 사우스 보스턴을 상징하는 인물이었다. 보스턴 사람들에게 벌저가 아직 살아 있으며 결국 경찰에 체포되었다는 소식은 오사마 빈 라덴이 살해되었다는 소식과 다를 바 없었다.

사우스 보스턴의 올드하버 주택단지에서 벌저의 건너편 집에 살았던 75세의 메리 차일드는 "깜짝 놀랐다. 한 시대가 막을 내렸다"고 말했다. 무대 조명기사이며 노조원인 47세의 폴 맥그래스는 벌저가 체포됨으로써 자신이 자랐던 동네에 씌워진 오명이 사라지게 될 것이라면서 이렇게 말했다.

"수많은 정직한 노동자들이 사우스 보스턴을 건설했다. 이곳 주민 모두가 폭력배는 아니다. 어디 가서 사우스 보스턴에서 왔다고 하면 사람들이 하던 말을 멈춘다. FBI를 비롯해서 모든 사람들이 화이트 벌저가 내 뒤를 봐준다고 생각하기 때문이다."

사우스 보스턴의 유명 인사

보스턴 사회에서 벌저의 행적과 그의 갑작스러운 잠적에 관한 이야기는 아무리 과장해서 말해도 과하지 않을 정도이다. 보스턴 사람들은 어릴 때부터 그의 이름과 그에 대한 이야기를 듣는다. 벌저가 오랫동안 본부로 사용했던 사우스 보스턴의 올드콜로니가에 있는 주류 상점처럼 그와 관련 있는 곳은 많은 사람에게 잘 알려져 있다.

보스턴이 배경인 영화 〈디파티드〉에서 아일랜드계 폭력 조직의 두목을 연기한 잭 니콜슨도 벌저에게 영감을 받았다. 벌저에 관한 책도 계속 출간되고 있다.

이웃들에 의하면 벌저는 어릴 때부터 보스턴 남쪽 끝인 수디Suthie 지역에서 살았다. 눈에 띄는 그의 흰색 머리카락 때문에 '화이티Whitey'라는 별명이 붙었는데 벌저는 그 별명에 짜증을 냈다고 한다. 벌저는 난폭하기로 유명해서 무서워하는 사람이 많았는데, 한편에서는 그를 이웃을 돌보는 로빈 후드 같은 인물로 보기도 했다.

어릴 적부터 사고뭉치였던 벌저는 20살인 1949년 공군에 입대했지만, 3년 후 무단외출을 하는 바람에 불명예 제대를 해야 했다. 보스턴으로 돌아와 범죄자의 삶을 시작한 벌저는 1956년 일련의 은행 강도 사건에 연루된 혐의로 징역형을 선고받았다. 그리고 잠시 알카트라즈 교도소에서 수감 생활을 하기도 했다.

1959년 11월 11일 알카트라즈 교도소에서 촬영된 화이티 벌저의 상반신 사진

　복역 후 보스턴으로 돌아온 벌저는 악명 높은 윈터 힐 조직에 들어갔다. 윈터 힐 조직은 수디 지역을 비롯해서 보스턴의 다른 아일랜드인 거주 지역을 지배했다. 그리고 마침내 벌저는 스티븐 '라이플맨' 플레미의 뒤를 이어 두목이 되었다.

　검찰은 벌저와 플레미가 그 지역의 도박꾼이나 고리대금업자, 기타 잡범들에게 상습적으로 보호비를 뜯고, 직접 불법 도박업체나 고리대금업체를 운영하기도 했다고 설명했다. 벌저는 거의 미치광이 같은 잔인성으로 악명이 높았다. 한번은 부하 둘의 여자 친구들을 목 졸라 죽인 적도 있었다.

　1980년대에 마약 단속국 보스턴 지부장이었던 로버트 스텃먼은 "수디에서는 화이티 벌저가 길을 걸으면 보도블록이 벌벌 떤다고 할 정도였다"고 증언했다. 1970년대 중반 FBI에서 벌저의 경쟁 조직인 마피아 뉴잉글랜드 지부를 소탕하기 위해 벌저를 정보원으로 고용했는데, 그때 이미 거물이었던 벌저는 예전 같으면 생각할 수도 없는 일을 성사시켰다. 협조 관계에 있는 FBI 수사관으로부터 심각한 강력 범죄만 저지르지 않으면 대충 눈감아주겠다는 약속을 받아낸 것이다.

하지만 나중에 드러난 증거를 보면 벌저와 플레미는 정보원으로 활동하는 동안에도 끔찍한 살인을 저질렀다. 마약 단속국이나 매사추세츠 주 경찰 등 다른 치안기관은 벌저가 FBI 정보원이었을 때도 공개적으로 벌저의 범죄 행위를 수사했다. 하지만 나중에 밝혀진 바로는 당시 벌저와 협력했던 FBI 수사관이 벌저에게 단속 정보를 미리 알려주거나 그를 보호해주었다고 한다.

FBI가 벌저를 도왔다는 사실은 벌저가 1990년대 말 협박죄로 재판을 받는 과정에서 드러났고, 그 일로 FBI 내부에서도 큰 논란이 있었다. 2003년 의회 위원회에서 작성한 보고서에는 FBI의 행위를 두고 "연방 치안기관 역사에서 가장 큰 오점 중 하나"라고 평했다. 재판 중에 나온 한 증언을 보면, 1994년 12월 벌저와 가장 긴밀하게 협력했던 FBI 수사관 존 코널리 주니어가 벌저에게 체포 작전이 임박했다는 말을 전했다. 벌저는 그날 밤 뉴욕으로 도주했다.

벌저와 코널리 수사관의 협력 사실이 드러난 후, FBI가 벌저의 도피를 도왔다는 소식은 보스턴에서 거의 전설이 되었다. 주민들은 FBI가 그동안 벌저와 협력했던 일에 관한 더 놀라운 비밀이 드러날까봐 그를 도피시킨 것이라고 생각했다.

벌저가 활동하던 당시 보스턴에서 근무하던 FBI 수사관들은 현재 대부분 은퇴하거나 사망했다. 전직 《보스턴 글로브》 기자로 벌저에 관한 책『검은 결탁: FBI와 아일랜드 폭력조직 간의 위험한 동맹에 관한 실화Black Mass: The True Story of an Unholy Alliance Between the FBI and the Irish Mob』(2001)의 저자이기도 한 딕 레어는 새로운 세대의 FBI 수사관들이 벌저를 체포하기로 결정했다고 말했다.

"그들은 최근 들어 무슨 수를 써서라도 벌저를 체포하려 했다. 그만큼 FBI 보스턴 지부에 씌워진 오명을 벗고 싶었던 것이다."

FBI는 목요일에 그 오명이 벗겨지길 간절히 바랐다. FBI 보스턴 지부의 책임자인 리처드 데스로리어스 특별 수사관은 "벌저를 체포하려 했지만, 오랫동안 우리의 의지를 믿지 않는 사람이 많았다. 하지만 우리는 결코 흔들리지 않았다"고 했다.

햇볕이 좋은 은신처

샌타모니카는 벌저와 그레이그가 야자수와 스케이트 보드를 타는 사람들, 끝없는 해변, 동부 해안에서 이주한 사람들을 비롯한 다양한 사람들 속에 몸을 숨기기 좋은 곳이었다. 두 사람의 집은 3번가와 워싱턴가의 모퉁이에서 살짝 떨어져 있고 바다와 샌타모니카 해변, 농산물 상점이 내려다 보이는 공원으로 산책 나가기 좋은 곳에 있었다.

그들의 집은 아파트 3층이었고 92제곱미터 면적에 방이 2개였다. 월세는 1,145달러였는데 늘 현금으로 지불되었다. 건물 관리인인 조슈아 본드는 두 사람이 최소한 1996년부터 이 건물에 살았다고 말했다.

이웃에 사는 바버라 글럭은 그레이그는 "다정한 사람"이었지만, "벌저는 우리가 조금만 오래 이야기하면 '그만해! 어서 가자고!'라며 소리를 질렀다"고 했다. 61세의 재너스 굿윈은 두 사람의 아파트를 방문한 적이 있다면서 "초대를 받고 가봤는데, 벌저는 늘 소파에 누워서 텔레비전을 봤다. 그리고 작은 그림들을 아주 자랑스러워 했는데, 모네와 반 고흐의 싸구려 모조품이었다"고 했다.

굿윈은 그레이그가 금발이었고 늘 잘 차려입었으며, 벌저는 드레스 셔츠와 검은 바지를 입었고 머리카락도 검은색이었다면서 염색한 것 같았다고 했다.

텔레비전 수배 광고가 성공을 거두다

데스로리어스 FBI 특별 수사관은 벌저를 체포할 수 있는 결정적인 제보가 접수된 것이 화요일 11시가 막 지났을 때였다고 했다. 제보를 받는데 중요한 역할을 한 것은 사람들이 그레이그의 행방에 주목하도록 하기 위해 월요일부터 내보낸 광고 방송이었다.

데스로리어스 수사관은 수요일 아침부터 FBI 로스앤젤레스 지부에서 도망자 수색을 전담하는 수사관들이 3번가에 있는 벌저의 아파트를 감시하기 시작했다고 했다. 그리고 오후 4시에는 벌저와 그레이그로 보이는 남녀 한 쌍이 아파트를 나서는 모습을 확인했다. 월요일부터 내보낸 광고 방송의 효과가 증명된 셈이었다. 수사관들은 교묘한 방법을 써서 오후 5시 45분경 벌저를 아파트 밖으로 유인했다. 아파트 안에서 80만 달러가 넘는 현금, 권총과 몇 가지 소총을 포함해서 스무 점이 넘는 무기가 발견되었다. 여러 개의 칼과 위조한 신분증도 발견되었다.

카먼 오티스 보스턴 연방 검사는 벌저가 보스턴의 연방 재판에서는 징역형을 받겠지만, 오클라호마주와 플로리다주에 계류 중인 두 건의 재판에서는 사형을 받을 수도 있다고 말했다. 마이애미-데이드 카운티의 캐서린 페르난데스 런들 주검사는 벌저가 체포된 지 몇 시간 만에 1982년 마이애미 국제공항에서 도박장 지배인 살해 사건을 지휘한 혐의로 벌저를 기소했다. 기소가 받아들여진다면 벌저는 사형 선고를 받을 가능성도 있다.

보스턴에서는 벌저에게 살해된 피해자의 가족으로 추정되는 사람들이 멀리 4,800킬로미터 떨어진 샌타모니카의 상황을 지켜보고 있었다. 그중 한 사람인 패트리샤 도나휴는 "이런 날이 올 줄 정말 몰랐다"고 말했다. 그녀의 남편 마이클은 벌저가 기소된 1982년 살인 사건의 목격자였다.

"만족스럽기도 하고 절망스럽기도 하다. 이번 일로 오래전의 기억이 다시 떠올랐기 때문이다. 하지만 그가 체포된 것은 정말 기쁘다."

2013년, 벌저는 직접 관여한 11건의 살인을 포함해서 여러 건의 범죄 혐의로 유죄 판결을 받았다. 그리고 두 번의 종신형을 선고받았다.

Chapter
06

살인

모델이자 뮤지컬 합창단원이었던 에블린 네스빗의 1903년
경 사진. 1906년 네스빗의 남편인 해리 켄들 쏘가 유명 건
축가 스탠퍼드 화이트를 살해한 것은 아내 네스빗이 과거
에 화이트의 연인이었기 때문이다.

"그놈은 죽어도 싸다. 내가 증명할 수 있다.
그놈은 내 인생을 망치고 그녀를 버렸다."

해리 켄들 쏘가 스탠퍼드 화이트를 사살한 다음 체포되면서 경찰관에게 했다고 알려진 말

질투. 탐욕. 인종 차별. 검찰이 유죄 판결을 이끌어낼 때 피고의 살인 동기를
설명하는 것이 매우 중요할 때가 많다. 하지만 범행의 동기가 무엇인지 명확하지 않거나
광기가 유일한 동기인 것처럼 보일 때도 있다. 마크 데이비드 채프먼은 존 레넌에게
총을 쏜 이유로 몇 가지를 들었는데, 그중 하나는 그렇게 하면 유명인이 될 수 있다는 것이었다.
《뉴욕타임스》에서 보도한 존베넷 램지 피살 사건의 경우
그녀를 죽인 범인뿐 아니라 살해 동기도 여전히 수수께끼로 남아 있다.

해리 켄들 쏘가 스탠퍼드 화이트를 살해하다
매디슨 스퀘어 가든의 옥상에서 화이트에게 총을 쏘다

피츠버그에서 온 해리 켄들 쏘가 어젯밤 11시 5분 뉴욕 매디슨 스퀘어 가든의 옥상에서 건축가 스탠퍼드 화이트에게 총을 쏴 살해했다. 쏘는 전직 배우이자 예술가들의 모델로 활동했던 플로렌스 에블린 네스빗의 남편이다. 쏘가 화이트를 총으로 쏜 시각은 어제 매디슨 스퀘어 가든의 옥상 극장에서 첫 공연을 시작한 뮤지컬 코미디 〈상파뉴 아가씨〉가 거의 끝날 무렵이었다. 야머스 백작부인의 오빠이자 매우 유명하고 부유한 집안 출신인 쏘는 무대 가까운 곳에 앉아 있다가 수많은 탁자 사이를 지나간 다음, 배우들과 수십 명의 관객이 보는 앞에서 화이트의 머리를 총으로 쏘았다. 화이트가 숨을 거둔 매디슨 스퀘어 가든은 화이트 자신이 설계한 건물이었다. 미혼 시절의 네스빗을 뮤지컬 무대에 세워준 사람도 화이트였다.

야회복 차림이었던 쏘는 미리 화이트를 기다리고 있었던 것이 분명하다. 화이트는 10시 55분에 공연장에 들어와 무대에서 다섯 번째 줄에 있는 탁자에 앉았다. 오른손으로 턱을 받친 채 무엇인가 골똘히 생각하고 있었던 것 같다.

쏘는 코트 안에 권총을 숨기고 있었다. 그의 얼굴은 죽은 사람처럼 창백했다. 가까이 앉아 있던 A. L. 벨스톤의 말에 따르면 화이트는 쏘의 접근을 눈치챘던 것 같다. 하지만 화이트는 자리에서 움직이지 않았다. 쏘는 앉아 있는 화이트의 머리에 거의 닿을 정도로 권총을 갖다 대고는 순식간에 세 발을 쏘았다.

화이트가 바닥에 쓰러지다

화이트의 팔꿈치가 탁자에서 미끄러졌다. 탁자가 옆으로 넘어지면서 화이트도 의자에서 굴러 떨어졌다. 무대에서는 한 배우가 〈백만 명의 여자라도 사랑할 수 있어〉라는 제목의 노래를 부르고 있었지만, 총성을 들은 다음에는 아무리 애써도 목소리가 나오지 않는 것 같았다. 잠시 죽음과도 같은 정적이 흘렀다. 쏘가 화이트의 머리에서 권총을 거뒀다. 총구가 땅을 향하고 있었다. 관객들에게 해를 입힐 마음이 없다는 것을 보여주려는 듯했다.

쏘는 출구 쪽으로 성큼성큼 걷기 시작했다. 누가 빼앗아 가기라도 할까 봐 권총을 손에 꼭 쥐고 있었다. 한 여자가 벌떡 일어나더니 비명을 질렀다. 다른 사람들도 덩달아 비명을 질렀고 주변은 아수라장이 되었다.

그런 와중에 뮤지컬 감독 L. 로런스는 탁자 위로 올라가서 배우들에게 "공연을 계속해! 합창을 하라고!" 지시했다. 연주자들은 분위기를 수습하면서 어떻게든 합창곡을 연주하려 애썼지만, 무대 위에서 공연하던 여자 배우들은 두려움에 몸이 얼어붙고 말았다. 이대로라면 공연을 정상적으로 끝내기는 불가능했다. 공연 감독이 관객들에게 조용히 하라고 소리치면서 사고가 발생했다는 사실을 알리고 조용히 공연장에서 나가 달라고 부탁했다.

한편 쏘는 엘리베이터에 도착했다. 그곳에는 소방관 폴 브루디가 근무 중이었다. 브루디는 쏘의 손에서 권총을 빼앗았지만 체포까지는 하지 않았다. 그때 텐더로인 경찰서의 데베스 경사가 쏘의 팔을 붙잡자 쏘는 데베스에게 "그놈은 죽어도 싸다. 내가 증명할 수 있다. 그놈은 내 인생을 망치고 그녀를 버렸다"고 말했다.

한 여자가 쏘에게 키스하다

데베스 경사가 쏘와 함께 엘리베이터를 타려는데 검은 머리에 작은 키의 한 여자가 쏘에게 다가와 뺨에 키스했다. 일부 목격자들은 그 여자가 쏘의 아내라고 주장했다.

그때 갑자기 엘리베이터와 계단으로 사람들이 몰려들었다. 쏘를 알고 있던 매디슨 스퀘어 가든의 직원들(쏘가 건물을 자주 드나들었기 때문에 직원들은 대부분 쏘를 알고 있었다)은 좀 전에 벌어진 참사에 그다지 놀라지 않는 것 같았다. 공연 초반에 들어왔을 때부터 쏘가 왠지 불안정해 보였기 때문이다. 그렇게 공연장 이곳저곳을 돌아다니던 쏘는 결국 무대 가까운 곳에 자리를 잡았다.

그 자리는 약간 벽 속으로 오목하게 들어가 있어서 관객들에게는 쏘가 잘 보이지 않았지만, 쏘에게는 드나드는 사람이 잘 보였다. 그리고 쏘는 화이트가 어디에 앉을지 미리 알고 있었던 것 같다. 그래서 별다른 방해 없이 화이트에게 다가갈 수 있는 그곳에 자리를 잡았던 것이다.

화이트 옆에 앉아 있던 헨리 로저스는 쏘가 화이트의 관자놀이에서 불과 몇 센티미터 떨어진 곳에 총구를 갖다 댄 채 방아쇠를 당겼다고 말했다.

또 다른 목격자에 의하면 쏘는 세 발을 연달아 쏜 다음, 화이트가 죽었다고 확신하는 듯 저주의 말을 퍼부었고 마지막으로 "네놈은 다시는 저 여자와 데이트하지 못할 거야"라는 말을 했다고 한다.

화이트 옆 탁자에 앉았던 여인

화이트가 살해된 탁자의 바로 옆 탁자에는 흰색 드레스 차림의 한 여인이 앉아 있었다. 한동안은 다들 그녀가 화이트의 일행이라고 생각했지만, 확인된 사실은 아니다. 화이트는 공연장에 들어올 때 분명히 혼자였다.

쓰러져 있는 화이트에게 관중 속에서 누군가가 달려가 조치할 것이 있는지 살폈다. 바닥에는 엄청난 양의 피가 고여 있었다. 탁자는 옆으로 넘어져 있었고, 수천 개의 휘황찬란한 조명 속에 누워 있는 화이트는 누가 봐도 이미 이 세상 사람이 아니었다.

깜짝 연출로 생각하다

무대에서 공연하던 배우 두 사람은 총성이 울렸는데도 관객들이 크게 놀라지 않았다고 말했다. 총성이 울리기 직전에 두 배우가 익살스러운 말투로 결투를 벌이자는 대사를 했고, 그에 따라 관객들도 으레 하던 대로 관중 속에서 뭔가 일이 벌어질 것으로 생각했기 때문이다.

공연장의 조명이 어두워지자 화이트의 시신이 수습되기 시작했다. 팔을 옆구리에 붙이고 다리를 모은 다음 분장실에서 얇은 천을 가져와 시신을 덮었다.

그러는 동안 데베스 경사는 쏘와 함께 거리로 나섰다. 쏘는 한순간도 평정심을 잃지 않았다. 그의 야회복에는 구겨진 곳도 전혀 없었다. 창백한 얼굴만 빼면 지금 그가 몹시 흥분한 상태라는 것을 알아보기는 어려웠다.

데베스와 쏘는 그렇게 거리의 인파를 헤치면서 5번가로 간 다음 다시 30번가를 향해 걸어갔다. 두 사람이 홀랜드 하우스 모퉁이를 돌고 있을 때 쏘를 알아본 마부들이 모자를 살짝 들어 인사했다. 쏘는 그렇게 뒤따라오는 사람들도 전혀 없이 경찰서에 도착했다.

그는 술이나 마약에 취한 것 같지는 않았지만, 걸으면서 약간 휘청거렸다. 그리고 텐더로인 경찰서까지 가는 동안 한마디도 하지 않았다. 경찰서에서 매카시 경사가 이름을 묻자 쏘는 이렇게 대답했다.

"존 스미스, 필라델피아 라파예트 지구에 산다."

"직업은?"

"학생이다."

'존 스미스'에 관한 죄목은 기록되지 않았다. 죄목은 형사가 사건을 충분히 조사한 후에 적기 때문이다. 매카시 경사는 쏘에게 "왜 그런 짓을 했는가?"라고 물었다. 쏘는 "말할 수 없다"고 대답했다.

쏘가 친구 2명을 부르다

젊은 쏘는 멍한 모습으로 경찰서 안쪽 방으로 걸어갔다. 그리고 친구인 프레더릭 로언펠로와 프레더릭 델라필드를 부르러 사람을 보냈다. 사건 담당 형사가 증인들을 데려오고 증인들이 호진스 경감의 사무실에서 조사를 받고 난 다음, 쏘는 살인죄로 기소되어 철창에 갇혔다.

코로너 둘리는 오늘 오전 1시 30분에 텐더로인 경찰서에 도착해서 쏘에 대한 면회를 신청했다. 쏘는 경비에게 담배를 사다 달라고 부탁했다. 코로너가 면회실에 들어섰을 때 쏘는 침착한 모습으로 담배를 피우고 있었다.

코로너가 물었다. "제게 하실 말씀이 있습니까?"

쏘가 대답했다. "아니오, 그냥 지금은 아무 말도 하고 싶지 않습니다. 다만 버 매킨토시나 전직 판사인 혼블로어, 아니면 조지프 초트에게 제 상황을 알려주시면 고맙겠습니다."

"매킨토시는 윗층에 있습니다. 그분을 만나고 싶습니까?"

"아니오. 그냥 혼블로어나 초트에게 전화해달라고만 전해주세요."

초트는 매사추세츠주 스톡브리지에 산다. 위층에 있던 매킨토시는 그 말을 전해 듣고 경찰서를 나섰다.

코로너 둘리는 쏘의 정신 건강에는 이상이 없다고 말했다. 살인 사건이 질투 때문에 일어났다는 것이 그의 생각이었다.

경찰서에서 몸수색을 받은 결과 쏘에게서 지폐 125달러와 동전 2.36달러, 실크 손수건 두 개, 금색 연필 두 자루, 금색 시계, 그리고 작은 거울 등이 나왔다.

롱아일랜드주 세인트 제임스에 사는 화이트 부인

이스트 21번가에 있는 화이트의 저택에서 일하는 가정부 리지 핸런 부인은 자정 직전 《뉴욕타임스》 기자의 방문을 받고난 다음에야 총격 사건을 알게 되었다.

화이트의 저택은 시내에서 장식이 가장 화려한 저택 중 하나였다. 핸런 부인은 대리석 조각과 우아한 분수 등 이탈리아풍으로 공들여 만든 장식물 사이에 서서 알고 있는 모든 것을 털어놓았다.

"화이트 씨는 한동안 저택에 혼자 있었다. 화이트 부인은 3주에서 한 달 정도 서부에 가 있다가 지금은 롱아일랜드주 세인트 제임스의 전원 주택에 있다. 화이트 씨의 아들인 로런스 화이트는 얼마 전 하버드대학교에서 돌아왔다. 화이트 씨와 로런스 모두 오늘 밤 저녁 식사를 위해 옷을 차려 입으러 집에 왔었다. 하지만 두 사람은 함께 외출하지 않았다. 화이트 씨가 아들 로런스보다 몇 분 먼저 집을 나섰다. 두 사람이 어디로 갔는지는 나도 모른다."

핸런 부인에게 물었다. "최근에 해리 쏘 씨가 화이트 씨를 보러 집에 온 적이 있었는가?"

"해리 쏘 씨 말인가? 그런 얘기는 못 들었다. 내가 알기로 오늘 화이트 씨를 보러 온 사람은 없었다."

로런스 화이트는 어젯밤 친구 르로이 킹, 그리고 아버지와 함께 카페 '마틴'에서 저녁 식사를 했다. 로런스의 말로는 아버지의 기분이 더할 나위 없이 좋았다고 한다. 일행은 저녁 식사를 마치고 전기 자동차에 올라 뉴 암스테르담의 옥상정원으로 갔다. 그곳에서 로런스와 르로이는 화이트 씨에게 공연을 보면서 좀 더 있다 가자고 졸랐다.

화이트 씨는 "그건 어렵지만, 어쨌든 고맙구나"라면서 다른 곳에 가 봐야 한다고 말했다. 로런스와 르로이가 본 화이트 씨의 마지막 모습이었다.

필라델피아에 가려던 계획을 바꾸다

로런스 화이트는 아버지가 어젯밤 사업 문제로 필라델피아에 갈 생각이었다고 말했다. 그러다가 계획을 바꿔서 아들과 함께 저녁을 먹었던 것이다.

1915년 7월, 해리 켄들 쏘(왼쪽 밝은 색 정장 차림)가 2심 재판이 끝난 후 법원을 나서고 있다. 쏘는 2심에서 무죄 판정을 받았다.

로런스는 슬퍼하면서 "아버지가 그때 그냥 가셨어야 했어요!"라고 소리쳤다.

로런스는 해리 쏘를 한 번도 본 적이 없고 아버지에게서 전해들은 적도 없다고 말했다. 그리고 왜 그런 비극이 일어났는지 짐작조차 가지 않는다고 했다. 그때 로런스에게 아버지가 사망했으며 시신이 아직 매디슨 스퀘어 가든에 있다는 소식이 전해졌다. 로런스는 바로 매디슨 스퀘어 가든으로 출발했다.

화이트의 시신은 장의사 사무실로 옮겨진 다음 간단한 검사를 받았다. 세 군데의 총상이 발견되었다. 왼쪽 눈에 난 총상이 치명적이었다. 다른 총알 두 개는 양 어깨를 스치면서 각각 상처를 남겼다. 정수리에도 상처가 있었는데, 바닥으로 쓰러질 때 머리가 탁자 가장자리에 부딪히면서 생긴 것이었다.

형사가 쏘의 부인을 찾다

해리 쏘 부부는 5번가와 45번가의 교차점에 있는 로레인 호텔에 묵고 있었다. 형사들이 쏘 부인을 증인 자격으로 데려오려고 찾아갔지만, 그녀는 오늘 오전 3시가 지날 때까지 숙소로 돌아오지 않았다. 그 시각에 쏘를 체포했던 데베스 경사는 사건에 관해 이렇게 설명했다.

"어젯밤 26번가와 매디슨가를 순찰 중이었다. 매디슨 스퀘어 가든의 지배인에게 공연 중 총을 쏘느냐고 물었다. 지난주에 해머스타인이 공연하는 뮤지컬에서 총을 쏘는 바람에 거리에서 총격이 일어난 줄 알고 잠시 당황했던 적이 있었기 때문이다. 지배인은 쏘지 않는다고 대답했다. 나는 세 발의 총성을 듣고 가든으로 달려갔다. 거기 총성을 듣고 황급히 도망가던 전기 기술자를 만났다. 그는 관중석에 있던 남자 한 명과 여자 한 명이 총에 맞았다고 했다. 나는 급히 위층으로 올라갔다. 처음 눈에 띈 것은 기절한 한 여자였다. 그 다음에 소방관과 함께 있는 쏘를 보았다. 그에게 탁자 옆에 누워 있는 사람을 총으로 쏘았느냐고 물었다. 쏘는 '그렇다'고 대답했다. 그리고 그 남자가 자기 인생, 혹은 자기 아내의 인생을 망쳤다고 말했다. 이해가 가지 않았다. 쏘는 화이트가 죽었냐고 물어봤는데, 그렇다고 대답하니 일을 제대로 처리해서 기쁘다고 말했다. 그때 한 여자가 쏘에게 달려가 키스했다. 로런스 지배인이 쏘의 부인이라고 알려주었다. 그녀는 쏘가 이렇게 정말 행동에 옮길 줄은 몰랐다고 했다. 쏘는 그녀의 어깨를 토닥이면서 그녀의 귀에 모든 것이 다 잘될 것이라고 속삭였다."

어젯밤 피츠버그에서 보도된 긴급 뉴스에서는 쏘와 그의 아내가 내일 배를 타고 유럽에 갈 예정이었다는 소식을 전했다.

네스빗의 남편인 해리 쏘는 아내가 과거에 화이트의 정부였다는 사실에 분노했다. 당시 '세기의 재판'으로 보도되었던 쏘의 재판은 무죄로 판결났다. 쏘의 정신이 온전하지 않으며 그가 정신병원에 입원하기로 약속했다는 이유였다. 쏘는 캐나다로 도주했다가 다시 뉴욕으로 송환되었으며 정신이상이 아니라는 판결을 받은 후 1915년 석방되었다. 그리고 1917년 19살 소년을 납치하고 폭행한 혐의로 체포되어 정신병원에 재입원한 뒤 1924년 석방되었다.

흑인 소년 살해 사건으로 재판 진행 중

— 존 N. 포팜

오늘 미국 최남단에 있는 이 마을(미시시피주 머니—편집자)의 법정에서 민감한 인종 문제가 연관된 특별한 재판이 열렸다. 24세의 로이 브라이언트와 그의 이복형인 36세의 J. W. 밀럼은 시카고에 사는 14세의 흑인 소년 에밋 루이스 틸을 납치해서 살해했다는 혐의를 받았다. 백인인 브라이언트와 밀럼은 틸이 브라이언트의 아내인 21세의 캐럴라인에게 늑대 휘파람(wolf whistle, 보통 남자가 길에 지나가는 매력적인 여자를 보면서 부는 휘파람을 말하며 성희롱으로 간주된다—옮긴이)을 불었다고 주장했다.

재판이 끝날 무렵 백인 10명이 이번 재판의 배심원으로 선정되었다. 재판은 내일 오전 9시에 2명의 배심원과 1명의 예비 배심원을 선정한 후 재개될 예정이다.

여섯 시간 반에 걸친 재판 과정에서 가장 흥미로웠던 것은 인종을 엄격하게 구분해야 한다고 강력하게 주장하는 백인들 수백 명이 지켜보는 가운데 법정 안팎에서 일어난 움직임이었다.

흑인 신문의 사진 기자들은 법원 주변을 자유롭게 다니면서 사진 촬영을 했다. 그리고 백여 명 가량의 흑인 구경꾼들은 기자들과 같은 곳을 돌아다니면서 백인 구경꾼들과 잡담을 나눴다. 예비 배심원들은 증거를 판단할 때 인종적 편견을 버릴 수 있느냐는 질문을 받았다.

적대감을 억누르다

법정에는 보통 상대편에 대한 억눌린 적대감이 흐르기 마련이다. 하지만 경우에 따라서는 여유로운 웃음이나 가벼운 농담이 오가기도 한다. 방청객 250명이 앉아 있는 법정은 기자들과 이번 재판을 위해 특별히 선정된 120명의 특별 배심원, 그리고 48명의 정규 배심원, 청중들로 발디딜 틈이 없었다.

섬너가 행정 중심지인 탤러해치 카운티의 H. C. 스트라이더 보안관은 2명의 부보안관이 판사와 법정 공무원을 제외한 모든 입장객을 대상으로 무기 소지 여부를 확인할 것이라고 알렸다.

처음에는 부보안관들이 일일이 사람들의 주머니를 손으로 확인했지만, 얼마 못 가 대충 넘어가기 시작했고 급기야 주머니를 확인하면서 친한 친구들과 농담을 주고받기도 했다. 그나마 방청객들이 점심 식사를 한 다음 다시 법정에 들어갈 때는 아예 검사를 하지 않았다.

법정에는 전국 대도시에서 온 신문 기자와 라디오, 텔레비전 기자들이 50~60명 정도 있었다. 흑인 언론사에서 온 기자들은 10명 정도였다.

스트라이더 보안관은 신문 기자들을 위해 법정 칸막이 바로 뒤에 탁자와 의자 22개를 마련했다. 흑인 기자들을 위해서는 법정의 가장 구석

1955년 9월 6일, 아들 에밋 틸의 장례식에서 비탄에 잠긴 메이미 틸 모블리

자리에 별도로 탁자 1개와 의자 4개를 갖다 놓았다.

재판을 주관하는 커티스 스윙고 판사는 재판을 시작하기 전에 사진 기자들에게 20분의 사진 촬영 시간을 주었다.

배심원 선발 과정은 신속하게 진행되었다. 미시시피에서 가장 뛰어난 법조인으로 대접받는 47세의 스윙고 판사는 빈틈없이 재판을 진행했다. 그는 파란 정장에 흰 셔츠를 입고 검은 넥타이를 매고 있었다. 하지만 오후 재판 때 법정 안의 온도가 숨이 막힐 정도로 올라가자 정장 상의를 벗었다.

법정은 지역 전통에 따라 격식에 얽매이지 않는 편안한 분위기였다. 거의 모든 사람이 셔츠 차림이었고 담배도 아무 때나 피울 수 있었다. 법정 집행관들은 변호인과 기자석으로 냉수가 담긴 주전자를 날랐고 가끔은 법정 칸막이 너머 청중석에 있는 친구에게 물컵을 건네주기도 했다.

휴 화이트 주지사와 J. P. 콜먼 법무장관이 이번 재판을 위해 선임한 로버트 스미스 특별검사는 주에서 시행한 조사 활동 대부분을 진두지휘했다. 41세의 스미스 검사는 숱이 많은 검은 머리에 나이보다 어려 보였다. 그는 전직 FBI 수사관이며 2차 세계대전에 참전했던 해병 용사이기도 했다.

스미스 검사가 예비 배심원들에게 했던 질문을 보면 그가 얼마나 철저하게 배심원을 선발했는지 알 만했다. 모든 배심원의 습관과 가정환경, 심지어 재판 결과에 이해관계가 있을지도 모르는 친구들 사이에서 불리는 별명까지 꿰고 있는 듯했기 때문이다.

피고 측에는 예비 배심원들의 심문에 대처하는 J. J. 브렐런드와 C. 시드니 칼턴 변호사를 포함해서 총 5명의 변호인이 있었다. 브렐런드와 칼턴은 뛰어난 법정 변호사였다.

재판이 진행되는 동안 브라이언트와 밀럼의 옆에는 각각 아내와 2명의 아이들이 앉아 있었다. 아이들은 아버지의 무릎 근처에서 장난을 치다가 가끔씩 복도를 이리저리 뛰어다니기도 했다.

전원이 백인으로 구성된 배심원단은 불과 한 시간 정도 토론한 다음 밀럼과 브라이언트에게 무죄를 선고했다. 이듬해인 1956년 두 사람은 《룩*Look*》과의 인터뷰에서 범행을 자백하면서 살인 과정에서 자신들이 저질렀던 행위를 애써 옹호했다. 살해된 에밋 틸의 관은 현재 워싱턴 D.C.에 있는 국립 아프리카계 미국인 역사문화 박물관에 전시되어 있다.

맨슨과 여성 3명 유죄
검찰은 사형 구형

– 얼 콜드웰

찰스 맨슨과 맨슨의 히피 생활 공동체인 여성 3명이 테이트·라비앙카 살인 사건으로 오늘 유죄 판결을 받았다. 배심원들은 9일 동안 42시간 넘게 이어졌던 논의를 끝내고 정오 직전에 평결을 발표했다.

법정 서기가 평결을 읽는 동안 피고인들은 무덤덤한 표정이었다. 하지만 맨슨은 경비가 철통 같은 법정을 나서면서 변호의 기회를 얻지 못했다고 재차 말했고, 찰스 올더 고등법원 판사에게 "오래 살지 못할 거야, 영감"이라고 했다.

맨슨과 22세의 수전 앳킨스, 23세의 패트리샤 크렌윙클 등 두 여성은 각각 7건의 일급 살인 혐의로 유죄 판결을 받았다. 네 번째 피고인 21세의 레슬리 밴 하우튼은 2건의 일급 살인 혐의로 유죄 판결을 받았다. 그리고 네 사람 모두 살인 공모죄로 유죄 판결을 받았다.

캘리포니아주에서는 일급 살인으로 유죄 판결을 받으면 자동으로 종신형 혹은 가스실에서 사형에 처해진다. 오늘 나온 평결에 "매우 만족한다"고 한 빈센트 불리오시 검사는 배심원에게 사형을 요청할 것이라고 말했다.

피고 측 대표 변호인인 폴 피츠제럴드 변호사는 평결을 듣고 씁쓸한 표정을 감추지 못한 채 "재판 장소를 변경해달라는 요구가 기각되었을 때 우리는 이미 진 것이나 다름없었다"고 말했다.

맨슨의 변호인인 어빙 캐너렉 변호사는 평결과 재판 과정을 전반적으로 비웃으면서 "이번 재판은 대중을 위한 오락거리에 불과했다"고 말했다.

평결이 발표되자 캐너렉 변호사는 평결을 무효로 해달라고 요청했지만, 올더 판사는 평결에 문제가 없다며 일축했다. 캐너렉 변호사는 배심원들에게 모종의 압력이 행사되어 자신이 '집단 결정'이라고 부르는 쪽으로 결론이 나올 수밖에 없었다며 증거를 제시하겠다고 주장했다.

올더 판사는 오전 10시 15분에 내부 회의를 중단시킨 다음 변호인들에게 배심원 평결이 나왔다는 말을 전했다. 그리고 바로 특별 보안 대책이 시행되었다. 그 대책에 따라 90분 후 배심원들이 입장할 때는 제복 차림의 집행관 13명이 법정에 배치되었고 방청석에도 10여 명이 넘는 집행관이 배치되었다.

평결이 발표되는 동안 피고인들 뒤에는 경찰관이 한 사람씩 서 있었다. 서로 귓속말을 주고받던 여성 피고 셋은 법정 서기가 평결을 읽기 시작하자 동작을 멈추고 귀를 기울였다. 여성 피고들과 탁자를 사이에 두고 앉아 있던 맨슨은 종종 수염을 쓰다듬으면서 천장을 바라보았다. 그리고 법정을 나설 때까지 아무 말도 하지 않았다.

1968년 4월 22일에 찍힌 찰스 맨슨. 테이트·라비앙카 살인 사건을 저지르기 일 년 반쯤 전 자동차 절도 혐의로 체포된 후 찍힌 것이다.

캘리포니아주 사상 가장 길고 가장 엽기적이었던 이번 재판의 결말은 다소 싱겁게 막을 내렸다. 엽기적이라는 표현은 재판 그 자체가 아니라 몇 달 전 발생했던 살인 사건에 관한 것이다.

살인 현장

5건의 살인이 발생한 곳은 로스앤젤레스 서부 베네딕트 캐년에 있는 배우 샤론 테이트의 저택이었다. 또 다른 희생자인 리노 라비앙카 부부는 로스앤젤레스 동부 로스 펠리스에 있는 자택에서 살해되었다.

1969년 8월 9일 아침, 테이트의 가정부가 테이트의 시신을 발견했다. 라비앙카 부부의 시신은 그 다음날 저녁에 발견되었다.

영화감독 로만 폴란스키의 아내인 테이트는 칼에 16번 찔렸다. 테이트의 저택에는 다른 희생자도 있었다. 커피회사 상속녀인 26세의 애비게일 폴저는 28번 찔렸고, 할리우드에서 미용사로 일하는 35세의 토머스 존 세브링은 칼에 7번 찔리고 총을 한 발 맞았다. 폴란스키의 친구인 37세의 보이텍 프라이코우스키는 51번 찔리고 총을 두 발 맞았으며 머리를 13차례 강타당했다. 학생인 18세의 스티븐 페어런트는 총을 네 발 맞고 칼에 한 번 찔렸다.

라비앙카 부부의 집에서는 부유한 슈퍼마켓 회사 사장인 44세의 라비앙카 씨가 칼에 26번 찔려 사망했고, 38세인 그의 아내는 41번 찔렸다. 검시 보고서에는 라비앙카 부인의 몸에 난 칼자국 중에서 최소 13군데는 죽은 다음에 찌른 것으로 기록되어 있었다.

경찰은 살인 사건이 일어난 후 두 달 만인 지난 10월 데스밸리의 바커스 목장에 있는 [맨슨] 패밀리의 공동 거주지에서 맨슨과 밴 하우튼을 체포했다. 당시 맨슨은 살인 혐의를 받지 않았고 심지어 용의자도 아니었다. 경찰은 장물 소지 및 방화 혐의만 적용했으며 책정된 보석금은 12,500달러였다.

힌먼 살인 사건

경찰은 맨슨 패밀리의 일원인 수전 앳킨스를 체포한 후, 11월이 되어서야 테이트·라비앙카 살인 사건에 맨슨 패밀리가 연관되었다는 사실을 알아냈다. 당시 경찰이 앳킨스를 체포한 것은 그녀가 토팡가 캐년에 사는 맨슨의 친구이자 음악가인 게리 힌먼 살인 사건의 용의자였기 때문이다.

한때 맨슨 패밀리의 일원이었던 23세의 로버트 보솔레이가 이미 힌먼 살인 사건의 용의자로 기소되어 있는 상태였다. 사건의 증인들은 맨슨이 지시했다고 증언했다. 보도에 따르면, 경찰에 체포된 보솔레이가 맨슨이 자신을 감옥에서 꺼내주지 않자 힌먼 살인 사건에 앳킨스가 가담했다는 진술을 했다고 한다.

나중에 앳킨스는 테이트·라비앙카 살인 사건에 맨슨 패밀리가 연루되었다는 사실을 입 밖에 내고 말았다. 체포된 후 여성 전용 구치소인 시빌 브랜드 구치소에 있을 때 감방 동료에게 테이트·라비앙카 살인 사건의 범인이 맨슨 패밀리라고 말했던 것이다. 다른 감방 동료들이 그 말을 경찰에게 그대로 전했다.

앳킨스는 경찰 앞에서 자신이 한 이야기에 관해 다시 설명해야 했다. 그리고 나중에 자신과 맨슨, 크렌윙클, 밴 하우튼, 린다 카사비안을 기소한 대배심에서도 한 번 더 진술했다.

하지만 대배심에 나간 지 3개월만인 지난 3월 5일, 앳킨스는 리처드 카발레로 변호사와 함께 교도소에서 맨슨을 만난 후 모든 자백을 철회했다. 그 무렵 그녀의 자백을 근거로 책이 출간되고 《로스앤젤레스 타임스》에 기사가 실렸는데도 아랑곳하지 않았다. 앳킨스는 테이트 살인 사건에 맨슨 패밀리가 연루되었다는 이야기는 모두 지어낸 것이라고 번복했다.

앳킨스는 범행을 자백할 때만 해도 자신은 아무도 칼로 찌르지 않았다고 했다. 그저 사건 현장에서 샤론 테이트가 숨을 거둘 때 무릎베개를 해준 것이 전부였다고 말했을 뿐이었다.

그럼에도 주 검찰은 재판에서 패소하지 않았다. 맨슨 패밀리의 일원이며 살인과 범죄 공모 혐의로 함께 기소된 카사비안이 맨슨과 다른 피고에게 불리한 증언을 하기로 약속했기 때문이었다. 카사비안은 그 대가로 기소 유예 처분을 받았다.

맨슨과 다른 3명의 피고는 1970년 7월 24일 재판을 받았다. 범죄가 일어난 지 거의 일 년만의 일이었다. 재판은 시작부터 대중의 집중적인 관심을 받았다. 재판이 시작되자 4명의 피고는 서로 웃거나 농담을 주고받으면서 법정에 노골적인 적대감을 드러냈다.

재판이 시작되고 4개월 동안, 피고 측 변호인들은 재판을 방해하기 위해 증인을 단 한 명도 부르지 않았다. 누군가 맨슨의 변호사가 했던 말을 법정에서 증언하면, 자신들의 죄를 인정하는 것이나 다름없게 된다고 여자 피고인들이 주장했기 때문이다. 당시에는 3명의 여자 피고인이 맨슨을 '구하기 위해' 자백할 것이라는 소문이 돌기도 했다.

재판 중에 특이한 상황이 벌어지기도 했다. 한번은 맨슨이 피고석 탁자를 뛰어넘어 연필을 깎고 있는 올더 판사에게 달려든 적도 있었다.

돌발 상황이 연이어 발생하다

또 한번은 불리오시 검사가 앳킨스 때문에 너무 화가 난 나머지 "이 조그만 년"이라고 욕하면서 주먹을 휘둘러 배심원들이 깜짝 놀라기도 했다.

이런 돌발 행동이 다른 사람들에게 전염이라도 되었는지, 재판 중에 그런 행동을 하는 사람들이 계속 나왔다. 피고 측 변호인들도 그런 분위기에 휩쓸렸는지 재판 중에 돌발 행동을 하는 바람에 세 사람 모두 법정 모독죄로 유치장에서 하룻밤을 보내기도 했다. 불리오시 검사는 법정 모독죄로 50달러의 벌금을 낸 후에야 풀려났다.

재판 기간 중 변호인 한 명이 실종되는 사건도 발생했다. 밴 하우튼을 변호했던 로널드 휴즈 변호사가 추수감사절을 맞아 잠시 휴정한 사이 산에 갔다가 실종된 것이다. 당시 산에 폭우가 내렸다고 하는데, 당국에 따르면 폭풍이 몰아칠 때는 매우 위험한 곳이었다. 휴즈 변호사가 실종되자 법정은 3주간 휴정했다. 밴 하우튼의 변호인으로 맥스웰 키스 변호사가 새롭게 선임되었다.

재판은 총 121일이 걸렸고 공판 기록은 21,304쪽 600만 자에 육박했다. 재판 과정에서 주 검찰은 84명의 증인을 소환했다. 대다수가 과거 맨슨 패밀리에 몸담았던 사람들이었다. 그들은 패밀리에 몸담았을 때만 해도 맨슨을 예수로 생각했다고 증언했다. 그리고 맨슨이 '헬터 스켈터helter skelter'라고 이름 붙인 흑백 간의 인종 전쟁이 곧 미국에서 벌어질 것이라고 철석같이 믿었다.

증인 일부는 맨슨이 전쟁을 피하기 위해 패밀리를 데리고 사막으로 들어갈 준비를 했으며, 그 전쟁으로 백인이 흑인의 손에 전멸당할 것으로 믿었다고 했다. 하지만 증인들의 말에 따르면 맨슨은 흑인들이 사회를 이끌어나갈 능력이 없어서 자신에게 의지하게 되고 자신이 그들의 지도자가 될 것이라고 믿었다. 그리고 맨슨은 흑인들이 비난받아 마땅하고 맨슨 패밀리가 인종 전쟁을 일으켜야 한다면서 살인을 계획했다.

주 검찰 측의 가장 유력한 증인인 카사비안이 증언대에 서면서 재판은 최고조에 달했다. 카사비안은 테이트 살인 사건이 발생했던 그날 밤에 맨슨 패밀리의 구성원 모두와 테이트의 집에 있었다고 증언했다.

"텍스가 하라는 대로 해"

카사비안은 앳킨스와 크렌윙클, 밴 하우튼, 텍스 왓슨이 테이트의 집에 들어간 뒤 자신은 밖에서 망을 봤다고 말했다. 그리고 테이트의 집으로 가면서도 어디로 가는지, 왜 가는지 영문을 몰랐지만, 맨슨이 "텍스가 하라는 대로 해"라고 하면서 다른 사람들과 함께 가라고 지시했다고 증언했다.

할리우드의 높은 언덕에 홀로 떨어져 있는 테이트의 저택에서 첫 번째로 희생된 사람은 페어런트였다. 왓슨이 그에게 총을 쏘았다.

다른 사람들의 증언을 보면 페어런트는 테이트 저택의 뒤편에 있는 게스트하우스에 사는 친구를 보러 막 도착한 상황이었다. 왓슨과 일행이 페어런트를 발견했을 때 그는 차에서 내리고 있었다.

카사비안은 페어런트가 살려달라고 하는 말을 들었으며, 현재 정신병원에 있는 왓슨이 페어런트에게 총 네 발을 쏘았다고 말했다. 다른 네 사람이 집안에 들어간 후에도 카사비안은 밖에 남아서 망을 보았다. 그리고 집안에서 비명이 들리자 집으로 달려갔다.

다음날 밤

카사비안은 프라이코우스키가 비틀거리며 집밖으로 나왔고 왓슨이 쫓아 나오더니 프라이코우스키를 칼로 찌르면서 폭행했다고 말했다. 그런 다음 흘끔 봤는데 크렌윙클이 손에 칼을 든 채 애비게일 폴저를 뒤쫓는 모습이 보였다고 했다.

카사비안은 일행과 함께 당시 거주지였던 스판 목장으로 돌아갔더니 맨슨이 왜 그렇게 무시무시한 난장판을 벌였느냐면서 당황했다고 말했다. 그리고 그 다음날 밤 맨슨이 자신과 앳킨스, 크렌윙클, 밴 하우튼, 왓슨, 그리고 패밀리의 또 다른 일원인 스티브 그로건을 데리고 라비앙카의 집으로 향했다고 진술했다.

맨슨은 라비앙카 부부의 집으로 들어갔다가 잠시 후 나와서 두 사람을 묶어놓았다고 말했다. 그리고 다른 사람들을 데리고 들어가면서 부부에게 죽인다는 말은 하지 말라고 일렀다.

1970년 8월 6일, 테이트·라비앙카 살인 사건 재판을 받기 위해 법정으로 가는 수전 앳킨스와 패트리샤 크렌윙클, 레슬리 밴 하우튼

    카사비안은 맨슨이 다른 사람들에게 라비앙카 부부를 죽이라고 말한 뒤 자신과 그로건을 데리고 차에 올라 그곳을 떠났다고 했다. 맨슨은 떠나기 전 남은 일행에게 일을 끝낸 다음 스판 목장까지 히치하이크를 해서 오라고 말했다.

    카사비안은 살인 사건이 벌어지는 동안 맨슨과 함께 땅콩을 먹으면서 해변을 산책했다. 18일간 증인석에 섰던 카사비안은 라비앙카 부부를 살해하던 날 밤늦게 그녀도 아는 어떤 배우를 죽이라는 맨슨의 지시에 "찰리, 난 당신과 달라요. 난 사람을 죽이지 않아요"라고 대답했다고 증언했다.

    맨슨은 신시내티에서 미혼모의 아들로 태어났다. 25살이 될 때까지

13년을 소년원과 교도소에서 보냈다. 1955년 결혼한 맨슨은 아들 하나를 얻었지만, 훔친 차를 운전한 혐의로 연방 교도소에서 복역하는 동안 이혼당했다.

1967년 캘리포니아주 산 페드로의 한 교도소에서 석방된 다음 샌프란시스코로 간 맨슨은 하이트-애시버리 지역에서 히피들과 어울렸다. 그곳에서 맨슨 패밀리가 탄생했다. 1968년 맨슨 패밀리는 로스앤젤레스로 이주했다. 그리고 최종적으로 로스앤젤레스에서 북서쪽으로 48킬로미터 떨어진 산타 수재너 산맥에 있는 오래된 영화 촬영용 목장에 정착했다.

피고측에서는 증인을 전혀 부르지 않았지만 맨슨은 재판 중에 나가 증언을 했다. 하지만 그의 증언은 배심원이 없을 때 이루어졌고 배심원들이 법정에 왔을 때는 그가 같은 말을 되풀이하고 싶지 않다며 증언을 거부했다.

증인석에서 맨슨은 질문을 일체 받지 않았다. 대신 아주 길고 장황하게 자신의 철학과 성장 배경을 설명했다. 말을 시작하기 전 맨슨은 자신이 아무도 죽이지 않았고 다른 사람에게 누굴 죽이라고 시킨 적도 없다고 진술했다.

2012년, 맨슨이 12번째로 신청한 가석방 요청이 거부되었다. 다음 신청은 그가 92세가 되는 2027년에나 가능하다. 테이트·라비앙카 살인 사건으로 유죄 판결을 받은 다른 맨슨 패밀리 중에서 패트리샤 크렌윙클과 밴 하우튼, 찰스 '텍스' 왓슨은 여전히 교도소에 있다. 스티브 '클렘' 그로건은 1985년 가석방되었고, 수전 앳킨스는 2009년 옥중에서 사망했다.

비틀스의 존 레넌 살해되다
용의자는 다코타 아파트에서 검거

– 레스 레드베터

비틀스의 멤버인 존 레넌이 어젯밤 맨해튼 어퍼 웨스트 사이드에 있는 자택 다코타 아파트에 들어가다가 총에 맞아 사망했다. 용의자는 현장에서 체포됐다.

20번 관할구의 로버트 반스 경사는 40세의 레넌이 웨스트 72번가 1번지에 있는 다코타 아파트 앞에 멈춰선 리무진에서 내려 아파트 입구로 걸어가다가 등에 총 두 발을 맞았다고 말했다. 반스 경사는 범인이 "분명 레넌을 기다리고 있었다"고 설명했다. 20번 관할구의 제임스 설리번 형사반장은 용의자가 하와이 출신으로 뉴욕에 온 지 일주일 된 25세의 마크 데이비드 채프먼이라고 밝혔다.

레넌의 아내는 무사한 것으로 전해져

레넌의 이웃인 제프 스미스는 밤 11시가 갓 넘은 시각에 다섯 발의 총성을 들었다고 증언했고, 다른 목격자들은 밤 10시 45분경 네 발의 총성이 들렸다고 말했다. 존 레넌은 다코타 아파트 안뜰로 이어지는 아치형 입구로 들어가다가 총에 맞는데 함께 있었던 레넌의 아내 오노 요코는 상처를 입지 않았다.

목격자들은 레넌이 흰색 티셔츠에 데님 재킷 차림이었으며 그가 총에 맞자 오노 요코가 "도와주세요! 도와주세요!"라고 소리쳤다고 말했다. 그리고 용의자는 레넌을 쏜 다음 다코타 아파트 입구에서 서성대면서 총을 손에 든 채로 경비원과 말다툼을 벌였다고 한다.

아파트 건물에는 여러 곳에 탄흔이 남아 있었고 벽돌에는 피가 묻어 있었다. 레넌이 총격을 당한 직후 수백 명이 웨스트 72번가와 센트럴 파크 웨스트가에 모여들었다. 눈물을 흘리는 사람도 많았다. 새벽 1시 무렵에는 군중의 수가 500명까지 늘어났다.

레넌은 총에 맞은 후 아파트 사무실로 옮겨졌다가 곧바로 루스벨트 병원으로 이송되었다. 병원 대변인의 말로는 그곳에서 사망 판정을 받았다고 한다. 오노 요코를 경찰차에 태워 병원까지 데려다 준 경찰관 앤서니 팔머는 그녀가 몹시 흥분한 상태였으며 "이게 다 꿈이라고 말해주세요"라고 말하면서 울음을 터뜨렸다고 했다.

레넌의 프로듀서인 잭 더글러스는 초저녁쯤 레넌 부부와 함께 미드타운에 있는 스튜디오 레코드 플랜트에 있었으며, 레넌이 오후 10시 30분경 스튜디오를 떠났다고 말했다. 그때 레넌은 배를 좀 채우고 집으로 간다며 나갔다고 한다.

과거에 레넌에게 사인을 받다

20번 관할구의 존 시크 경사에 따르면, 아파트 앞에 있던 범인은 레넌이 자신을 지나쳐서 아파트 입구에 들어섰을 때 총을 쏘았다고 한다. 범인은 "레넌 씨!"라고 부른 다음 코트 속에서 총을 꺼내 방아쇠를 당겼다.

경찰의 말로는 용의자가 벽감壁龕(아름답게 보이기 위해 건물 벽면을 안으로 오목하게 만든 부분—옮긴이)에서 나와 레넌에게 서너 발의 총을 쏘았다고 한다. 레넌은 아파트 복도에서 힘겹게 여섯 계단을 올라간 다음 벽감에 숨었다가 바닥 위로 쓰러졌다. 다코타 아파트의 직원들은 예전에 범인과 비슷하게 생긴 사람이 레넌에게 사인을 받아간 적이 있다고 말했다.

설리번 형사반장은 용의자가 며칠 전부터 다코타 아파트 인근을 배회하는 것을 본 사람들이 있다고 말했다. 사건 목격자인 션 스트럽은 72번가 인근에서 남쪽으로 걷고 있는데 네 발의 총성이 들렸으며 센트럴 파크 웨스트가의 모퉁이에서 경찰이 경찰차 뒷좌석에 레넌을 밀어넣는 모습을 보았다고 말했다. 그때 스트럽은 다른 경찰차를 타고 있는 용의자의 모습도 보았다. 경찰이 용의자를 태우고 떠날 때 "그는 히죽히죽 웃고 있었다"고 스트럽은 말했다. 경찰은 용의자인 마크 데이비드 채프먼이 다부진 체격에 흰색 셔츠와 갈색 바지에 코트를 입고 금속테 안경을 쓰고 있었다고 설명했다. 반스 경사는 범행에 사용된 것으로 보이는 38구경 리볼버 권총을 현장에서 수거했다고 말했다.

작곡을 계속하다

비틀스 멤버 중에서 가장 지적이며 거침없는 발언으로도 유명한 레넌은 1960년대 초반 록 음악의 방향을 바꿨던 수많은 곡을 작곡했다.

최근 5년간 가장 중요한 인터뷰이기도 했던 올해 인터뷰에서 레넌은 1966년 초 비틀스를 탈퇴하고 싶었지만, "배짱이 없어서" 4년이 지난 후에야 탈퇴할 수 있었다고 말했다. 레넌은 1969년 비틀스에서 그의 마지막 앨범인 〈애비 로드Abbey Road〉를 제작했다.

1970년 비틀스가 해체된 뒤, 레넌은 작곡과 음반 녹음을 계속했다. 하지만 1975년에는 아들 션의 곁에 있고 싶다며 그 이후로 지금까지 5년간 음악계를 떠나 있었다.

레넌은 1940년 10월 9일 잉글랜드 북부의 공업항 리버풀에서 태어났다. 레넌의 아버지는 항구의 짐꾼이었는데 레넌이 3살 때 가족을 버렸다. 리버풀에서 중고등학교를 졸업한 레넌은 리버풀예술대학에 입학한 뒤 같은 과 친구인 신시아 파월과 결혼했다.

파월과 이혼한 레넌은 1969년에 일본계 미국인 예술가 오노 요코와 결혼했다. 훗날 레넌은 "우리는 파리로 신혼여행을 떠났다가 모든 일정을 중단하고 지브롤터 암벽에 가서 결혼식을 올렸다"고 말했다.

1960년대의 상징

비틀스의 음악은 1960년대 미국 사회에 베트남 전쟁만큼이나 혁명적인 영향을 끼쳤다. 베트남 전쟁을 반대하는 사람들은 비틀스의 노래를 불렀고 멤버들처럼 머리를 길게 길렀다.

〈아이 원트 투 홀드 유어 핸드I Want to Hold Your Hand〉나 〈러브 미 두 Love Me Do〉, 〈쉬 러브즈 유She Loves You〉 같은 노래들이 몇 달 동안 정상을 차지하면서 비틀스 시대의 개막을 알렸고 전 세계의 10대 팬들은 열광했다.

비틀스가 해체된 후 레넌과 오노는 뉴욕에서 몇 년간 조용히 지냈지만, 정부가 그들을 추방하려고 하는 바람에 골치 아픈 국외추방 재판(베트남전 반대 시위가 격화되고 레넌이 반전 평화운동에 앞장서자 닉슨 행정부에서 레넌을 추방하기 위해 레넌의 비자 갱신을 거부하면서 시작된 재판—옮긴이)에 휘말리면서 다시 한 번 신문의 1면에 오르기도 했다.

미국 정부는 영국인 레넌이 1968년 영국에서 마약과 관련해 유죄 판결을 받은 적이 있기 때문에 영주권을 받을 자격이 없다고 주장했다. 하지만 레넌은 결국 미국 체류 허가를 받았다.

레넌의 광팬이었던 채프먼은 정신 이상을 주장하자는 변호인의 권유를 거부하고 살인 혐의로 유죄 판결을 받았다. 그가 범행에 사용한 38구경 권총은 하와이에서 169달러에 구입한 것이었다. 채프먼은 최소 20년 이상의 종신형을 선고받았다.

해리스 부인 법정 구속
살인죄로 유죄 판결

− 제임스 페론

진 해리스 부인이 여러 발의 총을 쏘아 친구이자 14년간 연인 관계였던 허먼 타노워 박사를 살해한 2급 살인 혐의로 오늘 밤 유죄 판결을 받았다.

피고석에 앉은 57세의 전직 학교 교장인 해리스 부인은 담담한 모습으로 평결을 들었다. 피고석의 변호인 2명은 눈물을 흘렸지만, 해리스 부인은 배심원 투표 결과를 지켜보면서 무표정한 모습이었다. 그리고 변호인 중 한사람에게 "나는 감옥에 갈 수 없어요"라고 말한 다음 여자 간수를 밀어내고 씩씩하게 법정을 걸어 나왔다.

해리스 부인은 지난해 3월 10일 타노워 박사를 총으로 살해한 후 보석금을 내고 풀려났다. 레깃 판사는 웨스트체스터 카운티 법원 밖으로 나가기 전에 그녀를 체포하라고 명령했다. 2급 살인죄는 최소 15년형에서 종신형까지 처해질 수 있다. 해리스 부인은 2건의 무기 소지 혐의에 대해서도 유죄 판결을 받았고 즉시 뉴욕주 발할라에 있는 웨스트 체스터 카운티 교도소의 여성 감옥으로 호송되었다.

64일간 진행된 재판에서 해리스 부인은 이렇게 증언했다. 총으로 자살하려다가 유명한 심장 전문의이자 『완벽한 스카스데일 의학 다이어트The Complete Scarsdale Medical Diet』(1978)의 저자인 69세의 타노워 박사와 몸싸움이 벌어졌고, 그 와중에 총이 발사되는 바람에 박사가 사망했다는 것이다. 하지만 배심원들은 47시간 56분에 걸친 토의 끝에 해리스 부인의 진술을 거짓으로 판단했다.

"고의" 살인으로 밝혀지다

배심원들은 그녀의 살인 혐의가 적용할 수 있는 세 가지 혐의 중에 가장 심각한 것으로 판단했다. 그리고 결국 해리스 부인이 타노워 박사를 "고의로" 살해했다고 판단했다. 조지 볼런 검사는 해리스 부인이 타노워 박사의 비서이자 연적인 38세의 린 트리포로스에 대한 지독한 질투심으로 타노워 박사를 살해했다고 주장했다.

트리포로스는 오늘 "내 심정은 박사 가족의 심정과 같다"는 말 외에는 더 할 말이 없다고 했다. 그녀가 말한 박사의 가족이란 타노워 박사의 누이인 펄 슈워츠를 가리킨다. 슈워츠는 "이번 판결로 정의가 실현되었다고 생각한다. 눈물이 다 말라버렸다. 허먼은 정말 뛰어난 사람이었는데 상실감이 너무 크다"고 말했다.

해리스 부인이 법원을 떠난 시각은 오후 6시 35분이었다. 그녀는 보안관 순찰차 뒷좌석에 앉아 멍하니 앞만 보고 있었다. 기자들의 카메라 플래시가 그녀의 머리띠에 반사되면서 번쩍거렸다. 볼런 검사는 법원 로비에서 "피고에게 동정심을 갖거나 피고의 생각에 공감해서 역할을 망

1981년 2월 9일, 진 해리스가 변호인 중 한 명인 보니 스타인가트와 함께 웨스트체스터 카운티 법원을 나서고 있다.

각하는 일이 없어야 한다는 판사의 지시를 배심원들이 잘 따랐다"고 밝혔다. 해리스 부인의 변호인인 조엘 오르누 변호사는 보석 신청을 하지 않았다면서 "A급 흉악 범죄에는 보석 신청이 받아들여지지 않기 때문"이라고 말했다.

해리스 부인이 이 모든 일을 잘 견딜 수 있겠느냐는 질문에 오르누 변호사는 "나도 궁금하다"고 했다.

"감옥에서는 단 하루도 지낼 수 없다"

해리스 부인이 받게 될 형량에 관한 질문에 레깃 판사는 "보호관찰 보고서와 확보된 모든 증거"를 기반으로 산정될 것이라고 말했다. 전과가 전혀 없는 해리스 부인은 친구에게 "감옥에서는 단 하루도 지낼 수 없다"고 말했다.

배심원단은 판사에게 "고의적"이라는 말의 정의를 세 차례 물었고, 레깃 판사는 그때마다 해리스 부인이 "목적을 갖고" 타노워 박사를 죽인 경우라고 설명했다. 만일 단순 의심을 넘어 그녀의 살인이 고의적이었다는 것을 밝혀내지 못한다면, 혐의는 줄어들 수밖에 없다. 배심원단은 버지니아주 매클린에 있는 마데이라 여학교의 교장을 지냈던 이 가냘픈 피고가 타노워 박사를 고의적으로 살해했다고 결론지었다. 레깃 판사는 판결을 내리면서 "사전 계획"이 존재했는지는 고려하지 않았고 "고의"라는 것은 총을 쏘기 전 언제라도 생길 수 있으며, 심지어 "박사를 죽음에 이르게 한 총알이 발사되는 그 순간"에도 생길 수 있다고 설명했다.

평결이 발표됨으로써 지역 역사상 사람들을 가장 큰 충격에 빠뜨렸던 살인 사건의 재판이 막을 내렸다. 사건 관련자들이 모두 유명한 사람들이고 그들의 관계가 복잡하고 흥미로웠기 때문에 전국적인 관심을 모은 재판이기도 했다.

하지만 그중에서도 가장 흥미로웠던 것은 해리스 부인 당사자였다. 그녀는 자기주장이 확고하고 대단히 독립적인 여성으로서 사랑을 약속한 타노워 박사를 살해한 혐의로 기소되었다. 게다가 연적인 트리포로스를 조롱하는 발언을 하면서 재판에 극적인 요소를 더했다. 또한 재판이 현대인의 삶에 관한 다양한 면모를 보여주면서, 신문과 잡지에는 재판과 관련된 기사가 엄청나게 쏟아져 나왔고 책도 여러 권 출판될 예정이다. 작가들은 재판에 관해 글을 쓰다가 이내 범위를 넓혀서 처방약에 의존하는 그녀의 삶, 더욱 독립적인 여성의 권리를 위한 투쟁, 더 어린 여성에게 자리를 빼앗겼다는 상실감 등을 다루기 시작했다.

일부 아이러니하고 거의 외설적이기까지 한 피고인의 편지와 메모가 방청객의 웃음과 눈물을 자아내면서, 법정에는 발 디딜 틈이 없을 정도로 사람들이 몰려들었다. 해리스 부인이 자기 방어를 위해 증인 자격으로 8일간 했던 증언은 전형적인 한 편의 법정 드라마였다.

"지극히 평범한 사람"

"지극히 평범한 사람"이었던 해리스 부인은 지난 1980년 3월 10일 밤 사건이 발생한 다음 순식간에 유명해졌다. 그리고 오후 10시 56분 화이트 플레이스 경찰국으로 몹시 흥분한 누군가의 신고 전화가 걸려오면서, 사건 관련 인물들도 경찰의 공식 기록에 이름이 남게 되었다. 전화를 건 사람은 타노워 박사의 가정부인 수잰 밴 더 브레켄이었다. 그녀는 24,000제곱미터가 넘는 박사의 저택에서 저택 관리인인 남편 헨리와 함께 살고 있었다.

신고 전화를 받고 퍼처스가 있는 박사의 저택으로 출동했던 브라이언 매캐너 경관은 그때 집 근처에서 한 여성이 버지니아주 번호판이 달린 차로 "유턴을 하고 있었다"고 증언했다. 해리스 부인은 검찰 측 주장대로 정말 도망치고 있었던 것일까? 아니면 도움을 요청하기 위해 공중전화를 찾고 있었던 것일까? 해리스 부인은 그때 타노워 박사 저택의 전화가 고장 나서 밖으로 나왔다고 진술했다.

전화가 고장 난 것은 아마도 가정부가 도움을 요청하는 타노워 박사의 전화를 받은 다음 수화기를 제자리에 놓지 않았기 때문이었던 것으로 보인다. 해리스 부인은 당시 여학교 교장으로서 자신의 일에 매우 의기소침해 있는 상태였다고 말했다. 학교 이사회에서 그녀가 교장으로 적합하지 않다는 제보를 받은 뒤 그녀를 해고할 생각을 하고 있었기 때문이다.

학교 문제

학생들도 해리스 부인에게 우호적이지 않았다. 불과 며칠 전에도 그녀
는 방에서 마약 관련 용품이 발견되어 며칠간 정직 처분을 받았다. 사람
들은 그녀의 집에 모여 그 처분을 맹렬히 비난했다. 3월 10일, 해리스 부
인은 중요해 보이는 편지를 받았다. 입학식에서 벌어진 짓궂은 장난에
화가 난 어느 학생이 보낸 편지였다.

　해리스 부인은 타노워 박사가 처방해준 암페타민이 다 떨어져서 그
날 밤 약을 받기 위해 박사를 찾아간 것이라고 설명했다. 하지만 검찰은
해리스 부인이 더 개인적인 문제, 그러니까 박사와 관계가 소원해지는
것에 화가 나 있었다고 주장했다.

　69세의 타노워 박사는 1975년 해리스 부인이 여학교 교장이 되어 버
지니아주로 가자 만나는 횟수가 점점 줄면서 비서인 트리포로스와 한
침실을 쓰게 되었다. 트리포로스는 박사의 식사를 챙겨주고 휴가도 함
께 가는 사이가 되었다.

"빈 의자"

해리스 부인은 실의에 빠져 유서를 작성했다. 자신을 "빈 의자에 앉아
있는 사람"으로 표현했다. 가족과 동료에게 보내는 마지막 편지를 쓴 다
음 개들을 안아주고 나서 "잠시나마 함께 조용한 시간을 보내면서 다시
편안함을 느끼기 위해" 타노워 박사의 집으로 차를 몰았다. 박사와 시간
을 보낸 다음 "봄이면 수선화가 피는 연못가에서" 스스로 목숨을 끊을
생각이었다.

해리스 부인은 타노워 박사에게 지금 간다고 미리 알렸지만, 밤 10시 30분경 도착해보니 집에 조명이 꺼져 있었고 박사는 잠들어 있었다고 말했다. 문이 잠겨 있어서 차고를 통해 들어갔다. 한 손에는 마데이라 여학교의 동료가 선물로 준 데이지 꽃을 들고 있었고, 다른 손에는 32구경 리볼버 권총이 들어 있는 핸드백을 들고 있었다.

해리스 부인은 타노워 박사가 잠을 깨서 짜증이 난 것 같았으며 몸을 돌려 계속 자는 척을 했다고 말했다. 그녀는 며느리인 캐슬린 해리스에게 줄 숄이 집에 있는지 찾아보았다. 그러다가 트리포로스가 박사와 함께 휴가를 가려고 준비해 놓은 얇은 잠옷과 보석, 옷가지가 눈에 들어왔다.

해리스 부인은 화가 나서 그것들을 집어던지기 시작했다. 그때 타노워 박사가 "처음으로" 손찌검을 했다고 그녀는 설명했다. 그리고 잠시 후 그녀가 화장실의 거울을 깨자 박사는 한 차례 더 손찌검을 했다. 두 사람은 싸우고 있었다. 해리스 부인의 증언에 따르면 그전까지만 해도 서로 에둘러 말했을 뿐 직접적으로 말싸움을 한 적은 한 번도 없었다.

"무슨 짓을 한 거야"

해리스 부인은 박사에게 다시 "죽을 정도로 세게" 때려달라고 요구했지만, 박사는 무시하고 침대로 돌아갔다. 그래서 집을 나가려고 핸드백을 들었는데 그때 그 속에 있는 리볼버 권총이 생각났다. 부인은 죽을 정도로 세게 때려달라고 했던 이유가 정말 죽고 싶어서였다고 증언하면서, 당시 속으로는 '안 때려도 상관없어. 내 손으로 끝내지 뭐'라는 생각이었다고 말했다.

해리스 부인은 리볼버 권총을 꺼내 방아쇠를 당겼다. 하지만 그때 타노워 박사가 부인의 손을 잡고 밑으로 끌어내렸고 방아쇠가 당겨졌다.

부인은 "헨리의 몸이 뒤로 나가떨어졌다. 두 팔을 위로 든 모습이었다. 피가 흐르고 있었다. 헨리가 '세상에, 무슨 짓을 한 거야'라고 말했다. 나는 헨리를 향해 총을 쏜 게 아니었다. 그런데 그가 총에 맞고 말았다"고 진술했다.

해리스 부인은 타노워 박사가 상처를 살펴보기 위해 욕실로 갔다고 했다. 총알은 박사의 엄지와 검지 사이의 손바닥을 관통했다. 검찰은 박사의 가슴에 박힌 총알이 바로 그때 손바닥을 관통한 총알이라고 주장했다. 웨스트체스터 카운티의 법의관보인 루이스 로 박사는 손바닥에 난 총상이 "보통 피해자가 방어하다 입는 상처와 유사하다"고 말했다.

해리스 부인의 변호인인 오르누 변호사는 혈흔 패턴 및 지문 감식, 화기 전문가인 허버트 레온 맥도널의 도움을 받아 타노워 박사의 손바닥을 뚫고 나간 총알이 박사의 가슴이 아닌 유리문을 관통했다고 주장했다.

총을 머리에 대다

해리스 부인은 방청객으로 가득한 법정에서 "당시 상황이 믿어지지 않았다. 그날 밤 기분 좋게 대화하다가 죽고 싶었는데 그렇게 되지 않았다"고 말했다. 부인은 총을 찾기 시작했다. 그리고 침대 밑에서 총을 발견한 다음 다시 머리에 갖다 댔는데 박사가 또 달려들어 부인의 허리를 잡고 침대로 밀어붙였다. 총은 다시 바닥에 떨어졌다. 박사는 총을 주워 들고 전화기로 가정부를 불렀다. 부인이 그때 총을 뺏으려 손을 뻗었다. 박사는 총을 뺏으려는 부인의 행동을 막으려다가 들고 있던 수화기를 떨어뜨렸다.

해리스 부인은 "바로 그때였다. 넘어져 있는데 배에서 총의 감촉이 느껴졌다. 그래서 다시 총을 손에 들었다"고 말했다. 부인은 방아쇠를 당겼다. "총알이 나를 향해 발사되었다. 그런데 다친 곳이 전혀 없다는 느낌이 들었다. 벌써 죽었어야 했는데 말이다."

치명상을 입다

정작 총에 맞은 사람은 타노워 박사였다. 훗날, 해리스 부인은 박사가 오른팔 상박에 총을 맞은 것 같다고 말했다. 팔 윗부분의 큰 뼈에 총을 맞아 팔을 움직일 수 없었다. 박사는 오른쪽 어깨에도 총상을 입었고 갈비뼈도 3개가 부러져 치명적인 내상까지 입었다.

그럼에도 해리스 부인은 자살하기 위해 침대 너머로 달려가 총을 들어 머리에 대고 다시 쏘았지만 '찰칵'하는 소리만 들렸다. 그래서 권총을 살피면서 방아쇠를 당겼는데 6개의 약실에 들어 있던 5개의 총알 중 마지막 다섯 번째 총알이 벽장 쪽으로 발사되었다. 부인이 총구를 다시 머리에 대고 연달아 방아쇠를 당겼지만, 들리는 것은 '찰칵'하는 소리뿐이었다.

화기 전문가인 맥도널은 권총의 약실에 남아 있는 4개의 탄피에 방아쇠를 각각 두 번씩 당겼던 흔적이 남아 있다며 해리스 부인의 진술을 인정했다. 공이(총기에 들어있는 부품으로 공이가 탄환 뒤쪽의 뇌관을 쳐서 뇌관과 화약이 폭발하고 그 힘으로 탄환이 발사된다―옮긴이)가 총알 뒷부분을 때리면 총알이 발사되고 탄피가 남는데, 5개의 탄피 중 4개의 탄피 뒤쪽을 공이가 두 번 때렸다는 말이었다.

해리스 부인은 '하인'이라고 불렀던 사람들이 바로 달려올까 봐 겁이 났다. 그래서 코트로 달려가 주머니 속에 있는 여분의 총알 5개를 꺼내 다시 장전하려 했다. 하지만 증언에서 그녀는 권총 약실에서 탄피를 어떻게 빼는지 몰랐다고 했다. 타노워 박사의 집으로 오기 전, 자택 현관에서 시험 삼아 두 번 정도 총을 방아쇠를 당겨봤을 때도 몰랐었고(그때는 얼음송곳으로 탄피를 빼냈었다) 박사의 집에서 총을 쏘고 난 다음에도 마찬가지였다. 그래서 욕조 가장자리에 총을 세게 내려쳤는데 원통형 약실이 총의 몸체에서 분리되고 말았다.

해리스 부인은 전화로 도움을 요청하려 했지만 "외부로 전화가 걸리지 않았다"고 말했다. 그래서 아래층으로 달려갔는데 부엌에서 가정부의 말소리가 들리기에 "도움을 요청하러 가야겠어요!"라고 소리친 다음 차를 타고 나왔다. 그리고 잠시 후 매캐너 경관과 함께 돌아왔으며 경관의 질문에 대답하고 타노워 박사가 병원으로 이송되는 모습을 보았다. 박사의 사망 소식은 약 한 시간 후 해리슨 경찰서에서 들었다고 한다.

해리스 부인은 12년간 복역하면서 동료 죄수들에게 상담을 해주고 좋은 평판을 쌓았다. 그리고 관대한 처분을 받아 1993년 석방되었다. 경찰에서 그녀가 범행을 인정했다고 증언했는데도, 해리스 부인은 2012년에 사망할 때까지 박사가 죽은 것은 어디까지나 자신이 자살을 시도하는 과정에서 생긴 오발 사고 때문이었다고 주장했다.

무죄 평결:

배심원단, 심슨의 살인죄를 불인정

사건에 몰입한 국민들 평결에 따라 둘로 나뉘어

– 데이비드 마골릭

어릴 적 앓았던 구루병이 남긴 막대기처럼 얇은 다리를 극복하고 명성과 부를 쌓은 오린설 제임스 심슨이 오늘 전혀 다른 종류의 장애물을 극복했다. 10명의 여성과 2명의 남성으로 구성된 배심원단이 전처와 전처의 친구를 살해했다는 혐의를 인정하지 않은 것이다.

니콜 브라운 심슨과 로널드 골드먼이 니콜의 아파트 앞뜰에서 난도질당해 죽은 지 16개월 만에, 그리고 끝이 없을 것 같았던 증언과 언론보도 및 법적 다툼이 이어진 지 9개월 만에 나온 배심원단의 평결은 숨가쁠 정도로 빠르게 결론에 도달했다. 평결이 발표되는 동안 대다수의 미국인이 하던 일을 멈추고 귀를 기울였다.

심슨에 대한 평결이 발표되자 시민들은 처음 사건이 발생했을 때처럼 또 다시 둘로 나뉘었다. 인종에 따라 나뉘었다고 보면 맞을 것이다. 변호인들도 마찬가지였다. 한때 심슨 변호인단의 대표 변호사였던 로버트 샤피로는 후임 변호사들을 비난하고 나섰다.

샤피로 변호사는 오늘 밤 ABC 뉴스 특별프로그램에 출연해 바버라 월터스와 이야기하면서 "우리는 인종 문제를 걸고 넘어졌을 뿐 아니라 사람들을 완전히 속여 넘겼다"고 말했다.

사건 초기, 고속도로에서 도주극을 벌였던 심슨은 판결이 난 후 흰색 밴을 타고 도주극을 벌였던 로스앤젤레스 고속도로를 달려서 귀가했다. 집으로 돌아가는 길가에는 지지자들이 나와 손을 흔들고 있었다. 살인 사건이 일어난 지 5일 만인 지난 1994년 6월 17일, 심슨은 십여 대의 헬리콥터가 공중에 떠 있고 지지자들이 집 울타리를 장미와 풍선으로 장식하는 사이에 A. C. 카울링스가 운전하는 흰색 포드 브롱코 차량을 타고 도주극을 벌였었다.

심슨이 불만스러운 듯 입술을 오므리고 몇 차례 침을 삼키며 억지웃음을 짓고 있는 동안 랜스 이토 담당 판사의 법정 서기인 디어드리 로버트슨이 평결을 낭독했다.

로버트슨은 심슨의 이름 중에서 '오린설'을 발음할 때 약간 버벅거렸지만 "죄가 없다"는 말을 할 때는 실수하지 않았다. 로버트슨 서기가 "죄가 없다"고 말하는 순간 구부정했던 심슨의 몸이 곧게 펴졌다. 그는 안도의 한숨을 쉬면서 환하게 미소 지었다.

로버트슨 서기가 "니콜 브라운 심슨에 대한 중범죄, 형법 187A조 위반에 관해…"라고 계속해서 평결을 낭독하는 동안, 심슨은 배심원들에게 손을 흔들며 조용히 "감사합니다"고 말했다. 니콜 심슨에 이어 로널드 골드먼이라는 이름이 거론될 때는 자신의 대표 변호사인 조니 코크런 주니어와 포옹하고 배심원들에게 재차 감사의 말을 전했다.

로버트슨 서기가 "배심원 여러분, 이 평결 내용이 맞습니까? 배심원단 여러분 모두의 의견이 맞습니까?"라고 물었다. 흑인 9명과 백인 2명, 히스패닉 1명으로 구성된 배심원들은 사무적인 말투로 "네"라고 대답했다.

배심원단 평결을 비판하는 사람들은 배심원단이 피고의 유무죄 여부보다는 로스앤젤레스 경찰의 인종주의를 더 많이 걸고넘어지는 냉소적인 변호인단의 수작에 넘어갔다고 주장했다. 반면 심슨의 변호인들은 그 말을 반박하면서 검찰이 이번 사건의 사실을 제대로 밝히지 못했다고 주장했다.

전직 블랙 팬서('흑인의 강인함과 존엄을 표현하기에는 검은 표범이 가장 알맞다'는 주장 아래 조직된 급진 흑인 단체로 흑백차별금지와 흑백평등을 추구했다―옮긴이) 단원으로 (검찰 측에서 왜 배심원단에 남겨두었는지 알 수 없지만) 이번 재판의 배심원이었던 리오넬 크라이어는 법정을 나가면서 주먹을 들어 심슨에게 경의를 표했다. 44세의 흑인인 크라이어는 평결이 발표되는 동안 미소를 지으며 심슨에게 윙크하기도 했다. 그 모습을 본 심슨의 변호인 칼 더글러스는 심슨의 귀에 대고 "우리가 이겼습니다. 우리가 이겼어요"라고 말했다. 더글러스 변호사가 심슨에게 그렇게 말했던 이유는 배심원 중에서 심슨에게 가장 적대적이었던 60세의 백인 여성인 아니스 아셴바흐가 자신들에게 미소를 보였기 때문이라고 밝혔다.

두 사람을 살해한 혐의로 종신형을 눈앞에 두고 있던 심슨은 채 한 시간도 지나지 않아 파란색 죄수복과 법정에서 입었던 옷들을 벗고 청바지로 갈아입은 뒤 474일 동안 머물렀던 감옥에서 나와 어색하게 새로운 삶을 시작했다. 골프도 치는 등 화려한 삶이었지만, 한편으로는 경호원을 동반하고 그가 유죄라고 맹신하는 사람들의 적대감을 감수해야 하는 삶이기도 했다.

배심원 중 한 명으로 흑인 컴퓨터 기술자인 44세의 브렌다 모런은 "우리가 옳은 일을 했다고 생각한다"며 "사실 판결이 그렇게 나올 줄 알았다"고 말했다. 배심원들이 어떻게 그 정도로 신속하게 판정할 수 있었는지 묻자, 모런은 "우리는 이미 그곳에서 9개월 동안 있었다. 판정하는 데 추가로 9개월이 필요하지는 않았다"고 말했다.

희생자 가족들은 판결 후 두문불출했다. 로널드 골드먼의 아버지인 프레드 골드먼은 평결이 외아들인 로널드의 죽음에 이어 두 번째로 끔찍한 악몽이었다고 말했다.

심슨은 기자들에게 아무런 입장 표명도 하지 않았다. 하지만 심슨의 맏아들 제이슨이 발표한 성명서에서 심슨은 "믿을 수 없는 악몽"이 끝난 것에 안도감을 표시했다. 그리고 "니콜과 내가 늘 생각했던 대로" 두 아이를 키우는 것이 자신의 최우선 의무라고 밝혔다. 심슨의 두 아이는 현재 심슨이 딸을 죽였다고 확신하는 니콜의 부모가 양육하고 있다.

심슨은 그 외에도 아이들의 엄마와 골드먼을 살해한 진범이 밝혀져야 한다며 "범인들은 어딘가에 있다. 그들을 찾고 체포하는 데 모든 협조를 다할 것이다. 나는 사람들이 내게 어떤 편견을 갖고 있든, 언젠가는 내가 아무도 죽일 생각이 없었고 죽일 수도 없었고 죽이지도 않았다는 것을 이해하고 믿어주기만을 바랄 뿐"이라고 말했다.

평결이 발표될 때 방청석에서는 한숨과 흐느낌이 기묘하게 섞인 채 흘러나왔다. 심슨의 큰딸 아넬은 "이런 세상에!"라고 탄성을 질렀다. 아들 제이슨은 울음을 터뜨렸다. 심슨의 노모인 유니스는 휠체어에 앉은 채 부드럽게 웃었다. 그녀는 기자회견에서 왜 평온한 모습이었느냐는 물음에 "내 아들이 무죄라는 것을 알았기 때문"이라며 "의로운 사람들의 기도가 승리했다"고 대답했다. 심슨의 누이인 셜리 베이커의 말은 더 직설적이었다. "이 탁자 위로 올라가서 덩실덩실 춤추고 싶다."

통로 건너편에서는 니콜 브라운 심슨의 부모인 루이스 브라운과 주디사 브라운이 냉정한 표정으로 평결을 듣고 있었다. 니콜의 자매 둘은 법정 밖에서 울기 시작했다. 골드먼 가족은 격렬한 슬픔과 분노를 표출했다. 골드먼의 누이인 킴벌리는 발작하듯 슬피 울었다. 그들 모두 낮은 목소리로 심슨에게 갖은 욕설을 퍼부었다.

불과 3시간의 논의 끝에 발표된 배심원 평결은 매우 전격적인 발표였으며 심슨 변호인단의 대표인 코크런 변호사는 아무런 이의를 제기하지 않았다. 심슨 변호인단은 자신들의 승리가 인종 문제 때문이 아니라 검찰이 사건을 시간에 따라 설명하면서 제시했던 논리를 깨뜨린 덕분이라고 말했다. 코크런 변호사는 이성적인 사람이라면 검찰에서 주장한대로 심슨이 두 사람을 살해하고 집에 돌아와서 옷을 갈아입고 옷을 세탁한 다음 무기를 감추었다는 말에 동의하지 못할 것이라고 말했다.

법정에서 열린 기자회견에서 코크런 변호사는 "우리는 어떻게 하면 검찰 측의 사건 시간표를 깨뜨려서 O. J. 심슨이 이번 범행을 저지르지 않았고, 이번 사건에 합리적인 의혹이 있다는 것을 밝힐 수 있을지 논의했다. 우리가 그런 논의를 한 것은 양말이나 장갑, 그리고 퍼먼의 증언 같은 것이 나오기 전부터였다"라고 말했다. 또한 이번 사건에 인종 문제가 개입된 것은 피고 측 책임이 아니라 사건을 마크 퍼먼 경관 위주로 재구성한 검찰 측 책임이라는 말을 덧붙였다.

코크런은 기자회견에서 종교적인 발언을 꺼내놓기 시작했다. "신에게 감사하고 싶다. 항상 우리에게 길을 알려주셨고 칭송받아 마땅하다. 우리는 이번 평결이 정의를 바로세웠다고 생각한다."

길 가세티 지방검사는 본인 입으로 "산더미 같은 증거"가 있다고 말한 이번 재판에서 굴욕적으로 패배하자 큰 충격을 받았다. 그는 또 다른 기자회견에서 "너무나 실망스럽다"고 말했다. 오늘 평결이 정치인으로서의 앞길에 타격이 될 것이 분명한 가세티 검사는 "우리는 이 사건이 끝났다고 생각하지 않는다"고 말했다.

같은 기자회견에서 마샤 클라크 지방검사보는 침울한 표정으로 "로널드와 니콜의 목숨이 헛되이 버려지지 않았다는 것"을 알리기 위해 분투한 동료들에게 경의를 표했다. 클라크의 동료이자 고등학교 때 미식축구 선수였고 심슨과 같은 백넘버를 달았던 크리스토퍼 다든 검사는 "우리는 정의의 이름으로 여기까지 왔다. 우리가 오늘 정의를 바로 세웠는지는 여러분 각자가 판단하기 바란다. 나는 비통하지 않고 화가 나지도 않는다"고 말했다.

다든 검사는 동료들에게 감사의 말도 전했다. 하지만 그러면서도 낙심한 모습이었고 더 할 말이 없다는 듯 고개를 저으면서 가볍게 손을 흔들 뿐이었다.

재판은 끝났지만 검찰 측 입장에서는 새로운 시련의 시작이었다. 재판이 끝난 뒤 벌어질 격렬한 토론과 비판이 남아 있기 때문이다. 시사 평론가나 정적들은 무엇이 이번 재판의 형세를 역전시켰는지 토론할 것이다. 왜 흑인 배심원이 더 많은 로스앤젤레스 도심에서 재판을 했는지, 인종차별주의자인 것을 알면서 왜 그 백인 경찰에게 크게 의존했는지, 왜 심슨에게 살인 현장에서 발견된 장갑을 끼게 했는지가 논의될 것이며, 더불어 피고 심슨의 엄청난 인기와 재력도 집중적으로 다루어질 것이다.

캘리포니아대학교 로스앤젤레스 캠퍼스의 피터 아르넬라 법학교수는 이렇게 이야기했다.

1995년 6월 21일, 로스앤젤레스에서 재판을 받던 O. J. 심슨이 배심원들 앞에서 사건 현장에서 발견된 것과 유사한 특대 사이즈의 새 장갑을 끼어보고 있다.

"이번 평결은 유명세와 재력을 이용해서 어떻게 최고의 변호인단을 꾸미고, 재판에서 유죄를 증명하는 확고부동한 증거를 어떻게 합리적인 의혹이 가득한 증거로 바꾸는지 보여주었다."

아르넬라 교수는 이번 재판에서 검찰이 스스로 놓은 덫에 걸릴 때가 많았다고 지적했다. 하지만 심슨이 경황없이 범행을 저지르는 바람에 증거를 많이 남겼으며, 검찰이 일부 배심원을 포함한 많은 흑인이 경찰에 오랜 적대감이 있다는 것을 감안해서 재판을 완벽하게 진행했다고 해도 결코 유리하게 이끌지는 못했을 것이라고 말했다. 그리고 "배심원 중에서 아프리카계 미국인들은 대부분 경찰의 무능과 부패에 더 민감하게 반응했고 제출된 증거에 대해 합리적인 수준을 훨씬 뛰어넘은 과도한 의혹을 제기했다. 오늘의 판결은 미국 형사사법제도에 결코 바람직하지 않은 결과였다"고 평했다.

35세의 니콜 브라운 심슨은 성인이 된 후 거의 모든 시간을 심슨과 데이트를 하고 동거와 결혼, 심슨과 화해하거나 도망치려 애쓰는 데 쓰면서 살았다.

검찰은 심슨이 질투에 눈이 먼 니콜을 살해했고 골드먼은 그저 그곳에 있었기 때문에 살해된 것이라고 주장했다. 그리고 가정 폭력을 일삼았던 심슨의 과거 이력을 근거로 제시했다. 얼굴에 멍이 든 채 두려움에 떨었던 니콜의 삶과 수많은 핏자국과 머리카락 및 신경 섬유의 검사 결과 등은 심슨이 가정 폭력을 저질렀다는 증거였다.

심슨은 처음부터, 정확하게 말하자면 흰색 포드 브롱코를 타고 저속으로 탈주극을 벌인 직후부터 줄기차게 "나는 100퍼센트 완벽하게 죄가 없다"고 주장했다.

오늘 심슨이 무죄 판정을 받자 수많은 흑인이 환호성을 질렀다. 경찰과 검찰의 편견 탓에 흑인 사회에서 심슨의 영웅적인 지위는 더 높아진 듯했다. 반면 대다수 백인은 경악을 금치 못했다.

니콜의 친구이자 심슨 부부의 연애에 관한 책을 썼던 페이 레스닉은 이렇게 말했다.

"니콜이 옳았다. 니콜은 예전부터 남편이 자신을 살해하고 처벌도 면할 것이라고 말했다."

오늘 언론 앞에 선 골드먼의 아버지는 예전의 분노하던 모습은 사라지고 체념한 듯 이렇게 말했다.

"지난 1994년 6월 13일은 내 인생 최악의 악몽이었다. 그리고 오늘이 두 번째로 악몽 같은 날이다."

1997년, O. J. 심슨은 두 사람을 살해한 혐의로 열린 민사재판에서는 법적 책임이 있다는 판결을 받았다. 그리고 라스베이거스의 한 호텔에서 총을 든 채 스포츠 기념품을 강탈한 행위와 관련해서 무장 강도 및 납치 혐의로 2008년 유죄 판결을 받았다. 심슨에게는 네바다주 교도소에서 최소 9년에서 33년까지의 징역형이 선고되었다. 기념품 강탈 사건 재판에서 변호인은 심슨이 과거에 훔쳤던 물건을 다시 갖다 놓으려 했을 뿐이라고 말했다.

편집자 주: 2017년 10월 1일 가석방으로 출소했다.

경찰의 집중 수사에도 미제로 남은
콜로라도 살인 사건

– 제임스 브룩

존 베넷 램지 씨가 콜로라도주 볼더에 있는 튜더 왕조풍 자택 지하에서 심하게 구타당한 채 살해된 여섯 살배기 딸 존베넷 램지의 시신을 발견한 지 2주가 지났다. 그동안 이 어린 미의 여왕 살해 사건은 미제 사건으로 전국에서 뜨거운 논쟁을 일으켰다.

집안의 재력과 성폭행 사실, 아이의 미모 등이 알려지면서 사건에 대한 국민들의 관심은 증폭되었다. 존베넷은 짧은 인생을 사는 동안 노래하고, 춤추고, 피루엣(발레에서 한쪽 발로 서서 빠르게 도는 동작—옮긴이)을 하면서 전국 어린이 미인대회에서 1등을 차지했다. 그리고 죽어서도 인형 같은 외모로 전 국민의 우상이 되었다.

그전까지 잘 알려지지 않았던 어린이 미인대회가 세상에 알려지면서, 전국의 텔레비전 화면에는 〈아메리카 리틀 로열 미스 선발대회〉의 녹화

방송이 끊임없이 흘러나왔다. 방송에서는 조숙한 유치원생인 존베넷이 스팽글과 모조 다이아몬드로 장식된 옷을 입고, 자홍색 립스틱으로 강조된 젖니에 커다란 눈망울, 금발로 염색한 곱슬머리를 하고 있었다.

볼더 경찰국은 2주간 수사를 벌인 뒤 사건의 순서를 재구성했다. 범인은 성탄절 밤 존베넷이 새 자전거를 선물로 받은 지 몇 시간 만에 성폭행하고 두개골을 박살냈다. 그런 다음 소리를 지르지 못하게 입에 강력테이프를 붙이고 나일론 줄로 목을 졸라 살해했다.

이튿날 동트기 전, 존베넷의 어머니 패트리샤 램지는 부엌으로 가는 계단에서 딸을 납치했다는 범인의 메모를 발견하고 비명을 지르면서 경찰에 신고했다. 8시간 후, 아버지 존 램지는 한 경찰관의 조언에 따라 친구와 함께 550제곱미터가 넘는 저택 일대를 수색했다. 그리고 불과 이틀 전에 성탄절 선물을 숨겨놓았던, 창문 없는 지하실 문을 열고 들어가 싸늘해진 딸의 시신을 발견했다.

덴버의 신문들은 경찰이 집 안에서 황색 용지에 수작업으로 인쇄한 3쪽짜리 메모를 발견했다고 보도했다. 메모는 오자투성이였다. 수요일에는 범인이 메모를 쓰기 위해 연습했던 흔적이 남은 황색 용지 일부를 찾았다고 보도했다.

존베넷이 살해된 날 밤, 방이 15개인 저택에서 잠을 자던 사람은 존베넷을 포함해서 부모인 존과 패트리샤, 9살인 오빠 버크 등 4명이 전부였다.

12월 26일 이후로 볼더 경찰 인력의 4분의 1인 30명의 경찰이 사건에 투입되었다. 존베넷 사건은 1996년 볼더에 발생한 유일한 살인 사건이었다. 볼더 경찰은 램지 가족을 집중적으로 수사했지만, 가족에게는 혐의가 없다고 공식 발표했다. 톰 코비 경찰국장은 오늘 저녁 "존베넷 사건의 경우 유사 사례가 없는 것 같다"며 "연쇄살인의 일부일 가능성은 없어 보인다"고 말했다.

볼더는 덴버에서 북서쪽으로 40킬로미터쯤 떨어진, 록키산맥 산기슭에 자리 잡은 부유한 도시로 인구는 95,000명이다. 그런데 용의자 명단에 오른 사람의 수는 인구에 비해 놀라울 정도로 많았다.

지역 신문에서 보도하기로는, 성탄절 밤 존베넷의 부모는 도난 경보 시스템을 켜지 않고 잠자리에 들었다고 한다. 저택의 열쇠를 갖고 있는 사람은 가정부와 그녀의 남편을 포함해서 총 15명 정도였다.

사건이 발생하기 이틀 전, 램지 저택에는 성탄절 파티를 위해 50여 명의 어른과 아이들이 왔으며 파티 음식이 배달되었고 산타클로스도 왔다. 1991년, 램지 가족은 조지아주에서 이곳으로 이사하면서 저택 건축에만 50만 달러를 들였고 10여 명의 일꾼들 인건비로 70만 달러가 추가로 들어갔다.

램지 가족의 저택은 다 자란 큼직한 나무와 벽돌집으로 둘러싸인 조용한 거리에 있었다. 콜로라도대학교의 캠퍼스에서는 세 블록 떨어진 곳이었다. 콜로라도대학교는 재학생이 25,000명에 달했고, 존 베넷 램지가 전처와의 사이에서 낳은 아들 존 앤드루 램지도 재학 중이었다. 2학년인 앤드루는 성탄절 휴일에 어머니와 함께 조지아주에 있었다.

패트리샤 램지의 어머니인 네드라 포는 덴버의 한 텔레비전 방송에서 램지 가족의 집을 언급하면서 "우리 딸 패트리샤는 다시는 그 지옥으로 돌아가지 않을 것"이라며 "우리 친구들은 정말 불같이 화를 냈다. 전 국민이 이번 사건에 분노를 감추지 못하고 있다"고 말했다.

이 겨울의 미스터리가 텅 빈 램지 저택에 무겁게 드리워져, 지난여름 램지 가족이 미시간주 샤를부아에 있는 별장에서 휴가를 보냈던 행복한 기억은 아주 먼 옛날 일처럼 느껴졌다. 지난주, 지금은 폐쇄된 상태인 미시간주의 별장에 전화해보니 자동 응답기에서 "우리는 아주 멋진 여름을 보내고 있어요. 함께했다면 좋았을 거예요"라는 어린 존베넷의 목소리가 흘러나왔다.

전직 해군 비행사였던 존 베넷 램지는 지난여름 직장의 허가를 받아 개인 비행기를 몰고 가족이 있는 미시간으로 날아갔다. 1995년 볼더 상공회의소에서 올해의 기업가에 선정되기도 했던 램지는 방산업체인 록히드 마틴의 컴퓨터 장비 자회사인 액세스 그래픽스Access Graphics의 대표이다.

53세의 존 램지는 휴가 중에 지역 요트경주대회에 출전하고, 아버지와 이름이 같은 딸 존베넷은 지역 미인대회에서 우승해서 '리틀 미스 샤를부아'가 되었다. 존베넷의 어머니 패트리샤는 20여 년 전 '십대 미스 웨스트버지니아' 선발대회에 나간 다음부터 평생 미인대회를 취미로 삼아 열정을 쏟았다. 그녀는 1977년 미스 웨스트버지니아로 선발되기도 했다.

40세의 패트리샤는 볼더에서 사회 활동을 왕성하게 하고 오페라 공연장인 '오페라 콜로라도'의 모금을 위한 자선행사에도 참여했다. 그리고 유서 깊은 저택을 돌아보는 관광 프로그램의 하나로 자신의 집을 개방하기도 했다. 하지만 그녀가 정말 좋아했던 것은 미인대회 순례였다. 집을 미인대회 트로피로 장식하고 주州 선발대회에 심사원으로 참석하기 위해 웨스트버지니아주까지 가기도 했다.

패트리샤는 1993년 난소암 판정을 받았다. 화학요법으로 치료한 끝에 병세는 호전되었지만, 일시적으로 머리가 다 빠지고 말았다. 이 무렵부터 유치원생인 딸 존베넷에게 옷을 갖춰 입히고 어린이 미인대회의 심사위원들을 사로잡을 전형적인 남부 미인풍의 몸짓과 연기를 가르쳤다.

1995년, 존베넷은 '리틀 미스 콜로라도'가 되어 덴버시의 연례행사인 크리스마스 퍼레이드에서 꽃수레 하나를 독점한 채 덴버 시내를 행진했다. 지난여름에는 '아메리카 리틀 로열 미스 선발대회'에서 우승했다.

타고난 연기자인 존베넷은 작년 크리스마스이브에는 교회의 아동 성가대에서 노래했다. 초등학교 크리스마스 미인대회에서는 크리스마스 선물 모양의 옷을 입고 〈징글벨 록Jingle Bell Rock〉을 부르기도 했다. 축제에서 깃털로 장식된 옷을 입고 뽐내며 걷든, 흰색 카우보이 모자와 부츠 차림으로 춤 실력을 다투든, 존베넷은 타의 추종을 불허하는 재능을 보였다. 그래서 다른 엄마들이 존베넷이 출전하는 대회에 딸을 출전시키지 않을 때도 많았다.

미인대회라는 굴레는 존베넷과 삶의 마지막까지 함께했다. 지난주 조지아주에서 거행된 야외 장례식 후, 존베넷은 모조 다이아몬드 왕관에 가장 좋아했던 미인대회 의상을 입고 한 손에는 테디 베어를 든 채 묻혔다. 존베넷의 시신이 발견되던 날, 그녀의 부모는 경찰에 협조하며 몇 시간 동안 조사를 받았다. 이후 신문 보도에 따르면, 저택에서 존베넷이 살해된 것으로 추정되는 장소의 카펫을 경찰이 치웠다고 한다.

하지만 최근 램지 가족은 비디오로 녹화되는 경찰의 정식 조사를 거절했다. 지난주에 램지 부부는 지역에서 유명한 범죄 전문 변호사 2명을 법률 자문으로 고용했다. 또한 워싱턴의 미디어 컨설턴트 패트릭 코튼도 고용했다. 코튼은 법무부에서 언론의 동향을 관리하는 수석 대변인을 지냈던 인물이다. 코비 경찰국장은 한 토론회에서 "존베넷의 부모와 그냥 이야기하는 것과 조사하는 것은 당연히 다르다"고 말했다. 그러나 존베넷의 부모가 "머리카락과 혈액 샘플, 손 글씨 샘플을 건네주는 등 수사에 협조적이었다"고 덧붙였다.

램지 부부는 CNN 단독 보도를 통해 지난주에 사설탐정을 고용했다면서 살인범 체포에 5만 달러의 현상금을 건다고 말했다.

존 램지는 자신이 용의자일 수도 있다는 기자의 의견을 "참을 수 없을 정도로 역겹다"고 일축했다. 흥분한 모습이 역력한 패트리샤는 볼더의 시청자들에게 "살인범이 아직 길거리를 활보하고 있다"며 경고했다.

패트리샤의 경고에 관해 레슬리 더긴 시장은 반발했다.

"램지 저택에 무단 침입의 흔적은 없었다. 그리고 시신이 발견된 곳은 저택 내부를 잘 모르는 사람은 찾기 어려운 곳이었다. 따라서 아직 검거되지 않은 채 볼더 거리를 어슬렁거리고 있는 미치광이 살인범은 없다."

피살된 존베넷의 부모를 포함해서 수많은 사람이 용의선상에 올랐지만, 기소된 사람은 아무도 없었다. 당시 수사팀에서 경찰관 한 명이 제외되었는데, 존베넷의 부모가 용의자로 지목된 것이 부당하다고 말했기 때문이었다.

키티, 40년 후

– 짐 라센버거

큐가든스는 얼핏 보기에는 도시 괴담의 무대처럼 보이지 않는다. 롱아일랜드 철도가 지나가고 펜실베이니아 역에서 기차로 16분 거리에 있으며 퀸스 자치구에 속해 있는 큐가든스는 조용하고 관리가 잘 되어 있는 곳이다. 거리에는 키 큰 오크나무가 햇빛을 막아주고 빨간 벽돌과 원목으로 지어진 멋진 주택이 줄지어 서 있다. 얼핏 보기에 그 일대는 좀 더 멀리 떨어져 있는 웨스트체스터 카운티처럼 북새통 같은 대도시에서 멀리 떨어져 있는 듯한 느낌이 든다.

지금으로부터 40년 전인 1964년 3월 13일, 큐가든스의 이 그림 같은 평화로움이 무참히 깨지는 사건이 일어났다. '키티Kitty'로 알려진 28세의 캐서린 제노비스가 살해된 사건이었다. 살인 사건 자체가 잔혹하기도 했지만, 유달리 사람들의 관심이 집중된 것은 이웃들의 반응 때문이었다. 언론 보도에 따르면, 사건 당시 제노비스가 도와달라고 소리쳤을 때 목격자가 38명이나 있었지만, 정작 사건에 개입한 사람은 단 한 명도 없었다. 경찰에 신고한 사람도 없었다. 한 목격자는 "사건에 휘말리고 싶지 않았다"며 자신을 변호했는데 이 말은 비겁한 행동의 대표적 사례가 되었다.

뉴욕에서 일어난 범죄에 사람들이 그때만큼 격렬한 분노를 터뜨린 적도 없었다. 사건은 전국적으로 보도되었고 이스탄불과 모스크바까지 소식이 전해졌다. 성직자와 정치인들은 그 사건을 비난했지만, 심리학자들은 이웃들의 행동이 이해가 간다고 주장했다.

당시는 4개월 전 케네디 대통령이 암살되고 할렘에서 인종 문제로 폭동이 일어나기 직전이었으며, 범죄율이 급격하게 상승하는 등 세상이 혼란에 빠진 것만 같았던 때였다. 그런 상황에서 이 사건은 도시의 삶에 존재하는 모든 병폐의 상징으로 그 의미가 빠르게 확대되었다. 정신과 의사들은 방송 매체가 소극적인 태도를 보였던 큐가든스의 목격자들을 과대망상증 환자로 만들었다고 설명했다. 시청자들은 현대 사회에서 보편적인 윤리가 땅에 떨어졌다고 했다.

『삶과 영화: 엔터테인먼트는 어떻게 현실을 정복했나Life: The Movie: How Entertainment Conquered Reality』(2000)의 저자 닐 게이블러는 "전반적으로 뭔가 잘못되고 있다고 생각하는 사람은 그 생각을 증명할 수 있는 사건을 찾게 된다"면서 "사람들이 서로에게 무관심한 사회, 아무도 남에게 신경 쓰지 않는 사회, 극도로 개인화된 사회. 그런 사회에 대한 사람들의 불안과 공포를 확인시켜준 것이 바로 이번 사건이었다"고 말했다.

제노비스 살인 사건에 관해 온갖 이야기나 글이 쏟아져 나왔지만 여전히 중요한 의문점은 남아 있다. 큐가든스의 일부 주민들은 지금까지도 사건 당시의 목격자가 38명보다 적으며 목격자 대다수가 사건의 많은 부분을 보지 못했다는 입장이다. 한마디로 큐가든스 주민 중에서 (살인 사건을 보고도 못 본 척했던) 비정한 사람들의 수가 대중에게 알려진 것보다 적다는 것이다.

심리학자들은 지금도 제노비스 살인 사건에서 볼 수 있는 이웃들의 반응이 사회적으로 어떤 의미가 있는지 연구하고 있다. 그리고 이 기념비적인 사건에는 제노비스라는 비극의 중심에 서 있는 한 여성이 있다. 그녀 인생을 바꿔버린 이 사건의 자세한 내막은 끔찍한 사건 정황에 가려져 간과될 때가 많다.

평화로운 삶

이탈리아계 미국인 가정에서 귀여운 맏이로 태어난 키티 제노비스는 브루클린의 파크 슬로프에서 자랐다. 가족이 코네티컷주 뉴케이넌으로 이사한 다음에도 제노비스는 브루클린에 남았고 1963년 봄 큐가든스에 정착했다. 그녀는 친구인 메리 앤 질롱코와 함께 오스틴가에 있는 튜더 왕조풍의 건물 2층으로 이사했다. 주택가와 가깝고 주변에 상점이 모여 있는 곳이었다. 길 건너편에는 주변에서 가장 높고 우아한 건물인 '모브레이'라는 10층짜리 아파트가 있었다.

소파에 천을 씌우는 일을 하며 1950년대부터 오스틴가에서 작은 가게를 운영해온 84세의 토니 코라도는 제노비스가 이사 오던 날을 기억했다. 제노비스는 코라도의 가게 문을 노크하고 들어와 소파를 위층으로 올리려고 하는데 도와줄 수 있는지 물었다. 코라도는 "그때 키티를 처음 봤다. 그리고 '와우, 그럼 2층에서 요란한 파티가 많이 열리겠는데?'라고 말했던 기억이 난다. 나는 그 두 사람이 항공사 승무원인줄 알았다. 동네에 승무원들이 많이 이사 오기 때문"이라고 했다.

제노비스의 직업은 승무원이 아니라 퀸스의 홀리스에 있는 '이브의 막잔 술집Ev's 11th Hour'의 지배인이었다. 제노비스와 질롱코는 코라도의 가게 건너편에서 조용하고 평화롭게 살았다.

1963년 봄, 당시 주변 지역의 범죄율은 낮았고 잘 때 문을 잠그지 않는 주민이 많았다. 코라도는 "나는 '이야, 큐가든스에서는 문을 열고 자도 아무 일도 안 생기네'라는 말을 자주 했다"며 "그런데 갑자기 악몽이 찾아온 것"이라고 말했다.

악몽이 찾아온 것은 제노비스가 이사 오고 1년이 지난 후였다. 3월의 사건 당일 새벽 3시가 막 넘었을 무렵, 제노비스는 퇴근해서 차를 몰고 귀가하는 길이었다. 빨간 신호등에 차를 세운 그녀의 눈에 윈스턴 모슬리가 보였다. 모슬리는 오존 파크 지역 출신의 사무기기 판매상이었다. 그는 당시 자신의 흰색 승용차를 타고 거리를 오가며 살인 범죄의 제물이 될 여성을 찾는 중이었다.

모슬리는 큐가든스의 기차역 주차장까지 제노비스의 뒤를 따라왔다. 그리고 그녀가 차에서 내리자 뒤를 쫓았다. 제노비스가 오스틴가 쪽으로 달리기 시작했지만, 모슬리는 금방 따라잡았고 제노비스의 등에 칼을 꽂았다. 제노비스가 비명을 지르자 모슬리는 칼로 다시 한 번 찌른 다음 연거푸 두 번을 더 찔렀다. 그때 모브레이 아파트에서 창문이 열리더니 한 남자가 "그 여자에게 손대지 마!"라고 고함을 질렀다.

모슬리는 경찰서에서 그 고함소리에 별로 신경 쓰지 않았다면서 "그 남자가 창문을 닫고 다시 자러 갈 거라고 생각했다"고 했다. 하지만 모슬리는 고함소리를 듣고 달아났다. 그리고 차를 좀 더 으슥한 곳으로 옮겨놓고 모자를 바꿔 쓴 다음 다시 범행 현장으로 돌아왔다. 아파트 건물 뒤쪽 현관에 쓰러져 있는 제노비스를 발견한 모슬리는 오스틴가에서부터 시작했던 작업을 마무리했다. 모슬리는 칼로 제노비스를 반복해서 찌르고 난도질한 다음 죽어가는 제노비스를 두고 자리를 떠났다.

악당들이 사는 동네

키티 제노비스 살인 사건은 처음부터 그렇게 집중적으로 보도되지는 않았다. 《뉴욕타임스》에서도 처음에는 고작 네 문단짜리 기사로 나갔다. 열흘 후 《뉴욕타임스》의 대도시 담당 편집자인 A. M. 로젠탈이 마이클 머피 경찰국장과 점심 식사를 했다. 그때는 이미 모슬리가 체포되어 제노비스와 또 다른 젊은 여성을 살해했다고 자백한 뒤였다. 대화 주제가 모슬리의 자백으로 바뀌자 머피 국장은 38명의 목격자 이야기를 꺼내면서 퀸스에서 벌어진 그 사건을 책으로 내보면 어떻겠냐고 말했다.

로젠탈은 훗날 제노비스 사건을 다룬 저서 『38명의 목격자Thirty-Eight Witnesses』(1964)에서 이 사건이 특종이 될 수 있겠다는 느낌이 들어서 그날 오후 마틴 갱스버그 기자에게 사건 보도를 지시했다고 썼다. 며칠 후 갱스버그의 제노비스 살인 사건 기사는 1면에 실렸다. 갱스버그의 기사는 이렇게 시작했다.

"준법 정신이 투철한 훌륭한 퀸스 시민 38명은 살인자가 큐가든스에서 한 여자를 뒤쫓으면서 흉기로 세 차례 공격하는 모습을 30분 이상 지켜보았다."

그렇게 강렬한 첫 문장으로 시작한 기사는 38명의 목격자가 범행 과정을 전부, 혹은 최소한 주요 장면을 목격했으며 공연을 관람하듯 30분 간 넋을 잃은 듯 현장을 "지켜보았다"고 썼다. 이 공포스러운 사건 상황을 처음 보도한 곳은 《뉴욕타임스》였지만, 이내 다른 곳에서도 보도가 쏟아져 나왔다. 《라이프》의 루던 웨인라이트는 "목격자들은 대부분 심야 쇼 프로를 보는 사람들처럼 어두운 창문에 쭈그리고 앉아서 상황이 끝날 때까지 현장을 지켜보고 있었다"고 보도했다.

큐가든스에는 비난이 쏟아졌다. 정신 이상을 주장하는 모슬리를 기소하는 데 힘을 보탰던 퀸스의 찰스 스콜러 지방검사보는 "사람들이 큐가든스에 느끼는 반감은 믿을 수 없을 정도로 심각했다. 동네 사람들 모두를 악당으로 보았다"고 말했다. 하지만 사람들은 서서히 평정심을 되찾았다. 큐가든스 주민들은 오명을 벗기 위해 동네에 대한 기사나 사람들의 생각이 너무 편파적이라고 목소리를 높이기 시작했다. 그리고 그 원인이 경찰과 기자들이 사건을 너무 과장해서 보도했기 때문이라고 주장했다.

제노비스가 살해된 후 몇 년 동안만 해도 그렇게 부당함을 알리는 신문 기사는 손에 꼽을 정도로 적었다. 대표적인 사례를 꼽자면 1984년 《데일리 뉴스》에 실린 존 멜리아의 칼럼과 1995년 사건을 좀 더 간략하게 설명한 《뉴욕타임스》의 기사를 들 수 있다. 하지만 그중에서도 큐가든스 주민들을 가장 열심히 옹호했던 사람은 조지프 드 메이 주니어였다.

좀 더 복합적인 관점

해양법 전문 변호사인 54세의 드 메이는 10년 전에 일어났던 제노비스 사건 분석에 수백 시간을 쏟게 될 것이라고는 전혀 짐작하지 못했다. 사실 그는 2년 전 까지만 해도 키티 제노비스 사건에 전혀 관심이 없었다. 그러다가 30여 년간 살아온 큐가든스를 기념하기 위해 취미 삼아 인터넷 홈페이지를 만들다가 제노비스 사건을 조사하게 되었다. 동네 주민들의 과거를 깊이 연구하려면 가장 악명 높았던 사건도 살펴봐야 한다는 것이 그의 생각이었다.

드 메이는 제노비스 사건에 관해 다음과 같이 결론지었다. 목격자들의 행동에 비난의 여지가 전혀 없는 것은 아니지만, 그날 밤 실제 발생한 사건에 대한 사람들의 일반적인 생각은 사실과 거리가 멀었다. 그날 발생한 일은 훨씬 더 복합적이었으며, 큐가든스 주민들을 향한 세간의 비난은 지나치다는 것이다.

"물론, 그건 살인 사건이었다. 사람들은 어떤 소리를 들었다. 왜 그 소리에 반응한 사람이 거의 없었는지 궁금할 것이다. 하지만 한 여자가 살해되는 모습을 38명의 목격자가 35분 동안 지켜보면서 '나는 사건에 휘말리고 싶지 않아요'라고 말했다는 것은 사실이 아니다."

드 메이가 연구를 시작하게 된 것은 1964년 3월 27일자 《뉴욕타임스》에 실린 중요한 기사 하나를 본 다음부터였다.

"그때 그 기사를 정독하고 신문을 내려놓은 다음 이런 생각이 들었다. '이건 전혀 말이 안 되는걸.' 그래서 기사를 신중하게 한 번 더 읽었다. 난 그 동네를 잘 알았고, 사건 현장도 매일 지나가는 곳이라 잘 알고 있었다."

그는 곧 사건과 관련된 법률 문서를 열심히 살펴보았고, 책과 기사, 동네 사람들의 인터뷰 기록 등을 찾아다녔다. 시간을 재면서 제노비스가 지나갔던 길 그대로 오스틴가를 뛰어보기도 했다. 그리고 사건에 대한 자신의 첫인상이 옳았다고 확신했다.

"모두가 사실이라고 생각하지만 사실이 아닌 부분이 있다."

그의 주장은 두 가지로 압축된다. 38명의 목격자라는 사람들 대부분은 살인 사건을 전혀 보지 못했다. 그들이 보거나 들었던 것은 순간적이었거나 정확하지 않았다.

처음에 드 메이는 범인이 키티 제노비스를 공격한 횟수가 《뉴욕타임스》에서 처음 보도했던 세 번이 아니라 두 번이라고 주장했다. 나중에 《뉴욕타임스》는 당시 증언했던 경찰관이 경황이 없어서 착각했다면서 오류를 인정했다. 거짓으로 밝혀진 세 번째 공격은 주변의 집에 창문이 많아서 사람들이 쉽게 목격할 수 있는 장소에서 발생한 것으로 알려졌다. 그래서 냉정한 이웃들이 사건을 외면했다는 인상을 사람들에게 심어주었다.

현장에서 범인이 가했던 두 번의 공격 중에서 첫 번째 공격은 오스틴가의 모브레이 아파트 건너편에서 일어났다. 드 메이는 법정 증언을 인용하면서 첫 번째 공격이 지속된 시간이 일부의 주장과는 달리, 모슬리가 자신의 차로 달려가기 전 몇 분에 불과했다고 주장했다. 목격자들이 비명을 듣고 창문으로 달려간 것이 바로 그때였다. 여기서도 드 메이는 그때 목격자들이 본 것은 젊은 여성이 자신의 아파트를 향해 오스틴가를 걸어가거나 혹은 비틀거리며 뛰어간 다음 길모퉁이로 사라지는 모습뿐이었다고 주장했다.

드 메이는 첫 번째 공격이 가해진 시간이 매우 짧았다는 사실이 매우 중요하며, 좀 더 공격 시간이 길었던 두 번째 공격이 가해진 장소 역시 중요하다고 주장했다. 두 번째 공격이 가해진 곳은 제노비스가 사는 아파트 건물 뒤쪽에 있는 좁은 출입구였다. 그 출입구는 모브레이 아파트 쪽이 아니라 철길 쪽을 향해 있다. 제노비스는 안전한 곳을 찾아 건물 뒤에 있는 그 출입구로 갔지만, 모슬리에게 발각되고 말았다. 그 출입구에서 벌어지는 일을 볼 수 있는 사람은 계단 꼭대기에 사는 한 남자뿐이었을 것이라고 드 메이는 주장했다.

전직 지방검사보인 찰스 스콜러는 드 메이의 일부 주장을 옹호했다.

"목격자가 38명이라고는 생각하지 않는다. 그 숫자가 어디에서 나왔는지 모르겠다. 나는 그렇게 말하지 않았다. 그날 사건을 목격하고 우리가 진술을 인용할 수 있는 목격자는 대여섯 명에 불과했다."

하지만 스콜러 검사는 동네 주민들을 용서해야 한다는 드 메이의 말에는 선뜻 동의하지 않았다. 그리고 38명 모두가 사건을 목격하지는 않았을지라도 비명은 분명히 들었을 것이라고 말했다.

"비명을 들은 사람은 많았을 것이다. 38명보다 많을 수도 있다. 그리고 누구든 비명을 들었다면 그곳에서 끔찍한 범죄가 일어나고 있다는 것을 몰랐을 리가 없다."

목격자 중에는 연인 간의 다툼이거나 술꾼들끼리 시비가 붙은 줄 알았다고 말하는 사람들이 많았다. 드 메이는 목격자들 상당수가 고령인데다 잠을 자다가 깨서 멍한 상태였고, 날이 쌀쌀해서 창문을 모두 닫아놓은 상태였다는 점을 지적했다. 게다가 범인이 첫 공격을 가한 다음 일부 목격자들이 경찰에 신고했지만 무시당했고 녹음조차 되지 않았을 가능성이 있다고 말했다.

훗날 《뉴욕타임스》의 편집국장이 된 A. M. 로젠탈은 40년 전 자신의 지시로 갱스버그 기자가 보도했던 기사의 첫 문장에 "지켜보았다"라는 말이 쓰여 있는 것을 보고 별다른 말을 하지 않았다. 기사와 관련해 이런 의혹이 제기될 줄 알았다면서 "사람들의 관심이 집중되는 이야기에는 항상 '그건 사실과는 다르다'며 나서는 사람이 있기 마련"이라고 말했다. 그러면서 소소한 오류가 있을 수는 있지만, 그렇다고 사건의 진실이 본질적으로 달라지지는 않는다며 "목격자가 38명일 수도, 39명일 수도 있다. 하지만 내가 보기에 그 이야기가 전반적으로 아주 충격적인 것만은 사실"이라고 주장했다.

이론, 유죄 그리고 상실감

미국의 심리학자들 사이에서는 제노비스 사건만큼 충격적인 사건도 없었다. 포드햄대학교의 도시 심리학 교수인 해럴드 타쿠시안은 "어처구니없는 사건"이라고 했다. 그리고 살인 사건에 앞서 "사람들이 왜 돕지 않았는지, 그리고 반대로 사람들이 왜 도왔는지 진실을 아는 사람이 아무도 없었다. 우리는 그런 정보가 없다는 것에 너무나 놀랐다."라고 말했다.

심리학자인 빕 라타네와 존 달리는 제노비스 살인 사건에 관해 가장 먼저 주목할 만한 연구 결과를 발표했다. 두 사람이 내린 결론은 사람들의 통념과는 거리가 먼 것이었다. 위기 상황을 바라보는 방관자의 수가 많을수록 그들이 상황에 개입할 확률이 작아지며, 무리 속에 있을 때 사람들은 '책임을 분산하려는' 성향을 보인다는 것이 두 사람의 결론이었다. 즉, 키티 제노비스 입장에서는 사건을 목격하고 비명을 들었던 목격자의 수가 38명이 아니라 단 1명이었다면 더 좋았을 것이라는 말이다.

이 사건을 두고 벌어진 논란에 관해 가장 잘 설명할 수 있는 사람은 아마도 심리학자들일 것이다. 지난 40여 년간 수행된 수많은 행동연구 결과를 보면, 제노비스의 이웃들이 그렇게 반응했던 이유는 기존에 알려진 대로 무관심하거나 냉정해서가 아니라 당황한 데다가 겁에 질려 있었고 상황 파악이 확실히 되지 않았기 때문이었다. 타쿠시안 교수는 "다른 사람들 눈에는 제노비스의 이웃들이 악당처럼 보일지 몰라도 심리학자에게는 정상적인 사람들로 보인다"라고 말했다.

정상이든 아니든 38명의 목격자 중 상당수는 사건이 벌어진 다음 죄책감에 시달렸다. 나머지 사람들도 주변의 부정적인 시선에 염증을 느꼈고 상당수가 큐가든스를 떠났다. 코라도는 가게에 앉아서 제노비스가 첫 공격을 당했던 지점을 내다보면서 "사람들은 그런 시선을 도저히 감당할 수 없었을 것"이라고 말했다.

물론 제노비스의 죽음으로 가장 큰 충격을 받은 이들은 그녀를 사랑하는 사람들이었다. 제노비스와 함께 큐가든스로 이사했고 그녀가 살해되었을 때 신원 확인이라는 끔찍한 일을 겪어야 했던 친구 메리 앤 질롱코도 그중 한 사람이었다. 제노비스가 질롱코와 아주 친밀한 사이였다는 사실은 거의 알려지지 않았는데, 그 이유는 1964년이 되어서야 밝혀졌다. 질롱코는 "사실 우리는 연인이었다. 사람들은 그 사실을 어떻게든 숨기려고 애썼다"고 말했다.

질롱코는 지금도 제노비스가 살해당한 당시의 공포를 떠올리면 감정이 북받치지만, 소중했던 제노비스의 모습을 떠올리면 이내 표정이 밝아졌다.

"진부하게 들리겠지만, 제노비스의 미소가 좋았다. 나는 그 미소가 너무 좋았다."

키티를 떠나보낸 4명의 동생들 중 윌리엄 제노비스는 누나에 대한 다른 기억을 꺼냈다. 그의 기억에 누나는 도시에 살면서 새로운 야망과 생각에 가득찬 모습으로 뉴케이넌의 가족을 보러 오곤 했다. 그리고 유아론唯我論(실재하는 것은 자아뿐이고 다른 모든 것은 자아의 관념이거나 현상에 불과하다는 입장―옮긴이)이나 아인슈타인의 상대성 이론 같은 난해한 주제를 놓고 밤늦게까지 이야기하기도 했다. 윌리엄은 "누나와 나는 특히나 많이 친했다"고 말했다.

살인 사건으로 누이가 죽은 지 2년 만에 윌리엄은 해병대에 지원했다. 대중의 무관심이 혐오스럽다는 것이 그 이유였다.

"사람들의 목숨을 구해야 한다는 강박이 생겼다. 베트남전에 참전했을 때는 항상 누나 생각이 났다. 사람의 목숨을 구하는 것이 내가 할 일이라고 생각했다. 누나의 사건이 나를 그렇게 만들었다."

편집자 주: 2007년, 제노비스의 동생 윌리엄에 의해 실제 목격자는 6명이며 2명이 경찰에 신고했다는 사실이 밝혀졌다. 《뉴욕타임스》는 2016년 오보를 인정하고 사과했다.

DNA 검사로 석방된 후,
새로운 범죄 혐의로 재기소되다

‒ 모니카 데이비

3명의 남자가 긴장된 모습으로 무대에 앉아 있었다. 그들은 이 나라의 사법 체계가 무고한 자신들을 얼마나 끔찍한 악몽에 빠뜨렸는지 이야기할 준비를 하고 있었다. 그러는 동안 사회자는 강당에 모인 청중에게 한가지 부탁을 했다.

젊은 여성을 살해한 죄로 카운티 교도소에서 복역 중인 스티븐 에이버리 이야기를 하려는 게 아니다. 적어도 오늘 밤엔, 그 이야기를 다시 하려는 게 아니다.

오랫동안 억울하게 기소된 죄수들의 석방을 위해 애썼던 법학과 교수이며 사회자로 무대에 서 있는 로런스 마샬 교수는 "오늘은 스티븐 에이버리 이야기를 하려는 게 아니다. 오늘 밤에는 좀 더 폭넓은 쟁점에 관해 이야기할 것"이라며 목소리를 높였다.

스티븐 에이버리는 한때 위스콘신주의 사법 체계가 한 사람을 얼마나 부당하게 사회로부터 격리했는지 보여주는 상징적 인물이었다. 하지만 소송에서 에이버리를 위해 싸웠던 사람들은 며칠간 그들의 성공적인 소송이 남긴 불편한 결과를 마주해야 했다. 지난 십여 년간 에이버리의 무죄를 밝히려는 30여 개의 단체가 생겨났다. 이 단체들이 속한 비공식 조직의 변호사들은 소송의 부수적인 영향을 면밀하게 관찰했다.

2년 전, 에이버리는 그 비공식 조직 중 한 곳인 위스콘신 로스쿨의 '위스콘신주 무죄 프로젝트Wisconsin Innocence Project' 소속 변호사들 덕분에 석방될 수 있었다. 그들이 에이버리가 저지르지도 않은 성폭행 죄로 18년간 수감 생활을 하고 있다는 사실을 증명했기 때문이다.

에이버리의 고향이며 1985년 그에게 유죄를 선고했던 매니토웍 카운티에서는 즉시 에이버리를 석방하고 사과했으며, 해당 사건의 성폭행 피해자도 에이버리에게 사과했다. 고향 사람들은 에이버리를 반갑게 맞았다.

에이버리 사건은 무고하게 옥살이를 한 사건으로는 위스콘신주에서 가장 유명한 사건이 되었다. 그리고 다른 한편 '에이버리 전담반'이 조직되어 '에이버리 법안'으로 알려진 치안법 개정이 이루어졌으며 개정된 법안은 바로 몇 주 전에 주 의회에서 통과되었다.

일련의 과정 속에서 에이버리는 사법 체계가 어떻게 무고한 사람에게 피해를 주는지 보여주는 상징적인 인물이 되었고 부당한 유죄 판결에 관해 논의하는 자리에 초청받기도 했다. 또한 그를 영웅이라고 부르며 주 의회에 나와 증언하고 의회 주변을 둘러보자고 요청하는 의원들도 여럿이었다.

하지만 매니토웍 카운티에서 가족 소유의 폐차장 부지에 살고 있는 43세의 에이버리는 지난주에 또 다시 기소되었다. 이번에는 테레사 할박이라는 25세의 사진기자를 살해한 혐의였다. 할박은 10월 31일 자동차 잡지에 실을 사진을 찍으려고 에이버리의 폐차장에 간 뒤 실종되었다.

할박의 가족들이 그녀를 찾아 나선 지 며칠 만에, 수사관들은 에이버리의 폐차장에서 그녀의 뼈와 치아, 자동차를 찾아냈다고 발표했다. 그녀의 차에서 에이버리와 할박의 혈흔이 발견되었고 에이버리가 거주하는 트레일러의 침실에서 할박의 자동차 열쇠가 발견되었다. 그리고 2년 전 에이버리를 석방시키는 데 결정적 역할을 했던, 바로 그 DNA 검사 기법을 통해 자동차 열쇠에 묻어 있는 에이버리의 DNA가 발견되었다.

밀워키에 거주하는 스티븐 글린 변호사는 "우리는 이 사건에 분노한다. 이렇게 큰 충격을 받아본 것이 정말 얼마 만인지 모르겠다"고 말했다. 글린 변호사는 에이버리의 변호인으로 과거 성폭행 사건을 담당했던 전직 검사와 보안관을 상대로 3,600만 달러의 민사소송을 진행했던 인물이다.

'무죄 프로젝트' 뉴욕 지부의 매디 들론 사무총장은 1989년 이래 전국에서 DNA 검사를 통해 무죄로 밝혀진 사람이 163명에 달한다고 말했다. '무죄 프로젝트' 뉴욕 지부는 배리 셰크와 피터 뉴펠드가 창설한 단체이다. 들론 사무총장에 따르면, 그렇게 면죄 받은 사람 중에서 석방된 후 강력 범죄로 다시 유죄 판결을 받은 사람이 딱 한 명이라고 한다.

위스콘신주 '무죄 프로젝트'의 대표는 에이버리에게 새롭게 제기된 혐의가 과거에 부당하게 체포된 후 석방되었던 사실과 연관되어서는 안된다고 말했다. 공동 설립자인 키스 핀들리는 단체에서 지향하는 바는 단순히 죄 없는 사람을 석방시키는 것만이 아니라 진실을 밝히고 진범을 적절하게 처벌하는 것이라고 밝혔다.

에이버리가 다시 기소되자 지금까지 억울하게 기소된 사람들을 위해 싸우면서 존경받았던 변호사들도 그 여파를 피해갈 수 없었다. 비평가들은 라디오 토크쇼나 인터넷에서 위스콘신주 '무죄 프로젝트' 사람들이 없었다면 한 젊은 여성이 죽지 않았을지도 모른다는 의견을 밝혔다. 일부에서는 에이버리의 과거 전과를 보면 그의 폭력성을 알 수 있다고 주장했다. 에이버리는 1985년 성폭행으로 유죄를 받기 전에도 절도나 동물 학대 같은 전과가 있었다.

1985년 재판에서 결정적으로 에이버리에게 불리한 증거를 제시한 것은 피해자였다. 그녀는 해변에서 조깅을 하던 중 자신을 공격한 사람이 에이버리라고 증언했다. 그리고 범인의 얼굴을 불과 20~30센티미터 앞에서 보았다면서 범인의 키와 짤막한 손가락, 머리카락에 관해 설명했다. 배심원들이 에이버리에게 유죄 평결을 내리고 몇 년이 지난 후, 에이버리의 변호인들은 새로 개발된 DNA 검사 기법으로 피해자의 몸에서 채취한 음모를 다시 검사해야 한다고 재판부를 압박했다. 그리고 검사 결과 피해자의 몸에서 채취한 음모가 에이버리의 것이 아니라 그 지역에서 거주하다가 성폭행 혐의로 교도소에 수감된 다른 사람의 것이라는 사실이 밝혀졌다. 이 사건은 아무리 악의가 없었다고 해도 목격자의 증언이 완전히 틀릴 수 있음을 보여주는 완벽한 사례였다.

과거 에이버리 재판을 주관했던 프레드 헤이즐우드 판사는 재판 당시 성폭행 유죄 판결을 내리기 전부터 에이버리의 범죄 기록에서 그에게 "잠재적인 폭력성"이 있다는 것을 알았다며 "하지만 에이버리는 만기 복역했다. 그리고 어떤 행위를 할 가능성이 있다는 것만으로 유죄를 선고할 수는 없다"고 했다.

지난주 에이버리 가족은 고의적인 1급 살인과 사체 훼손 혐의를 받고 있는 에이버리가 무죄라는 것을 확신한다고 말했다. 에이버리의 아버지 앨 에이버리는 과거에 실수를 저질렀던 치안 당국이 이번에 또 실수를 되풀이하고 있다면서 그들이 증거를 현장에 갖다 놓았다고 주장했다. 그리고 마침내 아들이 석방되었을 때는 이미 며느리가 떠나고 없어서 아들의 가정이 깨진 뒤였으며, 에이버리가 겨울에 낚시를 하려고 만든 작은 움막에서 살았다고 했다. 오랜 세월을 복역한 터라 아들이 생계를 꾸리기도 쉽지 않았다는 것이 앨 에이버리의 말이었다.

앨 에이버리는 "이제 그 모든 것이 되풀이되려 하고 있다"고 했다. 에이버리의 어머니 돌로레스는 미시간호에서 가까운 이곳 매니토웍 카운티의 채소 가게와 거리에서 사람들이 다시 옛날 같은 시선으로 자신을 쳐다본다면서 "그 애는 죄가 없다. 마음으로 알 수 있다"고 말했다. 그리고 예전에 아들을 도와준 적이 있는 위스콘신주 무죄 프로젝트에 연락할 생각이라고 덧붙였다.

에이버리의 형제인 척은 "치안 당국에서 스티븐에게 그러는 이유를 3,600만 가지는 댈 수 있다"면서 현재 에이버리가 치안 당국을 대상으로 진행하고 있는 민사 재판에 걸린 배상금이 그 이유라는 속내를 슬쩍 내비쳤다. 그 민사 재판의 미래는 불투명해졌고 법정 진술은 연기되었다. 글린 변호사는 여전히 에이버리의 주장에 확고한 근거가 있다고 믿지만, 재판이 복잡하게 꼬였다는 것만은 인정했다.

에이버리가 다시 체포되면서 다른 일정도 바뀌었다. 에이버리가 억울하게 옥살이를 한 대가로 주 정부에서 최소 42만 달러를 배상해야 한다고 주장하던 의원들도 일제히 조용해졌다. 그리고 경찰에서 목격자를 통해 용의자의 신원을 확인하는 절차, 심문 행위, DNA 증거에 지나치게 의존하는 관례 등을 보완한 법률 개정안을 더 이상 '에이버리 법안'으로 부르지 않게 되었다.

당시 '에이버리 전담반'을 조직하는 데 힘을 보탰던 공화당의 마크 건

2005년 11월 15일 화요일, 스티븐 에이버리가 위스콘신주 매니토웍에 있는 매니토웍 카운티 법원에 처음 출두한 뒤 호송원들과 함께 법원을 나서고 있다.

드럼 하원의원은 "그 법률 개정안은 전반적으로 우리 사법 체계에 매우 중요하고 매우 바람직하다"면서 "하지만 약간 타격을 입긴 했다. 분명히 말하는데, 스티븐 에이버리 때문에 그렇게 되었다는 말은 아니다"라고 말했다.

에이버리와 그의 조카 브렌든 대시는 2007년 테레사 할박을 살해한 혐의로 유죄 판결을 받았다. 하지만 제작자들이 본 기사를 계기로 제작에 착수했다고 말하는 다큐멘터리 〈살인자 만들기Making a Murderer〉(2015)에서는 에이버리 사건의 수사와 기소에 의문을 제기했다. 변호인들은 16살의 브렌든 대시에게 강압적으로 자백을 받아내고 그 자백을 근거로 유죄 판결을 내렸다며 항소했다. 2016년 8월, 연방 법정에서 1심 판결이 뒤집혔지만 검찰의 상고로 이 글을 쓰는 시점(2017년—편집자)까지 대시는 여전히 수감 중이다. 에이버리는 유죄 여부를 두고 법정 투쟁을 계속하고 있다.

이탈리아 대학도시에서 발생한
소름끼치는 살인 사건

– 이언 피셔

"어맨다 녹스는 누구인가?" 월요일, 이탈리아 신문사 〈페루자의 목소리〉
는 이런 질문을 던졌다. "두뇌가 명석한 학생일 수도, 냉혹한 바람둥이
일 수도 있다."

2주 전만 해도 페루자에서 어맨다 녹스를 아는 사람은 친구들뿐이었
다. 현재 수감되어 있는 녹스는 전 세계, 특히 미국과 유럽에서 매년 수
천 명의 학생이 찾아오는 이 아름다운 대학도시에서, 수많은 사람을 미
궁에 빠뜨리고 호기심을 자극했던 한 살인 사건의 주인공으로 시선으로
모았다.

2007년 11월 2일, 녹스의 룸메이트 3명 중 1명이며 런던에서 온 유학
생인 21세의 메러디스 커처가 자신의 침대에서 피 묻은 이불에 덮인 채
목에 깊은 상처를 입은 시신으로 발견되었다. 경찰은 커처가 성폭행을 당

2008년 9월 16일, 이탈리아 페루자에서 법원 심리에 출석하고 있는 어맨다 녹스

했다고 발표하면서 녹스와 다른 2명의 룸메이트를 용의자로 체포했다.

하지만 용의자 3명은 진범이 아닌 듯했다. 특히 녹스는 일반적인 살인범의 모습과는 전혀 달랐다. 인터넷에 직접 올린 사진을 보면, 20세의 녹스는 매력적인 외모의 소유자로 언어학을 공부하려고 시애틀에서 유학 온 부유한 학생이었으며 이따금씩 소란을 피우는 것 말고는 기소될 일이 없어 보이는 사람이었다.

경찰은 녹스에게 공범이 있는 것으로 보고 있다. 경찰에 의하면, 커처의 목에 난 세 번째이자 치명적인 상처는 남자의 소행이었다. 녹스의 이탈리아인 남자친구인 24세의 라파엘레 솔레치토, 그리고 녹스가 일했던 '르 시크'라는 술집의 주인이며 콩고 출신인 44세의 디야 루뭄바도 함께 체포되었다. 루뭄바는 '패트릭'이라는 이름으로 알려진 페루자의 터줏대감이자 한 아이의 아버지로 레게 음반을 낸 음악가이기도 했다. 녹스와 커쳐의 룸메이트인 이탈리아인 변호사 2명은 용의선상에서 제외되었다.

살인 동기는 명확하게 밝혀지지 않았다. 돈 때문에 살인을 저지를 만한 사람은 없어 보였다. 녹스와 솔레치토는 2주 전에 클래식 연주회에서 만난 사이였고 다른 용의자들도 서로 오랫동안 알던 사이는 아닌 것 같았다.

판사가 작성한 보고서를 보면 치안 당국에서는 이번 사건이 마약과 섹스가 뒤섞여서 일어났으며, 용의자 중에서 한 명 이상이 커쳐에게 성관계를 요구하다가 우발적으로 그녀를 살해한 것으로 추정했다.

피고인들은 모두 결백을 주장했다. 녹스의 진술은 계속 오락가락했지만, 다들 커쳐가 살해된 그날 밤 집에는 커쳐 혼자 있었다고 주장했다.

이민자인 루뭄바를 체포한 일은 최근 몇 년간 이탈리아에 여러 민족이 유입되고 정착하면서 생긴 복잡한 문제를 단적으로 보여주는 듯했다. 그 정도로 대중은 루뭄바를 의심하는 쪽과 옹호하는 쪽으로 극명하게 나뉘었다.

인터넷은 사건을 더 복잡하게 했다. 솔레치토는 한 소셜 네트워크 사이트에 자신은 "정직하고 평화적이며 부드러운 사람이지만 가끔 완전히 정신이 나갈 때도 있다"면서 식칼 같은 것을 들고 찍은 사진을 손에 든 채 포즈를 취하기도 했다. 녹스는 몇몇 인터넷 사이트에서 '불여우 녹스Foxyknoxy'라는 별명을 사용했으며 기관총 뒤에서 사진을 찍거나 친구와 술을 마신 뒤 짧은 동영상을 찍은 적도 있었다.

대중의 관심은 녹스에게 쏠렸다. 이탈리아 언론은 그녀의 "얼음처럼" 파란 눈과 녹스가 남자에 관심이 많고 여자에게는 쌀쌀맞게 대한다는 말을 자주 보도했다. 이탈리아와 영국의 신문들은 커쳐의 몸에 난 작은 상처들이 그녀를 제압하려는 여성의 손가락에 의해 생겼을 수 있다고 추정했다.

페루자로 날아온 녹스의 어머니는 딸을 강력하게 변호했다. 영국의 신문들은 녹스의 어머니이자 교사인 에다 멜라스가 "어맨다는 이 사건에 관해 결백하고 친구의 죽음으로 큰 충격을 받았다"고 한 것을 보도했다.

판사의 보고서에 따르면, 녹스가 진술을 두세 번 번복한 것은 그녀에게 불리하게 작용했다. 처음 경찰에서 진술할 때 녹스는 커처가 죽은 11월 1일 밤 남자친구인 솔레치토의 집에서 그와 함께 있었다고 말했다.

하지만 심문을 받을 때는 자기 집 주방에 있었으며 그곳에서 커처의 비명을 들었다고 말을 바꿨다. 녹스는 그때 귀를 막고 집에서 나왔기 때문에 그 뒤로는 기억나는 게 거의 없으며, 당시 루뭄바가 집에 함께 있었는데 그가 커처에게 푹 빠져 있었다고 진술했다. 하지만 지난주에 했던 진술에서는 사건이 일어난 날 밤 집에 없었다고 다시 말을 바꿨다.

이탈리아 법률에서는 수사가 진행되는 동안 용의자를 1년까지 수감할 수 있다. 하지만 이번 사건에서는 어떻게 될지 알 수 없다.

녹스의 아파트에서 발견된 범행 흔적을 조사한 경찰은 신원을 알 수 없는 네 번째 범인이 존재할 가능성도 배제하지 않았다.

녹스는 젊고 아름다웠기 때문에 그런 끔찍한 범죄에 연루 가능성이 있다는 것만으로도 전 세계적으로 큰 화제가 되었다. 녹스와 솔레치토는 2009년 커처 살인 혐의로 유죄 판결을 받았다. 하지만 이 판결은 2011년 뒤집혔다. 그 후 2014년 두 사람은 다시 유죄 판결을 받았고, 2015년 이탈리아 대법원에서는 최종적으로 무죄가 선고되었다. 루뭄바는 그보다 한참 전인 2008년에 사건과 관련해서 완전히 무죄라는 판결을 받았다. 목격자가 증언을 통해 루뭄바가 범죄 현장에 없었다는 것을 증명했기 때문이다.

재판은 끝났지만,
남아프리카에서 그 논란은
이제 시작일지도 모른다

– 세라 라이얼, 앨런 코웰

세계 장애인 올림픽에 출전해 유명해진 오스카 피스토리우스의 살인 사건 재판이 금요일에 끝났다. 지난해 여자친구인 리바 스틴캠프를 총으로 살해한 피스토리우스에게는 과실치사 혐의로 유죄가 선고되었다. 남아프리카공화국 국민이 인종과 범죄, 유명인에 얼마나 집착하는지를 잘 보여준 이번 사건에서, 상당수 국민들은 평결 결과를 받아들이는 듯했다. 방아쇠를 당기던 그날 밤 피스토리우스가 어떤 생각이었는지 가늠하는 것만큼이나 평결을 이해하는 것이 어렵다는 것을 알기 때문이었다.

앞서 더 심각한 2건의 살인 혐의에는 무죄를 선고받았던 피스토리우스가 이번 판결로 교도소에 수감될지는 확실하지 않다. 살인에 고의성이 없었음을 의미하는 '과실치사'에 대한 형량은 판사의 재량에 따라 당장 석방될 수도 있고 최대 15년형에 처해질 수도 있다.

이틀에 걸친 평결문 낭독을 마친 토코질레 마틸다 마시파 판사는 게리 넬 검사의 거센 반대에도 아랑곳하지 않고 선고 공판일자를 10월 13일로 예고했다. 그리고 공판일까지 피스토리우스에게 보석을 허가했다. 일부 국민들은 피스토리우스에 대한 처벌이 너무 가볍다고 생각했다. 일간지 〈더 스타〉는 관련 기사를 보도하면서 제목을 "오스카는 석방될 것인가?"로 썼다. 인터넷 언론인 〈뉴스24〉의 평론가 피터 트레이시는 이번 평결을 두고 "우리 사법 체계의 아주 슬픈 폐단"이라고 평했다.

이번 재판은 지난 3월부터 시작되었다. 피스토리우스가 한밤중의 밸런타인데이에 잠겨 있는 욕실 문을 향해 권총 네 발을 발사해서 그 안에 있던 29세의 스틴캠프가 사망한 지 약 1년만의 일이었다. 그리고 금요일에 평결이 발표되면서 롤러코스터 같은 여정을 거친 이번 재판은 정점을 찍었다.

세상 사람들은 피스토리우스가 그날 밤 무슨 생각을 하고 있었는지 결코 알 수 없을 것이다. 피스토리우스는 범죄와 가택 침입에 무의식적으로 공포를 느끼는 수많은 남아프리카공화국 국민들에게 도무지 납득하기 어려운 자신의 행위를 변호했다. 그날 누군가 집에 무단 침입한 다음 욕실에 숨었다고 생각해서 총을 쏜 것일 뿐, 그곳에 스틴캠프가 있을 줄은 정말 상상도 못했다는 것이 그의 설명이었다.

피스토리우스를 변덕스럽고, 버릇없으며, 질투심 많은 총기 애호가로 평가하는 넬 검사는 그의 설명을 반박하는 데 열을 올렸다. 그리고 그가 스틴캠프와 밤늦게까지 말다툼을 벌이다 화가 치민 나머지 총을 쏜 것이라고 주장했다. 스틴캠프는 법대를 졸업한 뒤 리얼리티 TV쇼를 통해 스타가 된 인물이었다.

피스토리우스는 선천적인 장애를 극복하고 국제 스포츠 경기에 출전해 장애인은 물론 일반 선수와 경쟁하면서 오랫동안 국민적 영웅 대접을 받았다. 태어날 때부터 정강이뼈가 없었던 피스토리우스는 유아 시절 양쪽 무릎 아래를 절단했다. 훗날 '블레이드 러너Blade Runner'로 알려지면서 사람들의 존경을 한 몸에 받았다. 그런 별명이 붙은 것은 2012년 런던 올림픽을 비롯해서 그가 경기에 나갈 때마다 착용했던 큰 낫 모양의 의족 때문이었다.

잘생긴 외모에 매력적이며 재능 있는 운동선수였던 피스토리우스는 국제사회에서 인정받고 싶어 하는 남아프리카공화국 국민들의 자존심과 열망의 상징이었다. 런던 올림픽 폐회식에서는 기수가 되어 국기를 들고 입장하기도 했다.

하지만 스틴캠프 살인 사건은 그가 사회적으로 성공하고 유명인사가 되기까지의 화려한 이야기 속에 숨겨진 추악한 이면을 세상에 드러냈다. 피스토리우스는 변덕스러운 성격에 질투심 많은 사람이었고, 화를 잘 내는 남자친구이기도 했으며, 무책임하게 총기를 사용하고, 원하는 것을 손에 넣으려고 유명세를 이용하는 사람이었다. 그의 재판은 명예나 장애, 범죄, 여성에 대한 폭력, 계급, 인종에 관한 문제를 금기시했던 남아프리카공화국 대중에게 이 모든 문제를 공론화시켰다.

이 문제들 상당수는 법정에서 첨예하게 충돌했다. 백인이며 부유한 특권층인 피스토리우스의 재판을 주관한 마시파 판사는 흑인 거주지인 소웨토에서 가난하게 자란 66세의 흑인 여성이었다. 아파르트헤이트(흑인 차별 정책)의 고통 속에서 법 공부를 시작했던 그녀는 항의 시위를 하다 체포되기도 하면서 40대가 되어서야 법학 학위를 취득했다. 피스토리우스의 재판에서는 남아프리카공화국 인종 문제의 현실이 고스란히 드러나기도 했다. 변호사와 피고, 피고 가족 등 법정의 주체들은 거의 백인이었고, 법정 경비원과 청소원 등 법정 직원들은 거의 흑인이었다.

일부 국민들은 평결의 처벌 수위가 너무 낮다며 분노했다. 국내 폭력 문제에 아주 부정적인 신호를 주었을 뿐 아니라 사람을 죽이고 나서 죽일 의도가 없었다고 말할 수 있는 권리를 준 것이나 다름없다고 생각했다. 게다가 "도를 넘은 검찰의 태도에 분개한" 것 같은 마시파 판사의 개인적 편견도 평결에 반영된 듯했다. 마시파 판사는 피고 측 변호에 의문을 제기하면서 피스토리우스의 증언에 특별한 내용이 없고 증언할 때 말을 얼버무린다고 주장했다. 또한 법정에서 통제가 안 될 정도로 흐느끼고 가끔 헛구역질까지 하는 등 과장된 태도가 재판에 도움이 되지 않을 것이라고 지적했다. 하지만 검찰 측을 향해서는 아주 중요한 살인 혐의를 법에서 요구하는 기준에 맞춰 증명하지 못했으며 합리적인 의심 수준을 넘어서지 못했다고 수 차례 비난했다.

마시파 판사는 그것만으로는 부족했는지 금요일에는 피스토리우스가 받고 있는 3건의 총기 관련 혐의에 무죄를 선고함으로써 검찰 측에 추가로 타격을 주었다. 검찰 측 주장에 근거가 부족하다는 이유였다. 마시파 판사는 피스토리우스가 과거에 북적이는 식당에서 탁자 밑으로 권총을 건네받아 불법적으로 발포했던 행위에만 유일하게 유죄를 선고했다.

살인 혐의에 관해서는 검찰이 "확실한 정황 증거"를 제시하지 못했다면서 피스토리우스의 설명에 "진실로 볼 수 있는 근거가 상당하다"고 말했다. 또한 "집 안에 침입자가 있다고 굳게 믿었다"는 피스토리우스의 말이 거짓이라는 것을 검찰이 증명하지 못했다고 밝혔다. 피스토리우스는 스틴캠프 살해 혐의가 무죄로 판결나자 입을 굳게 다물었다. 과실치사 혐의로 유죄가 선고되었을 때에도 반응이 거의 없었다.

재판이 끝난 후 피스토리우스는 몰려드는 기자와 구경꾼 사이를 자유롭게 걸어 다녔다. 적어도 선고 공판일까지는 그럴 수 있을 것이다. 재판이 진행되는 동안 함께 살았던 삼촌 아널드 피스토리우스가 큰 목소리로 성명을 발표했다.

"우리 가족은 이 충격적인 비극에서 여전히 벗어나지 못하고 있다. 이번 재판에 승리자는 없다."

피스토리우스는 2016년 7월 여자친구 스틴캠프를 살해한 혐의로 징역 6년을 선고받았다.

편집자 주: 검찰 측이 형량이 너무 가볍다며 항소한 결과, 2017년 11월 대법원에서 15년형이 확정되었다. 이는 남아프리카공화국에서 살인죄로 받을 수 있는 최저한의 형량이다.

TV에서 교도소로 직행한 사나이:
더스트가 살인죄로 기소되다

— 찰스 V. 배글리, 비비안 이

뉴욕에서 가장 유명한 부동산 재벌가의 일원이지만 별스러운 성격에 집안사람들과 사이가 좋지 않은 로버트 더스트는 30년 전 첫 번째 아내가 종적을 감춘 뒤로 3개 주의 치안 당국이 보내는 의혹의 눈초리 속에 살아야 했다.

치안 당국은 뉴욕에서 시작해 2000년 그의 가장 친한 여자친구가 자택에서 숨진 채 발견되었던 로스앤젤레스에 이르기까지 더스트의 행적을 추적했다. 그리고 텍사스주 갤버스턴에 머물렀을 때의 행적도 조사했다. 더스트는 수사관들이 전처 실종 사건의 재수사를 시작하자 갤버스턴으로 도주한 후 그곳에서 말을 못하는 여인으로 위장한 채 지내면서 2001년에는 이웃을 총으로 살해하고 시신을 훼손하기도 했다.

일요일 밤, 자신의 이야기를 다룬 HBO의 6부작 다큐멘터리 〈더 징

2005년 3월 17일, 자동차 뒷좌석에 탄 채 루이지애나주 올리언즈 카운티의 형사 법정으로 가는 로버트 더스트

크스: 로버트 더스트의 삶과 죽음The Jinx: The Life and Deaths of Robert Durst〉의 마지막 회에서 더스트는 세 사람의 죽음을 둘러싼, 30년 이상 풀리지 않았던 미스터리의 장막을 올리는 듯했다.

"도대체 내가 무슨 짓을 했냐고?"

더스트는 〈더 징크스〉 촬영 중에 마이크를 단 채 화장실에 갔다가 무심코 "모두 내가 죽였지"라고 중얼거렸다.

1982년, 더스트의 아내 캐슬린이 웨스트체스터 카운티에 있는 집에서 더스트와 함께 주말을 보낸 후 실종되었다. 그 뒤로 몇 년 동안 더스트는 다양한 죄목으로 교도소를 들락거렸고 가족들과 소원해졌다. 그는 재혼했고 집안 재산에서 자기 몫인 6,500만 달러를 요구하며 형제들에게 소송을 걸었다. 하지만 그 와중에도 첫 아내 캐슬린의 실종 관련해서는 여전히 기소되지 않았다. 더스트는 2000년 로스앤젤레스에 사는 친구인 수전 버먼의 죽음과도 전혀 관련이 없다고 주장했다.

더스트는 토요일에 뉴올리언스의 캐널가에 있는 메리어트 호텔에서 버먼 사망 사건의 용의자로 체포되었다. 웨스트체스터 당국은 캐슬린 실종 사건도 계속 수사 중이라고 밝혔다. 수사 관계자의 설명에 따르면, FBI 요원들이 혼잣말을 하며 엘리베이터로 가고 있는 더스트를 체포했다고 한다. 더스트는 에버렛 워드라는 이름으로 체크인했는데, 전에도 그 이름을 사용한 적이 있었다.

더스트는 3월 10일 휴스턴을 떠나 뉴올리언스로 향했던 것으로 알려졌다. 사건 담당 수사관들은 HBO의 다큐멘터리로 사람들의 관심이 다시 높아지면서 더스트가 외국으로 도피할까 봐 노심초사했다고 한다.

더스트의 변호인인 딕 드게린은 더스트가 무죄를 주장했다고 말했다. 드게린은 2003년 갤버스턴 사건에서 무죄를 이끌어 냈으며, 로스앤젤레스에서 자신이 더스트의 변호인단을 지휘하게 될 것이라고 말했던 인물이다. 드게린은 "오랫동안 떠돌았던 소문의 사실 여부가 이제 법정에서 밝혀질 것"이라고 말했다.

자신을 둘러싼 이상한 소문을 최근 한층 더 꼬이게 만든 장본인은 바로 더스트 본인이었다. 더스트가 〈더 징크스〉의 제작자인 앤드루 재러키, 마크 스멀링과 몇 차례 인터뷰를 하기로 약속하면서, 로스앤젤레스 검찰은 마치 처형당한 모습으로 살해되었던 버먼 사건을 재수사하기 시작한 것이다.

더스트에 관해 언론에서 집중적으로 보도한 것은 그가 웨스트체스터와 로스앤젤레스, 갤버스턴 등지에서 변호인이나 경찰 수사관들과 함께한 행적이었다. 기자들의 접근을 허용하지 않던 더스트는 2010년 〈더 징크스〉제작자들이 자신의 삶을 모티프로 삼아 제작한 영화〈올 굿 에브리씽All Good Things〉을 본 다음 그들을 찾아가 자신의 이야기를 털어놓았다. 그렇게 제작된〈더 징크스〉2화에서 더스트는 "내 이야기를 하되 내 방식대로 하겠다"고 말했다.

좀 더 최근 인터뷰에서 더스트는 그런 다큐멘터리를 만들면 괜히 검찰의 관심만 끌게 되지 않겠느냐는 질문에 "그건 이미 오래전 일"이라며 "지방검사들이 수사를 재개한다면 비용 문제로 파산하게 될 것"이라고 말했다. 하지만 그때 이미 새로운 수사팀이 그를 조여오고 있었다.

전 웨스트체스터 카운티 지방검사인 제닌 피로는 "3개 주의 치안 당국에서 지난 30년간 하지 못했던 일을 프로듀서 2명이 해냈다"고 평가했다. 피로 검사는 6년간 캐슬린 더스트 실종 사건을 수사했었다.

〈더 징크스〉의 프로듀서들은 더스트를 약 10년간 취재했다. 뉴욕의 주요 고층빌딩 11개를 소유한 집안의 장남으로 지냈던 어린 시절, 의대생인 캐슬린과의 결혼 및 파경, 1994년 아버지가 동생인 더글러스 더스트에게 사업을 물려준 후 가족과 의절한 것 등이 주요 내용이었다.

로버트 더스트가 체포된 후, 동생인 더글러스 더스트는 월요일에 "로버트 더스트가 체포된 것을 다행이라 생각하며 이를 도운 모든 분들에게 감사한다. 그가 모쪼록 자신이 저지른 모든 잘못에 책임을 지게 되기 바란다"는 성명을 발표했다.

2000년, 검찰이 캐슬린 더스트 실종 사건의 새로운 단서를 찾기 위해 수사를 시작하자 더스트는 텍사스주 갤버스턴으로 도주했다. 그리고 걸프 코스트의 월 300달러짜리 집에 살면서 말을 못하는 여인 행세를 했다. 이듬해에는 복도 맞은편에 살던 전직 선원 모리스 블랙을 살해한 혐의로 체포 영장이 발부되자 다시 갤버스턴에서 도주했다. 전국적으로 수배령이 떨어진 후, 펜실베이니아주 베들레헴의 한 수퍼마켓에서 샌드위치를 훔치다가 체포되었다. 더스트는 텍사스주 배심원들에게 블랙이 죽은 것은 사고였다고 진술했다. 두 사람이 총 한 자루를 두고 몸싸움을 벌이다 바닥으로 넘어졌는데 그 와중에 방아쇠가 당겨지되면서 블랙이 죽었다는 말이었다. 그리고 블랙의 시신을 훼손하느라 "사방이 온통 피바다가 되었다"는 말도 했다.

더스트는 친구인 수전 버먼을 살해했다는 혐의에서 여전히 자유롭지 않았다. 버먼은 대학 시절부터 더스트와 친구였다. 버먼의 결혼식 때는 버먼을 에스코트할 정도로 가까운 사이였으며 더스트의 아내가 실종되었을 때는 버먼이 그의 대리인 역할을 하기도 했다. 수사관들은 오랫동안 버먼이 더스트의 비밀을 알고 있을 것으로 의심했다.

경찰은 버먼이 살해된 시점에 더스트가 캘리포니아에 있었다는 것은 밝혔지만, 로스앤젤레스에 있었다는 것까지는 증명하지 못했다. 버먼이 머리에 총을 맞은 채 시신으로 발견된 바로 그날, 그녀의 집에 시체가 있다는 익명의 메모가 베벌리힐스 경찰에 전해졌는데, 경찰은 메모 작성자로 더스트를 의심하고 있다. 하지만 필적 감정을 했는데도 그 메모를 더스트가 작성했다는 확실한 결과는 얻지 못했다. 〈더 징크스〉 제작자들은 더스트가 버먼에게 보낸 편지를 입수했다. 그런데 봉투에 쓰인 주소와 베벌리힐스 경찰이 받은 메모를 같은 사람이 쓴 것 같았다. 둘 다 베벌리힐스의 베벌리를 'Beverly'가 아닌 'Beverley'로 써놓았기 때문이었다.

〈더 징크스〉를 제작한 재러키와 스멀링은 편지를 치안 당국에 보낼 것인지를 두고 고심했다. 재러키는 변호사로부터 편지를 너무 빨리 보내면 안 된다는 조언을 들었다. 편지를 너무 빨리 보내면 검찰이 더스트를 기소하는 과정에서 두 사람이 치안 당국의 수사관으로 의심받을 수 있고, 그렇게 되면 법정에서 증거로 채택되지 않을 위험이 있기 때문이었다. 또한 그들은 언론인의 권리에 따라 편지의 출처를 밝히거나 법정에서 증언하기를 원하지 않았다. 그럼에도 스멀링은 한 인터뷰에서 "우리에게는 윤리적 의무가 있고 피살자의 가족에게 정의가 실현되는 모습을 보여줄 의무도 있다"고 말했다. 두 사람은 버먼 사건의 수사관들과 2013년 초부터 의견을 주고받았다.

〈더 징크스〉 촬영이 거의 끝날 무렵 두 사람이 장비를 챙기고 있는데 더스트가 화장실에 다녀오겠다고 했다. 더스트는 무선 마이크를 떼지 않은 채 화장실에 들어가 문을 닫고 무심코 혼잣말을 하기 시작했다. 그리고 바로 그때 자신도 모르게 범행을 자백했다. 자백이 녹음되었다는 것을 재러키와 스멀링이 알게 된 것은 인터뷰가 끝나고 2년이 넘게 흐른 뒤였다.

법률 전문가들은 더스트가 화장실에서 혼잣말로 했던 자백이 법정에서 사용될 수 있는지는 확실하지 않다고 말한다. 그 말이 녹음될 때 더스트는 혼자였고 그때의 상황은 그의 사생활이기 때문이었다.

맨해튼 지방검사 사무실에서 전직 수사반장으로 일했던 대니얼 캐슬먼은 "그건 아주 확실한 증거이다. 다만 문제는 법정에서 인정될 것인지이다"라고 말했다.

2016년, 더스트는 체포될 때 소지하고 있던 총기와 관련해서 연방 총기소지법 위반으로 유죄 판결을 받았고 7년형을 선고받았다. 현재 캘리포니아주에서 버먼 살인 사건과 관련된 재판을 받고 있다.

교도소

1910년경, 뉴욕주 오시닝에 있는 싱싱 교도소의 감방 풍경

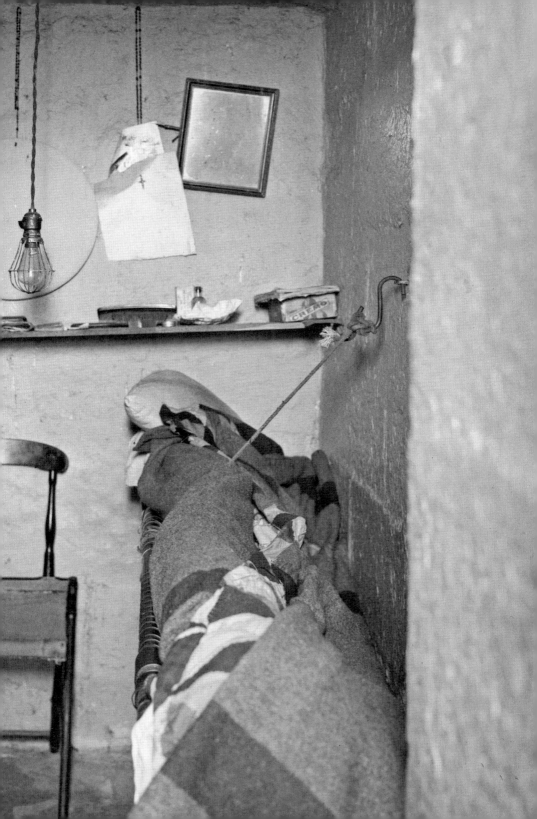

"교도소는 흉악한 사람들을 가두는 곳이어야지 사람이 늙어 죽는 곳이어서는 안 된다. 반드시 교도소에서 죽어야 할 사람도 있지만, 공청회에 나갈 기회는 모두에게 주어져야 한다."

벌 케인. 루이지애나주 앙골라에 있는 주립교도소의 전직 교도소장

《뉴욕타임스》는 초창기부터 교도소 수감 형을 내릴 때는 매우 신중해야 한다는 입장이었다. 교도소에 갇힌 다음에는 협상의 기회가 사라지기 때문이다. 우리 사법체계의 종착역이라 할 수 있는 교도소는 감방 문이 철컹하고 닫히면 그 안에 수용된 사람은 무조건 유죄라는 믿음을 전제로 건설된 곳이다. 하지만 그럼에도 실수는 있기 마련이다. 그러면 상황은 악화되고 폭동이 일어난다. 한편, 자유를 염원하는 사람들이 모두 억울하게 기소된 사람들이라고 할 수는 없다. 그들 중에는 침대에 베개를 놓고 이불로 덮어 자는 척 위장을 한 다음, 끌로 구멍을 파서 탈출을 시도하는 진짜 사기꾼들도 많다.

얼음물 샤워와 멍에 씌우기

우리는 얼마 전 주립교도소에서 자행되었던 고문에 관해 몇 차례 언급한 적이 있다. 하지만 교도소의 전반적인 운영 실태에 관한 입법위원회의 보고서를 입수하지는 못했다. 그 보고서에는 교도소에서 관행적으로 자행되는 비인간적인 행위에 관한 많은 증거가 담겨 있다. 위원회 의원들은 교도소를 방문하여 많은 증언을 들었으며 그 증언을 근거로 아주 조심스럽게 다음과 같이 보고서를 작성했다.

가혹 행위는 여전히 자행되고 있다. 그리고 일부 몰지각한 교도관들에게는 얼음물 샤워나 멍에 씌우기 같은 형벌을 주던 버릇이 아직도 남아 있다. 하급 교도관 중 상당수는 얼음물 샤워가 채찍질보다 훨씬 잔혹한 형벌이라고 너무나 아무렇지 않게 말했다.

교도관들은 그런 가혹 행위를 한다고 해서 자신들의 심성이 더 잔인해지는 일은 없다고 주장한다. 하지만 문제는 가혹 행위가 교도관에게 미치는 영향이 아니다. 과거에 싱싱 교도소를 조사했던 에드먼즈 판사의 증언에 따르면, 교도관과 부교도관들의 진술은 대체로 신뢰성이 떨어진다. 반드시 죄수들의 말을 들어봐야 한다.

"우리는 반드시 죄수들의 진술을 들어봐야 한다는 것을 알게 되었다. 전 세계 어느 곳이든 교도소 장벽 안쪽에는 오직 어둠과 비밀만 존재하며 그 안에서는 증언을 들을 수 없다. 그리고 교도관들로부터 자신들이 저지른 불법 행위를 듣기란 어려울 수밖에 없다. 나는 싱싱 교도소의 감독관으로 있을 때, 교도관들이 자신들의 불법 행위를 얼마나 손쉽게 은폐하는지 똑똑히 보았다. 죄수들이 먹을 것이 부족하다는 불평을 많이 해서 깜짝 놀랐고, 한편으로는 걱정스러웠다. 그래서 죄수들에게 음식을 충분히 주라고 강력하게 주장하기도 했다. 부교도관들에게는 죄수들이 음식이 적다고 불평하면 언제든지 식당으로 보내라고 지시했다. 한번은 일 잘하기로 소문난 죄수가 병이 나서 일을 못하게 되었다. 그러자 교도관은 그 죄수를 식당에 보내 배불리 먹이려 했다. 하지만 식당에는 먹을 것이 없었다. 그 교도관이 직접 식당에 가서 음식을 찾아봤지만 찾을 수 없었다. 교도관은 교도소장을 찾아가 식당에 음식이 없다고 말했다. 그랬더니 소장은 음식이 없다고 불평한 죄수를 찾아낸 다음 쇠로 만든 자로 죄수의 머리를 사정없이 때렸다. 자가 부러지자 돌을 깨는 망치의 딱딱한 나무 손잡이로 계속 때렸다. 그마저도 너무 난폭하게 휘두르는 바람에 손에서 미끄러지자 이번에는 돌을 깨는 도끼를 들고 죄수에게 달려들었다. 주변에서 말리지 않았다면 화를 참지 못하고 도끼로 내려쳤을지도 모른다. 그 불쌍한 죄수는 줄에 묶인 채 채찍질을 50번쯤 당하고 나서 병원에 2주간 감금되었다. 그 모든 것이 단지 배가 고프다고 항의했기 때문에 일어난 일이었다."

우리는 이 문제에 관해 믿을 만한 증거를 찾아 나섰다. 바로 교도소 외과의사의 진료 기록이었다. 우리는 죄수에게 얼음물 샤워를 시키거나 멍에를 씌운 후 죄수의 건강이 나빠진 사례가 있는지 몇 번을 물었는데 그때마다 교도관들은 그런 일이 없었다고 대답했다. 하지만 담당 의사의 말은 달랐다. 뉴욕주 오번 교도소의 포스게이트 박사는 얼음물 샤워에 관해 이렇게 말했다.

"기계공은 보통 한 물체가 다른 물체에 미치는 영향을 계산한다. 기계공에게는 얼음물 샤워에서 물줄기의 힘이 중요해 보일지도 모른다. 하지만 생리학자 입장에서는 섭씨 0도의 차가운 물줄기가 인체에 미치는 세부적인 영향, 그리고 물이 머리 위로 떨어진 다음 흘러내리는 동안 몸에서 어떤 고통을 느끼고 몸에 어떤 위험이 발생하는지가 중요하다."

뿐만 아니라 포스게이트 박사는 얼음물 샤워가 인체에 미치는 악영향에 관해 최고 권위자들의 말을 인용했다. 그리고 직접 관찰하면서 보았던 다양한 사례를 들면서 얼음물 샤워가 신체에 미치는 악영향에 관해 이야기했다. 그가 말한 사례 중에는 고통을 극대화시키기 위해 물에 얼음을 넣은 경우도 있었다.

포스게이트 박사는 말을 이어갔다.

"다른 방법으로는 얻을 수 없는 정보나 자백을 얻으려고 계획적으로 고문을 가했다고 말한다면 아무도 믿지 않을 것이다. 하지만 내 말은 엄연한 사실이며 얼음물 샤워는 그 과정에서 쉽게 적용할 있는 고문 수단이다. 얼음물 샤워는 스페인 종교재판에서 사용했던 물고문을 변형한 것인데, 그 물고문을 받는 사람은 진실이든 거짓이든 입을 열지 않을 도리가 없다. 그래서 오번 교도소 교도관들은 죄수들로부터 원하는 자백을 듣거나 의혹을 확인할 수 있었다. 스페인 종교재판에서 신부들이 효과를 보았던 것처럼 말이다. 이처럼 매우 혐오스러운 상황이 반복되는 것을 보면, 이 교도소에는 규율을 지키는 데 죄수들에게 엄청난 고통을 주는 방법밖에 없는지 묻지 않을 수 없다. 그리고 그 물음에 이렇게 단언할 수 있다. '오번 교도소의 체계적인 규율'은 그저 무력행사에 지나지 않으며 그 속에는 윤리적인 개념이 전혀 들어 있지 않다."

포스게이트 박사는 위원회가 열리기 전에 실태 조사를 진행하면서 그런 형벌을 받고 죽은 사람이 있는지는 밝히지 않았지만, 정신이상이 된 죄수는 있다고 진술했다.

싱싱 교도소의 윌리엄 벨처 박사는 개인 의견이라면서 얼음물 샤워가 "체벌이 아닌 원래의 목적으로 사용되는 경우는 거의 없으며, 설사 죄수에게 체벌이 필요한 경우가 있다 해도 얼음물 샤워만큼은 금지해야 한다"면서 "얼음물 샤워는 현재 시행되고 있는 어떤 체벌보다 위험하다는 것이 내 생각"이라고 말했다.

이런 전문가들의 의견은 좀 더 분별 있는 교도관들의 증언에서 재확인된다. 예를 들어, 오번 교도소의 찰스 포머로이 사무관은 "얼음물 샤워를 부적절한 방법으로 남용하는 것은 채찍을 남용하는 것보다 피해가 더 크다. 얼음물 샤워가 채찍보다 죄수의 건강에 더 해로울 가능성이 높다. 그리고 의심의 여지없이, 그로 인해 죄수들의 마음은 갈기갈기 찢기고 평화는 산산조각이 난다"고 말했다.

싱싱 교도소의 촌시 스미스 사무관은 "나는 얼음물 샤워가 아주 잔혹한 형벌이라고 생각한다. 물이 바닥에 떨어지기 무섭게 얼어붙는 추운 겨울에 몇 번인가 얼음물 샤워를 하는 모습을 본 적이 있다. 욕조 안에 얼음덩어리가 둥둥 떠다녔다"고 말했다.

얼음물 샤워에 대한 증언은 거의 그런 내용이었다. 법적으로 조사하면서 무엇보다 확실하게 밝혀진 것은 얼음물 샤워가 야만적인 고문 수단이며, 죄수들의 몸과 마음을 파괴하고 그들을 바보로 만들어 정신병원으로 보내는 데 지대한 공헌을 했다는 점이다.

죄수들에게 얼음물 샤워를 가하는 기준을 정하고 싶다면, 클린턴 교도소의 형벌 기록을 참고하면 된다. 그곳은 어떤 규율을 어겼을 때 얼음물 샤워에 처해지는지 문서로 기록한 유일한 교도소였다. 클린턴 교도소의 죄수들이 얼음물 샤워에 처해지는 경우는 '명령을 했는데도 잠을 안 잘 때', '광산에서 나오면서 대열을 이탈했을 때', '대화를 하거나 웃었을 때', '무례한 말을 했을 때', '감방에서 떠들었을 때', '사람을 칼로 찌르려 했을 때', '다른 죄수의 장갑을 훔치려 했을 때', '휘파람을 불었을 때', '담배를 피웠을 때'였다.

이런 형벌은 항상 상급 교도관의 명령에 따라 하급 교도관이 시행했다. 교도소 안에서 살인 미수 같은 행위보다 흡연이나 휘파람 불기, 웃기, 이야기하기 같은 행위를 더 무겁게 처벌했던 것을 보면 처벌 기준이 얼마나 불합리했는지 짐작할 수 있다. 사실 죄수들이 저지르는 규율 위반은 대부분 사소한 것이었다. 그런데도 교도관들은 죄수들을 복종시키려고 무자비한 가혹 행위를 했다. 죄수들은 육체적으로나 정신적으로 평생 상처가 남을지 모른다는 두려움에 떨어야 했다.

포스게이트 박사는 멍에를 씌우는 행위 또한 비효율적일 뿐 아니라 여러 문제가 있다고 지적했다.

"교도소의 규율을 흐리게 만들고 죄수들의 건강까지 해친다. 멍에를 쓰고 있는 동안 죄수는 동료 죄수들의 장난스러운 농담과 기분 나쁜 조롱을 견뎌야 한다. 그래서 죄수가 무슨 잘못을 했는지 동료들에게 보여주기 위해 건강에 해가 되고 불필요한 상황에서도 멍에를 씌우곤 했다. 멍에를 쓰면 근육이 눌려서 염증이 생기고 목과 가슴, 팔의 피부도 붓고 염증이 생긴다. 그렇게 되면 치료를 받아야 하며 작업에 나가지 못할 때가 많다."

다른 사례를 보면 죄수에게 감당할 수 없는 무게의 멍에를 씌워 똑바로 서 있지 못할 때도 있었는데, 그렇게 죄수가 무게를 이기지 못하면 회초리로 때리거나 밧줄로 묶거나 미로에 가두었다. 얼음물 샤워를 당하거나 멍에를 쓴 죄수는 보통 3~4일 정도 작업장에 나가지 못하고 병원에서 치료를 받아야 했다.

우리는 입법위원회의 권고가 준수되기를 진심으로 바란다. 그리고 잔인하고 무책임하며 냉혹한 주립교도소 하급 교도관들이 그런 지옥 같은 형벌을 사용하지 않기를 바란다. 끝으로 매사추세츠 주립교도소의 로빈슨 소장이 보고서에서 했던 말을 인용한다. 맺음말로 이보다 더 적절한 것은 없을 것이다.

나는 오랫동안 인간을 인간 그 자체로 보았다. 그가 으리으리한 집에 사는 사람이든 교도소의 죄수든, 어떤 상황에 처해 있든 차별하지 않았고 인간적인 연민과 친절, 존중으로 대했다. 그가 누구든, 유혹에 넘어가 어떤 잘못을 하고 어떤 범죄를 저질렀든 상관없이 그는 나의 형제이다.

인간은 누구나 유혹에 약하다. 그렇지 않다면 성경에서 '시험에 들지 않게 하고' 천국으로 인도해 달라고 신에게 간청할 이유가 없다. 나는 내게도 약점과 결함이 있음을 알고 있다. 그래서 내가 다른 사람에게 대우받고 싶은 대로 나도 다른 사람을 대우하기로 마음먹었다. 나는 교도소에서 일할 때 실수를 하더라도 그 실수로 인해 재소자들에게 피해가 가는 일만큼은 없기를 바란다.

나는 교도소의 법과 규칙, 규정, 규율이 반드시 준수되어야 한다는 것을 안다. 하지만 가능하다면 그런 것들이 체벌이나 신체적인 고통을 주지 않고 준수되기를 바란다. 그리고 지금까지는 그 바람대로 이루어졌다. 우리 교도소는 지금까지 체벌 없이도 잘 운영되었다. 얼음물 샤워는 지금까지 시행되지 않았다. 나는 이렇게 자신 있게 말할 수 있을 것 같다. 죄수들이 지금까지 질서를 지키고 근면하고 순종적이었으며 앞으로도 더 스스로에 만족하고 지시에 잘 따르고 행복할 것이라고 말이다. 교도관과 죄수가 갈수록 서로를 더 존중하고 친절하게 대하며 친밀함을 느끼는 것 같다. 나는 내게 죄수를 향한 애정이 있다는 것을 분명히 느낀다. 그리고 그들도 똑같이 나를 향한 애정이 있다는 것을 매일 같이 경험한다.

뉴욕주에서는 얼음물 샤워나 멍에(14~18킬로그램 정도의 강철 막대를 말한다. 죄수에게 양팔을 옆으로 뻗게 한 뒤 목 뒤에서 멍에를 양팔에 댄 다음 줄로 단단히 묶는다.) 씌우기 등 교도소에서 관행적으로 시행되는 가혹 행위를 점차 금지시켜서 몇십 년 내에 완전히 뿌리 뽑을 예정이다. 그 대신 회초리 같은 도구가 많이 사용된다.

아티카 교도소에서 1,000여 명이 폭동, 인질 9명과 수감자 28명 사망 - "마치 전쟁터 같았다"

― 프레드 페레티

아티카 교도소에서 벌어진 시위가 결국 오늘 아침 유혈 사태로 이어져 많은 사망자가 발생했다. 4일간 팽팽한 협상을 벌였지만 폭력 사태를 막는 데 실패한 것이다.

헬리콥터에서 투하한 최루탄 연기가 낮게 깔리고 1,000명의 주州 경찰관과 부보안관, 교도관들이 교도소를 기습하는 동안 인질 9명과 죄수 28명 등 모두 37명이 사망했다. 기습 작전에 투입된 정부 병력은 지난 목요일 죄수들이 점거했던 독방 건물을 탈환하는 데 성공했다. 최근 미국에서 일어난 최악의 교도소 폭동인 이번 사건에서 죄수들은 교도관과 민간인 노동자 등 인질 몇 명을 칼로 살해했다. 또한 다른 인질들도 몽둥이나 기다란 파이프로 찌르거나 때려서 살해했다.

이번 기습 공격에서 사망한 죄수들은 대부분 경찰이 쏜 소총이나 산탄총을 맞고 쓰러졌다.

의사들이 더 많은 사망자가 나올 것을 우려

기습 작전이 끝난 후 부상자를 돌보던 한 자원봉사 의료인은 교도소 내부가 "마치 전쟁터 같았다"고 증언했다. 그리고 피로 얼룩진 흰색 진료복을 입은 채 교도소 앞에 서서 부상자들 중에 "사망자가 더 나올 것 같다"고 덧붙였다.

오늘 늦게 월터 던바 부교도소장은 2명의 인질이 "오늘 이전"에 이미 살해되었고 1명은 칼에 찔려 움직이지 못하는 상태라고 말했다.

남아 있는 인질 7명 가운데 5명은 죄수들의 손에 그 자리에서 살해되었고 2명은 교도소 병원으로 이송된 후 사망했다.

던바 부소장은 2,237명의 죄수 가운데 이미 사망한 28명 외에도 8명이 실종됐다고 말했다. 그리고 사망한 죄수 가운데 2명은 "동료 죄수에게 살해되었으며 독방 건물 4번째 열에서 피투성이가 된 채 쓰러져 있었다"고 했다.

주 교정국장이 진압 명령을 내리다

던바 부소장은 주 경찰의 교도소 탈환 작전이 "효율적이고 적극적으로 이루어졌다"고 평했다.

이번 기습 작전은 러셀 오즈월드 주 교정국장이 록펠러 주지사와 협의한 뒤 "정말 어쩔 수 없이" 지시했다. 그리고 작전을 시작하기 전에 1,000명이 넘는 폭도들에게 억류 중인 인질을 풀어주고 감방으로 돌아가라는 최후통첩을 전달했다.

교도소를 기습한 경찰에게 구조된 28명의 인질과 수십 명의 죄수 대부분은 부상을 당해 치료를 받았고 기습 전 투하되었던 최루 가스에 대한 치료 역시 받았다.

보안이 철저하기로 유명한 아티카 교도소를 탈환하는 데 방해가 되었던 것은 죄수들이 교도소 주위에 파놓은 참호였다. 참호에는 휘발유가 가득해서 독방 건물의 복도에서 불씨를 던지자 순식간에 불바다가 되었다. 임시 수용 구역을 나누는 교도소 장벽에는 전선이 감겨 있었으며 교도소로 들어가는 지하 터널에는 사제 폭탄과 부비트랩이 숨겨져 있었다. 그 외에도 교도소에는 방어벽이 설치되어 있었다. 죄수들은 화염병을 던지고 경찰에게 빼앗은 최루탄 발사기로 최루탄을 쏘기도 했다.

오전 10시에 시작된 경찰의 기습 작전은 주 경찰이 독방 건물 D동의 2열에서 서로의 맞잡은 손을 세게 묶고 있는 죄수들과 맞서 싸우면서 4시간 만에 종료되었다. D동 2열은 지난 목요일 폭동이 일어난 뒤부터 죄수들이 점거한 곳이다. 오즈월드 국장이 최후통첩을 전달한 시점부터 따지면 3시간 만에 끝난 셈이다.

오즈월드 국장은 죄수들이 최후통첩을 받은 뒤에도 "아무 관심 없다는 듯 8명의 인질을 우리가 볼 수 있는 곳으로 끌고 나와 목에 총을 갖다 댔다"면서 "우리가 보았던 그런 무장 폭도들이 바로 우리의 자유로운 사회를 파괴하는 장본인이다. 더 지체하거나 협상을 시도한다면 더 많은 생명이 위험해질 수 있다"고 주장했다.

죄수들의 요청으로 주 당국에서 아티카 교도소로 초청했던 시민 참관위원회 위원들은 교도소 탈환 작전이 진행되는 동안 교도소 장벽 안쪽의 관리동에 갇혀 있었다.

인권 변호사가 분통을 터뜨리다

죄수들과 협상했던 10명의 협상단 일원이며 오즈월드 국장의 대리인으로도 활동했던 인권 변호사 윌리엄 쿤스틀러는 그 누구보다 맹렬하게 비난했다.

"이번 작전은 정말 큰 실수였다. 아주 형편없는 실수로 역사에 남을 것이다. 인명을 너무 값싸게 취급했다. 그들은 늘 그랬던 것 같다."

폭동은 지난 목요일 죄수들이 32명의 교도관을 억류한 다음 독방 건물 D동의 앞마당에 임시로 설치한 확성기를 통해 일련의 요구사항을 전달하면서 시작되었다.

죄수들은 불을 지르고 유리창을 깨뜨리고 소방 호스를 절단했다. 오즈월드 국장은 폭동 첫날 죄수들과 두 차례 만나 요구사항을 두고 협상을 벌였다. 요구사항에는 '완전한 사면'과 '신체적·정신적·법적 보복' 금지, '교도소에서 비제국주의 국가로 신속하고 안전한 이송', '진정한' 종교의 자유 보장 등이 포함되어 있었다.

이번 폭동은 아티카 교도소에서 한동안 누적된 갈등이 폭발한 것이라는 시각이 우세했다. 교도소 내 대우에 대한 통상적인 불만 외에도 흑인이 대다수인 죄수들을 무장한 백인 교도관이 통제한 점, 흑인 죄수들의 정치적·인종적 자의식이 높아진 점도 원인으로 꼽혔다.

경찰이 작전을 수행하기 전에 먼저 4일간 협상이 진행되었다. 협상에서 죄수들은 사회·행정·법적 개혁에 대한 28가지 요구안에서 합의를 얻어냈지만, 형사 기소를 완전히 면제하고 빈센트 맨쿠시 교도소장을 내보내라는 요구를 끝까지 고집했다.

오즈월드 국장은 그 두 가지 요구만큼은 들어줄 수 없다고 거부했다. 일요일에는 록펠러 주지사도 형사 기소 면제가 헌법상의 권한을 넘어서

1971년 9월 10일, 러셀 오즈월드 주 교정국장이 아티카 교도소에서 죄수들을 만나고 있다.

는 것이라며 죄수들의 요구를 거부했다.

오즈월드 국장과 록펠러 주지사가 죄수들의 요구를 거부하기 바로 전날, 죄수들의 폭동에 부상당한 것으로 알려진 윌리엄 퀸 교도관이 사망했다. 그는 폭동 초기에 부상을 입고 병원에 입원했던 교도관 12명 중 한 사람이었다.

경찰의 기습 작전은 오늘 오전 9시 46분에 시작되었다. 가장 먼저 주 방위군의 CH-34 헬리콥터 두 대가 교도소 독방 건물 D동에 최루탄을 투하했다. D동은 22만 제곱미터에 달하는 교도소 부지의 북동쪽 구석에 있다.

작전에 투입된 500명의 주 경찰 병력을 대상으로 교도소에 집결하라는 명령이 처음 떨어진 것은 오늘 오전 6시였다. 당시 추가로 200명의 주 경찰이 아티카 교도소로 이동 중이었고 50대의 승합차에 나누어 탄 600여 명의 주 방위군도 동트기 전 교도소에 도착했다. 동이 트면서 폭우가 쏟아지기 시작했다.

아티카 교도소가 있는 와이오밍 카운티와 다른 14개 카운티에서 부보안관들이 차량을 몰고 속속 도착했다. 저마다 사슴 사냥총과 권총, 여분의 군용 카빈총, 산탄총으로 무장하고 있었다. 병력들은 모두 폭동 진압용 헬멧과 방수 재킷, 방독면을 지급받은 후 교도소 정문을 지나 정문과 교도소 건물 사이에 있는 잔디밭에 집결했다. 그리고 그곳에서 주 범죄수사국의 헨리 윌리엄스 지부장의 지시에 따라 임시로 부대가 편성되었다.

두 대의 헬리콥터에 최루탄이 실렸고 저격용 조준기가 달린 고성능 소총으로 무장한 경찰 병력이 교도소 장벽 위 감시탑에 배치되었다. 주 경찰과 부보안관, 주 방위군도 최루탄으로 무장한 채 교도소 주변 곳곳에 배치되었다.

최종 기한이 정해지다

오전 8시쯤 병력 배치가 모두 끝났다. 그런 상황에서도 시민 참관위원회 위원들이 교도소 안으로 몰래 들어가기 시작했다. 뉴욕 브롱크스의 로버트 가르시아 민주당 상원의원과 《뉴욕타임스》의 톰 위커 칼럼니스트, 전국변호사협회의 루이스 스틸은 교도소 입장을 허가받았다.

인권 변호사인 쿤스틀러가 도착했을 때는 진압 작전 준비가 모두 끝난 뒤였다. 쿤스틀러 변호사는 정문에서 입장을 거부당했다. 지난밤을 아티카 교도소 안에서 보냈던 참관위원들은 15명이 넘었다.

오전 8시 30분, 오즈월드 교정국장의 보좌관인 제럴드 홀리헌이 밖으로 나와 폭동을 일으킨 죄수들의 대표인 리처드 클라크에게 짧은 서신을 보냈다고 전했다. 클라크는 홀리헌에게 독방 건물 D동의 앞마당에서 '인민 중앙위원회'가 서신을 검토할 것이라고 했다고 한다.

죄수들에게 보낸 서신에는 죄수들의 요구를 일부 수용할 테니 인질을 풀어주고 폭동을 끝내라는 요구가 담겨 있었다.

죄수들이 답신을 보낼 수 있는 최종 기한은 오전 8시 46분이었다. 그런데 막상 그 시간이 되자 죄수들은 생각할 시간을 더 달라고 요구했다. 오즈월드 국장은 최종 기한을 9시로 늦춰주었다.

죄수 대표인 클라크는 오즈월드와 방어벽을 친 죄수들 사이에 있는 통로를 걸어서 돌아갔다. 몇 분 후 죄수들이 인질 8명의 목에 칼을 댄 채 오즈월드 국장 앞에 나타났다. 그러나 이렇게 마지막 협상이 진행되는 절체절명의 순간에도 주 경찰 등의 기습 작전 병력은 최후의 공격 시점을 기다리고 있었다.

오전 8시 37분, 벽을 오를 때 쓰는 쇠갈고리가 준비되었다. 확성기가 장착된 주 방위군의 헬리콥터 두 대와 주 경찰의 헬리콥터 두 대가 이륙 준비에 들어갔다. 8시 55분에는 폭동 진압용 헬멧을 실은 승합차가 정문에 도착했고 9시에는 마침내 주 경찰의 헬리콥터가 이륙했다.

인질 8명을 위협하다

독방 건물 D동을 둘러싸고 있는 교도소 장벽과 건물 지붕 위에 있던 주 경찰 및 부보안관들은 무전기로 국장실에 설치된 지휘본부에 상황을 전했다.

감시 헬리콥터가 D동 앞마당 상공을 선회하는 동안, 죄수들이 휘발유가 가득한 구덩이에 8명의 인질을 밀어 넣었다. 앞서 오즈월드 국장이 보았던 그 인질들이었다. 죄수들은 인질을 휘발유가 채워진 참호로 끌고 갔다. 참호에서 인질들은 발을 휘발유 속에 담근 채 몸을 뒤로 젖혀서 목이 드러난 상태로 서 있었다. 죄수들은 칼을 든 채 인질 옆에 섰다.

9시 42분, 단파 무전기에서 "모든 병력이 배치되었다"는 주 범죄수사국 월리엄스 지부장의 목소리가 흘러나왔다.

9시 43분, 월리엄스 지부장은 교도소의 모든 전력을 차단하라고 명령했다. 전력이 차단되자 휴대용 발전기에서 전력을 공급받는 조명 불빛만 남았다.

9시 44분, 월리엄스 지부장은 고압의 급수 호스를 연결하라고 지시했다. 그리고 가용한 모든 주 구급차는 교도소의 화물 출입문으로 집결하라는 명령을 내렸다.

9시 45분, 월리엄스 지부장은 "목표에 온 신경을 집중하라. 병력이 공중에서 투입되기 전까지 절대 움직이지 말라"고 지시했다. 무전기에서 누군가 응답했다. "병력의 공중 투입이 끝났습니다. '잭팟 원'이 투입을 끝냈습니다." 이 말을 신호로 최루탄이 각 동 앞마당을 향해 일제히 발사되었다.

9시 46분, 월리엄스 지부장이 소리쳤다. "진입하라! 공중 투입이 끝났다."

최루가스가 거의 9미터 높이의 벽 위까지 피어오르자 교도소 밖에 서 있는 사람들의 눈에서도 눈물이 쏟아졌다. 빗속에 조용히 모여 있던 인질 가족들도 눈물을 흘렸고 주차된 차에 앉아 있던 사람들도 눈물을 참지 못했다.

감시 헬리콥터가 교도소 앞마당 상공을 맴돌았다. 헬리콥터에 달린 확성기에서는 끊임없이 투항하라는 방송이 흘러나왔다. "손을 머리에 올리고 B동과 D동 밖으로 나오라. 인질을 해치지 마라. 평화롭게 항복하라. 제자리에 앉거나 엎드려라. 해치지 않을 것이다. 반복한다, 해치지 않을 것이다."

하지만 그 무렵 인질 중에서 사망자가 나왔다.

9시 57분, 무전이 들어왔다. "들것이 필요하다. 빨리 들것을 갖다 달라."

10시 16분, 헬리콥터에 착륙 명령이 떨어졌다. "헬리콥터를 착륙시켜라. 그리고 환자 후송을 위해 대기하라."

10시 25분, 오즈월드 교정국장이 교도소 정문에 나타났다. 교도소 장벽 너머로 최루탄 발사음과 소총 사격음이 들렸다.

"모든 것을 최대한 인도적으로 처리했다"

오즈월드 국장은 "지난 4일간 이 비극적인 상황이 평화롭게 마무리될 수 있도록 모든 것을 최대한 인도적으로 처리했다"고 말했다. 그리고 지금까지 벌였던 모든 협상과 죄수들에게 양보했던 요구사항에 관해 반복해서 설명한 다음 "이 모든 노력에도 죄수들은 인질 석방을 단호하게 거부했다"면서 "그들은 계속해서 무기를 만들고 휘발유를 뿌려댔으며 부비트랩과 전선을 설치했다. 그들이 좀 더 시간을 달라고 요구해서 최종 기한까지도 늦춰주었다. 하지만 그 때문에 작전 개시만 지연되었다"고 말했다.

오즈월드 국장은 죄수들이 인질의 목에 칼을 대고 있다며 "최대한 인질을 구출하겠다. 우리 모두에게 최선의 결과가 나오길 신에게 기도한다"고 말했다.

"30명이 구출되었다"

오즈월드 국장이 설명하는 동안에도 윌리엄스 지부장의 고함이 무전기에서 계속 흘러나왔다. "30명이 구출되었다. 30명을 구출했다."

10시 35분경, "이 참상을 사진으로 최대한 많이 남겨라. 기자들을 교도소 시설 관리동에 있는 시체 안치실로 안내하라"는 명령이 내려졌다.

하지만 목숨을 부지한 인질도 있었다. 정문에 서 있는 비옷 차림의 경비병이 빗속에 모여 있는 인질 가족들에게 풀려난 인질의 이름을 큰소리로 말했다.

"인질들이 구출됐다!" 경비병은 9명의 이름을 크게 외쳤다. "스티브 라이트, 밀러, 워커!"

인질 가족들 뒤에 서 있던 또 다른 참관인이자 《암스테르담 뉴스》 발행인 클래런스 존스는 "우리가 일제히 물어봤던 건 시각이었다. 바로 그때의 시각 말이다"라고 말했다.

10시 45분, 윌리엄스 지부장이 "D동은 안전한가?"라고 물었다. 그런데 다른 목소리가 끼어들었다. "C동에 폭발물이 있는 것 같다. 폭발물 해체반을 보내 달라."

윌리엄스 지부장은 "불가피한 경우가 아니면 사격을 자제하라"고 지시했다.

교도소 문 밖에서는 쿤스틀러 변호사가 경비병에게 "사람들을 죽게 놓아둘 거야? 죄수들이 인질을 쏘고 있다고. 살인을 저지르고 있단 말이야!"라고 소리치고 있었다.

10시 55분, 윌리엄스 지부장이 말했다. "최대한 조심하라. 불가피한 경우가 아니면 사격은 금한다. 최루 가스를 사용하라. 두 가지 경로를 통해 D동으로 진입한다."

11시 10분, 무전기에서 목소리가 흘러나왔다. "30명이 무사히 구출되었다. 8명은 사망했다."

꽤 오래 무전기가 침묵을 지키는 동안, 투입된 병력이 점차 우위를 점하기 시작했다.

폭발성 '가스 장치'가 교도소 교회와 금속기계 작업장에서 발견되었다. 오후 12시 30분에는 홀리헌 보좌관이 처음으로 밖에 나와 사망자 수를 발표했다. "37명이 사망했으며 그중에서 인질은 9명이다."

그는 헬리콥터에서 투하된 최루탄으로 "곧 죄수들이 움직이지 못하게 될 것이며 작전이 계획대로 잘 진행될 것"이라는 오즈월드 국장의 희망을 전했다.

누군가 인명 손실을 감안해서 기습 작전의 성공 가능성을 어느 정도로 보는지 묻자, 홀리헌 보좌관은 "지금까지 이보다 더 어려운 결정을 해본 사람은 없을 것"이라면서 오즈월드 교정국장이 록펠러 주지사의 자문을 받아 공격 명령을 내렸다고 말했다.

지난 일요일 오즈월드 국장이 죄수들의 요구사항 중에서 어떤 것을 수락했는지 묻는 질문에, 홀리헌 보좌관은 "합의가 이루어진 적은 한 번도 없다는 것을 명심해야 한다"며 "모든 것은 그들이 대화를 거부했기 때문"이라고 답했다.

참관위원회 위원 두 사람은 아티카 교도소에 와보지도 않고 결정을 내린 록펠러 주지사를 맹렬하게 비난했다.

오늘 늦은 시각에 수척한 모습의 뉴욕시 민주당 하원의원인 허먼 바딜로가 교도소 밖으로 나와 "시간이 부족했다. 시간이 너무 부족했다"고 말했다.

바딜로 의원은 록펠러 주지사가 현장에서 죄수들과 협상하길 원했는지 묻는 질문에 이렇게 대답했다.

"아니다. 우리가 주지사에게 원한 것은 이곳에서 우리와 협의하는 것이었다. 주지사가 돌이킬 수 없는 최종 결정을 내리기 전에 이곳에서 우리와 대화하고 지금까지 우리가 겪었던 일을 들어보길 원했다. 내 생각에 그렇게 할 수 있는 시간은 늘 충분히 있다."

발표에 따르면 사살된 인원은 총 39명이었다. 그중 10명은 교도소 직원이었다. 교도소의 열악한 환경이 주원인이었던 이 폭동으로 인해 많은 교도소 개혁안이 만들어졌다. 하지만 그중 일부는 수십 년이 지난 후에도 여전히 시행되지 않고 있다.

막다른 길: 산산조각 난 희망

석방 가능성 없는 종신형에 처해지다

– 애덤 립택

올해 3월 미국 대법원에서 청소년 사형제 법안이 기각되었다. 이 소식이 불과 몇 분 만에 이곳 텍사스주 리빙스턴의 사형수 감옥에 전해지자, 죽음을 면하게 된 28명의 사형수들이 내지르는 요란한 함성에 감옥은 아수라장이 되었다.

하지만 랜디 아로요는 하늘이 무너지는 느낌이었다. 아로요는 부품을 팔아먹기 위해 한 공군 장교의 차를 훔치고 그를 납치해서 살해하는 데 가담한 죄로 교수형을 선고받았다. 아로요는 방금 사형수에서 무기수로 바뀌었다. 하지만 그는 무기수가 되고 싶은 생각이 전혀 없었다. 무기수는 아무런 희망 없이 세상을 사는 존재이기 때문이었다. "나는 지금도 사형을 원한다"고 아로요는 말했다. "그런데 이제는 모든 것이 물거품이 된 것 같다. 이젠 아무도 내 재판에 관심을 갖지 않을 것이다."

아로요의 말에는 일리가 있다. 사형수에게는 형이 확정된 후 연방 법원에서 오랜 소송을 준비할 수 있도록 변호사가 무료로 제공된다. 그런데 무기수는 그렇지 않다.

사형수의 무죄를 입증하거나 사형을 면하게 해주려 애쓰는 무료 변호사는 무기수의 재판에 관심이 없다. 항소 법원에서도 사형수 재판을 다른 재판보다 훨씬 더 자세하게 검토한다. 아로요는 57세가 되는 2037년이 되어야 가석방 자격이 주어진다. 하지만 그때 석방될지는 알 수 없다. 그는 "희망이 없다"고 말했다.

6개 주에 있는 10곳의 교도소에서 죄수들을 인터뷰한 결과, 많은 무기수가 아로요의 처지에 공감했다. 그들은 인생에서 기대할 것이 전혀 없고 속죄할 길도 없다고 말했다.

무기수 4명 중 1명 이상은 가석방 심의위원회에 나가보지도 못한다. 심의위원회에 나간다 해도 위원들 중에는 관용을 베풀어달라는 무기수의 요청에 냉담한 피해자 대표나 선출직 공무원이 포함될 때가 많다.

게다가 전국의 주지사들은 가석방된 범죄자의 재범 가능성과 재범으로 인한 대중의 격렬한 항의를 염려하여 무기수의 감형을 전면 중단했다.

최소 22개 주에서 무기수는 사실상 석방될 방법이 없다. 14개 주에서는 2001년 한 해 가석방된 무기수가 10명을 넘지 않으며 다른 8개 주에서는 각각 20명을 넘지 않았다. 반면 전국 교도소에 수감된 무기수는 계속 증가하고 있다. 최근 들어 범죄율이 줄면서 새롭게 무기수가 되는 사람의 수가 줄고 있는데도 그렇다. 《뉴욕타임스》 조사 결과에 따르면, 무기수는 모두 132,000명으로 지난 십여 년간 거의 두 배로 늘었다. 검찰과 희생자 유족들은 이런 추세를 두 팔 벌려 환영한다. 그들은 무기수들이 끔찍한 범죄를 저지르고 너무 가벼운 처벌을 받고 있다고 생각하기 때문이다.

하지만 사형을 옹호하는 사람들마저도 이렇게 무기수가 늘어나는 추세에 의문을 표한다. 뉴욕 로스쿨의 로버트 블레커 교수는 말했다.

"생각해보면 가석방 없는 종신형이란 참으로 이상한 말이다. 형벌이 너무 과하거나 아니면 너무 가벼워 보이기 때문이다. 가학적이라거나 극도로 냉혹하고 몰인정한 살인자라서 죽어 마땅하다면 왜 죽이지 않는가? 그리고 사형에 처할 수 있는데도 그러지 않고 살려둔다면 왜 모든 희망을 빼앗는 것인가?"

수용된 무기수만 수천 명에 달하는 루이지애나 주립교도소의 벌 케인 교도소장은 오랫동안 수감된 늙은 죄수들은 가석방위원회나 사면위원회에 나가게 해줘야 한다고 말했다. 루이지애나주에서 가석방 없는 종신형에 처해진 무기수들이 석방될 수 있는 길은 주지사의 사면밖에 없기 때문이다.

케인 소장은 그런 자리에 나갈 가능성이 있다면 무기수들에게는 큰 희망이 될 것이라며 이렇게 말했다.

"교도소는 흉악한 사람들을 가두는 곳이어야지 사람이 늙어 죽는 곳이어서는 안 된다. 반드시 교도소에서 죽어야 할 사람도 있지만, 공청회에 나갈 기회는 모두에게 주어져야 한다."

텔레비전과 따분함

인터뷰에서 무기수들은 석방되기 위해 노력한다고 말했다. 하지만 그들이 한동안 열중했던 교도소의 각종 훈련 프로그램은 폐지되었고 그 자리는 텔레비전과 따분한 일상으로 채워졌다.

무기수의 운명에 관해서는 가혹하다는 의견도 있고 호사를 누린다는 의견도 있는 것 같다. 펜실베이니아주에서 교도관으로 일했던 W. 스콧 손슬리는 "종신형은 절망적인 감금 생활"이라며 "누군가로부터 희망을 빼앗는다면 그건 정말 많은 것을 빼앗는 것"이라고 했다.

미시간주에서 무기수로 복역 중인 56세의 스티븐 벤저민은 희망이 있었던 적도 있다고 말했다. 1973년 강도 행각을 벌이던 중 공범이 사람을 죽이는 바람에 가석방 없는 종신형을 선고 받은 그는 "1970년대 들어 감금의 개념이 전반적으로 바뀌었다. 유용한 프로그램이 전부 폐지되고 있다. 별다른 고민 없이 죄수들을 무가치하다고 평가하는 것"이라고 말했다.

세월이 흐르고 무기수들이 나이를 먹으면서 교도소에서 죽는 사람들도 나온다. 무기수가 죽으면 일부는 다른 무기수들이 교도소 묘지에 매장한다. 그리고 매장을 도운 무기수 중 일부도 나중에 교도소 묘지에 묻힌다. 그런 일이 반복된다.

일부 피고인들은 수감 생활이 너무 암울하고 석방될 가능성도 너무 낮기 때문에 자살을 시도하게 될지도 모르겠다고 말한다.

앨라배마주 '평등한 사법체계를 위한 운동'의 책임자인 브라이언 스티븐슨은 앨라배마주에서 중범죄로 유죄 판결을 받은 여섯 사람이 배심원에게 종신형 대신 사형을 요청했다고 말했다.

그들이 그렇게 요청한 것은 월터 맥밀리언의 사례 때문이었다. 맥밀리언은 특수 살인죄로 1988년 앨라배마주 배심원단으로부터 유죄 판결을 받았다. 배심원단은 그에게 가석방 없는 종신형을 선고했지만, 로버트 리 키 주니어 판사는 그 권고를 무시하고 전기를 사용한 사형을 선고했다.

사형선고가 나왔기 때문에 사형에 반대하는 맥밀리언의 변호인들은 재판을 계속했다. 변호인들이 각고의 노력을 다한 끝에 검찰이 거짓 증언에 의존했다고 시인하면서 맥밀리언은 5년 만에 무죄로 풀려났다. 당시 맥밀리언의 변호인 중 한 명이었던 스티븐슨은 "그때 판사가 사형이 아니라 배심원단의 권고대로 종신형을 선고했다면, 맥밀리언은 지금도 교도소에 갇혀 있을 것"이라고 말했다.

판사나 다른 법률 전문가들은 죄가 없거나 잘못된 절차에 따라 유죄 판결을 받은 피고인에게는 오히려 사형을 구형하는 것이 현명한 처사라고 말한다. 캘리포니아주 항소심 법원의 알렉스 코진스키 판사는 "사형이 유력한 재판에서는 피고인이 특별대우를 받지만 그렇지 않은 재판은 형식적으로 진행된다"고 했다.

아로요의 변호인이며 텍사스주 '무죄연대Innocence Network'의 책임자인 데이비드 도우 변호사는 무죄연대 같은 단체에는 무기수까지 변호할 여력이 없다며 "아로요처럼 사형수가 아닌 수형자의 재판을 맡게 되면 저희는 조사 초기 단계에서 일을 끝냅니다"라고 말했다.

지난 6월, 릭 페리 텍사스 주지사는 강력 사건에서 배심원들이 구형할 수 있는 형벌에 가석방 없는 종신형을 추가하는 법안에 서명했다. 페리 주지사는 사형에 반대하는 사람들도 가석방 없는 종신형은 찬성한다면서, 가석방 없는 종신형을 도입할 경우 사형을 요구하는 비율이 극적으로 감소한다는 연구 결과를 언급했다.

컬럼비아대학교의 제임스 리브먼 법학교수는 "가석방 없는 종신형은 사형보다 나은 점이 있든 없든 아주 중요하다. 사형 선고 건수가 1996년 320건에서 지난해 125건으로 감소한 것은 가석방 없는 종신형이 없었다면 불가능했을 것"이라고 말했다.

하지만 의문을 제기하는 사람들도 있다.

《프리즌 리걸 뉴스*Prison Legal News*》의 폴 라이트 편집인은 "나는 사형 폐지론자들의 생각에 반대한다. 그들은 가석방 없는 종신형을 하나의 대안으로 생각하지만, 사실 그것은 감금이라는 방법을 이용한 사형이나 다름없다. 빠른 죽음 대신 느린 죽음으로 교환하는 것"이라고 말했다. 라이트는 강도살인 혐의로 17년간 복역한 후 2003년 워싱턴주에서 석방된 전력이 있다.

아로요도 그 생각에 동의한다.

"나는 사형 선고를 받고 사형수들과 함께 수감되길 원한다. 사실 죽음은 전혀 두렵지 않다. 사람들 생각은 어떤가? 교도소에 갇혀 사는 삶이 좋은 삶인가? 이건 노예생활이다."

납치 후 살인

아로요는 1998년 39세의 호세 코보 살인사건에 가담한 혐의로 유죄 판결을 받았다. 코보는 육군 대위로 랙랜드에 있는 인터 아메리칸 공군사관학교의 유지보수 교육 담당자였다. 당시 17세의 아로요와 18세의 빈센트 구티에레스는 코보 대위의 스포츠카인 마쯔다 RX-7을 훔치려 했다.

범행이 시작되자 코보 대위는 차 밖으로 달아나려 했지만 안전띠가 꼬이는 바람에 내리지 못했다. 구티에레스는 코보 대위의 등에 총 두 발을 쏜 다음, 비 오는 화요일 오전 출근 차량으로 붐비는 410번 주간 고속도로변에 죽어가는 그를 아무렇게나 던져놓았다.

아로요는 총을 직접 쏘지는 않았지만 우발적 살인, 혹은 살인으로 이어진 중범죄에 가담했다는 혐의로 유죄 판결을 받았다. 그는 구티에레스가 코보 대위를 죽이리라고는 전혀 예상하지 못했다고 주장했다. "내가 저지른 일의 책임 회피를 하려는 것이 아니"라고 한 아로요는 "하지만 나는 살인이나 폭력을 행사하지 않았고 그 범죄는 계획된 범죄도 아니었다"고 말했다.

법률 전문가들은 아로요가 우발적 살인에 관한 법률을 잘못 이해해서 그렇게 주장하는 것이라고 말했다. 범죄에 가담하기로 마음먹은 것만으로도 얼마든지 아로요에게 살인 혐의를 적용할 수 있다는 것이다.

코보 대위는 17세의 딸 리나를 남기고 세상을 떠났다. 리나는 법정에서 피해자 진술을 하면서 "아빠가 보고 싶고 그때 생각만 하면 고통스럽다. 꼭 사형이 아니라도 범인들이 처벌받는 걸 보고 싶다. 그들이 그들 자신의 삶과 우리 아빠의 삶을 망친 것이 유감스러울 뿐이다"라고 말했다.

아로요는 죽음의 행렬에서 벗어나는 것을 열망하지 않았다. 종신형을 받으면 자신의 재판에 사람들의 관심이 줄어들기 때문에 그런 것만은 아니었다. 아로요는 "사형을 원한다. 이건 내 인생이다"라고 말했다.

앙골라 교도소에서 무기수는 대부분 자연사한다. 죽어가는 수형자를 위한 호스피스 시설도 있고, 사망한 수형자를 묻기 위한 두 번째 묘지 '포인트 룩아웃 투Point Lookout Two'도 조성해놓았다.

올해 초 어느 따뜻한 오후에 교도소 호스피스의 탁 트인 공간 주변으로 휠체어를 탄 사람들이 오고 갔다. 나머지 사람들은 침대에 누워 있었다.

말기 환자들을 위한 개인 병실은 문이 좀 더 튼튼한 것 말고는 일반 병원의 병실만큼 편안했다. 텔레비전과 비디오 게임, 커피포트, DVD 플레이어도 있었다.

상습적으로 흉악 범죄를 저질러 198년형을 살던 69세의 늙은 은행 강도 로버트 다운스는 그 개인 병실 중 한 곳에서 어제 세상을 떠났다. 그의 죽음이 임박했을 때 다른 수형자들이 4시간씩 돌아가면서 24시간 그의 곁을 지켰다. 호스피스 자원봉사자인 랜돌프 마티유는 "다운스가 방에서 눈을 감을 때 곁에 있어 주는 것이 우리의 임무"라고 말했다. 53세의 마티유는 1983년 루이지애나주 라파예트의 한 라운지에서 만난 사람을 살해한 혐의로 종신형을 살고 있다.

다음날 교도소의 두 번째 묘지인 포인트 룩아웃 투에는 갓 만들어진 6개의 흙무덤이 생겼고 다운스를 위한 깊은 구덩이가 준비되었다. 다른 무덤에는 최근 사망한 또 다른 죄수들이 묻혔다. 사람들은 주변에 꽂혀 있는 것과 같은 흰색 십자가가 도착하기를 기다리는 중이었다. 십자가에는 두 가지가 적혀 있다. 하나는 당연히 죽은 사람의 이름이고 그 밑에 적혀 있는 것은 죽은 날짜가 아니라 여섯 자리의 죄수 번호이다.

태양이 뜨거웠으므로 무덤을 파는 작업자들은 힘들게 일한 다음 잠시 휴식을 취했다. 66세의 찰스 바셀은 "이렇게 죽고 싶지 않다"며 "가족들에게 둘러싸인 채 땅에 묻히면 좋겠다"고 말했다. 그는 1972년 루이지애나주 먼로에 있는 주류 판매점을 털다가 점원을 살해한 죄로 종신형을 살고 있다.

앙골라 교도소에서 사망한 죄수의 시신을 가족들이 가져가려면 사망 후 30시간 내에 신청을 해야 한다. 가족들이 시신을 가져가는 비율은 절반쯤 된다. 나머지 시신은 교도소 묘지에 묻힌다.

무기수인 45세의 티머시 브레이는 "그게 이곳을 떠날 수 있는 유일한 길"이라고 말했다.

변화한 세상을 걱정하다

늙은 무기수라고 해서 모두가 교도소를 떠나고 싶어 하는 것은 아니다. 공짜 음식과 의료서비스에 익숙해진 사람도 많다. 그들은 교도소에 갇혀 지낸 수십 년 동안 기술이 발전하면서 몰라보게 변한 바깥세상에 사는 것을 두려워한다.

　케인 같은 교도관들은 무기수들이 유순하고 분별력이 있으며 협조적이라고 말한다.

　"무기수 중에서 상당수는 상습범이 아니라 치정에 얽혀서 살인을 저지른 사람들이다. 죄수들이라고 해서 다 통제가 어려운 것은 아니다."

　케인은 사람들에게 필요한 것은 희망인데 그들에게는 희망이 부족하다고 말했다.

　"나는 그들에게 이렇게 말한다. 복권에 당첨될 날이 올지 누가 알겠느냐고. 살다 보면 사면될 날이 올지도 모른다고 말이다."

50년이 지나도 사그라지지 않는
알카트라즈에서 사라진 죄수 세 사람의 이야기

– 로버트 D. 맥패든

지금으로부터 50년 전인 1962년 6월 11일 밤, 3명의 죄수는 평소처럼 감방에 있었다. 감방 복도에서 순찰을 돌던 교도관들은 9시 30분경 그들의 모습을 확인했고, 그날 밤에도 주기적으로 그들이 자는 모습을 확인했으며 이상한 소리는 듣지 못했다. 하지만 아침이 되었을 때 프랭크 리 모리스, 형제지간인 클래런스 앵글린과 존 앵글린은 감쪽같이 사라져버렸다.

교도관들이 확인해보니 이불 밑에 있는 것은 사람이 아니라 베개였다. 사람 머리처럼 보이는 것은 종이 반죽으로 만든, 진짜 머리카락을 붙이고 눈을 그려 넣은 가짜 머리였다. 연방 수사관과 주 경찰, 지역 경찰, 그리고 연안 경비선과 군 헬리콥터가 대대적인 탈주범 수색에 나섰다. 1932년 린드버그 아기 납치 사건 이래 최대 규모의 수색이었다. 수색 인원들은 알카트라즈섬의 교도소 시설과 샌프란시스코만의 광활한 지역, 그리고 인근의 북캘리포니아 지역을 샅샅이 뒤졌다.

고무 비옷으로 대충 만든 작은 보트가 인근 섬에서 발견되었다. 하지만 탈주범들의 모습은 볼 수 없었다. 연방 수사관은 그들이 폭 16킬로미터에 달하는 샌프란시스코만의 거친 물살에 휩쓸려 익사했으며, 시신은 금문교 아래를 지나 바다로 떠내려간 것이 거의 확실하다고 말했다.

미제 사건에 관심이 많은 사람들은 3명의 죄수가 미국에서 가장 철통같은 보안으로 유명한 교도소를 탈출했으며 아직 살아 있다고 생각하면서 지난 반세기 동안 계속 관심을 기울였다.

하지만 그럴 가능성은 극히 낮아보였다. 알카트라즈 교도소는 알 카포네와 '기관총' 켈리를 비롯한 악명 높은 범죄자들이 수감되었으며 '더 록The Rock'이라 불렸던 곳으로 탈출이 불가능하다는 것이 통설이었다. 주립교도소로 운영되었던 1934년부터 1963년까지 29년 동안 살아서 탈옥한 사람은 없는 것으로 알려졌다. 그동안 탈옥을 시도한 죄수는 모두 41명이었다. 그중 26명이 다시 붙잡혔고, 7명이 사살되었으며, 3명이 익사했다. 그리고 모리스와 앵글린 형제 외에도 2명이 실종되었다.

은행 강도이자 장기수인 이 탈주범들이 지금까지 살아 있다면 80대 노인이다. 그들의 탈옥은 많은 미국인들에게 화제가 되었고 수많은 분석 기사를 만들어냈으며 텔레비전 다큐멘터리로도 네 차례나 제작되었다. 1963년 J. 캠벨 브루스는 『알카트라즈 탈출Escape from Alcatraz』이라는 책을 썼고 1979년에는 클린트 이스트우드가 모리스 역할을 맡은 동명의 영화가 제작되었다.

TV 시리즈인 〈미국 지명수배자America's Most Wanted〉의 1993년 방송분과 2011년 방송된 내셔널 지오그래픽의 다큐멘터리 〈알카트라즈

하늘에서 본 샌프란시스코 앞바다의 알카트라즈섬
1993년경 캐럴 하이스미스 촬영

에서 사라지다Vanished from Alcatraz〉를 포함한 수많은 영화와 텔레비전
프로그램에서는 모리스를 탈출의 주동자이자 고도의 지능을 가진 범죄
자로 정확하게 표현하고 있다.

　연방 기관에서는 모리스의 지능지수가 133이며 전체 인구의 상위
2퍼센트 안에 든다고 밝혔다. 1926년, 워싱턴에서 태어난 모리스는 11살
에 고아가 되어 위탁 가정에 보내진 후 13살에 절도죄로 소년원에 입소
했다. 그는 강도와 마약에도 손을 댔으며 은행 강도 혐의로 10년형을

받고 루이지애나 주립교도소에서 복역하다가 탈옥하기도 했다. 그 후 1960년 강도죄로 14년형을 선고받고 알카트라즈 교도소에 수감되었다.

앵글린 형제는 조지아주 도널슨빌에서 태어났다. 존은 1930년생이고 클래런스는 1931년생이다. 가난한 농부의 아들로 태어났으며 형제가 14명이었다. 두 사람은 서투른 도둑질로 앨라배마주와 플로리다주, 조지아주의 교도소에서 복역하면서 반복해서 탈옥을 시도했다. 1958년, 앨라배마주에서 은행을 털다 체포된 두 사람은 캔자스주 리븐워스에 있는 연방교도소에 수감된 후 나중에 알카트라즈로 이송되었다.

서로 가까운 감방에 투옥되었던 모리스와 앵글린 형제가 탈옥을 계획한 것은 1961년 말이었다. 다른 죄수도 한두 명 정도 가담했다. 탈옥 계획은 준비에만 수개월이 걸리고 대담함과 독창성, 절묘한 시간 선택, 그리고 서로 간의 신뢰가 필요한 일이었다.

그들이 수감된 감방 뒤쪽에는 난방용 배관과 수도 배관 같은 설비가 지나가는 통로가 있었다. 사람의 출입이 거의 없는 곳이었다. 일행은 식당에서 가져온 숟가락과 진공청소기에서 빼낸 부품으로 드릴을 만들었다. 그리고 두꺼운 콘크리트 벽에 구멍을 뚫고 안전망이 덮여 있는 작은 환풍구를 넓혀 설비용 통로까지 가는 길을 확보했다. 뚫린 구멍은 마분지로 덮고 페인트로 칠해서 감췄고, 구멍을 뚫을 때 나는 소음은 모리스가 저녁때마다 아코디언을 연주해서 은폐했다.

몇몇 사람이 구멍을 뚫는 동안 나머지는 망을 봤다. 교도관들이 순찰을 돌지 않는 시간에는 독방 건물 꼭대기에 비밀 작업장을 만들었다. 일행은 그곳에서 실과 합성 접착제, 합판으로 만든 노, 물에 뜨게 만든 비닐봉지, 석고상, 휴지 등을 이용해 고무 비옷으로 공기 주입식 소형 보트를 만들었다. 교도소에 있는 미술용품과 이발소에서 가져온 머리핀으로 보트를 진짜 배처럼 꾸미기도 했다.

그리고 다른 죄수가 갖고 있는 작은 아코디언처럼 생긴 악기인 콘서티나를 훔쳐서 보트에 바람을 넣는 풀무로 사용했다. 마침내 그들은 설비용 통로를 기어 올라가 배관과 환기구를 타고 지붕까지 올라갔다. 커다란 환풍기 팬과 안전망에 달린 리벳을 모두 풀고 그곳을 통과한 일행은 다시 팬과 안전망을 원위치시키고 리벳이 있던 자리에 리벳처럼 보이게 비누를 깎아 만든 대용품을 붙여 흔적이 남지 않게 했다. 약간의 예술적 감각이 필요했다.

탈출하는 날 밤, 한 가지 문제가 생겼다. 감방 뒤쪽에 있는 환풍구를 여는 데 문제가 생겨 함께 탈주하기로 했던 앨런 웨스트가 나오지 못했다. 훗날 웨스트는 탈출에 관한 자세한 이야기를 수사관에게 털어놓았다.

탈주범들은 침대에 베개를 올려놓고 이불을 덮어 위장한 다음 독방 건물 꼭대기에 있는 비밀 작업장에서 보트와 다른 물건들을 꺼낸 후 환풍구를 타고 건물 지붕으로 올라갔다. 환풍기와 안전망은 이미 열려 있었다. 그들은 감시탑을 주시하면서 탈출에 필요한 물건들을 손에 들고 지붕을 넘어 다녔다. 그런 다음 주방의 통풍관을 타고 15미터 높이의 벽을 내려가 땅으로 내려왔다. 탐조등이 벽을 비추고 있었지만, 탈출하는 일행을 본 사람은 아무도 없었다.

탈주범들은 3.6미터 높이의 가시철조망 두 개를 넘어 탐조등이나 감시탑의 시야가 미치지 않는 북동쪽 해안가로 갔다. 그곳에서 콘서티나를 사용해 보트에 바람을 넣었다. 수사관들은 그들이 보트를 타고 떠난 시각을 오전 10시 이후로 추정했다. 그날 밤은 해안에 안개가 자욱했으며 탈주범들은 그 안개 속으로 유유히 사라졌다.

다음날 수사관들은 엔젤섬에서 탈주범들이 남기고 간 보트와 노를 발견했다. 엔젤섬은 알카트라즈섬에서 북쪽으로 3킬로미터, 샌프란시스코 북쪽에 있는 마린 카운티의 상어곶에서 1.6킬로미터 떨어진 곳에 있었다. 우편환 영수증, 친구와 친척들의 이름과 주소, 사진을 비롯해서 앵글린 형제의 개인 소지품이 들어 있는 비닐봉지도 발견되었다. 수사관들은 탈주범들이 익사했을 것이라고 거듭 강조하면서 그들이 탈출한 날 밤 인근에서 일어난 강도 사건이나 자동차 도난 사건은 없었다고 말했다.

콘크리트가 조금씩 떨어져 내리고 배관이 낡아서 유지보수 비용이 갈수록 증가하고 있는 48,000제곱미터 넓이의 알카트라즈 교도소는 1963년에 폐쇄된 이후 관광 명소가 되었다.

모리스와 앵글린 형제는 1979년 사망한 것으로 공식 발표되었고 FBI의 수사도 종결되었다. 하지만 알카트라즈에서 복역했던 토머스 켄트가 폭스 TV의 〈미국 지명수배자America's Most Wanted〉에 출연해 당시 탈옥 계획을 도왔으며 수영을 할 줄 몰라 계획에 끼지 못했다고 진술하자, 연방 보안관국은 1993년 사건 수사를 재개했다.

켄트는 탈옥한 일행이 클래런스 앵글린의 여자친구와 해안에서 만나 그녀가 운전하는 차를 타고 멕시코로 갈 계획이었다고 말했다. 수사관들은 켄트가 인터뷰를 하는 대가로 2천 달러를 받았다면서 그의 말을 믿지 않았다. 하지만 보안관국의 데이브 브랜험 대변인은 "우리는 탈주범들이 살아 있을 수도 있다고 생각한다"고 밝혔다.

클린트 이스트우드가 출연했던 영화에서는 범인들이 탈주에 성공한 것으로 나온다. 2003년 디스커버리 채널의 〈호기심 해결사MythBusters〉에서는 비옷으로 소형 보트를 만들어 탈옥이 가능한지 직접 시험한 다음 가능하다는 결론을 내렸다. 2001년 내셔널 지오그래픽의 한 프로그램에서는 일행이 보트에서 내려 이동한 발자국이 엔젤섬에서 발견되었고 정부 당국의 말과 달리 죄수들이 탈옥한 날 밤 인근에서 자동차 한 대가 도난당했다고 보도했다.

마약왕 엘 차포는
어떻게 다시 검거되었나

– 아잠 아흐메드

세계에서 가장 악명 높은 마약왕은 셔츠 차림으로 오물을 뒤집어쓴 채 하수도를 통과한 다음 붐비는 차량 사이로 모습을 감췄다. 총을 쏘며 추격하는 해병대를 피해 한참 지하를 터덜터덜 돌아다닌 탓에 방향감각을 잃었던 그는 정신을 차리고 보니 자신이 있는 곳이 월마트 건너편이라는 것을 알게 되었다. 그는 전 세계에 '엘 차포El Chapo(키 작은 사람이라는 뜻—옮긴이)'라는 이름으로 알려진 마약왕 호아킨 구스만 로에라였다. 구스만은 다른 부하들이 도착할 때까지는 어떻게든 혼자서 버텨야 했다.

심복 부하 한 명과 함께 있던 구스만은 지나가는 흰색 폴크스바겐을 빼앗아 탔다. 하지만 차는 몇 블록을 채 못 가서 연기에 휩싸였다. 필사적으로 다른 차량을 찾는 두 사람의 눈에 들어온 것은 신호등 앞에 서 있는 빨간색 포드 포커스 자동차였다. 그 차에는 여성 운전자와 딸, 다섯

정부 요원들에게 체포되었다. 명실상부한 최고의 마약상이 1993년 이후 세 번째로 붙잡힌 것이다.

마약계의 상징적인 인물

목격자 및 정부 관리들과의 인터뷰, 경찰 보고서, 군에서 촬영한 동영상, 멕시코 뉴스의 보도 내용에 따르면 구스만 체포 작전은 일단 종료되었다. 멕시코 정부가 수행한 탈주자 수색 작전으로는 가장 철두철미했으며 전국적으로 동원된 인원만 2,500명이 넘는 대규모 작전이었다.

그 모든 인원과 장비가 단 한 사람을 추적하기 위해 동원된 것이었다. 그만큼 구스만은 멕시코를 넘어 전 세계 마약계를 대표하는 상징적인 인물이었다. 구스만이 엄청난 부자에 영향력이 막대하긴 하지만, 그가 체포된 후에도 마약 거래를 둘러싼 역학 관계나 정부가 벌이는 마약과의 전쟁에서 달라지는 것은 거의 없을 것이다.

시날로아 카르텔Sinaloa cartel의 두목인 구스만은 멕시코에서 수십 년간 제거 대상에 올라 있었다. 일자무식의 농장 일꾼에서 마약 카르텔의 왕좌에 오른 구스만은 일부 국민들에게는 정부와 맞서며 빈민에게 관용을 베푸는 현대판 로빈 후드로 존경받았다. 하지만 다른 한편으로는 미국의 거리에 마약을 대량으로 살포하고 멕시코 거리에 시체가 나뒹굴게 하는 무자비한 범죄자였다. 어느 쪽이 본모습이든 구스만은 국가 이미지를 바로 세우려는 멕시코 지도자들이 꼭 넘어야 하는 중요한 장애물이었다. 지난 7월 감방의 비디오카메라에 찍힌 그의 대담한 탈옥 장면이 공개되자 세간의 이목은 오랫동안 멕시코에 만연한 무능과 부패에 집중되었고, 많은 국민이 정부를 범죄자들과 같은 부류로 보게 되었다.

하지만 교도소를 두 번이나 탈옥한 구스만을 다시 체포함으로써, 멕시코는 이제 미국과의 안보 관계 및 국가 이미지를 회복하고 어쩌면 가장 중요할 수도 있는 멕시코 지도층과 국민과의 관계를 정상화할 수 있게 되었다.

엘 차포의 존재감은 탈옥 후 더 커진 것 같았다. 전에는 파블로 에스코바르(세계 최대의 마약 조직인 콜롬비아 메데인 카르텔의 수장—편집자)의 전성기를 뛰어넘어 50개가 넘는 나라에 막대한 양의 마약을 공급하며 카르텔 두목으로서 악명이 높았다. 하지만 이제는 세계에서 가장 탁월한 탈옥 기술자로서 더 유명해진 것 같았다.

구스만은 2001년 탈옥한 후 10년 넘게 멕시코와 미국 당국을 피해다녔다. 기술자와 인부를 동원해서 자신이 소유한 여러 채의 집에 도주용 땅굴을 팠고, 그 땅굴을 통해 정부 단속을 번번이 빠져나갔다.

2014년 2월, 멕시코 정부는 쿨리아칸에 있는 한 집을 수색하면서 엘 차포가 욕조 밑에 탈출용 땅굴을 뚫어놓고 그곳을 통해 탈출한다는 사실을 알아냈다. 엘 차포의 전매특허라고 할 수 있는 도주 방법이었다. 나중에 구스만은 세관 요원에게 발각될 위험 없이 미국으로 마약을 밀수할 수 있도록 국경 지역의 땅속에 조명과 환기시설, 기계로 작동되는 손수레 등이 갖춰진 땅굴을 뚫었다. 구스만의 조직이 그런 식으로 멕시코와 미국 국경에 뚫은 땅굴은 90여 개가 넘는 것으로 추정된다.

그중에서도 가장 독보적인 땅굴은 지난여름 구스만의 탈출을 위해 멕시코에서 가장 철통같은 교도소의 가장 철통같은 감방까지 뚫은 땅굴이었다. 구스만은 그 교도소에서 17개월간 수감 생활을 하면서 부하들과 자주 만나 변호 계획을 세웠을 뿐 아니라 탈출 계획까지 세웠다. 그의 부하들은 교도소가 보이는 인근 땅을 매입한 다음 땅 주변에 벽을 세우고 임시 건물을 지었다. 그곳에서부터 1.6킬로미터 떨어진 교도소 감방까지 땅굴을 파기 시작했다. 그리고 마침내 구스만의 감방 바로 밑까지 정확하게 도달한 다음 수직으로 올라가 샤워실 바닥으로 뚫고 나왔다. 24시간 돌아가는 감시 카메라로부터 죄수의 사생활을 보호하기 위해 샤워실에 만들어 놓은 허리 높이의 가림막 바로 뒤였다. 2015년 7월 11일 오후 8시 52분, 구스만은 샤워실에 들어가 몸을 앞으로 숙인 후 흔적도 없이 사라졌다. 전설 같은 두 번째 탈옥에 성공한 것이다.

그 후 구스만은 세스나 비행기를 타고 어릴 때 살았던 산악지대로 이동했다. 정부의 수색 활동도 바로 그곳에서 다시 시작될 것이다.

영화계의 유혹

구스만은 탈옥하기 전부터 한 가지 다소 허황된 계획을 세웠다. 정부가 그의 소재를 정확하게 알아낸 것도 모두 그 계획 덕분이었다. 대부분의 진술에서 사람들은 구스만의 자존심이 무척이나 강하다고 말했다. 구스만은 큰 사업을 벌이면서 변호사들을 시켜 자신의 이름에 저작권을 등록하게 했다. 그 큰 사업은 바로 자신의 일대기를 그린 영화를 제작하는 것이었다. 구스만은 배우를 캐스팅하기 위해 욜란다 안드라데를 비롯한 멕시코 유명 여배우 몇 사람과 접촉했다.

그러다 마침 TV 드라마 〈남부의 여왕The Queen of the South〉에서 마약왕을 연기하면서 유명해진 멕시코 여배우 케이트 델 카스티요가 구스만의 눈에 들어왔다. 카스티요는 소셜 미디어에서 구스만에게 호의적인 모습을 보이기도 했었다. 구스만은 부하를 보내 카스티요와 접촉했다.

카스티요는 구스만이 탈옥하기 전부터 구스만과 영화 이야기를 나누기 위해 멕시코시티에서 변호사를 만났다. 그리고 탈옥한 구스만이 시에라마드레산맥에서 편히 지내는 동안에도 계속 그와 만나고 의견을 나누었다.

구스만과 부하들의 통화를 감시하던 멕시코 정부는 전혀 예상치 못했던 구스만과 카스티요의 다정한 대화를 엿듣게 되었다. 구스만은 멕시코에서 부모가 자식에게 다정하게 말하듯 "내 눈을 돌보는 것처럼" 보호해주겠다고 카스티요에게 약속했다.

카스티요가 미국 배우 숀 펜과 인터뷰를 주선하겠다고 제안했을 때도 구스만은 놀라지 않았다. 아마도 숀 펜이 누구인지 몰랐기 때문이었던 것 같기도 하다.

구스만을 추적하던 멕시코 정부는 10월 초 그를 체포하기 위해 계획을 세웠다. 하지만 작전은 지연되었다. 숀 펜과 카스티요와 함께 있을 때 작전을 개시하면 위험할 수 있다는 것이 그 이유였다.

10월 2일, 구스만과 카스티요, 숀 펜이 '골든 트라이앵글'의 외딴 지역인 시날로아주 코살라 인근에서 처음 만났다. 만남이 끝난 후 구스만은 자신의 목장이 있는 두랑고주로 떠났다.

정부는 그전부터 구스만 주변을 포위하고 압박하면서 부하들이 사는 마을과 집에 병력을 배치해두고 있었다. 하지만 구스만이 배우들과 접촉하는 동안, 곧바로 병력을 투입할 수 있는 구스만의 정확한 현재 위치를 파악하게 되었다.

6일 후 해병대 일부 병력이 구스만을 잡기 위해 목장을 급습했다. 불시 공격이 이루어지는 동안 구스만은 예전에 도망칠 때 이용했던 배수로로 뛰어들었다.

공중에서 선회하던 블랙호크 헬리콥터가 이내 도망가는 구스만을 발견했다. 여자 요리사 2명과 함께였다. 구스만은 요리사의 아이를 안고 있었다. 해병 특수부대의 저격수가 구스만을 조준했지만, 사격을 중지하라는 명령이 떨어졌다. 멕시코 당국은 당시 구스만이 블랙호크를 보고 상체를 젖힌 채 팔에 안은 아이를 앞으로 내밀어 저격을 피하려 했다고 설명했다. 그대로 저격했다가는 두 여성이나 아이가 총에 맞을 확률이 너무 높았다.

구스만 체포 작전은 그가 지배하는 지역에서 그다음 주에도 계속되었다. 겨울이 다가오면서 혹독해진 날씨는 구스만에게도 걱정거리였다. 구스만의 안방인 시날로아주의 주도主都 쿨리아칸은 날씨가 좀 더 좋았지만, 정부군의 감시 아래 있어서 갈 수 없었다. 구스만은 자신이 지배하는 지역을 벗어나 다른 곳으로 가야만 했다.

그러기에는 로스모치스가 최적의 장소였다. 로스모치스의 패권은 2013년부터 바뀌었다. 오랫동안 그곳을 지배해온 벨트란-레이바 카르텔Beltrán-Leyva cartel이 분열하면서 힘을 잃자 구스만의 시날로아 카르텔이 그곳을 장악한 것이다.

멕시코 정부는 로스모치스 시내로 이동하려는 구스만의 계획을 눈치채고 로스모치스에 있는 어느 집까지 부하 한 명을 미행했다. 상점가 인근의 복잡한 도로가에 있는 집이었다.

그 집에서는 곧 공사가 시작되었다. 이웃들이 구경을 하러 집을 드나들기도 했다. 한 일꾼은 이웃사람들에게 개보수 공사가 끝나고 남은 콘크리트가 있으면 그냥 주겠다면서 "우리가 사용하지 않는 것은 무엇이든 주겠다. 우리는 그냥 약간의 보수공사를 하는 중이다"라고 말했다.

피비린내 나는 총격전

다음 해 1월 초순경 그 집에서 이상한 움직임이 포착됐다. 집 안 사람들의 일상적인 행동이 전달과는 판이하게 달라졌다는 것이 정부 당국의 말이었다. 집 전화를 도청했더니 '할머니' 그리고 '아주머니'라는 별칭으로 불리는 누군가의 도착이 임박했다는 말이 흘러나왔다.

1월 7일 새벽녘에 차 한 대가 그 집 앞에 멈춰 섰다. 정부 요원들의 추정대로 구스만이 도착했을 가능성이 높았다. 그리고 그날 밤 그 집에서 타코를 배달시키자 추정은 확신으로 바뀌었다.

아침 해가 뜨기 전, 멕시코 해군에서 파견한 17명의 해병 특수부대원이 그 집을 급습했다. 50명의 군 병력은 주변을 예의주시하면서 배수로와 집 주변을 면밀하게 감시했다. 해병들은 철문을 부순 다음 현관처럼 보이는 곳을 통해 안으로 들어갔다. 좁은 복도에는 미로처럼 사방에 많은 문이 있었다. 잠시 후 총격이 시작되었다.

"부상자가 한 명 생겼다." 해병 한 명이 동료 병사를 가리키면서 소리쳤다. 헬멧에 달린 카메라를 통해 기습 공격 상황이 보였다.

좁은 복도에서 총격전이 계속됐다. 부대원들이 전진하는 데 방해가 되는 문 한 곳에 수류탄을 던지라는 명령이 떨어졌다. 해병 2명이 기습에서 살아남은 구스만의 부하들이 지붕으로 탈출하는 데 사용한 계단쪽으로 난 다른 복도로 진격했다.

오전 6시 30분, 해병들은 상황을 종료했다. 기습 공격으로 구스만의 부하 5명을 사살하고 4명을 체포했다. 구스만과 부하들의 식사를 담당했던 여성 요리사 2명도 집 안에서 체포됐다. 부상당한 해병은 1명뿐이었다.

집을 샅샅이 수색한 결과 2개의 땅굴이 발견되었다. 하나는 냉장고 밑에 있었는데 혼란을 주기 위한 가짜 땅굴이었다. 또 하나는 침실 벽장속에 있었다. 전등 스위치를 켜니 거울 뒤에 있는 땅굴 입구가 열리면서 구스만이 도주한 지하 통로가 모습을 드러냈다.

구스만은 부하 1명과 15번 고속도로를 따라 마을을 벗어나려고 했지만 도로를 지키던 연방 경찰에게 붙잡히고 말았다.

멕시코에서 가장 악명 높은 두 사람을 체포한 연방 경찰은 해병대를 기다리면서 두 사람을 눈에 띄지 않는 곳에 숨겼다. 카르텔 병력이 구스만을 구하러 올까 불안했기 때문이다. 충분히 가능한 일이었다. 구스만을 구출하기 위해 40명의 암살자들이 출동했다는 정보가 입수되었기 때문이다.

경찰은 고속도로에서 떨어진 곳에 있는 한 호텔에 들어갔다. 시간당 요금을 받는 곳이었다. 방을 예약하고 더러워진 조끼를 입은 상태 그대로 구스만의 사진을 찍었다. 구스만은 경찰들에게 풀어달라면서 그 대가로 회사를 차려주겠다고 제안했다. 경찰이 거절하자 이번에는 협박하기 시작했다. "너희들 모두 다 죽여버리겠다"고 으름장을 놓기도 했다.

해병대가 도착한 후 구스만은 헬리콥터로 멕시코시티까지 이송되었고, 그렇게 체포 작전은 막을 내렸다. 멕시코시티 공항에 도착한 구스만은 수많은 카메라 앞을 걸어서 지나간 다음 또 다른 헬리콥터를 타고 6개월 전에 탈옥했던 교도소로 향했다.

멕시코 정부는 주기적으로 구스만의 감방을 바꿀 계획이라고 밝혔다. 다시 탈출구를 뚫을 만큼 한 감방에 오래 머물지 못하게 할 생각이었다. 하지만 많은 사람들은 마약왕이 멕시코의 교도소에 오래 머물수록 탈주 가능성은 높아질 수밖에 없다고 생각했다. 구스만의 변호인들은 구스만이 미국으로 인도되어 마약 밀매와 살인죄 등으로 연방 재판을 받는 일이 없도록 수많은, 그리고 창의적인 가처분 신청을 제기했다. 이 가처분 신청 덕분에 구스만이 구속될 때까지 1년이 걸릴 수도 있었다.

구스만이 검거되기 전인 지난 8월에는 구스만이 미국에서는 공정한 재판을 받을 수 없다고 주장하는 가처분 신청이 제기되기도 했다. 미국이 멕시코인에게 적대적이기 때문이라는 것이 그 이유였다. 그 근거로 제출된 것은 유력한 공화당 대통령 후보인 도널드 트럼프의 발언 내용이었다.

이 글을 쓰는 시점에, 구스만은 멕시코 교도소에 수감된 채 미국으로 송환되기를 기다리고 있다. 실제로 그렇게 될 가능성이 높다.

편집자 주: 2017년 1월에 미국으로 송환되어 2019년 7월 종신형을 선고받았다. 현재 콜로라도주 덴버에 있는 교도소에서 복역 중이다.

'1994년 법안'이 생기기 전부터
교도소 수감률은 상승하고 있었다

– 에릭 에크홀

"조직 폭력배와 마약이 우리의 거리를 점령했다."

1994년 빌 클린턴 미국 대통령은 이렇게 말하면서 사회적으로 큰 파장을 몰고 온 범죄방지 법안에 서명했다. 양당 의원들은 그에게 박수갈채를 보냈다.

영부인인 힐러리 클린턴은 크랙 코카인 전쟁과 기록적인 살인율로 공포에 떨던 당시에 그 법안을 옹호하면서 '초강력 흉악범'의 시대가 오고 있다고 경고했다. 하지만 훗날 힐러리는 그런 표현을 한 적이 없다고 부인했다.

지난주 빌 클린턴 전 대통령은 흑인 인권단체인 '흑인의 생명도 소중하다Black Lives Matter, BLM' 소속 회원들과 언쟁을 벌이면서 범죄에 대해 강경했던 과거 자신의 입장을 옹호했다. 다만 힐러리와 마찬가지로 최근 불거진 범죄사건의 양형 기준에 대대적인 쇄신이 필요하다는 여론에는 동의했다.

일부 비평가들에게 1994년의 범죄방지법은 수감자의 수를 기록적으로 높이고 가난한 지역 사회를 황폐화시킨 20세기 말의 대표적인 정책이다. 특히 아프리카계 미국인이 많이 사는 지역을 완전히 파괴했으며, 최근 들어 정치인들이 그런 지역을 재건하려고 애쓴다는 것이 그들의 주장이다.

범죄학자들은 역사와 통계를 살펴보면 이야기가 좀 더 복잡해진다고 말한다.

1994년에 제정된 '강력범죄 통제 및 법률 집행 법안Violent Crime Control and Law Enforcement Act'은 서로 상충하는 욕구가 반영된 복합적인 법안이었다. 형량을 강화하고 기존 형량에 의무적으로 최소한의 형량을 추가하는 주州에는 교도소를 더 지을 수 있도록 장려금을 지급했다. 하지만 한편으로는 범법자를 교도소에 집어넣는 방법 대신 지역의 치안 활동과 마약 법정drug courts의 역할을 확대하도록 장려하기도 했다. 그리고 연방 '삼진 아웃' 법안을 마련하고 연방 사형제의 범위를 확대하는 한편 돌격용 자동소총 사용을 불법으로 규정했다.

일부 비평가들은 이 법안이 경범죄자들을 교도소에 쓸어 넣으면서 가난한 동네를 초토화시키는 계기가 되었다고 평한다. 하지만 자료에 따르면 전체 범죄자 중에서 교도소에 수감되는 범죄자의 비율, 즉 교도소 수감률의 급격한 증가 추세는 1994년을 기준으로 이미 상당한 정도로 진행 중이었다. 그리고 그 근본 원인은 민주당과 공화당 양당 지도부의 승인을 받아 연방정부에서 시행했던 마약과의 전쟁이었다.

뉴욕 존 제이 법과대학의 제레미 트래비스 총장은 "교도소 수감률의 증가 추세는 1994년보다 20년 앞서 시작되었다"고 말했다. 클린턴 행정부에서 범죄에 관한 연방 차원의 연구를 주도했던 그는 미국 국립 과학원NAS에서 2014년 발표한 〈미국 교도소 수감률 증가The Growth of Incarceration in the United States〉 보고서의 편집인이기도 했다.

트래비스 총장은 "1994년의 범죄방지법으로 교도소 수감자가 대폭 늘고 흑인 사회가 피해를 입었다는 주장은 역사적으로 정확한 사실이 아니다"라고 하면서 다만 그 법이 문제를 더 악화시킨 면이 없지는 않다고 말했다.

기록을 살펴보면 연방과 주의 형사사법 정책에 많은 변화가 생기면서 1970년대 초반부터 교도소 수감률이 4배나 폭증했다. 그리고 그 추세는 최근 몇 년간 소폭 하락할 때까지 계속되었다.

교도소 수감률 증가는 1973년에 제정된 뉴욕주의 록펠러 마약법 같은 주 법안에서 시작됐으며 영향력이 컸던 1986년 연방 마약법으로 인해 가속화됐다. 연방 마약법은 최소 의무형량을 높이고 중형을 선고할 수 있는 가루 코카인과 크랙 코카인의 비율을 100대 1로 규정해 악명을 떨쳤다.

그럼에도 1994년 범죄방지법으로 말미암아 교도소 수감 인원이 증가했을 가능성 역시 여전히 존재한다. 이 법에서 규정된 양형 정책을 '충실하게 이행하는' 주에는 교도소 건축비로 100억 달러를 지원하는 등 갖가지 우대 조치가 있었는데, 총 28개 주에서 그 지원금을 받았기 때문이다. 아프리카계 미국인의 교도소 수감률이 다른 인종에 비해 높은 현상도 계속되었다. 2014년 법무부 보고서를 보면 30~39세의 전체 흑인 중 교도소에 수감된 사람의 비율은 6퍼센트였다. 반면 라틴 아메리카계 미국인의 경우 2퍼센트였고, 백인은 1퍼센트였다.

21세기에 들어서도 교도소 수감률이 완만하게 증가하고 있는데, 이 상황은 좀 더 설명이 필요하다. 강력 범죄가 급격하게 감소하고 있기 때문이다.

1994년 당시에는 아무도 몰랐지만, 그때도 강력 범죄 발생률은 이미 감소 추세였다. 그리고 그 뒤로도 25년간 강력 범죄 발생률은 급감했다. 하지만 교도소에 수감되는 사람의 수는 계속 증가했다.

범죄방지법은 양당의 열광적인 지지 속에 통과된 법안이었다. 현재 민주당 대통령 후보 자격을 놓고 힐러리 클린턴과 경쟁하고 있는 버니 샌더스 버몬트주 상원의원도 당시 찬성표를 던졌다. 샌더스 의원은 당시 법안의 일부 내용은 반대하지만, 법안 자체는 찬성한다고 말했다. 그 이유는 공격용 무기를 금지하고 여성 대상 폭력범죄를 다루고 있기 때문이었다.

빌 클린턴 전 대통령도 법안에 일부 우려할 만한 부분이 있다고 말했다. 지난 7월에 열린 미국흑인지위향상협회N.A.A.C.P의 전국대회에서 연설했던 클린턴은 양형 기준을 너무 가혹할 정도로 강화하고 교도소 수감자가 대폭 증가하는 데 영향을 미쳤다고 시인했다. 클린턴은 "문제를 악화시킨 그 법안에 서명한 사람이 바로 나다. 그 점은 인정하고 싶다"고 말했다.

하지만 지난 목요일 아내 힐러리의 필라델피아 유세장에서 흑인 인권단체 BLM 회원들과 언쟁할 때는 1994년 법안을 옹호했다.

그때 빌 클린턴은 BLM 회원들에게 이렇게 말했다.

"폭력조직 두목이 13세 아이들에게 마약을 먹인 다음 거리로 내보내 다른 아프리카계 미국인 아이를 죽이게 한다. 당신은 그 두목을 어떻게 생각하는지 모르겠다. 아마도 선량한 시민으로 보는 것 같다. 당신은 생명이 소중하다고 말하면서 생명을 죽이는 사람들을 두둔하고 있는 것이다."

훗날, 빌 클린턴은 흑인 인권단체 회원들에게 했던 행동을 후회한다고 말했다.

범죄학자들은 교도소 수감률이 올라가면서 범죄가 얼마나 감소했는지를 두고 논쟁을 벌였다. 트래비스 총장이 주도하는 미국 국립과학원을 포함한 대다수는 광범위한 사회적 변화와 비교했을 때 수감률의 증가가 범죄율 감소에 끼친 영향은 미미하다고 결론 내렸다.

포드햄대학교의 존 패프 형사법 교수는 교도소 수감률이 지속적으로 증가한 원인에 관해 한 가지 의견을 제시했다. 최소 의무형량 확대나 다른 여러 정책보다도 사회적인 분위기가 바뀌면서 지방검사들이 전보다 더 중형을 구형하고 더 긴 형량을 부과하게 된 것이 원인일 수 있다는 것이다.

특히 1990년대 중반 이전부터 각 주에서 구형되는 형량은 갈수록 가혹해졌다. 그리고 그중에서도 가장 적극적으로 변한 것은 지방검사들이었다.

범죄자들이 중범죄로 판결 받는 확률은 1994년부터 2008년 사이에 전국적으로 거의 2배 이상 증가했다. 패프 교수에 따르면, 이런 추세가 1994년 범죄방지법과는 아무 관련이 없어 보인다고 한다.

오하이오주립대학교 모리츠 법대의 더글러스 버먼 형사법 교수는 1994년의 범죄방지법이 수감률 증가에 직접적으로 미친 영향은 과장될 때가 많다는 전문가들의 의견에 동의했다. 그리고 빌 클린턴 전 대통령이 1990년대 초 범죄방지법에 긍정적이었던 것은 1988년 대통령 선거에서 얻은 교훈 때문이라고 말했다. 그해 선거에서 클린턴은 범죄에 관대한 태도를 보인 공화당의 마이클 듀카키스 후보에게 낙승을 거두었다. 게다가 클린턴은 당시 미국 흑인들이 무차별적인 범죄에 상대적으로 많은 피해를 입고 있으며 정부의 도움을 바라고 있다며 옳은 말을 하기도 했다.

하지만 버먼 교수는 당시 클린턴 부부가 비난도 많이 받았다고 했다. 끝없이 교도소를 늘리는 것보다 더 사려 깊은 해결책을 제시하지 않고 '가혹한' 처벌만 너무 강조했기 때문이다.

연쇄 살인범

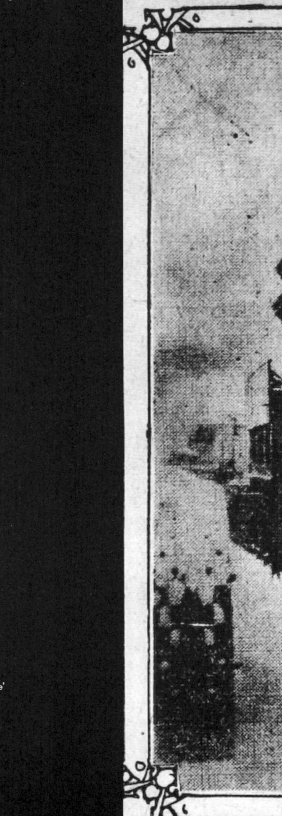

1914년경, H. H. 홈스가 세운 '살인 성Murder Castle'

"태어날 때부터 내 안에는 악마가 있었다.
내가 살인자라는 것은 어쩔 수 없는 사실이었다.
시인이 시를 쓸 수밖에 없는 것과 마찬가지다."

1896년 H. H. 홈스의 고백

1977년 여름, 뉴욕은 공포에 휩싸였다. 한 타블로이드 신문은 당시 분위기를 한마디로 이렇게 요약했다.
"샘의 아들로부터 안전한 사람은 아무도 없다."
일명 '샘의 아들'이라는 연쇄 살인범이 검거되지 않은 채 살인 사건이 잇달아 발생하자,
사건이 발생한 지역뿐 아니라 뉴욕시 전체가 불안에 떨었다.
1977년 8월 1일자 《뉴욕타임스》의 머리기사 제목은 "44구경 살인마의 12, 13번째 피해자가
나오다"였다. 앞서 타블로이드 신문의 제목보다 더 차분하고 사실적인 제목이었던 것 같다.
그래도 그게 무슨 말인지 모르는 사람은 아무도 없었다.

화이트채플의 공포
살해된 여성 2명 더 발견

런던 화이트채플의 악마가 화이트채플은 물론 런던시 전체를 다시 한 번 공포에 몰아넣었다. 범인은 어젯밤 1명도 아니고 2명의 여성을 살해함으로써 종전에 자신이 세웠던 전대미문의 범죄 기록을 다시 한 번 깨뜨린 것으로 보인다. 두 살인 사건이 일어난 간격은 채 한 시간이 되지 않았다. 두 번째 희생자는 내장이 파헤쳐지고 복부의 장기 일부가 사라진 것이 지난 사건과 동일했다. 첫 번째 희생자는 목을 칼로 베기만 했는데 누군가의 방해로 범행을 완전히 끝내지 못한 것이 분명하다. 살해된 두 여성은 지난 사건의 희생자들과 마찬가지로 가장 신분이 낮은 매춘부였다.

이 범죄들의 특징은 그 어떤 사건보다 대담하다는 것이다. 첫 번째 여성은 대로에서 얼마 떨어지지 않은 탁 트인 거리에서 살해되었다. 불과 몇 미터 떨어진 곳에 사람들이 많이 있었지만, 아무도 비명을 듣지 못했다. 그때가 자정 무렵이었고, 두 번째 여성은 새벽 1시가 채 안 된 시각에 발견되었다. 시신에 온기가 남아 있는 것으로 보아 살해된 지 몇 분 지나지 않은 것이 분명했다. 두 번째 여성의 시신이 발견된 곳은 마이터 광장으로 영국은행에서 불과 몇 블록 떨어져 있는 상업지구 한복판이었다. 광장은 밤이 되면 인적이 거의 끊겼지만, 경찰이 30분 간격으로 순찰을 돌았다.

반경 800미터 안에서 이런 살인 사건이 6건이나 발생하자 악마의 소행이라는 소문이 돌았다. 사람들은 겁에 질렸고 속수무책인 경찰을 성토하는 목소리가 높아졌다. 경찰은 단서를 전혀 찾지 못했다고 시인했다. 그러면서 기자들이 사실을 알지 못하게 막는 데만 힘을 쏟았다. 범죄 현장이나 시신에 대해 일체 함구했고 기자들에게도 정보를 주지 않았다. 범인은 피해자를 잔인하게 살해하면서 경찰을 조롱하는 게 분명했다. 앞서 저지른 2건의 살인 사건에 대한 경찰조사가 끝나기를 기다렸다가 2명의 여성을 더 살해한 것이다. 범인은 모두 20명을 죽이겠다고 단언하면서 아무런 방해 없이 성공할 것으로 예상했다.

AP 통신 긴급 보도

9월 30일, 런던. 최근 화이트채플에서 발생한 수수께끼 같은 살인사건 목록에 오늘 아침 2건이 추가되었다는 소식이 알려지자 런던 전체가 충격에 빠졌다. 여성 한 명이 살해되었다는 소식이 알려진 뒤, 추가로 희생자가 한 명 더 있다는 보도가 전해졌다. 그리고 그 보도는 사실로 밝혀졌다. 2명의 희생자들은 이전 사건과 마찬가지로 극빈 계층의 행실이 방탕한 여성이었다. 시신에서 분실된 소지품이 없는 것으로 보아 금품 갈취가 살인 동기는 아니었다.

첫 번째 살인은 이른 아침 버너스가 인근에서 일어났다. 범행 장소는 대로에서 약간 떨어진 좁은 뒷골목이었다. 시신은 그곳에 있는 외국인 전용 사교 클럽의 창문 밑에서 발견되었다. 당시 클럽 안에서는 연주회가 진행 중이었고 사람들도 많았지만, 희생자의 비명을 들은 사람은 없었다. 살해 방법은 이전 사건과 동일했다. 범인은 여성의 목을 졸라 비명을 지르지 못하게 한 뒤, 칼로 목을 한쪽 귀에서 다른 쪽 귀까지 닿을 정도로 크게 베었다. 클럽 손님 한 명이 골목길로 들어오다가 시신에 걸려 넘어지는 바람에 범행이 드러났다. 시신이 있던 곳은 버너스가에서 불과 2미터 정도 떨어져 있었다. 시신의 몸에서 흘러나오는 따뜻한 피가 배수로로 흘러가고 있었다. 살인범은 클럽으로 가는 손님이 나타나는 바람에 시신을 훼손하지 못하고 서둘러 자리를 뜬 것으로 보인다.

두 번째 살인은 첫 번째 살인으로부터 서너 시간 후 마이터 광장에서 일어났다. 첫 번째 살인 장소에서 도보로 5분쯤 걸리는 곳이다. 이 불운한 여성의 시신은 내장이 파헤쳐져 있었고 목이 거의 잘려 있었으며 코가 사라지고 없었다. 심장과 폐는 시신 옆에 널브러져 있었고 크게 벌어진 목의 상처 둘레로 내장이 감겨 있었다. 범인은 시신을 훼손하면서 아주 급하게 서두른 듯했다. 시신을 간단히 살펴본 의사들은 범인이 약 5분 만에 작업을 끝내고 유유히 도주했을 것이라고 말했다.

두 번째 살인이 발생한 마이터 광장은 사람들의 왕래가 빈번한 곳이다. 많은 사람들이 악명 높은 페티코트 레인에서 열리는 시장에서 장사할 준비를 하느라 일요일 아침 일찍 광장을 지나간다. 그런 탁 트인 곳을 범행 장소로 삼은 것을 보면 얼마나 대담한 범죄인지 짐작할 수 있다. 화이트채플 살인 사건으로 호된 비난을 받고 있는 경찰은 최근 일어난 이

1888년 10월 1일자 《뉴욕타임스》 머리기사 제목과 상세 기사

사건들 때문에 업무가 마비될 지경이다. 사건 소식이 전해지자, 경찰 본부에서는 즉시 경찰국장인 찰스 워런 경의 자택에 전령을 보냈다. 워런 경은 즉시 사건 현장을 방문했다. 화이트채플 주민들은 경악했다. 첫 범죄가 발생한 후 조직된 자경단이 살인범 체포를 위한 노력을 약간 게을리하고 있는 상황이었다. 버너가에서 발견된 희생자는 스웨덴 스톡홀름에서 왔으며 현재 하숙 생활을 하고 있는 엘리자베스 스트라이드로 밝혀졌다. 다른 희생자의 이름은 알려지지 않았다. 엘리자베스의 시신을

조사하러 왔던 블랙웰 박사는 2건의 살인 모두 같은 남자가 저질렀고 그 남자는 미치광이로 추정된다고 말했다. 범인은 엘리자베스의 목에 손수건을 감은 다음 질질 끌고 다녔던 것으로 추정된다.

'잭 더 리퍼Jack the Ripper'로 알려진 화이트채플 지역 살인 사건의 범인은 결국 검거되지 않았다. 1888년 같은 지역에서 발생한 다른 미제 살인 사건의 일부도 그가 저질렀다는 말이 있지만, 학자들은 잭 더 리퍼가 저지른 살인 사건이 엘리자베스 스트라이드를 포함한 5건뿐이라는 견해가 가장 유력하다고 말한다.

끝까지 차분한 모습을 보인 홈스

H. H. 홈스로 알려진 살인범 허먼 머젯이 오늘 아침 필라델피아 카운티 교도소에서 벤저민 핏젤 살인죄로 교수형에 처해졌다. 교수대의 발판이 떨어진 시각은 오전 10시 12분이며 20분 후 홈스의 공식 사망 선고가 내려졌다.

그는 끝까지 침착한 모습을 유지했다. 리처드슨 경찰 부국장이 마지막으로 사건의 세부 내용을 간략하게 말할 때 지적까지 할 정도였다. 홈스는 살아 있을 때와 같은 모습으로 죽었다. 미래에 관해 아무 걱정도, 아무 생각도 없는 모습이었다. 그는 최근 자백을 통해 전국 각지에서 온 사람 수십 명을 살해했다고 인정하며 자세한 이야기를 생생하게 털어놓았다. 그러나 형장에서 모든 혐의를 부정했으며 최후의 순간까지도 모든 범죄 행위를 인정할 수 없다고 말했다. 그가 인정한 것은 여성 2명이

1800년대 중반에 찍은, H. H. 홈스라는 이름으로 알려졌던 허먼 머젯의 초상

자신의 의료 과실로 사망했다는 사실뿐이었다.

핏젤 가족 몇몇을 살해한 혐의에 관해 홈스는 모든 공모 사실을 부인했다. 특히 핏젤 가족 중에서도 아버지 벤저민 핏젤의 죽음에 관해서는 극구 부인했고 그로 인해 억울하게 벌을 받고 있다고 주장했다. 그런 다음 홈스의 귓가에 성직자들의 기도가 울려 퍼지는 동안 형틀의 발판이 떨어졌다. 그렇게 범죄학계에서 최악의 범죄자로 꼽혔던 한 사람의 인생에 종지부를 찍는 처형 절차가 끝이 났다.

정확한 형 집행 시각은 공개되지 않았지만 대략 10시경으로 추정되었다. 그런데 앞서 처형 2시간 전부터 도착하기 시작한 참관인들 가운데 교도소 측과 직접 연락했던 치안 당국 관료들 외에는 교도소 입장이 불허되었다. 그런 다음 교도소 정문이 열렸고 입장권을 가진 80여 명이 교도소 안뜰로 입장했다. 클레멘츠 보안관이 앞에서 사람들을 인솔한 다음 배심원들이 도착하기를 기다렸다. 배심원들은 도착 후 선서를 하기로 되어 있었다.

배심원단은 외과의사 6명과 직업이 서로 다른 사람 6명으로 구성되었다. 다들 각자의 분야에서 유명한 사람들이었다. 배심원들은 자신의 이름이 불리자 클레멘츠 보안관이 서 있는 책상 뒤에 나란히 선 다음 "H. H. 홈스로 알려진 허먼 머젯의 형 집행을 참관하고 법에 따라 형이 집행되는 시간과 방식을 보증한다"고 엄숙하게 선서했다.

재판에는 많은 유명 인사가 참석했는데, 범죄학자인 워싱턴의 맥도널드 박사도 있었다. 그리고 사건 담당 경찰인 프랭크 가이어 경장과 홈스의 변호인이었던 로탄 변호사도 있었다.

로탄 변호사도 일찌감치 교도소에 도착했지만, 데일리 신부와 맥페이크 신부는 그보다 더 일찍 와서 홈스의 종부성사를 주관했다. 신부들이 도착한 시간은 6시가 조금 지나서였다. 신부들은 어젯밤에도 10시 30분까지 홈스와 함께 있었다.

지난밤 홈스를 감시했던 조지 위버 교도관은 오늘 아침 7시까지 홈스와 함께 있었다. 위버는 홈스가 어제 자정쯤 잠자리에 들었고 아침 6시까지 푹 잤다고 말했다. 어찌나 깊이 잤던지 신부들이 도착했다는 소식을 듣고 홈스를 깨웠는데 이름을 두 번 부른 뒤에 눈을 떴다는 것이 위버의 말이었다. 종부성사를 주관하기 위해서 온 신부들은 2시간 가까이 홈스와 함께 있었고 그다음에는 로탄 변호사가 감방에 들어갔다.

홈스와 로탄 변호사가 대화하는 동안 아침식사가 전달되었는데, 홈스는 진심으로 식사를 즐기는 것 같았다. 달걀과 토스트, 커피로 구성된, 평범하지만 나름 알찬 식사였다. 로탄 변호사는 "나보다 더 맛있게 먹었다. 아주 침착한 모습이었고 사형이 집행된다는 것을 알고 있었다"고 말했다.

9시가 되기 직전, 홈스는 옷 입을 준비를 했다. 그는 통상적인 관례를 거부하고 새 옷을 입는 대신 바지와 조끼를 입었다. 겉에는 모닝코트를 걸쳤다. 옷깃이 없었고 넥타이도 매지 않았지만, 그 대신 흰색 손수건을 목에 둘렀다.

10시 정각이 되자 감방 복도에서 클레멘츠 보안관을 부르는 소리가 들렸다. 하지만 보안관은 먼저 자리를 뜨고 없었다. 그때 처형장과 연결된 긴 복도로 들어가는 문이 열렸다. 배심원을 앞세운 한 무리의 사람들이 두 줄로 선 채 안으로 들어가 복도를 따라 걸어 내려갔다. 교수대는 복도 중간쯤에 있었고 양옆으로는 높은 칸막이가 있어서 사형수가 일단 문을 지나면 교수대로 갈 때까지 보이지 않았다. 사형수의 일별을 지켜본 사람들 사이에 무거운 침묵이 흘렀다.

클레멘츠 보안관과 퍼킨스 경찰국장에 이어 홈스가 교수대 위에 올랐다. 오른쪽에는 데일리 신부가 섰고 왼쪽에는 맥페이크 신부가 서 있었다. 홈스 뒤에는 로탄 변호사와 리처드슨 경찰 부국장이 섰다. 그렇게 잠시 서 있다가 이윽고 홈스가 앞으로 나와 입을 열었다.

홈스는 천천히 그리고 한마디 한마디 신중하게 말했다. 처음에는 약간 낮은 목소리로 시작했는데 차츰 목소리가 커졌다. 그러면서 말이 또렷하게 들리기 시작했다.

"여러분, 할 말이 많지는 않습니다. 사실, 지금은 아무 말도 하고 싶지 않습니다. 하지만 그랬다가는 처형을 순순히 받아들이는 것처럼 보이겠죠. 제가 하고 싶은 말은, 제겐 2명의 여성을 죽게 한 죄밖에 없다는 겁니다. 제가 낙태수술을 잘못해서 죽은 것이죠. 하지만 향후에 오해가 없도록 추가로 할 말이 있습니다. 저는 핏젤 가족의 죽음에는 아무런 잘못이 없습니다. 벤저민 핏젤이나 그의 세 아이의 죽음 모두 말입니다.

그런데도 벤저민 핏젤 살해 혐의로 최근 유죄 판결을 받고 오늘 이렇게 교수대 앞에 서게 된 겁니다. 이상입니다."

홈스는 말을 끝내고 뒤로 가서 데일리 신부와 맥페이크 신부 사이에 무릎을 꿇은 뒤 함께 조용히 기도했다. 그리고 다시 일어나 주변 사람들과 악수를 나눈 다음 준비가 되었다는 뜻을 전달했다.

홈스는 처형장 안에 있는 사람들 가운데 가장 침착한 모습이었다. 리처드슨 부보안관에게 서두르지 말라고 말할 정도였다. 리처드슨이 긴장한 듯 허둥대는 모습을 보이자, 홈스는 "서두를 필요 없습니다. 실수하지 마세요"라고 말했다. 그것이 그의 마지막 말이나 다름없었다. 리처드슨은 홈스의 머리에 두건을 씌우고 낮은 목소리로 준비되었냐고 물었다. 그러자 홈스가 비슷하게 낮은 목소리로 대답했다. "네, 안녕히 계세요." 그리고 교수대 발판이 떨어졌다.

목은 부러지지 않았고 팔다리에서 꿈틀거리는 경련이 약 10분간 계속되었다. 교도소 외과의인 스콧 박사는 "그래도 떨어질 때 고통은 없었다"고 말했다. 발판이 떨어진 시간은 정확히 10시 12분이었고 15분 후 홈스의 사망이 공식 발표되었다.

시신은 홀리 크로스 묘지의 지하에 안치되었다. 그리고 그곳에서 홈스가 요청했던 작업이 시행되었다. 먼저 관 뚜껑을 열고 시신을 꺼내 땅에 내려놓은 다음 관 바닥에 시멘트를 채웠다. 그리고 시신을 관에 넣은 다음 시멘트로 그 위를 덮었다. 딱딱한 시멘트 속에 시신을 넣으면 도굴을 막을 수 있다는 것이 홈스의 생각이었다. 홈스의 관은 경비원 둘이 지키는 지하 묘지에 임시 보관되었다. 그리고 내일 오후에 매장될 예정이다.

홈스는 유언을 남기지 않았고 범죄를 자백하지도 않았다. 교수대 앞에서 홈스가 말했던 여성 희생자 2명은 시카고에 사는 줄리아 오코너와 인디애나주 앤더슨에 사는 에밀리 시그런드였다. 오코너는 딸과 함께 살해당한 것으로 알려졌다.

살인마 홈스

해리 하워드 홈스는 겨우 36살이었지만, 나이 많은 악당들이 훨씬 더 오래 살면서 저질렀던 범죄를 단 몇 년 만에 해치웠다. 그리고 단 1건의 살인 혐의로 유죄 판결을 받아 극형에 처해졌다. 다른 3건의 살인 사건에서도 홈스를 범인으로 지목하는 증거가 나왔다. 홈스는 3명을 더 살해할 계획이었고 총 27명을 살해했다고 자백하기도 했다. 그런 사실이 밝혀지자 그가 그동안 받았던 이중 결혼, 열차 강도, 말 절도, 사기 등의 혐의는 하찮게 여겨질 지경이었다.

H. H. 홈스는 이 살인마가 세계적인 흉악범으로 기록될 때 쓰인 이름이다. 본명은 허먼 웹스터 머젯이다. 그는 1860년 5월 16일 뉴햄프셔주 길먼턴에서 태어났다. 그가 어떤 악행을 벌이다가 살인까지 저지르게 되었는지, 혹은 언제 처음 살인을 했는지는 알려지지 않았다. 홈스 본인은 첫 살인을 한 것이 1886년이었다고 했다. 그때 홈스는 시카고에 있는 '캐슬Castle'이라는 호텔의 주인이었다. 경찰이 조사해보니 그곳은 그야말로 사람을 죽일 목적으로 만든 덫이었다. 화로를 비롯해서 비밀스러운 방과 독방, 그리고 희생자를 비밀리에 빠르게 처리할 수 있는 많은 도구가 있었다. 그곳에서 무슨 짓을 했는지는 알 수 없다. 홈스가 세상에 처음 알려진 것은 1894년 9월이었다. 그때 홈스는 필라델피아의 캘로우힐가에 있는 어느 방에서 시신으로 발견된 남자의 신원을 파악하는 데 도움을 주면서 이름이 알려졌다.

그때 시신으로 발견된 남자가 바로 벤저민 핏젤이다. 그를 죽인 죄로 홈스가 교수형에 처해진 것이다. 핏젤은 특허 중개인인 B. F. 페리라는 이름으로 그 방을 빌렸다. 그리고 9월 4일 그곳에서 시신으로 발견되었다. 얼굴이 불에 탄 상태였는데 아마도 폭발 사고를 당한 것 같았다. 사인을 판단하는 검시 배심에서는 화염이나 클로로포름 같은 독약을 들이마시면서 발생한 폐 울혈이 사인으로 판정되었다. 자살인지 타살인지는 명확하게 규명되지 않았다.

그 후 필라델피아의 피델리티 보험회사로 페리의 본명이 벤저민 핏젤이며 보험 계약에 따라 핏젤의 아내에게 1만 달러의 보험금을 지급해야 한다는 편지가 배달되었다. 편지를 보낸 사람은 세인트루이스에 사는 젭타 하우 변호사였다. 수사 과정에서 H. H. 홈스가 사망자의 신원과 사망자의 딸인 앨리스의 신원을 파악하는 데 도움을 주었던 것으로 보인다. 보험회사에서는 조사 결과를 인정하고 보험금을 지급했다. 앨리스는 핏젤의 아내에게 남은 아이 중 한 명이었다. 나머지 다섯 아이들도 사건 현장을 둘러보았다. 그렇게 사건은 마무리되는 것 같았다.

하지만 당시 보험회사에 W. E. 게리라는 수사관이 있었다. 그는 사건에 뭔가 이상한 점이 있다면서 미심쩍어했다. 그리고 다음달, 세인트루이스에서 M. C. 헤지페스라는 사람으로부터 사건에 관해 자백을 받아냈다. 열차 강도 전과자였던 헤지페스는 사건의 내막을 낱낱이 털어놓았다. 홈스는 수감 중인 헤지페스를 찾아가 보험 사기에 관해 조언을 구할 변호사가 있는지 물어본 적이 있었다. 핏젤에게 1만 달러짜리 보험을 가입시킨 다음 핏젤이 죽었다며 다른 시신을 내보이고 보험금을 타낼 속셈이었다. 헤지페스는 젭타 하우를 추천했다. 하우는 일이 잘 끝나면 500달러를 받기로 했지만, 결국 돈을 받지 못했다. 보험회사에서 조사를 시작하자 사기를 증명하는 증거가 연이어 쏟아져 나왔다. 홈스는 결국 보스턴에서 체포되었다. 하지만 이상하게도 홈스에게 수배령을 내린 텍사스 포트워스에서 온 전보에는 그의 죄명이 보험 사기가 아니라 말을 훔친 것으로 되어 있었다. 핏젤 부인도 홈스와 함께 체포되었다.

그때 홈스는 최초로 자백을 했다. 보험회사를 상대로 사기를 공모한 사실을 시인한 것이다. 그러면서 핏젤이 세 딸과 함께 남아메리카에서 살고 있으며, 사건 현장에서 발견된 시신은 뉴욕에서 사온 해부용 시신이라고 진술했다. 홈스와 핏젤, 하우 변호사, 그리고 핏젤 부인은 사기 공모죄로 기소되었다.

그러는 사이 많은 의혹들이 밝혀졌지만, 핏젤과 아이들의 행적은 밝혀지지 않았다. 그때 홈스가 두 번째 자백을 했다. 현장에서 발견된 시신이 사실은 진짜 핏젤이며 그가 자살한 것 같다고 했다. 홈스는 핏젤의 시신을 발견하고 얼굴을 태우는 등 조작을 한 다음 시신이 발견된 사무실에 그대로 두었다고 설명했다. 홈스는 두 번째 기소를 피할 수 없었고 사기 공모에 관한 유죄 선고와 구형은 잠정적으로 연기되었다.

여기서 홈스의 이야기 중 가장 극적인 부분이 시작된다. 현장에서 발견된 시신이 핏젤로 밝혀졌을 때 핏젤 부인이 홈스에게 맡겼던 세 아이를 추적하는 과정이다. 핏젤 부인은 아이들을 무척 그리워했다. 그때 핏젤과 핏젤의 아들 하워드, 그리고 두 딸인 앨리스와 넬리를 죽인 범인이 홈스이며, 홈스가 그 혐의를 벗으려면 아이들이 어디 있는지 밝혀야 한다는 소문이 돌았다. 홈스는 아이들을 윌리엄스 자매 중 한 명에게 맡겼으며 그녀가 아이들을 데리고 런던으로 갔다고 진술했다.

하지만 그 말을 믿는 사람은 없었다. 홈스가 언급했던 윌리엄스 자매, 그러니까 네티와 미니 윌리엄스마저도 홈스가 보살피게 된 다음부터 모습이 보이지 않는다는 흉흉한 소문이 돌았다. 게다가 텍사스 포트워스에 있는 윌리엄스 자매의 땅이 벤턴 라이먼이라는 사람에게 넘어갔는데, 라이먼이라는 사람이 사실은 핏젤이라는 소문도 있었다. 그런 소문에 대해 홈스는 이렇게 해명했다. 미니 윌리엄스가 순간적으로 화를 참지 못해 네티 윌리엄스를 죽였으며, 자신이 미니를 보호하기 위해 네티의 시신을 시카고에 있는 호수에 빠뜨렸다고.

이렇게 드러나지 않은 홈스의 범죄에 대한 의혹이 짙어지면서 필라델피아 경찰국의 프랭크 가이어 경장이 아이들의 행적을 추적하기 시작했다. 경찰이 핏젤 살해 사건에서 홈스의 유죄를 밝히기 위해 증거를 수집하는 동안, 가이어 경장은 한층 더 무서운 사실을 밝혀냈다. 홈스와 세 아이의 행적을 쫓던 중, 인디애나폴리스 인근의 어빙턴에서 홈스가 핏젤의 아들 하워드를 살해하고 시신을 불에 태운 장소를 찾아낸 것이다. 그리고 토론토의 지하 저장고에서 네티와 미니 윌리엄스의 시신을 발견하고 같은 집 안에서 아이들의 장난감도 찾아냈다. 가이어 경장은 홈스가 피해자들을 세 그룹으로 나눈 다음 전국 이곳저곳을 함께 떠돌았다고 설명했다. 한 그룹은 실의에 빠진 핏젤 부인과 그녀의 맏딸인 16세의 데시, 그리고 아기인 막내딸이었다. 핏젤 부인은 곧 남편과 아이들을 만날 수 있다는 홈스의 거짓말을 끝까지 믿었다. 또 하나의 그룹은 핏젤 부인의 아이들인 아들 하워드와 딸 앨리스, 넬리였다. 세 번째 그룹은 홈스와 그의 세 번째 아내인 조지아나 요헤였다. 이렇게 세 그룹의 사람들은 홈스를 제외하고는 서로의 존재를 알지 못했다. 보스턴에서 체포되지 않았다면 홈스는 아마도 핏젤 부인과 두 아이를 살해했을 것이다.

아이들의 시신이 잇달아 발견되고 홈스가 핏젤의 죽음과 연관되었다는 증거가 나오자 사람들은 공포에 떨었다. 홈스는 1895년 9월 12일 핏젤 살해 혐의로 기소되었다. 10월 28일에 재판이 시작되어 11월 2일 유죄 판결이 내려졌고 11월 28일에는 사형이 선고되었다.

홈스가 핏젤을 두려워해서 범행을 저질렀다는 말도 있다. 오랫동안 범죄를 공모했던 핏젤이 술에 취해 흥청대다가 자신의 뒤통수를 칠 수도 있다고 생각했다는 것이다. 핏젤을 죽이면 자신을 난처하게 만들 수 있는 증인이 사라질 뿐 아니라 돈까지 벌 수 있었다. 한편, 홈스는 사형선고를 받은 후에도 넉살 좋게 행동했다. 문서를 통해 세 번째이자 마지막 자백을 한 것이다. 문서의 내용이 사실이라면 홈스는 시대를 통틀어 가장 타락한 괴물이었다. 문서에서 홈스는 자신을 "타락한 자"로 부르면서 그동안의 범행에 대해 용서를 구했다. 그가 문서에서 밝힌 살인은 모두 27건이었고 대부분 시카고에 있는 그의 '캐슬'에서 자행되었다. 홈스는 남녀 희생자들을 캐슬로 유인해서 재산을 빼앗고 살해한 다음 시신을 해부 실습실에 팔아넘겼다. 그 과정을 어찌나 자세하게 설명했던지 역겨울 정도였다. 게다가 홈스는 이중 결혼까지 했던 것 같다. 1878년 7월 4일, 고향에서 클라라 러버링과 본명인 허먼 머겟으로 첫 결혼식을 올린 후 1897년 2월 일리노이주에서 이혼했다. 그런데 이혼하기 2주 전 당시 일리노이주 윌머트에서 동거 중이던 머타 벨크냅과 홈스라는 이름으로 결혼했다. 그런 다음 법적으로 이혼하지 않은 상태로 콜로라도주 덴버에서 조지아나 요헤와 결혼했는데, 그때는 헨리 맨스필드 하워드라는 이름을 사용했다. 요헤는 홈스와 떠돌이 생활을 끝까지 함께했다.

이 공포 드라마의 마지막 장면은 4월 17일에 연출되었다. 홈스는 그날 천주교에 귀의했다. 홈스가 수감된 교도소 지역 교구의 P. F. 데일리 신부는 5~6주간 홈스에게 설교를 해주었다. 그리고 홈스의 심경에 일어난 변화가 그의 진심이라고 확신했다. 홈스는 4월 17일에 프란체스코회 수도사들의 도움으로 세례를 받았다.

1896년 4월, 시카고에 있던 H. H. 홈스의 호텔 '살인 성'을 그린 한 화가의 그림

4월 29일, 홈스는 헤이스팅스 주지사에게 형 집행을 유예해달라는 서신을 보냈다. 서신에서 홈스는 자신에게 씌워진 많은 혐의에 관해 결백을 주장하면서, 죽더라도 영적인 준비가 끝난 다음 죽기를 원한다고 했다. 홈스의 변호인은 그렇게 해주면 홈스가 공범의 이름을 자백할지도 모른다고 둘러댔다. 하지만 주지사는 홈스의 요구를 거절했다.

수감 첫 달이 지나자 홈스는 자신의 처지를 차츰 실감하면서 쾌활한 모습을 잃고 의기소침해졌다. 그리고 여러 명의 부인과 핏젤 부인에게 각각 유언을 남겼다.

홈스가 남긴 수많은 자백

살인범 홈스가 썼던 '살인 자백' 중에서 일부만 사실이라고 해도, 그는 타의 추종을 불허하는 피에 굶주린 악마였다. 그 독창적인 '자백'에서 27명을 죽였다는 주장은 적어도 일부는 사실이 아닌 것으로 입증되었다. 실제로 밝혀진 희생자는 2~3명 정도였다. 하지만 홈스가 '자백'하면서 원했던 목적은 달성되었다. 총 7,500달러에 이른다는 그의 재산이 18살짜리 아들에게 유산으로 넘겨진 것이다.

홈스가 체포된 것은 1894년 후반이었다. 오언 핸스컴 경찰 부국장이 매사추세츠주 보스턴에서 홈스를 체포했다. 홈스를 체포한 근거는 말을 훔치는 등 갖가지 혐의로 수배령이 내려진 텍사스주 포트워스에서 보내온 전보였다. 당시 필라델피아의 피델리티 보험회사 직원들은 1만 달러의 보험에 가입한 핏젤이 사망하자 보험 사기 가능성을 염두에 두고 홈스를 면밀하게 조사하는 중이었다. 체포된 홈스는 텍사스주에서 말 절도죄로 기소되면 무거운 벌을 받게 될까 우려한 나머지 핸스컴 부국장에게 보험 사기를 자백했다. 그때까지만 해도 핏젤을 살해한 것이 들통나리라고는 전혀 생각하지 못했기 때문이다. 홈스는 필라델피아에 가서 보험 사기 공모죄로 기꺼이 재판을 받겠다고 말했다. 포트워스에 가서 말 절도죄로 재판을 받지 않도록 선수를 친 것이다. 홈스는 보스턴으로 떠나기 전 핸스컴 부국장에게 이렇게 털어놓았다.

"보험회사를 상대로 세운 사기 계획을 실행에 옮길 때가 되었다고 생각했다. 그래서 뉴욕에서 '시체' 한 구를 구한 다음 큰 가방에 넣어 필라델피아로 가져갔다. 9월 1일에서 가장 가까운 일요일에 핏젤에게 가방을 넘기며 시체를 확인하라고 했다. 시체에 어떤 준비 작업을 해야 하는지 알려준 다음 3시간 후 함께 뉴욕으로 향했다. 보험금을 받은 다음 열흘 후 신시내티에서 핏젤을 다시 만났다. 그때 핏젤의 세 아이를 데려가 핏젤과 만나게 해주었다. 핏젤은 남쪽으로 가자는 내 말에 동의했다. 그리고 세 아이 중에서 아들 하워드를 데려갔다. 나는 핏젤의 두 딸을 데리고 시카고로 갔다. 그곳에서 볼일이 있었기 때문이다. 우리는 디트로이트에서 다시 만났다. 핏젤은 세 아이를 모두 데리고 남아메리카로 갔다. 그러는 동안 핏젤 부인은 남편이 살아 있다는 소식을 들었지만, 아이들을 데려갔다는 것은 알지 못했다. 나는 핏젤 부인을 남편과 떼어놓기 위해 핏젤이 이 도시 저 도시를 떠돌아다닌다고 거짓말을 했다."

이때 핸스컴 부국장에게 했던 자백이 홈스가 최초로 했던 자백이었다. 한편 보험회사 직원들은 홈스가 핏젤과 그의 세 아이를 살해했다는 충분한 근거를 확보했다. 그래서 홈스가 필라델피아에 도착하자 범행을 자백하라고 다그쳤다. 홈스는 자백을 했지만, 보스턴에서 핸스컴 부국장에게 했던 것과는 다른 말을 했다. 뉴욕에서 가져온 시체를 시카고 캘로우힐가의 집에서 어떻게 핏젤인 것처럼 위장했는지, 딸인 앨리스 핏젤이 그 시체가 아버지라고 증언하게 된 사연은 무엇인지 자세하게 설명했다. 또한 보험회사에서 어떻게 보험금을 받았으며 그 돈을 핏젤 부인, 세인트루이스의 젭타 하우 변호사와 어떻게 나누었는지도 설명했다. 그러면서 하우 변호사가 그의 몫으로 2,500달러나 가져갔다며 투덜거렸다.

가이어 경장은 홈스가 필라델피아로 이송되자마자 그가 수감된 카운티 교도소를 찾아가 1894년 9월 4일 캘로우힐가에서 발견된 시체에 관해 물었다. 교활한 홈스와 한 시간 동안 이야기한 다음, 현장에서 발견된 시체가 핏젤의 것이 아니라 보험회사를 속이기 위해 바꿔치기 한 것이라는 홈스의 말을 다른 사람들에게 전했다.

홈스는 가이어 경장을 예우하면서 일주일 후 또 다른 '자백'을 했다.

"가이어 씨, 현장에 다른 시체를 가져다 두었다고 했던 말은 사실이 아닙니다. 그건 핏젤의 시체가 맞습니다. 하지만 제가 핏젤이나 그의 아이들을 죽인 것은 아닙니다. 9월 2일 일요일 아침 캘로우힐가의 집 3층에서 죽어 있는 핏젤을 발견했습니다. 병에 담긴 메모를 보았더니 사는 게 힘들어 죽기로 결심했다고 쓰여 있더군요. 핏젤은 저더러 보험금을 관리하고 아내와 아이들을 부탁한다고 했습니다. 그래서 저는 사건 현장으로 시체를 옮겼습니다. 당신이 말한 아이들은 모두 잘 있습니다. 미니 윌리엄스와 함께 런던에 있어요."

핏젤의 딸 넬리 핏젤과 앨리스 핏젤의 시신이 토론토에서 발굴되자 홈스는 그 아이들을 죽이지 않았다고 주장했다. 불에 탄 하워드의 유골이 인디애나주 어빙턴의 어느 집 난로 속에서 발견되었을 때도 홈스는 그 아이의 죽음에 관해 아는 것이 없다고 말했다. 미니 윌리엄스와 네티 윌리엄스 자매의 시신이 발견되었을 때도 홈스는 미니가 질투심에 눈이 멀어 네티를 죽였으며 자신은 네티의 시신을 미시간호에 빠뜨리기만 했다고 말했다. 그리고 재산을 빼앗기 위해 미니를 죽였다는 혐의도 부인했다. 에밀리 시그런드 실종 사건도 홈스의 소행으로 추정되었지만, 그는 그녀에 관해 아는 것이 전혀 없다고 잡아뗐다. 시카고에 있는 그의 '성'에서 불에 그을린 채 발견된 뼈들은 홈스가 살해한 다른 희생자들의 것으로 알려졌다.

홈스가 지방검사 사무실에 가서 마지막 '자백'을 할 때, 그레이엄 지방검사는 더는 못 참겠다는 듯 소리를 질렀다.

"홈스, 당신은 지옥에서 온 거짓말쟁이 살인마야. 당신을 벤저민 핏젤 살인범으로 필라델피아에서 목매달고 말겠어."

홈스는 태연하게 대꾸했다.

"할 수 있으면 해보시죠. 내가 유죄라는 증거가 어디 있습니까?"

그레이엄 검사는 역겹다는 듯 홈스를 바라보면서 단호하게 말했다.

"넌 틀림없이 벤저민 핏젤 살인죄로 필라델피아에서 처형될 거야."

'보스턴 교살자'라고 자백한 드살보, 감옥에서 칼에 찔려 죽은 채 발견

– 존 키프너

'보스턴 교살자'로 알려진 앨버트 드살보가 오늘 아침 월폴 주립교도소에서 칼에 찔려 죽은 채 발견되었다. 교도소 당국은 40세의 드살보가 오전 7시 교도소 병동의 한 침대에서 시신으로 발견되었다고 발표했다. 교도소 병원에서 잡부로 일했던 드살보는 몸 여러 곳을 칼에 찔려 사망한 것으로 전해졌다.

노퍽 카운티의 조지 버크 지방검사는 용의자 1명을 심문했지만, 아직 체포된 사람은 없다고 말했다.

드살보는 한 정신과 의사에게 보스턴 지역에서 여성 13명을 살해했다며 자세한 범행 과정을 털어놓은 뒤 '보스턴 교살자'로 유명해졌다. 별명과 같은 제목의 책과 영화가 나오기도 했지만, 정작 드살보는 자신이 자백한 범죄로 재판을 받지는 않았다. 그리고 나중에는 자백을 철회했다.

버크 검사는 "우리가 앨버트 드살보에게서 찾아낸 혐의는 마약 밀매뿐이었다. 드살보의 죽음이 마약과 관계가 있는지는 알 수 없다. 관계가 있을 수도 있다. … 마약 밀매자에게는 늘 적이 많다. 경쟁이 치열하기 때문이다"라고 말했다.

시신을 조사한 놀턴 비글로 검시관은 드살보가 사망한 지 "최대 10시간"이 지났을 수 있다고 말했다.

오늘 주 법무장관실 범죄수사부의 존 어윈 부장은 드살보가 정말 보스턴 교살자인지는 치안 당국 담당자들 사이에서도 의견이 분분하다고 말했다.

살해된 13명의 여성은 1962년에서 1964년 사이에 대부분 스타킹에 목이 졸려 죽은 채 발견되었고, 그로 인해 보스턴과 주변 지역은 공포에 휩싸였다. 보스턴 교살자는 범죄자들 사이에서 전설이 되었다.

재판에서 유죄선고를 받다

하지만 사건을 수사했던 경찰관들은 살해된 희생자는 5명이 전부라고 생각했다. 어윈 수사부장은 경찰 중에는 드살보가 13명을 모두 살해했다고 확신하는 사람도 있고 일부만 살해했다고 생각하는 사람도 있다고 전했다.

드살보는 1967년 1월에 개별적인 여러 사건에 대해 재판을 받고 유죄 판결을 받았다. 죄목에는 또 다른 4명의 여성에게 절도와 폭행, 성폭력을 가한 혐의도 포함되어 있었다.

드살보는 처음에 정신적으로 재판을 받을 수 없는 상태라는 판결을 받았지만, F. 리 베일리 변호사가 드살보의 변호를 맡으면서 재판에서 승소했다.

베일리 변호사는 정신과 의사인 로버트 메저 박사에게 드살보의 진단을 부탁했다. 메저 박사는 법정에서 이렇게 증언해 사람들을 깜짝 놀라게 했다. "드살보는 내게 자기가 보스턴 교살자라고 말했다. … 13명의 여성을 목졸라 죽였다고 말했고 … 일부 사건에 관해 상세하게 설명하면서 자기가 저질렀던 아주 은밀한 성적 행위를 털어놓기도 했다."

주워 들은 이야기

베일리는 드살보가 "정신이상이기 때문에 무죄"라고 주장했지만 받아들여지지 않았다.

드살보는 종신형을 선고받은 지 한 달 만에 정신 감정을 받고 있던 브리지워터 주립병원을 탈출했다. 다른 죄수 2명과 함께였다. 하지만 얼마 못 가 다시 붙잡혔다.

1968년, 드살보의 감방 동료이자 함께 병원을 탈출하기도 했던 조지 해리슨은 드살보가 실제 '교살자'가 아니라 다른 죄수들로부터 관련 이야기를 전해들은 것이라고 말했다. 브리지워터 주립병원에 있을 때 드살보가 다른 죄수들과 주고받는 이야기를 15~20차례 정도 엿들었다는 것이 그의 주장이었다.

오늘 어원 수사부장은 드살보가 자신의 범행이라며 진술했던 이야기가 사실은 다른 죄수에게 들은 이야기인 것 같다고 말하는 사람이 수사관들 중에서도 많았다고 설명했다.

잡역부에 권투선수이기도 했던 드살보는 덩치가 크고 체격이 좋았다. 그리고 검은 머리카락을 뒤로 매끈하게 빗어 넘기고, 옷을 단정하게 입었으며, 갓 세탁한 흰색 셔츠를 즐겨 입었다. 모조 보석을 만드는 솜씨가

뛰어나서 교도소 휴게실에 직접 만든 수많은 모조 보석을 전시하기도
했다.

드살보는 13명의 여성을 살해했다고 자백했는데도 살인죄로 처벌받지 않았다. 그 대신 폭행
같은 다른 죄목으로 재판을 받고 종신형을 선고받았지만, 1973년 수감 중에 칼에 찔려 죽었다.

44구경 살인마의
12, 13번째 피해자가 나오다

– 로버트 D. 맥패든

경찰 순찰대가 도시의 다른 지역을 주목하고 있는 와중에, '샘의 아들 Son of Sam'을 자처하는 살인범이 어제 아침 일찍 젊은 남녀에게 총을 쏴 중상을 입혔다. 두 남녀는 브루클린과 스태튼섬을 잇는 베라자노-내로스 다리의 반짝이는 불빛에서 남쪽으로 1.6킬로미터 떨어진 브루클린 해안가의 자동차 안에 있다가 총을 맞았다.

총격이 발생하고 12시간이 넘게 지난 어제 오후 서너 시쯤, 경찰의 탄도학 전문가들은 범인이 사용한 44구경 리볼버 권총이 지난해 젊은이 5명이 희생당하고 6명이 부상을 입었던 총 7건의 사건에서 쓰인 것과 동일한 것이라 밝혔다.

어제 살인범의 범행은 그야말로 사람의 생명을 두고 경찰과 벌인 한 편의 추격전이었다. 그리고 어제는 살인범이 첫 번째 살인을 저지른 지

1년에서 이틀이 지난 날이었다. 경찰은 1주년이 되는 날을 전후해서 순찰 인원을 늘렸고, 언론은 관련 기사를 집중 보도했으며, 주민들은 두려움에 떨어야 했다. 이번 범행은 과거와 달리 처음으로 브루클린 지역에서 발생했다. 과거 범행 장소가 몰려 있어서 경찰이 주말에 집중적으로 순찰을 돌았던 퀸스 북부와 브롱크스 동부에서는 16킬로미터쯤 떨어진 곳이었다.

뉴욕 주민들은 살인범이 길에서 사람들을 따라다니며 난데없이 공격할지도 모르니 조심하라는 말을 주말 내내 서로 주고받았다. 어제 발생한 8번째 범행의 피해자들도 그런 말을 주고받았을 것이다.

경찰에서 최소 2명 이상이라고 한 목격자들의 증언에 따르면, 살인범은 인근 공원의 어두운 그림자 속에 숨어 있다가 새벽 2시 50분경 희미하게 보름달의 달빛이 비치는 곳으로 나온 다음 배스 비치 구역에 있는 쇼어 파크웨이와 베이 14번가 사이에 주차된 남녀의 자동차 뒤쪽으로 걸어갔다고 한다.

피해자들은 벤슨허스트에 사는 20세의 옷가게 점원 로버트 비올란테와 플랫부시에 사는 20세의 비서 스테이시 모스코위츠였다. 첫 데이트를 하던 두 사람은 영화를 본 다음 연인들의 밀회 장소로 알려진 다이커 해변공원 인근에 차를 세워 두고 있었다. 두 사람은 총을 든 범인이 접근하는 모습을 보지 못했다. 하지만 자신의 차에서 전체 범행 과정을 백미러로 지켜본 한 남자를 비롯해서 여러 목격자들에 따르면 범인이 허리를 숙인 채 두 손으로 총을 겨누면서 열려 있는 조수석 창문으로 4발을 쏘았다고 말했다.

피해자들은 모두 머리에 총을 맞았는데 비올란테는 한 발, 모스코위츠는 두 발을 맞았다. 비올란테는 도움을 청하려고 자동차 경적을 울렸다. 목격자들은 비올란테가 비틀거리면서 차 밖으로 나와 "도와주세요! 살려주세요!"라고 소리쳤다고 말했다. 그러는 동안 살인범은 조용히 걸어서 길 건너편 공원으로 간 다음 처음 모습을 드러냈던 곳에서 자취를 감춘 것으로 알려졌다.

경찰은 총격 사건이 전해지자마자 '코드 44'라는 비상 계획을 수립했다. 사건이 발생한 배스 비치 지역에 경찰 순찰대를 집중 투입해 혼자 다니는 남자 오토바이족을 검문했지만 별다른 소득은 없었다.

피해자들은 코니아일랜드 병원으로 이송된 후 다시 킹스 카운티 병원으로 옮겨져 대수술을 받았다.

의사들은 모스코위츠의 경우 머리를 뚫고 들어가 목에 박힌 총알로 뇌가 손상되어 생존 확률이 반반 정도라고 했다. 비올란테의 생존 확률은 그보다 높았지만, 총알이 머리를 뚫고 지나가면서 왼쪽 안구가 완전히 훼손되었고 오른쪽 안구도 일부 손상되었다.

범인이 쏜 총알 중에 자동차의 운전대 축에 박힌 총알이 하나 있었다. 탄도학 전문가의 말에 따르면, 탄두가 너무 심하게 부서진 상태라 범인의 44구경 권총에서 발사된 것인지 장담할 수 없었다. '샘의 아들'이 범행을 다시 재개한 것인지 판단하려면 의사들이 모스코위츠의 목에 박힌 총알을 거의 온전한 상태로 꺼내야만 했다.

하지만 존 키넌 형사반장을 비롯한 다른 경찰관들은 총알을 분석하기도 전에 확신했다. 이 총격은 뉴욕시 역사상 최대 규모로 벌어진 수색 작전의 목표인 그 사이코패스의 짓이 분명했다.

주말 새벽 친구와 함께 차 안에 있는 긴 머리의 젊은 여성에게 총을 쏜 범행 방식을 보면 그렇게 짐작할 만했다. 특히 총을 쏜 횟수가 일치했다. 지금까지 '샘의 아들'이 저질렀던 일곱 차례의 범행과 마찬가지로 5발이 장전되는 44구경 '차터 암스 불독' 리볼버 권총으로 4발을 쏘았던 것이다.

범인의 인상착의가 일치하다

범인의 인상착의도 일치하는 것 같았다. 20대 남성에 중간 정도의 체격, 그리고 데님 재킷에 회색 셔츠를 입고 소매를 접어 올린 모습이었다.

지난 6월 26일에는 퀸스 베이사이드에 정차된 차 안에 있던 또 다른 남녀에게 총격을 가해 부상을 입혔다. 그들은 근처 디스코텍에 있다가 막 자리를 옮긴 뒤였다. 경찰 70명으로 구성된 특별 수사팀이 4월부터 상근 근무를 했음에도 수사관들은 늘어나는 좌절감과 단서 부족을 인정했다.

살인범이 첫 번째 범행을 저지른 지 1년이 되는 이번 금요일에 다시 범행을 시도할 것이라는 예상이 힘을 얻었다. 첫 범행은 1976년 7월 29일 브롱크스에서 여자친구와 차 안에 있던 18세의 도나 로리아를 살해한 사건이었다.

범인은 최근 몇 달 동안 경찰과 칼럼니스트 지미 브레슬린에게 보낸 두 통의 편지에서 조롱하듯 이렇게 물었다.

"7월 29일에 무엇을 할 생각인가? 도나 로리아를 잊으면 안 돼. … 그녀는 아주 사랑스러웠지. 하지만 샘은 목이 마른 아이라 피로 배를 채울 때까지 살인을 멈추지 못하게 할 거야."

뉴욕 주민들의 불안감이 고조되면서 많은 여성들이 긴 머리를 짧게 말아 올리거나 주말 데이트 약속을 취소했다. 경찰은 평상복 차림의 순찰대원 수백 명을 거리에 배치하고 과거에 사건이 일어났던 지역을 중심으로 범인 유인 작전을 폈다.

경찰에 따르면 비극으로 막을 내린 이번 희생자들의 데이트는 브루클린에 있는 한 영화관에서부터 시작되었다. 비올란테의 아버지인 파스콸레는 데이트하러 가는 아들에게 살인범이 아직 체포되지 않아 위험하다고 말했다. 킹스카운티 병원에서 했던 인터뷰에서 파스콸레는 "아들에게 퀸스에 있지 말고 다른 곳에 가라고 했다. 아들은 알았다면서 브루클린에서 놀겠다고 대답했다"고 말했다.

경찰은 비올란테 커플의 1968년식 갈색 뷰익 자동차가 쇼어 파크웨이와 베이 14번가에 정차한 시각은 확실하지 않다고 말했다. 당시 자동차가 멈춘 곳은 가로등 밑이었고 주변에는 남녀 커플이 탄 차가 여러 대 있었다. 차량 통행이 많은 벨트 파크웨이 오른편에 있는 한적한 곳이었다. 비올란테 커플의 차량에서 바다 쪽 방향으로는 철망으로 된 울타리가 있었고, 멀리 보이는 베라자노-내로스 다리의 불빛은 뉴욕 항구의 수로를 가로질러 브루클린의 포트 해밀턴에서 스태튼섬까지 마치 목걸이처럼 이어져 있었다.

의사들은 모스코위츠가 모두 두 발의 총을 맞았다고 말했다. 한 발은 정수리 두피를 스치고 지나가서 큰 상처를 입지 않았지만, 두 번째 총알은 두개골 뒤쪽으로 들어가 뇌의 일부를 관통한 다음 목 뒤에 박혔다.

비올란테는 한 발을 맞았는데 왼쪽 눈 바로 뒤로 들어간 다음 콧등을 지나 오른쪽 눈 위로 빠져나왔다. 총알은 왼쪽 안구를 터뜨리고 오른쪽 안구에도 상처를 입혔다. 비올란테의 수술을 집도했던 킹스 카운티 병원의 제프리 프리드먼 박사는 오른쪽 눈의 예후에 대해 언급하지 않으려 했지만, 비올란테의 상태가 "아주 안정적"이라고 했다. 모스코위츠는 8시간에 걸쳐 목에 박힌 총알과 주변 뼛조각 제거 수술을 받았지만, 위독한 것으로 알려졌다.

"신경과민, 피해망상, 조현증"

목격자들의 증언대로 범인은 아무 일 없었다는 듯 유유히 현장을 떠났다. 그 후, 경찰은 총을 쏜 사람의 신원을 파악하지 못한 듯했고 다만 범인이 "신경과민에 피해망상과 조현증"이 있으며 여성을 혐오하는 것 같다고 발표했다.

키넌 형사반장은 기자회견에서 "목격자가 별로 없고 물적 증거도 부족하며 범행 동기도 알아내지 못했다"고 밝혔다.

비올란테의 자동차에서는 두 사람의 몸을 강하게 타격한 후 부서진 것으로 보이는 수많은 탄환 조각이 발견되었다. 모스코위츠의 머리를 스친 것으로 보이는 총알 하나는 운전대 축에 박히며 산산조각이 나서 정보를 얻을 수 없었다는 것이 탄도학 전문가들의 말이었다.

피해자 명단

'샘의 아들'을 자처하는 살인범의 피해자 명단은 다음과 같다.

1. 도나 로리아, 18세, 브롱크스 웨스트체스터 하이츠 구역 거주. 1976년 7월 29일 새벽 1시경 집 밖에 세워둔 자동차 안에 있다가 총에 맞아 사망.

2. 조디 발렌티, 19세, 허친슨 리버 파크웨이 거주. 로리아와 함께 차 안에 앉아 있다가 왼쪽 허벅지에 총상을 입음.

3. 칼 드나로, 20세, 10월 23일 퀸스 플러싱 160번가에서 로즈마리 키넌과 함께 정차된 차 안에 있다가 머리에 총상을 입고 두개골에 철판을 덧대야 한다는 진단을 받음. 키넌은 다친 곳이 없었음.

4. 조앤 로미노, 18세, 퀸스 벨러로즈 거주. 1976년 11월 27일 오전

1977년 8월 6일, 뉴욕 경찰국에서 형사들이 44구경 권총 살인마와 그의 살인 방법을 설명하는 비디오에 나오는 살인범의 몽타주를 보고 있다. 비디오테이프는 73개에 달하는 뉴욕의 모든 관할구 경찰서에서 상영되었다.

12시 40분, 친구와 집 앞 현관에 앉아 있다가 뒤통수에 총상을 입음. 현재 허리 아래로 마비된 상태.

5. 도나 디마시, 17세, 퀸스 플로럴 파크 거주. 1976년 11월 27일 로미노와 함께 현관에 앉아 있다가 총에 맞아 목에 관통상을 입음.

6. 크리스틴 프룬드, 26세, 퀸스 릿지우드 거주. 지난 1월 30일 오전 12시 30분, 퀸스 포레스트 힐스에 있는 롱아일랜드 기차역 인근에서 정차된 차 안에 있다가 총에 맞아 사망함. 그녀와 함께 있던 30세의 존 딜은 다친 곳이 없었음.

7. 버지니아 보스커리천, 19세, 퀸스 포레스트 힐스 거주. 지난 3월 8일 오후 7시 30분경 학교에서 다트머스가를 따라 집으로 가던 중 총격을

받고 사망함. 그녀가 살해된 곳은 5주 전 프룬드가 피살된 곳에서 반 블록 떨어진 곳임.

8. 발렌티나 수리아니, 18세, 브롱크스 베이체스터 거주. 알렉산더 에소, 18세, 웨스트 46번가 거주. 두 사람 모두 지난 4월 17일 새벽 3시 수리아니의 집 근처인 허친슨 리버 파크웨이 인근에서 정차된 차 안에 있다가 총을 맞고 사망함.

9. 주디 플라시도, 17세, 브롱크스 펠헴 베이 구역 거주. 1977년 6월 26일 새벽 3시 20분 퀸스 베이사이드에서 살바토레 루포와 함께 정차된 차 안에 있다가 오른쪽 관자놀이와 오른쪽 어깨, 목 뒤에 총을 맞음. 퀸스 매스페스에 거주하는 루포는 오른쪽 이마에 상처를 입음.

10. 로버트 비올란테, 20세, 브루클린 벤슨허스트 구역 거주. 어제 새벽 2시 50분, 연인들이 많이 찾는 브루클린 배스 비치 구역의 다이커 해변공원 인근에서 스테이시 모스코위츠와 함께 정차된 차 안에 있다가 머리에 총을 맞고 중상을 입음.

11. 스테이시 모스코위츠, 20세, 브루클린 플랫부시 구역 거주. 머리에 총을 맞고 비올란테와 마찬가지로 중상을 입음.

용의자가 살인에 관해 입을 열다

"그건 명령이었다…나는 계시를 받았다."

– 하워드 블룸

"1년이 넘는 시간 동안 내가 바란 것은 단 하나였다. 바로 '샘의 아들'과 이야기할 기회였다. 그에게 범행 이유를 묻고 싶었다."

제럴드 셰블린 경사는 말했다. 그는 뉴욕 역사상 최대 규모의 범인 수색 작전인 44구경 살인마 수색 작전을 담당했던 특수 강력수사팀의 일원이었다. 어제 새벽 3시가 지나기 무섭게 셰블린 경사에게 기회가 찾아왔다.

티머시 다우드 경장이 이끄는 경찰 기동대 대원 10명이 경찰서 1312호실에 집결했다. 기동대는 지난 4월 44구경 살인범이 4번째와 5번째 피해자가 생겼다고 주장한 후 결성된 조직이었다. 1312호실에서 기동대원들은 용커스Yonkers 출신의 용의자 데이비드 버코위츠에게 30분 동안 '생각해낼 수 있는 모든 질문'을 퍼부었다.

셰블린 경사는 "수사를 시작할 때부터 버코위츠와 모텔 방에 더도 말고 딱 10분만 함께 있으면 좋겠다는 생각을 했다. 지난 6개월 동안 추적했던 버코위츠에 관해 더 많은 것을 알고 싶었기 때문이다. 그런데 지금 1312호실이 바로 그 모텔 방이 되었다. 우리는 방에 들어가서 미심쩍었던 것들을 모두 알아냈다"고 말했다.

리처드 콘론 경사와 함께 심문을 진행했던 조지프 코피 경사는 "버코위츠는 아주 협조적이었다"며 "말이 많고 침착했으며 우리가 무슨 질문을 하든 꼬박꼬박 대답했다"고 말했다.

"그건 명령이었다."

수사반장실에서 진행된 심문은 처음에는 질서 정연하게 이루어졌다. 하지만 기동대원들이 용의자 주변에 둥그렇게 둘러앉아 각자 1년 넘게 품었던 질문을 마구 던지기 시작하자 이내 소란스러워졌다. 한 형사가 용의자에게 물었다.

"왜 그랬지? 사람들을 왜 죽였나?"

한 경찰은 그때 버코위츠가 이렇게 대답했다고 말했다.

"그건 명령이었다. 나는 계시를 받았고 그 계시에 따랐다. 샘이 할 일을 말하면 나는 그 말에 따랐다."

24세의 우체국 직원인 버코위츠는 순종적인 목소리로 샘이 용커스에 사는 이웃인 샘 카이며 "샘은 6천 년 전에도 살았던 사람"이라고 설명했다.

버코위츠는 "나는 샘의 개를 통해 메시지를 받았다. 그가 내게 죽이라고 말했다. 샘은 악마"라고 말했다. 샘 카는 버코위츠의 이웃이며 버코위츠는 샘의 개를 총으로 쏜 혐의를 받고 있다. 이 시점에서 경찰들은

1977년 8월 11일, '샘의 아들'로 불리는 데이비드 버코위츠가 뉴욕에서 경찰서 유치장으로 연행되고 있다.

버코위츠가 진짜 용의자가 맞는지 의구심이 들었다.

한 경찰관은 "하지만 발렌티나 수리아니를 살해한 후 남긴 편지에 관해 물었더니 오직 샘만 알 수 있는 내용을 버코위츠도 알고 있었다"고 말했다.

경찰은 버코위츠에게 편지에 서명된 이름이 무엇인지 물었다.

버코위츠는 "괴물"이라고 대답했다.

"편지에서 본인을 어떤 이름으로 불렀는가?"

"살찐 거인."

"퀸스에 관해 언급했었나?"

"퀸스의 여성들이 다른 곳의 여성들보다 예쁘고 아름답다고 썼다."

몇 시간 후 경찰 기동대의 지휘관 다우드 경사는 바처럼 변한 경찰국 장실 책상 주위로 기동대원들이 모이자 왜 버코위츠에게 편지 내용에 관해 물었는지 설명했다.

"처음 이 편지를 받았을 때 언론에 공개했더라면, 오늘 편지 내용을 근거로 버코위츠가 범인이라는 사실을 밝히지 못했을 것이다."

그에 앞서 대원들은 버코위츠에게 44구경 살인마가 저지른 여덟 차례의 사건을 각각 재구성해보라고 요구했다.

심문에 참여했던 경찰들에 따르면, 버코위츠는 "지난 [1976년] 7월부터 살인 계시를 찾아서 매일 밤 자동차를 몰고 돌아다녔다"고 말했다.

그리고 "그렇게 다니다 보면 범행하기에 완벽한 상황이 찾아오고, 주차할 곳이 바로 눈에 들어온다. 살인 명령이라고 확신할 만큼 모든 상황이 맞아떨어지는 순간이 있었다."

"휴스턴에 사는 한 친구"가 총을 구해주었다고 말한 버코위츠는 첫 범행을 저지르기 "한 달 전부터" 44구경 '차터 암스 불독' 리볼버 권총을 갖고 다녔다고 말했다. 경찰에서 살인 도구로 사용된 것으로 지목한 바로 그 권총이었다. 버코위츠가 범행에 관해 자세하게 털어놓으면서 경찰은 많은 가설, 심지어 사실로 보았던 일부 수사 결과마저도 근거가 없다는 것을 알게 되었다. 경찰의 말에 따르면, 버코위츠의 진술은 다음과 같았다.

- 처음 세 차례 범행에서 총을 두 손으로 쐈다는 경찰의 생각과는 달리 한 손으로 쐈다.
- 최소한 두 번의 범행에서 44구경 권총에 장전된 다섯 발의 총알을 모두 쐈다. 권총에 한 발씩 남기고 쐈다는 경찰의 말과는

달랐다.

- 디스코텍에 들어간 적이 없었다.

- 가발을 쓴 적이 없었다.

- 공격 대상은 무작위로 선정했고 항상 젊은 여자를 목표로 삼았다.

- 여자 친구에게 차인 적이 없다고 주장했다. 범행을 저지른 이유
  는 단지 "그들이 명령했기 때문"이라고 설명했다.

비닐봉지 속에서 총을 쏜 적은 없었다

버코위츠는 간결한 문장으로 항상 범행 현장에서 한 블록 반쯤 떨어진 곳에 차를 세웠고 범행 후 "다시 차로 죽어라 달려왔다"고 설명했다. 그리고 권총을 비닐봉지에 보관했지만 경찰의 추정과는 달리 봉지로 총을 덮은 채로 쏜 적은 없다고 말했다. 그는 왜 총을 비닐봉지에 담아서 갖고 다녔을까? 버코위츠는 능글맞게 웃으면서 "권총집이 못미더워서"라고 말했다.

끝없이 이어지던 질문 세례도 버코위츠가 체포되던 바로 그날 밤에 무엇을 할 계획이었는지 설명하는 동안에는 잠시 멈췄다. 버코위츠는 "브롱크스에 사람을 죽이러 나갔다. 리버데일 쪽을 둘러보고 있었다"고 말했다고 한다. 그리고 처음으로 경찰에게 질문을 던졌다.

"오늘 밤 내가 왜 기관총을 갖고 나왔는지 아는가? 왜 그랬냐면 … 나는 총격전을 벌이다가 총에 맞아 죽고 싶었다. 하지만 경찰도 몇 명 죽일 생각이었다."

버코위츠는 1976년 7월 29일 브롱크스에서 도나 로리아를 살해했던 곳과 지난 1월 30일 퀸스 포레스트 힐스에서 크리스틴 프룬드를 살해했던 곳을 범행 후에 몇 차례 다시 찾아갔던 이유도 설명했다.

희생자의 무덤을 찾아보다

경찰은 그가 첫 번째 희생자인 로리아의 무덤을 찾아 세인트 레이놀즈 묘지에 간 적도 있다고 말했다. 버코위츠는 "하지만 무덤을 찾을 수 없었다"고 말했다. 그는 왜 무덤을 찾아가고 싶었던 것일까? 버코위츠는 "그러고 싶었다"고 말한 것으로 알려졌다.

한 형사는 "버코위츠는 머리카락 길이와 색깔을 언급한 적이 있는데, 그건 그가 피해자를 선택하는 것과 아무 상관이 없었다"고 말했다. 사실상 마지막 희생자였던 스테이시 모스코위츠는 그날 밤 그의 목표가 아니었다는 것이 경찰의 말이었다. 경찰에서는 당시 백미러로 모스코위츠 살해 현장을 지켜봤던 토미 Z.라는 젊은 남성을 언급하면서 이렇게 말했다. "버코위츠의 원래 목표는 토미 Z.와 함께 있던 여자였다. 하지만 토미가 자동차를 좀 더 어두운 곳에 세우자 목표를 바꿨다는 것이 버코위츠의 말이었다."

또 다른 경찰은 7월 31일 모스코위츠가 브루클린 배스 비치 구역에서 총격을 당했을 때 함께 있다가 중상을 입은 로버트 비올란테의 증언 내용을 전해주었다. 비올란테는 당시 차를 세운 곳에서 가까운 공원에서 한 남자가 거의 한 시간 동안 그네를 타고 있었다고 말했다. 경찰은 "버코위츠를 심문하면서 우리는 그가 그네를 타고 있던 사람이라는 것을 눈치챘다. 비올란테는 밤새 자신을 총으로 쏠 생각을 하는 그 남자를 쳐다보고 있었다. 물론 정말 자신을 쏠 것이라고는 전혀 짐작하지 못했다"고 말했다.

버코위츠는 구체적인 질문에도 대답했다. 누군가 어느 화요일 밤 지하철에서 나와 혼자 집에 걸어가던 버지니아 보스커리천을 죽인 이유를 물었다. 보스커리천은 44구경 살인마의 범죄 유형에 맞지 않는 인물이었기 때문이다. 버코위츠의 대답은 "명령을 받았다"였다고 한다. 후회하지 않느냐는 질문에는 이렇게 답했다.

"전혀. 왜 그래야 하는가?"

24세의 우체국 직원으로 사람을 죽이라는 목소리를 들었다고 진술했던 버코위츠는 6건의 살인을 자백하고 유죄 판결을 받았다. 그리고 6건의 살인에 대해 각각 25년형에서 종신형까지 선고받고 뉴욕 주립교도소에 수감되었다.

연쇄 살인 사건의 용의자가 밝혀지자 모두 당혹해하다

– 더글러스 E. 닐런드

금세기 미국에서 옆집에 사는 근면하고 사교적이며 공동체 의식이 투철한 남자, 특히 깔끔하고 밝은 모습의 중산층 남자가 최악의 연쇄 살인 용의자일 것이라고 생각하기는 어렵다. 하지만 존 웨인 게이시는 그런 사람이었다.

작은 키에 동글동글하게 생긴 36세의 주택 개조업자인 게이시는 내일 시카고 쿡 카운티의 법정에 출두할 예정이다. 그는 수년간 최소 32명의 젊은 청년을 살해한 혐의로 법정에 소환되었다. 대배심은 7건의 살인을 저지른 혐의로 그를 기소했고, 검찰은 지금까지 신원이 밝혀진 29구의 시신을 근거로 추가 기소를 검토 중이다.

과연 존 웨인 게이시는 어떤 사람일까?

서글서글하고 의욕적인 사업가

게이시는 서글서글한 성격에 의욕적인 사업가일까? 호기로운 면이 있지만 강아지처럼 사람들에게 즐거움을 주는 데 관심이 많은 사람일까? '포고Pogo'라는 이름의 광대로 분장하고 소풍이나 파티에서 아이들을 즐겁게 해주던 모습이 그의 진짜 모습일까? 여기 일리노이주 스프링필드와 아이오와주 워털루에서 이웃이나 친구, 가족들이 알고 있는 사교적인 사람이 그의 진짜 모습일까?

아니면 수사관들의 말대로 순찰차처럼 경광등을 단 검정색 올즈모빌 승용차를 타고 밤거리를 떠돌며 동성애가 판치는 빈민가를 지나다가 몸을 파는 어린 소년이나 자발적인 동성애자를 차에 태우는 그런 사람일까? 그는 과연 일자리를 미끼로 젊은이들을 유인해 성적으로 잔인하게 학대한 다음 살해했을까? 아니면 1968년 워털루에서 10대 소년과 동성애를 한 혐의로 유죄 판결을 받고 아이오와 소년원에서 18개월간 복역한 후에도 교화되지 않은 전과자였을까? 혹시 둘 다였을까?

그의 과거를 자세히 살펴봐도 왜 그런 기이한 성범죄의 유력한 용의자가 되었는지 해답을 얻기는 쉽지 않다. 그를 아는 사람들은 대부분 그에 관해 입을 다물 것이며 그가 받고 있는 혐의에 혼란스러워 할 것이다. 하지만 지금 쿡 카운티 교도소의 병동에 조용히 앉은 채 내일 진행될 소송을 기다리고 있는 게이시의 삶을 들여다보면 무척 당혹스러운 구석이 있고 문제가 많다는 것을 알 수 있다.

존 웨인 게이시는 1942년 3월 17일 시카고의 엣지워터 병원에서 태어났다. 부모인 존 게이시와 마리안 게이시는 둘 다 공장 노동자였다. 게이시는 누나, 여동생과 함께 북서쪽의 노동자들이 많이 사는 동네에서 성장했다. 그의 아버지는 게이시가 9살 때 세상을 떠났다. 현재 71세인

1978년에 촬영된 존 웨인 게이시

어머니는 막내딸과 함께 아칸소주에서 살고 있으며 누나는 시카고에 있다. 게이시 외에 나머지 가족 3명은 언론을 필사적으로 피해 다녔지만, 엷은 갈색머리에 세 아이의 엄마이며 논리가 정연한 게이시의 여동생은 신원을 보호해준다면 인터뷰에 응하겠다는 뜻을 밝혔다.

"지극히 평범한 사람"

"오빠는 다른 사람들처럼 평범한 사람이었다. 지극히 평범한 사람이다. 어머니는 오빠의 일을 전혀 믿지 못하신다. 마냥 울고만 계신다. 우리가 이 일로 얼마나 가슴이 아픈지 사람들이 알아주기 바란다."

그녀가 기억하기에 어린 시절 오빠에게 있었던 이상한 점은 가끔 정신을 잃을 때가 있다는 것이 전부였다. 그리고 게이시가 16살 때 그런 증상의 원인이 뇌에 생긴 혈전이라는 진단을 받았다. 어릴 적 운동장에서 뛰어놀다 생긴 사고 때문에 혈전이 생긴 것으로 추정되었다.

여동생에 의하면, 존 게이시는 쿨리 직업고등학교에 진학해서 경영 공부를 했다. 1년 후 프로서 직업고등학교로 옮긴 다음 몇 달 만에 그만두었다. 훗날, 시카고의 노스웨스턴 경영대학에 진학했다.

1년에 한두 차례 가족과 만나

게이시의 여동생은 게이시가 가족들과 시간을 많이 보내는 아들이나 오빠는 아니었다고 말했다. 대신 전화로 긴밀한 관계를 유지했으며 집에는 1년에 한두 번 정도 왔다고 한다. 가족들은 게이시가 아이오와에서 동성애 혐의로 유죄를 받은 사실을 알고 있었지만, 그저 "게이시가 살면서 겪었던 일의 하나" 정도로 생각했다. 오빠에 관해 좀 더 밝은 이야기로 화제를 돌린 게이시의 여동생은 게이시가 직접 만든 광대 복장을 하고 광대 '포고' 역할을 즐겨하는 등 항상 아이들을 즐겁게 해주었다고 말했다.

1964년 갓 22세가 된 게이시는 지역의 한 신발 회사에 취직했고, 소매점의 관리자가 되면서 스프링필드로 이주했다.

스프링필드에서 동료와 결혼

게이시는 스프링필드에서 같은 매장에서 일하던 마릴린 마이어스를 만났다. 두 사람은 9개월 후 결혼한 다음 스프링필드에 있는 마이어스 부모님의 집으로 이사했다. 마이어스의 부모님이 워털루에 치킨 체인점을 사들여 이주하면서 집이 비었기 때문이다.

게이시는 스프링필드에서 회사와 지역사회의 일에 적극 참여하고 봉사 단체인 청년 상공회의소에도 가입했다. 스프링필드 청년 상공회의소에서 게이시와 함께 일했던 에드 맥크레이트는 "그는 매우 쾌활하고 활기찬 사람이었고 이상한 구석은 전혀 없었다"고 했다.

게이시의 장인인 프레드 마이어스는 1년 반쯤 전 워털루의 치킨 체인점을 매각하고 다시 스프링필드로 돌아왔다. 프레드는 대문을 살짝 열고는 그 사이로 "아이오와주에서 왜 게이시를 석방했는지 이해할 수가 없다"고 말했다.

장인이 워털루에서 체인점을 운영하던 1966년 게이시는 워털루로 이사해 장인의 일을 도왔다. 그리고 다시 청년 상공회의소 일에 힘을 쏟았다. 1967년에는 워털루 청년 상공회의소 부소장과 지역 교구 사제단의 사제 및 조찬 기도회 회장이 되었다.

"대단한 야심가"

워털루 모텔의 지배인이자 게이시의 친구인 찰스 힐은 "게이시는 대단한 야심가였다. 수완이 좋았고 상공회의소의 유능한 회원이었다"고 말했다.

게이시의 사교적인 면을 그다지 좋게 보지 않은 사람들도 있었다. 상공회의소를 통해 게이시를 알게 된 톰 랭글러스 변호사는 "그는 호들갑을 떨며 반가운 척을 잘했는데 종종 도를 넘어서곤 했다. 그가 다른 사람에게 지나칠 정도의 관심을 보이는 것은 자신이 더 많은 관심을 받기 위해서였다"고 말했다.

1968년 지역 상공회의소 대표 선거에서 게이시와 경쟁했으며, 게이시가 동성애 혐의로 기소된 후 대표로 당선되었던 피터 버크 변호사는 "그는 진실을 중요하게 생각하는 사람이 아니었다. 거짓말을 하다 들켜도 크게 개의치 않는 듯했다"고 말했다.

1968년 5월, 블랙호크 카운티 대배심에서 10대 소년 2명이 게이시가 함께 성관계를 하자고 강요했다는 증언을 했다.

한 소년이 게이시가 몸을 묶었다고 증언

대배심 기록에는 두 소년 중 한 명이 게이시가 자신의 몸을 묶고 목을 조르기 시작했지만, 저항을 멈추었더니 줄을 풀고 그냥 보내주었다고 말한 내용이 있었다.

게이시는 기소되어 유죄 판결을 받고 1968년 12월 10년형을 선고받은 뒤 애나모사에 있는 주립교화원에 수감되었다.

수감 중이던 1969년 9월 18일, 아내 마릴린이 남편에게 잔인하고 비인간적인 대우를 받았다며 이혼 허가를 받고 아이들의 양육권을 가져갔다.

지금은 다른 사람과 재혼한 마릴린은 게이시와의 과거에 관해 이야기하길 꺼렸지만, 개명한 이름을 공개하지 않는 조건으로 인터뷰에 응했다.

"정말 믿을 수 없는 일이다. 그가 무섭다고 생각한 적은 없었다. 이런 살인 사건을 저지를 것이라고는 생각하지 못했다. 그에게 두려움을 느낀 적은 없었다."

동성애를 전혀 눈치채지 못하다

마릴린은 게이시가 아이오와주에서 동성애 혐의로 기소되었을 때 "그가 동성애자라는 것을 믿을 수 없었다"고 했다. 결혼 생활을 하면서도 전혀 눈치채지 못했다고 했다. 그리고 게이시가 전혀 폭력적이지 않았으며 좋은 아버지였다고 덧붙였다.

애나모사의 교화원 사람들에게 게이시는 상공회의소 교구를 이끌고 주방에서 일하다가 18개월 후 가석방된 모범수였다.

캘빈 오거 교화원장은 "수감 기간 중에 특별한 문제는 없었다. 게이시는 놀라울 정도로 잘 적응했다. 좋은 일꾼이었고 적극적인 일꾼이었다. 수감 기록을 봐도 딱 한 번 다른 수감자와 싸워서 소소한 징계를 받은 것밖에 없다. 그때도 다친 사람은 없었다"고 했다.

1970년 6월 18일에 게이시를 가석방했던 아이오와 가석방위원회의 도널드 올슨 사무국장은 당시 게이시의 수감 기록을 보면 충분히 가석방할 만했다며 "정신과 의사의 보고서가 있었다. 분명히 말하는데 그 보고서에 이상한 점이 있었다면 게이시는 가석방되지 않았을 것"이라고 했다.

게이시는 교화원을 떠나 시카고로 돌아온 다음 레스토랑에서 일하며 어머니와 함께 살았다. 그렇게 시카고 북서쪽의 아파트에서 4개월을 살다가 어머니에게 돈을 빌려 노우드파크 타운십에 자신의 집을 구입했다.

게이시는 나중에 사무실을 차리고 P.D.M.(도색, 장식, 유지보수) 사업을 시작했다. 소규모 점포의 리모델링이 전문 분야였고 대형 건축사업의 하청을 맡아서 일하기도 했다.

청년들이 거부 의사를 밝혔다고 말하다

게이시는 수년간 청년들과 함께 일했다. 그중 2명이 게이시의 집에서 시신으로 발견되었다. 게이시가 체포된 후, 과거에 그와 함께 일했던 다른 청년들은 게이시가 성적 제안을 했지만 거부의사를 밝혔고 그러자 게이시는 그냥 웃어넘겼다고 했다.

한편, 시카고 경찰은 1976년 1월 9살 남자아이가 실종되었을 때 2주간 게이시의 집에서 잠복했던 사실을 인정했다. 그리고 게이시의 집을 드나들었던 많은 젊은이를 심문했지만 게이시에게 불리한 말을 하는 사람은 없었다고 밝혔다.

게이시와의 연관성을 밝히지 못해

또한 경찰은 1975년과 1976년에 게이시와 함께 일했던 청년 2명이 실종된 사건을 수사했지만, 그들과 게이시 사이의 연관성을 밝히지 못했다.

1977년 12월 31일에는 19세의 청년이 게이시를 고발하면서 그가 총으로 위협하면서 성행위를 강요했다고 주장했다. 하지만 경찰 기록을 보면 이 형사고발은 받아들여지지 않았다. 게이시는 그런 행위를 한 것 자체는 인정했지만, 고발자가 자발적으로 참여했으며 시간이 한참 지난 다음 자신을 협박하기 위해 고발한 것이라고 주장했다.

지난 3월에는 또 다른 청년이 게이시를 고소했다. 자신을 납치해서 마취한 다음 성폭행했다는 주장이었다. 폭행 관련 혐의는 아직까지 결론이 나지 않았다.

데이비드 모지 경찰 대변인은 "이런 사건이 발생하면 사람들은 경찰이 마땅히 그 사건에서 어떤 공통점을 발견했어야 한다고 입을 모은다. 하지만 우리는 양심에 조금도 거리낄 것이 없다. 게이시를 심문하고 게이시를 미행했지만, 전혀 문제가 없었기 때문이다. 그가 아이오와에서 유죄 판결을 받았다는 것도 알고 있었지만, 그것만으로 그를 연쇄 살인마로 볼 수는 없었다"고 말했다.

노우드파크 타운십의 이웃들에게 게이시는 옆집에 사는 '타운십 가로등 설치위원회' 이사이자 민주당 지역 지부장이었으며, 400여 명의 친구를 불러 파티를 연 뒤 남은 술과 음식을 인근 주민들과 함께 나누는 유쾌한 사람이었다.

1972년 6월, 게이시는 두 딸이 있는 이혼녀 캐롤 호프와 결혼했다. 호프는 언젠가 차 안에서 10대 소년의 것으로 보이는 지갑을 몇 개 보았다고 게이시에게 말한 적이 있었다. 그때 게이시는 호프에게 크게 화를 냈다.

호프는 "게이시가 가구를 집어 던지는 바람에 내가 가져온 가구 몇 개가 파손되었다. 지금 생각해보니, 만일 집에서 살인이 벌어졌다면 몇 건은 틀림없이 내가 집에 있을 때 벌어졌을 것"이라고 말했다. 1976년 3월 2일, 호프는 게이시와 이혼했다. 그리고 최근 텔레비전에 나와 게이시가 여자와 정상적인 성관계를 갖지 못한다고 말했다.

게이시가 체포되어 살인 혐의를 받기 직전까지 데스 플레인즈 경찰이 공공연하게 그를 미행했는데도 당시 이웃들은 게이시가 범죄 혐의를 받고 있다는 것을 믿지 못했다.

길 건너에 사는 샘과 제니 드로런티스 부부는 게이시에게 왜 항상 경찰차가 뒤를 따라다니는지 물었다. 게이시는 "경찰이 내게 살인 누명을 씌우려 한다"고 대답했다. 그 말을 하면서 게이시는 웃었고 부부도 함께 웃었다.

그리고 얼마 지나지 않은 12월 11일 경찰은 15세 소년 로버트 피스트가 그해 여름 아르바이트 자리를 알아보러 게이시를 찾아갔다는 증거를 확보했다. 당시 게이시는 경찰 당국에 피스트의 시신을 데스 플레인즈 강에 버렸다고 말한 것으로 알려졌다.

크리스마스를 3일 앞두고 게이시 자택의 땅을 파헤치기 시작했던 쿡 카운티 보안관국의 수사관들은 차고와 침실 세 군데에서 부패한 27구의 시신을 발굴했다.

당국은 게이시가 32명의 청소년을 성관계 후 살해했으며 그중 27명을 집에 묻고 5명을 데스 플레인즈 강에 버렸다고 자백했다고 발표했다.

강에서 두 구의 시신을 인양함으로써 사건의 희생자는 모두 29명이 되었다. 금세기 미국에서 지금까지 1명의 살인 용의자가 살해한 희생자 수로는 가장 많았다.

게이시는 33명의 소년을 살해한 혐의로 유죄 판결을 받았다. 그는 희생자 대부분을 집에 매장했다. 게이시는 1994년 독약을 주사하는 방법으로 사형에 처해졌다.

번디가 연쇄 살인을 인정한 뒤
플로리다주에서 처형되다

– 존 노드하이머

근래에 가장 악명 높은 살인범으로 꼽히는 시어도어 번디가 오늘 전기의자에 앉아 처형되었다. 형이 집행된 플로리다 주립교도소 정문 밖에 모여 있던 사람들 200여 명은 처형 소식이 전해지자 환호성을 질렀다.

번디는 살인을 시작한 지 약 15년 만에, 경찰 추산에 의하면, 전국에서 30명 넘는 젊은 여성을 살해한 뒤 조용히 세상을 떠났다.

한때 법학도였던 번디는 처형장에 있는 전기의자에 결박당하는 동안 변호인과 신부에게 "가족과 친구들에게 사랑한다고 전해달라"고 말했다. 커다란 유리창으로 분리된 옆방에서 20여 명의 관리들이 처형 과정을 지켜보았다.

교도소 당국은 번디의 몸에 2,000볼트의 전류를 1분간 흘려보낸 다음, 오전 7시 16분 번디가 사망했다고 공식 발표했다.

교도소 문밖에 모인 군중은 350여 미터 떨어져 있는 독방 건물의 처형실에서 번디의 사망 소식이 전해지자 일제히 환호했다.

'이웃집 소년'처럼 준수하고 지적인 외모 속에 여성을 사냥하고 살해하려는 충동을 감추고 있던 한 남자의 죽음에 박수갈채를 보내려고, 동트기 전 새벽녘 한기를 뚫고 플로리다 북부 소나무 숲으로 둘러싸인 이곳으로 몰려든 군중 속에서 몇몇 사형폐지론자가 망연자실한 표정으로 고개를 떨궜다.

"번디는 자신이 아주 똑똑하다고 생각했다"

인근의 게인스빌에서 온 26세의 캐리 하퍼는 "중요한 순간이다. 우리는 이 순간을 위해 11년을 기다렸다"고 말했다.

하퍼와 함께 온 21세의 지나인 고든은 "번디는 자신이 아주 똑똑하고 영리해서 범죄를 저지르고도 처벌을 면할 수 있다고 생각했던 것 같다"고 하며, 번디의 살인 행위뿐 아니라 그의 개인적인 행실까지 비난하는 폭넓은 견해를 밝혔다. 사형 집행은 플로리다 주지사가 네 번째로 발부된 사형 집행영장에 서명하면서 이루어졌다. 앞서 1986년에도 영장이 세 차례 발부되었지만, 법정에서 그의 항소심이 진행되고 있었기 때문에 계속해서 연기되었다.

마지막 영장은 1978년 킴벌리 리치 살인 사건으로 발부되었다. 플로리다주 레이크시티에 사는 12세 소녀 리치는 번디에게 납치된 후 살해되었다. 리치의 시신은 절단된 채 인적이 드문 가축우리에 버려졌다. 번디는 1980년 리치 살인 혐의로 유죄 판결을 받았다. 그리고 1년 후에는 플로리다주립대 학생 2명을 살해한 죄로 유죄 판결을 받았다. 탤러해시에 있는 여학생 클럽 회관에 들어가 잠자던 두 여학생을 몽둥이로 폭행하고 끈으로 목을 졸라 죽인 사건이었다. 리치를 살해하기 3주 전에 벌어진 일이었다.

자백을 쏟아내다

번디가 사형집행인의 손에 숨을 거두기 전, 그와 관련이 있을 것으로 여겨지는 수많은 미제 살인 사건을 들고 워싱턴과 유타, 아이다호, 콜로라도에서 경찰관들이 모여들었다. 마지막 며칠 동안 번디는 그들에게 최소 16건의 살인을 자백했다. 그중 일부는 치안 당국조차 번디의 소행이라고는 전혀 생각하지 못한 사건이었다. 연방 및 주 치안 당국은 번디가 1974년 2월 시애틀에서 범행을 시작한 뒤 발생했던 10여 건의 유사 범죄도 그와 관련이 있을 것으로 추정했다.

번디는 그동안 죄가 없다면서 "남을 음해하기 좋아하는 수사관들"이 짜놓은 정황증거의 그물에 걸려들었을 뿐이라고 주장했다. 하지만 연방 법원에서 심리하는 항소가 끝나면서 번디는 급격하게 자신감을 잃은 듯 보였다. 번디는 "눈에 띄게 동요하는 모습"을 드러내며 수사관들에게 서부 4개 주에서 살해한 피해자들의 이름과 살해 날짜를 털어놓기도 했다.

사형을 지켜본 사람들은, 오늘 아침 7시경 처형장으로 들어가는 번디는 긴장한 것 같으면서도 차분한 모습이었으며 이미 모든 것을 체념한 듯했다고 말했다.

참관자들 중에는 킴벌리 리치 살인 사건 공판 당시 주州 검사였던 제리 블레어도 있었다. 번디는 의자에 결박당하는 동안 블레어를 알아보고 눈인사를 건넸다. "번디는 내게 나쁜 감정이 없다는 뜻을 전하고 싶었던 것 같다"고 블레어가 말했다. 그런데 블레어를 포함해서 오랫동안 번디의 살인 사건을 담당했던 많은 사람들은 잘생기고 의사표현이 분명하

1980년 2월 13일, 플로리다주 교정국에서 촬영한 테드 번디

며 세련되기까지 한 젊은이가 미국 역사에서 가장 잔혹하고 예측할 수 없는 살인마가 된 이유를 전혀 모르겠다고 시인했다.

오직 흥분을 맛보려 사람을 죽였다

블레어 검사에 따르면, "테드 번디는 복잡한 사람이었다. 그런데 어디선가부터 잘못되기 시작했다. 살인을 하고 추적자를 따돌리는 행위에 흥분을 느꼈고 흥분을 느끼기 위해 살인을 저질렀다. 번디는 아마 마음만 먹으면 무엇이든 될 수 있었을 것이다. 하지만 어떤 계기로 인해 사람이 달라지기 시작했는데 그 계기가 무엇인지는 지금까지도 밝히지 못했다."

1970년, 북서부 태평양 연안에서 범행 대상을 찾던 번디는 몇 군데 대학가를 공포에 몰아넣었다. 늦은 밤 캠퍼스를 서성거리다가 여학생을 납치하기도 하고, 대낮의 혼잡한 공원에서도 피해자들이 친숙한 환경에서 경계심이 느슨해진 틈을 노려 납치하곤 했다. 목격자 증언이나 다른 증거를 보면 번디는 잘생긴 외모에 부드러운 말투로 피해자를 유인한 다음 살해했다.

번디는 피해자들을 보통 목을 졸라 살해한 다음 성적 학대를 가하고 사지를 절단해서 외딴 곳에 갖다 버렸다. 살해된 지 몇 달이나 몇 년 만에 발견된 피해자의 유골을 보면 거의 예외 없이 두개골에 금이 가 있었고 턱과 팔다리는 부서져 있었다.

뉴욕의 정신과 전문의로 연쇄 살인범 전문가이자 『살인자의 심리The Murdering Mind』(1973)의 저자인 데이비드 아브라함센 박사는 "이렇게 신체를 훼손하는 행위에서 번디가 여성의 몸을 혐오한다는 것을 알 수 있다"면서 "진짜 목표는 피해자가 아니다. 피해자는 대용품에 불과하다. 그래서 일련의 범죄들이 그렇게 무차별적이고 변덕스러웠던 것이다"라고 말했다.

아브라함센 박사는 남자가 얼굴도 모르는 여자에게 폭력적인 성범죄를 저지르는 경우, 실제 동기는 무의식적으로 어머니에게 '복수하고 지배하려는 강력하고 반복적인 환상'을 행동에 옮기려는 것이라고 주장했다.

번디는 감정 기복이 심한 이유가 알코올 때문이라고 넌지시 말한 적이 있었다. 지난 월요일에는 심리학자인 제임스 돕슨 박사에게 아주 노골적인 외설물에 집착이 생겼고 그로 인해 생긴 환상을 살인이라는 방법으로 실행에 옮기게 되었다면서 눈물을 보였다고 한다.

보이스카우트, 그리고 평점 B⁺ 학생

시어도어 로버트 번디는 워싱턴주 타코마에서 필라델피아 출신의 어린 미혼모의 자식으로 태어났다. 어머니인 루이스 번디는 아들이 처음으로 살인 용의자가 된 28세 전까지만 해도 말썽을 부린 적이 없어서 그런 일이 생길지 전혀 몰랐다고 했다.

어릴 적의 번디를 잘 아는 사람들은 그가 보이스카우트 단원에 평점이 B+인 대학생이었다고 말한다. 번디가 아이들을 사랑하고 시를 읽었으며 시애틀 공화당 정치계의 떠오르는 신예였다는 말도 했다. 번디는 살인을 시작한 해에 시애틀 범죄 방지 자문위원회의 부회장이었고 여성을 위한 성폭행 방지 책자를 직접 쓰기도 했다.

그는 1986년 《뉴욕타임스》와의 인터뷰에서 이렇게 말했다.

"나를 괴물로 보는 사람이 있는데, 괴물은 그들이 자신의 내면에서 맞서야 하는 그 어떤 것이다. 다른 사람을 비난하고 나 같은 사람을 괴물로 만들려는 이유는 그것이 이해할 수 없는 공포와 위협에 대처하는 아주 대중적이고 효과적이며 이해하기 쉬운 방법이기 때문이다."

편집자 주: 테드 번디와 관련해 넷플릭스 다큐멘터리 〈살인을 말하다: 테드 번디의 테이프〉(2019)가 있다.

연쇄 살인마 제프리 다머
교도소에서 폭행당해 사망

― 돈 테리

1991년에 소름 끼치는 살인과 시체 성애, 시신 훼손으로 세상을 놀라게 했던 제프리 다머가 오늘 위스콘신주의 한 교도소에서 폭행으로 사망했다. 다머는 교도소에서 15년 연속 종신형을 살고 있었다.

올해 34세였던 다머는 자신보다 어린 14세에서 33세 사이의 사람들만 살해했다. 다머의 사인은 머리에 입은 치명적인 부상이었는데, 오전 7시 50분에서 8시 10분 사이에 교도소 체육관 옆 화장실에서 피투성이 상태로 발견되었다.

피 묻은 빗자루가 주변에서 발견되었으며 유력한 용의자는 살인죄로 종신형을 살고 있는 25세의 밀워키 출신 크리스토퍼 스카버라는 것이 관계자의 말이었다.

1992년 다머를 교도소에 보냈던 밀워키 카운티의 E. 마이클 맥캔 지방검사는 "아주 서글픈 인생의 서글픈 마지막 장이 끝났다"면서 "비극이지만, 그의 부모는 아들이 죽인 피해자 가족들이 느꼈던 상실감을 똑같이 느껴야 할 것"이라고 말했다.

밀워키 카운티의 범죄 역사에서 악명 높은 범죄자로 꼽히는 제스 앤더슨도 이번 사건으로 중상을 입었다.

설리번 교정국장은 폭행 사건의 동기에 관해 일체 언급을 피했다. 담당자의 말에 따르면, 흑인인 스카버는 1992년 위스콘신 자원보존단 밀워키 사무실에서 일하는 스티브 로먼의 머리를 총으로 쏴 살해한 혐의로 유죄 판결을 받았다. 그는 2042년까지는 가석방이 금지된 상태이다.

피해자가 대부분 흑인이나 히스패닉, 아시아 남성과 소년인 다머와 아내를 살해하고 이를 흑인 2명에게 뒤집어 씌우려 했던 앤더슨은 밀워키의 인종 간 평화를 위태롭게 했다.

사건 당일 다머는 다른 죄수 2명과 함께 체육관에서 가까운 화장실과 샤워실을 청소하라는 지시를 받고 교도관과 함께 오전 7시 50분 그곳에 도착했다. 그후 죄수들은 20여 분 동안 별다른 감시 없이 방치된 것 같다.

설리번 교정국장은 교도관들이 "절차를 준수했다"며 "감시하는 동안 규정 위반은 없었다"고 말했다. 모두 살인범인 죄수 셋은 지금까지 별다른 사고 없이 3주간 일상적으로 그 작업을 해왔다. 적어도 어제까지는 그랬다. 그런데 오늘 오전 8시 10분에 화장실로 돌아온 교도관이 바닥에 쓰러진 채 피를 흘리고 있는 다머를 발견한 것이다. 교도관은 곧바로 경보를 울렸으며 잠시 후 두세 칸 옆에 있는 샤워실에서 앤더슨을 발견했다.

다머가 매디슨에서 북쪽으로 64킬로미터쯤 떨어진 포티지에 있는 컬럼비아 교도소에 오던 날부터 그의 신변 안전은 교도소의 중요한 관심사였다.

전직 초콜릿 공장 직원이었던 금발의 다머는 미국 역사상 가장 많은 사람을 죽인 살인범이었다. 그래서 교도소 당국은 다머를 죽여 범죄 세계에서 명예를 얻으려는 죄수가 있지 않을까 염려했다. 특히 석방 가능성이 없는 장기수들 중에 그런 사람이 나올까 봐 걱정이 많았다.

교도소 생활 첫해에 다머는 보호 차원에서 일반 죄수와 격리된 채 생활했다. 하지만 지난해에는 교도소 당국이나 다머 모두 622명의 일반 죄수와 어울려도 안전할 것으로 생각했다.

하지만 지난 7월 한 죄수가 예배를 보던 중 직접 만든 플라스틱 칼로 다머의 목을 찌르려 했던 사고가 발생했다. 그때 다머는 부상을 입지 않았고 그 일은 그냥 우발적인 사건으로 처리되었다.

희생자 가족이 제기한 몇 건의 민사 소송에서 다머의 변호를 맡았던 스티븐 아이젠버그는 "다머가 교도소 생활이 무섭다고 한 적은 없었다"고 말했다. 다머가 자백한 살인 범죄는 모두 17건이었다. 16건은 위스콘신주에서 저질렀고 최초의 살인이었던 나머지 1건은 오하이오주 애크론 교외에 있는 고향 배스 타운십에서 저질렀다. 다머는 유죄를 인정했고 위스콘신주에서 저지른 범행 중 15건에 대해 살인 혐의로 유죄 판결을 받았다. 16번째 살인의 경우 다머의 유죄를 증명할 증거가 부족했다는 것이 검찰의 말이었다.

다머는 1978년 어린 히치하이커인 스티븐 힉스를 오하이오주에 있는 자신의 부모님 집에서 살해한 혐의를 인정했다.

그는 희생자 대부분을 시카고와 밀워키에 있는 버스 정류장이나 술집, 쇼핑몰, 성인 전용 서점에서 만났다. 피해자들에게 누드 사진을 찍게 해주면 맥주나 돈을 주겠다고 꾀어 밀워키의 우범지역에 있는 자신의 아파트로 데려간 다음 술에 수면제를 타서 먹인 뒤 피해자가 의식을 잃으면 목을 조르거나 칼로 찔렀다. 다머는 최소한 피해자 1명의 팔 일부를 먹었고, 다른 몇몇 희생자의 심장이나 다른 신체 부위를 냉장고에 보관했다.

다머는 수사관에게 외로움을 달래기 위해 살인을 저질렀다며 "그들이 나를 떠나는 것이 싫었다"고 말했다.

1991년 5월에는 다머가 맥주 여섯 묶음을 사러 아파트를 비운 사이 납치된 상태였던 라오스 태생의 코네락 신사솜폰이 피를 흘리면서 집 밖으로 뛰쳐나가는 일이 벌어졌다. 그 바람에 다머는 체포될 위기를 맞았다. 하지만 밀워키 경찰 2명은 한 여성이 신사솜폰이 위험에 처한 것 같다고 말했음에도, 이를 무시하고 다머가 그를 데리고 돌아가게 했다. 소년과 자신이 연인 관계이며 좀 전에 말다툼을 해서 그렇다는 다머의 말을 그대로 믿은 것 같았다.

다머는 그날 아파트로 돌아오자마자 소년을 죽였다고 진술했다. 다머 사건이 알려진 다음 그 경찰관 2명은 해고되었다. 하지만 지난 4월 기나긴 법정 다툼 끝에 다시 복직되었으며 그중 한 사람은 부서를 옮겼다.

다머는 또 다른 피해자가 손수건으로 손목이 결박당한 채 집 밖으로 뛰쳐나와서 끝내 결국 체포되었다.

다머는 죽었지만, 그의 재산을 둘러싼 법적 분쟁은 여전히 진행 중이다. 몇몇 희생자 가족은 다머를 고소해서 수백만 달러를 배상받았다. 그 뒤로도 다머의 밀워키 아파트에 있는 물건들의 소유권을 얻으려 애쓰고 있다. 밀워키 아파트는 다머가 희생자 대부분을 살해했던 장소이다.

희생자 가족들은 다머가 시신을 분해하는 데 사용했던 200리터 용량의 커다란 통과 시신의 심장을 보관했던 냉장고를 비롯해서 톱, 망치, 다머의 칫솔을 포함한 312개의 물건을 경매에 붙일 계획이다. 담당 변호사인 톰 제이콥슨은 경매를 통해 10만 달러 이상을 마련할 수 있을 것이라고 말했다.

다머의 마지막 희생자인 19세의 에롤 린지의 여동생 리타 이사벨은 조만간 오늘 같은 날이 올 것이라는 생각을 한시도 잊은 적이 없다고 했다. 이사벨은 지난 2년간 자신을 죄수라고 밝히면서 오빠의 조의를 표하고 다머를 "잘 처리하겠다"고 말하는 사람들의 전화를 여러 차례 받았다고 말했다. 마지막 전화를 받은 것은 6개월 전이었다.

전화를 건 사람은 이사벨에게 "당신은 나를 모르겠지만, 나는 지금 제프리 다머와 함께 있다. 걱정하지 마라. 우리가 그를 잘 처리하겠다"고 말했다.

가장 특이한 연쇄 살인 사건의 용의자는 저격수

범인은 단독범도 백인도 성도착자도 아니었다

– N. R. '소니' 클라인필드, 에리카 구드

중년 남자와 10대 소년은 보통 사람들은 이해하기 어려운 공포 여행을 함께 하는 자유로운 동반자였다. 수사관들에 의하면, 그들이 3주에 걸쳐 태연하고 무자비하게, 그들만 이해하는 논리에 따라 살인을 저질렀으며 그럼으로써 무시무시한 연쇄 살인범 클럽에 이름을 올리게 되었다고 한다.

경찰이 목요일 아침 일찍 고속도로 휴게소에서 잠을 자고 있는 41세의 참전용사이자 전문 저격수인 존 앨런 무함마드와 17세의 자메이카인 존 리 [리 보이드] 말보를 체포한 뒤, 당국에서는 무차별 저격으로 10명을 살해하고 워싱턴 D.C. 인근에 사는 수백만 주민들을 공포에 빠뜨렸던 사건이 종료되었다고 발표했다.

그 두 사람이 유죄 판결을 받는다면, 그렇지 않아도 차고 넘치는 연쇄 살인마의 역사에 아주 특이한 한 페이지가 더해지게 될 것이다. 그들의 범행에서 분명히 알 수 있는 것은 모든 연쇄 살인범에게는 자기만의 이야기가 있고 그 속에는 저마다의 특성이 있으며, 그 이야기는 전개되면서 꼬이게 되고 결국 복잡한 몰락의 과정을 겪는다는 점이다. 그들 사이에서 찾을 수 있는 유일한 공통분모는 그들이 사람을 죽이는 데 능숙하다는 것뿐이다.

하지만 이번 용의자의 범죄 동기를 찾던 학자들은 이들이 얼마나 특이한 부류인지 알게 된 다음 경악을 금치 못했다. 지금까지 알려진 대략적인 정보만 봐도 두 사람은 여러 가지 면에서 기존 범죄자들과 함께 묶을 수 없는 독특한 점이 있었다.

전직 FBI 수사관이자 프로파일러이며 현재 학술그룹과 연계된 법의학 컨설팅 회사를 운영하는 피터 스메릭은 "이번 사건은 그동안 우리가 봤던 것과는 확실히 다르다. 내가 분석했던 수천 건의 사건 중에 이번 사건과 똑같은 것은 단 하나도 없었다"고 말했다.

살인팀

우선 살인자가 둘이라는 점이 기존 사건과 다르다. 연쇄 살인범들은 보통 공범이나 동료 없이 혼자 범행을 저지른다. 그리고 자신의 내면에 있는 괴물의 지시와 목표에 따라 움직인다.

이번 사건의 용의자인 무함마드와 말보 둘 다 살인을 저질렀는지는 분명하지 않지만, 수사관들은 두 사람이 3주에 걸쳐 총격 사건을 벌이는 동안 함께 움직였다고 말한다.

전문가는 연쇄 살인범 중에서 팀으로 활동하는 비율을 10~28퍼센트 정도로 추정했다. 그리고 그렇게 팀으로 활동하는 살인범 중 일부는 전체 범죄자 중에서도 극악한 부류에 속한다고 말했다. 예를 들어 1970년대

말, 로스앤젤레스에서 어린 여성을 납치한 후 강간, 고문, 살해하여 소위 '산비탈 교살범'으로 알려진 안젤로 부오노 주니어와 케네스 비안키는 사촌이었다.

연쇄 살인 연구자들에 따르면 팀으로 살인을 저지르는 사람들은 보통 1명이 범행을 주도한다. FBI 행동 과학팀에서 25년간 근무했던 그레그 맥크레리는 "보통 주동자 1명이 범행을 주도하고 두 번째 인물은 그의 말에 따른다. 팀에서 두 사람의 관계가 대등한 경우는 드물다"고 말했다.

무함마드는 팀원인 말보를 상당부분 지배한 것으로 보인다. 말보는 실제로 아무 관계도 아닌 무함마드를 아버지라고 불렀으며 그의 말에 따라 크래커와 꿀, 비타민 보충제를 먹으면서 엄격하게 식단 관리를 했다고 한다. 그런데 두 사람은 그런 사례 중에서도 아주 특이했다. 나이 차가 24살이나 났기 때문이다.

인종이라는 하나의 요인

범인은 백인일 것이다. 범인이 체포되기 전, 경험에 따라 저격범의 신원을 추측했던 전문가들은 모두 그렇게 말했다. 이번 연쇄 살인은 백인 한 사람이 벌이는 게임이라는 것이 그들의 의견이었다.

하지만 두 용의자는 모두 흑인이다.

연쇄 살인범의 인종과 민족성에 관해 연구한 사례는 거의 찾아볼 수 없다. 하지만 일부 연구에서는 흑인 연쇄 살인범의 비율이 전체 인구에서 흑인이 차지하는 비율과 거의 비슷하거나 약간 높은 것으로 나왔다. 그리고 미국 연쇄 살인범 중에서 13~22퍼센트가 흑인이라고 추정했다.

하지만 할리우드 영화와 출판물의 영향 탓에 연쇄 살인범은 보통 '샘의 아들' 데이비드 버코위츠 같은 백인일 것이라는 인식이 우세하다.

연쇄 살인범들은 대부분 본인이 백인이든 흑인이든 상관없이 같은 인종을 살해한다. 1980년대 애틀랜타에서 최소 5명의 흑인 아이를 살해했던 웨인 윌리엄스도 그랬고 1992년부터 1994년까지 노스캐롤라이나주 샬럿에서 9명의 어린 흑인 여성을 살해했던 헨리 루이스 월리스도 마찬가지였다. 경찰에서 흑인과 백인을 모두 죽였다고 추정하는 이번 저격범 용의자들은 아주 예외적인 경우라고 할 수 있다.

비전문가

백인, 흑인, 남성, 여성, 젊은이, 노인. 저격범들은 아무런 구분 없이 모두 무차별적으로 살해했다. 둘 중 한 명이 먼저 지목하는 사람이 목표가 되었고 모든 범행은 충동적으로 이루어졌다.

연쇄 살인범은 보통 저마다 살해하는 사람들의 부류가 정해져 있다. 그래서 지금은 연쇄 살인 피해자를 성매매 여성, 어린이, 젊은 여성, 동성애자 남성, 히치하이커 등으로 분류하는 것이 자연스러운 일이 되었다. 그런데 이번 저격범들에게 살해당한 피해자들은 아무런 연관성이 없었다. 그래서 저격범들이 지역을 기준으로 그 안에 사는 사람을 살해했을지 모른다는 추정이 나오기도 했다. 최대한 많은 사람들에게 알려지기 위해 워싱턴 D.C. 교외 지역에서 집중적으로 범행 대상을 선택했다는 주장이었다.

캘리포니아대학교 프레스노 캠퍼스에서 근무하며 399명의 연쇄 살인범을 연구한 에릭 히키 박사는 범인들이 범행 대상을 선택한 근거에 대해 "사람을 많이 죽이는 것이 아니라 지역 사회에서 어떤 반응을 불러일으키기 위한 행동"이라고 추정했다.

처음부터 빠르게 범행을 저지르다

그들의 범행 주기는 아주 이상했다. 연쇄 살인범은 대개 처음에는 시험 삼아 천천히 범행을 시작하면서 상황을 살핀다. 그러다가 범행에 성공하면 자신감이 생겨 횟수를 차차 늘려간다. 그래서 범행 주기는 며칠이 될 수도 있고 몇 주나 몇 년이 될 수도 있다.

폭스 박사는 "연쇄 살인범은 보통 범행을 천천히 시작한다. 그리고 첫 살인은 계획하지 않은 상황에서 발생할 수도 있다"고 말했다. 성매매 여성을 지목한 다음 계획에 없었는데도 죽일 수 있다는 것이 폭스 박사의 말이었다.

"범행이 즐겁지 않다면, 그 일을 반복하지 않을 것이다. 하지만 그들은 보통 범행을 즐긴다."

맥크레리 전 FBI 요원은 그가 연구했던 연쇄 살인범들이 "아주 조심스레 범행을 시도하고 상황을 살피면서 기다린다"는 말에 동의하면서 "그들은 물러나 기다리면서 관찰한다"고 말했다. 하지만 시간이 지나면서 "그들에게 용기가 생긴다"면서 "행동이 더 신속해지고 범행 주기가 더 빨라진다"는 것이 그의 말이었다.

치안 당국은 이번 저격범들의 범행이 그런 일반적인 경우와는 달랐다고 지적했다. 그들은 잔인무도한 특성을 보이면서 24시간 만에 6명을 사살했다. 그런 다음 갈수록 범행 주기를 길게 가져가면서 한 사람씩 사살했다.

어린 시절

연쇄 살인범은 만들어질까? 아니면 타고날까? 연쇄 살인범들이 살인을 하게 된 원인에 대해 범죄학자들이 밝혀낸 것은 여전히 적다. 일부 전문가들은 살인자들의 성장 배경에서 소위 '살인의 3대 요소'를 찾아볼 수 있다고 말한다. 방화, 일정한 나이가 지난 후에도 계속되는 야뇨증, 동물 학대가 바로 그것이다. 어린 시절의 물리적·성적 학대를 요인으로 꼽는 전문가들도 있다.

많은 연쇄 살인범이 유죄 판결을 받은 후 학자들과 인터뷰를 하면서 부모님이 가혹하고 무심하거나 적어도 완고한 성격이었다는 말을 했다. 스탠퍼드대학교의 정신의학 명예교수이며『살인과 광기Murder and Madness』(1976)의 저자인 도널드 런드 박사는 1970년대에 캘리포니아 주 샌타크루즈에서 어머니를 비롯해 여대생 여러 명을 살해한 에드먼드 켐퍼를 인터뷰했다. 런드 박사는 켐퍼가 어머니를 살해한 다음 머리를 자신의 아파트 책꽂이에 올려두고 "그동안 말을 못하게 해서 하지 못했던 말을 어머니에게 모두 털어놓았다"고 말했다고 했다.

강력범죄 전문가 중에는 아동 학대가 미치는 영향이 지나치게 과장되었다고 주장하는 사람도 있다. 어린 시절에 평범하게 자랐던 살인범도 있고 어린 시절 학대당한 사람들 중에서 살인을 저지르는 사람은 아주 소수라는 것이 근거였다.

"아동 학대나 트라우마, 입양 등의 문제가 중요하지 않다는 말은 아니다." 폭스 박사는 말한다. "하지만 청소년기와 성인이 된 후의 경험이 똑같이 중요하다. 어린 시절의 경험만 중요하다면, 왜 그렇게 많은 연쇄 살인범의 나이가 30대 이상이란 말인가?"

동기

왜 살인을 저지르는 것일까? 그리고 왜 살인을 반복하는 것일까? 연쇄 살인범의 범행 동기는 수사 과정에서 애매한 부분 중 하나이다. 살인범

본인들의 설명조차 만족스럽지 못할 때가 많다. 테드 번디는 외설물 때문에 살인을 하게 되었다고 말했지만, 정말 그랬을까?

많은 프로파일러와 학자들이 범행 동기를 넓은 범위에서 분류해보려고 시도한다. 폭스 박사는 다섯 가지 범주로 나눈다. 힘과 통제, 이익, 복수, 공포, 충성심이다.

폭스 박사를 비롯한 일부 학자들은 그중에서도 성적 집착이라고 표현할 수 있는 '힘과 통제'를 가장 일반적인 동기로 꼽는다. 전문가들 말로는 대다수 연쇄 살인범이 성폭행과 고문 같은 복합적인 성적 환상을 실현시키기 위해 살인을 한다. 사람을 죽이는 행위, 그러니까 희생자의 눈에 어린 두려움과 자비를 구하는 목소리에서 성적 흥분을 느끼는 것이다. 전직 FBI 수사관으로 연쇄 살인범 전문가인 로버트 레슬러는 "범행 대상을 지배하고 생사여탈권을 쥔 채 고통과 괴로움을 주면서 즐거움을 느끼는 것"이라고 말했다.

1960년대 말 오리건주에서 젊은 여성들을 제물로 삼았던 제리 브루도스는 여성의 발에서 성적 쾌감을 느끼고 여성의 신발에 집착했다. 캘리포니아대학교의 히키 박사는 브루도스가 희생자들의 몸을 잘게 조각내서 냉장고에 보관했다고 말했다.

이번 저격범 용의자들의 살인 동기가 무엇인지, 살인 동기가 하나뿐이었는지는 명확하지 않다. 다만 무함마드가 미국에 반감이 있는 것만은 확실해 보인다. 저격범들은 편지로 천만 달러를 요구했는데 이것도 연쇄 살인범에게는 보기 드문 행동이었다.

전문가들은 저격범들의 범행 방식을 보면 성적 환상이 범행 동기는 아니라고 말한다. 그들은 멀리 떨어진 곳에서 살인을 저질렀고 희생자들에게는 손끝 하나 대지 않았다. 그리고 현장을 재빨리 벗어난 것을 보면 희생자들이 받는 고통에도 전혀 흥미가 없는 것 같았다.

연쇄 살인 사건에서는 때로 복수나 분노의 감정이 엿보일 때가 있다. 일부는 이혼이나 금전적 위기, 실업 등 인생에서 실패를 맛본 후 범행을 저지르기도 한다. 로버트 레슬러는 그런 살인범들의 경우 보통 모든 희망을 잃고 헤어날 수 없는 자기 파괴의 늪에 급격하게 빠져들게 된다면서 "이런 사람들은 몇 주 동안 이런 짓을 하다가 다시 가족에게 돌아가겠다고 생각하지 않는다. 그 대신 죽음을 향해 다가간다. 갈 곳이 지옥밖에 없다는 것을 그들도 잘 알고 있다"고 말했다.

무함마드는 두 차례 이혼하고 금전적으로 어려운 상황인 것으로 알려져 있다. 무함마드와 말보는 모두 극빈층에 가까운 듯했다. 물론 그런 상황에 처했다는 것만으로 누구나 살인을 저지르는 것은 아니다.

숨바꼭질을 즐기는 살인마

살인은 대부분 조용히 이루어진다. 전문가들에 따르면, 연쇄 살인범은 보통 경찰과의 추격전을 좋아하지 않는다. 경찰을 조롱하는 모습을 보일 때도 많다. 하지만 어디까지나 그들의 목표는 살인이다. 경찰을 갖고 놀면서 즐거워할 때도 있지만, 그것은 부가적인 즐거움일 뿐 그 자체가 목표는 아니다.

그들은 의도적으로 세상과의 소통을 피한다. 미국 북서부에서 여성들을 죽인 다음 웃는 얼굴이 그려진 편지를 신문사에 보냈던 '웃는 얼굴 살인자' 키스 헌터 제스퍼슨이나 현대기술에 대한 지독한 반감이 담긴 성명서를 신문사에 보냈던 '유나바머' 시어도어 카진스키 같은 사람들처럼, 범행 사실을 전혀 입 밖에 내지 않는 살인범도 아주 많다.

하지만 저격범 용의자들은 범행 사실을 공개해야 한다고 생각했다.

그래서 저격 현장에 편지를 남기거나 경찰에 전화했다. 경찰과 이야기하면서 앨라배마주 몽고메리에서 살인 강도를 저질렀다며 단서를 알려준 적도 있었다. 경찰은 그 단서가 사건 해결의 실마리가 되었다고 말했다.

이번 저격 사건의 범인들은 일반적인 연쇄 살인범들이 하지 않는 행동을 했다. 그들은 입을 다물 수 없었고, 그로 인해 결국 경찰에 체포되었다.

무함마드는 몇 건의 살인으로 유죄 판결을 받고 2009년 버지니아주에서 독약을 주사하는 방식으로 사형당했다. 공범인 말보는 여섯 번의 종신형을 선고받고 버지니아주 교도소에서 복역 중이다.

성범죄

2016년 8월 12일 제리 샌더스키가 상고심 공판에 참석하기 위해 펜실베이니아주 벨 폰트에 있는 센터 카운티 법정에 도착한 모습. 샌더스키는 10명의 어린 소년을 성폭행한 혐의로 2012년 유죄 판결을 받은 후 상고했다.

"어떤 평결로도 샌더스키가 사람들에게 준 고통과 괴로움을
없앨 수는 없다. 하지만 우리는 이번 판결로 피해자와 가족들의
상처가 치유되길 진심으로 바란다."

2012년 6월 20일, 펜실베이니아주립대학교 미식축구부의 제리 샌더스키 코치가
소년들을 성폭행한 혐의로 유죄 판결을 받자 학교 당국에서 발표한 성명서

유명 영화감독. 미식축구부 코치. 성범죄자들의 면면은 아주 다채롭다.
그 수많은 성범죄 사건에서 가해자들이 그런 범행을 저지를 수 있었던 것은
총을 이용한 위력이 아니라 그들이 가진 영향력과 권위, 그리고 나이 때문이었다.
상호 간의 신뢰에서 나오는 그런 영향력이나 권위는 《뉴욕타임스》에서 취재했던
전직 펜실베이니아주립대학교 미식축구부 코치인 제리 샌더스키의
아동 성폭행 재판, 그리고 비슷한 혐의를 받았던 보스턴 대교구 사제들의 재판에서
연이어 드러났다.

성범죄 재판에서
폴란스키의 유죄 협상이 승인되다

— 그레이스 리히텐스타인

영화감독 로만 폴란스키가 오늘 캘리포니아주 샌타 모니카 고등법원에서 13세 소녀와 '불법 성관계'를 한 중범죄 혐의에 대해 유죄를 인정했다. 유죄 협상제(plea bargaining, 영미법 계통의 사법체제에서 피의자가 유죄를 인정하는 경우 배심제를 거치지 않고 가벼운 범죄로 기소하거나 형량을 낮춰주는 제도—옮긴이)에 따라 유죄를 시인한 폴란스키는 강제추방이나 징역형에 처해진다. 지난 3월, 로스앤젤레스에 있는 배우 잭 니콜슨의 집으로 피해 아동을 유인해 성관계한 혐의로 대배심에 넘겨진 폴란스키에게 강제추방이나 징역형은 그가 받을 수 있는 형벌 중에서 가장 가벼운 형벌이다.

　로저 건슨 지방검사는 폴란스키의 유죄 협상을 승인하면서 미성년자와 성관계한 혐의로 재판이 계속되면 피해 아동이 정신적 충격을 받게 될까 봐 가족들의 우려가 크다고 말했다. 그리고 피해 아동을 증인석에 세우지 않기로 한 것도 언론에서 너무 대대적으로 취재할 것을 우려해 신중히 판단한 결과라고 말했다.

가족의 변호인은 로런스 리튼밴드 판사 앞에서 편지 한 통을 읽었다. 피해 아동의 가족들이 딸의 '행복'을 위해 폴란스키의 유죄 협상을 승인 해달라고 호소하는 내용이었다. 가족들이 바라는 것은 폴란스키의 투옥 이 아니라 그가 잘못을 인정하고 재활 프로그램을 이행하는 것이었다.

소녀의 나이를 알고 있었다

영화 〈로즈메리의 아기〉와 〈차이나타운〉을 연출한 영화감독인 43세의 폴란스키는 어떤 범죄를 저질렀느냐는 질문에 가는 세로 줄무늬가 있는 회색 더블 정장 차림으로 일어나 "내 아내가 아니며 채 18세가 되지 않은 사람과 성관계를 했다"고 말했다. 폴란스키는 성관계 당시 피해자가 13세라는 것을 알았다고 말했다.

미성년자와 성관계를 한 경우 보통 최소 1년에서 최고 50년까지의 징역형이 선고된다. 하지만 캘리포니아주에서 7월 1일부터 시행된 새 로운 양형 기준에서는 그 기간이 16개월에서 3년까지로 바뀌었다. 판사 는 그에 따라 형량을 결정할 수 있고 형 집행을 유예할 수도 있다. 형을 선고하기 전, 리튼밴드 판사는 2명의 정신과 의사에게 폴란스키가 "정 신적으로 문제가 있는 성범죄자"인지 검사하라고 지시했다. 그리고 두 의사의 보고서를 참고해서 피고에게 치료를 받게 할지, 아니면 주립 병 원이나 정신과 의료시설에 보내 격리할지 결정할 것이라고 말했다.

건슨 지방검사는 리튼밴드 판사가 프랑스 시민인 폴란스키를 추방하 지 않는 쪽으로 결정할 가능성도 있다고 말했다. 이민법에는 외국인이

로만 폴란스키가 1977년 8월 8일 샌타모니카에 있는 법정에 들어서고 있다.

'부도덕'한 범죄에 연루되어 유죄 판결과 1년 이상의 징역형을 받는 경우 추방하게 되어 있다.

건슨 지방검사는 이번에 폴란스키의 유죄 협상을 수용한 것이 검찰의 정상적인 절차에서 다소 벗어났다는 점을 인정했다. 지금까지는 좀 더 가벼운 혐의에만 유죄 협상을 수용했기 때문이다. 존 밴 드 캠프 지방검사는 성명서에서 "그렇게 하는 것이 피해 아동이 로만 폴란스키와 성관계한 당사자라는 사실이 세상에 알려지는 것을 막는 방법이며 바로 그것이 실질적인 정의가 될 수 있기 때문에" 그렇게 조치한 것이라고 말했다.

피해 아동 가족의 변호인인 로런스 실버 변호사는 가족들이 판사에게 폴란스키의 유죄 협상을 승인해달라고 호소한 것은 돈과 전혀 상관 없는 일이라고 밝혔다.

유죄 협상이 승인되지 않았다면 내일 재판이 시작될 예정이었다. 공교롭게도 내일은 폴란스키의 아내이며 피살 당시 임신 중이었던 샤론 테이트가 지인과 함께 찰스 맨슨의 추종자에게 살해된 지 8주기가 되는 날이다.

폴란스키의 최초 혐의는 피해자에게 마약을 먹인 후 성폭행한 혐의와 미성년자에게 마약을 제공한 혐의, 14세 이하 아동에게 외설적이고 음란한 행위를 하고 불법 성관계와 동성애, 변태 행위를 한 혐의였다.

예심에서 공개된 범죄 보고서와 자료를 보면, 폴란스키는 먼저 샌 페르난도 밸리에 사는 피해 아동의 계모에게 딸의 사진을 찍어 프랑스 잡지에 보낸다는 구실로 사진 촬영을 허락받았다고 한다.

폴란스키는 42일간 수감되어 있다가 1978년 2월 법원에서 형이 선고되기 바로 전날 유럽으로 도주했다. 그리고 1996년 소송 당사자인 피해자와 합의했다. 그는 2009년 미국의 요청으로 스위스에서 체포되어 가택연금을 당했지만, 2010년 스위스 정부는 폴란스키를 미국에 인도하지 않겠다고 발표한 후 풀어주었다. 2016년 5월, 폴란드 정부는 폴란스키의 미국 송환 노력을 재개하겠다고 말했다. 하지만 그해 말 폴란드 법원은 폴란스키를 미국으로 송환하라는 명령을 내리지 않겠다고 발표했다. (폴란스키는 프랑스와 폴란드 국적을 모두 갖고 있다.)

배심원단이 크리민스의 자백을
인정해 유죄 평결을 내리다

– E.R.십

어제 크레이그 크리민스가 지난 7월 23일 뉴욕시 메트로폴리탄 오페라 하우스에서 바이올린 연주자를 살해한 혐의로 유죄 판결을 받았다. 22세의 전직 무대 담당자인 크리민스는 평결이 발표되는 동안 시종일관 무표정했지만, 그의 여자친구인 메리 앤 페널은 소리 내 흐느꼈다. 페널은 크리민스가 법정에서 나간 후에도 눈물을 흘리면서 거듭 "틀렸어요, 배심원들이 틀렸어요. 크리민스가 한 짓이 아니에요"라고 말했다.

맨해튼 소재 뉴욕주 대법원의 배심원들은 크리민스가 베를린 발레단의 오케스트라 단원인 헬렌 헤인스에게 성폭행을 시도한 후 달아나다가 헤인스를 수직 통풍구로 밀어 살해한 것으로 판단했다.

다른 중범죄를 저지르는 와중에, 혹은 중범죄를 저지르고 달아나는 과정에서 일어난 살인을 '우발적 살인'이라고 한다. 배심원들은 크리민스에게 우발적 살인으로 유죄 평결을 내린 만큼, 그가 고의로 헤인스를 살해했다는 혐의는 무죄 평결을 내렸다. 고의적 살인이나 우발적 살인 모두 최대 25년의 징역형이 선고될 수 있으며 최소 형량은 15년이다.

리처드 덴저 판사가 7월 2일 크리민스에게 형을 선고할 예정이다. 배심원들은 수요일에 다섯 시간 반, 그리고 어제 세 시간 반에 걸쳐 평결에 관해 신중하게 논의했다. 법정 밖에서 기다리던 크리민스의 어머니 돌로레스 히긴스는 배심원들이 "누군가 그렇게 오래 징역을 살 수도 있는" 판결을 어떻게 그 짧은 시간 동안 내릴 수 있느냐고 친구에게 물었다. 그때 법정 직원이 피고 측 변호인인 로런스 호크하이저 변호사와 히긴스 부인, 그리고 크리민스의 친척 한 사람을 불러 법정 안으로 안내했다.

오후 2시 49분, 크리민스가 법정으로 들어왔다. 그의 뒷자리에는 여자친구인 페널이 몸을 떨면서 앉아 있었다. 호크하이저 변호사는 변호인단의 탁자와 관중석 사이의 칸막이를 지나 가족들에게 가서 "어떤 판결이 나든지" 침착해야 한다고 당부했다.

배심원 대표인 크리스틴 오버턴이 고의적 살인 혐의에 "무죄"라고 말하자 히긴스 부인은 "오, 세상에!"라며 탄성을 질렀다. 하지만 잠시 후 우발적 살인 혐의에는 유죄 평결이 내려졌다. 평결의 의미를 파악한 페널은 눈물을 흘리기 시작했다. 히긴스 부인이 페널의 뒷자리로 가서 그녀를 애써 달래주었다.

원래 크리민스는 살인뿐 아니라 강간 미수 혐의까지 받았지만, 덴저 판사는 강간이 자행되었다는 증거가 피고의 자백 외에는 전혀 없다면서 혐의를 배제했다. 유죄가 되려면 법적으로 확실한 증거가 있어야 한다. 자백만으로는 충분하다고 볼 수 없다.

하지만 우발적 살인의 경우에는 살인이 발생했다는 독립적 증거만 있으면 되는데 이번 사건에서는 헤인스의 시신만으로도 증거는 충분했다. 그리고 배심원단은 크리민스가 헤인스를 살해했는지 판단할 때 그의 자백을 참고할 수 있다. 덴저 판사는 배심원단에게 크리민스의 자백을 믿지 않는다면 살인 혐의에 무죄 평결을 내려야 한다고 말했다.

배심원들은 평결을 내리면서 크리민스가 "전적으로 무죄"라는 변호인단의 주장을 받아들이지 않았다. 다만 크리민스가 약삭빠르고 노련한 형사들의 유도 심문에 넘어가 범죄를 자백했다는 점은 인정했다.

배심원인 70세의 버넌 시먼즈는 "사건 증거인 크리민스의 손바닥 자국과 자백 중에서 우리는 자백을 검토했다. 그래서 비디오테이프를 보려 했던 것이다. 화면에서 크리민스의 입술이 움직이면서 '네'라는 말을 하고 있는지 확인하고 싶었다. 우리는 그 자백이 정말 크리민스의 입에서 나온 것인지 확인하고 싶었다"고 말했다.

시먼즈가 말한 비디오테이프는 8월 30일에 촬영된 것으로 크리민스가 앞서 진술했던 내용이 모두 사실이라고 인정하는 장면이 담겨 있었다.

"암시에 걸렸을 가능성이 아주 높다"고 판단하다

호크하이저 변호사가 4월 27일 재판이 시작되었을 때부터 배심원들에게 최후 진술을 하는 월요일까지 일관되게 주장한 것은, 크리민스가 지능이 낮고 심각한 학습장애가 있으며 제나로 조르지오 경장으로부터 자백하라는 "암시를 받았을 가능성이 아주 높다"는 점이었다. 조르지오 경장이 질문을 던지고 크리민스가 대답하는 식으로 자백을 받아냈다는 말이었다.

이번 사건은 베를린 발레단이 공연하는 동안, 오후 9시 40분에서 10시 19분 사이의 어느 시점에 헤인스가 자취를 감추면서 시작되었다. 31세의 헤인스는 1974년 줄리어드 음악학교를 졸업하고 미국과 유럽의 여러 오케스트라에서 연주했다. 그리고 약 4년 전 조각가인 재니스 민틱스와 결혼했다.

이번 〈돈키호테〉 공연에서 남녀 무용수의 2인무가 끝난 9시 29분경, 오케스트라 단원들은 오케스트라석에서 나와 휴식을 취했다. 다른 바이올린 연주자인 엘레나 바레르는 "헤인스의 몸 상태가 좋지 않아서 함께 여성 휴게실에 갔다"고 했다. 여성 휴게실은 무대 아래쪽에 있었다. 9시 40분경, 헤인스는 휴게실에서 나와 남편의 일자리 문제로 소련에서 망명한 무용가이자 안무가인 발레리 파노프를 찾아갔다.

헤인스는 마지막 연주 시간이 되었는데도 돌아오지 않았다. 사람들이 헤인스를 찾기 시작했고 수색 작업은 밤새 계속되었다. 다음날 아침 7시 45분 정비공 로렌스 레넌은 건물 공조장치의 일부인 6개의 커다란 팬이 설치된 6층 지붕으로 올라갔다. 레넌은 그곳에서 여성용 신발 한 켤레를 발견하고는 밑으로 내려와 조르지오 경장과 패트릭 히니 경장에게 알렸다. 그들은 부하 몇몇을 데리고 레넌과 함께 지붕으로 올라갔다. 각자 흩어져서 지붕을 수색했고, 조르지오 경장의 말로는 "몇 분 만에" 한 경찰관이 시신을 찾았다며 소리쳤다. 조르지오 경장은 "구멍으로 내려다 봤더니 피해자의 시신이 있었다"고 했다.

끈에 묶인 시신이 발견되다

오전 8시 20분이었다. 시신은 지붕의 팬에서 1층까지 연결된 6층 높이의 수직 환기구 중간에 설치된 철제 선반에 매달린 상태였다. 옷이 모두 벗겨진 상태로 하늘을 보고 있었으며 팔과 다리가 로프와 누더기 천으로 묶여 있었고 입에는 재갈이 물려 있었다.

그날 오후 경찰관들은 지붕 배관에서 손바닥 자국 일부를 발견했다. 8월 29일, 찰스 헤퍼넌 지방검사는 수집된 정보가 크리민스를 살인자로 지목하기에 충분하다고 판단했다.

헤퍼넌 검사의 예비 심문 변론에 따르면, 헤인스가 "메트로폴리탄 오페라하우스의 복잡한 내부 구조를 잘 아는 누군가에게 납치된 후 살해되었다"는 것이 경찰의 주장이었다. 경찰은 시신에 사용된 매듭법을 살펴본 후 "기능공들, 특히 오페라하우스의 무대 담당자들이 많이 쓰는 특수한 매듭법"이라고 판단했다. 크리민스가 오페라하우스에서 일을 시작한 것은 1976년 맨해튼 직업학교를 중퇴한 다음이었다. 8월 29일, 뉴욕주 법정에서 진행된 재판에는 경찰이 그린 용의자 그림과 크리민스가 닮았다는 형사들의 증언도 나왔다.

배관에서 찾은 손바닥 자국은 크리민스의 것으로 밝혀졌다. 경찰은 9시 15분에 크리민스가 작업하던 곳을 벗어나 다음 날 돌아왔다는 것을 알아냈다. 그리고 오페라하우스의 다른 직원을 통해 크리민스가 주무대 뒤편이나 휴게실에서 자고 있었다는 해명과 달리 그곳에 없었다는 것도 알아냈다. 또한 헤인스가 살해된 날 밤에 그녀와 엘리베이터를 함께 탔다는 크리민스의 자백도 확보했다. 조르지오 경장은 크리민스가 사건 당일 밤 11시에 "헤인스를 살해했다"고 자백했으며 진술서의 페이지마다 크리민스의 서명을 받았다고 말했다.

크리민스는 징역 20년형을 선고받고 뉴욕 주립교도소에서 복역 중이다.

화려한 모습 속에 감춰진 그늘:
센트럴파크 살인 사건 용의자의 인생

– 새뮤얼 G. 프리드먼

지난 화요일 18세 여성이 목이 졸려 살해된 채 발견된 한 사건에서, 희생자와 용의자가 모두 맨해튼의 상류층 젊은이들로 구성된 같은 모임의 회원이었던 것으로 밝혀졌다. 모임의 근거지는 어퍼 이스트 사이드에 있는 한 독신자 클럽이었는데, 경찰이나 사건 관계자들 말에 따르면 살인 사건이 벌어지기 전 희생자와 용의자 모두 한동안 그 클럽에 있었다고 한다.

희생자인 제니퍼 돈 레빈과 용의자인 로버트 체임버스 주니어에게 인생이란 사립학교와 고급 아파트, 해외에서 보내는 휴가, 사립학교 학생들의 아지트로 불리는 '도리언스 레드 핸드Dorrian's Red Hand'에서 미성년 친구들과 술을 마시는 것이었다. 하지만 체임버스에게는 실업과 학업의 공허함, 코카인 남용의 부작용을 뜻하기도 했다.

경찰에 따르면, 체임버스와 레빈은 사건 당일인 화요일 아침 일찍 이스트 84번가 300번지에 있는 '도리언스 레드 핸드'에서 만났다. 당시 두 사람은 서로 알게 된 지 두 달쯤 되었고 그동안 데이트를 몇 차례 한 사이였다고 한다. 바의 주인인 잭 도리언은 두 사람이 단골이어서 얼굴을 알고 있었다고 말했다.

따로 도착해서 함께 나가다

체임버스와 레빈은 그날 각자 다른 일행과 바에 왔지만, 오전 4시 30분에 함께 나갔다. 경찰은 두 사람이 이야기를 나누며 센트럴파크 쪽으로 걸어갔고 그곳에서 레빈이 살해된 것으로 추정했다. 두 사람이 바에서 나간 지 채 2시간이 안 되어 한 행인이 센트럴파크에서 레빈의 시신을 발견했다. 메트로폴리탄 미술관 바로 뒤였다. 치안 당국은 레빈이 브래지어로 목이 졸리고 성폭행당한 것 같다고 말했다. 부검의가 어제 레빈의 시신을 부검한 후 목이 졸려 죽었다는 것을 확인해주었다. 오늘 추가 검사가 시행될 예정이다.

체임버스는 오늘 새벽 2급 살인 혐의로 심문을 받았다.

경찰은 화요일 오후 이스트 90번가에 있는 아파트에서 체임버스를 체포한 뒤 센트럴파크 관할 경찰서로 데려가 심문했다. 체임버스는 얼굴에 상처가 많았는데, 경찰에 따르면 레빈과 한동안 몸싸움을 벌였기 때문이라고 한다.

체임버스의 변호인인 잭 리트먼 변호사는 오늘 아침 일찍 맨해튼 형사법원의 리처드 로 판사 앞에서 피고인의 결백을 주장했다.

리트먼 변호사는 바에서 레빈이 먼저 체임버스에게 접근했고 두 사람은 이미 친분이 있었다면서 "그날 밤에는 레빈이 먼저 공격했다"고 말했다. 그리고 체임버스를 보석금 없이 석방해달라고 요청했지만, 로 판사는 체임버스의 보석을 거부했다.

체임버스를 기소한 스튜어트 슈워츠 지방검사는 레빈의 얼굴과 가슴에 입으로 깨문 자국이 있다면서 체임버스가 "자신을 보호하려고 경찰에 거짓말을 했다"고 주장했다. 그리고 체임버스가 이야기를 지어낸 뒤 통하지 않자 말을 바꾼 것이라고 말했다.

"사고였나요?" – "네"

로 판사는 체임버스의 변호인에게 "이번 사건이 우발적인 사고였다고 주장하는 겁니까?"라고 물었다. 리트먼 변호사는 그렇다고 답했다.

"피해자가 우발적 사고를 일으켰다는 겁니까?"

"그렇습니다, 판사님. 비극적인 사고였습니다."

심문이 진행되는 동안 체임버스는 눈물을 흘렸다. 그의 뒤에는 부모가 앉아 있었다.

리트먼 변호사는 화요일 아침 경찰이 센트럴파크에 도착했을 때 체임버스가 레빈의 시신에서 3미터 정도 떨어져 있었으며, 너무 당황한 나머지 현장을 떠났다고 말했다.

체임버스와 레빈의 일상생활이 자세히 밝혀지기 시작한 것은 어제부터였다. 체임버스는 돈 많고 인기 있을 것 같은 이미지와는 정반대였고, 속물처럼 보이는 레빈은 사실 순진한 아이였다.

친구들이 기억하는 체임버스는 카리스마가 있고 19살로는 보이지 않을 정도로 성숙했다. 190센티미터가 넘는 키에 타고난 운동신경 덕분에 이스트 85번가에 있는 요크사립고교 축구부에서 3년간 선수로 뛰었다.

졸업 앨범 속 체임버스의 사진 밑에는 "오직 완벽한 성공뿐"이라고 쓰여 있었다.

연애 고수

체임버스는 특히 연애 고수였다. 바 주인인 도리언 씨는 "체임버스는 여자 아이들을 쫓아다닐 필요가 없었다. 여자들이 그 아이를 쫓아다녔다"고 말했다.

체임버스는 이스트 90번가의 타운하우스에서 어머니와 함께 사는 외아들이었다. 경찰에 따르면, 아버지인 로버트 체임버스 시니어는 음반 기획자이며 아내와는 1년 전부터 별거 중이었다.

체임버스는 10대 시절 명망 있는 가문의 아이들로 구성된 특별활동 단체인 '니커보커 그레이즈Knickerbocker Greys'의 후보생이었고, 그의 어머니 필리시는 한때 그레이즈 여성 이사회의 의장이었다.

니커보커 그레이즈에서 발행하는 잡지 《타운 앤 컨트리Town and Country》 1981년 5월호에는 체임버스 부모의 인터뷰 기사가 실렸다. 그 인터뷰에서 체임버스의 어머니는 "훈육은 여전히 우리에게 가장 중요한 관심사이다. 니커보커 그레이즈에서는 아이들에게 우아하고 격식 있는 삶을 살아야 한다고 가르친다."

"장교는 다른 사람들을 지휘한다"

당시 14세였던 체임버스는 "내가 가장 되고 싶은 건 군 장교이다. 장교가 되면 다른 사람들을 지휘하게 된다. 그게 지시를 받는 것보다 훨씬 좋다"고 했다.

하지만 체임버스에게는 인격 수양 같은 것이 부족했던 것 같다. 자신의 외모와 매력에 의존하는 편이었는데, 그것이 항상 통하는 것은 아니

로버트 체임버스(왼쪽)가 보석으로 풀려난 다음 날인 1986년 10월 2일 잭 리트먼 변호사와 함께 앉아 있다.

었다.

요크사립고등학교의 로널드 스튜어트 교장은 "밝고 매력적이었지만 특별히 훌륭한 학생은 아니었다"고 말했다. 학교 친구였던 래리 그리어는 "체임버스는 축구팀 주장이 될 수도 있었지만, 게을렀고 성적도 부진했다"고 했다.

체임버스는 요크사립고등학교에 들어가기 전 코네티컷주 월링퍼드에 있는 초트사립고교에 1년 정도 다녔다. 맨해튼에 있는 브라우닝사립고교는 채 한 학기도 다니지 못했다.

대학을 중퇴하다

체임버스는 1984년 가을 보스턴대학교에 입학했다. 하지만 학사 기록을 보면 한 학기를 채 마치지 못하고 중퇴한 것으로 되어 있다.

뉴욕으로 돌아온 체임버스는 잠시 레스토랑에서 일한 적도 있었지만, 대부분 실업자로 지냈다.

바 주인인 도리언의 말로는 그래도 체임버스에게는 돈이 있어서 "일주일에 5~6일 밤 정도"를 여자들과 시시덕거리며 술을 마셨다고 한다. 그리고 체임버스가 "사람들이 만나고 싶어 하는 멋진 아이"였고 소란을 피우는 손님을 진정시키고 어질러진 바닥을 치우기도 했다고 말했다. 도리언은 체임버스가 '마약 문제'로 3개월 전에 약물 치료를 받으려고 미시간주에 갔다는 말도 했다.

앨리스 맥길리언 공보 담당 경찰 부국장은 "체임버스가 한때 코카인 흡입으로 문제를 일으킨 적이 있다는 소문을 들었다"며 "우리는 사실이라고 확신한다"고 말했다. 한편, 올 여름에 레빈이 일했던 레스토랑 '플루티스 피어 17'의 매니저 에릭 바거는 레빈이 "늘 행복한" 모습이었다면서 "레빈이 여기서 일하는 동안 웃지 않는 모습을 본 적이 없었다"고 말했다.

남자친구는 여름휴가를 떠나

도리언은 "레빈은 정말 정말 사랑스러운 소녀였다"면서 '브록'이라는 이름으로 기억하는 레빈의 남자친구가 올 여름 유럽으로 휴가를 갔다고 했다. 바거에 따르면, 레빈은 일하는 동안 레스토랑의 동료 몇 명과 데이트를 했다.

레빈은 소호에 있는 머서가에서 아버지, 의붓어머니와 함께 살았다.

지난 봄, 맨해튼 웨스트 74번가에 있는 볼드윈고교를 졸업했고, 올 가을 보스턴에 있는 체임벌린전문대학에 입학할 예정이었다. 체임벌린은 학비가 비싼 2년제 대학교로 학업적성검사SAT 성적이 없어도 입학할 수 있는 곳이다. 어제 레빈의 아버지 스티븐은 딸이 "늘 정직한 아이"였다고 말했다. 의붓어머니인 알린 레빈은 딸이 "조신한 척하는 것 아니냐"라는 말을 들을 정도였다고 했다.

그렇지만 스티븐은 딸이 밤에 밖에 나가기를 좋아했다는 것은 인정했다. 도리언은 레빈이 자신의 바에 일주일에 두세 번 정도 왔다고 했다. 그리고 경찰이 살인 현장에서 발견한 레빈의 소지품 중에 나이가 22세로 표기된 임시 운전면허증이 있었다. 그 면허증이 레빈에게는 도리언스 레드 핸드에 드나들 수 있는 통행증이었던 셈이다.

1988년, 체임버스는 배심원이 평결을 논의하는 동안 1급 살인 혐의에 대해 유죄를 인정했고 최소 5년에서 최대 15년에 이르는 징역형을 선고받았다. 레빈의 부모는 2,500만 달러를 요구하며 체임버스에게 소송을 걸었고, 체임버스는 합의하는 쪽을 선택했다. 체임버스는 수감 중에 20여 차례나 수감 규정을 위반했고, 결국 최대 형량을 채운 후 2003년 석방되었다. 그러나 2008년에 코카인 판매 혐의로 19년형을 선고받고 다시 수감되었다.

로레나 보빗이
남편 성기를 절단한 혐의에 무죄 판결을 받다

— 데이비드 마골릭

오늘 배심원단은 학대받는 여성의 고충과 권리를 강조한 평결을 통해 로레나 보빗의 모든 혐의에 무죄 판결을 내렸다. 로레나가 지난 6월 부엌칼로 남편의 성기를 자를 때 순간적으로 제정신이 아니었다고 결론 내렸다.

여성 7명과 남성 5명으로 구성된 배심원단 최대 징역 20년형에 처해질 수도 있는 폭력행위에 무죄를 선고하자 법정에 있던 로레나의 지지자들 사이에서 안도의 한숨이 흘러나왔다.

에콰도르에서 태어나 베네수엘라에서 자란 로레나 보빗은 배심원 대표가 말한 평결 내용을 알아듣지 못한 듯 변호인인 리사 케플러를 돌아보면서 "잘된 거예요?"라고 물었다. 케플러는 "당신은 자유예요"라고 대답했다. 로레나는 살짝 미소 지은 뒤 이내 심각하고 약간 슬픈 표정을 지었다.

  그녀에게는 아직 장애물 하나가 더 남아 있다. 최대 45일까지 소요되는 정신 감정이다.

정신 감정을 받다

평결이 발표된 직후, 로레나는 법정 뒤로 퇴장했다. 그리고 정신이상으로 무죄를 받은 사람은 정신 감정을 받아야 한다는 주 법률에 따라 버지니아주 피터즈버그에 있는 센트럴 스테이트 병원으로 이송되었다. 그곳에서 정신과 의사와 심리학자가 로레나의 정신 상태가 본인이나 공공에 위협이 되는지 판정한다.

  의사들은 로레나를 어떤 방법으로 치료할지 결정할 것이며, 그에 따라 그녀가 병원에 머물러야 하는 기간도 정해질 것이다. 개인적으로 치료받으라는 법원의 명령이 떨어지면 45일 후에 풀려날 수도 있다. 변호인들은 남편의 학대로 악몽에 시달리고 각종 정신질환에 고통 받는 로레나가 남편에게 성폭행당한 후 순간적으로 정신이상이 와서 '억누를 수 없는 충동'을 보였다고 말했다.

  증인석에 선 로레나는 그날 집에서 도망 나와 차에 앉아 있는 동안 자신이 무슨 일을 저질렀는지 의식하지 못했으며, 그러다가 양손에 쥐고 있는 칼과 남편의 성기가 눈에 들어왔고 말했다. 로레나는 남편의 "신체 일부"라고 표현한 그것을 덤불에 던졌고, 회수된 성기는 덤불에서 회수되어 9시간에 걸친 수술 끝에 봉합되었다.

  8일간의 재판을 마무리하는 배심원단 평결로 로레나의 결혼 생활은 낱낱이 알려졌다. 로레나와 남편 존 보빗의 어긋난 관계를 생생하게 증언한 사람만 당사자를 포함해 48명에 달했다.

두 사람 사이에 생긴 틈이 파국으로 이어진 건 6월 23일 이른 아침이었다. 술 취한 남편에게 성폭행을 당한 후 부엌에서 물을 마시던 로레나의 눈에 30센티미터 길이의 칼이 보였다. 로레나는 칼을 들고 가서 잠든 남편의 성기를 잘라버렸다.

"아메리칸 드림을 추구할 것"

로레나의 성명서는 그녀가 일했던 네일샵의 주인인 재너 비수티가 영어로 대신 읽었다. 로레나는 성명서에서 지지자들에게 감사의 뜻을 전했으며, 다른 학대받는 여성들에게 친구나 지원단체의 도움을 받으라고 촉구했다. 비수티는 성명서를 읽으며 "로레나는 자신도 할 수 있다는 것을 깨달았고 예전처럼 아메리칸 드림을 추구할 것이다. 로레나가 학대받았던 사실이 널리 알려져, 한 사람이라도 학대에서 벗어나는 데 도움이 된다면 그보다 더 보람 있는 일은 없을 것"이라고 말했다. 성명서는 스페인어로도 낭독되었다.

담당 검사인 폴 에버트는 이번 평결이 범죄 억제와 처벌에 관해 대중에게 잘못된 메시지를 전하게 될 수도 있다며 우려했다.

"로레나의 상황에 많은 부분 공감한다. 하지만 그렇다고 해서 로레나의 행동이 옳다는 것은 아니다. 교도소에 수감되는 많은 사람에게는 각자 나름대로 심금을 울리는 사연이 있다. 하지만 법을 어기면 처벌받아야 한다는 것이 내 생각이다. 예외는 있을 수 없다. 나는 그녀가 법적으로 앞문이 아닌 뒷문으로 빠져 나간 것을 기쁘게 생각한다."

전미여성기구National Organization of Women의 킴 갠디 부회장은 오늘 "학대받는 여성을 감방에 가둬야 한다는 잘못된 주장을 배심원단이 기각해서 얼마나 기쁜지 모른다"고 말했다.

부부간 폭력을 입증하다

에버트 검사는 평결 낭독이 끝난 후 논평을 했다. 그는 검찰 측 전문가도 로레나의 남편이 로레나를 학대하고 성폭행했다고 결론 내렸지만, 그래도 그를 증언대에 세운 것을 후회하지 않는다고 말했다.

"사건의 피해자를 증인석에 세우지 않는 한 기소를 제대로 할 수 없다고 생각했다. 존 보빗이 있는 그대로 최선을 다해서 증언했다고 확신한다."

에버트 검사는 보빗 부부 모두를 기소한 것도 잘못은 아니었다고 말했다. 그 이유는 성기 절단 사건의 시발점으로 볼 수 있는 부부간 성학대 사건에서 남편 존 보빗이 지난 11월 무렵의 판결을 받았기 때문이다. 성기 절단 사건은 성학대 사건의 증거 조사가 끝나고 불과 5일 만에 발생했다.

로레나가 남편에게 학대당했다고 증언한 사람들은 로레나의 몸에서 멍 자국을 자주 보았다고 말했다. 법의학 심리학자 2명과 피터즈버그에 있는 병원에서 온 정신과 의사 1명은 로레나가 가정폭력의 희생자이며 남편의 성기를 자를 때 우울증이 아주 극심한 상태였다고 결론지었다. 그리고 그중에서 두 사람은 로레나가 외상 후 스트레스 장애에 시달리고 있다고 진단했다.

하지만 이들은 로레나가 남편의 성기를 절단할 때 '단기반응성 정신병(지나치게 많은 스트레스를 받는 상황에서 단기간에 갑작스럽게 발병하는 정신병적 증상—옮긴이)' 증세가 생겨 그 행동을 억제할 수 없었다는 피고 측 전문가의 말에는 동의하지 않았다. 결과를 생각하지 않고 무작위적 공격을 유발하는 "억누를 수 없는 충동"에 사로잡혔다고 하기에는 로레나의 행동에 목적성이 너무 뚜렷했다고 결론지었다.

허먼 와이스넌트 판사는 피고 측에서 주장하는 "억누를 수 없는 충동"

은 설득력이 크게 떨어진다고 지적하며, 배심원들에게 로레나의 정신 상태가 "범죄를 저지르려는 충동을 억누를 수 없을 만큼 좋지 않은 상태였는지"만 판단하라고 주문했다. 배심원단은 와이스넌트 판사의 의중을 헤아리기 위해 애쓰면서 의사들이 말하는 증상의 개념을 좀 더 넓게 해석해도 되겠냐고 물었다. 와이스넌트 판사는 안 된다고 했고, 배심원단은 잠시 후 평결 결과를 갖고 돌아왔다.

절단의 기억

배심원단은 로레나가 악의를 품고 고의로 남편의 성기를 절단했다는 검찰 측 주장을 기각했다. 또한 "홧김에" 고의적으로 범행했다는 주장도 기각하면서 경미한 상해 혐의에도 무죄를 선고했다.

검찰은 로레나가 사건 초기만 해도 신빙성 있는 진술을 했다면서, 사건 당일 어떤 일이 벌어졌는지 전혀 기억이 나지 않는다는 증언은 허위이며, 피고 측에서 피고를 정신이상으로 몰고 가려는 의도라고 주장했다.

로레나는 범행을 저지르고 몇 시간이 지난 후 한 경찰관에게 이렇게 진술했다.

"남편은 늘 오르가슴에 도달하지만 내가 오르가슴에 도달할 때까지 기다리지 않는다. 그는 이기적이다. 공평하지 않다고 생각했다. 그래서 이불을 걷어내고 그랬던 것이다."

그녀는 '그림'이 머리에 꽉 차 있다면서 그 그림을 설명했다. 그러는 동안 성기를 절단하던 순간 기억은 갈수록 희미해진 반면, 사건 전의 정황에 대한 기억은 점점 뚜렷해졌다. 심리학자들은 로레나가 '그림'이라고 말하는 것이 정신적 외상이 심한 사람들에게 흔히 나타나는 '회상(flashback, 과거의 정신적 외상과 관련하여 당시의 감각이나 심리 상태가 그대로

1994년 2월 28일, 허먼 와이스넌트 순회 판사가 로레나 보빗을 정신병원에서 퇴원시키라고 명령한 후, 버지니아주 매너서스 법정 밖에서 기자들을 만난 로레나 보빗.

재현되는 증세—옮긴이)'이라고 설명했다.

검찰은 처음에는 로레나의 증언을 노골적으로 의심했다. 하지만 로레나 자신의 증언을 비롯해서 그녀가 심리적·신체적·성적으로 학대받았다는 증언이 이어지고 재판이 방송을 타면서 전 국민이 로레나를 지지하게 되자 자제하는 모습을 보였다.

전직 해병대원이자 술집 경비원, 택시 운전사, 건설 인부였던 26세의 남자와 1989년 그 남자와 결혼한 에콰도르 출신 여자. 어울리지 않는 두 남녀의 우울하고 일상적인 부부 싸움에서 시작된 이번 사건은 적어도 법정에서는 배심원단 평결과 함께 막을 내렸다.

로레나가 남편의 다른 신체 부위를 절단했다면 두 사람의 문제는 분명 지금과는 다르게 흘러갔을 것이다. 이번 사건이 주목받은 이유가 가정 폭력에 대한 관심 때문인지, 수많은 사회적 금기나 언론 보도의 금기를 깨뜨렸기 때문인지는 모르지만, 보빗 부부에 대한 대중의 호기심은 아직 채워지지 않은 듯하다.

로레나의 남편 존 보빗은 배심원단 평결이 발표된 오늘 법정에 나오지 않았다. 평결이 발표될 때 매너서스 어딘가에서 존과 함께 있었던 존의 부모 매릴린 바이로와 빌 바이로는 TV 토크쇼 〈래리 킹 라이브〉에 출연해서 아들이 평결 결과를 듣고 너무 어처구니가 없어서 "그래서 로레나가 처벌받지 않는다는 거야?"라고 물었다는 말을 했다.

이번 사건에 대한 사람들의 인상은 시종일관 정상과 변태성 사이에 놓여 있었다. 로레나의 변호인인 케믈러 변호사는 재판이 시작되자 성명을 통해 존이 로레나의 이상형이었다면서 "어쨌든 로레나의 남편은 잘생겼고 친절해 보이는 전직 미 해병대원이었다"고 했다. 로레나는 물욕이 없고 독실한 로마 가톨릭 신자를 자처했다. 하지만 노드스트롬 백화점에서 여러 벌의 옷을 훔치고, 직장인 비수티 부인의 네일샵에서 손톱 관리 기구를 훔친 적이 있다고 고백했다.

보빗 부부는 특이한 한 쌍이었다. 버지니아주의 루레이 동굴에서 킹스 도미니언 놀이공원까지 여행하는 동안에도 두 사람은 자주 심하게 싸웠고, 이혼할 예정이었는데도 성기 절단 72시간 전까지 서로 합의하에 성관계를 가졌다.

13년 만에 뒤집힌 '센트럴파크 파이브' 판결

– 로버트 D. 맥패든, 수전 솔니

1989년 4월, 10대 소년들이 밤에 센트럴파크에서 조깅하던 한 여성을 구타하고 성폭행해 뉴욕을 공포에 몰아넣은 사건이 있었다. 어제 검찰은 사건 발생 13년 만에 범인이 1명일 수 있다는 가능성을 제기했다. 그리고 당시 구체적이지만 근거 없는 자백을 하고 유죄 판결을 받아 수감되었던 5명의 할렘가 소년을 석방해달라고 법원에 요청했다.

로버트 모겐소 맨해튼 지방검사는 그 악명 높았던 재판의 엄청난 반전을 예고하면서 새로운 증거가 담긴 보고서를 뉴욕주 대법원에 제출했다. 보고서에 담긴 새로운 증거는 내년 초 사건의 범인이 바뀔 수 있음을 예고할 뿐 아니라, 1989년 4월 19일 밤 센트럴파크에서 발생했던 사건의 오랫동안 드러나지 않은 수수께끼의 전말을 밝힐 수 있을 것으로 보인다.

검찰 측 보고서를 통해 범죄와 인종 갈등이 만연했던 당시 뉴욕의 시대상이 다시 모습을 드러냈다. 시민들은 거리와 지하철, 공원에서 범행 대상을 찾아다니는 10대 청소년들에 속수무책이었고 도시 전체에는 두려움과 피해의식이 퍼져 있었다.

이 사건은 당시 조깅을 하던 피해자가 다수의 범인에게 집단 성폭행을 당했다고 알려졌다. 그러나 이번 검찰은 11개월간 사건을 재수사한 끝에 찾아낸 DNA와 다른 신빙성 있는 증거를 제시한 보고서를 통해 피해자를 무차별적으로 구타하고 성폭행한 다음 방치한 범인이 마티아스 레예스 1명이라고 밝혔다. 살인범이자 연쇄 성폭행범인 레예스가 단독 범행이라고 자백한 것은 지난 1월이었다.

검찰 측 보고서의 작성자는 모겐소 지방검사의 상관이며, 기존 사건의 모든 혐의를 무효화하기 위해 변호인 측에 합류한 낸시 라이언 검사였다. 라이언 검사는 보고서에서 유죄 판결을 받은 앤트런 매크레이, 케빈 리처드슨, 유세프 살람, 레이먼드 산타나, 캐리 와이즈의 자백을 새로운 관점에서 재검토하고 사건 당일 밤 벌어졌던 일들을 재구성한 결과, 당시 그 5명이 피해자를 성폭행할 수 없는 상황이었다고 설명했다. 당시 이 소년들은 센트럴파크의 다른 곳에서 조깅하는 사람들이나 자전거 타는 사람들을 공격하고, 돈을 뺏고, 괴롭히고 있었다. 한 소년이 이를 '와일딩wilding'이라고 표현했는데, 당시 경찰 수사관들도 처음 듣는 말이었다.

보고서는 유죄 판결을 받은 소년들이 성폭행을 자백(소년들의 자백은 비디오테이프와 문서로 남아 강력한 증거가 되었다. 다른 증거를 거의 접하지 못했던 배심원 2명이 설득되었다)한 내용이 전혀 사실과 맞지 않고 오류투성이라고 주장했다. 심지어 발생 장소와 시간은 물론 사건이 어떻게 발생했으며 누가 연루되었는지도 정확하지 않아 성폭행의 증거로는 적절해 보이지 않았다.

게다가 세부 내용 중에서 많은 부분이 확인되지 않았다. 가해자들과 피해자를 연계시킬 DNA 증거도 없었고 피해자의 옷차림과 상처, 범행에 사용했던 흉기나 다른 세부적인 내용에 대한 가해자들의 진술도 사실과 달랐다. 보고서는 또한 변호인들이 두 차례에 걸친 재판에서 그런 문제에 별다른 이의를 제기하지 않았다는 점을 지적했다. 소년들의 지원단체는 경찰이 자백을 받기 위해 강압과 속임수를 썼다고 주장했는데 보고서에 그런 주장은 들어 있지 않았다. 하지만 소년들이 성폭행에 관해 진술(자신의 역할은 최소화하고 다른 아이들에게 책임을 떠넘겼다)하면서 저마다 피고가 아니라 증인이 되고 싶은 생각에 거짓말을 했을 수도 있다는 주장은 들어 있었다.

또한 보고서는 검찰이 소년들과 피해자를 직접적으로 연관시키기 위해 제출했던 유일한 물적 증거를 무효로 만들었다. 나중에 기소에서 제외된 한 아이와 리처드슨의 몸에서 발견된 머리카락인데, 검찰은 그동안 그 머리카락이 피해자의 것과 아주 유사하거나 "일치"한다고 주장했다. 하지만 최근 다시 DNA 검사를 해보니 피해자의 DNA가 아니라는 결과가 나왔다는 내용이 보고서에 들어 있다.

보고서는 이런 오류를 차분하게 지적했으며, 유죄 판결을 받았던 아이들을 사건 당일 밤 공원에서 벌어진 범죄와 아무런 관련이 없는 무고한 피해자로 묘사하지도 않았다. 그러나 사건과 관련된 수많은 사실 가운데 법적으로 근거 있는 사실을 집중적으로 다루었고, 재판이 다시 열린다면 새롭게 확보된 증거를 고려할 때 피고 측에 유리한 판결이 나올 것이라고 추정했다.

다만 기존 유죄 판결이 부당하다고 신중하게 언급하면서도 그 판결에 대한 책임 소재를 묻지는 않았다. 모겐소 검사의 29년 경력 중에서 가장 중요한 사건임에도 당시 담당 수사관이나 검사들을 비난하거나 이름을 밝히지 않았다.

보고서는 피고 5명이 유죄를 선고받은 강간 폭행 혐의는 물론, 폭행 및 강도 등 다른 혐의도 기각해야 한다고 주장했다. 당시 또 다른 8명의 피해자를 폭행하고 괴롭힌 30여 명 중에 피고 5명이 있었다는 충분한 증거가 있지만, 법정에서 이들이 악랄한 성폭행범으로 잘못 알려지는 바람에 배심원단이 다른 부차적인 혐의를 판단할 때 불리하게 작용했을 수 있다고 주장했다.

58쪽에 달하는 보고서의 결론은 다음과 같았다.

"지금 새롭게 확보한 증거가 당시 배심원단에게 제공되었다면, 피고인들에게 좀 더 유리한 평결이 나왔을 수 있다는 것이 우리의 결론이다. 조깅을 하던 여성 피해자를 폭행했다는 혐의뿐 아니라 다른 부차적인 혐의에 관해서도 마찬가지이다."

피해자는 보고서를 보고 별다른 반응을 보이지 않았다. 현재 42세인 피해자는 남편과 코네티컷주에 살고 있다. 피해자는 폭행당한 직후의 상황을 설명하지 못했다. 12일간 혼수상태에 빠졌다가 깨어나 사건 당일의 기억이 전혀 남아 있지 않았기 때문이다. 피해자는 재판에 나와 증언했지만, 증언 내용은 당시 입었던 부상과 범인의 공격 전후의 상황뿐이었다. 성폭행 사건의 피해자인 만큼 신원은 언론에 공개되지 않았다. 하지만 사건에 관해 직접 쓰고 있는 책에서 본인의 신원을 밝힐 생각이다.

예외 상황이 발생하지 않는다면, 2월 6일에 공판이 열릴 예정이다. 찰스 테하다 판사는 5명의 피고가 조깅하던 피해자를 강간 폭행한 사건은 물론, 8명의 또 다른 피해자를 폭행한 사건의 유죄 판결을 모두 기각할 것이다.

현재 28살에서 30살이 된 5명의 전과자들은 어제 별다른 말을 하지 않았다. 그들은 그 사건으로 7년 반에서 13년 반에 걸친 형기를 마치고 지금은 모두 출소했다. 본인들은 말이 없었지만 가족과 변호인들은 지방검찰을 칭찬하면서 그들의 오랜 시련이 곧 끝날 것이라고 안도하는 모습이었다.

피고 중 한 명인 앤트런의 어머니 린다 매크레이는 "그 소식을 듣고 안도의 한숨을 내쉬었다. 이젠 숨죽이며 살 필요가 없다. 얼마나 기분이 좋은지 상상도 못할 것"이라고 말했다.

또 다른 변호사인 마이런 벨덕은 진범인 레예스의 자백을 높이 평가하면서 "마티아스 레예스가 양심적으로 나서지 않았다면 우리는 여기까지 올 수 없었다"고 말했다.

오후 1시, 벨덕 변호사가 센터 스트리트 100번지의 형사법원 건물에 있는 지방검찰 사무실에서 나와 검찰의 조치에 관해 발표하자, 그 앞에 모여 있던 피고인들의 일가친척은 기쁨의 함성을 질렀다.

마이클 오루니 경찰 대변인은 레이먼드 켈리 경찰국장이 보고서를 검토했으며 즉각적인 논평은 없었다고 밝혔다. 경찰은 조깅 피해자 사건을 병행 조사(parallel investigations, 복수의 민·형사 사법기관이 동일한 사실이나 서로 겹치는 목표에 관해 동시에 수사 절차를 진행하는 것—옮긴이)하고 있다.

유죄 판결에 관해서는 검찰과 경찰의 의견이 극명하게 나뉘는 것으로 알려졌다. 일부 검사와 경찰들은 당시 5명의 소년들이 조깅을 하던 피해 여성과 접촉하면서 폭행이 시작되었고 이를 마무리한 것이 레예스였다는 입장을 고수했다. 뉴욕 경찰의 대표 노조인 경찰 기부조합의 토머스 스코토 회장은 이번 검찰 보고서를 맹렬하게 비난하면서 사건을 담당했던 경찰들이 "사건을 아주 훌륭하게 처리했다"고 말했다.

사건을 처음부터 담당했던 마이클 시한 경장은 보고서에 분통을 터뜨렸다. 그는 레예스를 솔직한 사람으로 표현한 데 코웃음을 치면서 그가 솔직하기는커녕 남을 잘 속이고 신뢰할 수 없는 사람이라고 말했다.

조사 결과, 레예스가 당시 센트럴파크에서 일어난 사건의 범인들과 아는 사이였고, 어퍼 이스트 사이드와 센트럴파크에서 사람들에게 몰래 접근해 성폭행을 하고 강도짓을 일삼은 '단독범'이었다는 증거는 나오지 않았다. 하지만 보고서는 조깅 피해자 사건이 발생하기 이틀 전에 레예스가 센트럴파크에서 성폭행 범죄를 저질렀으며, 그 사실을 다섯 피고의 변호인들이 알았더라면 재판을 좀 더 유리하게 이끌 수 있었을 것이라고 주장했다.

보고서는 레예스가 조깅하던 피해자를 공격한 사실을 자세히 설명했다. 레예스는 102번가 인근의 이스트 드라이브 북쪽으로 달리는 피해자를 보고 성폭행할 목적을 갖고 따라갔다. 나뭇가지를 주워 피해자의 머리를 강타한 후 나무가 우거진 한적한 곳으로 끌고 가서 범행을 저질렀다.

레예스는 범행 후 피해자가 자리에서 일어나 도망쳤다며, 당시 피해자가 어떤 모습이었는지 진술했다. 레예스는 이미 피해자를 제압했었지만, 폭행의 강도는 점차 높아져서 "돌 같은 것들"로 얼굴과 머리를 반복해서 때려 피해자의 두개골이 골절되었다.

레예스는 피해자의 몸을 묶은 기억은 없다고 말했다. 하지만 피해자는 셔츠가 목둘레에 고리 모양으로 감긴 채 발견되었는데, 입을 틀어막는 재갈 역할은 물론 팔목을 목 근처에 묶는 역할도 했다. 레예스는 과거 범행에서도 피해자를 그런 식으로 묶은 적이 있었다.

레예스는 범행 후 피해자의 워크맨 카세트를 빼앗아 센트럴파크를 벗어나다 평소 안면이 있는 경찰관이 택시 안에서 잠복근무 중인 것을 보고 멈춰 서서 이야기를 나누었다. 그 경찰관은 그날 근무했다는 것은 기억했지만, 레예스를 잠깐 만났던 일은 기억하지 못했다.

보고서에는 피해자가 왼쪽 뺨에 십자 모양의 상처를 입었고, 레예스는 상처를 낸 것으로 보이는 십자 모양의 반지를 끼고 있었다는 기록이 있었다. 하지만 무엇보다도 그가 피해자를 성폭행했다는 가장 강력한 증거는 DNA 검사 결과였다. 피해자의 양말과 자궁 경부에서 검출된 DNA가 레예스의 것으로 밝혀졌다. 오차 확률은 60억 분의 1에 불과했다. 다른 사람의 DNA는 발견되지 않았다. 피해자의 양말에서 발견된 음모 역시 레예스의 것으로 밝혀졌다.

보고서에는 "한마디로 자신이 피해자를 성폭행했다는 마티아스 레예스의 주장은 DNA 검사를 통해 사실로 확인되었다. 피해자의 몸에서 채취한 시료나 사건 현장의 증거물에서 다른 사람의 DNA가 발견되지 않았다는 점 또한 확인되었다"라고 쓰여 있었다.

또한 1989년 사건 당시 다섯 피고인 중 한 명인 리처드슨에게서 발견된 머리카락 세 가닥의 DNA를 재검사한 결과, "피해자의 DNA와 일치하지 않았다"는 기록 또한 들어 있다.

또한 보고서는 당시 아이들의 자백에 "심각한 결함"이 있다면서 이렇게 덧붙였다.

"피고인들의 자백에서 가장 믿을 만한 사실은 당시 그들이 자백을 했다는 것 정도이다. 피고인들은 범행에 대해 잘 모른다는 말로 자백을 시작했지만, 결국 모두 끔찍한 범죄의 공범이 되고 말았다."

보고서에 따르면, 피고인들의 자백은 설득력이 있어 보였지만 "범죄의 중요한 세부 사항마다 거의 예외 없이 진술이 엇갈렸다. 누가 범행을 시작했고, 누가 피해자를 쓰러뜨렸으며, 누가 피해자의 옷을 벗겼고, 누가 피해자를 붙잡았으며, 누가 성폭행했는지, 범행 중에 어떤 흉기를 사용했는지, 어떤 상황에서 범행이 발생했는지 서로 말이 달랐다."

게다가 범행이 일어난 정확한 위치를 아는 사람은 아무도 없었다. 한 사람을 제외하고는 모두 사건 현장에서 남쪽으로 800미터쯤 떨어진 공원의 저수지, 혹은 그 근처라고 대답했다. 그리고 피해자가 성폭행을 당하던 오후 9시 15분에 피고 5명은 다른 곳에서 다른 피해자들을 폭행하고 있었던 것 같다는 내용이 보고서에 담겼다. 이어서 보고서에는 이런 설명도 있었다.

"피고들이 그 시간에 남쪽으로 가던 걸음을 멈추고 102번가로 우회해 피해자를 집단 성폭행을 했다는 시나리오를 짜기는 어렵다. 이 모든 의혹은 재판 당시에도 명백했다."

유죄 판결을 받았던 피고 5명은 그 판결이 무효화되자 자백이 강요된 것이었고 치안 당국의 음모가 있었다고 주장하면서 뉴욕시를 상대로 소송을 제기했다. 소송은 2014년 4,100만 달러의 합의금을 지급하는 것으로 종결되었다. 대략 피고인 한 사람이 수감 생활 1년당 100만 달러씩 보상받는 셈이었다. 시 당국은 합의를 하면서 당시 시에서 잘못한 것은 없다고 주장했다.

편집자 주: 이 사건을 다룬 영상물이 있다. 다큐멘터리 〈센트럴파크 파이브The Central Park Five〉(2012), 넷플릭스 〈그들이 우리를 바라볼 때When They See Us〉(2019), 넷플릭스 〈오프라 윈프리와의 대화: 지금 그들이 우리를 바라볼 때Oprah Winfrey Presents: When They See Us Now〉(2019)

보스턴 대교구의 문건 공개

관례적인 직무 태만이 밝혀지다

– 팸 벨럭

오늘 공개된 수백 페이지에 달하는 교회 문건에서 로마 가톨릭 보스턴 교구의 관리들이 성추행으로 기소된 신부들의 직무를 정지시키지 않았고 정신과 치료를 받도록 설득한 적도 없다는 사실이 밝혀졌다.

8명의 신부에 관한 2,200 페이지 분량의 이 문건은 소년 2~3명을 성추행한 혐의로 기소된 폴 셴리 신부가 관련된 소송에서 원고 측 변호인이 공개했다. 보스턴 대교구로부터 문건을 받은 변호인단은 성추행 혐의가 있는 사제들이 적절한 처벌을 받지 않는 현 상황에 보스턴 교구 관리들의 책임이 있다는 것을 증명해 소송을 유리한 방향으로 이끌고자 노력하고 있다.

문건을 보면, 오하이오주 영스타운 출신의 한 신부가 소아성애 치료를 받은 직후 보스턴 교구에 발령받은 사례도 있다. 치료센터와 영스타운 주교가 아이들과 접촉하게 하면 안 된다고 경고했지만, 발령은 강행되었다. 문제의 신부는 훗날 보스턴 교구의 신자 두세 명이 성추행을 당했다고 밝히면서 뉴햄프셔주에서 성범죄로 기소되었다.

1984년, 10대 소년과 성관계를 맺은 것을 시인한 뒤 다른 교구로 전출된 사례도 있다. 3년 뒤, 그가 더 많은 성추행을 저질렀다는 신고가 꼬리를 물었다. 결국 그는 1993년에 신부직을 박탈당했다.

성추행으로 기소된 신부들이 교회 관리들의 권고에도 장기 입원 치료를 받지 않는 사례도 2건이나 있다. 기록에 따르면, 신부들이 치료를 거부했다.

일부 문서에는 버나드 로 추기경이 신부들의 성범죄에 대한 사람들의 불만을 과거에 그가 공개적으로 밝혔던 것보다 훨씬 더 자세히 알고 있었다고 쓰여 있다.

로 추기경이 성범죄로 기소된 신부들에게 보낸 편지 내용도 기록에 있는데, 다른 사건에 관련된 편지보다 더 친밀하고 동정 어린 글이었다. 편지에서 로 추기경은 기소된 신부들을 격려하거나 측은하게 여겼다.

수녀가 되려고 공부하는 젊은 여성을 성폭행한 혐의로 기소된 신부가 보낸 편지를 받은 로 추기경은 답장에 "우리가 최근 나눈 대화와 편지에 담긴 신부님의 생각은 신부님의 신앙심이 얼마나 깊고, 얼마나 용기 있는 사람인지 보여주는 아름다운 증거"라고 썼다. 그리고 끝에는 "우리에게 중요한 것은 피소된 사람들이 겪는 고통을 상기하는 것입니다"라고 덧붙였다.

오늘 도나 모리시 대교구 대변인은 이런 성명을 내놓았다.

우리가 과거를 바꿀 수는 없다. 하지만 우리의 대책이 얼마나 부적절한지 알 수 있고 이를 바꿀 수 있다. 그리고 피해자와 생존자들이 얼마나 큰 괴로움과 고통을 겪었고 앞으로도 계속 겪어야 하는지 공감할 수 있다. 지난 11개월 동안 우리는 포괄적인 새 대책을 시행하면서 미성년자를 성추행했다는 근거 있는 주장이 제기된 성직자는 보스턴 대교구에서 근무할 수 없게 조치했다. 50년 전부터 이런 방침이 시행되었다면 정말 좋았을 것이다.

보스턴 대교구는 지난달 57명의 또 다른 신부들에 관한 1만 페이지 분량의 문건이 일반에 공개되는 것을 막으려고 했지만, 한 판사가 대중으로부터 정보를 은폐하려 한다며 교회의 요청을 기각했다.

문건이 공개된 시점은 셴리 신부 재판의 합의 협상과 성추행으로 기소된 신부들에 대한 수백 건의 소송을 둘러싼 갈등이 최고조에 이르렀을 때였다.

보스턴 대교구의 재정 고문은 교회 측이 파산 신청도 고려 중이라고 밝혔다. 당시 셴리 신부 재판을 비롯해서 200여 명의 다른 고소인도 함께 변호하고 있던 변호인단은 대교구 측이 파산을 언급하면서 쥐꼬리만한 보상을 강요한다고 비난했다. 또한 교회 측에서 파산이라는 말을 계속 언급하면 협상에 응하지 않겠다는 입장을 밝혔다.

고소인 측 변호인인 로더릭 매클리시 주니어 변호사는 "공개된 문건들은 이번 소송에서 우리에게 아주 중요한 무기가 될 것"이라며 "더 많은 전후 사정이 나와 있고 당시 어떤 일이 있었는지 알 수 있기 때문"이라고 말했다.

오늘, 성범죄 피해자를 지지하는 사람들은 이 문건들이 성범죄로 기소된 일부 신부들에 관해 올해 초 공개된 기록보다 더 큰 파장을 가져올 것이라고 말했다. 교회가 기소된 신부들을 적절하게 조치하지 않은 것이 오랜 관례였다는 정황이 문건을 통해 나타났기 때문이다.

시카고에서 활동하는 '성직자 성범죄 피해 생존자 네트워크'의 대표인 데이비드 클로헤시는 "버나드 로 추기경과 대교구의 고위 관리들이 그동안 성직자 성범죄에 관해 고백했던 다른 관리들보다 범죄의 세부 내용을 훨씬 더 일찍 훨씬 더 많이 알고 있었으며, 그럼에도 거의 아무런 조치도 하지 않았다는 사실이 문건에 명시되어 있다는 데 놀랐다"고 말했다.

문건에 나와 있는 일부 사례를 보면 대교구 관리들이 신부들을 상대로 손해배상 소송을 제기하려는 사람들에게 보상을 약속하면서 소송을 막으려 애썼다는 점이 드러난다. 오하이오주에서는 이런 일도 있었다. 지금은 뉴햄프셔주 맨체스터의 주교인 존 매코맥 신부가 로버트 번스 신부의 성추행에 문제제기를 하는 가족을 만난 자리에서 "그들의 아들에게 보상이 도움이 될 거라고 생각하지 않는다. 보상금은 그가 원하는 것이 아니다"라고 말했다. 매코맥 주교의 대변인은 문건을 보지 못했기 때문에 그 문제에 관해 할 말이 없다고 말했다.

성범죄 사건 전문가들은 번스 신부 사건이 한 교구에서 문제를 일으킨 신부를 다른 교구에서 받아주는 전형적인 사례이며 특히 1970년대에서 1980년대에 그런 일이 많았다고 했다.

미네소타주 세인트폴에 있는 세인트 토머스 법과대학원 교수이며 성범죄 사건에서 교회를 변호했던 패트릭 실츠 교수는 "서로 상부상조하는 것이 신부들 사이에서 일반적인 관례였다. 주교들의 생각은 대체로 이들에게 새로운 출발이 필요하다는 쪽이었다"고 말했다.

보스턴 대교구에서 번스 신부가 아이들을 성추행했다는 것은 누구나 아는 사실이었다. 1982년, 번스 신부가 보스턴 대교구에 사제로 지원했을 때는 그가 사제 전용 치료기관에서 소아 성애증 치료를 갓 마친 다음이었다. 교회 문서에 남아 있는 기록을 보면, 당시 치료기관은 교회 측에 번스 신부에게 어린이들과 접촉할 일이 없는 성직 업무를 주라고 권고했다. 오하이오주 영스타운의 제임스 말론 주교는 나중에 진술서를 통해 번스 신부가 사제 일을 할 수 있도록 후원했지만, 그가 아이들과 만나지 못하게 하라고 교회 관리들에게 단단히 일렀다고 주장했다.

보스턴 대교구에 남아 있는 기록에는 당시 번스 신부의 이름 옆에 '문제: 어린아이들'이라고 적혀 있다.

고소인 측 변호인인 매클리시 변호사는 그 기록을 남긴 사람이 현재 브루클린의 주교이며 당시 보스턴 대교구에서 두 번째 고위 관리였던 토머스 데일리 주교라고 말했다. 기록을 보면 데일리 주교는 처음에 번스 신부를 채용 여부를 두고 주저했지만, 당시 대주교였던 움베르토 메데이로스 추기경과의 상의 끝에 자메이카 플레인 지역 성당의 시간제 협동사제(한 본당에서 주임 사제와 서로 협동하여 일하도록 임명된 사제—옮긴이)로 일하게 했다. 이 건에 대한 의견을 듣기 위해 데일리 주교에게 전화했지만 연결되지 않았다.

문건에는 번스 신부를 그 자리에 추천한 사람이 현재 뉴올리언스 주교인 알프레드 휴즈 주교라고 나와 있다. 휴즈 주교의 대변인인 윌리엄 마에스트리 신부는 오늘 "치료를 받은 후에는 새로운 환경이나 새로운 장소에서 새롭게 시작하는 것이 중요하다. 휴즈 주교는 번스 신부에게 아주 제한적인 일만 시키고 교구와 관련된 일은 맡기지 않을 생각이었다. 하지만 지금 생각해보면 결과적으로 현명한 판단이 아니었다"고 말했다.

1991년, 보스턴 대교구에는 당시 교구에서 일하던 번스 신부가 상습적으로 한 소년을 성폭행하고 성추행했다는 아주 구체적인 항의가 접수되었다.

로 추기경은 번스 신부를 직위 해제했지만, 이례적으로 다음과 같은 위로 편지를 보냈다.

"삶은 결코 짧은 순간이나 단 하나의 사건이 아니며 너무 작은 일에 매달리는 것도 현실적이지 못한 처사가 될 겁니다. 상황이 다르게 끝났으면 더 좋았겠지만, 그러지 못했습니다. 그럼에도 난 신부님이 보스턴 대교구 사람들을 돌봐준 것에 감사의 뜻을 전하는 게 중요하다고 생각합니다. 그리고 그 시간동안 신부님이 돌본 사람들의 삶에서 신부님은 주의 사랑을 전하는 너그러운 전달자였다고 확신합니다."

1999년 들어 번스 신부가 과거 1996년에 뉴햄프셔주에서 소년들을 성추행한 혐의로 유죄 판결을 받은 적이 있다는 사실이 알려지고, 보스턴에서 번스 신부를 고소하려는 사람들이 많아졌다. 그러자 로 추기경은 바티칸에 서신을 보내 보스턴 대교구가 1982년 "번스 신부가 미성년자를 돌보는 직책에 있어서는 안 된다"는 경고를 받은 적이 있음을 인정했다. 그리고 "그의 과거 행적이 얼마나 심각한지, 그리고 재발 가능성이 얼마나 높은지 제대로 판단하지 못했다. 번스 신부는 대교구에서 아무 제약 없이 활동했고 보스턴 교구에서 두 차례나 시간제 보좌신부로 일할 수 있었다. 그와 함께 일한 신부들은 그가 아이들과 접촉해선 안 된다는 말을 전혀 듣지 못했다"고 덧붙였다.

번스 신부 사건은 두 추기경의 재임기간에 일어났지만, 1984년부터 시작된 로 추기경의 재임 기간에만 일어났던 사건도 있다. 문건에는 1984년 11월에 로버트 모리셋 신부가 소년을 자신의 방으로 불러 다리를 쓰다듬었다는 혐의를 인정했다고 쓰여 있다. 모리셋 신부는 전문 치료사와 현재 그린 베이 교구의 교구장인 로버트 뱅크스 주교에게 치료를 받았고 다른 교구로 이동하라는 명령을 받아들였다.

1988년에 뱅크스 주교가 기록한 것으로 보이는 문건에는 모리셋 신부의 사제직을 "박탈해야 한다"고 쓰여 있었다. 하지만 모리셋 신부는 1993년까지 사제직을 유지했다. 교구 관리들은 인접한 매사추세츠주 폴 리버 교구에서 제임스 포터 신부가 100명이 넘는 아이들을 성추행한 혐의로 기소되자 그제야 모리셋 신부의 신상정보를 검토했다. 뱅크스 주교에게 모리셋 신부의 일에 대한 의견을 듣고 싶었지만 전화를 받지 않았다.

뱅크스 주교는 1986년 로버트 메펀 신부에 관해 불만을 토로한 적이 있었다. 1960년대에 메펀 신부가 수녀 공부를 하는 소녀들을 유혹했다는 익명의 제보가 있었기 때문이다. 매클리시 변호사의 말에 따르면, 뱅크스 주교는 메펀 신부를 만나 그의 반응을 본 후 "그 제보가 사실일 수도 있음. 화도 내지 않고 무덤덤함. 제보자를 알려고도, 생각해내려고 하지도 않음. 분통을 터뜨리지도 않음"이라고 기록한 메모를 남겼다고 한다.

공개된 문건에는 대교구에서 그 익명의 제보에 어떻게 대처했는지는 언급되어 있지 않다. 1993년에는 메펀 신부의 꾐에 넘어가 성관계를 했다고 주장하는 여성들의 제보가 쏟아졌다. 한 여성은 메펀 신부가 자신을 성추행하면서 예수가 어루만진다고 생각하라는 말을 했다고 주장했다. 결국 대교구는 메펀 신부의 사제직을 박탈했다.

메펀 신부는 입원 치료를 받으라는 대교구 감사위원회의 권고를 거절하고 감사위원회의 승인을 받아 집에서 생활했다. 1996년에는 로 추기경에게 즐거웠던 사제 시절로 돌아갈 수는 없지만 여전히 그리스도에

헌신하고 있다는 편지를 썼다.

또 다른 사제인 토머스 포리 신부는 15년 넘게 갖가지 혐의를 받았다. 1979년 가정부를 구타했다는 혐의는 본인이 시인했고, 1984년에는 한 여성과 11년간 내연 관계를 유지하다 고발된 적도 있었다.

1984년에는 대교구의 인사 담당자가 로 추기경에게 편지를 써서 포리 신부를 진단한 정신과 의사가 그를 정신병원에 보내야 한다는 말을 했다고 전했다. "장기적인 치료가 반드시 필요하다"는 것이 의사의 소견이었다. 문건에는 포리 신부가 장기 치료를 거부하고 두 달간 통원 치료를 받은 것으로 나와 있다.

그 후 포리 신부와 내연 관계였던 여성의 아들이 성추행을 당했다며 포리 신부를 경찰에 신고했다. 치료센터의 한 의사는 포리 신부에게 '잠재적 인격 장애'가 있다고 진단했지만, 성추행 혐의는 사실이 아닐 것이라고 말했다. 1999년, 주 교정국은 포리 신부가 교도소 사제로 일하는 동안 비명을 지르거나 큰 소리를 내는 등 정서적으로나 행동적으로나 문제가 있다며 그의 "불미스러운" 행동에 불만을 표시했다.

대교구의 한 관리는 "톰 포리 신부는 정말 문제가 많은 사람 같다. 그는 자신의 행동에 책임을 져야 한다"고 기록했다. 포리 신부에 대한 문제가 잇따르자 로 추기경은 포리 신부를 교구의 상근 사제가 휴가 중일 때 업무를 대신하는 비상 대기팀으로 보냈다.

2001년 10월, 대교구에 포리 신부가 "몇 년 전" 한 소녀를 성추행하고 그 소녀의 남자형제에게도 부적절한 접촉을 했다는 제보가 들어왔다. 지금은 성인이 된 소녀는 포리 신부가 자신의 교구에 배치된 것에 불편함을 느꼈고, "교구에서 아이들을 보호하기 위한 활동을 막 시작했는데 이곳에 포리 신부가 있으면 안 된다"고 생각했다.

2002년 2월, 보스턴 대교구는 포리 신부의 사제직을 박탈했다.

로 추기경은 2002년 12월 13일 보스턴 대주교 자리에서 물러났다. 미국 가톨릭 주교회의에서 발간한 2004년 보고서를 보면, 1950년부터 2002년까지 미국에서 아이가 신부에게 성범죄를 당했다고 고발한 건수가 10,667건에 달했고, 전체 교구의 95%에서 최소 한 건 이상의 성범죄 신고가 접수되었다.

편집자 주: 보스턴 대교구의 아동 성학대 사건을 모티프로 다룬 영화로 〈스포트라이트Spot-light〉(2015, 톰 매카시 감독)이 있다.

샌더스키, 10명의 소년 성폭행 혐의로 유죄 판결

– 조 드레이프

6월 22일, 펜실베이니아주립대학교의 전직 미식축구 코치인 제리 샌더스키가 어린 소년들을 성폭행한 혐의로 유죄 판결을 받았다. 이로써 한때 지역사회의 영웅이었던 샌더스키는 펜실베이니아 지역사회와 미국유수 대학, 일류 대학 미식축구계를 뒤흔든 추문으로 완전히 몰락했다.

펜실베이니아주 벨 폰트에 있는 센터 카운티 법정의 배심원단은 68세의 샌더스키에게 10명의 소년을 성폭행한 혐의로 유죄 판결을 내렸다. 피해 소년들은 모두 빈곤 가정 출신이었다. 샌더스키는 펜실베이니아대학교가 자랑하는 미식축구 프로그램에 넣어주겠다며 아이들과 친해진 뒤 아이들을 상습적으로 성폭행했다. 펜실베이니아대학교 관계자가 과반수인 배심원단은 이틀에 걸친 논의 끝에 유죄 평결을 내렸다.

배심원단 대표가 48건에 이르는 혐의에 대한 평결을 낭독하는 동안 샌더스키는 의연한 모습으로 서 있었다. 배심원단 대표의 입에서는 유죄라는 말이 45차례 나왔다. 성폭행과 동성애에 관련된 혐의 중 상당수는 장기 징역형이 선고될 수 있기 때문에 샌더스키는 남은 생애를 감방에서 보내야 할 것으로 보인다.

샌더스키의 재판이 시작되기 전부터 불행한 일이 꼬리를 물고 일어났다. 펜실베이니아주립대학교의 저명인사이며 샌더스키의 성폭행 제보를 한 차례 이상 받았던 조 패터노 수석코치는 해고된 다음 지역을 떠나 몇 달 후 암으로 사망했다. 오랫동안 학교에 몸담았던 그레이엄 스패니어 총장도 사임했다. 학교 임직원과 졸업생, 재학생들은 취약계층 아이들의 복지보다 일류 대학 스포츠의 이익이 우선되는 현실과 직면해야 했다.

미식축구 팀의 수비 코치로 패터노 수석 코치와 오랫동안 함께 일했던 샌더스키는 빈곤층 아이들을 위해 '세컨드 마일Second Mile'이라는 자선단체를 설립한 장본인이었다. 2주간 계속된 재판에서 검찰은 샌더스키가 자선단체를 사적으로 악용해서 새로운 아이들을 물색하는 일종의 사냥터로 삼았다고 주장했다.

샌더스키는 아이들에게 선물과 돈을 주었고, 집으로 초대하거나 미식축구 경기에 데려간 다음, 학교 안의 미식축구 팀 건물에서 함께 샤워를 하고 길가의 호텔에서 함께 잠을 잤다.

재판에서는 8명이 증인으로 나와 샌더스키의 상습적인 성폭행 사실을 자세하게 진술했다. 성폭행은 주로 펜실베이니아주립대학교 캠퍼스와 호텔 방, 그리고 샌더스키 자택의 지하에서 자행되었다. 참으로 고통스러운 증언이었다. 증인들은 그 두려운 이야기를 대중 앞에서 처음 공개했다. 흐느끼는 사람도 있었다. 분통을 터뜨리거나 안도의 한숨을 내

제리 샌더스키는 2011년 12월 한 달 동안 《뉴욕타임스》의 조 베커 기자와 인터뷰하면서 성폭행 혐의에 관한 질문에 답했다.

쉬면서 끝까지 가겠다고 말하는 사람들도 있었다.

증인들이 배심원단 앞에서 증언을 시작한 후 이번 재판에서 가장 놀라운 장면이 연출되었다. 앞에 나와서 샌더스키에게 성폭행을 당했다고 주장한 아이가 있었는데, 놀랍게도 샌더스키가 입양해서 키운 맷이라는 아이였다. 맷은 자청해서 법정에 증인으로 나왔다.

샌더스키의 변호인인 조지프 아멘돌라는 법정 밖에서 자신과 샌더스키의 아내는 "평결을 수용"하지만, 변호를 준비할 시간이 너무 촉박했다고 불만을 토로했다. "교도소에 수감된다고 해서 모두 죄가 있는 것은 아니"라고 말했는데, 그 말이 나오기 무섭게 주변 사람들은 아멘돌라에게 야유를 보냈다.

샌더스키 사건의 평결이 나왔지만, 이로써 펜실베이니아주립대학교의 문제가 끝난 것은 아니다. 다른 소송이 줄줄이 이어질 것으로 보인다. 대학 이사회의 요청으로 전직 FBI 국장이 조사를 진행 중이며, 그 외에도 최소 1건의 공식 조사가 진행 중이다. 체육 감독과 교내 경찰 책임자 등 2명의 고위 교직원이 범죄 혐의를 받고 있다. 두 사람은 2001년 샌더스키가 대학 내 샤워실에서 10살 소년을 성폭행했다는 말을 듣고도 별다른 조치를 취하지 않았으며, 대배심에서 당시 상황에 대해 거짓말을 했다는 혐의를 받고 있다.

대학 측에서는 평결이 발표된 후 성명을 통해 "법적 처분이 내려졌다. 우리는 사람들 앞에 나와 사적인 이야기를 공개한 증인들에게 무한한 존경을 표하는 바이다. 어떤 평결로도 샌더스키가 피해자들에게 가한 고통과 괴로움을 없앨 수는 없다. 하지만 우리는 이번 판결로 피해자와 가족들의 상처가 치유되길 진심으로 바란다"고 했다.

지난 11월 어느 토요일, 샌더스키가 체포되자 '해피 밸리'로 알려진 펜실베이니아주의 구석진 마을은 엄청난 충격에 휩싸였다. 마을의 기둥 같은 존재였던 샌더스키는 펜실베이니아주립대학교 미식축구 팀 '니터니 라이언스Nittany Lions'의 코치인 패터노 밑에서 뛰어난 선수로 활동했고, 30년 동안 함께 일하면서 니터니 라이언스를 전국에서 손꼽히는 수비 팀으로 만들었다.

사람들은 헌신적인 코치이자 유명한 자선단체의 기금 조성자이며 야심 찬 풋볼 선수들과 다른 아이들에게 아버지 같았던 한 남자가 그런 범죄 혐의를 받는다는 것에 큰 충격을 받았다.

펜실베이니아주 검찰에서 샌더스키의 혐의와 과거 행적을 공개하면서, 상황은 펜실베이니아주립대학교 측에 더욱 좋지 않은 방향으로 흘러갔다. 샌더스키가 처음으로 아이들에게 성범죄를 저질러 교내 경찰의 조사를 받은 것은 한참을 거슬러 올라간 1998년이었다. 2001년에는 니터니 라이언스에서 쿼터백으로 활동했고 당시 미식축구 수업을 담당했던 조교가 미식축구 팀 건물의 샤워장에서 샌더스키가 10살짜리 소년을 성폭행하는 장면을 목격한 후 패터노 코치와 다른 대학 관계자에게 이를 알렸다.

하지만 패터노 코치와 그 조교와 물론 다른 대학 관계자 등 그 누구도 경찰에 신고하지 않았다. 2년 전에 은퇴했지만, 여전히 교내에 사무실을 두고 여러 특혜를 누리던 샌더스키는 그저 캠퍼스에 아이를 데려오지 말라는 주의만 듣고 상황을 모면했다.

대학 당국은 큰 혼란에 빠졌다. 패터노 코치의 명성은 시궁창에 처박혔다. 지나치게 비대해진 대학 스포츠를 두고 새로이 논쟁이 시작되었지만, 이번에는 고통스러운 자기 성찰이 함께했다.

기소되었던 바로 그 주에 샌더스키가 보인 행동은 가뜩이나 혼란스러운 상황을 더욱 부채질했다. 샌더스키는 NBC 방송의 밥 코스타스와 인터뷰를 했는데 유죄를 입증하는 듯한 아주 이상한 말을 했다. 기소된 것의 심각성을 모르는 듯한 태도였다.

아멘돌라 변호사는 샌더스키의 무죄를 주장하면서 장기적으로 고소인들의 신뢰성을 무너뜨릴 방법을 찾아나섰다.

하지만 곧 더 많은 고발자가 나타났다. 샌더스키가 가족과 함께 살고 있으며 많은 범행을 저지른 범행 장소이기도 한 그의 집은 사람들의 손에 훼손되었다. 그리고 그는 전국적으로 경멸과 호기심의 대상이 되었다.

샌더스키는 NBC 인터뷰에서 소년들에게 성적 매력을 느끼느냐는 질문을 받은 적이 있었다. 그때 샌더스키는 "성적으로 끌리긴 한다. 그게, 젊은 사람들과 함께 있으면 기분이 좋다"며 "난, 난 그런 사람들과 함께 있는 게 좋다. 아니, 어린 소년에게 성적으로 끌린다는 말은 아니다"라고 답했다.

목요일에 열린 최종 변론에서 조지프 맥게티건 수석 검사는 샌더스키가 인터뷰에서 했던 그 답변이 바로 유죄의 증거라면서 "누군가 당신에게 범죄자나 소아 성애자, 아동 성추행범이냐고 묻는다면, 즉시 '당신 미쳤어? 아니야. 당신 지금 제정신이야?'라는 말이 튀어나오는 게 정상"이라고 말했다. 결국 샌더스키는 증인석에 앉지 않기로 결정했다. 아멘돌라 변호사는 샌더스키가 증인석에 서면 그의 아들인 맷을 반대 증인으로 세우겠다는 검찰의 말을 듣고 이렇게 결정했다고 밝혔다. 그는 샌더스키가 검찰의 말을 듣고 큰 충격을 받았을 것이라고 했다.

금요일 밤에 대학 측에서 말했듯, 펜실베이니아주립대학교를 재건하는 일은 아직 요원해 보인다. 대학 측에서는 피해자들을 만나 법적으로 합의할 계획이라면서 다음과 같은 입장을 내놓았다.

"우리의 목적은 단순하다. 포럼을 개최해서 피해자들이 우려하는 바를 조용히 신속하고 공정하게 처리하고, 우리에게 제기된 보상 관련 소송을 처리하는 것이다."

2012년 10월 샌더스키는 최소 30년에서 최대 60년에 이르는 징역형을 선고받았다. 그는 법정 대리권을 충분히 행사하지 못했다며 새로운 소송을 준비하고 있다.

편집자 주: 2019년 11월 22일, 샌더스키는 최소 30년에서 최대 60년의 징역형을 재선고받았다. 2013년 10월, 펜실베이니아주립대학교는 26명의 피해자와 합의, 배상금으로 5,970만 달러를 지급했다고 밝혔다. 2018년 1월 9일까지 대학 측이 피해자들에게 지급한 배상금은 1억 900만 달러를 넘어섰다. 또한 2016년 11월 3일 '클러리법Clery Act'(성범죄를 포함한 교내 범죄 통계 제출을 의무로 한 연방법) 위반으로 사상 최대인 240만 달러의 벌금이 부과되었다.

술·도박·마약·성매매

금주법이 시행 중이던 1921년경, 존 리치(오른쪽) 뉴욕시 경찰 부국장이 주류 밀매 현장을 급습한 후 하수구에 술을 쏟는 경찰관들을 지켜보고 있다.

"매일 700통 넘는 투서를 받는데 상당수가 주류 밀매점에 관한 신고다. 경찰관을 보내 신고가 접수된 상점을 폐쇄했는데도 다시 문을 열고 장사를 하는 바람에 다시 투서가 들어올 때가 많다. 신고한 사람들은 왜 그런 일이 되풀이되는지 이해하지 못한다. 하지만 경찰이 주류 밀매점을 바로 폐쇄할 수 있는 경우는 그곳에 범죄자나 폭력배가 숨어 있을 때뿐이다. 그래야 소란이 발생할 여지를 없앤다는 근거로 단속할 수 있는 것이다."

1929년 뉴욕의 그로버 웨일런 경찰국장이 금주법이 시행중인데도 문을 연
술집이 많은 이유를 설명하며 했던 말

불법의 유혹은 성별과 계층을 가리지 않는다. 농부의 아들인 파블로 에스코바르는
엄청난 돈과 권력에 이끌려 마약 조직의 두목이 되었다. 부유한 부동산 개발업자의 아들이며
한때 뉴욕 주지사를 역임했던 엘리엇 스피처는 고급 성매매 조직의 고객이 되었다.
《뉴욕타임스》 기사는 마약 전쟁이 벌어지는 동안 널리 자행된 잔혹 행위부터
전도유망한 정치인을 낙마시킨 범죄에 이르기까지 다양한 마약 및 성매매 범죄를
연대별로 보여준다.

마리화나 흡연이 안전한 것으로 보고되다

최근 파마나의 한 판사가 해밀턴 메인이라는 미국 선원에게 '카나비스 인디카Cannabis indica' 잎으로 만든 담배를 소지한 죄로 1년의 징역형을 선고했다. 보통 마리화나라고 부르는 카나비스 인디카는 '캔작canjac'을 비롯한 다양한 이름으로 불리는데, '해시시hashish'로 잘못 알려져 있기도 하다.

약 1년 전에는 한 무리의 멕시코인들이 뉴욕시의 공원에서 대마를 재배한다는 사실이 큰 화제가 된 적이 있다. 지금도 일요판 신문에는 중독성이 있다고 알려진 이 무서운 풀을 흡입했을 때 나타나는 끔찍한 결과에 대한 기사가 실리곤 한다.

하지만 파나마 운하 지대의 총독인 M. L. 워커 대령이 임명한 특별 위원회의 조사한 결과를 보면 마리화나 흡연에 큰 문제는 없는 듯하다.

관련 문헌을 조사하다

특별위원회의 조사는 마리화나 관련 문헌을 검토하면서 저자에게 서신을 보내 정보의 출처를 묻거나, 직접 피우는 등 실제 실험하는 방식으로 진행되었다. '마리화나marijuana'는 남아메리카 말로 '대마'라는 뜻이며, 영어로 '메리와 제인'에 해당하는 스페인어 '마리아와 후아나Maria y Juana'에서 온 것으로 추정된다.

위원회에 따르면, 일부 문헌에서 볼 수 있는 저자들의 과학적 지식은 실험을 통해 얻은 것이 아닌 듯했다. 저자들은 마리화나 사용에 관한 논문을 공부했을 뿐 피험자를 통해 마리화나의 영향을 확인한 적이 없고, 마리화나가 인체에 끔찍한 영향을 준다는 거짓말 같은 주장도 직접 확인한 적이 없는 듯했다.

> 최근 미국의 한 신문은 일요판 기사에 이렇게 보도했다. 마리화나는 누구나 직접 채취해서 말아 피울 수 있지만, 시중에서는 이미 만들어진 상태로 판매된다. 담배가 섞였든 섞이지 않았든, 마리화나를 담배처럼 말아 피우면 몇 번만 들이마셔도 꿈과 현실이 뒤섞인 세상을 경험한다.
>
> 학생들은 이미 마리화나를 피우고 있다. 교도소 앞마당에서 몰래 대마를 재배하는 죄수들도 늘고 있다. 성인들은 마리화나에 향기를 입히기도 한다. 마리화나 때문에 이미 정신이상이 된 사람이 수십 명이고, 하루가 다르게 정신이 이상해지고 있는 사람도 수백 명에 달한다.

정확하게는 '인디아 대마'인 그 풀은 마약 문제를 논의하는 제네바 학회에서 논의 주제로 등장하기도 했다. 존스홉킨스대학교의 W. W. 윌러비 교수가 쓴 『국제 문제로서의 아편Opium as an International Problem』(1925)의 19장을 보면 '인디아 대마(해시시)'라는 제목으로 당시 학회에서 논의한 내용이 요약되어 있다.

다른 재료들과 섞다

제네바 학회에서 M. 엘 긴디 이집트 대표가 '카나비스 인디카' 혹은 '카나비스 사티바Cannabis sativa'를 해시시라고 부르자 많은 질문이 쏟아졌다. 긴디 대표는 해시시가 꽃에서 나온 진액에 설탕과 버터, 방향 물질을 섞어서 구운 반죽 형태로 사용한다고 설명했다. 그렇게 해서 나온 결과물을 이집트에서는 '만주이manzui'나 '마군maagun', 가라위시garawish'로 부른다. 보통은 잘라서 다음 담배와 섞어 말아 피우거나 그냥 물담뱃대를 사용해서 피운다.

긴디 대표는 '만주이 엑트manzui ect'라 부르는 반죽 형태로 사용하는 것과 그냥 피우거나 담배와 섞어서 피우는 풀 형태로 사용하는 것을 구분하지 않았다. 그는 대마의 효과를 이렇게 설명했다.

"해시시는 적은 양을 흡입하면 처음에는 기분 좋게 취한 상태가 되어 행복해지고 자꾸 웃게 된다. 두뇌 활동도 활발해진다. 조금 더 양을 늘리면 우울하고 불쾌해진다. 그러다가 망상이 나타나면서 웃음을 터뜨리거나 시끄럽게 떠들게 되는데 폭력적인 성향의 사람은 실제 폭력을 행사하기도 한다. 해시시를 습관적으로 피우면 만성 해시시 중독에 빠지는데 그러면 높은 확률로 정신쇠약이 오고 결국 정신이상이 된다."

파나마 운하 지대에서 흡연 실험을 하다

파나마 운하 지대에서 시행되었던 실험은 마리화나를 피우는 것으로 제한되었다. 실험에 쓰인 마리화나 일부는 파마나 운하에 있는 실험용 정원에서 재배한 것이었고, 일부는 야생에서 채취해 적절한 확인 절차를 거친 것도 있었다.

이번 실험에서 가장 집중적으로 분석한 것은 펜실베이니아주 워런에서 온 M. V. 볼 박사의 연구 주제였으며, 결과는 '카나비스 인디카에서 비롯되지 않은 해시시의 효과'라는 제목으로 《미국의학협회저널*JAMA*》에 발표되었다.

특별위원회의 한 위원은 카나비스 인디카가 다른 좋지 않은 성분과 함께 사용되는 것 같으며 그로 인해 지나치게 과도한 오명을 얻었다고 말했다.

볼 박사는 논문에서 "카나비스 인디카를 피웠을 때 나타난다는 모든 증상은, 동양의 각국에 있는 간자Ganja 가게나 해시시 소굴에서 보듯 마리화나 흡연 도구에 묻어 있는 여러 성분 탓이라고 해야 할 것이다. 내가 알기로 앵글로색슨 국가의 카나비스 인디카 사용자들에게는 그런 증상이 나타났다는 기록이 없다"고 말했다.

'간자'는 인도에서 대마를 사용하는 한 형태로 항상 다른 재료를 섞어서 사용한다. 인도 대마위원회에서 간자에 관해 다음과 같이 보고한 적이 있다.

> 간자를 피워 정신이상이 왔다고 하는 사례들은 대부분 명확하게 증명되지 않았다. 범죄에 탐닉하는 사람들은 간자를 과도하게 사용해서 그렇게 된 것이 아니었다. 그렇긴 해도 간자를 과다 복

용하면 보통 알코올이나 아편 중독 같은 다른 악습에도 빠지게 된다. 다만 의학적 증거 하나로 그런 습관성 중독이 정신이상을 일으킨다는 사실을 명확하게 증명할 수는 없다.

17명의 피험자가 참여하다

파나마 운하 지대의 실험에서 마리화나를 피운 피험자는 모두 17명이었다. 모든 피험자는 의학적으로 철저하게 관찰되었다. 두 차례의 실험에서 12명의 지원자가 마리화나를 2개비에서 12개비까지 피웠고 그중에서 단 한 사람만 운동장애와 정신착란을 경험했다. 습관적으로 담배를 피운다고 말했던 20대 군인 2명에 관한 실험 보고서에는 다음과 같이 쓰여 있었다.

군인 둘 다 마리화나 연기가 전에 피웠던 담배 연기와 맛이나 향이 똑같고, 효과나 쾌감도 담배를 피울 때 느꼈던 것과 완전히 같다고 말했다. 그들은 그 느낌을 몸이 붕 뜨는 느낌이나 행복감이라고 표현했다. 두 사람은 목과 입안이 아주 건조해지고 맥박이 약간 빨라졌으며 얼굴도 다소 붉어졌다. 하지만 둘 다 운동 능력에는 아무 문제가 없었고 신체적으로나 정신적으로 특이한 증상은 없었다.

두 사람은 한 시간 조금 넘게 6개비의 마리화나를 피웠다.

어릴 때부터 마리화나를 피우다

또 다른 군인 3명은 후반부 실험에 참가했는데, 텍사스에서 온 25세의 남자는 어릴 때부터 마리화나를 피웠지만 마리화나를 피우고 싶다는 마음이 간절하지는 않아서 중독됐다고 생각하지는 않는다고 말했다. 그리고 마리화나를 피운 다음 날 몸에 별다른 이상이 없어서 몸에 나쁘다는 생각도 해본 적이 없다고 말했다.

또 다른 피험자는 마리화나를 피운 지 1년 정도 되었다. 가끔씩 매일 피울 때도 있고 한동안 피우지 않을 때도 있었다고 한다. 그도 마리화나에 대한 갈망은 없었고 중독되었다고 생각하지도 않았다. 그리고 마리화나보다는 담배를 더 선호했다.

세 번째 피험자는 마리화나를 사나흘에 한 번씩 1년 정도 피웠다고 말했다. 한 번 피울 때마다 1개비에서 3개비 정도 피웠고 첫 번째 마리화나를 피울 때 약간 효과를 느끼기 하지만, 그보다는 담배를 더 선호한다고 말했다. 마리화나를 피울 때의 느낌을 설명할 수는 없지만 "시간이 빠르게 흐르고 졸음이 쏟아진다"고 했다. 그는 한 시간 동안 3개비를 피웠는데 주목할 만한 효과는 나타나지 않았다.

어릴 때부터 마리화나를 피웠다는 첫 번째 피험자는 4개비를 피운 후 몸에 별다른 이상은 없었지만, 분필로 그은 선을 따라 걷지 못했다. 주로 왼발이 선 밖으로 벗어났다. 하지만 손이나 팔은 정상적으로 움직일 수 있었다.

세 번째 피험자는 4개비를 피웠고 그로 인한 영향은 전혀 나타나지 않았다.

마리화나의 효과를 과장하다

특별위원회에서 파나마 총독에게 이런 내용의 보고서를 보냈다.

《뉴욕타임스》에 본 기사가 실린 후 10년 만인 1936년에 제작된 영화 〈리퍼 매드니스Reefer Madness〉의 포스터. 마리화나의 위험성을 과장되게 표현했으며 윤리적인 내용을 담고 있다.

마리화나를 피울 때 약물 성분이 인체에 미치는 영향은 명확하게 밝혀지지 않았으며 매우 과장된 것 같다. 보고서들은 사실에 근거한 경우가 거의 없고, 마리화나가 정신이상을 일으킨다는 의학적 근거도 보이지 않는다. 현지 위원회가 시행한 실험을 통해 마리화나가 중독성 약물이 아니라는 증거를 확인했고 기분이 좋아지거나 폭력적인 행동을 유발하는 경우는 관찰되지 않았다. 따라서 위원회는 현지에서 재배하는 마리화나가 알코올이나 아편, 코카인 같은 중독성 약물이라거나, 마리화나를 피우면 건강에 아주 해롭다는 말은 근거가 없다는 결론을 내렸다.

위원회는 파나마 운하 지대에서 마리화나의 판매나 사용을 막기 위해 당국에서 조치할 필요가 없으며 그 문제에 관해 특별법을 만들 필요도 없다고 권고했다.

미국의 일부 주에서는 마리화나가 코카인이나 헤로인, 아편 같은 위험한 마약으로 분류되어 있으며 사용을 통제하는 관련법을 위반하는 경우 처벌하고 있다.

번성하는 주류 밀매점

– C. G. 푸어

웨일런 경찰국장이 최근 뉴욕시에서 영업 중인 주류 밀매점이 32,000개 정도 된다고 하자, 사람들은 여러 가지 측면에서 주류 밀매점이 뉴욕의 중요한 사회시설이 되었다는 사실에 큰 관심을 보였다.

웨일런 국장의 추정을 감안하면 주류 밀매점이 뉴욕에 얼마나 널리 퍼져 있는지 짐작할 수 있다. 주류 밀매점은 술을 요구하는 수천 명의 고객을 상대하면서 뉴욕 전역에서 영업 중이다. 그들에게 제대로 적용될지는 모르겠지만 엄연히 주류 밀매 단속법이 시행 중이고, 경찰국에서 뉴욕 대도시권 전역에 200명의 경찰을 투입해 금주 단속에 열중하고 있는데도 그렇다. 뉴욕에 몇 군데의 주류 밀매점이 영업 중인지는 정확하게 알 수 없다. 하지만 당국은 주변 사람들에게 묻기만 하면 편안하게 술을 마실 수 있는 곳을 두세 곳 정도 알아낼 수 있다고 말한다.

1928년경 밀주 단속반 수사관들이 한 술집을 철거하고 있다.

주류 밀매점의 불법 영업을 단속해야 하는 정부 관계자들은 그 많은 곳을 전부 효과적으로 단속하기란 물리적으로 불가능하다는 입장이다. 그래서 몇몇 사례를 통해 가장 해악이 큰 것으로 판단되는 곳부터 단속하는 계획을 세웠다. 그 과정에서 주류 밀매점이 경찰 인력보다 2배나 많다는 것을 알게 되자 범죄자가 숨어 있거나 독성이 있는 술을 판매하는 것으로 알려진 밀매점을 대상으로 강력한 단속을 펼쳤다. 연방 치안 당국은 주류 도매상을 발본색원하고 뉴욕시 경찰병력과 협동해 주류 밀매점을 급습해 폐쇄하는 일에 주력했다.

최근 몇 달간 불법 주류만 팔던 밀매점 가운데 사업 영역을 넓힌 곳이 생겨나면서 사람들의 우려가 더욱 커졌다. 바로 여성 접대부를 고용하는 문제인데, 웨일런 국장도 주목한 적이 있었다. 이 문제에 관해 한동안 복지단체, 그중에서도 특히 마약이나 성매매 방지법 연구에 전념하는 '14인 위원회'에서 큰 관심을 보였다.

지난주 웨일런 국장은 32,000개의 주류 밀매점 정보가 있는 경찰청 본부 집무실에서 이 문제를 충분히 논의했다.

웨일런 국장은 이렇게 말했다.

"32,000개의 주류 밀매점은 순찰대원들이 도시 전체를 다니면서 보고한 곳이기 때문에 실제로 확인된 곳이다. 그 외에 얼마나 더 있을지는 알 도리가 없다. 주류 밀매점 단속에서 가장 어려운 점은 이름이나 특성에서 알 수 있듯이 은밀하게 운영된다는 것이다. 일반 술집은 건물 전면에 있어서 필요할 때 쉽게 찾을 수 있지만, 밀매점은 아파트 고층부에서 지하실에 이르기까지 구석구석에 숨어 있기 때문에 법적 증거를 찾아내기가 훨씬 어렵다."

단속의 어려움

웨일런 국장은 넓은 공간과 내부 시설, 그리고 모든 주류를 갖춰야 하는 일반 술집에 비해 주류 밀매점은 필요한 시설이 적다는 점을 강조했다.

"그래서 밀매점이 빠르게 성장할 수 있다. 그리고 이런 고충도 있다. 우리가 신속하게 폐쇄하는 만큼 다른 곳에 다시 밀매점이 생겨나는 것이다."

웨일런 국장은 폐쇄한 주류 밀매점을 계속 폐쇄된 상태로 유지하기가 어렵다면서 "주류 밀매점을 단속해서 업자를 체포한 뒤에도 다른 사람이 그 밀매점을 계속 운영한다. 한 곳에서 30명을 체포했는데도 계속 운영되는 밀매점이 여러 군데나 될 정도"라고 했다.

"주류 밀매점을 단속할 때 유일하게 효과가 있는 방법은 아예 그곳에 경찰관을 상주시켜 가게를 다시는 못 열게 하는 것이다. 하지만 뉴욕시의 경찰관은 다 합해서 18,000명에 불과하다. 따라서 밀매점을 단속할 때마다 경찰을 한 명씩 배치한다면, 이미 발견한 32,000개의 밀매점조차 감당하기 어렵다."

"더욱이 실제 동원할 수 있는 경찰의 수는 당연히 18,000명보다 적다. 우선 경찰은 8시간씩 3교대로 근무하므로 인원을 3개 그룹으로 나누어야 한다. 그리고 교통 업무를 담당하는 2,000명과 범죄수사를 담당하는 1,700명은 빼야 한다. 휴가 중이거나 병가 중인 사람도 빼야 한다. 따라서 실제로 8시간마다 순찰 업무를 할 수 있는 인원은 기껏해야 3,000명 정도이다. 3,000명이 법과 질서 유지라는 경찰의 임무를 전담해야 하는 것이다. 게다가 단속에 걸린 주류 밀매점 감시에 그 인력을 모두 동원한다면, 뉴욕시에서 경찰이 해야 할 다른 임무에 소홀해질 수밖에 없고, 그렇게 되면 대중의 혹독한 비난이 쏟아질 것이다."

"주류 밀매점을 폐쇄하는 가장 좋은 방법은 출입문에 자물쇠를 채우는 것이다. 우리는 가게에 자물쇠를 채울 법적 권한이 있는 연방 주류 단속팀과 함께 출동한다. 관련법의 집행 절차를 보면 당국에 필수로 제출해야 하는 증거를 모으기 위해 사전에 상당히 많은 수사를 해야 한다. 그리고 진술서에는 서명을 받은 특정 인물의 점포 안에서 주류가 판매되었다는 포괄적인 증거를 첨부해야 한다. 주류의 화학 성분을 분석한 결과도 첨부해야 한다. 그렇게 하면 법원에서 주류 밀매점의 주인에게 업소 폐쇄 명령을 내리고 주인은 그 명령을 따라야 한다. 이 과정에서 밀매점의 진짜 주인이 누구인지 밝혀내고 그 사람에게 법원 명령을 전달하는 일이 정말 어려울 때가 많다."

"이런 단속 절차는 술집에 여성의 출입을 금지하는 것이 가장 현명한 방법이었던 과거에는 효과적이었다. 그런 방법으로 여성과 관련된 범죄의 발생 가능성은 아주 낮게 유지되었다. 하지만 주류 밀매점은 남녀 모두 출입할 수 있다. 게다가 최근 여성 접대부를 들이는 바람에 문제가 다시 불거졌다."

"주류 밀매점과의 전쟁에 대중이 호응하고 협조한다면 우리에겐 큰 힘이 될 것이다. 하지만 치안 당국의 집행과정에 사람들이 호응할 거라는 보장은 없다. 사실 치안 당국 수사관들이 밀매점을 단속할 때 보면 동네 사람들이 수사관들에게 강한 적대감을 보일 때가 많다."

주류 밀매점에 가본 적이 있는 사람에게 대충만 물어도 엄청나게 많은 밀매점의 위치와 경험담을 들을 수 있다. 주류 밀매점은 가장 호화스러운 가게들로 번성했던 '로어링 포티(Roaring Forties, 맨해튼에서 극장이나 클럽이 모여 있는 지역—옮긴이)'에서부터 파크 거리 바로 옆에 있는 아파트의 펜트하우스, 그리니치 빌리지의 지하창고, 금융가의 사무용 건물에 있는 수많은 방에 이르기까지 곳곳에서 영업 중이다. 경찰이 찾아낸 숫자만 32,000군데였다는 것을 보면 오히려 시내에서 주류 밀매점이 없는 곳을 찾기가 더 어려운 상황이다.

주류 밀매점에 들어가려면 입구에서 복잡하고 수수께끼 같은 확인 절차를 거쳐야 한다. 하지만 사람들은 그런 절차에서도 마치 미지의 세계로 여행을 떠나는 듯한 짜릿한 기분을 느낀다. 처음 온 손님은 보통 밀매점을 소개해준 기존 고객의 이름을 밝혀야 한다. 그러면 밀매점에서는 새로운 손님의 이름을 기록하고 다음 방문 때 사용하도록 출입증을 지급한다. 그런 출입증을 10장 이상 갖고 다니는 사람들도 많다.

치밀한 예방 조치

밀매점에서 출입구를 방어하기 위한 그런 교활한 꼼수가 사람들에게는 낭만적인 인상을 준다. 초인종을 누를 때도 특별한 방식으로 눌러야 한다. 출입문의 쇠창살 뒤에 있는 작은 미닫이가 열리면 경계심 가득한 얼굴이 나타나 방문객을 훑어본다. 적갈색 돌로 지은 오래된 주택의 1층 출입문을 열고 들어가면, 보통 폐쇄된 술집에서 가져온 카운터와 탁자, 의자가 있는 기다란 방이 나온다.

그런데 32,000개나 되는 주류 밀매점에 공급되는 술은 모두 어디에서 오는 걸까? 체포된 사람들과 죄수들의 진술에 따르면 일부는 캐나다에서 기차나 트럭을 통해 몰래 들여오고, 일부는 여기서 디트로이트까지 연결되어 있다는 관을 통해 들여오기도 한다. 주류 밀매 선박이 자취를 감췄다고는 하지만, 여전히 외국 선박들이 해안에 주류를 내려놓는다. 그렇게 수입된 진짜 술은 불순물을 섞어 양을 늘린 다른 술에 향을 입히려는 목적으로 사용될 때가 많다. 하지만 술의 주된 공급원은 국내에 있는 것으로 보인다. 이곳 뉴욕시 아니면 뉴욕 대도시권에 있는 시설에서 생산한 다음 트럭에 싣고 가져오는 것이다.

1920년부터 시행된 금주법은 1933년 음주를 허용하는 13차 헌법 수정안이 시행되면서 폐지되었다.

조직 폭력계의 대부

– 로버트 D. 맥패든

한 FBI 수사관이 마이어 랜스키에 관해 달갑지는 않지만 감탄했다는 듯 이렇게 말한 적이 있다.

"그가 합법적인 사업에 몸담았다면 아마도 제너럴 모터스의 대표이 사가 되었을 겁니다."

전성기 때 랜스키는 암흑가 동료들에게 "우리 조직이 US 스틸(미국과 유럽에 생산 거점을 가진 종합 제철회사—옮긴이)보다 크다"며 자랑하기도 했다.

러시아 태생의 이민자로 마이어 랜스키라는 이름으로 더 많이 알려 진 마이어 수초블랸스키는 항상 자신을 '행운의 도박사'로 소개했다. 하 지만 치안 당국 수사관에 따르면 그는 수십 년간 미국 범죄 조직의 두목 이었고 한때는 확실한 일에만 돈을 거는 '살인 주식회사'의 무자비한 두목이기도 했다.

랜스키가 1920년대에 청부살인업자로 일했다는 말도 있지만, 일반적인 평가는 50년 동안 개인적으로는 폭력을 전혀 행사하지 않았다는 것이었다.

치안 당국은 랜스키를 돈벌이에 탁월한 재능이 있는 금융 천재로 설명했다. 금주법 시대에 주류 밀매를 해 돈을 벌었고 쿠바나 바하마, 미국에서 도박 사업을 벌이기도 했다. 그리고 미국 전역에서 고리대금업과 주가 조작은 물론 합법적인 사업으로 영역을 넓혔다.

뉴욕의 로어 이스트 사이드에서 빈곤한 어린 시절을 보냈던 랜스키는 범죄 조직의 상층부로 진입하면서 주류 밀매로 벌어들인 돈을 밑천으로 합법과 불법을 망라하는 수백 가지 사업을 벌였다.

또한 그는 1934년 전국적인 폭력조직이 탄생하는 데 핵심 역할을 수행한 것으로 알려졌다. 그때까지 분열되어 있던 암흑가는 조직화되면서 느슨하게 연결된 전국 연합체로 변모했다. 그 뒤에 랜스키는 합법적인 사업을 계획하고 영수증을 누락해 세금을 탈루하는 복잡한 방법을 고안한 것으로도 알려졌다.

몇 년 전, 한 자서전 작가는 랜스키의 재산이 3억 달러에 달하며 대부분이 스위스은행 계좌와 부동산, 알려지지 않은 투자 수단에 숨겨져 있다고 했다.

단 한 번 수감되다

랜스키는 폭행부터 법정 모독에 이르기까지 수많은 범죄로 기소되었다. 하지만 10대 시절 소소한 일로 몇 차례 체포된 것을 제외하면 교도소에 수감된 것은 단 한 번이다. 1953년, 뉴욕주 새러토가 스프링스에서 도박 혐의로 유죄를 선고받아 두 달 동안 복역했다.

또 다른 혐의로 유죄 판결을 받은 기록이 있는데, 1973년 항소심에서 뒤집힌 법정 모독죄다. 랜스키는 반복적으로 기소되었지만, 무죄 선고로 종결되거나 변호인이 알아서 조치하거나 랜스키가 자주 몸이 아프다고 호소한 탓에 재판이 지연되면서 취소되었다.

미국이나 바하마의 정부가 바뀌고 검찰이 아무리 기소해도 랜스키의 수익 사업은 전혀 영향을 받지 않았던 것 같다. 다만 쿠바의 아바나에서 운영하던 도박 사업은 카스트로의 쿠바혁명이 성공하면서 중단되었다.

랜스키는 1970년대 초반 국제적으로 논란의 중심에 서게 되자 모든 활동을 중단하고 이스라엘로 도주했다. 미국 연방법원에서 2건의 혐의로 기소했지만 미국으로 돌아오지 않았다. 유대인은 누구나 이스라엘로 이주할 수 있다는 '귀환법Law of Return'에 따라 계속 이스라엘에 머무르며 2년 6개월 동안 미국 정부와 법적 다툼을 벌였다.

그로 인해 랜스키는 이스라엘 정부의 골칫거리가 되었다. 악명 높은 범죄자를 숨겨준다는 비난이 이스라엘 정부에 빗발쳤다. 하지만 이스라엘 정부가 랜스키에게 출국하라고 요구하자 피난처를 찾는 유대인을 외면한다는 비난이 쏟아졌다.

랜스키는 1902년 지금은 벨라루스가 된 백러시아의 그로드노에서 태어나 1911년 다른 두 남매와 함께 미국으로 이주했다. 이민국 직원은 부모가 랜스키의 생년월일을 기억하지 못하자 그냥 7월 4일(미국의 독립기념일—옮긴이)로 기록했다.

마이어 랜스키는 체구가 왜소했다. 성인이 되어서도 키 162센티미터에 몸무게 62킬로그램에 불과했다. 하지만 로어 이스트 사이드에 있는 34구역 공립학교의 교사들은 랜스키가 똑똑하고 놀라울 정도로 냉철한 아이였다고 했다. 그는 1917년에 8학년을 졸업하고 공구와 연장을 만드는 회사에 취직했다.

랜스키는 쥐꼬리만 한 월급을 보충하려고 불법 도박장을 운영했다. 이때 '럭키 루치아노' 찰스 루치아노와 벤저민 '벅시' 시겔을 만나 친구가 되었다. 수사관들에 의하면, 훗날 시겔과 동업자가 되었다고 한다. 랜스키는 1921년에 자동차 정비공으로 직업을 바꾼 후 차량 밀매꾼을 상대로 차량을 정비하고 외관을 바꿔주는 일을 했다.

1928년, 미국 시민이 된 랜스키는 독자적인 범죄 조직을 만들 생각에 벅시 시겔과 함께 '벅스와 마이어 조직'을 결성하고 당시 급성장하던 주류 밀매 사업을 시작했다. 그리고 다른 밀매업자들에게 '집행자'라는 이름의 청부 살인자를 보내주기도 했다.

1933년, 금주법이 폐지되자 랜스키는 프랭크 코스텔로와 함께 뉴욕주 북부와 뉴올리언스, 플로리다주에 불법 카지노를 열었다.

1935년, 뉴욕시 암흑가의 정점에 있던 아서 '더치 슐츠' 플레겐하이머가 살해되자, 당국은 맨해튼과 브루클린, 뉴어크의 모든 불법 사업을 이어받을 후계자로 랜스키와 다른 5명의 인물을 지목했다.

1930년대 후반, 랜스키는 쿠바의 독재자 풀헨시오 바티스타가 도박을 합법화하자 쿠바로 가서 몇 군데의 카지노를 운영했다.

케포버 청문회

2차 세계대전이 끝난 후 미국에서는 조직 범죄가 엄청난 규모로 성장했고 그 와중에 랜스키는 범죄 조직에 돈을 대는 큰손이 되었다. 정부 당국은 랜스키가 라스베이거스의 플라밍고 호텔과 마이애미 해변의 노른자위 부동산으로 막대한 돈을 벌었다고 말했다.

1950년부터 1951년까지 '상원 범죄조사위원회'가 주관한 청문회가 끝난 후, 랜스키의 이름은 전국적으로 널리 알려졌다. 에스테스 케포버 테네시주 상원의원이 의장인 위원회는 조직범죄에 관해 당시로서는 가장 광범위한 조사를 실시했다. 조직폭력계의 거물로 지목된 랜스키는 증인으로 소환되었지만, 도움이 될 만한 정보는 제공하지 않았다.

그로부터 12년 후 조지프 발라키가 존 매클렐런 아칸소주 상원의원이 주도하는 상원 소위원회에 참고인으로 출석해 암흑가에 관해 진술했을 때도 랜스키의 이름이 언급되었다.

1953년, 랜스키는 새러토가 스프링스에서 도박 사업을 한 혐의로 단기 복역을 마친 후 플로리다로 가서 네바다주와 쿠바의 투자 사업에 집중했다. 그리고 당시 바하마 제도의 도박 사업에도 관여했다고 전해진다.

1957년, 랜스키는 뉴욕 아팔라친에서 있었던 '암흑가 두목 모임'에도 참석한 것으로 알려졌다.

수익원을 다각화하다

2년 후인 1959년, 쿠바혁명으로 권력을 잡게 된 카스트로는 군대를 보내 아바나의 호텔에 있는 수백 대의 슬롯머신과 룰렛 테이블, 기타 도박 장비를 때려 부쉈다. 쿠바에서 운영되던 수백만 달러 규모의 도박 산업은 종말을 맞았고, 랜스키도 수입 중 상당 부분을 잃었다.

하지만 치안 당국에 따르면, 랜스키는 1960년대 들어 검은돈으로 합법적인 사업을 벌이는 것 외에도 고리대금업이나 불법 복권사업 등으로 높은 수익을 올렸다. 랜스키가 미국 치안 당국의 눈을 피해 1970년 사업을 중단하고 이스라엘로 가면서 미국과 법정 다툼을 벌이자, 이스라엘 대법원은 그가 "공공 안전에 위험한 인물"이라면서 시민권을 주지 않았다.

랜스키는 스위스와 브라질, 파라과이, 볼리비아, 페루, 파나마 등 일곱 나라에 피난처를 제공해주면 100만 달러를 지불하겠다고 제안했다. 하지만 모두 거절당하고 1972년 11월 7일 마이애미에 도착하자마자 체포되었다.

당시 초췌한 모습의 랜스키는 "인생이라는 게 원래 그렇다. 이 나이에 걱정해봐야 무슨 소용이겠는가. 일어날 일은 일어나게 마련이다. 유대인은 이 세상에서 기회가 많지 않다"고 말했다.

랜스키는 25만 달러의 보석금을 지불했고 탈세, 범죄 모의, 소득 은폐 등의 혐의에 대해 무죄 선고를 받거나 혹은 너무 늙어서 법정에 설 수 없다는 판정을 받았다. 랜스키의 주치의와 법정 의사는 그가 심장질환과 기관지염, 윤활낭염(관절 사이의 윤활액을 싸고 있는 윤활낭에 염증이 생기는 질병―옮긴이), 관절염을 앓고 있음을 알렸다.

본 기사는 1983년 1월 15일 마이애미 비치에서 81세의 마이어 랜스키가 암으로 사망했다는 발표가 나왔을 때 보도된 것이다.

콜롬비아 군대가
메데인 카르텔의 두목 사살

– 로버트 D. 맥패든

콜롬비아 빈민가에서 태어나 세계에서 가장 잔인하고 성공한 코카인 밀매업자가 된 파블로 에스코바르가 어제 사망했다고 보고타의 정부 관계자가 발표했다. 에스코바르는 고향인 메데인의 한 주택 옥상에서 정예부대와 총격전을 벌이다가 총알 세례를 받고 사망했다.

메데인은 한때 서반구와 유럽까지 영향을 미친 마약 제국의 중심지였다. 870만 달러의 현상금이 걸려 있는 44세의 도망자 에스코바르는 메데인 중심가에 있는 은신처에 머무르다가 500여 명의 경찰과 군인에 포위된 채 사살되었다.

당국에 따르면, 맨발로 뛰쳐나온 에스코바르가 경호원과 함께 지붕으로 달려가며 2층짜리 은신처를 급습한 부대원들에게 총격을 가했다고 전했다. 에스코바르와 경호원은 옥상으로 빠져나가려다 모두 사살되었다.

목격자들은 경찰과 군인들이 의기양양한 모습으로 하늘에 총을 쏘면서 "우리가 이겼다!"고 소리쳤다고 말했다.

에스코바르의 죽음은 코카인 밀매에 큰 영향을 미치지는 않을 것이다. 그러나 클린턴 대통령은 세사르 가비리아 트루히요 콜롬비아 대통령에게 보낸 축전에서 "용감한 경찰과 무고한 국민을 비롯한 수백 명의 콜롬비아 사람들이 에스코바르의 테러 행위에 목숨을 잃었다"며 "오늘 에스코바르를 사살한 일은 그 모든 희생자들에게 위로가 될 것"이라고 전했다.

당국자들은 에스코바르가 자신의 투항 조건을 정부에 관철시키기 위해 콜롬비아의 유명 인사를 납치하려고 계획하는 동안 그의 전화를 도청했다고 밝혔다. 그동안 에스코바르는 정부에 투항하는 조건으로 무엇보다도 아내와 아이들을 경쟁 조직으로부터 보호해줄 것을 요구했다.

재산이 40억 달러에 이르며 대통령 후보부터 판사와 경찰관, 언론인, 무고한 행인에 이르기까지 수백 명을 살해한 것으로 비난받는 에스코바르가 사살됨으로써 1992년 7월 그가 교도소를 탈옥하면서부터 시작된 16개월간의 추격전은 막을 내렸다.

거대한 저택과 여러 대의 비행기를 보유하고 국회의원까지 지낸 무관의 제왕이며, 이웃 마을과 쇼핑센터, 심지어 제트 여객기까지 폭파시킨 악명 높은 살인마였던 에스코바르의 인생도 그렇게 끝났다. 하지만 한편으로는 빈민들을 위한 집을 짓고, 도로를 포장하고, 경기장을 건립하고 수천 명에게 일자리를 주는 등 로빈 후드 같은 존재로 알려지기도 했다.

"법의 승리"

많은 부하가 죽거나 투항한 후, 도피한 에스코바르가 미국과 유럽에 공급할 수 있는 코카인의 양은 크게 줄어들었다. 하지만 그는 한때 미국에서 사용되는 코카인의 80퍼센트를 공급한 적도 있었다. 그가 죽음으로써, 최소한 상징적으로는, 다국적 기업을 통해 돈을 벌어 국가와 전쟁을 벌이는 메데인 카르텔의 공포 시대도 막을 내렸다.

워싱턴 D.C. 마약정책국의 리 브라운 국장은 "에스코바르는 마약 왕 중에서 가장 무자비했으며, 그의 최후는 죽음과 불행을 거래하는 다른 사람들에게 본보기가 되어야 한다"고 말했다. 하지만 그의 죽음은 상징적인 선에 그칠 것으로 보인다. 그가 죽은 뒤에도 도시에 쏟아져 들어와 수백만 명의 중독자와 가족, 다른 사람들의 삶을 파괴하는 코카인의 유통 과정은 달라지지 않을 것이다.

최근 몇 달 동안 에스코바르의 조직이 무너지면서 칼리 카르텔 같은 콜롬비아 내 다른 경쟁 조직과 볼리비아, 페루의 마약 조직이 시장 대부분을 장악했다. 이제 마약 단속기관의 목표는 그들이 될 것이다.

에스코바르 사살은 군 정예부대와 '서치 블락Search Block'이라는 3,000여 명의 경찰대원의 활약, 미국과 유럽에서 지원한 통신 기술의 합작으로 이끌어낸 빛나는 승리였다. 서치 블락은 에스코바르가 콜롬비아 국내에서 도피 생활을 할 때 그를 잡기 위해 결성된 경찰 조직이다.

자경단이 에스코바르 추적에 합류

지난해 에스코바르가 교도소를 탈출한 후 미국 중앙정보국CIA은 콜롬비아에서 벌이는 반反 마약 프로그램을 한층 강화했고, 국방부는 정찰기를 지원했으며, 국가안보국NSA은 에스코바르의 전화 통화를 감청해

1983년, 메데인에서 축구 경기를 관람하는 파블로 에스코바르

왔다.

정부군뿐만 아니라 '파블로 에스코바르에게 고통받은 사람들'이라는 뜻의 페페스Pepes라는 자경단 조직도 에스코바르를 추적했다. 페페스는 복수를 위해 에스코바르의 조직원 수십 명을 살해하고 그의 집과 가족의 집을 불태우고 수많은 클래식카Classic Car를 폭파했다.

불과 3일 전에는 에스코바르의 아내인 빅토리아 에우헤니아 에나오와 16살 아들 후안 파블로, 5살 딸 마누엘라가 독일로 날아가 정치적 망명을 요청했지만 거부당했다. 세 사람은 다시 보고타로 돌아와 군대의 보호 아래 호텔에 머물고 있다.

범죄의 길로 들어서다

올해 44살이 된 파블로 에스코바르 가비리아는 1949년 12월 1일 메데인에서 동쪽으로 40킬로미터 떨어진 리오네그로에서 태어났다. 그의 아버지는 농부였고 어머니는 교사였다. 1년 후 에스코바르 가족은 메데인 교외의 빈민가로 이주했는데, 에스코바르는 여기서 고등학교를 졸업하고 스테레오 장비 밀수업을 시작했다.

10대에 사업가가 된 에스코바르는 묘지에서 비석을 훔쳐 글자를 갈아낸 다음 되파는 일을 시작했다. 1974년에는 자동차를 훔치다가 처음으로 경찰에 체포됐다.

그는 부드러운 목소리와 달리 동료나 경쟁자들에게는 재능 있고 야심차며, 무엇이든 빨리 배우고 사업 감각이 있으며, 원한은 끝까지 잊지 않는 사람이었다. 1976년, 에스코바르는 마약 밀매업자가 되어 마약 운송용 비행기를 점차 늘려나갔다. 그러다가 트럭에 실린 코카인 18킬로그램이 발각되는 바람에 체포되기도 했는데, 어찌된 영문인지 3개월 후 교도소에서 아무렇지 않게 걸어 나왔고 그에게 내려진 체포 명령은 취소됐다. 그리고 그를 체포했던 경찰 2명은 나중에 모두 살해됐다.

호화로운 생활

배가 올챙이처럼 불룩하고 머리에 기름이 번들거리는 에스코바르의 외모는 일반적인 폭력배의 모습에서 크게 벗어난 적이 없었다. 하지만 그는 자신을 초호화판으로 치장했다. 1980년에는 마이애미 비치의 고급 주택을 구입했고, 1년 뒤에는 830만 달러를 들여 플로리다의 아파트 단지를 사들였다. 메데인의 아파트에는 그림과 중국 도자기가 가득했다.

6,300만 달러에 사들였다는 28제곱킬로미터의 콜롬비아 목장은 에

스코바르가 가장 좋아하는 곳이었다. 거기에 기린과 낙타, 캥거루 등 외국에서 들여온 수백 마리의 동물을 풀어놓았다.

합법적인 사업으로 부를 쌓았다고 주장한 에스코바르는 앞에서는 후원자인 척하고 뒤에서는 마약 밀매를 일삼았다. 라디오 프로그램을 진행했으며 로마 가톨릭 신부와 함께 다닐 때도 많았다.

에스코바르는 빈민층을 위한 주택 건설 사업을 추진하고 축구장이나 롤러스케이트장을 지어주면서 건물에 자신의 이름을 즐겨 붙이곤 했다. 1982년에는 보궐선거로 콜롬비아 국회의원이 되었지만, 2년 후 법무장관이 그의 범죄 이력을 공개하는 바람에 의원직을 사퇴할 수밖에 없었다. 훗날, 그 법무장관은 에스코바르에게 살해당했다.

에스코바르가 심복을 시켜서 살해했다고 알려진 사람들은 법무장관 1명을 비롯해서 신문 발행인 1명과 대통령 후보 3명, 판사 수십 명을 포함해서 수백 명이 넘었다. 1989년에는 콜롬비아 항공기에서 그의 부하가 테러 목적으로 설치했다고 알려진 폭탄이 터지면서 탑승객 107명이 전원이 사망했다.

에스코바르의 제국은 계속 성장했다. 1980년대 말, 그의 사업이 전성기를 구가할 때에는 그와 그의 공조 세력이 생산하는 코카인이 콜롬비아 전체 생산량의 60퍼센트를 차지했다. 그리고 미국 시장에서 소비되는 마약의 80퍼센트를 공급했다. 《포브스》는 에스코바르를 세계에서 가장 부유한 인물 중 한 명으로 꼽았다.

호화로운 수감 생활

정부의 끈질긴 추적에 시달리던 에스코바르는 1991년 6월 투항하는 조건으로 정부에 협상을 제안했다. 그리고 직접 지은 교도소에 들어가 회의실에서 회의를 하고 휴대폰과 컴퓨터로 마약 사업을 계속 진두지휘했다. 교도소 내부는 교도소라기보다 요새 속에 있는 독신남의 안식처에 더 가까웠다. 물침대와 VCR, 스테레오 시스템, 바, 60인치 컬러 텔레비전, 월풀 욕조, 벽난로 등이 갖춰져 있었다. 에스코바르는 매춘부를 불러 파티를 열었고 직접 뽑은 경호원에게 술시중을 들게 했다.

에스코바르는 경쟁 조직이 교도소를 폭파할까 염려한 나머지 교도소에 방공호를 만들었다. 항공 당국에서 교도소 상공으로 비행기가 다니지 못하게 조치해주었다. 밤에 비행기가 멀리서 보이면 경호원들이 교도소의 모든 조명을 껐다.

1992년 2월, 이런 초호화판 생활이 외부에 알려지자 콜롬비아 정부는 에스코바르를 일반 교도소에 이감하기로 결정했다. 하지만 그는 이송 도중 탈출했고, 배신자로 의심되는 사람들을 살해하고 경쟁 조직에 피의 복수를 시작했다. 최근 에스코바르의 카르텔이 흔들리자, 정부는 용기를 내 그를 추적하기 시작했고 마침내 어제 메데인에서 그를 사살하는 데 성공했다.

불법 성매매 조직의 고객으로 밝혀진
스피처 주지사가 공개 사과

– 대니 해킴, 윌리엄 K. 래시바움

엘리엇 스피처 뉴욕 주지사가 사임 여부를 두고 고심 중이다. 어제 연방 수사기관은 지난주에 적발한 고급 성매매 조직의 고객 명단에 스피처 주지사가 포함되어 있다고 발표했다.

스피처 주지사는 월요일인 어제 밤늦게까지 5번가에 있는 자택에서 고문들의 조언을 들었고 오늘 이른 아침까지 모습을 드러내지 않았다. 주 정부 고위 관계자는 오늘 아침에 아무런 발표도 없다고 확인해주었다.

스피처 주지사의 성매매 연루 사실이 드러나면서 그의 정치 생명은 위기를 맞았고 뉴욕주의 정계는 큰 충격에 빠졌다.

관계자에 따르면, 스피처 주지사의 성매매 연루설은 연방 검찰이 성매매 알선 조직인 '엠퍼러스 클럽' 운영자 4명을 기소하기 위해 지난주에 법원에 서류를 제출하면서 알려졌다. 검찰은 수사 과정에서 스피처

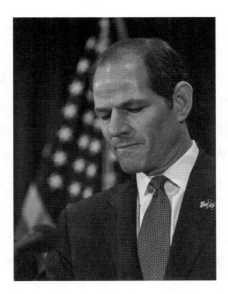

2008년 3월 12일, 엘리엇 스피처 뉴욕 주지사가 뉴욕의 집무실에서 사임 발표를 하고 있다.

주지사가 지난달 워싱턴 D.C.의 한 호텔에서 성매매 여성을 만나기 전에 화대를 정하고 날짜를 잡는 대화 내용을 도청했다. 법정 진술서에는 스피처 주지사의 이름이 명시되지 않았지만, 그가 전에도 성매매 서비스를 이용한 것으로 기록되어 있었다.

세 딸을 둔 48세의 스피처 주지사는 어제 아내와 함께 맨해튼에 있는 집무실에서 사과의 말을 전했지만, 성매매 조직과 관련된 구체적인 언급은 없었다. 그는 가족과의 관계를 회복해야 하며 뉴욕주를 위해 최선의 결정을 내리겠다고 말한 다음 질문은 받지 않았다.

스피처 주지사는 "가족에 대한 의무를 저버렸으며 옳고 그름에 대한 보편적인 기준에 어긋나는 행동을 했다. 우선 무엇보다 소중한 가족에게 사과한다. 그리고 더 좋은 세상을 만들겠다고 약속했던 시민 여러분에게도 사과드린다"고 말했다.

민주당 소속의 초임 주지사인 스피처는 회견을 마치고 5번가에 있는 자택으로 돌아갔다. 《뉴욕타임스》는 스피처 주지사의 성매매 알선 조직 연루 가능성에 대해 지난 금요일부터 취재를 시작했다. 그 다음날 검찰은 엠퍼러스 클럽의 운영을 도운 혐의로 네 사람을 체포했다. 스피처 주지사는 지난 주말과 월요일에 《뉴욕타임스》의 질의를 받은 후 예정된 대외 활동을 취소했다. 그리고 《뉴욕타임스》가 3월 10일 인터넷판에 성매매 연루 기사를 올린 후 한 시간쯤 지나 성명을 발표했다.

이런 종류의 스캔들에 익숙한 뉴욕주의 주도主都 올버니에서도 스피처 주지사의 성매매 연루 소식은 믿을 수 없을 정도로 충격적이었다. 일부 의원 보좌관들은 너무 놀라서 말이 안 나올 정도였다고 했다.

스피처 주지사는 성매매 혐의로 기소되지는 않았다. 하지만 이 사건에 관해 간략하게 언급했던 한 사법 당국 관계자는 아마 스피처 주지사의 변호인단이 곧 연방 검찰을 만나 법적 문제를 논의하게 될 것이라고 말했다. 그리고 성매매가 아니라 화대가 지급된 방법에 초점을 맞춰서, 스피처 주지사가 화대를 지급할 때 지급 목적이나 돈의 출처를 은폐했는지 확인하게 될 것이다. 이런 방식의 금융 범죄를 '스트럭처링(structuring, 돈세탁 등 부당한 의도를 위해 분산 입금하는 수법으로 금융거래법 위반에 해당—편집자)'이라고 하는데 최대 5년형에 처해질 수 있다.

스피처 주지사가 사임하면 데이비드 패터슨 부지사가 남은 임기 동안 주지사직을 대행한다. 그렇게 된다면 패터슨 부지사는 뉴욕주 최초의 흑인 주지사가 된다.

스피처 주지사가 성매매 알선 조직 수사에 연루되어 있다는 사실을 처음 안 것은 연방 수사관들이 집무실로 연락한 금요일이었다. 토요일 밤, 그리다이언 클럽Gridiron Club의 연례 만찬에 참석한 스피처 주지사는 참석자들에 따르면 활기찬 모습이었다고 한다. 그리다이언 클럽 연례 만찬은 워싱턴의 중견 언론인들이 주최하며 정치 현안을 논의하는 자리이다.

스피처 주지사는 일요일 밤과 월요일 아침 수석 보좌관들에게 자신이 성매매 사건에 연루되었다는 사실을 알렸다.

스피처 주지사와 이야기를 나눈 한 인사의 말에 따르면, 스피처 주지사는 월요일 아침 자택에서 가족, 수석 보좌관들과 함께 주지사직 사임에 관해 논의했다. 그 자리에 있었던 실다 월 스피처는 남편에게 급하게 사임하면 안 된다고 말했다. 하지만 자리에 있던 사람들 대부분은 주지사직을 유지할 방법이 없다고 생각했다.

검찰에 따르면, 엠퍼러스 클럽은 런던과 파리, 마이애미 등지에서 고객에게 성매매 여성을 공급하면서 시간당 1,000~5,500달러를 받았다.

검찰 진술서에는 2월 13일 크리스틴이라는 여성과 '9번 고객'이라는 남성이 만난 것으로 기록되어 있다. 9번 고객이 스피처 주지사라는 것을 검찰이 밝혀낸 것이다. 일정을 준비했던 담당자의 증언에 따르면, 스피처 주지사는 그날 밤 워싱턴의 메이플라워 호텔에 투숙했다.

스피처 주지사는 다음날 아침 의회에서 채권 보험 사태에 관해 증언했다. 진술서에는 스피처 주지사가 871호 객실에서 해당 여성과 만났다고 나와 있지만, 어느 호텔인지는 명시되지 않았다. 그날 저녁 메이플라워 호텔의 871호 객실은 '조지 폭스'라는 이름으로 예약되어 있었다.

사법 당국의 한 관계자는 성매매 알선 조직을 운영하는 몇몇 사람은 스피처 주지사를 조지 폭스로 알고 있었지만 일부 성매매 여성들은 그가 뉴욕 주지사라는 것을 알게 되었다고 말했다.

조지 폭스는 스피처 주지사의 친구이자 후원자이다. 폭스는 2월 13일과 14일 스피처와 함께 워싱턴에 갔느냐는 질문에 "무슨 근거로 그렇게 말하는 건가? 나는 가지 않았다"고 대답했다. 폭스는 메이플라워 호텔 871호가 자신의 이름과 스피처 주지사의 자택 주소로 예약되었다고 하자 "처음 듣는 말이다. 주지사와 이야기를 더 해보기 전까지는 할 말이 없다"고 말했다.

진술서에는 도청 기록도 있었는데, 그중에는 크리스틴이 9번 고객과 만난 후 포주에게 전화해서 다른 여성들이 그랬던 것처럼 즐거운 시간을 보냈고 "어려운" 점은 없었다고 말한 내용도 있었다. 포주는 9번 고객이 가끔 여성들에게 "안전하지 않다고 생각할 만한 행위를 원한다"고 대답했다.

스피처는 8년간 법무장관을 역임하면서 얻었던 '월스트리트의 저승사자'라는 명성을 기반으로 2006년 주지사 선거에서 압도적인 승리를 거두었다. 그는 정직하고 독립적이라는 평판을 바탕으로 주의회의 윤리 기준을 더 높이겠다고 약속했다.

스피처는 주지사로 취임한 첫날부터 변화를 약속했지만, 곧바로 정치적 혼란에 휩쓸렸다. 그가 내놓은 의법 의제 대부분은 무시되기 일쑤였다. 폭음을 일삼는 것으로 알려지면서 같은 민주당 의원들로부터 외면당하기도 했다.

엠퍼러스 클럽에 관한 폭로와 올버니에서 발생한 정치적 혼란은 특히 좋지 않은 시기에 일어났다. 뉴욕주는 44억 달러의 재정적자에 직면했고 새로운 예산안을 수립해야 하는 마감 시한은 몇 주 지난 상태였다.

1962년에 한 공화당 의원의 변호인으로 의회 관련 활동을 시작한 로비스트 매슈 마타라소는 "매년 올해가 최악이라고 하지만, 갈수록 더 심해진다. 정말 부끄럽고 참담하다. 이런 일로 사람들이 정부에 대한 신뢰를 잃는 것이다. 그도 다른 사람들과 크게 다르지 않았다"고 말했다.

공화당원들은 기다렸다는 듯 비난을 퍼부었고, 뉴욕주의 각종 단체와 의원들은 사퇴를 요구했다.

원내 소수당인 공화당의 제임스 테디스코 원내총무는 "주지사는 뉴욕주에 윤리 논쟁을 다시 불러일으켰다. 그가 이런 일에 연루되었다면 사퇴하는 것이 마땅하다. 이견이 있을 수 없다"고 말했다.

법무장관 시절 스피처 주지사는 월스트리트의 악행을 파헤치는 데 주력했다. 그리고 당시 최소 2건의 성매매 알선 조직 기소를 지휘했다. 수사는 뉴욕주 조직범죄 전담팀에서 진행했고 스피처는 수사 내용을 보고 받았다. 2004년, 스피처는 스태튼섬에서 고급 성매매 알선 조직을 운영한 혐의로 16명을 검거했다고 발표하면서 혐오와 분노를 감추지 않았다.

당시 스피처 주지사는 "성매매는 복잡하고 수익성 높은 사업이며 관리 구조가 다단계로 이루어져 있다. 하지만 아무리 그래봐야 성매매 조직일 뿐"이라고 말했다.

스피처는 그달 말 주지사직을 사임했다. 그는 성매매 사건과 관련하여 형사 처벌을 받지는 않았다.

화이트칼라 범죄

2009년 3월 9일, 버니 매도프가 뉴욕에서 심리를 마친 후 법원을 나서고 있다.

"매도프라는 이 괴물에게 판사님의 권한으로 내릴 수 있는
가장 무거운 형벌을 내려주시기 바랍니다.
그에게 잃은 돈을 회복하기에는 우리 나이가 너무 많습니다.
우리는 처음부터 다시 시작해야 하는 처지가 되었습니다."

버나드 매도프 사기 사건의 투자자이자 피해자인 랜드 베어드가 2009년 데니 친 판사에게 보낸 편지

금융 사기는 상업적인 거래가 워낙 복잡하고 수많은 허위 서류 속에 은폐되기 때문에
그 어떤 범죄보다도 광범위한 피해를 준다. 평생 저축한 돈을 앗아가는 경우도 많다.
좀 더 넓게 보면 투자자들의 신뢰에 의존하는 경제 시스템에 큰 타격을 입힌다.
《뉴욕타임스》는 수십 년 동안 찰스 폰지의 마법에서부터 버나드 매도프의 사기 행각에
이르기까지 독자들이 수많은 위험으로부터 벗어날 수 있도록 길잡이가 되었다.

외환 거래의 '마법사'가 법의 심판을 받다

증권회사 대표인 찰스 폰지가 어제 외환 업무를 중단한다고 발표한데 이어 오늘 만기가 돌아오는 투자금은 물론 돈을 돌려달라는 투자자들에게도 투자금을 돌려주기 시작했다. 그는 지난 몇 달 동안 수백만 달러를 벌었다고 주장했다.

한편 채권자 한 명이 오늘 대법원에 폰지의 회사에 대한 법정 관리를 신청했다. 그리고 폰지가 보스턴의 몇몇 은행에 예치되어 있는 회사 자금을 인출할 수 없게 일시적으로 인출을 금지해달라고 요청했다.

하지만 웨이트 판사는 예금 인출 금지 요청을 기각하고 법정관리 신청도 받아들이지 않았다. 폰지와 그의 회사가 모든 의무를 다 이행하고 있으며, 폰지가 채권자들의 요구를 모두 충족시킬 수 있다는 새뮤얼 발렌 변호사의 주장을 인정했기 때문이다.

폰지는 투자자에게 "90일 안에 돈을 두 배로 불려주겠다"고 약속한 현대판 '금융 마법사'였다. 하지만 폰지 사건을 수사하기 위해 비밀리에 감사인이 선정되자 보스턴은 일대 혼란에 빠졌다. 스쿨가에 있는 폰지의 증권회사에는 폭동에 가까운 소요 사태가 발생했다. 폰지의 사무실에 들어가려는 성난 군중의 시도가 계속해서 이어졌고, 돈을 돌려받으려 몇 시간 동안 미친 듯이 사무실로 들어가려 애쓴 여성 넷이 탈진했다. 몇몇 남성은 강제로 들어가려다 문의 유리가 깨지는 바람에 부상을 입었다. 사람들이 돌려달라고 요구하는 투자금의 규모는 계속 늘어나 오늘 하루에만 총 850만 달러에 달했다.

조지프 펠러티어 지방검사는 오늘 폰지의 회사를 면밀하게 조사할 감사인을 선정했다고 발표했다. 그는 감사인의 이름을 왜 밝히지 않는지, 이번 사건을 어떻게 생각하며 어떻게 진행될 것으로 예상하는지 묻는 질문에 대답하지 않았다.

펠러티어 검사의 발표가 있기 직전, 대부분 노스엔드 지역에 거주하는 이탈리아 이주민들로 구성된 한 무리의 투자자들이 폰지의 사무실에 난입하려다 경찰과 한바탕 충돌한 후 진정하기도 했다.

그와 비슷한 일이 점심시간에도 한 차례 벌어졌다. 채권자들이 쐐기 모양으로 무리를 이루어 폰지의 사무실 정문으로 몰려들었다. 폰지는 스쿨가의 사무실에 사람이 너무 많이 몰리자, 파이 앨리에 있는 유명 술집을 빌려 임시 사무실로 사용했다. 여기서 투자금 반환 신청서를 접수한 다음 신청서가 승인되면 임시로 만든 현금 출납 창구에서 돈을 돌려주었다. 오늘 영업이 끝날 때까지 접수된 신청서는 1,000건이 넘었다.

사무실에 있던 현금이 다 떨어지자 직원들은 대신 은행 수표를 지급했다. 폰지는 오늘 오후 영업을 종료하면서 언론사에 이런 성명을 발표했다.

"지방검사와 합의한 내용에 따라 지난 45일간 내가 발행한 투자금 예치증서를 갖고 온 모든 사람에게 돈을 돌려주었다. 오늘 하루에 돌려준 돈만 수십만 달러에 이를 것이다. 나는 모든 채무를 다 갚을 때까지 매일 투자금을 돌려줄 것이다."

폰지가 사업 구조를 설명하다

대니얼 갤러거 지방검사는 오늘 폰지가 투자금을 90일 안에 두 배로 만드는 방법을 공개했다면서 다음과 같이 전했다.

"우선 미국 돈을 평가절하된 외국 돈으로 환전한다. 어느 나라 돈이든 상관없다. 또는 평가절하되지 않은 외국 돈을 평가절하된 또 다른 외국 돈으로 환전해도 된다. 그렇다고 해서 실제로 돈을 외국으로 보내는 것은 아니다. 이미 해외에 가지고 있는 돈을 환전하는 것이다. 이것이 거래의 첫 단계이다. 두 번째 단계는 평가절하된 외국 돈으로 국제 반신권(발송인이 수취인에게 우편을 보내고 답신을 요구하면서 답신 비용을 부담하고 싶은 경우, 편지에 동봉하여 보내는 일종의 우표 대체 유가증권—옮긴이)을 사들이는 것이다. 세 번째 단계는 통화가 평가절하되지 않은 나라에서 그 국제 반신권을 할인해서 파는 것이다. 이때 반신권은 당연히 우표로 교환된다. 네 번째 단계는 우표를 처분하는 것이고, 다섯 번째 단계는 우표를 처분한 돈을 달러로 환전하거나 전체 과정을 처음부터 다시 반복하기에 알맞은 나라의 돈으로 환전하는 것이다."

갤러거 지방검사의 발표는 계속 이어졌다.

"폰지는 미국에 500만 달러가 넘는 돈이 있고 외국에 예치된 돈도 적게는 800만 달러에서 많게는 9,900만 달러에 달한다고 말했다. 사람들은 800~900만 달러가 있는데 왜 더 많은 돈을 끌어들이려고 사무실을 운영하는지, 왜 투자자를 유치하는 중개인에게 수수료를 주는지 물었다. 폰지는 800~900만 달러의 돈은 투자에 사용하지 않는 돈이며, 중개인들은 나중에 쓸 데가 있는 사람들이라 그렇다고 대답했다. 중개인들이 왜 필요하냐고 묻자 앞으로 선거에 나갈지도 모르기 때문이라고 대답했다. 그리고 자신을 미국 시민으로 생각하느냐는 질문에는 '대체로 그렇다'고 했다. 국제 반신권 사업이 뭔가 더 큰 것을 위한 준비 과정이냐고 묻는 질문에는 '당연하다'고 답했다.

폰지는 새로운 시스템을 갖춘 은행 사업을 시작할 예정이라고 말했다. 그의 시스템은 모든 수익을 주주에게 주는 것이 아니라 주주와 예금자에게 똑같이 분배하는 것이었다. 주주들이 예금자의 돈을 받고 고작 5퍼센트의 이자만 돌려주는 현실과는 달랐다. 그는 보스턴을 미국 최대의 수출입 중심도시로 만들 생각이며, 현재 운영하는 회사는 그 목표의 시작일 뿐이라고 공공연하게 말했다. 그리고 이를 위해서 사람들의 지지가 필요하기 때문에 1억 달러를 벌면 자신은 100만 달러만 갖고 번 돈에서 900만 달러를 자선 사업이나 사람들에게 도움이 되는 곳에 쓰겠다고 말했다. 폰지는 '이제 공무원들도 앞다퉈 투자하려 할 것이고 투자자들은 꼬리를 물게 될 것'이라고 말했다.

폰지의 사업은 외국 환율이 크게 변하면 돈을 버는 구조다. 그의 설명에 따르면, 국가 간 금리 편차를 이용해서 국제 반신권으로 수익을 올리는 것이다. 반신권은 국제우편협약에 따라 전 세계 국가에서 똑같은 가치를 갖는다. 여기서 2센트짜리 우표 3장의 가치인 반신권은 불가리아나 다른 나라에서도 그와 똑같은 가치를 가진 우표와 교환된다. 하지만 금리가 낮은 불가리아에서는 반신권을 그보다 싸게 할인해서 살 수 있

이탈리아에 머물던 시절의 찰스 폰지(1935년)

다. 불가리아에서 같은 액수의 달러로 반신권을 사면 미국에서 사는 것
보다 더 많이 살 수 있는 것이다.

폰지는 유럽 전역에 중개상이 있다. 이들은 반신권 시세가 낮은 나라
에서 반신권을 사들인다. 그리고 금리가 높은 나라로 가져가 우표로 바
꾼 다음 대기업이나 큰손들에게 판다는 것이 폰지의 설명이다.

미국의 공식 우편 편람에는 국제 반신권이 사용된 기록이 상세하게
나와 있다. 반신권의 원래 의도는 사업 편의를 도모하는 것이지만, 폰지
가 최초로 반신권의 다른 활용 방법을 보여주었다고 할 수 있다.

폰지의 고객이 직접 국제 반신권에 투자하는 것은 아니었다. 그저 폰
지에게 돈을 맡기고 90일 후 1.5배의 현금을 받아갔다. 폰지는 고객에
게 매년 200퍼센트의 이자를 지급하고 있었다. 실제로는 그보다 훨씬

더 높은 금리를 받는 사람도 많았다."

워싱턴 당국이 당혹스러워하다

워싱턴의 우편국은 폰지가 보스턴에서 '국제 반신권' 거래를 통해 수백만 달러를 벌었다고 말하자 그가 속임수를 쓴 것은 아닌지 면밀하게 조사하고 있다. 오늘 우편국 관리들은 사건을 다각도로 조사하는 중이라고 말했다.

당국은 폰지에 관한 모든 정보를 검토한 후 당혹스러워하는 것 같았다. 한 가지 확실해 보이는 것은 창립자인 폰지가 사업을 하면서 법의 테두리를 조금이라도 벗어났다면, 우편국이 업무를 금지하는 것은 물론 폰지를 기소할 수도 있다는 점이었다.

당국은 폰지의 대리인들이 해외에서 국제 반신권을 대량으로 매입했다면 국제 반신권의 판매량이 크게 늘었어야 하는데 실상은 그렇지 않았다고 말한다.

우편국 관계자는 보스턴에서 증권회사 대표인 찰스 폰지가 국제 반신권을 이용해서 8백만 달러 이상을 벌었다는 것은 "있을 수 없는 일"이라고 말했다. 그는 국제 반신권을 현금으로 바꾸면 장당 5센트에 불과한데, 1919년 전국에서 판매된 국제 반신권 판매액은 고작 1,819달러에 불과하다고 지적했다.

1920년, 찰스 폰지는 우편 사기로 유죄 판결을 받고 연방 교도소에서 3년 6개월을 복역했다. 석방된 후에는 매사추세츠주에서 절도죄로 다시 유죄 판결을 받고 1934년까지 수감 생활을 한 뒤 이탈리아로 추방되었다. 그는 2차 세계대전이 발발하기 전 브라질로 이주했으며 리우데자네이루에서 가난하게 살다가 1949년 사망했다.

밴 도런이 유죄 협상을 하고 석방되다

― 알프레드 클라크

조작된 텔레비전 퀴즈 쇼에 출연했던 찰스 밴 도런과 9명의 출연자들이 어제 뉴욕의 에드워드 브레슬린 판사에게 위증죄에 대한 유죄 협상을 신청하고 집행유예를 선고받았다. 브레슬린 판사는 피고들의 얼굴에 부끄러움이 역력했다고 말했다. 법정에서 피고인들에게 구형할 수 있는 최대 형량은 각각 3년의 징역형과 500달러의 벌금형이었다. 피고인들은 대배심에서 〈트웬티 원Twenty-One〉이나 〈틱 택 도우Tic Tac Dough〉 같은 텔레비전 퀴즈 쇼에 출연하기 전에 질문이나 답을 미리 들은 적이 없었다고 거짓 증언해 경범죄인 2급 위증죄를 선고받은 20명 중 일부였다.

어제 아침 피고인들은 무죄를 주장하던 기존 입장을 바꿔 유죄 협상을 신청했다.

유죄 협상을 신청한 사람은 〈트웬티 원〉에서 12만9천 달러의 상금을

찰스 밴 도런(가운데)이 워싱턴 의회조사위원회에 출석하기 몇 주 전인 1959년 10월 뉴욕의 한 뉴스 기자회견에 참석하고 있다.

획득했던 35세의 밴 도런 외에도 같은 퀴즈 쇼에서 22만5백 달러를 획득하는 기록을 세웠던 엘프리다 폰 나도프, 9만8천5백 달러를 획득했던 행크 블룸가든 등이 있었다.

판사가 피고들의 태도를 판결에 참작해

조지프 스톤 지방검사보가 밴 도런의 혐의를 낭독했다. 전직 컬럼비아 대학교 전임강사이자 저명한 문학가 집안 출신인 밴 도런은 수척한 모습에 불안해 보였다. 그러다가 질문을 받자 크고 또렷한 목소리로 "유죄"라고 대답했다. 브레슬린 판사는 "당신이 이번 사건을 얼마나 진심으로 부끄럽게 생각하는지 잘 알 것 같다"며 "당신의 얼굴에서도 분명히 느낄 수 있고 이 사건에 관련된 다른 피고들의 얼굴에서도 잘 드러난다"고 말했다.

브레슬린 판사는 이어서 "여러분이 누구보다 먼저 법정에 유죄 협상을 신청한 피고인이라는 것을 안다. 형벌은 피고인들이 대배심에 나갔던 날이 아니라 이 사건이 처음 언론에 알려진 날부터 시작된 것이나 다름없다. 초범인 점을 참작해 이번만큼은 관대한 처분을 내리겠다"고 말했다.

초조해하는 피고인들

피고인들이 의자 앞에 서자 법정에는 긴장감이 감돌았다. 퀴즈 쇼에 출연했던 피고인들은 모두 초조한 모습으로 죄를 깊이 뉘우치는 것 같았다. 그리고 각자 낮은 목소리로 유죄를 인정했는데 거의 속삭이듯 말하는 사람도 있었다.

10명의 피고가 유죄를 인정함으로써 퀴즈 쇼에 출연한 뒤 유죄를 인정하고 집행유예를 선고받은 사람은 모두 17명으로 늘었다. 18번째 피고는 청소년 범죄자로 분류됐고, 19번째 피고는 법원의 관할 밖에 있어서 이름이 거론되지 않았다. 20번째 피고인 30세의 주부 루스 클라인은 변호인이 입원하는 바람에 재판이 다음 화요일로 연기됐다.

지금까지 알려진 바로는 퀴즈 쇼의 우승자 중 상금을 반환한 사람은 없었다.

아내 제럴딘과 함께 온 밴 도런은 복도에서 사람들과 이야기하고 있었다. 그는 얼마 전까지 일정한 직업이 없었지만, 몇 군데에서 일자리 제의를 받았다고 밝혔다.

그는 "세상의 이목에서 완전히 떠나 다시 교편을 잡고 싶다"고 말했다.

이번 일을 겪으며 도덕적으로 얻은 교훈이 있느냐는 질문에 그는 "여러분이 판단할 문제"라며 "그저 집에 가서 모든 일을 다 잊고 싶을 뿐"이라고 답했다.

밴 도런은 1958년 말 퀴즈 쇼에서 어려운 문제에 대한 답을 사전에 받은 적이 없다고 진술했다. 하지만 1년 후 워싱턴의 의회조사위원회에서는 미리 답을 들었다고 시인했다. 그리고 두 번째 대배심 심리에서 다른 출연자들과 함께 위증죄로 기소되었다.

월스트리트 범죄로 10년형을 선고받은 밀켄

― 커트 아이켄월드

한때 금융계의 거물이었으며 탐욕의 시대인 1980년대의 상징적 인물이었던 마이클 밀켄이 어제 연방 증권법 위반 등의 혐의로 10년형을 선고받았다.

담당 판사는 맨해튼 법정의 킴바 우드 연방지법 판사로 1986년부터 밝혀지기 시작한 월스트리트 스캔들로 체포된 기업가들이 받은 형량 가운데 가장 무거운 판결을 내렸다.

하지만 우드 판사는 밀켄이 언제라도 가석방 기회를 얻을 수 있으며 앞으로 진행될 수사에 협력하면 감형될 수 있다고 말했다. 일부 법률 전문가들은 최소 3년은 지나야 가석방 대상에 오를 것이라고 보았다.

밀켄은 형기를 마치고 난 다음에도 3년간 보호 관찰을 받는다. 유죄를 인정하고 벌금과 배상금으로 6억 달러를 지불한 밀켄은 보호 관찰을 받는 기간 동안 매년 1,800시간씩 사회봉사를 해야 한다.

우드 판사는 금융계에 경고 메시지를 보내는 차원에서 밀켄에게 장기 징역형을 선고했다고 말했다. 사회적으로 우월한 지위와 지적 능력을 갖췄음에도 위법 행위를 저질렀다는 것이 그 이유였다.

우드 판사의 말은 다음과 같았다.

"피고는 금융계의 권력자이며 국내 최대 투자은행의 핵심부서 수장이기도 하다. 그런 사람이 본인과 부유한 고객들의 권력과 부를 더욱더 늘리기 위해 반복해서 위법 행위를 공모하고 증권법 및 세법을 위반했으며, 당국에서 발견하기 어려운 금융 범죄까지 저질렀으므로 엄중한 처벌을 피할 수 없다."

장기간에 걸친 조사

밀켄에게 형이 선고되면서 지금까지 월스트리트 범죄 중에서 수사기간이 가장 길었던 이번 사건의 가장 중요한 단계가 끝났다.

지난 4년간 수많은 월스트리트 최고경영자가 범법 행위를 자백하고 정부를 위해 증언했지만, 밀켄은 끝까지 수사에 협조하지 않다가 지난 4월에 들어서야 죄를 인정했다.

올해 초 파산한 투자은행 드렉셀 번햄 램버트Drexel Burnham Lambert에서 '정크본드junk bond' 투자를 담당했던 밀켄은 1980년대에 가장 규모가 컸던 기업 인수 작업의 자금 일부를 조달했다. 최초로 고수익, 고위험의 정크 본드를 기업 간 인수·합병 도구로 사용한 밀켄은 채권 발행자가 채무 불이행 위험을 보상하는 것보다 정크 본드로 고수익을 올릴 가능성이 높다며 투자자들을 설득했다.

감정에 호소한 이번 공판은 구형과 함께 막을 내렸다. 밀켄은 변호인

중 한 명이 선처를 바란다고 호소하는 동안 몇 번이나 눈물을 훔쳤다.

밀켄은 공판 중 우드 판사에게 딱 한마디 "제가 어긴 것은 법만이 아니라 제 원칙과 가치관이기도 합니다. 진심으로 후회하며 죽는 순간까지 후회할 것입니다. 정말 죄송합니다"라고 울먹이며 말했다.

형이 선고되는 순간 밀켄은 미동도 하지 않았지만, 변호인과 가족들은 크게 놀란 듯했다.

공판이 끝난 뒤 밀켄의 아내 로리와 나머지 가족들이 밀켄의 곁으로 다가왔다. 그들은 서둘러 법정을 벗어났고 그들 뒤로 닫혀 있는 법정의 문 안에서 사람들의 통곡 소리가 들렸다.

어느 변호사의 반응

변호사와 법률 전문가들도 형량에 크게 놀랐다. 시어 앤 굴드 법률회사의 파트너 변호사인 마이클 펠드버그는 "정말 믿을 수 없을 정도로 무거운 형량이다. 이번 재판에서 알 수 있는 한 가지 메시지는, 판사가 피고인이 재판에 협조하는 태도를 무척이나 중요하게 보았다는 것"이라고 말했다.

밀켄은 형이 선고된 후에도 정부에서 묻는 모든 질문에 성심성의껏 답변하기로 합의했다. 우드 판사는 밀켄의 증언이 향후 조사 과정에 도움이 된 것으로 밝혀지면 감형을 고려할 수 있다고 말했다. 그리고 어제 밀켄이 부당한 내부 거래를 하거나 특정 유가증권의 시세를 조작했다는 정부 측의 주장을 인정하지 않았지만, 수사관들이 범죄행위를 밝히지 못하도록 부하 직원에게 주요 문서를 파기하라고 지시한 점은 사실로 여겨진다고 말했다.

불법 행위가 입증되다

정부 관계자들은 이번 판결로 지난 4년간 밀켄이 금융시장에서 저지른 행위가 불법으로 드러났다고 말했다.

증권거래위원회의 리처드 브리든 위원장은 "이번 판결이 전하는 메시지는 돈이나 권력에 상관없이 우리 금융시장에서 그 어떤 불법 행위도 용인되지 않는다는 것"이라고 말했다.

지난 4월, 밀켄은 6건의 중범죄 혐의에 대해 유죄를 인정했으며, 투자 펀드 매니저인 이반 보스키와 데이비드 솔로몬과의 공모 혐의도 인정했다. 그리고 보스키를 위해 주식 파킹(stock parking, 기업을 인수하려는 회사가 인수 의도를 숨기기 위해 제3자에게 인수 대상 기업의 주식을 대신 매입하게 하는 행위—옮긴이)을 해준 혐의도 인정했다.

밀켄이 주식 파킹을 해준 덕분에 보스키는 기업 인수 과정에서 정부에 사실과 허위 정보를 제출할 수 있었고 증권회사가 지켜야 하는 최소 자본 요건도 피할 수 있었다.

28년형까지 구형 가능

밀켄은 법률상으로 최대 28년형을 선고받을 수 있었다. 하지만 법률 전문가들은 대부분 8년형을 넘기지 않을 것으로 예측했다.

밀켄의 변호인인 아서 리먼은 우드 판사에게 사회봉사 명령만 내려 달라고 요청했다.

리먼 변호사는 밀켄이 보스키 같은 범죄자가 아니라는 점을 수차례 강조했다. 보스키는 1986년 내부자 거래 혐의를 받고 정부와 협상하면서 정부가 월스트리트 스캔들을 파헤치는 데 협력했다.

리먼은 "마이클 밀켄에게는 서로 상반된 두 개의 이미지가 있습니다.

정부는 밀켄과 많은 이야기를 나눠보지도 않고 그를 보스키 같은 사람으로 몰아가고 있습니다. 하지만 재판장님, 저는 밀켄이 그런 사람이 아니라는 것을 말씀드립니다"라고 말했다.

증권거래위원회에 허위 진술을 한 혐의로 유죄 판결을 받은 보스키는 1987년 3년형을 선고받았고 올해 가석방으로 출소했다.

자선 활동에 관해 설명하다

리먼 변호사는 밀켄의 자선사업에 관해서도 언급했다. 밀켄이 낸 자선기금만 3억6천만 달러가 넘는다면서 밀켄에게 개인적으로 금전적인 도움을 받은 사람들이 보낸 수많은 편지를 읽었다. 그중 아이가 사고로 다쳤다는 한 어머니가 보낸 편지를 들으며 밀켄은 조용히 흐느끼기 시작했다.

리먼은 밀켄이 왜 범죄를 저질렀는지 설명할 수 없다면서 "나는 정신과 의사가 아니다. 밀켄과 밀접하게 일을 했지만, 그가 어떻게 실수를 하게 되었는지는 설명할 수 없다"고 말했다.

제스 파델라 지방검사보는 밀켄이 똑똑하고 점잖은 사람이지만, 그렇기 때문에 그의 범죄를 더 엄격한 시선으로 봐야 한다고 말했다.

정부의 관점

파델라 검사는 밀켄이 사리사욕을 채우는 데 자신의 특권과 지위를 남용했다고 주장하며 이렇게 말했다.

"지성과 열정, 고등 교육, 그리고 가족과 친구들의 지원이라는 특혜를 받으면서도 피고가 지속적으로 불법 행위를 저지른 것은 더욱 용납할 수 없는 일이다."

이어서 "재능이 있고 많은 기회를 부여받았음에도 사기 범죄를 통해 성공을 더 크게 부풀리려 했다"고 덧붙였다.

밀켄은 사상 최고의 연봉을 받는 금융인으로 인정받고 있다. 드렉셀에서 1987년 한 해에만 5억5천만 달러를 받았다. 하지만 더 많은 돈을 벌기 위해 범죄를 저질렀다는 것이 파넬라 검사의 지적이었다.

파넬라 검사는 직접적인 피해자가 없다는 이유로 밀켄의 범죄를 가볍게 다뤄서는 안 된다며 "그런 기만적이고 불법적인 관행은 결국 금융 시장을 부패하게 할 수밖에 없다. 그런 관행을 방치하고 처벌하지 않는다면 자본주의 전반에 위협이 될 것"이라고 주장했다.

범죄 억제 요소

파넬라 검사는 우드 판사에게 여타 범죄가 활개 치지 못하도록 금융계에 메시지를 전달하는 것이 중요하다고 말했다.

우드 판사는 판결의 근거를 설명하면서 밀켄이 "월스트리트 역사상 가장 악랄한 범죄자"라는 정부 측 주장은 설득력이 없다고 했다. 또한 밀켄의 범죄가 그저 일탈 행위였으며 법의 테두리를 넘은 것은 오직 고객을 돕기 위해서였다는 변호인 측의 주장 역시 인정하지 않았다.

우드 판사는 "당신의 범죄는 법의 경계에서 줄타기를 하고 있습니다. 줄 위에서 법과 반대 방향으로 가기 위해 애쓰고 있죠. 법을 위반하면서도 법에 걸리지 않고 이득을 보려는 속셈입니다"라고 말했다.

선고 직전에는 밀켄의 관대한 성품을 칭찬하면서 그런 성품을 잃지 말라고 당부했다.

"당신은 의문의 여지없이 재능이 있고 열심히 노력하는 사람입니다. 그리고 자신보다 운이 없는 사람들에게 헌신하는 모습을 꾸준히 보여주었습니다. 바라건대, 피고는 초창기 금융계에서 했던 약속을 지키며 여생을 살길 바랍니다."

나중에 밀켄의 형량은 2년으로 줄었다. 죽을 때까지 증권업계에서 일을 할 수 없게 된 밀켄은 자선사업에 몰두했다. 오늘날 그의 재단은 교육 프로그램과 의학 연구를 지원하고 있다.

엔론 경영자 두 사람이
사기와 불법 공모로 유죄 판결

– 알렉세이 배리오누에보

미국 에너지 회사 엔론의 화려한 비상과 그보다 더 충격적인 몰락을 이끌었던 경영자인 케네스 레이와 제프리 스킬링이 목요일인 어제 사기와 범죄공모 혐의로 유죄 판결을 받았다. 1990년대 들어 많은 경영자가 회사를 초고속으로 성장시킨 후 경영 실패로 몰락하는 과정에서 밝혀진 스캔들로 사법 처리되었다. 두 사람은 그중 가장 유명한 경영자였다.

휴스턴의 배심원단은 5일간의 숙고 끝에 마침내 평결을 내렸다. 스킬링은 18건의 사기와 범죄 공모, 1건의 내부자 거래 혐의에 유죄 판결을 받았고 9건의 내부자 거래 혐의에는 무죄 판결을 받았다. 레이는 6건의 사기와 범죄 공모, 4건의 은행 사기 혐의에 유죄 판결을 받았다.

범죄 공모와 사기죄는 보통 건당 5~10년형이 선고된다. 스킬링에게 적용된 내부자 거래 죄는 최대 10년형이 선고될 수 있다.

법무부 엔론 대책위원회의 션 버코위츠 위원장은 법정 밖에서 "배심원단이 전국의 기업 이사들에게 분명한 메시지를 전달했다. 주주들에게 거짓말을 해서는 안 되고 직원들의 이익보다 이사들의 이익을 앞세울 수 없으며, 이사들이 아무리 돈이 많고 권력이 있어도 법을 준수해야 한다는 것"이라고 말했다.

레이와 스킬링은 사건 담당 판사인 시미언 레이크 판사에게 항소할 것으로 보인다. 레이크 판사는 9월 11일에 판결을 내릴 것이며, 두 피고인은 선고일까지 보석으로 풀려날 예정이다. 전문가들에 따르면, 항소하지 않을 경우 두 사람 모두 여생을 교도소에서 보내야 할 정도로 무거운 형량을 받을 가능성이 있다. 스킬링은 법정을 나서면서 "정말 실망했다. 하지만 사법제도를 존중한다"고 말했다.

배심원단과 판사가 법정을 나가자마자 레이의 주변으로 가족들이 모여들었다. 딸이자 변호인단의 일원인 엘리자베스 비터는 눈물을 보였다. 레이는 법정에서 나와 "내게 씌워진 모든 혐의에 대해 나는 결단코 결백하다고 생각한다"고 말했다.

수익 구조가 복잡해서 실제로 어떻게 돈을 버는지 한동안 이해하는 사람이 거의 없었던 엔론 재판은 사람들의 생각보다 간단하게 끝났다. 64세의 레이와 52세의 스킬링은 에너지 기업 엔론의 몰락을 감추기 위해 투자자와 직원, 규제 당국에 거짓말을 한 혐의로 결국 유죄 판결을 받았다.

평결이 발표된 후 배심원 12명과 대체 배심원 3명은 기자회견장에서 피고인들이 투자자와 직원들에게 회사의 실적을 거짓으로 말하면서 광범위한 사기 행각을 계속했다고 밝혔다. 정부에서 제출한 다수의 증거와 스킬링과 레이가 법정에서 했던 증언이 충분한 근거가 되었다.

2006년 5월 25일 목요일, 전 엔론 경영자인 케네스 레이가 텍사스주 휴스턴에 있는 밥 케이시 연방법원 밖에서 기자회견을 하고 있다.

　두 피고인은 엔론에서 사기 범죄는 없었으며 단지 비밀 거래를 통해 소수의 부하직원들이 수백만 달러를 횡령했을 뿐이라고 주장했지만, 배심원단은 이를 인정하지 않았다. 몇 년간 엔론은 주가가 급등하면서 월스트리트의 인기를 독차지했고 1990년대 '신경제New Economy'의 상징이 되었다. 하지만 2001년 말 갑자기 주가가 폭락하고 신기루에 불과했다는 폭로가 이어지면서 추문으로 얼룩진 기업의 대표적인 사례로 전락했다. 엔론의 주식이 휴지조각이 되자 투자자와 직원들은 수십억 달러를 잃었다.

　엔론의 몰락은 에너지 산업을 넘어 다른 곳에도 영향을 미쳤다. 미국 기업 전체의 투명성이 의심받게 된 것이다. 『투기의 시대: 월스트리트의 역사Every Man a Speculator: A History of Wall Street in American Life』(2006)의 저자이자 역사학자인 스티브 프레이저는 "엔론 사태와 그 이후 발생한 모든 스캔들이나 사건들은 당시 미국 문화 그 자체였던 월스트리트 신화에 종지부를 찍었다"고 말했다.

경영 컨설팅업계의 선구자였던 스킬링은 엔론 재직 당시 천연가스나 전기 같은 1차 상품을 고수익 금융상품으로 변모시킴으로써 엔론의 급격한 발전을 이끌었다.

엔론의 창업자인 레이는 대외적으로 엔론의 얼굴이었다. 부시 대통령 일가와 친분이 두텁기로 유명한 레이는 엔론을 고향인 휴스턴은 물론 전 금융계에서 시민의 자부심을 상징하는 기업, 선망하는 기업으로 키웠다.

이번 평결은 연방 검찰 측에 유리한 쪽으로 나왔다. 앞서 연방 검찰은 4년간 엔론의 불법 행위를 조사한 후 다소 엇갈린 결과를 발표했다. 조사 결과 엔론의 중역들은 16건의 혐의에 유죄를 인정했고, 메릴린치의 은행가들은 나이지리아 바지선을 엔론에 팔았다며 허위로 매출을 잡은 사건과 관련해서 4건의 혐의에 유죄를 인정했다.

하지만 지난해 대법원은 엔론의 외부 감사기관인 회계법인 아서 앤더슨에 내렸던 공무집행방해죄 유죄 평결을 번복했다. 그리고 배심원단은 사기 혐의를 받고 파산한 엔론의 광대역 통신망 사업부의 전직 관리자들의 일부 무죄를 선고하고 나머지 일부에 대해서는 합의된 결과를 내놓지 못했다.

56일간의 재판에서 피고 측 변호인들은 스킬링과 레이를 형사고발한 검찰 측에 맞서 정부가 정확한 사실도 모르면서 기업의 최고경영자를 처벌하려 한다고 비판했다. 또한 정상적인 사업 관행을 범죄로 몰아가고 있으며, 검찰이 주요 증인을 압박해 저지르지도 않은 범죄로 피고인들을 처벌하려 한다며 비난했다.

변호인들은 사건을 피고 입장에서 증언하려는 증인들과 접촉할 기회가 없었다는 불만을 토로했다. 일부 배심원들은 더 많은 증인, 특히 양측에서 증인 신청을 하지 않은 엔론의 전 회계 책임자 리처드 코시 같은 사람의 증언을 듣고 싶다고 말하기도 했다. 엔론 재판은 무엇보다도 월드컴WorldCom의 파산이나 기술·산업 부문 은행가인 프랭크 쿼트론 기소(정부가 크레디트 스위스 은행의 IPO 업무를 조사할 때 프랭크 쿼트론이 조사 업무를 방해했다면서 기소한 사건—옮긴이), 타이코Tyco, 아델피Adelphia나 헬스사우스HealthSouth 같은 기업의 회계 부정 사건으로 대표되는 기업 부패의 시대에 정점을 찍은 사건이었다. 월드컴은 엔론보다 더 큰 규모인 110억 달러의 분식 회계가 발각되어 파산한 거대 통신회사이다.

엔론 재판은 전 최고 재무 책임자인 앤드루 패스토우가 공모자들과 함께 장부 외 거래를 통해 은밀하게 거액을 챙긴 사실이 드러나면서 처음부터 사람들의 생각과는 다르게 흘러갔다. 패스토우는 그런 거래를 통해 아무런 승인도 받지 않고 회삿돈으로 개인 재산을 늘렸다. 그는 엔론의 재무 보고서도 조작했는데 상사들도 알고 있는 사실이라고 말했다. 검찰은 이런 복잡한 구조보다는 스킬링과 레이가 엔론의 직원이나 투자자들에게 했던 거짓말을 중점적으로 조사했다.

엔론 재판은 '거짓말과 선택'이라는 주제를 놓고 엔론의 전직 경영자들과 정부에 협력하는 5~6명의 엔론 내부 고발자 사이에서 벌어지는 진실게임으로 바뀌었다.

재판 도중 정부 측에서는 25명의 증인을 불렀고, 피고 측에서는 스킬링과 레이를 포함해서 31명의 증인을 불렀다. 엔론의 전직 재무 담당 벤 글리산이 포함된 정부 측 증인들은 엔론 경영진이 회계 조작 관행을 승인하고 장려했으며 단순히 장려한 것을 넘어 노골적으로 재무 성과를 조작할 것을 강요했다고 증언했다.

패스토우는 증언석에서 심경의 변화를 일으켜 스킬링에게 가장 큰 타격이 된 증언을 했으며, 레이에게도 그보다는 덜하지만 불리한 증언을 했다. 패스토우는 스킬링 소유의 'LJM'이라 불리는 회사가 엔론과 거래하는 동안 이익을 볼 수 있게 보장해주었다고 말하면서 스킬링이 LJM을 이용해서 어떻게 개인 재산을 늘렸는지 설명했다.

그에 맞서 스킬링의 수석 변호사인 대니얼 페트로첼리는 패스토우가 엔론 재직 당시 저질렀다고 자백한 수많은 범죄 행위를 상세하게 공개해 배심원들이 패스토우의 말이 그리 믿을 만하지 않다고 생각하게 했다. 배심원인 도널드 마틴은 "패스토우는 원래 그런 사람"이라며 "그가 엔론에서 한 일을 알고 있다"고 말했다.

배심원단의 신뢰를 얻은 것은 벤 글리산의 증언이었다. 학교 교장이기도 한 프레디 델가도는 "우리는 사건을 입증하기 위해 몇 번이고 그의 증언을 참고했다"고 말했다.

과거 엔론에서 '에너지 서비스'라는 판매 조직의 책임자였던 데이비드 들레이니의 충격적인 증언도 스킬링의 유죄를 입증하는 데 도움이 되었다. 사기 혐의에 대해 유죄를 인정했던 들레이니는 스킬링이 에너지 서비스 조직에서 발생한 2억 달러의 손실을 당시 수익성이 더 높았던 에너지 도매 부서에 전가하도록 압력을 가했다고 말했다. 에너지 서비스 조직이 파산 직전이라는 사실을 그런 식으로 숨겼던 것이다.

그 손실 전가에 관해 스킬링이 증인석에서 했던 이야기는 사실과 크게 다르고 앞뒤가 맞지 않았다. 스킬링은 대충 얼버무리거나 기억하지 못하는 일이 많았다.

2001년 8월, 불과 6개월 만에 최고경영자 자리에서 물러난 스킬링은 낙담한 나머지 술독에 빠진 채 자신이 창업을 도왔던 회사가 벼랑 끝으로 몰리는 모습을 지켜보았다.

재판에서 엔론의 전직 부사장인 셰런 왓킨스는 엔론의 회계 처리 관행에 우려를 표하면서 레이와 의견 충돌이 있었다고 말했다. 그때부터 재판은 레이에게 불리한 쪽으로 흘러가기 시작했다. 왓킨스는 그 당시 레이가 회계 처리에 문제가 없는지 조사하라고 지시했지만, 일부러 조사 범위를 제한해놓았기 때문에 결국 문제가 없는 것으로 결론 날 수밖에 없었다고 말했다.

증인석에서 레이가 눈에 띌 정도로 조급한 모습을 보였던 점과 레이의 수석 변호사에게 건강상 문제가 생겼던 점도 재판에 불리하게 작용했다. 존경받는 형사 변호인이자 레이의 수석 변호사인 마이클 램지는 관상동맥성 심장질환으로 두 차례 수술을 받는 바람에 한 달 넘게 재판에 참석하지 못했다. 레이는 재판을 연기하는 대신 램지 변호사 없이 계속 진행하는 쪽을 선택했다.

레이는 평결이 발표된 지 6주 만에 심장마비로 사망했다. 연방 판사는 레이가 항소할 수 없게 되었다는 이유로 그에게 내려진 유죄 선고를 취소했고, 그로 인해 레이의 재산에서 4,350만 달러를 몰수하려는 정부의 계획도 물거품이 되었다. 스킬링은 24년형을 선고받았지만, 2013년 10년으로 감형되었다.

매도프 유죄 협상 끝에 법정 구속

— 다이애나 B. 헨리크스, 잭 힐리

버나드 매도프가 목요일 맨해튼의 연방 법원에 들어섰다. 대규모 폰지 사기를 벌여 투자자 수천 명이 평생 저금한 돈을 빼돌렸다는 혐의를 시인하기 위해서였다. 그는 그 어느 때보다 우아하게 차려입은 모습이었다. 하지만 수감될 것에 대비하여 결혼반지를 끼지 않았다. 50년 가까이 끼고 있었던 만큼 그 흔적만 남아 있었다.

매도프는 공식석상에서 처음으로 자신의 죄를 인정하고 방청석에 빈 틈없이 들어찬 수십 명의 피해자에게 사과했다. 그런 다음 수갑을 차고 형이 선고될 때까지 머무를 구치소로 향했다.

매도프는 "잘못된 행동을 했고 그것이 범죄라는 걸 알았다"고 말했다. "폰지 사기를 시작할 때 금방 끝날 것이고 나와 고객들을 탈출시킬 수 있다고 믿었다." 하지만 출구를 찾기가 "어려웠고, 결국 찾을 수 없었다. 몇 년이 지난 다음 깨달았다. 오늘 같은 날이 올 수밖에 없다는 것"이라고 말했다.

매도프는 "많은, 아주 많은 사람에게 깊은 상처를 주었다"고 인정하며 "어떻게 해야 내가 저지른 일에 충분히 사과할 수 있을지 모르겠다"고 덧붙였다.

그의 최후진술은 피해자들에게 유감을 표명하기 위해서일 뿐만 아니라 아내와 가족을 보호하려는 생각에서 비롯된 것이기도 했다.

그렇기 때문에 투자자의 돈이 어디로 사라졌으며 매도프가 그 돈을 훔치도록 도운 사람이 누구인지 납득할 만큼 명확하게 알아낼 수 없었다. 당초 월스트리트에서 가장 대규모로 가장 오래 지속되었던 이번 사기 사건에 매도프가 유죄 협상을 신청했을 때 사람들이 기대했던 것과는 딴판이다. 그리고 정부가 다른 사건 관련자를 기소하지 못하게 매도프가 거부하고 있다는 사실이 법원 심리를 통해 명확해졌다.

매도프는 동생과 두 아들이 경영하는 증권회사가 합법적인 회사이고 자신의 범죄와 무관하다는 주장을 반복했다. 하지만 매도프가 받고 있는 혐의와 상충할 뿐 아니라 사건 담당인 마크 리트 연방검사가 법정에서 했던 주장과도 맞지 않았다. 매도프의 증권회사가 "이 사기 사건에서 벌어들인 돈이 없었다면 운영될 수 없었다"는 것이 리트 검사의 주장이었다.

매도프는 자신의 사기 행각이 정부가 주장하는 1980년대가 아니라 1990년대 초부터 시작됐다고 주장했다. 정부가 배상금 산정을 위해 매도프가 가족 사업을 시작한 시기를 추정하고 있었는데, 사업 기간을 축소해 배상금 규모를 줄이려는 목적이었다.

매도프의 가족 중에서 기소된 사람은 아무도 없었다. 아내 루스와 동생 피터, 아들 마크와 앤드루는 모두 폰지 사기를 몰랐다고 주장했다. 루스는 자신의 재산이라고 주장하는 6,500만 달러를 정부에 빼앗기지 않으려 애쓰고 있었다.

피해자 한 사람이 매도프의 범죄를 널리 알리기 위해 공개재판을 해야 한다고 촉구하자, 리트 검사는 투자자들의 돈이 어떻게 되었는지, 누가 범죄에 관련되었는지 집중적으로 조사하겠다고 약속했다. 모두 매도프가 생각만 있으면 충분히 대답할 수 있는 것들이었다.

수상 경력이 있는 영화감독으로 가족의 재산을 모두 날린 조지 니렌버그는 "우리가 대답을 들은 게 있는가? 하나도 없다"고 말했다. 니렌버그는 연방 지법의 데니 친 판사가 심리 중 발언을 허용했던 몇 안 되는 피해자였다. 그는 연단으로 가다가 갑자기 피고인석에 있는 매도프를 향해 "고개를 돌려 피해자들을 보라"고 촉구했다. 순간 매도프가 깜짝 놀라며 니렌버그를 쳐다보았고, 친 판사는 니렌버그에게 매도프가 아니라 법정 전체를 대상으로 발언하라고 주의를 주었다. 니렌버그는 나중에 "그때 내가 본 매도프는 껍데기만 있을 뿐 진실성은 조금도 없는 모습이었다"고 말했다.

전직 브루클린 연방 검사였던 조엘 코헨은 당시 정부가 주장하는 혐의와 매도프의 주장이 일치하지 않았기 때문에 유죄 협상은 이루어질 수 없었다고 말했다.

코헨 검사는 심리 기록을 검토한 후 "분명 매도프는 전혀 협조적이지 않았다. 한마디로 '유죄 협상을 하겠다. 하지만 정부에서 말하는 대로 유죄를 인정하지는 않겠다'는 태도였다"고 말했다.

하지만 목요일에 있었던 심리가 매도프의 범죄를 파헤치는 마지막 기회는 아닐 것이다. 아직 '양형 심리'가 남아 있기 때문이다. 법원에서는 보통 형을 선고하기 전에 양형 심리를 열어 정부와 변호인 간에 남아 있는 분쟁을 해결한다.

맨해튼의 연방 대행 검사인 레브 다신은 양형 심리가 끝난 뒤 "오늘 매도프의 주장에 모두 동의하지는 않지만, 그 내용만으로도 그는 유죄가 분명하다. 우리는 이번 사기 사건을 계속 수사하고 있으며 영장에 적힌 대로 매도프를 포함해서 다른 사람들의 추가 혐의를 밝혀낼 것"이라고 말했다. 11건의 사기와 돈세탁, 위증, 절도 혐의를 인정한 70세의 매도프에게는 모두 합해 최대 150년의 형이 선고될 수 있다.

매도프의 유죄 협상이 승인된 후, 그의 변호사인 아이라 리 소킨은 매도프의 보석과 어퍼 이스트 사이드의 자택에서의 가택 연금을 신청했다.

친 판사는 "도주할 우려가 있고 도주할 수단도 있다"며 "보석을 불허"했다.

일부 피해자들이 그 판결에 박수를 치기 시작하자 친 판사는 조용히 하라고 주의를 주었다. 법정 경찰이 매도프의 팔을 뒤로 모은 후 수갑을 채우자, 피해자들은 만족스러운 듯 고개를 끄덕였다.

로스앤젤레스에서 온 애드리언 비온디는 매도프가 법정에서 깨끗한 타일이 깔린 복도로 나가자 분통을 터뜨리며 눈물을 흘렸다. 비온디의 가족은 매도프에게 엄청난 손해를 입었고 그로 인해 고령의 친척들은 몸져눕기까지 했다. 비온디는 "감정이 북받친다. 모두 합쳐서 우리 가족의 고된 120년치 노동의 대가가 물거품처럼 사라졌다"고 말했다.

피해자들의 솔직한 감정 토로는 매도프가 법원에 도착해 변호사와 피해자들로 가득한 24층의 법정으로 갈 때부터 시작되어 하루 종일 이어졌다.

매도프는 선 채로 선서를 했다. 친 판사는 일단 기소를 보류한다면서 매도프에게 "어떻게 답변하겠습니까? 유죄입니까, 아니면 무죄입니까?"라고 물었다.

매도프는 "유죄를 인정합니다"라고 대답했다. 그러자 친 판사가 어떤 일을 했는지 말해보라고 했다.

매도프는 이렇게 말을 시작했다. "재판장님, 2008년 12월 11일 체포되기 전까지 오랫동안, 저는 제 회사인 증권사 '버나드 매도프 LLC'의 투자 부문을 통해 폰지 사기를 저질렀습니다."

매도프의 사기는 전 세계적인 규모로 진행되었고 헤지펀드나 자선단체, 유명인들도 그의 마수에 걸려들었다. 그는 프랭크 로텐버그 뉴저지주 상원의원이나 전설적인 프로야구 투수인 샌디 쿠팩스, 노벨 평화상 수상자인 엘리 위젤의 자선단체에 이르기까지 수천 명의 투자자를 끌어들였다.

매도프의 사기 행각이 막을 내리면서 피해자들이 추산한 650억 달러가 허공으로 사라졌다. 피해자들을 얼마나 구제할 수 있을지는 정확히 알 수 없다. 매도프의 사업체를 정리하기 위해 법원에서 신탁 관리자를 선임했지만 지금까지 겨우 10억 달러에 불과하다.

매도프는 2009년 150년형을 선고받고 연방 교도소에 수감되었다. 매도프 회사의 간부나 직원들은 사기 범죄에 가담한 혐의로 유죄 판결을 받았지만, 매도프의 아내와 두 아들은 사건과 관련해서 수사를 받지 않았다.

감사의 말

《뉴욕타임스 크라임》에는 《뉴욕타임스》의 재능 있는 기자들이 가지고 있는 폭넓은 전문 지식이 담겨 있다. 그리고 기자들이 기사에 이름을 명시하지 않고 익명으로 활동했던 초창기 기사들도 포함되어 있다. 그들이 만들고 우리가 오늘날에도 계속 이어지기를 바라는 훌륭한 전통에 경의를 표한다.

내가 이 책의 편집인이기는 하지만, 모든 작업은 정열적인 조사원인 수전 캠벨 비치와 함께 진행했다. 비치는 훌륭한 판단력으로 좋은 기사를 추천했으며 훌륭한 글 솜씨로 책에 있는 수많은 각주를 직접 작성했다.

알렉스 워드는 우리 작업을 전문적으로 감독했다. 워드는 편집인으로서 《뉴욕타임스》에서 이 책을 발행할 수 있게 내용을 구체화시켰다. 스털링 출판사의 편집 주간인 바버라 버거는 이 작업에 큰 관심을 갖고 우리가 처음 구상했던 것보다 훨씬 더 욕심을 낼 수 있게 격려했다.

리처드 프라이스는 서문을 써달라는 요청을 흔쾌히 수락했다. 프라이스는 자신의 목소리뿐 아니라 범죄와 범죄자, 그리고 범죄자를 쫓는 사람들에 관한 깊은 통찰을 담은 서문을 주었다.

에번 스클라와 다시 에벌리는 사진 편집인으로서 기사에 맞는 이미지를 찾는 데 성의를 다했으며, 놀라운 이미지를 많이 제공했다. 《뉴욕 타임스》의 사진 기록 보관 담당자인 제프 로스는 필리스 콜라조와 함께 필요한 사진을 추려내는 데 중요한 역할을 했다.

이 책에서 다룬 특정 시기에는 기사를 싣지 않을 수 없을 만큼 굵직한 범죄가 엄청나게 많이 일어났다. 탁월한 편집자인 콘스탄스 로젠블럼은 날카로운 펜과 그보다 더 날카로운 눈으로 한 걸음 더 깊이 들어가 기사를 선별하고 상당수 기사의 질을 높였다. 덕분에 다양한 소재의 기사가 풍부하게 실릴 수 있었다.

이 작업을 이끌어 나가는 데 바탕이 된 경험은 대부분 경찰 본부에서 일하던 시절에 쌓은 것이었다. 그때 나는 훌륭한 기자들과 함께 일하며 많은 것을 배웠다. 훌륭한 기자들이란 윌리엄 K. 래시바움, 알 베이커, C. J. 시버스, 마이클 쿠퍼, 카림 파힘, 조디 루도런, 리디아 폴그린, 킷 로운, 엘리사 굿먼, 마이클 윌슨, 리처드 레진 존스, 셰일라 드완 같은 사람들을 말한다.

끝으로 이름을 알아내지 못한 기자들이 많이 있다. 그들의 기사 덕분에 이 작업은 더욱 풍요롭고 아름다워졌으며, 독자에게 더 쉽게 다가갈 수 있었고, 대중에게 더 많이 알려질 수 있었다. 작업과 관련해서 물심양면으로 도움을 준 스털링 출판사의 수석 아트디렉터 크리스 톰슨(본문 담당)과 북디자이너 데이비드 터-애버네시안, 수석 아트디렉터 엘리자베스 린디(표지 담당), 편집국장 마릴린 크레처, 홍보 담당 아디 알스팍, 제작 책임 테렌스 캄포, 그리고 텐덤 북스의 애슐리 프라인과 캐서린 퍼먼 등 많은 분에게도 감사의 말을 전한다.

필진 약력

아잠 아흐메드Azam Ahmed는 2015년 여름부터 《뉴욕타임스》의 멕시코, 중앙아메리카, 카리브 지역 지부장으로 일하고 있다. 《뉴욕타임스》에서 일한 지 6년째이며 그전에는 아프가니스탄 지부장, 경제부 기자로 일했다.

리제트 앨버레즈Lizette Alvarez는 2011년 1월부터 《뉴욕타임스》 마이애미 지부장으로 일했다. 그전에는 대도시부部 담당 기자, 런던 특파원으로 일했고 워싱턴 지부 기자로 의회를 취재하기도 했다.

찰스 V. 배글리Charles V. Bagli는 《뉴욕타임스》 대도시부 담당 기자로 정치와 부동산을 함께 다루는 기사를 쓴다. 저서로 『타인의 돈: 주택 위기의 비밀과 사상 최대 부동산 거래의 종말Other People's Money: Inside the Housing Crisis and the Demise of the Greatest Real Estate Deal Ever Made』(2013)가 있다.

알렉세이 배리오누에보Alexei Barrionuevo는 《뉴욕타임스》에서 8년간 일했다. 처음에는 경제부 기자로 나중에는 브라질 특파원이었다. 현재는 홍보 회사인 시트릭 앤 컴퍼니의 임원이다.

제임스 배런James Barron은 《뉴욕타임스》 대도시부 담당 기자이자 칼럼니스트이다. 『피아노: 스타인웨이의 '콘서트 그랜드' 만들기Piano: The Making of a Steinway Concert Grand』(2007), 『진홍색 1센트 우표: 세상에서 가장 값비싼 우표를 찾아서The One-Cent Magenta: Inside the Quest to Own the Most Valuable Stamp in the World』(2017)의 저자이며 『뉴욕타임스 뉴욕The New York Times Book of New York』(2009)의 편집인이다.

팸 벨럭Pam Belluck은 《뉴욕타임스》에서 20년간 전속 작가로 활동하면서 국내부 팀장과 건강/과학 분야 기자로 일했다. 2015년 퓰리처상 국제 보도 부문상을 공동수상했다. 텔레비전에도 방영되었으며 실화를 다룬 『섬마을 의사: 찰과상, 은둔자 톰, 그리고 낸터킷 의사의 모험Island Practice: Cobblestone Rash, Underground Tom, and Other Adventures of a Nantucket Doctor』(2013)의 저자이기도 하다.

댄 빌레프스키Dan Bilefsky는 《뉴욕타임스》 런던 특파원이며 11년 간 파리와 프라하, 브뤼셀, 이스탄불, 뉴욕 등지에서 일했다.

하워드 블룸Howard Blum은 《뉴욕타임스》에서 10여 년간 일하면서 주로 탐사보도를 담당했다. 현재는 작가이다. 최근작으로는 『마지막 인사: 2차 세계대전에 관한 스파이, 모험, 배신 이야기The Last Goodnight: A World War II Story of Espionage, Adventure, and Betrayal』(2016)가 있다. 《베니티 페어 Vanity Fair》의 객원 기자이기도 하다.

제임스 브룩James Brooke은 《뉴욕타임스》에서 24년간 근무했으며 주로 소련, 러시아, 파키스탄, 인도 등지에서 해외 특파원으로 일했다. 현재는 《우크라이나 비즈니스 저널The Ukraine Business Journal》의 창립자 겸 최고 경영자, 편집장이다.

폭스 버터필드Fox Butterfield는 《뉴욕타임스》에서 국내외 특파원으로 일했고, 수십 년간 대도시부 담당 기자로 취재 활동을 했다. 1982년 전미 도서상을 받은 『중국: 고난의 바다에서 살아남다China: Alive in the Bitter Sea』 (1982)의 저자이며 '미국 국방성 비밀문서'를 공개해 퓰리처상을 받은 《뉴욕타임스》 보도팀의 일원이었다.

얼 콜드웰Earl Caldwell은 선구적인 기자이자 칼럼니스트로 마틴 루서 킹 주니어가 암살당했을 때 현장에 있었던 유일한 기자다. 그가 《뉴욕타임스》에 있을 때 보도했던 흑표당Black Panther Party 기사는 대법원에서 기자의 권리를 명확하게 밝히는 계기가 되었다. 현재는 스크립스 하워드 언론대학에서 강의하고 있으며 햄턴대학교에서는 커뮤니케이션학을 가르치고 있다.

앨런 코웰Alan Cowell은 《뉴욕타임스》에서 34년간 해외 특파원으로 일하면서 아프리카와 중동, 유럽에서 근무했다. 조지 포크상을 받기도 했던 코웰은 독극물에 중독된 전직 KGB 스파이의 삶과 죽음을 그린 『죽음의 문턱에 선 스파이The Terminal Spy』(2008)를 비롯한 몇 편의 소설과 논픽션을 썼다.

모니카 데이비Monica Davey는 2003년 《뉴욕타임스》에 입사했고 현재 시카고에 있는 중서부 지국에서 국내 담당 기자 및 편집자로 일하고 있다. 탐사보도로 1998년 퓰리처상 결선까지 올랐던 《상트페테르부르크 타임스The St. Petersburg Times》 팀의 일원이었다.

셰일라 드완Shaila Dewan은 《뉴욕타임스》에서 16년간 국내 특파원으로 일하면서 다양한 문제를 보도했다. 최근에는 경찰의 저인망 식 검거와 기소가 사회에 미치는 파괴적인 영향, 그리고 높은 벌과금으로 인해 반복되는 형사 부채의 악순환을 보도했다.

조 드레이프Joe Drape는 《뉴욕타임스》에서 1998년부터 스포츠와 문화, 돈에 관한 기사를 썼다. 작가로도 활동하는 드레이프가 가장 최근에 쓴 책에는 『아메리칸 파라오: 3관왕에 빛나는 전설적인 경주마에 관한 숨겨진 이야기American Pharoah: The Untold Story of the Triple Crown Winner's Legendary Rise』(2016)와 『우리 선수들: 스미스 센터 레드맨 풋볼팀과 함께한 완벽한 시즌Our Boys: A Perfect Season on the Plains with the Smith Center Redmen』(2010)이 있다.

피터 더피Peter Duffy는 《뉴욕타임스》 대도시부에서 10년 넘게 기사를 썼다. 『빌스키 형제: 나치에 저항하여 숲속에 마을을 짓고 유대인 1,200명을 구한 세 사람에 관한 실화The Bielski Brothers: The True Story of Three Men Who Defied the Nazis, Built a Village in the Forest, and Saved 1,200 Jews』(2004)를 비롯한 몇 권의 책을 썼다.

에릭 에크홈Erik Eckholm은 2016년 퇴사하기 전까지 31년간 국내 법률 담당 기자, 해외 특파원, 베이징 지국장, 해외 담당 부편집장, 과학 편집인, '주간 검토' 기사 편집인 등 다양한 일을 했다. 하버드대학교의 중견 기자 연수 프로그램인 니만 펠로우 과정을 이수했으며 『현실적 문제: 환경과 인간의 욕구Down to Earth: Environment and Human Needs』(1983)를 비롯한 몇 권의 책을 썼다.

커트 아이켄월드Kurt Eichenwald는 《뉴욕타임스》에서 20년간 탐사 기자와 칼럼니스트, 선임 기자로 일했다. 조지 포크상을 두 차례 수상했고

2000년에는 퓰리처상 탐사보도 분야에 지나 콜라타와 함께 결선에 진출했다. 2009년 맷 데이먼 주연의 할리우드 영화로 제작된 『정보원Informant』(2001)을 비롯한 몇 권의 책을 썼다.

존 엘리건John Eligon은 《뉴욕타임스》 국내 특파원으로 캔자스시티에서 근무하고 있다. 11년 넘게 스포츠나 정치, 법무, 인종 문제 등을 취재했다. 그가 쓴 주요 기사로는 넬슨 만델라 장례식, 이탈리아 토리노 동계 올림픽, 고인이 된 팝가수 프린스의 고향인 미네소타 정경, 미주리주 퍼거슨시에서 발생한 인종 차별 항의 시위 등이 있다. 경찰이 흑인인 마이클 브라운을 사살하면서 시작된 퍼거슨 시위에서는 수석 기자로 취재를 이끌었다.

윌리엄 E. 패럴William E. Farrell은 1985년 사망했으며 그전까지 《뉴욕타임스》에서 23년간 기자와 편집자, 칼럼니스트, 해외 특파원으로 일했다. 생생한 기사로 유명한 패럴은 뉴욕의 거리, 예루살렘 지부장으로 있을 때는 중동의 혼란한 정세를 눈앞에서 직접 보는 듯한 생생한 문체로 자세히 보도했다.

리처드 포셋Richard Fausset은 2014년 《뉴욕타임스》에 입사했고 현재 애틀랜타 지부장으로 일하고 있다. 그전에는 《로스앤젤레스 타임스The Los Angeles Times》 해외 특파원으로 멕시코와 중앙아메리카에서 활동했다.

제임스 페론James Feron은 2014년에 사망했으며 《뉴욕타임스》에서 40년간 근무하면서 그 오랜 시간을 런던과 예루살렘, 바르샤바 등지에서 해외 특파원으로 일했다. UN 담당 기자로 일한 적도 있으며 18년간 웨스트체스터 지부장으로 일하기도 했다.

프레드 페레티Fred Ferretti는 수십 년 동안 음식 전문 작가와 텔레비전 비평가,《뉴욕타임스》기자로 일했다. 몇 권의 책을 썼으며 음식과 와인 전문 잡지인《미식가Gourmet》의 칼럼니스트로 일하기도 했다.

이언 피셔Ian Fisher는《뉴욕타임스》주말판의 편집인이며《뉴욕타임스》보도국에서 26년간 콘텐츠 사업부 부편집인, 뉴스 담당 부편집인, 외신 부편집인 등의 관리 업무를 담당했다. 기자로서는 대부분 해외 특파원이나 지부장으로 로마, 바그다드, 동유럽, 동아프리카 등지에서 일했다.

새뮤얼 G. 프리드먼Samuel G. Freedman은 1981년부터 1987년까지《뉴욕타임스》에서 기자로 일했으며 현재는 종교 관련 칼럼을 연재하고 있다. 1996년 퓰리처상 비소설 부문 결선에 올랐던『유산: 세 가문과 미국은 어떻게 루스벨트에서 레이건으로, 그리고 또 다른 대통령으로 옮겨갔는가The Inheritance: How Three Families and America Moved from Roosevelt to Reagan and Beyond』(1996)를 포함해서 모두 7권의 책을 썼다.

댄 프로시Dan Frosch는《뉴욕타임스》로키산맥 지부에서 7년간 기자로 일했다. 현재는《월스트리트 저널The Wall Street Journal》국내 특파원으로 텍사스와 남서부 지역을 담당하고 있다.

칼로타 골Carlotta Gall은《뉴욕타임스》선임 해외 특파원으로 2013년부터 북아메리카를 담당하고 있다. 니만 펠로우 과정을 이수했으며『잘못 선택한 적: 2001~2004년 아프가니스탄에서의 미국The Wrong Enemy: America in Afghanistan, 2001-2014』(2015)을 썼다. 2009년 퓰리처상 국제보도 부문상을 수상한 보도팀의 일원이었다.

에리카 구드Erica Goode는《뉴욕타임스》에서 18년간 편집인과 기자로 일했으며 최근에는 사법제도와 정신건강, 환경과학 문제를 다루고 있다. 인간 행동에 관해 보도할 생각으로 입사했으며 《뉴욕타임스》에서 편집인으로 는 처음 환경 문제를 다루었다.

애비 굿너프Abby Goodnough는 《뉴욕타임스》에서 20년 넘게 일하면서 정 치와 교육, 플로리다주, 뉴잉글랜드주에 관해 보도했으며 가장 최근에는 보 건 의료에 관해 취재했다. 2004년에는 그동안 썼던 기사를 바탕으로 『모 펫 부인의 첫해: 미국에서 교사가 되는 법Ms. Moffett's First Year: Becoming a Teacher in America』(2006)을 썼다.

잭 굴드Jack Gould는 1993년 사망했으며 1944년부터 1972년까지 《뉴욕 타임스》에서 텔레비전 및 라디오 평론가로 일했다. 그의 평론은 당시 한창 성장하던 텔레비전 시장에 중요한 영향을 미쳤다.

대니 해킴Danny Hakim은 런던에서 탐사보도 기자로 일했으며 《뉴욕타임 스》에서는 올버니와 디트로이트 지부장으로 16년간 근무했다. 엘리엇 스 피처 뉴욕 주지사의 성매매 알선 조직 연루설을 보도해 2009년 퓰리처상 뉴스특보 부문상을 수상한 보도팀에서 선임 기자로 일했다.

잭 힐리Jack Healy는 뉴욕과 아프가니스탄, 이라크를 비롯해서 노스다코타 주의 눈 덮인 유르트(몽골, 시베리아 유목민들의 전통 텐트—옮긴이)에 관한 기사를 썼다. 2008년 《뉴욕타임스》에 입사해서 현재 국내 특파원으로 일 하고 있다.

다이애나 B. 헨리크스Diana B. Henriques는 1989년부터 《뉴욕타임스》에 서 기사를 쓰면서 주로 화이트칼라 범죄와 시장 규제, 기업 지배구조에 관한 탐사보도를 하고 있다. 2005년 조지 포크상을 받았고, 팀을 이루거나 혹은 단독으로 퓰리처상 결선에 세 차례 올랐다. 케이블 방송인 HBO에서 그녀의 책『거짓의 마법사: 버니 매도프와 신뢰의 종말The Wizard of Lies: Bernie Madoff and the Death of Trust』(2011)을 영화로 만들었다.

글래드윈 힐Gladwin Hill은 1992년 사망했으며 그전까지 《뉴욕타임스》에서 44년간 일했다. 환경 보도의 선구자격인 기자였으며 미국에서 처음으로 환경오염과 환경보존 같은 주제를 중점적으로 보도했다.

제이슨 호로위츠Jason Horowitz는 2013년 정치부 기자로 《뉴욕타임스》 워싱턴 지부에 입사했다. 그전에는 《워싱턴 포스트The Washington Post》와 《뉴욕 옵저버The New York Observer》에서 일했다. 《뉴욕타임스 매거진The New York Times Magazine》과 《지큐GQ》, 《보그Vogue》에도 기사를 기고하고 있다.

커크 존슨Kirk Johnson은 《뉴욕타임스》에서 35년간 일하고 있으며 현재 시애틀 지부장이다. 그전에는 대도시부의 환경 담당 기자였으며, 2000년에는 신문사의 주요 프로젝트이며 퓰리처상을 수상한 '미국에서 여러 인종이 어떻게 살고 있는가'에 참여했다. 《극한을 향해: 인간, 데스밸리, 그리고 지구력의 수수께끼To the Edge: A Man, Death Valley, and the Mystery of Endurance》(2009)를 썼다.

존 키프너John Kifner는 1963년 윌리엄스대학교를 졸업하고 《뉴욕타임스》에 입사한 후 선임 해외 특파원을 비롯해서 많은 임무를 수행하고 2008년 퇴직했다. 기자 시절 중동에서 광범위한 기사를 썼으며 분쟁 지역에 투입될 때도 많았다. 1979년에는 보도 기사의 탁월함을 인정받아 조지 포크상을 받았다.

피터 키스Peter Kihss는 1984년 사망했으며 그전까지 1960년대와 1970년대에 걸쳐 《뉴욕타임스》 대도시부 선임 기자로 일했다. 49년간 기자로 활동하면서 남아메리카와 인권 운동 같은 주제로 기사를 썼다. 49년간의 기자 생활 중 30년 동안 《뉴욕타임스》에서 일했다.

N. R. '소니' 클라인필드N. R. 'Sonny' Kleinfield는 《뉴욕타임스》에서 39년째 일하고 있으며 현재 대도시부 기자이다. 8권의 논픽션 책을 썼고 2016년에는 퓰리처상 특집 보도 부문에서 결선에 오르기도 했다.

더글러스 E. 닐런드Douglas E. Kneeland는 2007년 사망했으며 1960년대와 1970년대에 《뉴욕타임스》에서 기자로 일하면서 굵직굵직한 기사를 썼다. 그 뒤에는 《시카고 트리뷴The Chicago Tribune》에서 고위급 편집인으로 일했다.

레스 레드베터Les Ledbetter는 1985년 사망했으며 1969년 《뉴욕타임스》에는 워싱턴 지부에 뉴스 취재 보조원으로 입사한 뒤 14년간 대도시부 기자, 뉴저지 지역판 편집인, 샌프란시스코 지부 국내 특파원으로 일했다.

마크 루이스Mark Lewis는 《뉴욕타임스》 국제부에서 기사를 썼고 노르웨이에서 안데르스 브레이빅이 저지른 대량 학살 사건을 취재한 선임 기자 중 한 명이었다.

그레이스 리히텐스타인Grace Lichtenstein은 『머나먼 길: 여자 프로테니스계의 이면A Long Way, Baby: Behind the Scenes in Women's Pro Tennis』(1974)

을 비롯한 몇 권의 책을 썼으며《뉴욕타임스》에서 10여 년간 기자와 해외 특파원으로 일하면서 덴버에 있는 로키산맥 지부장으로 활동했다. 뉴욕에서는 교통 및 소비자 기사를 썼다.

애덤 립택Adam Liptak은 1992년 뉴욕타임스 컴퍼니에 변호사로 입사해서 2002년《뉴욕타임스》뉴스 담당 직원이 되었다. 2008년부터 대법원 취재를 시작했으며 2009년에는 퓰리처상 분석보도 부문 결선에 오르기도 했다.

세라 라이얼Sarah Lyall은《뉴욕타임스》에서 일한 28년간 대부분 런던 해외 특파원으로 활동했다. 현재는 뉴욕에서 작가로 활동하고 있으며『백인 이야기: 영국인에 대한 현장 안내서The Anglo Files: A Field Guide to the British』(2009)를 썼다.

레슬리 메이틀런드Leslie Maitland는《뉴욕타임스》에서 기자와 국내 특파원으로 일했으며 법률과 탐사보도가 전문 분야였다. 워싱턴 지부에서 14년간 일하면서 법무부 취재를 담당하기도 했다. 가족 회고록인『시간의 경계를 넘어: 전쟁, 망명, 그리고 되찾은 사랑Crossing the Borders of Time: A True Story of War, Exile, and Love Reclaimed』(2013)을 썼다.

데이비드 마골릭David Margolick은《뉴욕타임스》에서 15년간 법률 담당 특파원으로 일했다. 그 후《베니티 페어》의 객원 편집자로 일했고《뉴스위크Newsweek》와《포트폴리오Portfolio》에서도 비슷한 일을 했다.『두려움: 존 혼 번스의 짧은 삶과 동성애 시절Dreadful: The Short Life and Gay Times of John Horne Burns』(2013)을 썼다.

살만 마수드Salman Masood는 파키스탄 이슬라마바드에서 활동하며 2003

년부터 《뉴욕타임스》의 파키스탄 취재를 담당하고 있다. 주로 정치와 테러리즘에 관한 기사를 쓰고 있다.

로버트 D. 맥패든Robert D. McFadden은 1961년부터 《뉴욕타임스》 기자로 일하면서 신문에 보도할 주요 기사를 다시 쓰는 '정리 기자' 일을 많이 했으며 특히 범죄에 관한 주요 기사를 담당했다. 숙련된 문장가인 그는 1996년 퓰리처상 속보 부문상을 수상했고 《뉴욕타임스》 동료들과 함께 『분노: 타와나 브롤리 날조 사건에 숨겨진 이야기Outrage: The Story Behind the Tawana Brawley Hoax』(1990)를 포함해 2권의 책을 썼다.

제시 매킨리Jesse McKinley는 《뉴욕타임스》 올버니 지부장이다. 그전에는 문화나 기록 문서에 대한 기사를 담당했고 샌프란시스코에서 국내 특파원으로도 일했다. 그는 2000년부터 기자로 일하면서 대여섯 개의 희곡을 썼고 지금은 소설을 쓰고 있다.

애덤 내고니Adam Nagourney는 2010년부터 《뉴욕타임스》 로스앤젤레스 지부장으로 일하고 있다. 그전에는 국내정치 담당 수석기자로 일했다. 더들리 클렌디넌과 함께 동성애자의 역사를 다룬 『영구 제명: 미국 동성애자 인권운동을 위한 투쟁Out for Good: The Struggle to Build a Gay Rights Movement in America』(2013)을 공동 집필했다. 현재는 《뉴욕타임스》의 현대사에 대한 책을 쓰고 있다.

존 노드하이머Jon Nordheimer는 《뉴욕타임스》에서 오랫동안 근무하면서 국내 뉴스 편집인과 마이애미, 애틀랜타, 로스앤젤레스 지부장, 런던 특파원, 《뉴욕타임스 매거진》 부편집인 등 다양한 경력을 쌓았다.

리처드 페레스-페냐Richard Pérez-Peña는 1992년부터 《뉴욕타임스》 기자로 일하면서 국내 속보, 고등 교육, 대중매체, 보건의료, 정부와 정치, 교통과 법률 제도에 관해 취재했다. 2007년에는 소속된 팀이 퓰리처상 분석 보도 부문에서 결선까지 올랐다. 퀴즈 쇼 〈제퍼디!〉에 출연해 다섯 차례 챔피언에 오르기도 했다.

이매뉴얼 펄머터Emanuel Perlmutter는 1986년 사망했으며 《뉴욕타임스》에는 1926년에 입사해 기자로 40년 넘게 일했다. 조직범죄 전문가였고 오랫동안 롱아일랜드대학교에서 경찰과 범죄보도에 관해 강의했다.

C. G. 푸어C. G. Poore는 이후 찰스 푸어Charles Poore라는 필명을 썼으며 《뉴욕타임스》에서 거의 40년간 일했다. 초창기에는 다양한 부서에서 기사를 썼다. 서평 기사를 담당하는 부편집인으로 일하면서 격주로 서평을 쓰기도 했다. 고야의 전기를 쓴 작가이기도 하며 1953년 『헤밍웨이 독본The Hemingway Reader』을 쓰기도 했다.

존 N. 포팜John N. Popham은 1999년 사망했으며 미국 남부에 관한 기사를 정기적으로 실었던 최초의 북부 출신 특파원이었다. 《뉴욕타임스》에서 25년간 일했으며 그 후 《채터누가 타임스The Chattanooga Times》의 편집인으로 20년간 일했다.

셀윈 랍Selwyn Raab은 1974년부터 2000년까지 《뉴욕타임스》에서 기자로 일하면서 주로 사법제도에 관해 보도했다. 조직범죄 전문기자였고 『법정 뒷방에서의 정의Justice in the Back Room』(1967), 『마피아 변호사Mob Lawyer』(1994)를 썼다.

짐 라센버거Jim Rasenberger는 《뉴욕타임스》에서 수년간 여러 건의 기사를 썼으며 주로 대도시부에서 일했다. 『빛나는 재앙: 존 F. 케네디, 카스트로, 그리고 불운했던 미국의 쿠바 피그스만 침공The Brilliant Disaster: JFK, Castro, and America's Doomed Invasion of Cuba's Bay of Pigs』(2012)을 비롯한 몇 권의 책을 썼다.

윌리엄 K. 래시바움William K. Rashbaum은 30년 넘게 뉴욕에서 부패와 테러리즘, 범죄(조직범죄 포함)를 취재하면서 대부분의 시간을 《뉴욕타임스》에서 일했다. 엘리엇 스피처 뉴욕 주지사의 성매매 알선 조직 연루설을 보도해 2009년 퓰리처상 뉴스특보 부문상을 수상한 보도팀에서 선임 기자로 일했다.

프랜시스 로블스Frances Robles는 2013년 《뉴욕타임스》에 입사해 마이애미를 중심으로 국내부와 국제부에서 특파원으로 일했다. 대도시부 기자로서 강력계 형사들의 부패상을 폭로하여 10건의 살인 유죄 판결을 뒤집었고 조지 포크상을 받았다. 19년 동안 《마이애미 헤럴드The Miami Herald》에서 일하면서 퓰리처상을 받은 두 팀에서 활동하기도 했다.

잭 로스Jack Roth는 1987년 사망했으며 시티대학교 재학 시절 《뉴욕타임스》의 교내 특파원으로 일한 후 《뉴욕타임스》 기자가 되어 32년 동안 근무했다. 주로 뉴욕시의 뉴스를 취재했다.

수전 솔니Sasan Saulny는 2000년 《뉴욕타임스》 대도시부 기자로 시작해서 13년 동안 다양한 업무를 수행했다. 허리케인 카트리나와 세계무역센터 테러 사건의 여파, 2008년과 2012년 대통령 선거 운동을 보도했다.

E. R. 십E. R. Shipp은 《뉴욕타임스》에서 13년간 기자와 편집인으로 일했다. 1996년에는 《뉴욕 데일리 뉴스The New York Daily News》 칼럼니스트로 퓰리처상 논평상을 받았다. 현재는 모건주립대학교 국제언론 및 커뮤니케이션 대학원 전속 기자, 《볼티모어 선The Baltimore Sun》 칼럼니스트로 활동하고 있다.

알레산드라 스탠리Alessandra Stanley는 1990년부터 2016년까지 《뉴욕타임스》 기자, 해외 특파원, 수석 텔레비전 비평가로 일했다. 소련이 붕괴한 후 모스크바에서 일했고, 실비오 베를루스코니 총리가 이탈리아 총리이고 요한 바오로 2세가 교황이었던 시절에 로마 지부장으로 일했다.

돈 테리Don Terry는 《뉴욕타임스》에서 12년간 일했다. 대부분 로스앤젤레스와 시카고 등지에서 국내 특파원으로 활동했으며 시카고에서는 지부장을 지냈다. 지금은 '전미 유색인종연합Rainbow PUSH Coalition'과 제시 잭슨 목사의 언론 담당 비서로 일하고 있다.

로버트 트럼벌Robert Trumbull은 《뉴욕타임스》에서 38년간 일했고 1992년 사망했다. 1947년, 파키스탄 건국 당시 현장에 있었으며 오랫동안 아시아에서 벌어진 사건을 취재하고 간디 암살 사건을 보도했다. 1946년에는 베트남 민주공화국의 대통령이 된 호치민을 인터뷰하기도 했다.

월리스 터너Wallace Turner는 2010년 사망했으며 그전에는 《오리거니안The Oregonian》 기자로 오리건주 포틀랜드에서 벌어진 부정부패를 폭로해 퓰리처상을 공동 수상했다. 그후 1962년 《뉴욕타임스》로 자리를 옮겨 26년간 기자로 일했으며 샌프란시스코와 시애틀 지부장을 지냈다.

오스틴 C. 웨어와인Austin C. Wehrwein은 2008년 사망했으며《뉴욕타임스》에서는 9년 동안 시카고 지부장으로 일했다.《미니애폴리스 스타*The Minneapolis Star*》에서 논설위원으로 활동했으며 1953년《밀워키 저널*The Milwaukee Journal*》에서 보도했던 기사로 퓰리처상 국제보도 부문상을 받았다.

톰 위커Tom Wicker는 2011년 사망했으며 그전까지《뉴욕타임스》에서 31년간 기자와 워싱턴 지부장, 칼럼니스트로 일했다. 그는 댈러스에서 케네디 대통령 암살 사건을 취재했음에도 비교적 알려지지 않았지만, 앞으로는 기자로서 그의 이름이 더욱더 널리 알려질 것이다.

비비안 이Vivian Yee는 2012년부터《뉴욕타임스》기자로 일하면서 정치 분야, 특히 뉴욕 주정부를 중점적으로 취재했다. 2015년에는 뉴욕주 북부 교도소에서 탈출한 살인범들을 취재했다.

색인

사진 출처

AP통신: 51,《데이턴 데일리 뉴스Dayton Daily News》112·132, ⓒ 스티븐 B. 모턴 Stephen B. Morton 213, ⓒ 폴 캐넌Paul Cannon 224·228, ⓒRJ 생거스티RJ Sangosti/《덴 버 포스트The Denver Post》237, ⓒ 척 버턴Chuck Burton 255·277·278 ⓒ 대니얼 시 한Daniel Sheehan 332,《시카고-선 타임스Chicago-Sun Times》365·375 ⓒ 모리 개 시Morry Gash 424 ⓒ 안토니오 칼라니Antonio Calanni 426,《시카고 트리뷴Chicago Tribune》507·542 ⓒ 진 J. 푸스카Gene J. Puskar 573·577 ⓒ J. 스코트 애플화이트J. Scott Applewhite 596·648·667

EPA통신: ⓒ 올리버 매티스Oliver Matthys 93

게티 이미지: ⓒ 마카럼 개드 알카림Makaram Gad Alkareem/AFP통신 87,《데일리 익 스프레스Daily Express》/헐턴 아카이브Hulton Archive 122, 베트맨Bettman 175·199, BIPS 180, ⓒ 마크 보스터Mark Boster 208, 헐턴 아카이브 369, ⓒ 빈스 부치Vince Bucci/AFP통신 398, ⓒ 알프레도 에스트레야Alfredo Estrella/AFP통신 482

미국 연방수사국FBI: 156, 273 **미국 연방교도국FBP:** 343

플로리다주 교정국FDC: 553 **무료 인터넷 기록보관소Courtesy Internet Archive:** 631

의회 도서관Library of Congress: 32·36, 테일러 복사회사Taylor Copying Co. 107, 뉴욕 월드-텔레그램 & 선 기록보관소New York World-Telegram & Sun Collection 169, 게르 트루드 캐세비어Gertrude Ksebier 351, 베인 뉴스 서비스Bain News Service(의회 도서관 이용) 360·443, 캐럴 M. 하이스미스 기록보관소Carol M. Highsmith Archive 475·499· 516, 뉴욕 월드-텔레그램 & 선 기록보관소 623

미국 국립 문서기록보관소NARA: 29, 634

《뉴욕타임스The New York Times》: 40, 잭 매닝Jack Manning 61, 돈 호건 찰스 Don Hogan Charles 76, 키스 마이어스Keith Myers 101·151·219·288·306, 조이스 돕킨Joyce Dopkeen 384, 에드먼드 D. 파운틴Edmund D. Fountain 435, 윌리엄 E. 소로William E. Sauro 456·504, 프레드 R. 콘래드Fred R. Conrad 531, 세라 크룰리치Sara Krulwich 588, 롭 해리스Rob Harris 617, 히로코 마스이케Hiroko Masuike 653, 데이먼 윈터Damon Winter 661, 로버트 워커Robert Walker 670, 마이클 스트라바토Michael Stravato 682